L'option
entre la responsabilité contractuelle
et la responsabilité délictuelle

Logiques Juridiques

Collection dirigée par Gérard Marcou

Le droit n'est pas seulement un savoir, il est d'abord un ensemble de rapports et pratiques que l'on rencontre dans presque toutes les formes de sociétés. C'est pourquoi il a toujours donné lieu à la fois à une littérature de juristes professionnels, produisant le savoir juridique, et à une littérature sur le droit, produite par des philosophes, des sociologues ou des économistes notamment.

Parce que le domaine du droit s'étend sans cesse et rend de plus en plus souvent nécessaire le recours au savoir juridique spécialisé, même dans des matières où il n'avait jadis qu'une importance secondaire, les ouvrages juridiques à caractère professionnel ou pédagogique dominent l'édition, et ils tendent à réduire la recherche en droit à sa seule dimension positive. A l'inverse de cette tendance, la collection *Logiques juridiques* des Éditions L'Harmattan est ouverte à toutes les approches du droit. Tout en publiant aussi des ouvrages à vocation professionnelle ou pédagogique, elle se fixe avant tout pour but de contribuer à la publication et à la diffusion des recherches en droit, ainsi qu'au dialogue scientifique sur le droit. Comme son nom l'indique, elle se veut plurielle.

Dernières parutions

Marcelle BONGRAIN, *Cent familles et sans famille*, 2014.
Eugène BAKAMA BOPE, *La justice congolaise face aux crimes internationaux commis en RDC*, 2014.
Éric MEYNARD, *Criminalité, police et sécurité publique en République d'Irlande*, 2014.
Manuel GROS, *Droit administratif. L'angle jurisprudentiel*, 5e édition, 2014.
Sous la direction de François Xavier FORT, *Contrat et droit des collectivités territoriales,* 2014.
Sous la direction de Michael THALER et Michel VERPEAUX, *La recherche en droit constitutionnel comparé,* 2014.
Babacar NIANG, *Le « plaider coupable » en France et aux Etats-Unis au regard des principes directeurs du procès pénal*, 2014.
Sophie COMELLAS, *Les titres d'occupation du domaine public à des fins commerciales*, 2014.
Kadidiatou HAMA, *Le statut et les fonctions du juge pénal international*, 2014.
Sonia LEVERD (dir.), *Les nouveaux territoires du Droit*, 2013.
Julia SCHMITZ, *La théorie de l'institution du doyen Maurice Hauriou*, 2013.
Agnès BLANC, *« La langue de la république est le français », Essai sur l'instrumentalisation juridique de la langue par l'État (1789-2013)*, 2013.
Claudia NAPOLI, *L'ONU face aux « pratiques traditionnelles néfastes » à l'égard de l'enfant africain*, 2013.

Salma Abid Mnif

L'option entre la responsabilité contractuelle et la responsabilité délictuelle

Comparaison des droits français et tunisien

Préface de Patrice Jourdain

Avant-propos de Jerbi Sami

L'Harmattan

L'université de Paris-1, Panthéon-Sorbonne, ainsi que la faculté de droit de Sfax n'entendent donner aucune approbation ni improbation aux opinions émises dans les thèses. Ces opinions doivent être considérées comme propres à leurs auteurs.

5-7, rue de l'Ecole-Polytechnique, 75005 Paris

http://www.harmattan.fr
diffusion.harmattan@wanadoo.fr
harmattan1@wanadoo.fr

ISBN : 978-2-343-03404-1
EAN : 9782343034041

Dédicace

Je dédie ce travail

À ceux qui, par leurs tendres sourires, ont égayé les moments les plus difficiles qu'a traversés la réalisation de ce travail, mes deux anges Youssef et Karim

À ceux qui n'hésitent pas à donner de leur être pour me voir avancer, mes chers parents

À mon époux, l'homme au grand cœur pour son amour et sa patience

À celle qui, même si elle a fini par oublier tout le monde, ne m'a jamais oubliée dans ses prières, ma douce grand-mère

À ceux qui m'ont marquée par leur indéfectible soutien et inoubliable encouragement, mes chers beaux-parents

À ceux qui, par l'exemple qu'ils incarnent, m'ont transmis la passion de la recherche juridique, mes deux grands maîtres M. Sami Jerbi et M. Patrice Jourdain.

À tous, mon éternel attachement, à chacun, une pensée bien affectueuse.

Salma

Remerciements

Un doctorant ne peut jamais oublier une main qui lui a été gentiment tendue.

Je tiens d'abord à remercier l'Institut français de coopération et particulièrement Mme Evlyne Fleury Chebbi pour leur soutien moral et financier.

Toutes mes gratitudes à nos honorables magistrats tunisiens et notamment Mme Raja Fakhfakh, M. Ameur Bourourou et M. Imed Darwich, qui ont eu l'amabilité de me communiquer des arrêts inédits qui m'ont été d'une utilité incontestable.

Je voudrais également exprimer toute ma reconnaissance au doyen de la faculté de droit et des sciences politiques de Tunis, M. Lotfi Mechichi, pour sa compréhension et son encouragement.

Je tiens encore à remercier tous les agents de la bibliothèque Cujas, de la faculté de droit et des sciences politiques de Tunis et de la faculté de droit de Sfax, particulièrement M. Noureddine Garbout pour sa gentillesse et son dévouement.

SOMMAIRE

PRÉFACE

Si Mme Abid Mnif avait entrepris de ne traiter de l'option entre les responsabilités contractuelle et délictuelle qu'en droit français, le choix de ce sujet aurait pu étonner. La doctrine française a en effet déjà largement étudié tant la distinction des ordres de responsabilité que le principe non-cumul cher au droit français. On aurait pu en un mot juger le sujet rebattu. Cette appréciation eût pourtant été aussi sévère qu'excessive. Les thèses françaises consacrées à ces questions sont déjà anciennes et la jurisprudence a connu récemment des évolutions significatives qui justifiaient à elles seules que la question de l'option ou du non-cumul fût aujourd'hui reprise dans une étude doctorale. Cela est d'autant plus vrai que les opinions doctrinales à l'égard du principe du non-cumul sont peut-être en train d'évoluer, une fraction de la doctrine française le remettant plus ou moins largement en cause. Mais l'étude entreprise n'est pas que de droit français puisqu'elle embrasse également le droit tunisien qui, tout en connaissant également la distinction des responsabilités délictuelle et contractuelle, se montre bien plus accueillant à l'égard d'une option entre ces responsabilités. L'intérêt d'une approche comparative des droits français et tunisien apparaît alors en pleine lumière. Et l'idée affleure que le droit français pourrait gagner à se rapprocher du droit tunisien qui, une fois n'est pas coutume, lui servirait de modèle pour une évolution vers une option entre les deux responsabilités. Encore fallait-il démontrer que la faveur tunisienne pour l'option est la meilleure solution. C'est ce à quoi s'est attachée Mme Abid Mnif dans sa thèse en plaidant avec détermination pour une « option modérée » entre les deux ordres de responsabilité.

Dans une première partie intitulée « L'option relativise la distinction entre la responsabilité contractuelle et la responsabilité délictuelle », l'auteur met en relief l'incidence de l'option sur la distinction des responsabilités.

Examinant d'abord l'organisation théorique de la distinction, l'étude part du constat que les droits français et tunisien s'opposent sur la réponse à donner à la question de l'option : tandis que le premier pose un principe de non-cumul et rejette ainsi toute option entre les responsabilités, le second en admet le principe depuis un arrêt des chambres réunies de la Cour de cassation tunisienne du 16 mars 1995. Recherchant les fondements théoriques de cette divergence, l'auteur montre que la solution française trouve son fondement dans la volonté de protéger le contrat des atteintes qui pourraient résulter de l'intrusion des règles délictuelles dans la sphère contractuelle ; ce qui conduit à conférer à la *summa divisio* une étanchéité que ne connaît pas le droit tunisien. Mme Abid Mnif entreprend alors une critique sans concession de cette solution, observant que la règle du non-cumul crée un inutile contentieux de frontière et est source d'injustices. Pour l'auteur, si la distinction des responsabilités s'observe aussi bien en droit français qu'en droit tunisien — la thèse niant l'existence d'une véritable responsabilité contractuelle, un temps à la mode en France, est rejetée avec vigueur —, il n'en résulte pas nécessairement que l'une devrait s'appliquer à l'exclusion de l'autre. La jurisprudence tunisienne révèle d'ailleurs qu'un système dualiste peut parfaitement s'accommoder d'une certaine porosité de la distinction accompagnée d'un régime d'option au profit de la victime. Une telle option aurait en outre, selon l'auteur, le mérite d'apaiser les tensions persistantes en droit français entre les responsabilités contractuelles et délictuelles.

L'étude des relations entre l'option et la mise en œuvre pratique de la distinction des ordres de responsabilité entreprise ensuite révèle une opposition plus nuancée entre les droits français et tunisien. Mme Abid Mnif constate que l'un et l'autre appréhendent différemment l'office du juge : alors que le premier se montre réticent à exercer un pouvoir de requalification, le second fait preuve de plus de tolérance. Par contre, les deux droits de rejoignent par leur tendance semblable au rapprochement des régimes de responsabilité. Or si cette convergence croissante des règles applicables aux deux ordres de responsabilité ébranle les bases de la règle française du non-cumul et affecte sa raison d'être, l'auteur souligne aussi pertinemment que là où des différences de régime persistent l'option ne perd pas pour autant sa légitimité. Le droit tunisien le montre clairement, notamment en autorisant notamment la victime à choisir, en droit international privé, entre la *lex contractus* et la *lex loci delicti*, contrairement au droit français.

Dans la seconde partie intitulée « L'option justificative de l'intervention délictuelle dans le contrat », Mme Abid Mnif entreprend de démontrer le bien-fondé d'une option entre les deux ordres de responsabilité. Elle commence par critiquer vivement l'approche française : la distinction des deux ordres de responsabilité est excessivement étanche et les quelques cas exceptionnels d'intervention des règles délictuelles dans les relations contractuelles sont nettement insuffisantes, d'autant plus qu'elles paraissent en voie de disparition. Le droit tunisien n'échappe pas davantage à la critique là où il dresse des obstacles à l'option, comme lorsqu'il interdit au juge pénal d'indemniser une victime après relaxe de la personne poursuivie.

Dans une phase plus constructive et plus audacieuse aussi, l'auteur plaide en faveur de l'octroi d'une option de principe au profit des victimes. La proposition passe par la démonstration d'un recoupement des faits générateurs de responsabilité. La démonstration est aisée s'agissant du fait personnel : il y a en effet une identité de nature des fautes délictuelle et contractuelle (au moins en cas de manquement à une obligation de moyens), y compris à l'égard des tiers qui peuvent invoquer sur le terrain délictuel un manquement contractuel ; identité encore plus marquée en cas de manquement à des obligations contractuelles dites « mixtes » au sens où elles ne sont pas purement contractuelles, comme l'obligation de sécurité ou de conseil. La démonstration est certes plus difficile pour les autres faits générateurs. Mais Mme Abid Mnif ne s'y dérobe pas, bien au contraire. S'agissant de la responsabilité du fait des choses, elle estime que l'analogie de situation entre le gardien d'une chose et le débiteur contractuel qui utilise une chose pour l'exécution du contrat justifie une responsabilité identique, à l'image du droit tunisien qui admet désormais l'application de l'article 96 du Code des obligations et des contrats (équivalent de l'art. 1384, al. 1er, C. civ.) au profit des contractants victimes, et elle préconise même un renforcement de la présomption de garde du propriétaire. L'auteur ajoute non sans audace que, dans les contrats translatifs de propriété impliquant la livraison d'une chose, il conviendrait de renforcer la distinction des gardes de la structure et du comportement afin de faire peser la responsabilité du fait des choses sur le débiteur — un vendeur généralement — en tant que gardien de la structure. Enfin, concernant la responsabilité du fait d'autrui, Mme Abid Mnif observe que la responsabilité des commettants est soumise à un régime semblable en matières délictuelle et contractuelle, même si les droit français et tunisien y parviennent par des voies différentes (transposition en droit français du régime délictuel à la matière contractuelle et transposions inverse en droit tunisien). Par contre, regrettant que la jurisprudence française refuse l'application de l'article 1384, alinéa 1er, du Code civil aux centres hébergeant des mineurs placés sur une base contractuelle, elle propose de leur étendre le bénéfice de texte, estimant à juste titre qu'une différence de traitement des victimes selon la nature contractuelle ou judiciaire du placement est totalement injustifiée. De même, elle s'insurge contre l'absence de principe de responsabilité du fait d'autrui en droit tunisien (hors la responsabilité parentale) qui bloque mécaniquement le jeu de l'option. Pour l'auteur, ce rapprochement des différents faits générateurs de responsabilité, constaté ou souhaité, crée une « zone commune » entre les deux ordres de responsabilité et représente la justification d'un principe d'option tel que l'admet le droit tunisien.

Pourtant, Mme Abid Mnif sait reconnaître que, dans certains cas, le contrat mérite une protection que la mise en œuvre de l'option pourrait affecter. Aussi admet-elle des dérogations au principe lorsque l'inexécution est celle d'une « obligation représentant le noyau dur du contrat s'il paraît déraisonnable, eu égard au contenu de la convention, de mettre en œuvre les règles délictuelles ». La jurisprudence tunisienne est ainsi approuvée d'avoir écarté l'application de l'article 96 du Code des obligations et des contrats au médecin — toujours contractuellement responsable en droit tunisien — afin de préserver l'obligation de soins de moyens pesant sur lui. De même, les clauses restrictives de responsabilité affectant une obligation typiquement contractuelle doivent logiquement exclure toute option en faveur d'une responsabilité qui empêcherait leur application. L'auteur estime encore que les lois qui organisent un régime spécial de responsabilité contractuelle dérogatoire au droit commun (par ex. une garantie légale) doivent écarter toute possibilité d'option en faveur des règles délictuelles. Enfin, pour Mme Abid Mnif, les tiers à un contrat ne devraient pas se voir opposer les clauses restrictives de responsabilité qui y sont insérées, au moins lorsque ces clauses sont invoquées par un contractant professionnel contre tiers profane. C'est bien, on le voit, en faveur d'une option « modérée », c'est-à-dire limitée, qu'elle plaide, consciente de la nécessité de protéger le contrat et la force obligatoire qui s'y attache.

La démonstration de Mme Abid Mnif, nourrie par une grande force de conviction, est limpide et parfaitement argumentée. Elle est servie par des analyses d'une grande richesse s'appuyant sur un appareil scientifique considérable et une documentation impressionnante. La thèse débouche sur des propositions cohérentes et mesurées inspirées pour partie du droit tunisien et qui vont bien au-delà d'une critique du principe du non-cumul auquel le droit français s'agrippe encore malgré son isolement sur la scène internationale. Elles invitent à tout le moins à un infléchissement des solutions françaises et à une ouverture vers le principe d'une option retenue par la jurisprudence tunisienne. Quant à l'auteur, il semble promis à une belle carrière universitaire en Tunisie, déjà brillamment commencée. La qualité de l'étude et la pertinence des idées développées sont à cet égard du meilleur augure.

Patrice Jourdain
Professeur à l'École de droit de la Sorbonne
Université de Paris-I, Panthéon-Sorbonne

Avant-propos

La démarche suivie dans la thèse de Mme Abid Mnif rappelle une troïka… d'ordre scientifique. Allier l'étude des droits tunisiens et français, à une analyse comparatiste, pour puiser des principes de solution et les conduire, comme un phénomène d'osmose, d'un système vers un autre, est un mouvement en trois temps. Bref un défi, relevé et gagné avec un grand mérite.

La thèse de Mme Salma Abid Mnif a été co- dirigée par le Pr Patrice Jourdain et l'auteur de ce rapport, professeur à l'Université de Sfax. Elle a porté sur une question compliquée, bénéficiant d'une attention doctrinale en France, sans qu'elle ne soit traitée jusqu'ici par la doctrine tunisienne. Comment débroussailler une forêt savane, planter un terrain en jachère, et y tracer une voie commune ? Et comment équilibrer une réflexion à partir de données déséquilibrées ? Cette piste ascendante n'a pas rebuté l'auteur de la thèse pour atteindre son sommet.

L'approche comparatiste a permis de dégager les caractéristiques de chaque système, et d'avancer des principes de solution tirés de leur rapprochement .

Dans la première partie, elle a démontré la relativisation de la distinction entre les deux ordres de responsabilité. Son origine, le débat entre les deux courants moniste et dualiste, a été très claire, révélant d'excellentes dispositions à la synthèse et à la didactique. L'office du juge dans la qualification des faits au cours d'une action, a soulevé une discussion très intéressante sur la notion de cause, dans les droits tunisien et français de la procédure, aux positions divergentes, en dépit de la ressemblance au niveau des textes.

Cette étape est marquée par une grande précision, et une grande rigueur de l'analyse. Elle a aidé l'auteur de la thèse à s'attaquer à l'étanchéité entre les ordres de la responsabilité, caractéristique du droit français. Le régime délictuel peut intervenir dans l'exécution du contrat, aussi pour les droits et obligations des tiers que des parties. Pour défendre une option modérée, l'auteur a revisité les régimes particuliers de la responsabilité, en avançant des propositions modératrices du principe de la non-option.

Mme Salma Abid Mnif a voulu infléchir la raideur du principe de la non-option du droit français, par des solutions inspirées du droit tunisien. Le Code des obligations et des contrats compte parmi ses sources matérielles, le droit français, dont l'influence est très importante. D'habitude, il inspire les chercheurs grâce à sa prestigieuse tradition, appuyée par une jurisprudence élaborée et une doctrine savante. Pourtant, l'auteur n'a pas gravité dans cette orbite, et quitté la loi de la pesanteur française. Pour marquer la solitude du droit français, la briser, et le rapprocher de la majorité des systèmes qui admettent le principe de l'option, elle a perfusé le droit français de principes de solution suggérés par le droit tunisien.

Sa thèse est rédigée dans une forme très agréable. Sa démonstration est menée avec beaucoup d'aisance, dans un discours démonstratif. Son apport est très important.

Cette jeune étudiante repérée dans les bancs de la Faculté de droit de Sfax, grâce à son sens critique , sa passion pour les nuances, a confirmé ses très bonnes aptitudes à la recherche et à l'enseignement. Avec une intelligence constamment insatisfaite, elle présente les symptômes qui diagnostiquent le syndrome d'une brillante juriste. Sa plume a inscrit sa thèse dans le discours doctrinal tunisien. Elle le marquera à l'avenir. Car sa plume est comme le balai magique, il lui permet de voler haut, et de rejoindre avec aisance toutes les destinations.

Jerbi Sami, Pr. à la Faculté de Droit de Sfax, Dr UR
Obligations et arbitrage, Université de Sfax

LISTE DES PRINCIPALES ABRÉVIATIONS

Adde	Ajouter
Al.	Alinéa
Arch.	Archives
Art.	Article
Ass.	Assemblée
Assoc.	Association
Ass. plen.	Assemblée plénière de la Cour de cassation
Biblio.	Bibliothèque
BCC	Bulletin de la Cour de cassation tunisienne
Bull. Civ.	Bulletin civil des arrêts de la Cour de cassation française
Bull. Crim.	Bulletin criminel des arrêts de la Cour de cassation
CA	Cour d'appel
Cass.	Cour de cassation
CCC	Contrats, concurrence, consommation
C. Civ.	Code civil
CE	Conseil d'État
cf.	Se référer à
Ch.	Chambre
Chap.	Chapitre
Chron.	Chronique
Civ.	Chambre civile de la Cour de cassation
Coll.	Collection
COC	Le Code des obligations et des contrats
Com.	Chambre commerciale de la Cour de cassation
Concl.	Conclusions
Contra	En sens contraire
Crim.	Chambre criminelle de la Cour de cassation

DS	Recueil Dalloz Sirey
DA	Recueil Dalloz analytique
D. aff.	Dalloz affaires
DC	Recueil Dalloz critique
DC	Droit de la construction (Fribourg, Suisse)
DH	Recueil Dalloz hebdomadaire
DMF	Revue de droit maritime français
Doct.	Doctrine
DP	Recueil Dalloz périodique
Dr et patr.	Droit et patrimoine
Droits	Revue française de théorie, de philosophie et de culture juridique
Éd.	Édition
Éd. gén.	Édition générale
Ex.	Exemple
Fasc.	Fascicule (juris-classeur)
GP	Gazette du palais
Ibid	Ibidem, au même endroit
In	Dans
In fine	À la fin
Infra	Ci-dessous
IR	Informations rapides (dans le recueil Dalloz)
JCP	Juris-classeurs périodiques (La Semaine Juridique, édition générale)
JCPE	Juris-classeur entreprise
JDI	Journal de droit international
JLMB	Revue de jurisprudence de Liège Mons et Bruxelles
JO	Journal officiel
JORT	Journal officiel de la République tunisienne
JT	Journal des tribunaux (Belgique)
Juriscl. civ.	Juris-classeur civil
Juriscl. pénal.	Juris-classeur pénal

LGDJ	Librairie générale de droit et de jurisprudence
Loc. cit.	Loco citato, à l'endroit précité
M.	Monsieur
Mlle	Mademoiselle
MM.	Messieurs
Mme	Madame
N°	Numéro
NCPC	Nouveau Code de procédure civile
Obs.	Observations
Op. cit.	Opere citato, ouvrage précité
P.	Page
PA	Les petites affiches
PUAM	Presse universitaire d'Aix-Marseille
PUF	Presse universitaire de France
RCA	Responsabilité civile et assurances
RCJB	Revue critique de la jurisprudence belge
REAS	Responsabilité et assurance (suisse)
Rec.	Recueil
Rep.	Defrénois Répertoire du notariat Defrénois
Req.	Chambre des requêtes
Rev.	Revue
Rev. Crit.	Revue critique de législation et de jurisprudence
Rev. Crit. DIP	Revue critique de droit international privé
RDC	Revue des contrats
RDI	Revue de droit immobilier
RDS	Revue de droit suisse
RDSS	Revue de droit sanitaire et sociale
RGAR	Revue générale assurance et responsabilité (Belgique)
RGAT	Revue générale des assurances terrestres
RIDC	Revue internationale de droit comparé
RJDA	Revue de jurisprudence de droit des affaires
RJL	Revue de jurisprudence et de législation
Rev. Mc.Gill	Revue de droit de l'université McGill Revue (Québec)

RRJ	Revue de la recherche juridique, Droit prospectif
RTD	Revue tunisienne de droit
RTD civ.	Revue trimestrielle de Droit civil
RTD com.	Revue trimestrielle de Droit commercial
S.	Sirey
s.	Et suivants
Somm. comm.	Sommaires commentés
Soc.	Chambre sociale de la Cour de cassation
Supra	Ci-dessus
T.	Tome
Th.	Thèse
Trib.	Tribunal
Vol.	Volume

INTRODUCTION

« Celui qui se bat peut perdre, celui qui ne se bat pas a déjà perdu »
B. Brecht

1. « Grandissant aux deux points opposés de l'horizon juridique »[1], les deux ordres rivaux de responsabilités contractuelle et délictuelle, « réclamant, revendiquant à toute occasion, une plus large place au soleil » et prétendant résoudre, chacun par sa seule vertu, les conflits de droits les plus aigus, peuvent-ils finir un jour par trouver un rapport pacifique de cohabitation ?

Discuté depuis longtemps, le rapport entre les responsabilités contractuelle et délictuelle[2], et particulièrement la question de l'option entre ces deux dernières, a toujours tenté les juristes contemporains et mis à l'épreuve leur esprit critique tout comme leur capacité de systématisation. Est-il alors légitime de reprendre

---

[1] L. Josserand, *in* Préface de la thèse de A. Brun, Rapports et domaines des responsabilités contractuelle et délictuelle, Rec. Sirey, 1931, p. 5.

[2] V. notamment H. Auyvenet, Théorie des fautes contractuelles et fautes délictuelles, en droit romain et en droit français, Paris 1893 ; J. Aubin, « Responsabilité délictuelle et responsabilité contractuelle », Thèse Bordeaux 1897 ; A. Chenevier, « Responsabilité contractuelle et responsabilité délictuelle », thèse Nancy, 1899 ; D. Bébet, « Contribution à l'étude de la faute aquilienne ou délictuelle et la faute contractuelle », thèse Paris 1899 ; M. Meigné, « Responsabilité et contrat, essai d'une délimitation des responsabilités contractuelle et délictuelle », Thèse Lille 1924 ; A. Brun, « Rapports et domaines des responsabilités contractuelle et délictuelle », préf. L. Josserand, 1931 ; J. Huet, « Responsabilité contractuelle et délictuelle, Essai de délimitation des deux ordres de responsabilités », thèse Paris 1978 ; R. Rodière, « Définition et domaine de la responsabilité contractuelle », Paris Pedone, 1981, p. 143 ; G. Durry, La distinction entre la responsabilité contractuelle et la responsabilité délictuelle, Cours McGill 1986 ; E. Bonnet, « Responsabilité délictuelle et contrat », Rev. Crit.. 1912, p. 418 ; A.-F. Lefèbvre, « Responsabilité délictuelle et responsabilité contractuelle », Rev. Crit. 1886, p.485 ; H. Mazeaud, « Responsabilité délictuelle et responsabilité contractuelle », RTD civ. 1929, p. 551 ; R. Rodière, « Études sur la dualité des régimes de responsabilité – La combinaison des responsabilités », JCP 1950, I, 868, n°1 ; H. et L. Mazeaud, Traité théorique et pratique de la responsabilité civile contractuelle et délictuelle, t. 1, 2e éd., 1934, n°174 ; L. Josserand, Cours de droit civil positif français, t. II, 1939, n°487 ; L. Julliot de La Morandière, Cours élémentaire de droit civil français de A. Colin et H. Capitant, 10e éd. 1948, n°397 ; R. Savatier, Traité de la responsabilité civile en droit français, t. 1, 2e éd., 1951, n°149 ; G. Viney, Traité de droit civil, Introduction à la responsabilité, 3e éd. 2008, n°232 et s.

un tel thème après les importants travaux qui lui ont été réservés ?[3] À première vue, on peut penser que le sujet a cessé d'être problématique, surtout après les travaux effectués en droit français par E. N. Martine[4] et M. Espagnon[5], systématisant tous les deux, d'une manière lumineuse, le principe du non-cumul. Un principe cher à la jurisprudence française[6] qui, appuyé par la quasi-

---

[3] J. Van Ryn, « Responsabilité aquilienne et contrats en droit positif », thèse Bruxelles, Paris, Sirey 1932 ; J.-P. Albota, Le droit d'option, Bucarest 1933 ; G. Lardennois, « De l'application de l'article 1384 paragraphe premier en matière contractuelle, thèse Nancy 1935 ; J. Coste, De l'intervention de la responsabilité délictuelle dans le domaine de la responsabilité contractuelle », thèse Montpellier 1951 ; E. N. Martine, L'option entre la responsabilité contractuelle et la responsabilité délictuelle, LGDJ, 1957 ; M. Espagnon, « La règle du non- cumul des responsabilités en droit civil français », thèse Paris I, 1980 ; G. Cornu, « Le problème du cumul de la responsabilité contractuelle et de la responsabilité délictuelle », Rapport au 6e Colloque international de droit comparé, Hambourg 1962, éd. Bruylant, p. 239 ; W. Czachorski, « Le problème du cumul de la responsabilité contractuelle et délictuelle », Rapport au 6e congrès international de droit comparé, Hambourg. 1962, éd. Bruylant, p. 351 ; C. Larroumet, « L'intervention de la responsabilité délictuelle dans le domaine de la responsabilité contractuelle en droit français à la lumière des expériences étrangères », Rev. de McGill 1981, p. 839 ; G. Viney, « Pour une interprétation modérée et raisonnée du refus d'option entre responsabilité contractuelle et responsabilité délictuelle », Rev. dr. McGill, 1994, p. 813.

[4] Thèse précitée.

[5] Thèse précitée.

[6] Req., 21 janv. 1890, S.1890, S., 1, 408 note anonyme ; Cass. civ., 11 janv. 1922, S. 1924, 1, 105, note R. Demogue ; Paris, 18 mai 1924, D. P. 1924, 2, 125, note E. D ; Cass. civ., 6 avr. 1927, S. 1927, 1, 201, note H. Mazeaud ; Req., 6 mars 1945, D. 1945, p. 217 ; Civ. 2e, 13 mai 1955, J. C. P 1956, 9246, note Esmein ; Paris, 10 juin 1955, D. 1955, p. 582, note R. Rodière ; Civ. 2e, 13 mai 1955, JCP 1956, II, 9246, note Esmein ; Civ. 1re, 7 déc. 1955, J. C. P G 1956, II, p. 9246, note P. Esmein ; Civ. 1re, 9 janv. 1957, JCP 1957, 9915, note Rodière ; Civ. 1re, 9 oct. 1962, D. 1963, J., p. 1, note Liet-Veaux ; J. C. P. G 1962, II, 12910, P. Esmein ; CA Rouen, 6 nov. 1970, D. 1971, p. 274, note R. Rodière ; Civ. 3e, 18 déc. 1972, D. 1973, p. 272, note M. Vasseur ; Civ. 2e , 4 juin 1973, D. 1973, p. 673, note P. Chaveau ; Soc., 5 juin 1975, D. 1975, p. 686, note Y. Saint-Jours ; Civ. 2e, 30 juin 1976, J. C. P. 1979, II, 19038, note anonyme ; C. A Paris 2 déc 1977, RTD civ. 1978, p. 882, obs G. Durry ; Civ. 1re, 2 nov. 1978, D. 1979, I. R., p. 343, obs. C. Larroumet ; Civ. 3e, 9 mai 1979, I. R, p. 468 ; Civ. 1re, 9 oct. 1979, D. 1980, I. R, p. 222, note C. Larroumet ; Civ. 2e, 8 juin 1979, D. 1980, p. 583, note M. Espagnon ; Civ. 1re, 6 janv. 1981, RTD civ. 1982, p. 145, obs. G. Durry ; Civ. 1re, 11 mai 1982, Bull. civ. 1982, I, 151, n°170, G. P. 1982, sem. Jur. 612, note Chabas ; Civ. 2e, 15 déc. 1986, D. 1987, jur. 221, note C. Larroumet ; Civ. 1re, 11 janv. 1989, JCP 1989.II. 21426, note C. Larroumet ; Civ.2e, 26 mai 1992, Bull. civ. 1992, II, 75, n°154 ; Civ. 6 janv. 1981, D. 1982, I. R, p. 24 ; C. A. Poitiers 29 juin 1983, D. 1984, jur. 62, note G. Daverat ; Com., 26 fév. 1985, Bull. civ. 1985, IV, 67 ; Civ. 2e, 15 déc. 1986, D. 1987, jur. 221, note C. Larroumet ; Civ. 2e, 26 mai 1992, Bull. civ. 1992, II, 75, p. 15 ; JC P 1992, I, 3625, obs. G. Viney ; RTD civ. 1992, p. 767, obs. P. Jourdain ; Civ.2e, 26 mai 1992, Bull. civ. 1992, II, 75, n°154 ; Civ. 1re, 27 janv. 1993, Bull. civ. I. 28, n°42 ; Civ. 1re, 1 mars 1993, Bull. civ. 1993, 1, p. 174, n°84 ; Civ. 2e, 9 juin 1993, Bull. civ. 1993, II, 110, n°204 ; Civ. 2e, 9 juin 1993, Bull. civ. 1993 ; J. C. P. 1994, II, 22264, note F. Roussel ; Civ. 1re, 24 nov. 1993, RCA 1993, chron. n° 6 par Groutel ; Civ. 1re, 5 avril 1993, RGAT. 1993, p. 651, note P. Rémy ; Civ. 2e, 6 juill. 1994, R. J. D. A. 1994, n°1405 ; RCA 1994, comm. 366, RTD civ. 1995, p. 124, obs. P. Jourdain ; Com., 8 fév. 1994, P. A. 1996, n°33, p. 14, note F. Duquesne ; Civ. 1re, 4 janv. 1995, D. 1995, I. R. 528 ; J. C. P. 1995.I. 3853, obs. Viney ; Cass. civ 3e 8 juillet 1998, RTD civ. 1998, p. 909, obs. P. Jourdain ; C. À Bordeaux, 14 déc 1999, RCA, comm n°74, obs. H. Groutel ; Civ. 1re, 19 mars

totalité des auteurs[7], refuse tout recours aux articles 1382 à 1386 du Code civil lorsque les conditions d'application de la responsabilité contractuelle sont également remplies. Ainsi peut-on lire dans certains arrêts que « les articles 1382 et suivants sont sans application lorsqu'il s'agit d'une faute commise dans l'exécution d'une obligation résultant d'un contrat »[8] ou que « le créancier d'une obligation contractuelle ne peut se prévaloir contre le débiteur de cette obligation, quand bien même il y aurait intérêt, des règles de la responsabilité délictuelle »[9]. Certains arrêts se veulent plus exhaustifs et précisent que l'exclusion de la responsabilité délictuelle nécessitait « un manquement commis dans l'exécution d'une obligation résultant d'une convention dont il ne saurait être fait abstraction pour apprécier la responsabilité engagée »[10]. Malgré l'instabilité des formules que certains regrettent[11], il est clair que les juges français refusent toute ingérence des règles délictuelles dans le contrat.

2. Terminologie. Règle bien connue, même si l'on s'accorde aujourd'hui[12], et depuis l'étude de H. Mazeaud[13], sur le fait qu'elle soit mal nommée, cette dernière interdit dans sa première acception tout cumul d'actions et d'indemnités. En effet, nul n'ignore qu'il n'est pas question de permettre de cumuler les réparations en invoquant tour à tour les règles délictuelles et les règles contractuelles. La possibilité de solliciter successivement les deux ordres de responsabilités pour obtenir le dédommagement n'est envisageable que dans l'hypothèse où la victime établit l'existence de deux préjudices distincts. On ne peut encore admettre une autre forme de cumul qui permettrait à la victime de prendre à sa guise, dans chaque système de responsabilité, les règles qui lui conviennent afin d'obtenir la réparation la plus complète. En effet, en dehors de toute législation spéciale unificatrice qui se dégage des amarres contractuelles et

2002, C. C. C 2002, comm. 106 et note Leveneur ; Com., 9 juill. 2002, C. C. C 2002, comm n° 172 et note Leveneur ; Civ 1re, 31 janv. 2002, GP 2002, J. n°31, p. 11 ; Com., 24 sept. 2003, RTD civ. 2004, p. 94, obs. P. Jourdain ; Civ. 1re, 1er juill. 2003, Resp. civ. et assur. oct. 2003, comm. 252, obs. H. Groutel.

7 Voir notamment A. Bénabent, Droit civil. Les obligations, Droit civil. Les obligations, 12e éd., Montchrestien, 2010 ; Droit des obligations. 2 – Responsabilité civile et quasi-contrats, PUF, 2010, n°5 ; Ph. Malaurie, L. Aynès et Ph. Stoffel-Munck, Les obligations, 3e éd., Defrénois, 2009 n° 1007 ; J. Flour, J.-L. Aubert, Y. Flour et E. Savaux, Droit civil. Les obligations. Le fait juridique, quasi-contrat, 13e éd. Dalloz, 2009, n° 185.

8 Req., 21 janv.1890, D. 1891, 1, 380, note anonyme ; Cass. civ., 11 janv. 1922, D. P. 1922, 1, 16 ; S. 1924, 1, 105, note R. Demogue ; GP. 1922, 1, 344 ; Cass. civ., 6 avril 1927, D. 1927, 1, 201, note H. Mazeaud.

9 Civ. 1re, 11 janv. 1989, JCP 1989, II, 21326.

10 Civ. 2e, 26 mai 1992, Bull. civ. II, n° 154, p. 75.

11 Ph. Stoffel-Munck, L'abus dans le contrat, thèse, LGDJ, 2000, préf. R. Bout, n° 419.

12 Voir R. Rodière, « Études sur la dualité des régimes de responsabilité – La combinaison des responsabilités », JCP 1950, I, 868, n° 1 ; H. et L. Mazeaud, Traité théorique et pratique de la responsabilité civile contractuelle et délictuelle, t. 1, 2e éd., 1934, n° 174.

13 H. Mazeaud, « Responsabilité délictuelle et responsabilité contractuelle », art. précité, n° 79.

délictuelles[14], on n'a jamais admis que le demandeur puisse, dans une même action, combiner les règles de responsabilité contractuelle et délictuelle. La vraie problématique se pose donc moins concernant le cumul proprement dit, puisque le panachage des règles délictuelles et contractuelles paraît, comme l'écrivait E.-N. Martine, « trop contraire à nos principes pour qu'on y ait sérieusement songé »[15]. En réalité, la règle du non-cumul est souvent utilisée dans un autre registre afin d'interdire à la victime de choisir entre la responsabilité contractuelle et la responsabilité délictuelle lorsque les conditions d'application de chacun des deux régimes paraissent simultanément réunies. Certains auteurs ont essayé, à la suite de Rodière[16], d'affiner davantage le vocabulaire en proposant de distinguer l'option proprement dite du concours d'actions. Ce dernier cas de figure désigne l'hypothèse où la victime dispose théoriquement de la possibilité de solliciter la voie contractuelle mais que celle-ci ne permet pas d'obliger le débiteur à réparer lorsqu'il existe une clause exclusive ou limitative de responsabilité, ou lorsque l'action contractuelle se trouve prescrite. Se pose alors la question de savoir si la victime peut se prévaloir subsidiairement des articles 1382 et suivants du Code civil. Néanmoins, le droit français ne se préoccupe guère de cette distinction, et le

---

[14] Plusieurs législations spéciales tendent à instaurer un régime uniforme de réparation qui transcende la distinction entre la responsabilité contractuelle et la responsabilité délictuelle, et ce dans plusieurs domaines. On peut citer la loi du 5 juillet 1985 relative aux accidents de la circulation. Sur cette loi, voir M.-P. Camproux, « La loi du 5 juillet 1985 et son caractère exclusif », D. 1994, chron., p. 109 ; G. Wiederkher, « De la loi du 5 juillet et de son autonomie », D. 1986, ch. p. 255. La loi du 19 mai 1998 sur la responsabilité du fait des produits défectueux s'inscrit également dans cette tendance. Sur cette loi voir G. Raymond, « Premières vues sur la loi n°98-389 du 19 mai 1998 relative à la responsabilité des produits défectueux », Contrats, conc. consom., juin 1998, chron. 7 ; Y. Dagorne-Labbé, « La loi du 19 mai 1998 relative à la responsabilité du fait des produits défectueux », Defrénois 1998, art. 36888, p. 1265 ; J. Ghestin, « Le nouveau titre IV bis du livre III du Code civil « de la responsabilité du fait des produits défectueux », JCP G 1998, I, 148 ; P. Jourdain, « Aperçu rapide sur la loi n°98-389 du 19 mai 1998 relative à la responsabilité du fait des produits défectueux », JCP E 1998, n° 22 ; C. Larroumet, « La responsabilité du fait des produits défectueux », D. 1998, chron. 311 ; G. Raymond, « La loi du 19 mai 1998 relative à la responsabilité des produits défectueux », contrats conc. consom. 1998, chron. n° 7 ; Y. Testu et J. H. Moitry, « La responsabilité du fait des produits défectueux », D. Affaires 1998, suppl. au n° 25 ; G. Viney, « L'introduction en droit français de la directive européenne du 25 juillet 1985 relative à la responsabilité du fait des produits défectueux », D. 1998 chron. p. 291 *adde* S. Taylor, L'harmonisation communautaire de la responsabilité du fait des produits défectueux, LGDJ, 1999, préf. G. Viney ; J. S. Borghetti, La responsabilité du fait des produits, LGDJ, 2004, préf. G. Viney. On peut également citer la loi du 4 mars 2002 relative aux droits des malades et à la qualité du système de santé. Sur cette loi voir C. Radé, « La réforme de la responsabilité médicale après la loi du 4 mars 2002 relative aux droits des malades et à la qualité du système de santé », RCA mai 2002, chron. 7.

[15] E. N. Martine, thèse précitée, n°27.

[16] R. Rodière, « Études sur la dualité des régimes de responsabilité – La combinaison des responsabilités », JCP 1950, I, 868, n° 1. Voir dans la même filiation F. Bussy-Dunaud, Le concours d'actions en justice entre les mêmes parties, préf. J. Ghestin, LGDJ, 1988, p. 17 ; G. Babert, « Le système Planiol », thèse, Poitiers, dactyl., 2002, n° 241, p. 266 ; M. Faure-Abbad, « Le fait générateur de la responsabilité contractuelle », LGDJ, 2003, n° 240 et s.

plus souvent la règle du « non-cumul » est utilisée pour interdire aussi bien l'option que le concours d'actions[17].

3. Le dogme du non-cumul en droit français. « Incontestable et incontestée »[18], malgré l'absence d'un fondement textuel explicite, la règle du non-cumul est devenue une institution mythique, qui, même si elle singularise le droit français par rapport aux autres systèmes juridiques, reste, selon une partie de la doctrine particulièrement autorisée, la plus logique et la plus acceptable[19]. Son statut privilégié ne cesse de se renforcer avec le déclin des exceptions qui lui étaient classiquement réservées[20], et rares sont les voix qui se sont prononcées en faveur d'une option, qu'elle soit totale[21] ou modérée[22]. Et l'on trouve même des auteurs[23] qui pensent que la règle du non-cumul devrait être opposable aux tiers qui souffrent de l'inexécution contractuelle.

4. La position du droit tunisien. Manifestement, cette interdiction systématique de l'option qui exprime une séparation étanche entre le domaine de la responsabilité délictuelle et celui de la responsabilité contractuelle n'est pas partagée par le droit tunisien malgré l'affinité qui existe entre les deux corps de règles organisant la responsabilité contractuelle et la responsabilité délictuelle dans les deux systèmes juridiques. En effet, les rédacteurs du Code des obligations et des contrats, tout comme ceux du Code civil, reconnaissent le principe de la dualité des deux ordres de responsabilités en réglementant ces deux derniers dans différents chapitres. Ainsi, à l'instar du droit français, la responsabilité délictuelle est régie par les articles 82 à 115 du Code des obligations et des contrats dans le cadre des sources des obligations. La responsabilité contractuelle, quant à elle, se trouve éparpillée dans deux chapitres. Certaines dispositions telles que l'article 244 relatif aux clauses de non-responsabilité et l'article 245 relatif à la responsabilité contractuelle du fait

---

[17] Voir dans le même sens J. S. Borghetti, « La responsabilité du fait des choses, un régime qui a fait son temps », RTD civ. 2010, p. 1.

[18] L'expression de J. S. Borghetti, *op. cit.*

[19] R. Rodière, « Définition et domaine de la responsabilité contractuelle », Paris, Pedone, 1981, p. 143.

[20] Voir *infra*. Chapitre premier de la deuxième partie.

[21] Il s'agit essentiellement de Planiol, note au D. 1907, 2, 97.

[22] J. Van Ryn, « Responsabilité aquilienne et contrats », thèse précitée ; R. Savatier, *op. cit.*, n° 152-155 ; G. Viney, Introduction à la responsabilité, préc., n° 232 et s. *adde* pour le même auteur « Pour une interprétation modérée et raisonnée du refus d'option entre responsabilité contractuelle et responsabilité délictuelle », art. précité.

[23] B. Teyssié, « Les groupes de contrats », LGDJ, Bibliothèque de droit privé, 1975, p. 281 et s. ; J. Neret, « Le sous contrat », LGDJ, Bibliothèque de droit privé 1977 ; J. Huet, thèse précitée, titre II, chapitre II, p. 554 ; M. Espagnon, thèse précitée deuxième partie ; M. N. Courtiau, « Responsabilité contractuelle et inexécution », thèse, Paris I, 2001 ; G. Lévy, RTD civ. 1970, p. 33 ; J. F. Overstake, « La responsabilité du fabricant de produits dangereux » RTD civ. 1972, p. 518, n°84 ; Bonet et Gros, « La réparation des dommages causés aux constructions par les vices de matériaux », JCP G. 1974, I, 602, n°22 ; G. Viney, « Pour une interprétation modérée… », art. précité, p. 815.

d'autrui sont réglementés dans le cadre des effets des obligations. Mais, la plupart des dispositions relatives à la responsabilité contractuelle à savoir les articles 268 et suivants sont situés principalement dans une section relative à la demeure du débiteur, elle-même érigée dans le cadre d'un chapitre relatif à « l'inexécution de l'obligation et de ses effets ».

Néanmoins, si la physionomie des deux corps de règles contractuelles et délictuelles se rapprochent en droits français et tunisien, il n'en reste pas moins vrai que le rapport entre les deux blocs de dispositions est loin d'être conçu pareillement dans les deux systèmes.

Sur un plan terminologique, on peut d'abord être frappé par la netteté de la distinction entre le cumul et l'option en droit tunisien[24]. En effet, si l'on s'accorde à refuser toute idée de cumul d'actions ou d'indemnités, la doctrine utilise le terme option, et non pas « le non-cumul » pour discuter la possibilité pour les victimes de choisir entre la responsabilité contractuelle et la responsabilité délictuelle[25], et ce sans distinguer entre l'option proprement dite et le concours d'actions comme le souhaitait une partie de la doctrine française[26]. Mais indépendamment de cette remarque terminologique, il semble que le droit tunisien, depuis l'arrêt des Chambres réunies du 16 mars 1995[27] déclarant que » la victime d'un accident de la circulation peut disposer de différents fondements pour demander la réparation des dommages qu'elle a subis ; elle peut demander en effet, soit d'agir sur la base de la responsabilité du fait personnel, soit sur la base de la responsabilité délictuelle du fait des choses ; soit enfin sur celle de la responsabilité contractuelle du transporteur ; qu'elle est en conséquence libre d'opter pour le fondement qu'elle choisit »[28], est plus réceptif à l'idée de l'option entre la responsabilité contractuelle et la responsabilité délictuelle.

En présence de cette opposition notoire entre les juges français et tunisiens, on ne saurait se contenter d'un exposé descriptif. En effet, la prise de position sur le problème de l'option est tellement compliquée qu'elle ne pourrait être séparée de l'état d'évolution du droit de la responsabilité civile dans sa globalité. Certaines divergences entre les deux législations peuvent influencer de manière importante, sinon décisive, la solution adoptée par le juge. Et même lorsque les textes de loi convergent sur la structure et le principe même de la

---

[24] La doctrine utilise deux termes différents pour désigner deux hypothèses différentes « *El jamaa* » pour désigner le cumul et « *khiar* » pour parler de l'option. Voir S. Jerbi, L'interprétation du contrat, thèse, CPU, 1997, p. *adde* pour le même auteur, » La responsabilité délictuelle dans le Code des obligations et des contrats : les sources et les ressources », *in* livre du centenaire du Code des obligations et des contrats, CPU 2006, p. 449.

[25] *Ibid.*

[26] Voir *supra* n°2.

[27] Cass. civ. arrêt des Chambres réunies n°42389 du 16 mars 1995.

[28] Sur cet arrêt, voir N. Ben Ammou, « L'évolution récente de la jurisprudence en matière de responsabilité civile », RTD 1996, p. 17.

distinction entre la responsabilité contractuelle et la responsabilité délictuelle, la manière de gérer cette distinction pourrait être différente d'un juge à l'autre. Seule une étude comparative approfondie des deux systèmes de responsabilité civile permettrait dès lors de mieux appréhender les similitudes et les divergences entre le droit français et le droit tunisien.

5. Comparaison : but et méthode[29]**.** L'étude comparative est depuis longtemps connue comme féconde dans le domaine du droit civil moderne. « Connaître, comprendre, comparer »[30], telles sont les opérations composant le processus comparatif selon J. Constantinesco. La première phase exige d'étudier le terme tel qu'il est et selon la méthode propre à l'ordre juridique auquel il appartient[31]. La compréhension, qui constitue la deuxième phase, consiste à réintégrer le terme dans son système juridique[32]. La troisième phase[33], quant à elle, commande de comparer de façon méthodique tous les aspects des termes à comparer point par point et élément par élément et surtout d'aller de l'analyse vers la synthèse. Quelle doit être la finalité de la comparaison ? J. Constantinesco s'abstient malheureusement de préconiser une appréciation finale, comme le suggèrent plusieurs autres comparatistes[34]. Or, il nous semble que l'intérêt de toute démarche comparatiste, après avoir confronté les idées, les raisonnements et les théories, consiste à suggérer une solution jugée la plus adéquate. Au-delà de l'exposé des ressemblances et des dissemblances, la comparaison ouvre ainsi la voie au droit prospectif. L'on ne peut perdre de vue le fait qu'une méthode, qu'elle soit comparative ou autre, est intimement liée à la fin ou à l'objectif poursuivi. Or, comme l'a si bien écrit un auteur, « chercher des solutions plus adéquates et plus justes en connaissance de l'expérience des autres »[35] reste « l'idée la plus noble des recherches comparatives »[36].

6. Comparaison du droit tunisien avec le droit français. La comparaison du droit tunisien avec le droit français est légitimée historiquement par l'influence marquante qu'a exercée ce dernier lors de l'élaboration du Code des obligations et des contrats. Certes, le Code tunisien est loin d'être une reproduction intégrale du Code civil français. Aux aveux mêmes du rapporteur

---

[29] Sur la méthodologie de la comparaison, voir J. Constantinesco, Le traité de droit comparé, T.2, La méthode comparative, 1974, p. 122 ; M.-L. Izorche, « Propositions méthodologiques pour la comparaison », RIDC 2001, p. 289 ; B. Jaluzot, « Méthodologie du droit comparé, Bilan et prospective », RIDC 2005, n°1, p. 29.

[30] Ce que J. Constantinesco appelle la règle de trois C, voir J. Constantinesco, *op. cit.*, p. 122.

[31] *Ibid.*

[32] *Ibid.*

[33] *Ibid.*

[34] M.-L. Izorche, « Propositions méthodologiques pour la comparaison », *op. cit. Loc. cit.* ; B. Jaluzot, « Méthodologie du droit comparé, Bilan et prospective », *op. cit. Loc. cit.*

[35] W. Czachorski, « Le problème du cumul de la responsabilité contractuelle et délictuelle », 6e congrès international de droit comparé Hambourg. 1962, Bruylant, p. 351.

[36] *Ibid.*

de la commission chargée de codifier la législation civile, D. Santilliana[37], les sources doctrinales du Code des obligations et des contrats sont riches et plurielles synthétisant à la fois la pensée juridique européenne (française, allemande et italienne…) et les compilations des jurisconsultes musulmans[38]. Néanmoins, concernant les règles du droit de la responsabilité civile[39], et particulièrement s'agissant de la distinction entre la responsabilité contractuelle et la responsabilité délictuelle, la source principale dominante dans le Code des obligations et des contrats reste le droit français[40].

7. Le droit musulman et la distinction entre la responsabilité contractuelle et la responsabilité délictuelle[41]. En droit musulman, où il serait plus approprié de parler de garantie, « *d'amân* », et non de responsabilité puisque ce dernier s'écarte de l'idée de la faute[42], la place accordée à la distinction entre la responsabilité contractuelle et la responsabilité délictuelle paraît réduite. Objectiviste, la garantie des personnes et des biens est basée sur

---

[37] Voir D. Santillana, « Avant-propos sur l'avant-projet du Code civil et commercial tunisien », Tunis imprimerie générale J. Picard et Cie1899.

[38] O. Battikh, « La responsabilité civile en droit musulman et en droit positif » (en arabe), thèse, Institut supérieur de théologie, 1987 ; S. Ben Achour, « Aux sources du droit moderne tunisien : la législation tunisienne en période coloniale », thèse, faculté de droit et des sciences politiques de Tunis, 1996 ; R. Sakrani, « Sources doctrinales du Code des obligations tunisien, étude sur la théorie générale des obligations », thèse, faculté de droit et des sciences politiques de Tunis, Paris II, 2003 ; M. K. Charfeddine, « Esquisse sur la méthode normative retenue dans l'élaboration du Code tunisien des obligations et des contrats », RIDC 1996, n°2, p. 422 ; M. Bag-Bag, « Singulier résultat d'une conjugaison des sources », RTD 2000, p. 21 ; F. Belknani, « Code des obligations et des contrats et la codification », in Livre du centenaire du Code civil, CPU 2006, p. 5 ; N. Ben Ammou, L'avant-propos de l'avant-projet de Code civil et commercial tunisien (commentaire d'un indigène décolonisé sur l'œuvre d'un orientaliste faisant fonction de législateur), *op. cit.*, p. 65 ; M. Bouzguiba, « Les sources doctrinales du Code des obligations et des contrats » (en arabe), *op. cit.*, p. 39 ; H. Rwatbi, « Le Code des obligations et des contrats et l'islam » (en arabe), *op. cit.*, p. 185

[39] Même si l'on trouve quelques dispositions qui consacrent le droit musulman, telles que l'article 554 du Code des obligations et des contrats qui dispose que : « Celui qui a les avantages a les charges et les risques », qui est une reproduction intégrale du saint Hadith du prophète Mohamed ; ou l'article 103 du Code des obligations et des contrats qui consacre la théorie de l'abus de droit, telle que conçue par le rite hanéfite, ou encore l'article 99 du Code des obligations et des contrats consacrant la théorie des troubles de voisinage en s'inspirant également de la même rite.

[40] M. Rwatbi conclut, à juste titre, dans son article précité que même si les rédacteurs du Code des obligations et des contrats ont essayé de ne pas heurter de front les préceptes de l'islam, la source principale du Code et précisément concernant les règles de la responsabilité civile reste le droit français. Quant au droit musulman, sa place reste réduite tout comme les autres systèmes européens tels que le droit allemand ou italien. Voir H. Rwatbi, « Le Code des obligations et des contrats et l'islam », *op. cit.* p. 212 et s.

[41] Sur le droit musulman voir L. Milliot, Introduction à l'étude de droit musulman, Sirey 1953, p. 200 ; Ch. Chehata, Études de droit musulman, PUF 1971, p. 15 et s. ; *Études de droit musulman* 2), la notion de la responsabilité contractuelle, PUF, Paris 1973, p. 59 *adde*. Essai d'une théorie générale de l'obligation en droit musulman, Dalloz 2005 ; W. Zahili, La théorie de la garantie, les règles de la responsabilité civile et pénale en droit musulman (en arabe), Dar il Fikr Damas 1982.

[42] *Ibid.*

le dommage et le lien de causalité, que la responsabilité soit contractuelle ou délictuelle[43], même si on rencontre parfois dans les textes de certains jurisconsultes la distinction entre le *d'amân* résultant du contrat (*d'amân aqd*) opposé à celui qui résulte d'un fait (*d'amân il fi-il*)[44]. Toutefois, cette circonstance n'exerçait par elle-même qu'une influence réduite sur le régime de la réparation[45]. Il faut dire que la notion de « *d'amân aqd* » est bien particulière en droit musulman[46] et se démarque nettement des solutions occidentales ou même de celle adoptée par le Code des obligations et des contrats dans les articles 277[47] et 278[48]. En effet, non seulement, l'existence d'une théorie générale de responsabilité contractuelle est niée par une partie des jurisconsultes et particulièrement le rite hanéfite[49], mais même dans le cas où elle est reconnue, elle est restrictivement appliquée. En effet, selon W. Zahili, la garantie résultant du contrat n'est due que lorsque le contrat le prévoit expressément ou lorsqu'il résulte des coutumes et des usages de faire supporter le débiteur une telle obligation[50]. En dehors de ces hypothèses, le débiteur qui n'exécute pas ses engagements commet un pêché et devrait être sanctionné pénalement (*Taâzir*)[51]. Néanmoins, actuellement, plusieurs auteurs modernes contestent cette vision et trouvent que le droit musulman dispose de plusieurs outils lui permettant de dissocier entre le civil et le pénal. En effet, plusieurs règles issues du saint *Hadith* telles que « *la dharara wa la dhirar* », qui signifie substantiellement qu'il est interdit de causer préjudice à autrui et de s'en infliger[52], ou la règle selon laquelle « celui qui a les avantages a les charges et les risques »[53], permettraient au droit musulman de se doter d'une théorie

[43] Ch. Chehata, Essai d'une théorie générale de l'obligation en droit musulman, Dalloz 2005, p. 169 ; W. Zahili, La théorie de la garantie, les règles de la responsabilité civile et pénale en droit musulman (en arabe), Dar il Fikr Damas 1982, p. 18 et s.

[44] Voir surtout W. Zahili, *op. cit.* p. 62 et s.

[45] Certains jurisconsultes musulmans considèrent que la solidarité passive est prohibée concernant la garantie résultant d'un fait, à la différence de la garantie résultant du contrat. Voir W. Zahili, *op. cit. Loc. cit.*

[46] Même si Santillana renvoie dans l'article 305 de l'avant-projet à la doctrine de Khalil, Tasouli et au rite malékite.

[47] D. Santillana n'a fait renvoi à aucune source de droit musulman concernant l'article 304 de l'Avant-projet, devenu article 277 du Code des obligations et des contrats et qui constitue le texte de base qui réglemente la responsabilité contractuelle en droit tunisien. Il est symptomatique que l'auteur n'a fait renvoi qu'à l'article 1147 du Code civil français et 1225 du Code italien.

[48] Voir H. Rwatbi, *op. cit. Loc. cit ;* W. Zahili, *op. cit. Loc. cit*

[49] Voir C. Chehata, Études de droit musulman, 2), La notion de la responsabilité contractuelle, précité p. 1

[50] W. Zahili, *op. cit.* p. 82

[51] C'est une sanction pénale soumise à la libre appréciation du juge.

[52] Voir O. Battikh, La responsabilité civile en droit musulman et en droit positif (en arabe), thèse, Institut supérieur de théologie, 1987, p. 61 ; A. Amri, Le rite malékite et le Code des obligations et des contrats, mémoire de DEA, Institut supérieur de théologie 2003/2004, p. 76.

[53] Consacrée textuellement par l'article 554 du Code des obligations et des contrats.

générale de garantie qui irait au-delà de la casuistique qui a caractérisé certaines solutions dégagées par les jurisconsultes musulmans.

Cela dit, les effets du *D'amân*, qu'ils résultent du contrat ou du fait, divergent radicalement de la notion occidentale de réparation. En effet, il ne s'agit pas d'indemniser toutes les pertes subies et le manque à gagner[54] comme l'exige l'article 278 du Code des obligations et des contrats[55], mais une exécution par équivalent qui permettrait de rétablir l'équilibre entre les deux patrimoines en rendant au patrimoine lésé ce qui lui a été enlevé.

Dans ce contexte, il est clair que le principe de distinction entre les deux ordres de responsabilités ainsi que la physionomie des règles contractuelle et délictuelle telle que conçue par le Code des obligations et des contrats, divergent substantiellement des règles de la garantie dégagées par les jurisconsultes musulmans. D'ailleurs, certains auteurs ne manquent pas de conclure que le droit musulman était plutôt adepte de la théorie moniste de responsabilité[56]. Ceci explique que ce dernier n'a pas connu le problème de l'option avec l'ampleur qu'on connaît actuellement. Telle semble également être la situation du droit romain, qui pendant longtemps a ignoré lui aussi la distinction entre la responsabilité contractuelle et la responsabilité délictuelle.

8. Le droit romain[57] : traces encore timides d'une distinction entre la responsabilité contractuelle et la responsabilité délictuelle. À Rome, où l'action pénale et l'action civile étaient fortement imbriquées, la responsabilité était plutôt unique et englobait aussi bien la responsabilité contractuelle que délictuelle. Comme l'écrivait Mme Viney, « les différents délits pour lesquels la loi ou le prêteur délivraient des actions à la victime consistaient tantôt dans la violation d'un contrat, tantôt dans la violation d'une règle extracontractuelle, mais cette circonstance n'exerçait par elle-même aucune influence sur le régime de la sanction »[58]. En effet, dans sa structure même, le droit romain se démarque nettement de la physionomie actuelle du droit de la responsabilité civile puisqu'il n'existait que des délits spéciaux auxquels la loi ou le prêteur ont attaché diverses sanctions adaptées à la gravité et à la nature du préjudice

---

[54] Voir O. Battikh, *op. cit. Loc. Cit* ; W. Zahili, *op cit. Loc. cit.* ; C. Chehata, Essai d'une théorie générale de l'obligation en droit musulman, n°233.

[55] Même si l'article 305 de l'avant-projet renvoie au Tassouli, Ibn Khalil et au rite malékite.

[56] W. Zahili, *op. cit.*, p. 62.

[57] Sur le droit romain, voir ; H. Auyvenet, Théorie des fautes contractuelles et fautes délictuelles, en droit romain et en droit français, Paris 1893 ; J. Aubin, Responsabilité délictuelle et responsabilité contractuelle, thèse, Bordeaux, 1897, spéc. p. 13 ; V. Ryn, Responsabilité aquilienne et contrats, Sirey 1932, n°77 et s. ; M. Abbad-Faure, Le fait générateur de la responsabilité contractuelle, LGDJ, 2003, n°179 ; H. et L. Mazeaud et A. Tunc, Traité théorique et pratique de la responsabilité civile, T. 1, 6e éd. Montchrestien 1965, n°27 p. 619 ; P.-F. Girard, Manuel élémentaire de droit romain 1986, p. 509 ; J. L. Gazzaniga, Introduction historique au droit des obligations, 1re éd., PUF, Coll., Droit fondamental, 1992, n°25 ; G. Viney, Introduction à la responsabilité *op. cit.*, n°6.

[58] G. Viney, Introduction à la responsabilité, *op. cit. Loc. cit.*

infligé. Parmi ces délits, on peut citer l'*injuria* qui, même si elle ne visait initialement que certains types de dommages[59], a été étendue aux principaux types de dommages corporels et à certaines atteintes à l'honneur et à la réputation[60]. Le second délit est le vol ou le *futurum* qui réprimait le vol. Indépendamment de ces deux délits, la loi des XII Tables prévoit également divers délits qui portent atteinte au patrimoine[61]. Mais le texte le plus connu reste la loi *aquilia* qui, dans ses trois chapitres, procède elle-aussi par une énumération des cas d'espèce. Puis peu à peu, par une extension successive, due essentiellement aux prêteurs, les Romains arrivèrent à dégager la notion générale de dommage causé à autrui sans droit « *damnum injuria datum* ». Malgré ces évolutions, le droit romain reste fidèle à la méthode casuistique et on ne peut dire qu'il a réussi à dégager un principe général de responsabilité civile.

Outre la casuistique qui caractérise le droit romain, ce dernier accorde une place réduite à la faute. En effet, il semble que la sanction des délits n'était nullement conditionnée par la faute en tant que telle. C'est seulement pour certains délits, en particulier ceux de la loi *Aquilia* que la faute semble devenir réellement une condition de la responsabilité[62]. Concernant la faute contractuelle, elle est d'abord inconnue dans le droit romain et n'apparaît qu'à l'époque classique[63] avec la distinction entre les contrats de droit strict et les contrats de bonne foi[64]. Dans les premiers types de contrats, la notion de faute ne présentait pas d'utilité car il suffisait de comparer le contenu de la formule à l'action du débiteur. Si par exemple, un débiteur, devant livrer un esclave, le livrait très malade faute de soins, le créancier n'avait pas d'action si le débiteur n'avait pas expressément promis les soins. Avec le développement du commerce « on ouvrit les yeux », écrit Girard[65], « sur le caractère choquant d'un système qui ne tient compte que de la lettre du contrat, où le créancier dupé n'a pas de recours contre la fraude du débiteur, où le débiteur est livré à la fois à la fraude et à l'inhumanité du créancier ». Avec le développement des contrats de bonne foi, le juge apprécie, face à l'insatisfaction du créancier, le comportement dont a usé le débiteur dans l'exécution ou l'inexécution de son obligation. Systématisant ces évolutions, les juristes byzantins vont établir un éventail de la culpabilité fort large puisqu'il va de la *culpa lata* à *la culpa levis* et *levissima* en

[59] Tels que l'ablation d'un membre, la fracture d'un os et les violences légères.
[60] J. L. Gazzaniga, *op. cit.* p. 218.
[61] Tels que le délit de la *pauperie* pour le dommage causé par un quadrupède ou l'*actio* de *pauperie* contre le maître de l'animal à la victime, le délit de *pastu* qui consiste à faire paître un animal sur le terrain d'autrui…Voir sur ces différents délits, J. L. Gazzanica, *op. cit.*p. 218 et s.
[62] C'est à propos de la loi *Aquilia* que les jurisconsultes classiques dégagèrent la notion de faute délictuelle, celle qu'on appellera pendant longtemps faute aquilienne, voir J.-L. Gazzaniga, « Notes sur l'histoire de la faute », *in* La fin de la faute ? Droits, 1987, p. 17.
[63] J.-L. Gazzaniga, « Notes sur l'histoire de la faute », *in* La fin de la faute ? *op. cit.Loc. cit.*
[64] Voir M. Abbad-Faure, thèse précitée, n°184.
[65] P.-F. Girard, Manuel élémentaire de droit romain 1986, p. 509.

passant par la faute appréciée *in abstracto* ou *in concreto*[66]. À côté de ces distinctions qui paraissent souvent théoriques, le droit romain a toujours connu des cas de responsabilité objective, comme celle qui incombe aux maîtres de navires, aux aubergistes et maîtres d'écuries pour vol commis par leurs préposés[67].

Il est clair donc que le droit romain n'a pas ignoré l'action fondée sur l'inexécution du contrat. Néanmoins, ces actions s'ajoutent et se superposent à l'action aquilienne et ce pour des raisons propres au droit romain. En effet, la loi *Aquilia* ne réprimait que les dommages résultant des faits positifs[68]. Or, en matière contractuelle, c'est presque toujours par son abstention que le débiteur cause un préjudice à son créancier : en n'exécutant pas ce qu'il avait promis d'accomplir. Ne pouvant par conséquent donner au créancier une action délictuelle, on lui ouvre une action née du contrat[69]. Cela dit, la distinction entre la responsabilité contractuelle et la responsabilité délictuelle reste timide en droit romain et reflète un état juridique encore imparfait où la notion de délit ne s'était pas, d'une part, suffisamment élargie, et restait d'autre part encore encombrée d'un élément pénal.

9. L'ancien droit[70] : les prémisses d'une distinction entre la responsabilité contractuelle et la responsabilité délictuelle non encore systématisée. Synthétisant le droit romain, les pratiques coutumières et les grands principes de la morale chrétienne, Domat publia en 1689 son œuvre *Les lois civiles dans leur ordre naturel* qui a servi de pierre angulaire au système français contemporain de responsabilité civile. En effet, l'auteur a eu non seulement le mérite de distinguer avec netteté la responsabilité civile de la responsabilité pénale, mais aussi et surtout, il a réussi à mettre en exergue un principe général de responsabilité civile qui puise sa source dans la faute. Cette dernière se présente selon l'auteur sous deux formes. Elle peut être commise en dehors de toute convention préexistante, comme elle peut avoir lieu à l'occasion d'un contrat. S'il est clair que Domat distingue la faute délictuelle de la faute contractuelle, son effort de systématisation s'est surtout opéré en matière délictuelle où l'on

---

[66] G. Viney, *op. cit. Loc. Cit.*

[67] *Ibid.*

[68] Dans la loi des XII Tables, l'*injuria* se présente comme un acte positif : ablation d'un membre, fracture d'un os, violences légères tel un coup ou un soufflet. Le *futurum,* le vol, suppose également un fait positif : la soustraction de la chose d'autrui. Il en est de même pour les Edits spéciaux : complétant le système des XII Tables, ils réprimaient aussi des faits uniquement positifs ; certains crimes contre les bonnes mœurs, comme le fait de manquer à la pudeur d'une femme mariée ou d'un mineur ; tout attentat à l'honneur de l'individu, des écrits injurieux par exemple. La loi *aquilia* n'a pas rompu avec cette tradition. Tous ses chapitres prévoient des actes positifs. Voir M. Abbad Faure, *op. cit. Loc. cit.* ; J. Aubin, *op. cit. Loc. cit.* Girard, *op. cit.* p. 400

[69] H. et L. Mazeaud et A. Tunc, Traité théorique et pratique de la responsabilité civile, *op. cit. Loc. cit.* , n°27

[70] Domat, Les lois civiles dans leur ordre naturel ; Pothier, Traité des obligations, de la prestation des fautes, T. II, éd. Brugnet, 1848.

voit la mise en place de concepts généraux, d'une véritable théorie[71]. En revanche, on perçoit que la matière contractuelle reste fortement influencée par la casuistique romaine. Ceci est surtout visible en ce qui concerne la faute contractuelle évoquée par Domat, contrat par contrat[72].

Un siècle plus tard, Pothier[73] revient à Domat. Comme lui, il fait une scission entre les dommages et intérêts résultant de l'inexécution d'un contrat, et ceux relatifs à la violation d'une obligation délictuelle ou quasi délictuelle. La volonté de distinguer la responsabilité délictuelle d'un système de réparation contractuelle y est présente. Mais elle est encore diffuse et loin d'être systématisée. Il en découle que le problème de l'option entre les deux ordres de responsabilités n'a pas encore émergé.

10. La consécration de la distinction entre la responsabilité contractuelle et la responsabilité délictuelle dans le Code civil français. À la lecture des divers débats et des motifs exposés lors des travaux préparatoires, il apparaît que les jurisconsultes, les tribuns, font une distinction entre la matière relative aux contrats et aux obligations conventionnelles qui constituent le titre III du futur Code civil, et le titre IV consacré aux engagements qui se forment sans convention. Cette dichotomie, adoptée par le Code civil définitif, influencera, un siècle plus tard, les rédacteurs du Code des obligations et des contrats. Les premiers commentateurs du Code civil se contentent de reprendre exégètiquement la distinction qui y est adoptée[74] sans que le principe de la dualité ne soit systématisé.

11. La responsabilité civile : unité ou dualité ? C'est vers la fin du XIXe siècle que la controverse relative à l'unité ou à la dualité des deux branches de responsabilité va rejaillir. Le point de départ fut la thèse de Ch. Sainctelette[75], parue en 1884, qui plaidait en faveur d'une dualité rigoureuse entre la responsabilité contractuelle et la responsabilité délictuelle allant jusqu'à proposer l'éviction du terme de la responsabilité contractuelle pour la remplacer par « garantie ». Son idée basée sur une opposition foncière entre la loi du contrat fut adaptée par plusieurs auteurs[76] qui désertèrent la notion de garantie chère à Sainctelette, en lui préférant celle de responsabilité contractuelle, tout en conservant l'idée essentielle qu'il existait une divergence de nature entre les deux ordres de responsabilités. La responsabilité délictuelle est une source

---

[71] M. N. Courtiau, thèse précitée, n°127.
[72] *Ibid.*
[73] Pothier, Traité des obligations précité.
[74] L. Larombière, Théorie et pratique des obligations ou commentaire des titres III et IV du Code civil, T. 1, T. III, Articles 1101 à 1225, 2e éd. 1885 ; T. Huc, Commentaires théorique et pratique du Code civil, T. 7, Des contrats, 1894.
[75] Ch. Sainctelette, « De la garantie et de la responsabilité », Bruxelles 1884.
[76] Fromageot, De la faute comme source de la responsabilité en droit privé, thèse précitée ; H. Auvynet, Théorie des fautes en droit romain, fautes contractuelle et délictuelle en droit français, thèse précitée ; Labbé, Rev. Crit. 1886, p. 433 ; C. Demolombe, Traité des contrats, T. 8, Paris 1877, n°472.

d'obligation alors que la responsabilité contractuelle est un effet du contrat. Et c'est à ce moment-là que la doctrine a commencé à détecter la concurrence possible entre les deux ordres de responsabilités et à exprimer sa défaveur pour le système de l'option. Labbé en particulier, dont la pensée est restée prépondérante en droit français jusqu'à nos jours, a soutenu à maintes reprises qu'» entre les personnes qui sont liées par un contrat, toute question de faute doit être jugée d'après la volonté des parties, l'article 1382, qui régit les rapports des personnes n'ayant point contracté ensemble devient inapplicable »[77].

Toutefois dès 1892, un autre mouvement diamétralement opposé apparut avec J. Grandmoulin[78] qui soutint qu'il ne pouvait exister qu'une seule responsabilité, à savoir la responsabilité délictuelle, et ce en raison de l'unité des sources : la loi. La nature contractuelle de la règle méconnue ne doit pas alors avoir d'incidence sur le régime de la responsabilité qui doit obéir aux articles 1382 et suivants du Code civil. Cette présentation allait donc éviter de traiter de la question de l'option en supprimant ses causes puisque sans dualité, il n'y aurait pas de concurrence possible entre les deux ordres de responsabilités. La responsabilité est une et délictuelle. Néanmoins, ce monisme radical s'est vu tempéré par Planiol, qui même s'il considère que la distinction communément admise est contestable et sans raison d'être, estime que la limitation de la réparation au dommage prévisible, instituée par l'article 1150 du Code civil, en matière contractuelle, constitue une différence réelle entre les deux ordres de responsabilités[79]. Cette différence ne suffit pas toutefois selon l'auteur pour écarter l'option car « ce n'est pas la responsabilité délictuelle qui sert de complément à l'autre, c'est le contraire qui est vrai ; la responsabilité contractuelle vient s'ajouter à la responsabilité établie par la loi et ne peut ni l'éliminer, ni se substituer à elle »[80].

Il faut attendre les années trente pour qu'émerge une thèse médiane[81], qui est encore celle de la doctrine actuelle dominante. Il est effet admis une dualité des régimes de responsabilités contractuelle et délictuelle, mais une unité de nature : l'une et l'autre étant considérées comme se rattachant à la fois à la théorie des sources et à celle des effets des obligations. Néanmoins, et malgré ce compromis, la doctrine, majoritairement, a continué à épouser les propos de la thèse dualiste classique qui refuse toute option entre la responsabilité contractuelle et la responsabilité délictuelle, et ce contrairement à la jurisprudence qui était, initialement, plutôt favorable au cumul.

---

[77] Labbé note sous Cour supérieure de justice de Luxembourg 27 novembre 1884, Cour d'appel de Liège 18 juin 1885, Trib. Civ de Bruxelles 28 avril 1885, S. 1885, 4, 25.

[78] J. Grandmoulin, La nature délictuelle de responsabilité pour violation d'une obligation contractuelle, thèse Rennes, 1892.

[79] *Ibid.*

[80] M. Planiol, note sous Paris 17 janvier 1905, D. P. 1907, 2, 97.

[81] A. Brun, Rapports et domaines des responsabilités contractuelle et délictuelle, thèse précitée.

12. Le décalage initial entre le discours doctrinal et la réalité jurisprudentielle. Il est devenu d'usage d'affirmer que la règle du non-cumul a été posée très tôt par la Cour de cassation française et pour la première fois dans l'arrêt du 21 janvier 1890[82]. Répété dans des arrêts de 1922[83] et 1927[84], le non-cumul est devenu depuis une règle fondamentale du droit de la responsabilité civile qui ne suscite aucune discussion.

Pourtant, l'interprète ne peut qu'être frappé par la discordance entre le discours doctrinal affirmant très tôt son hostilité à l'admission de l'option et la réalité jurisprudentielle qui lui est restée favorable jusqu'aux années 1950[85]. En effet, loin d'être enracinée dans le droit positif français, comme l'affirme la majorité des auteurs, depuis l'arrêt 1890 ou celui de 1922, la règle du non-cumul n'a acquis son statut jurisprudentiel privilégié que tardivement[86]. Deux phénomènes nous semblent expliquer le changement de perspective jurisprudentielle. Il s'agit d'abord de l'endurcissement du régime de la responsabilité délictuelle du fait des choses depuis l'arrêt Jand'heur[87]. En effet, aussitôt proclamé, ce nouveau régime a été sollicité pour intervenir dans le contrat médical[88]. Il était alors à craindre que ce nouveau visage de la responsabilité délictuelle du fait des choses ne vînt bouleverser l'équilibre de ce contrat. Mais au lieu de s'en tenir à ce seul contrat, puisque la jurisprudence était favorable à l'application de l'article 1384 alinéa premier entre contractants, et probablement sous l'influence d'une doctrine adepte du non-cumul, les juges ont changé de méthode et ont généralisé une solution qui n'était que limitée. Le deuxième phénomène qui, chronologiquement, suit le premier, concerne l'affirmation jurisprudentielle de la validité des clauses limitatives de responsabilité que le système de l'option risque simplement d'anéantir si on autorise l'application de l'article 1382 du Code civil. L'addition de ces deux phénomènes était rapidement analysée comme une consolidation définitive de la règle du non-cumul proclamée par les arrêts 1890 et 1922, deux arrêts qui au demeurant se sont simplement contentés d'interdire l'examen d'un fait générateur propre à certains contrats spéciaux par les règles de la responsabilité délictuelle, sans aller jusqu'à affirmer d'une manière générale et absolue l'impossibilité de l'option. Si l'on essayait alors de comprendre le sens des premiers arrêts, on pourrait bien détecter que le but de la règle du non-cumul est loin de vouloir assurer le principe théorique de la distinction entre les deux ordres de responsabilités. En effet, les juges cherchaient seulement à préserver

---

[82] Req., 21 janvier 1890, S. 1890, 1, 408 note anonyme.
[83] Cass. civ., 11 janvier 1922, S. 1924, 1, 105, note R. Demogue.
[84] 6 Avril 1927, S. 1927, 1, 201, note H. Mazeaud.
[85] Pour un examen détaillé de cette jurisprudence, voir *infra* n°40 et s.
[86] Voir *infra* n°41.
[87] Voir dans le même sens J. S. Borghetti, La responsabilité du fait des choses, un régime qui a fait son temps, *op. cit.*
[88] Voir *infra* n°283.

l'équilibre contractuel tel que réglementé par le législateur dans certains contrats spéciaux comme le contrat de mandat, ou tel que voulu par ses parties si ces derniers avaient introduit dans leurs contrats des clauses relatives à la responsabilité, ou lorsqu'il paraissait déraisonnable, vu la particularité de certains contrats, de mettre en œuvre les règles délictuelles comme c'était le cas pour le contrat médical. Mais puisque la doctrine était majoritairement favorable au respect du principe de la distinction *via* la règle du non-cumul, ces arrêts ont été rapidement compris comme favorables à une interdiction systématique et générale de l'option dès que la responsabilité délictuelle, qu'elle soit du fait personnel, du fait des choses ou du fait d'autrui, se rapproche de près ou de loin de la terre contractuelle.

13. Engouement pour le non-cumul. Il est clair que la doctrine française s'est prononcée massivement pour la règle du non-cumul[89]. Et l'on peut même dire que les arguments avancés par les partisans de la thèse dualiste classique ont été adoptés quasi irréversiblement par la majorité des auteurs modernes. En effet, l'existence de deux blocs de dispositions réglementant respectivement la responsabilité contractuelle et la responsabilité délictuelle suffisait selon la doctrine à justifier une séparation étanche entre ces deux dernières[90]. Chaque ordre de responsabilité doit être cantonné dans le domaine qui lui est réservé. De même, les différences de régimes concernant les règles de preuve[91], le dommage réparable[92], la solidarité entre les coresponsables[93], les clauses relatives à la responsabilité[94] ou celles qui concernent les conflits de lois en droit international privé, et jusqu'à un passé récent, les divergences des règles de prescription[95], traduisent la volonté du législateur d'interdire toute option. Cette interdiction trouve également sa plus forte raison d'être dans la nécessité de protéger le contrat contre l'ingérence perturbatrice des règles délictuelles[96].

Attrayants, ces arguments avancés pour le soutien de la règle du non-cumul ont par là même servi à réfuter les positions des quelques voix qui ont « osé » désacralisé sa majesté[97]. Or, comme l'a fait remarquer récemment M. Borghetti, « tous ces efforts ont quelque chose de suspect, s'agissant d'une règle dont on proclame par ailleurs l'évidence et le caractère indiscutable »[98].

---

[89] Voir les auteurs cités à la note n°7.

[90] Sur l'examen détaillé de cet argument, voir la première section du premier chapitre de la première partie.

[91] Voir *infra* n°154 et s.

[92] Voir *infra* n°119 et s.

[93] Voir *infra* n°128 et s.

[94] Voir *infra* n°146 et s.

[95] Voir *infra* n°135 et s.

[96] Voir le deuxième chapitre de la deuxième partie.

[97] Il s'agit de Planiol dans sa note au D. 1907, 2, 97 ; J. Popesco-Albota, Le droit d'option, thèse précitée ; J. Van Ryn, Responsabilité aquilienne et contrats, thèse précitée ; R. Savatier, *op. cit.*, n°152-155 ; G. Viney, Introduction à la responsabilité, préc., n°232 et s.

[98] J. S. Borghetti, La responsabilité du fait des choses, un régime qui a fait son temps, *op. cit.*

14. La crise de la règle du non-cumul. En posant une interdiction quasi absolue d'invoquer les règles de la responsabilité délictuelle entre les contractants, la jurisprudence française a accordé une place de choix à l'opération de qualification. Chaque situation de fait doit impérativement être classée dans un ordre de responsabilité ou dans un autre. Or, cette manière d'organiser le rapport entre les deux ordres de responsabilités s'est vite avérée délicate. L'imprécision de la notion de situation contractuelle, l'hyperplasie de la responsabilité contractuelle due essentiellement au fameux phénomène de dilatation du contenu du contrat[99] ont rapidement conduit à un enchevêtrement des domaines des deux ordres de responsabilités. Mais comme il faut toujours qu'un seul ordre soit apte à régir la situation litigieuse, les hésitations sur la qualification, les longues et inutiles discussions sur la nature de la responsabilité encourue se sont vite installées. Et la règle du non-cumul, souvent incapable de gérer ce conflit de compétences, est devenue en elle-même source de solutions sinon arbitraires, du moins illogiques et inéquitables envers les victimes. Ceci est d'autant plus vrai que la mise en œuvre contentieuse de la règle est particulièrement rigide. Une simple erreur de visa suffit pour rejeter la demande en réparation, même si le principe d'indemnisation ne fait aucun doute[100] et même si les règles de réparation contractuelle et délictuelle, qui ne cessent de se rapprocher[101], conduisent à une identité de résultat. Source d'un contentieux complexe, le bilan de la règle du non-cumul invite à rester prudent avant d'accréditer la position chère au droit français.

D'ailleurs, la proposition de loi portant réforme de la responsabilité civile « Béteille »[102], qui s'inspire largement des travaux de l'avant-projet Catala[103], suggère, tout en maintenant dans son article 1386-17 le principe de l'interdiction de l'option, de lui apporter une exception de taille concernant les victimes de dommages corporels autorisées au demeurant à choisir le régime de

---

[99] Voir la première section du premier chapitre de la première partie.

[100] Sur la mise en œuvre contentieuse de la règle du non-cumul, voir la première section du deuxième chapitre de la première partie.

[101] Voir la deuxième section du deuxième chapitre de la première partie.

[102] La proposition de loi portant réforme de la responsabilité civile est disponible sur le site www.senat.fr.

[103] Après avoir posé la règle de l'interdiction de l'option entre la responsabilité contractuelle et la responsabilité extracontractuelle, l'article 1341 dispose que » Toutefois, lorsque cette inexécution provoque un dommage corporel, le co-contractant peut, pour obtenir réparation de ce dommage, opter en faveur des règles qui lui sont plus favorables ». Sur cette question voir E. Savaux, « Brèves observations sur la responsabilité contractuelle dans l'Avant-projet de réforme du droit de la responsabilité », RDC 2007, n°1, p. 45 ; J. Huet, « Observations sur la distinction entre les responsabilités contractuelle et délictuelle dans l'avant-projet de réforme du droit des obligations », RDC 2007, n°1, p. 31 ; P. Ancel, « Présentation des solutions de l'avant-projet des solutions de l'avant-projet », RDC 2007, n°1, p. 19. De même, l'article 1342 de l'Avant-projet Catala autorise les tiers victimes de l'inexécution contractuelle une option entre la responsabilité contractuelle et la responsabilité délictuelle. Voir *infra* n°259 et s.

réparation le plus favorable[104]. De même, selon l'article 1386-18 de la même proposition, les tiers victimes de l'inexécution contractuelle peuvent solliciter aussi bien la voie contractuelle que délictuelle pour demander la réparation du dommage subi[105]. L'image de marque de la règle du non-cumul commence à se ternir !

15. La relance du débat. Deux mouvements doctrinaux récents semblent jeter des pavés dans une mare dont le calme était jusqu'ici jugé constant. Le premier coup de tonnerre est provoqué par la thèse négatrice de la responsabilité contractuelle[106]. Certes, les controverses remontant à la fin du siècle dernier avaient trait à la dualité ou à l'unité des deux ordres de la responsabilité civile, mais jusqu'alors l'existence de la responsabilité contractuelle, en tant que mécanisme de réparation, n'a pas été vraiment remise en question par la doctrine. Seulement voilà que la controverse a pris, depuis quelques années, une autre direction. Plusieurs auteurs soutiennent en effet que l'inexécution du contrat, ne donne pas lieu à une dette de réparation, mais seulement à une exécution par équivalent. La règle du non-cumul retrouverait alors sa légitimité perdue. La responsabilité contractuelle ne risque plus d'entrer en concurrence avec la responsabilité délictuelle puisque chacune garde une fonction bien particulière. La première, qu'il ne faudrait d'ailleurs plus nommer responsabilité, assure la satisfaction du créancier en lui offrant des remèdes de nature à lui procurer l'avantage attendu du contrat ; la seconde organise la

---

[104] L'article 1386-17 de la proposition de loi portant réforme de la responsabilité civile dispose que : » Le contractant victime d'une inexécution contractuelle ne peut se soustraire à l'application des dispositions de la présente section.
Toutefois, lorsque cette inexécution provoque un dommage corporel, le créancier ou le débiteur peut également obtenir la réparation de ce dommage dans les conditions prévues dans la section II du présent chapitre ».

[105] L'article 1386-18 : « Lorsque l'inexécution d'une obligation contractuelle est la cause directe d'un dommage subi par un tiers, celui-ci peut en demander réparation sur le fondement des dispositions de la présente section. Il est alors soumis à toutes les limites et conditions qui s'imposent au créancier pour obtenir la réparation de son propre dommage.
Il peut également obtenir la réparation sur le fondement des règles de la responsabilité délictuelle, en rapportant la preuve de l'un des faits générateurs mentionnés à la section II du présent chapitre ».

[106] Voir P. Remy, « Nouveaux développements de la responsabilité civile », RGAT 1995, p. 529 ; « Critique du système français de responsabilité civile », Droit et culture 1996, p. 31 ; » La responsabilité contractuelle, histoire d'un faux concept », RTD civ. 1997, n°2, p. 323 ; D. Tallon, « Pourquoi parler d'une faute contractuelle ? », mél. G. Cornu, PUF 1994, p. 429 ; « L'inexécution du contrat, pour une autre présentation », RTD civ. 1994, p. 223 ; C. Lapoyade Deschamps, « Le mythe de la responsabilité contractuelle », *in* Failure of contracts, Oxford, Francis Rose éd. 1997, p. 175 ; C. Ophèle, « Le droit à des dommages et intérêts du créancier en cas de démence du débiteur », RGDA 1997, p. 453 ; « La responsabilité contractuelle dans la jurisprudence de la Chambre criminelle », *in* Mélanges en l'honneur de Jean Stiuffler, LGDJ, 2001, p. 263 ; L. Leturmy, « La responsabilité délictuelle du contractant », RTD civ. 1998, 1, 839 ; Ph. le Tourneau, « Brefs propos critiques sur la responsabilité contractuelle dans l'avant-projet de réforme du droit de la responsabilité », D. 2007, p. 2180.

réparation des dommages injustement causés. Même si la proposition brille par son originalité, il semble que cette marche arrière sur deux siècles de raisonnement juridique est difficilement réalisable[107]. Le maintien de la règle du non-cumul *via* la suppression de la responsabilité contractuelle dans sa forme réparatrice nous paraît en effet un remède peu approprié au mal engendré par la règle de l'interdiction de l'option. Ne serait-il pas alors plus simple d'assouplir cette « exception française »[108] ?

C'est la position solennellement adoptée par M. Borghetti qui a récemment remis ouvertement en cause la légitimité historique de la règle du non-cumul ainsi que ses arguments logiques. Constatant un lien entre l'enracinement de l'interdiction de l'option et l'endurcissement du régime de la responsabilité délictuelle du fait des choses, l'auteur propose d'autoriser l'option entre les deux ordres de responsabilités. Mais cette autorisation devrait être accompagnée par la suppression de la responsabilité délictuelle du fait des choses[109]. Le risque est grand, selon lui, que ces règles viennent bouleverser l'équilibre contractuel. Mais est-il nécessaire d'en arriver là ? Est-il approprié d'annoncer l'extermination d'un texte symbole qui a longtemps servi le droit de la responsabilité civile et qui le servira encore ? Cela est fort douteux. Il semble en effet tout à fait envisageable de prévoir un système d'option modéré sans que la destruction des notions de base communes au droit de la responsabilité civile français et tunisien soit nécessaire.

16. La règle de l'option tunisienne et le manque de systématisation. Règle simplement en gestation, l'option entre la responsabilité contractuelle et la responsabilité délictuelle est, en droit tunisien, simplement annoncée sans être réellement justifiée. En effet, la divergence de méthode dans la gestion du rapport des deux ordres de responsabilités ne constitue qu'un simple constat et ne suffit pas en soi pour justifier le fondement de l'option entre la responsabilité contractuelle et la responsabilité délictuelle. Certes, la jouvence de la règle tunisienne ne suffit pas à elle seule pour la condamner à l'aporie, néanmoins, l'état actuel de la jurisprudence donne l'impression que la solution est construite au coup par coup sans une authentique vue d'ensemble. S'il est vrai que la casuistique permet au juge de régler les différends au plus près des réalités sans se laisser enfermer dans un système dont il serait prisonnier, il n'en reste pas moins vrai que cette méthode présente de très nombreux inconvénients en renforçant l'imprévisibilité des solutions jurisprudentielles et en tournant le dos à l'exigence de sécurité juridique.

---

[107] Voir *infra* n°27 et s.

[108] L'expression de J.-S. Borghetti, La responsabilité du fait des choses, un régime qui a fait son temps, *op. cit.*

[109] Contra. Ph. Brun, De l'intemporalité du principe de la responsabilité du fait des choses et de quelques autres considérations sur ses prétendues répercussions négatives en droit des obligations, RTD civ. 2010, p. 487.

17. On mesure alors combien la comparaison entre les systèmes français et tunisien est particulièrement ardue puisqu'il s'agit de comparer le système du non-cumul, qui, même s'il présente des lacunes, bénéficie d'un soutien doctrinal indéfectible, avec un système d'option encore en gestation. La confrontation du droit français avec le droit tunisien, ces droits apportant chacun une réponse différente à la question de savoir si la victime d'une inexécution contractuelle peut se prévaloir des règles délictuelles, donne-t-elle la possibilité de trouver une solution commode pour les deux systèmes ?

Pour répondre à cette question nous pensons qu'une option modérée reste une solution envisageable. Non seulement elle relativise la distinction entre la responsabilité contractuelle et la responsabilité délictuelle communément admise par les deux systèmes (première partie), mais aussi et surtout, elle est loin d'être perturbatrice de l'équilibre contractuel même si elle autorise l'ingérence délictuelle dans le contrat (deuxième partie).

Première partie
L'option relativise la distinction entre la responsabilité contractuelle et la responsabilité délictuelle

18. L'organisation théorique de la distinction entre la responsabilité contractuelle et la responsabilité délictuelle (chapitre premier) ainsi que sa mise en œuvre pratique (chapitre 2) s'opposent-elles à la reconnaissance de l'option entre les deux ordres de responsabilités ? Les droits français et tunisien répondent différemment à cette question. Alors que pour le premier le principe même de la distinction s'oppose à l'admission de l'option, le second, en concevant un rapport plus souple entre la responsabilité contractuelle et délictuelle, s'oriente manifestement vers la reconnaissance de l'option.

Chapitre 1
L'option et l'organisation théorique de la distinction entre la responsabilité contractuelle et la responsabilité délictuelle

Les systèmes juridiques français et tunisien consacrent respectivement dans le Code civil et le Code des obligations et des contrats le principe de la distinction entre la responsabilité contractuelle et la responsabilité délictuelle. Cependant, cette distinction n'est pas perçue de la même manière. Alors que cette dernière est considérée en droit français comme étanche, justifiant ainsi la règle du non-cumul entre les deux ordres de responsabilités contractuelle et délictuelle (section 1), sa porosité en droit tunisien est avancée comme le fondement même de la règle de l'option consacrée par la jurisprudence (section 2).

Section 1 : Le rejet de l'option justifié par l'étanchéité de la distinction entre la responsabilité contractuelle et la responsabilité délictuelle en droit français

20. Et si la responsabilité contractuelle n'existait pas ? La coexistence des deux ordres de responsabilités ne serait qu'une pure illusion et tout le problème de l'option n'aurait jamais dû être posé. Une telle proposition, rencontrée sous la plume de plusieurs auteurs[110], n'a pas encore reçu l'aval du droit positif

[110] La thèse dualiste radicale assigne à la responsabilité contractuelle une fonction d'exécution par équivalent et affirme l'inutilité de la règle du non-cumul. L'action contractuelle étant tellement différente qu'aucun recoupement avec la responsabilité délictuelle ne serait envisageable. Voir J. Bellissent, Contribution à l'analyse de la distinction des obligations de moyens et des obligations de résultat, préf. R. Cabrillac, LGDJ, 2001, n°1080, p. 449 ; G. Babert, Le système de Planiol, thèse, Poitiers, dactyl., 2002, n°241, p. 266 ; M. Faure-Abbad, Le fait générateur de la responsabilité contractuelle, LGDJ, 2003, n°203, p. 173. Pour la thèse moniste, le problème de

français[111] (§1). Ce dernier s'attache, malgré quelques atténuations, au principe de la distinction en séparant hermétiquement la responsabilité contractuelle de la responsabilité délictuelle (§2).

§1. Le rejet de l'option justifié par la négation de la responsabilité contractuelle

21. Malgré l'attention soutenue des juristes, le concept de responsabilité contractuelle reste des plus ambigus. Contesté dès l'origine[112], les attaques dont il fait l'objet ne cessent de se multiplier. Les feux destructifs proviennent de tous les sens. Indépendantiste, la thèse dualiste radicale[113], essaie, en niant la fonction réparatrice des dommages et intérêts, de marquer un fossé profond entre les deux responsabilités (A). Fusionniste, la thèse moniste essaie, quant à elle, de fondre la responsabilité contractuelle dans la responsabilité délictuelle et de lui nier toute autonomie (B). Cette crise existentialiste ne peut que se refléter sur la compréhension de la règle du non-cumul. Si cette dernière jouit de la réputation d'être l'un des problèmes les plus obscurs en droit français, cela est en grande partie dû à l'âpreté du débat qui entoure la responsabilité contractuelle.

---

l'option ne se pose pas également car il n'y a qu'une seule forme de responsabilité, la responsabilité délictuelle. Voir J. Grandmoulin, La nature délictuelle de responsabilité pour violation d'une obligation contractuelle, thèse, Rennes, 1892 ; J. Aubin, Responsabilité contractuelle et responsabilité délictuelle, thèse, Bordeaux, 1897 ; A.-F. Lefèbvre, « Responsabilité délictuelle et responsabilité contractuelle », Rev. Crit. 1886, p. 485.

[111] Quelques arrêts avaient paru s'affranchir des conditions de la responsabilité contractuelle et notamment du préjudice, pour condamner les débiteurs. Voir Com., 30 juin 1992, D. 1994, p. 454, note A. Bénabent ; Cass. civ. 3e, 25 janv. 1995, Bull. civ. III, n°29 ; Civ. 3e, 13 nov. 1997, RTD civ. 1997, p. 124, obs. P. Jourdain ; Civ. 3e 30 janv. 2002, JCP G. 2002, I, p. 2166, obs. G. Viney ; P. A 13 sep. 2002, n°284, p. 3, note S. Beaugendre ; Soc., 4 déc. 2002, RTD civ. 2003, p. 711, obs. P. Jourdain. Cette solution est contredite par une jurisprudence majoritaire qui continue à s'attacher aux conditions de la responsabilité contractuelle. Voir Civ. 1re, 18 nov. 1997, D. affaires 1998, p. 20 ; Civ. 1re, 26 fév. 2002, Défrenois 2002, n°11, p. 759, note E. Savaux ; Civ. 2e, 18 déc. 2003, RTD civ. 2004, p. 294, obs. P. Jourdain. Dans son arrêt du 31 mai 2007, la Cour de cassation semble écarter la condition du dommage lorsque l'obligation est de ne pas faire. Voir Civ. 1re, 31 mai 2007, D. 2007, p. 2784, note C. Lisanti.

[112] Ch. Sainctelette critique l'expression de responsabilité contractuelle et préfère parler d'une garantie contractuelle, voir C. Sainctelette, De la responsabilité et de la garantie, 1884, p. 8. J. Grandmoulin nie son existence, car la responsabilité est toujours délictuelle, voir la thèse précitée.

[113] L'expression est utilisée par Grosser pour marquer la différence entre les dualistes classiques et les dualistes modernes, ce que nous allons exposer ultérieurement ; voir P. Grosser, Les remèdes à l'inexécution du contrat : essai de classification, thèse, Paris I, dactyl. 2000, p. 465. *Adde*, M. Faure-Abbad, thèse précitée, p. 6.

A. Le rejet de la responsabilité contractuelle par la thèse dualiste radicale

22. La règle du non-cumul est, selon cette thèse, le fruit de la contamination du droit de l'inexécution par le concept de réparation (2). Il est alors intéressant d'étudier les critiques adressées à la responsabilité contractuelle (1), avant de démontrer les faiblesses de cette analyse (3).

1. La responsabilité contractuelle : un faux concept[114]

23. La responsabilité contractuelle : une simple mesure d'exécution par équivalent. La responsabilité contractuelle serait-elle le fruit d'une lecture erronée du Code civil, une lecture qui aurait induit la majorité des auteurs français en erreur ? Cette question a suscité un immense débat qui a agité la doctrine française, de façon un peu académique, au cours de ces dernières années[115]. Le juriste tunisien ne peut que rester perplexe, voire sceptique, quant à la nécessité de toutes ces discussions autour de l'existence de la responsabilité contractuelle[116]. Les textes tunisiens étant très semblables[117], l'emplacement même des dommages et intérêts dans une section relative aux effets des

[114] L'expression est utilisée par P. Rémy, « La responsabilité contractuelle » : histoire d'un faux concept, RTD civ. 1997, n°2, p. 323.

[115] Contre la responsabilité contractuelle : P. Remy, « Nouveaux développements de la responsabilité civile », RGAT 1995, p. 529 ; « Critique du système français de responsabilité civile », Droit et culture 1996, p. 31 ; » La responsabilité contractuelle, histoire d'un faux concept », art. précité ; D. Tallon, « Pourquoi parler d'une faute contractuelle ? », mél. G. Cornu, PUF 1994, p. 429 ; « L'inexécution du contrat, pour une autre présentation », RTD civ. 1994, p. 223 ; C. Lapoyade Deschamps, « Le mythe de la responsabilité contractuelle », *in* Failure of contracts, Oxford, Francis Rose éd. 1997, p. 175 ; C. Ophèle, « Le droit à des dommages et intérêts du créancier en cas de démence du débiteur », RGDA 1997, p. 453 ; « La responsabilité contractuelle dans la jurisprudence de la Chambre criminelle », *in* Mélanges en l'honneur de Jean Stiuffler, LGDJ, 2001, p. 263 ; L. Leturmy, « La responsabilité délictuelle du contractant », RTD civ. 1998, 1, 839 ; P. le Tourneau, « Brefs propos critiques sur la responsabilité contractuelle dans l'avant-projet de réforme du droit de la responsabilité », D. 2007, p. 2180. *Contra,* et pour la responsabilité contractuelle, P. Jourdain, « Réflexion sur la notion de responsabilité contractuelle », *in* Les métamorphoses de la responsabilité, Poitiers, PUF, 1998, p. 68 ; C. Larroumet, « Pour la responsabilité contractuelle », mél. Catala 2001, p. 543 ; G. Viney, « La responsabilité contractuelle en question », *in* Le contrat à la fin du XXe siècle. Études en l'honneur de J. Ghestin, LGDJ, 2001, p. 291 ; G. Durry, « Responsabilité délictuelle et responsabilité contractuelle : dualité ou unité ? », Resp. civ. et ass. 2001, n°hors série, p. 20 ; P. Ancel, « La responsabilité contractuelle », *in* Les concepts français à l'heure des principes du droit européen des contrats, Dalloz, 2003, actes du colloque organisé les 30 et 31 janvier 2003 par l'institut Charles Dumoulin de la Faculté Jean Monnet, Paris XI, 2003, p. 243 et s. *adde.* P. Grosser, Les remèdes à l'inexécution du contrat : essai de classification, thèse, Paris, dactyl. 2000 ; M. N. Courtiau, Responsabilité contractuelle et inexécution, thèse, Paris I, dactyl. 2001 ; Y.-M. Laithier ; Étude comparative des sanctions de l'inexécution du contrat, LGDJ, 2004. *Adde*, mais plus nuancé, E. Savaux, « La fin de la responsabilité contractuelle ? », RTD civ. 1999, n° 1, p.1.

[116] Y- M. Laithier dépeint lui aussi la stérilité de ce débat, thèse précitée, n° 65, p. 94.

[117] Voir les articles 277 et 278 du COC.

obligations ne semble pas semer le doute au sein de la doctrine tunisienne, quant à l'existence de la responsabilité contractuelle et surtout quant à sa fonction réparatrice[118]. Le droit belge[119] ne semble pas récuser autant la fonction réparatrice de la responsabilité contractuelle malgré la similitude des textes français et belges. Toute autre est la position de certains auteurs français, qui justement, considèrent que la place réservée aux dommages et intérêts au sein d'une section relative aux effets des obligations, ôte à la responsabilité contractuelle son caractère compensatoire[120].

Ce vent de contestation a commencé au milieu des années 1980, quand M. le Tourneau, dans son traité relatif à la responsabilité civile, a ouvertement critiqué l'expression de la responsabilité contractuelle[121]. Dix ans plus tard, M. Tallon[122] remet en cause la présentation éclatée des différents remèdes ouverts au

---

[118] Voir M. Zine, La théorie générale des obligations, Le contrat, CPU 1997, n°197.

[119] Voir R. Dalcq, Traité de la responsabilité, les causes de la responsabilité, 2e éd., Larcier, Bruxelles 1967, p. 217 ; B. Dubuisson, Traité théorique et pratique, Responsabilité contractuelle et responsabilité extracontractuelle, 2003, volume 1, éd. Kluwer, n°14, p. 13. ; J. Van Ryn, Responsabilité aquilienne et contrats en droit positif, thèse, Bruxelles, Paris, Sirey, 1932 ; M. Jacquemet, « Quelques remarques à propos de l'étude M. Deville sur les responsabilités contractuelles et délictuelles », R. G. A. R. 1933, p. 17 ; R. Bouillenne, « la responsabilité civile extra- contractuelle devant l'évolution du droit », Bruxelles Emile bruylant, Paris L. G. D. J 1947 ; J. Van Ryn, « Le problème du cumul de la responsabilité contractuelle et délictuelle », Revue de droit international et de droit comparé 1962, p. 145 ; P. Rigaux, « A propos du concours de responsabilité », J. L. M. B. 1988, p. 319 ; D. Philippe, « Le devoir de conseil et la responsabilité quasi-délictuelle », J. L. M. B 1994, p. 6 ; X. Dieux, « Le contrat instrument et objet du dirigisme », *in* Les obligations contractuelles, éd. Jeune Barreau 1994 ; P. Wéry, « Les rapports entre responsabilité aquilienne et responsabilité contractuelle à la lumière de la jurisprudence récente », R. G. D. C. 1998, 2, p. 81 ; G. Peeters, « La problématique du concours de la responsabilité contractuelle et extra- contractuelle, Iuvis, sept. 2000, p. 1141. Notons aussi que les principes UNIDROIT consacrent la fonction réparatrice des dommages et intérêts contractuels, voir S. Eberhard, Les sanctions de l'inexécution du contrat et les principes UNIDROIT, centre du droit de l'entreprise de l'université de Lausanne 2005. Les Principes du droit européen du contrat ne remettent pas en cause, eux aussi, la fonction réparatrice de la responsabilité contractuelle, voir P. Ancel, art. précité p. 247 ; G. Gandolfi, « La responsabilité contractuelle dans le projet « Pavesan » d'un Code européen des contrats », *in* Mélanges J.-P. Sortais, Bruylant 2002.

[120] Voir P. Remy, « La responsabilité contractuelle, histoire d'un faux concept », art. précité ; « Critique du système français de responsabilité civile », Droit et culture, 1996, p. 31 ; D. Tallon, « Pourquoi parler d'une faute contractuelle ? », *in* Mélanges G. Cornu, PUF, 1994, p. 429 ; « L'inexécution du contrat, pour une autre présentation », RTD civ. 1994, p. 223 ; « Vers un droit européen du contrat », *in* Mélanges A. Colomer, Litec 1993, p. 494 ; L. Leturmy, « La responsabilité délictuelle du contractant », RTD civ. 1998, 1, 839 ; C. Lapoyade Deschamps, « Le mythe de la responsabilité contractuelle », *in* Failure of contracts, Oxford, Francis Rose éd. 1997, p. 175.

[121] Ph. le Tourneau, La responsabilité civile, 3e éd., Dalloz, 1982, n°159. Cette position a été reprise dans les éditions successives, voir notamment Ph. Letourneau *et alii*, Droit de la responsabilité et des contrats, 8e éd. Dalloz 2010.

[122] D. Tallon, « Pourquoi parler d'une faute contractuelle ? », mél. G. Cornu, PUF, 1994, p. 429 ; « L'inexécution du contrat, pour une autre présentation », RTD civ. 1994, p. 223.

créancier déçu. Il dépeint la place prépondérante accordée par la doctrine à la responsabilité contractuelle et surtout l'accouplement fait entre la responsabilité contractuelle et la responsabilité délictuelle sous l'égide de la réparation. Ce regroupement est jugé, selon lui, « regrettable »[123] et « dangereux »[124], car on ne peut pas mettre sur le même plan les dommages et intérêts délictuels et les dommages et intérêts contractuels. Si les premiers permettent de réparer un préjudice, les seconds jouent un simple rôle d'exécution par équivalent.

Plus radicale est la présentation de M. Rémy[125], qui dans deux articles « retentissants »[126], remet en cause toute la construction historique et théorique de la responsabilité contractuelle. En effet, pour lui, les dommages et intérêts versés au créancier ne représentent pas la réparation du préjudice causé par la faute du débiteur, mais une exécution par équivalent de l'obligation de ce dernier. Il ne s'agit pas de réparer un préjudice par la voie d'une action en responsabilité contractuelle, mais d'exécuter une obligation. Exécution différente, puisqu'elle n'aurait pas lieu en nature, mais exécution tout de même[127]. Ce mouvement contestataire semble s'accélérer depuis quelques années. De plus en plus nombreux sont ceux qui accréditent aujourd'hui la thèse de M. Rémy[128].

24. Argument textuel. Le premier argument majeur de cette doctrine trouve son appui dans une lecture exégétique du Code civil français. En fait, les dommages et intérêts contractuels sont traités comme un effet de l'obligation[129] et donc un mode d'exécution de celle-ci[130]. On retrouve ainsi l'idée maîtresse qui a étayé la conception dualiste classique. À la responsabilité spécifiquement contractuelle, simple effet du contrat, on oppose la responsabilité délictuelle source d'obligation[131]. M. Rémy et ses disciples déduisent de cette distinction

---

[123] D. Tallon, « L'inexécution du contrat, pour une autre présentation », art. précité, p. 228.

[124] *Ibid.*

[125] P. Remy, « La responsabilité contractuelle, histoire d'un faux concept », art. précité ; « Critique du système français de responsabilité civile », art. précité.

[126] L'expression est utilisée par M. Viney, « La responsabilité contractuelle en question », art. précité, p.924.

[127] P. Rémy, « La responsabilité contractuelle histoire d'un faux concept », art. précité p. 323.

[128] P. Laurent, L'enchevêtrement des actions de l'acheteur à l'état du bien vendu, thèse, Nantes, dactyl. 1998 ; J. Bellissent, Contribution à l'analyse de la distinction des obligations de moyens et des obligations de résultat, thèse précitée ; G. Babert, Le système de Planiol, thèse précitée ; M. Faure-Abbad, Le fait générateur de la responsabilité contractuelle, thèse précitée.

[129] Les articles 1146 à 1155 forment une section intitulée « Des dommages-intérêts résultant de l'inexécution des obligations ». Cette section se trouve placée dans un chapitre relatif à l'effet des obligations. Il s'agit du chapitre III du titre III relatif aux contrats et aux obligations conventionnelles en général.

[130] Voir P. Rémy, « La responsabilité contractuelle histoire d'un faux concept », art. précité, p. 323.

[131] Voir notamment Ch. Sainctelette, De la responsabilité et de la garantie, thèse précitée p.8 ; Fromageot, De la faute comme source de la responsabilité contractuelle en droit privé, Paris 1891, p. 16 à 20.

une différence de fonctions entre les deux ordres. Si la responsabilité contractuelle assure l'exécution, la responsabilité délictuelle joue le rôle de réparation

Cette démarche n'est pas totalement nouvelle. Déjà, en 1978, M. Huet[132] essayait de distinguer les deux responsabilités en assignant à la responsabilité contractuelle une double fonction de réparation et de paiement[133]. La responsabilité délictuelle, quant à elle, serait uniquement réparatrice. La fonction d'exécution ne conduit pas pourtant à exclure la fonction de réparation. D'ailleurs, la responsabilité contractuelle conserve dans la conception de l'auteur un large domaine d'application[134].

La thèse contestataire, quant à elle, écarte toute idée de réparation. Ainsi, l'article 1147 du Code civil ne pourrait même pas être classé parmi les textes relatifs à la responsabilité[135]. Ledit article ne fait nulle part référence aux « (...) termes habituels du droit de la responsabilité »[136], tels que le dommage, la faute, ou même la causalité[137]. Les dommages et intérêts sont dus uniquement et simplement à l'inexécution du contrat[138]. Si cette condition est remplie, le créancier n'aura pas besoin de prouver ni la faute, ni le dommage, ni même le lien de causalité.

25. Argument historique. D'où provient alors cette fonction réparatrice à laquelle s'est accoutumée la doctrine ? Procédant à une investigation historique profonde, M. Rémy conclut que l'idée de réparation n'apparaît ni chez Domat ni chez Pothier, ni même chez les premiers commentateurs[139]. Pour cette

---

[132] J. Huet, Responsabilité contractuelle et responsabilité délictuelle, essai de délimitation entre les deux ordres de responsabilités, thèse, dactyl., Paris II, 1978. M. Huet a repris l'idée de M. Hébraud qui souligne la double fonction de la responsabilité issue du contrat. Voir P. Hébraud, Rôle respectif de la volonté et des éléments objectifs dans les actes juridiques, Mélanges Maury, T. II, p. 462 et s.

[133] Voir dans le même sens M. Baccache-Gibeili, Droit civil, Les obligations, La responsabilité civile extracontractuelle, t. V, 1re éd., Economica 2007, n°60.

[134] Les relations de service gratuit, les relations quasi-contractuelles, les situations précontractuelles, ainsi que les situations postcontractuelles devraient être régis, selon J. Huet, par les règles de la responsabilité contractuelle, voir thèse précitée, p. 217 à 276.

[135] C. Lapoyade Deschamps, « Le mythe de la responsabilité contractuelle en droit français », art. précité, p. 176.

[136] *ibid.*

[137] *ibid*

[138] Certains arrêts de la Cour de Cassation ont paru adopter cette conception en condamnant certains débiteurs à des dommages et intérêts sans prouver l'existence d'un dommage, voir Civ. 3e, 25 janv. 1995, Bull. civ. III, n°29 ; Civ. 3e, 13 nov. 1997, RTD civ. 1997, p. 124, obs. P. Jourdain ; Civ. 3e, 30 janv. 2002, P. A 13 sep. 2002, n°284, p. 3, note S. Beaugendre ; Soc., 4 déc. 2002, RTD civ. 2003, p. 711, obs. P. Jourdain. Ces arrêts sont minoritaires, la jurisprudence majoritaire exige la preuve du préjudice pour l'allocation des dommages et intérêts contractuels. Voir Civ. 1re, 18 nov. 1997, D. affaires 1998, p. 20 ; Civ. 2e, 18 déc. 2003, RTD civ. 2004, p. 294, obs. P. Jourdain.

[139] P. Rémy, « La responsabilité contractuelle, histoire d'un faux concept, art. précité, p. 328 et s. Cette approche historique est approuvée par plusieurs auteurs voir J. Bellissent, Contribution à

doctrine ancienne, approuvée par l'auteur, le contrat ne peut donner lieu à une obligation de réparation indépendante de l'obligation initiale[140]. Il y aurait entre les deux obligations une identité, à tel point que la jurisprudence a décidé de longue date le maintien des sûretés de l'obligation initiale pour garantir les dommages et intérêts contractuels[141]. C'est à partir de Planiol[142] que l'analyse classique se trouve chambardée. En effet, ce dernier introduit l'idée selon laquelle l'obligation initiale cède la place à une obligation nouvelle gouvernée par les principes de responsabilité. Les dommages et intérêts perdent alors peu à peu de leur fonction exécutoire pour une fonction indemnitaire. Cette fonction indemnitaire rapprocherait davantage la responsabilité contractuelle de la responsabilité délictuelle. L'analyse de Planiol forgerait ainsi l'identité de nature des deux responsabilités. Dans l'une comme dans l'autre, la faute serait la violation d'une obligation préexistante[143]. Rapidement, cette analyse reçoit l'aval de Paul Esmein[144], de Henri Mazeaud[145], et d'André Brun[146]. Entre la

l'analyse de la distinction des obligations de moyens et des obligations de résultat, thèse précitée spéc. p. 190 à 214 ; G. Babert, Le système de Planiol, thèse précitée spéc. p. 142 à 188 ; M. Faure-Abbad, Le fait générateur de la responsabilité contractuelle, thèse précitée, spéc. p. 161 à 170. Elle reçoit parfois l'aval des partisans de la responsabilité contractuelle, voir P. Grosser, Les remèdes à l'inexécution du contrat : essai de classification, thèse, Paris, dactyl. 2000, p. 463. *Adde* pour une vision plus nuancée, E. Savaux, » La fin de la responsabilité contractuelle ? », art. précité, p. 2 et s.

140 M. Rémy et ses disciples s'attachent à la théorie de la survie de l'obligation initiale inexécutée et refoulent la thèse de la novation défendue par H. et L. Mazeaud et A. Tunc, Traité théorique et pratique de la responsabilité civile délictuelle et contractuelle, T.1, 6e éd., Montchrestien, 1965, p.107. La théorie de novation a des racines historiques. En effet, l'article 1302 du Code civil dispose que « lorsque le corps certain et déterminé qui était l'objet de l'obligation vient de périr [...] l'obligation est éteinte si la chose a péri ou a été perdue sans la faute du débiteur ». Dès le XIXe siècle, des auteurs ont essayé d'étendre la solution de l'article 1302 lorsque la perte de la chose est imputable au débiteur. Ils ont essayé de trouver dans l'article 1302 l'explication des dommages et intérêts. Ainsi, selon Marcadé « si l'évènement qui rend l'exécution impossible m'est imputable. Une dette de corps certain sera remplacée par une dette de dommages et intérêts ». Voir, Explication théorique et pratique du Code civil, T.IV, 7e éd. augmentée, Delamotte Delamotte, 7e éd., 1873 Grandmoulin a essayé de généraliser cette solution, voir thèse précitée p. 4 et s.

141 Req. 9 mai 1881, D. P. 1882, 1, 13 ; S. 1882, 1, 150. Cette explication est contestable, comme l'a précisé C. Radé : « ce n'est pas parce que les dommages et intérêts constitueraient une forme d'exécution par équivalent que les sûretés continuent à s'appliquer mais plutôt parce qu'il apparaît incongru que le débiteur échappe simplement, s'opposant à l'exécution en nature ». L'auteur propose le mécanisme de subrogation réelle pour expliquer le maintien des sûretés. Voir « Droit à réparation, Conditions de la responsabilité contractuelle, Dommage », Juris-cl. Responsabilité civile, fasc. 170, art. 1147 à 1155, fasc. 10, 1999, n°7

142 M. Planiol, Traité élémentaire de droit civil, 1re éd. 1897 *adde* note au D. 1896, 2, p. 457 ; Rev. Crit. 1905, p. 283

143 D. Tallon, « L'inexécution du contrat : pour une autre présentation », art. précité p. 432.

144 P. Esmein, « Le fondement de la responsabilité contractuelle rapprochée de la responsabilité délictuelle », RT.D. civ. 1933, *spéc.* p. 629. L'auteur parle de parallélisme entre les deux responsabilités et donne à la faute contractuelle comme à la faute délictuelle un caractère légal, l'obligation d'exécuter le contrat étant d'origine légale.

responsabilité contractuelle et la responsabilité délictuelle, il n'y aurait aucune différence de nature, mais quelques différences de régimes. L'utilisation du contrat à des fins indemnitaires se trouve alors systématisée, consolidée. D'ailleurs, l'obligation de sécurité ne tarde pas à être officialisée par la Cour de Cassation en 1911[147]. Avec elle, la responsabilité contractuelle se développe, son domaine s'amplifie davantage[148]. La concurrence entre le contrat et le délit devient inévitable. L' » horrible »[149] règle du non-cumul essaie alors vainement de régler ce conflit de voisinage.

2. Le fruit de cette erreur : la règle du non-cumul

26. L'analyse de Planiol et l'émergence de la règle du non-cumul. L'analyse moderne, inaugurée par Planiol, a transformé profondément, selon la thèse dualiste radicale, la notion de responsabilité contractuelle. À partir de deux mécanismes foncièrement différents, qui ne risquent ni de se cumuler, ni de se recouper, on est parvenu à deux institutions de même nature[150]. « Au bout de compte », écrit M. Bellissent, « qu'est-ce qui aurait pu rendre nécessaire l'énonciation même de la règle du non-cumul s'il n'était d'organiser la cohérence du nouveau système de responsabilité civile issu de la mise en concurrence des ordres contractuel et délictuel »[151]. La règle du non-cumul n'est que « le produit de l'accouplement des deux ordres de responsabilités sous l'égide de la réparation »[152]. Elle est « le fruit de la contamination du droit de l'inexécution contractuelle par la réparation »[153]. M. Bellissent est allé jusqu'à affirmer qu'en 1804, la formulation de la règle du non-cumul serait apparue comme « une redondance révélatrice d'une mauvaise compréhension de la

---

[145] H. Mazeaud dépeint la thèse classique qui oppose la responsabilité contractuelle, effet de l'obligation à la responsabilité délictuelle source d'obligation. Selon lui, la responsabilité contractuelle et la responsabilité délictuelle sont « deux institutions en quelque sorte parallèles placées sur le même plan. On ne saurait faire de la responsabilité délictuelle une source d'obligation pour ne voir dans la responsabilité contractuelle qu'un effet de l'obligation. Dans les deux cas, on voit naître une obligation et on voit cette obligation produire des effets », Voir « Responsabilité contractuelle et responsabilité délictuelle », RTD civ. 1929, p. 551, spéc. n°3, n°4, n°5, p. 553, 554 et 555, *adde,* H. et L. Mazeaud et A. Tunc, Traité théorique et pratique de la responsabilité civile délictuelle et contractuelle, T.1, 6e éd., Montchrestien, 1965, p. 127.

[146] A. Brun, Rapports et domaines des responsabilités contractuelle et délictuelle, préf. L. Josserand, Sirey 1931.

[147] Civ., 21 nov. 1911, D. P. 1913, 1, 249, note Sarrut ; S. 1912, 1, 73, note Lyon Caen.

[148] Voir *infra* n°54 et s.

[149] C. Lapoyade Deschamps, « Le mythe de la responsabilité contractuelle », art. précité p. 177.

[150] J. Bellissent, Contribution à l'analyse de la distinction des obligations de moyens et des obligations de résultat, thèse précitée, n°1080, p. 449 ; G. Babert, Le système de Planiol, *op. cit.* n°241, p. 266 ; M. Faure-Abbad, Le fait générateur de la responsabilité contractuelle, *op. cit.* n°203, p. 173.

[151] Bellissent, *op. cit, loc. cit.*

[152] *Ibid.*

[153] M. Faure- Abbad, thèse précitée, n°203, p.173.

logique du Code »[154]. Chaque action recouvre un objet bien spécifique, il est donc « quasiment impossible de confondre les deux actions en responsabilité civile contractuelle et délictuelle »[155]. L'absence de débat sur la règle du non-cumul à l'heure des travaux préparatoires du Code confirme, toujours selon l'auteur, l'inutilité d'un tel principe. La responsabilité délictuelle assure la réparation, les dommages et intérêts contractuels assurent l'exécution par équivalent de la prestation.

L'émergence de l'idée de la réparation contractuelle a favorisé l'utilisation du contrat à des fins qui lui sont étrangères[156]. La responsabilité contractuelle est devenue intellectuellement tributaire de la responsabilité délictuelle[157]. Elle partage avec elle la même fonction. Les faits générateurs finissent par se calquer sur le modèle délictuel[158]. Le désordre s'installe ainsi dans le droit français de la responsabilité civile. Il était vain d'inventer la règle du non-cumul pour protéger le contrat contre l'invasion délictuelle. La règle était vouée à l'échec avant même d'être mise en œuvre[159]. Pour résoudre le problème, il faut soustraire l'origine du mal, supprimer la responsabilité contractuelle dans sa forme réparatrice. Un retour aux sources « redonnerait aux rapports du droit de l'inexécution contractuelle et du droit des délits leurs bases naturelles : le premier assure la satisfaction du créancier en lui offrant des remèdes de nature à lui procurer l'avantage attendu du contrat ; le second organise la réparation des dommages injustement causés »[160].

3. Appréciations critiques : la fuite en avant

27. L'irresponsabilité de Planiol dans l'émergence de la règle du non-cumul. La présentation soutenue par la doctrine contestataire paraît, à première vue séduisante. Le procédé qu'elle utilise est habile. En montrant que la fonction réparatrice est une erreur historique, elle parvient à faire table rase de toutes les constructions qui en découlent. L'analyse de Planiol déforme le Code

---

[154] Bellissent, *op. cit.,* n°1080, p. 449.

[155] *Ibid.*

[156] Elle a surtout favorisé l'utilisation du contrat pour l'indemnisation des dommages corporels.

[157] J. Carbonnier, Droit civil, Les obligations, coll. Thémis droit privé, P. U. F. 2004, n°154. Voir, dans le même sens, B. Starck, H. Roland, L. Boyer, Droit civil, Les obligations, 2. Contrat, 6e éd., Litec année, n°2026, p. 706. Les auteurs regrettent « l'alignement progressif du régime de la responsabilité contractuelle sur celui de la responsabilité délictuelle ». Cet alignement résulte notamment « [...] de la création de l'obligation de sécurité, de la distinction des obligations de moyens et les obligations de résultats, de la transposition latente dans le domaine contractuel du principe de réparation intégral au détriment de l'article 1150 du Code civil ». Toutes ces transformations ont, toujours selon les auteurs, « [...] contribué à renforcer l'annexion de la responsabilité contractuelle par la responsabilité délictuelle ».

[158] Ainsi s'explique, selon la thèse contestataire, l'émergence de la responsabilité contractuelle du fait personnel, la responsabilité contractuelle du fait des choses et la responsabilité contractuelle du fait des choses, *voir infra* n°23 et s.

[159] M. Faure-Abbad, *op. cit.,* n°222, p. 196.

[160] *Ibid.*

civil. Elle est l'origine de la création de la responsabilité contractuelle. Elle a rendu du coup nécessaire la création de la règle du non-cumul. Tout doit être alors révisé, détruit. Une marche arrière de deux siècles permettrait de remettre l'ordre dans le droit de la responsabilité civile.

Mais est-il vraiment nécessaire d'en arriver là ? Est-il vrai que tout a commencé quand Planiol a détaché l'obligation de réparation de l'obligation initiale ? Est-ce que Planiol était le responsable, directement ou indirectement, de l'émergence de la règle du non-cumul ? Et surtout est-ce que la révision de la règle du non-cumul passe peu ou prou par l'abandon de la fonction réparatrice de la responsabilité contractuelle ? Pour essayer de répondre à toutes ces questions, mieux vaut commencer par vérifier l'exactitude de l'investigation historique menée par la thèse que nous venons d'exposer. En fait, il semble que cette dernière comporte plus de malentendus que d'erreurs.

Certes, Domat[161] et Pothier[162] traitent les dommages et intérêts contractuels comme un effet de l'obligation. Toutefois, il paraît peu concluant d'en déduire qu'ils nient à la responsabilité contractuelle sa fonction réparatrice. Le doute est permis pour Domat[163], qui rappelle tout au long de son œuvre que les sanctions de l'inexécution du contrat et la faute délictuelle ont pour fonction de réparer les torts. D'ailleurs l'auteur rapproche parfois l'inexécution de l'obligation de la faute délictuelle[164]. Pothier, pour sa part, n'évoque pas le terme de responsabilité, alors inusité, mais pour lui, les dommages et intérêts contractuels servent à indemniser le créancier[165]. Le Code maintient certes la distinction des sources d'obligations et rattache les dommages et intérêts aux effets de l'obligation conventionnelle. Néanmoins, la fonction réparatrice de la responsabilité contractuelle n'a jamais été absente. Elle est, au contraire, tout à

---

[161] Si Domat n'utilise pas le terme de responsabilité, c'est parce que comme l'a montré Mme Viney, le mot a fait une apparition tardive dans le langage juridique, G. Viney, art. précité, n°4, p. 925, *adde.* J. Henriot, « Note sur la date et le sens du mot responsable », Archives de philosophie de droit, 1977, p. 59 ; Villey, « Esquisse historique sur le mot responsabilité », même revue, 1977, p. 45 ; Gazzaniga J.-L, « Les métamorphoses historiques de la responsabilité », *in* 6ᵉ journée R. Savatier, PUF, 1997, p. 3. Même si l'idée de réparation des torts n'était pas absente, le mot responsabilité est apparu tardivement à la fin du XVIIIᵉ siècle. Il n'a été adopté, selon M. Gazzaniga, dans les dictionnaires, qu'en 1792, avec la définition suivante : « obligation d'être responsable, d'être garant de quelque chose ». Il ne sera introduit dans le dictionnaire de l'Académie française qu'en 1798.

[162] Traité des obligations, 1re partie, De ce qui appartient à l'essence des obligations et leurs effets, chapitre II, De l'effet des obligations, article III.

[163] Domat, Les lois civiles dans leur ordre naturel, livre I, Des engagements volontaires et mutuels par les conventions, titre I, Des conventions en général, section 3, Des engagements qui suivent naturellement des conventions, quoi qu'ils n'y soient pas exprimés, § IV.

[164] Livre II, Des engagements qui se forment sans convention, titre VIII, Des dommages causés par des fautes qui ne vont pas à un crime, ni à un délit, section 4 : « le défaut de s'acquitter d'un engagement (…) est aussi une faute qui peut donner occasion à des dommages et intérêts dont on sera tenu ».

[165] Pothier, *op. cit.*, p. 181.

fait explicite dans l'article 1149 qui indique que les dommages et intérêts dus au créancier sont en général la perte subie et le gain manqué[166]. La responsabilité contractuelle était « déjà dans l'air »[167].

Les premiers commentateurs du Code, quant à eux, se contentent de reprendre exégètiquement la distinction qui y est adoptée[168] sans pour autant cantonner les dommages et intérêts dans une fonction d'exécution par équivalent. Pis encore, Huc[169], enseigne que les articles 1149 à 1151, relatifs aux obligations conventionnelles, s'appliquent en matière délictuelle. Toullier[170] est allé jusqu'à rapprocher sensiblement la faute contractuelle de la faute délictuelle, les principes fondant la responsabilité contractuelle et la responsabilité délictuelle étant les mêmes. Et si Charles Sainctelette critique la notion de responsabilité contractuelle en la qualifiant d'impropre et de vicieuse, son objectif est loin de la réduire à une simple mesure d'exécution[171]. Est-il nécessaire de rappeler que l'auteur est un partisan fervent de l'obligation de sécurité ?[172] Est-il alors opportun d'attribuer la paternité de la responsabilité contractuelle à Planiol ? Certes, la définition unifiée de la faute qu'il a présentée sous l'égide de la violation d'une obligation préexistante a contribué à rapprocher les deux ordres, mais comme l'a précisé Mme Viney, c'est seulement « (...) en ce qui concerne les causes du droit aux dommages et intérêts. Quant à la fonction de ceux-ci, personne ne doutait alors qu'elle fût

---

[166] Cette définition englobe donc le préjudice consubstantiel et le préjudice consécutif à l'inexécution. L'article 1149 constitue un indice important montrant l'existence d'une véritable responsabilité contractuelle préparatoire.

[167] G. Viney, art. précité, n°7, p. 929.

[168] L. Larombière, Théorie et pratique des obligations ou commentaire des titres III et IV du Code civil, T. 1, T. III, Articles 1101 à 1225, 2e éd. 1885 ; T. Huc, Commentaires théorique et pratique du Code civil, T. 7, Des contrats, 1894.

[169] Huc, Commentaire théorique et pratique du Code civil, *op. cit.*, n°151.

[170] Toullier, Le droit civil français suivant l'ordre du Code, T.I, Paris, Renouard, 5e éd., 1830. n°233. L'auteur enseigne « qu'il faut entendre par faute en cette matière, tout fait, toute omission qui causent du dommage à autrui, et qui peuvent être imputés à celui qui les a commis...C'est ce que nous apprend *l'article 1147 fondé sur les mêmes principes que les articles 1382 et 1386 »*. L'auteur est même partisan de l'application de l'article 1386 du Code civil en matière contractuelle. Il écrivait à ce propos : » la disposition est générale, elle rend le propriétaire de l'édifice responsable envers tous ceux qui ont souffert, il répond envers ses locataires dont les meubles ont été détruits ou endommagés ». Voir Toullier, *op. cit.*, n°317.

[171] Voir dans la même filiation de Sainctelette, Baudry-Lacantinerie, L. Barde, Traité théorique et pratique, Droit civil, Les obligations, tome 1, Paris 1897 p. 401. L'auteur affirme que la condition du préjudice est « [...] tellement essentielle, qu'il n'est pas besoin d'insister sur cette idée ».

[172] Si Sainctelette s'attache à distinguer garantie et responsabilité, ce n'est pas dans le but de nier la fonction réparatrice des dommages et intérêts. Il essayait d'ailleurs d'exploiter au maximum les possibilités de réparation offertes par le contrat. Voir dans le même sens, E. Bramat, L'obligation de sécurité, produits et services mis sur le marché, thèse, Montpellier, dactyl. 2000, n°26, p. 33, *adde.* J. Bellissent, thèse précitée n°92, p. 59, note n°246, *contra.* P. Grosser, thèse précitée, n°355, p. 465 : l'auteur assimile la doctrine de P. Rémy à celle de Sainctelette, ce que nous contestons ; Sainctelette, comme ces prédécesseurs, oppose les deux responsabilités de par leurs sources, mais sans nier leur fonction réparatrice commune

centrée, aussi bien en matière contractuelle que délictuelle sur l'indemnisation des dommages »[173].

La responsabilité contractuelle existe donc bel et bien avant Planiol et le problème de la coexistence des deux ordres aussi. On a déjà vu que certains auteurs[174] ont essayé de montrer qu'avant Planiol, tout chevauchement entre les deux responsabilités était impensable. Une telle affirmation nous paraît discutable. Déjà en 1877, Demolombe, dualiste classique, écrivait : « les articles 1382 et suivant deviennent sans application lorsqu'il s'agit d'apprécier le caractère des fautes qui peuvent être commises dans l'exécution du contrat »[175]. Fromageot, dualiste lui aussi, remarque que le contrat peut être l'occasion d'une faute extracontractuelle. Il propose dès lors de « déterminer minutieusement où commencent et où finissent le devoir légal et le devoir contractuel »[176]. Pour Auvynet[177], « s'il est relativement facile d'établir l'existence même de la distinction, il l'est beaucoup moins de déterminer exactement les cas dans lesquels la faute est de nature contractuelle, et ceux dans lesquels elle est de nature délictuelle »[178]. Pourquoi ces auteurs se préoccupaient-ils autant de cette délimitation, si ce n'est pour éviter toute concurrence entre les deux ordres de responsabilités?

Dans le même ordre d'idée, Sainctelette met en garde contre toute application des règles de la responsabilité délictuelle au cours de l'exécution du contrat, car » régir les relations contractuelles par les règles de responsabilité, c'est méconnaître le fait, choquer la raison, violer la justice »[179]. Plus explicite, et dans des notes successives, Labbé[180] ne cesse de rappeler que « l'idée de faute délictuelle ne doit pas intervenir entre personnes liées par un contrat »[181] ou que « (...) l'article 1382, qui régit les rapports des personnes n'ayant point contracté ensemble devient inapplicable »[182].

---

173 Viney, art. précité, p. 930.

174 Voir *supra* n°26.

175 Demolombe, Traité des contrats, T. 8, Paris 1877, n°472.

176 Fromageot, De la faute comme source de la responsabilité en droit privé, thèse précitée, p. 86.

177 H. Auvynet, Théorie des fautes en droit romain, fautes contractuelle et délictuelle en droit français, thèse, Paris, 1893, p. 1.

178 *Op. cit.*, p. 21.

179 Thèse précitée, p. 44. Sainctelette serait parmi les premiers à annoncer les couleurs de la règle du non-cumul telle qu'elle est appliquée actuellement en droit français. L'exception qu'il a suggérée en cas d'inexécution dolosive du contrat a été également dans un premier temps consacrée par le droit positif avant que dernier ne renonce à cette exception , voir *infra* n°175 et s.

180 Labbé a également épousé les propos de la thèse dualiste. Dès 1885, c'est-à-dire avant la fameuse définition de Planiol, il a commencé à affirmer que les articles 1382 ne s'appliquent pas en matière contractuelle. Voir Labbé, note sous Cour supérieure de justice de Luxembourg 27 novembre 1884, C. A de Liège, 18 juin 1885, Trib. civ. de Bruxelles 28 avril 1885, S. 1885, 4, 25 ; Rev. Crit. 1886, p. 433.

181 Cass.civ. 10 nov 1884, J.P 1885, 1, 270.

182 Labbé, note au S. 1885, 4, 25, précité, p. 26. L'auteur développe des arguments qui sont adoptés aujourd'hui par la majorité de la doctrine française. Ainsi, l'intervention de la

Les dualistes classiques, même s'ils conçoivent la responsabilité contractuelle comme un effet de l'obligation, ne vont pas jusqu'à nier la fonction réparatrice de la responsabilité contractuelle. Très tôt, ils ont commencé à détecter la concurrence entre les deux ordres, très tôt aussi, ils n'ont pas accueilli avec faveur l'intervention de la responsabilité délictuelle dans le contrat. Et même s'ils n'utilisent pas le concept de non-cumul, ils l'annoncent déjà.

28. Pour le maintien de la responsabilité contractuelle dans sa fonction réparatrice. Le postulat historique de cette théorie n'est pas vraiment tenable. Est-il alors souhaitable de plaider pour la destruction de la responsabilité contractuelle ? Nous concédons que cette dernière s'est développée en droit français de manière excessive, défiant parfois toute logique. En conséquence, le conflit de voisinage avec la responsabilité délictuelle ne cesse de s'amplifier. Mais cette tension serait-elle réduite par la suppression de la responsabilité contractuelle ? La réponse positive, serait un peu hâtive.

La méthodologie adoptée par la thèse contestataire est en elle-même discutable. « La politique des terres brûlées » empêcherait toute construction féconde. D'ailleurs, l'exécution par équivalent, clef de voûte de cette thèse, reste un concept des plus ambigus[183]. Le Code civil français n'utilise guère cette notion qui n'a fait son apparition en doctrine que tardivement[184]. Exécuter, c'est fournir au créancier précisément ce qui lui a été promis. Lui verser une somme d'argent à la place d'un bien ou un service ne constitue pas vraiment une exécution[185]. La réparation n'est pas simplement l'équivalent de l'obligation

---

responsabilité délictuelle dans le contrat risquerait selon lui d'augmenter les diligences dus au débiteur, d'où la nécessité d'appliquer les règles de la responsabilité contractuelle. *Adde.* Rev. Crit. 1886, p. 433.

[183] D'ailleurs cette fonction d'exécution par équivalent n'est pas possible si le créancier a choisi la résolution du contrat avec la demande des dommages et intérêts. Il est difficile, comme l'a affirmé M. P. Ancel « de voir dans les dommages et intérêts une forme d'exécution du contrat dès lors qu'en faisant jouer la résolution, le créancier a renoncé à exiger cette exécution. La réparation semble s'imposer ». P. Ancel, art. précité, n°10, p. 249 *Contra.* P. Rémy, « Observations sur le cumul de la résolution et des dommages-intérêts en cas d'inexécution du contrat », *in* Mélanges Couvrat, 2001, p.121 s. Pour M. Rémy, l'article 1184 donnant au créancier la possibilité de cumuler les dommages et intérêts et la résolution repose sur un paradoxe. Comment peut-on justifier que le créancier puisse à la fois poursuivre l'anéantissement rétroactif du contrat et demander des dommages et intérêts sur le fondement de son inexécution ? L'auteur conclut que même dans le cas de résolution, la fonction des dommages et intérêts est de fournir par équivalent ce que le créancier attendait du contrat et dont il a été frustré.

[184] Voir Hubert de la Massue, « De l'absence de novation dans la résolution de l'obligation contractuelle », RTD civ. 1932, p. 377 ; Dragu, De l'exécution en nature des contrats, thèse, Paris, 1936. Elle a été systématisée par J. Huet, thèse précitée.

[185] Voir M.-E. Roujou De Boubée, Essai sur la notion de réparation, thèse, Paris, préf. P. Hébraud, LGDJ, 1974, p. 255. Pour l'auteur, si la réparation est compensatoire, l'exécution est satisfactoire. Ainsi, la réparation en nature et la réparation par équivalent sont deux procédés de compensation du préjudice sur lesquels les techniques satisfactoires ont la primauté. Plusieurs auteurs adhèrent à ce critère, approuvant sa clarté. Voir P. Jourdain, « Réflexion sur la notion de responsabilité

inexécutée, mais la compensation du préjudice résultant de l'inexécution[186]. Sur ce point, comme l'a affirmé Mme Roujou de la Boubée, » la responsabilité contractuelle s'identifie à la responsabilité délictuelle »[187]. Il en découle une certaine analogie entre les deux responsabilités. Peu séduit par les arguments déployés par les tenants de la thèse contestataire, la proposition de loi portant réforme de la responsabilité civile « Béteille », qui reprend d'ailleurs très largement les dispositions de l'avant-projet du droit des obligations et de la prescription[188], continue à concevoir la responsabilité contractuelle sous sa forme réparatrice[189]. Sur ce plan, il n'y a guère de divergence entre les deux

---

contractuelle », art. précité, n°1, p. 68 ; P. Grosser, thèse précitée, n°372, p. 487 et s. *Contra.* H. et L. Mazeaud et A. Tunc, *op. cit.*, n°2302, les auteurs restreignent le domaine de l'exécution au profit de la réparation. Selon cette conception, hormis l'exécution spontanée, tout est réparation. Ainsi, la résolution du contrat est une forme de réparation, ce qui est critiquable. Dans la théorie de Dragu au contraire, tout se ramène à l'exécution, de l'exécution spontanée à l'exécution par équivalent, voir Dragu, De l'exécution en nature des contrats, *op. cit. Loc. cit.* Notons que malgré la clarté du critère adopté par M. Roujou De la Boubée, le débat reste ouvert sur la portée exacte des articles 1143 et 1144 du Code civil français. L'article 1143 permet au créancier d'une obligation de ne pas faire d'obtenir la destruction de ce qui a été fait en contravention de celle-ci aux dépens du débiteur. L'article 1144 prévoit la possibilité pour le créancier d'une obligation de faire, de faire exécuter lui-même l'obligation aux dépens du débiteur. Le créancier va s'adresser à un tiers pour obtenir l'exécution que le débiteur lui refuse. S'agit-il alors q'une exécution indirecte de l'obligation ou une réparation en nature ? La question de la nature exacte de ces dispositions n'a d'intérêt que pour ce qui concerne l'exigence du préjudice et l'étendue du pouvoir du juge en la matière. L'objet de cette étude ne nous autorise pas à pénétrer dans la controverse doctrinale. Nous nous contentons de citer quelques références bibliographiques. Voir P. Rémy, « Critique du système français… », art. précité, p. 44, l'auteur considère que ce sont des procédures d'exécution forcée et non de réparation. D'autres auteurs estiment qu'il s'agit d'un mode de réparation en nature, voir à titre d'exemple, N. Hauksson-Tresh, « La détermination par le juge du mode de réparation », PA 1998, n°54, p. 4. Pour M. N. Courtiau, thèse précitée, n°527, p. 308, les articles 1143 et 1144 ont une nature mixte.

186 L'inexécution transforme l'obligation principale. L'obligation initiale d'exécuter qui existe dès la formation du contrat se transforme par la survenance du dommage en une obligation de réparation. Il en résulte que cette créance est purement indemnitaire. M. Mazeaud explique cette transformation par le mécanisme de la novation, voir art. précité, n°5, p. 555 Toutefois, ce mécanisme n'explique pas le maintien des sûretés liées à l'obligation primitive pour garantir l'obligation de réparation. M. Jourdain préfère parler d'une transformation par l'effet de la loi, voir « Réflexion sur la notion de responsabilité contractuelle », art. précité, n°2, p. 69, *adde.* M. N. Courtiau, thèse précitée, n°572, p. 338 et s.

187 M.-E. Roujou De Boubée, Essai sur la notion de réparation, thèse, Paris, préf. P. Hébraud, LGDJ, 1974, p. 255.

188 Voir G. Viney, Exposé de motifs de l'Avant-projet de réforme du droit des obligations ; E. Savaux, Brèves observation sur la responsabilité contractuelle dans l'avant-projet de réforme du droit de la responsabilité, Actes du colloque du 12 mai 2006, RDC 2007, p. 31 ; P. le Tourneau, Brefs propos critiques sur la responsabilité contractuelle dans l'avant-projet de réforme du droit de la responsabilité, D. 2007, p. 2180 *adde* M. Faure-Abbad, La présentation de l'inexécution contractuelle dans l'avant-projet Catala, D. 2007, chron., p. 165.

189 L'article 1382 de la proposition de loi portant réforme de la responsabilité civile dispose que : « […] toute contravention à une obligation contractuelle, qui cause à autrui un dommage, oblige son auteur à le réparer »

ordres de responsabilités. Toutes les deux exigent la réunion de trois éléments : un fait dommageable, un dommage[190] et un lien de causalité[191].

Ambiguë dans sa définition, l'exécution par équivalent, introduirait de nouvelles perturbations dans le rapport entre la responsabilité contractuelle et la responsabilité délictuelle. En effet, la doctrine contestataire propose de combiner l'exécution par équivalent et la responsabilité délictuelle. La première procurerait au créancier le paiement de la chose ou du service promis, mais si l'inexécution du contrat est source de préjudice, c'est la responsabilité délictuelle qui assurerait la réparation[192]. Mais « où s'arrête l'exécution par équivalent et où commence la réparation »[193] ? La thèse qui récuse la responsabilité contractuelle peine à trouver des critères fiables. De plus, cette combinaison entre la responsabilité délictuelle et l'exécution par équivalent peut paraître saugrenue. Pour un même fait dommageable, le créancier devrait engager deux actions différentes[194] avec la nécessité d'appliquer parfois deux régimes différents. Renoncer à la responsabilité contractuelle dans sa forme réparatrice conduirait alors à un vrai cumul de responsabilités qui mettrait la thèse contestataire en contradiction avec elle-même. Pour assurer le contrat contre la colonisation délictuelle, ladite thèse hisse le seuil de la protection très haut. D'abord, en évinçant cette colonisatrice qu'est la responsabilité contractuelle, ensuite, en verrouillant le système par l'interdiction de l'option. Mais aussi paradoxal que cela puisse paraître, cette doctrine parvient à justifier l'application de la responsabilité délictuelle dans le contrat. Une application qu'elle a pourtant essayé de combattre. En effet, afin de permettre le dédommagement des préjudices consécutifs à la violation des obligations conventionnelles, elle assimile l'inexécution du contrat à un délit[195]. L'unité des faits générateurs, magistralement critiquée, se trouve curieusement justifiée. Dans son article sur « la responsabilité délictuelle du contractant », Mme Leturmy, plaidait déjà pour la généralisation de cette solution[196]. Ce faisant,

[190] On a déjà vu que la jurisprudence majoritaire continue à exiger la condition de préjudice, malgré l'existence de quelques arrêts qui semblent écarter cette condition. Voir Com., 30 juin 1992, D. 1994, p. 454, note A. Bénabent ; Cass. civ. 3e, 25 janv. 1995, Bull. civ. III, n°29 ; Civ. 3e, 13 nov. 1997, RTD civ. 1997, p. 124, obs. P. Jourdain ; Civ. 3e 30 janv. 2002, JCP G. 2002, I, p.2166, obs. G. Viney ; D. 2002, A J. 888, note Y. Rouquet ; P. A 13 sep. 2002, n°284, p. 3, note S. Beaugendre ; RTD civ. 2002, p. 321, note P. Y. Gautier ; Soc., 4 déc. 2002, RTD civ. 2003, p. 711, obs. P. Jourdain ; Civ. 1re, 31 mai 2007, D 2007, p. 2784, note C. Lisanti ; JCP 2007, I, 185, obs. P. Stoffel-Mucnk.

[191] Toutes les deux naissent aussi le jour de la survenance du fait dommageable, voir M. N. Courtiau, *op. cit.,* n°600, p. 360.

[192] Le préjudice consécutif à l'inexécution peut dépasser largement la valeur de la prestation ou d'une chose.

[193] C. Larroumet, *op. cit.,* n°2, p. 544.

[194] Une action contractuelle pour les dommages consubstantiels à l'inexécution et une action délictuelle pour les dommages consécutifs à l'inexécution. Voir G. Viney, *op. cit.,* n°15, p. 936.

[195] Ce que nous contestons, voir *infra.*

[196] L. Leturmy, art. précité, p. 872.

cette doctrine se rapproche alors dangereusement du monisme défendu par Grandmoulin.[197]

B. Le rejet de la responsabilité contractuelle par la thèse moniste radicale

29. Si en 1997 M. Rémy[198] accusait la responsabilité contractuelle d'être un faux concept, un siècle avant lui, Lefèbvre[199] voyait aussi en elle une forme vicieuse de langage. Il est étonnant d'observer que le point de départ des deux systèmes opposés soit le même. Cependant, les déductions diffèrent. Si la doctrine dualiste[200] opère une scission hermétique entre la responsabilité contractuelle et la responsabilité délictuelle, la thèse moniste plaide pour une fusion intégrale des deux ordres. La responsabilité n'est pas tantôt contractuelle, tantôt délictuelle, elle est nécessairement et toujours délictuelle (1). Radicale, la conception moniste a suscité beaucoup de critiques et peu d'admiration. Et malgré l'atténuation apportée par Planiol, elle reste incapable de justifier l'option (2). L'examen du droit comparé montre que la théorie de l'option n'est envisageable que dans le cadre d'une législation dualiste reconnaissant à la responsabilité contractuelle une véritable existence (3).

1. Les supports de la thèse moniste[201]

30. Le monisme de Grandmoulin. Alors que la doctrine dualiste systématisée par Sainctelette[202] s'efforce de justifier une différence fondamentale entre la responsabilité contractuelle, effet de l'obligation, et la

[197] Voir *infra* n°30.

[198] P. Rémy, la responsabilité contractuelle, histoire d'un faux concept, *op. cit. loc. cit.*

[199] M. A Lefèbvre, De la responsabilité, délictuelle, contractuelle, Rev. Crit. 1886, p. 485. L'auteur écrivait : » l'évidence pour nous est... que responsabilité contractuelle est une formule vicieuse, une forme erronée de langage, et que la responsabilité est nécessairement délictuelle ».

[200] M. Sauzet, De la responsabilité des patrons vis-à-vis des ouvriers dans les accidents industriels, Rev. Crit. Jurisprudence Belge, 1883, p. 596 ; *adde.* De la responsabilité des locataires envers le bailleur, Rev. Crit. 1885, p. 166 ; Labbé, Rev. Crit. 1886, p. 433 ; C. Lyon Caen, Rev. Crit. 1886, p. 359 ; E. Rouard de Card, Encore quelques mots sur la distinction entre la responsabilité contractuelle et la responsabilité délictuelle, La France judiciaire, 1894, p. 161 ; Ch. Sainctelette, thèse précitée ; Fromageot, De la faute comme source de la responsabilité en droit privé, Paris 1891 ; H. Auyvnet, Théorie des fautes contractuelles et fautes délictuelles en droit romain et en droit français, Paris, 1893 ; D. Bébet, Contribution à l'étude de la faute aquilienne ou délictuelle et la faute contractuelle, Paris, 1899.

[201] Cette théorie fut d'abord soutenue par M. A. Lefèbvre, art. précité ; elle a été reprise avec quelques variantes par A. Deschamps, Le dol et la faute des incapables, thèse, Paris, 1889 ; La thèse de l'unité connaît une ampleur avec Grandmoulin, La nature délictuelle de responsabilité pour violation d'une obligation contractuelle, thèse, Rennes, 1892, et avec J. Aubin, Responsabilité délictuelle et responsabilité contractuelle, thèse, Bordeaux, 1897 et ce avant de recevoir l'aval de Planiol, note sous Paris, 8 février 1896, Dalloz, 1896, 2, 457 ; Du fondement de la responsabilité, Rev. Crit. 1905, p. 277 ; *adde* note sous Paris, 17 janvier 1905, D. 1907, p. 97.

[202] Voir les auteurs cités à la note n°94.

responsabilité délictuelle, source d'obligation, Grandmoulin[203] émet une idée audacieuse selon laquelle l'obligation violée, qu'elle soit contractuelle ou délictuelle, donne toujours lieu à une seule forme de responsabilité, la forme délictuelle[204].

Entre le contrat et la loi, il y a une identité de nature à tel point que la différence de source ne pourrait avoir aucune influence sur le devenir de l'obligation inexécutée. L'individu est lié par le contrat de la même manière que la loi. « La loi est un contrat public »[205], « le contrat est une loi privée »[206] ; sur ce plan, les deux responsabilités contractuelles et délictuelles s'égalent et « la contravention au contrat équivaudrait à la contravention à la loi »[207]. L'article 1147 relatif aux obligations contractuelles ne serait, dans cette conception, qu'» une application spéciale du grand principe de l'article 1382 »[208].

Mais au-delà de ces justifications « un peu philosophiques »[209], Grandmoulin présente un argument juridique de taille. Pour lui, « l'obligation initiale (...) née du contrat est éteinte par la perte ou l'impossibilité de son objet due à la faute du débiteur »[210]. Dès lors, « l'obligation de payer des dommages et intérêts n'est pas l'obligation primitive née du contrat, mais une obligation née de la loi »[211]. Le débiteur « sortira des liens de la première obligation qu'il a rompue, mais il sera immédiatement enchaîné par une nouvelle dette »[212]. La source de l'obligation de réparation ne peut être que l'article 1382 ; il n'y a donc pas de dualité, la responsabilité est une et délictuelle. Mais comment expliquer les différences de régimes ? Grandmoulin[213] répond tout simplement : « les prétendus intérêts que l'on a voulu rattacher sur tous ces points à la source légale ou contractuelle de l'obligation seraient arbitraires s'ils existaient, car la responsabilité étant une doit engendrer des effets de même nature ». Pour l'auteur, « ces différences n'existaient pas, on ne les a relevées que pour en faire des arguments à l'appui de la distinction avec la responsabilité contractuelle »[214].

Le caractère novateur de cette thèse est indiscutable. Avant la systématisation effectuée par Grandmoulin, peu nombreux sont les juristes qui ont pu soutenir l'identité parfaite entre les deux responsabilités contractuelle et

[203] J. Grandmoulin, *op. cit.,* p. 1.
[204] J. Grandmoulin, *op. cit.*, p. 1.
[205] J. Aubin, thèse précitée, p. 44.
[206] *Ibid.*
[207] Lefèbvre, art. précité, p. 486.
[208] *Ibid* Cet argument est repris par Grandmoulin, thèse précitée, p. 1.
[209] Cet argument rappelle les présupposés rousseauistes selon lesquels la loi est un contrat public.
[210] Grandmoulin, thèse précitée, p. 6.
[211] *Ibid.*
[212] *Ibid.*
[213] *op.cit.,* p. 40.
[214] *Ibid.*

délictuelle. Lefèbvre[215], quoique cité assez souvent comme étant le premier partisan de la thèse moniste, s'est contenté d'affirmer l'unité de responsabilité sans réellement la démontrer. Bigot de Préameneu l'admettait pour le cas où l'inexécution résulterait du dol du débiteur[216]. Le dol établit contre celui qui le commet une nouvelle obligation différente de celle qui résulte du contrat. Cette nouvelle obligation est soumise au régime délictuel. Toutefois, cette consécration partielle ne saurait satisfaire Grandmoulin, l'article 1382 est assez large pour englober toutes les formes d'inexécution qu'elle soit dolosive ou non[217]. Toute contravention à une obligation, quelle que soit sa source, fait naître une responsabilité délictuelle. La responsabilité contractuelle n'existe pas.

Malgré l'effort déployé par l'auteur, la thèse de Grandmoulin, à cause, peut-être, de son caractère trop révolutionnaire, a suscité beaucoup d'étonnement et a entraîné peu d'adhésion. En effet, la faiblesse de cette thèse tient au fait qu'elle réduit à néant toute spécificité de l'ordre contractuel, ce qui l'a conduite à méconnaître toutes les différences techniques qui peuvent exister entre la responsabilité contractuelle et la responsabilité délictuelle.

31. Le soutien de Planiol. Si le monisme absolu de Grandmoulin a fait relativement peu d'adeptes, il n'en reste pas moins vrai qu'il a déclenché un profond mouvement de réflexion sur les justifications de la distinction entre la responsabilité contractuelle et la responsabilité délictuelle. L'auteur a surtout mis en relief l'identité de nature des responsabilités contractuelle et délictuelle, une identité qui était parfois malmenée par la doctrine dualiste. Déjà, dès 1896, la thèse de Grandmoulin reçoit l'aval de Planiol[218] qui en profite pour forger sa théorie sur l'unité de la faute contractuelle et délictuelle. Les supports théoriques de la thèse moniste se trouvent donc consolidés. La responsabilité serait une car la faute s'analyserait de la même manière. Elle consisterait toujours en un manquement à une obligation préexistante, peu importe que cette obligation soit légale ou contractuelle[219]. Quel rapport devrait alors entretenir la responsabilité contractuelle avec la responsabilité délictuelle ? La victime peut-elle choisir entre les règles contractuelles et les règles délictuelles ? Ces questions pourraient paraître déraisonnables dans une logique moniste. La responsabilité est une et ses effets sont les mêmes. Il n'y a qu'une seule espèce de responsabilité commune aux contractants et aux tiers obéissant à des règles

---

[215] L'auteur se contentait d'écrire que » l'évidence même est que l'expression responsabilité contractuelle est une forme vicieuse, une forme erronée de langage, et que la responsabilité est nécessairement délictuelle », *op. cit., loc. cit.*

[216] Bigot de Préameneu, Exposé de motifs, n°43, Locré, VI, p. 154.

[217] Grandmoulin, thèse précitée, p. 25.

[218] M. Planiol, note sous C. A de Paris, 8 février 1896, D. 1896, 2, p. 457 ; Du fondement de la responsabilité, Rev. Crit. 1905, p. 283 ; note sous C. A de Paris 17 janvier 1905, D. 1907, 2, p. 97.

[219] *Ibid.*

uniformes. Aubin est allé jusqu'à parler explicitement d'une absorption[220]. Pourtant, et probablement sous l'influence de Planiol, une certaine coalition se réalisera dans la littérature juridique entre la thèse moniste et la thèse de l'option[221]. Il n'est pas exagéré d'affirmer que la première a été souvent présentée comme étant le fondement théorique de la deuxième.

2. La thèse de l'unité et la thèse de l'option : l'attraction fatale

32. Une première coalition entre le monisme de Grandmoulin et la thèse de l'option : la thèse de J. P. Albota. La thèse moniste radicale a l'avantage de mettre en relief la nécessité d'uniformiser les règles de réparation. Une uniformisation qui simplifierait le droit de la responsabilité civile. D'ailleurs, de nos jours, cette thèse connaît une résurgence importante avec la multiplication des lois spéciales qui méconnaissent la distinction entre la responsabilité contractuelle et la responsabilité délictuelle[222]. Néanmoins, et en dehors d'une législation expressément unificatrice, les assises de la thèse moniste sont un peu chancelantes. Le désir louable d'éviter la complexité ne doit pas conduire à faire abstraction des réalités. Ce serait nier l'évidence que de vouloir sur tous les points confondre entièrement les règles applicables en matière de responsabilité délictuelle et celles gouvernant la responsabilité contractuelle. Sur plusieurs points, la responsabilité contractuelle ne peut être assimilée à la responsabilité délictuelle, à tel point qu'on peut réellement se demander si la victime pourrait choisir de se placer sur un terrain plutôt que sur un autre. Grandmoulin, essayait pourtant habilement de contourner le problème. Si la responsabilité pour inexécution d'une obligation contractuelle suppose un contrat, ce dernier serait « la condition et non la source de la responsabilité toujours délictuelle »[223]. On l'aura compris, dans la conception de l'auteur, le contrat n'instaure pas une responsabilité quelconque. Il s'agit d'une application exclusive des règles délictuelles. *A priori*, aucune liaison ne pourrait donc se faire entre la thèse de l'unité et la thèse de l'option. Pour parler d'un choix, il faut bien qu'il y ait deux responsabilités. Le monisme de Grandmoulin, rejetant la responsabilité contractuelle, devrait conduire à l'application de la responsabilité délictuelle et

---

[220] L'auteur écrivait : « La logique réclame, semble-t-il, que l'une absorbe l'autre », thèse précitée p. 36.

[221] Voir A. Brun, Rapports et domaines des responsabilités contractuelle et délictuelle, préf. L. Josserand, Sirey 1931, p. 103 et s. ; J. P. Albota, Le problème des deux ordres de la responsabilité contractuelle et délictuelle, Bucarest 1933, p. 33 ; E. N. Martine, L'option entre la responsabilité contractuelle et la responsabilité délictuelle, LGDJ, 1957, p. 48. ; F. Roussel, Que reste-il du principe du non-cumul des responsabilités ?, mémoire de DEA, Bordeaux, 1990-1991 ; S. Carval, La construction de la responsabilité civile : controverses doctrinales, PUF, 2001, p. 105 ; C. Lapoyade Deschamps, *op. cit.*, p. 143.

[222] Plusieurs auteurs contemporains plaident aujourd'hui pour l'unification de la responsabilité contractuelle et délictuelle, voir A. Tunc, RTD civ. 1961, p. 102 et s.

[223] Thèse précitée, p. 31.

elle seule. On peut alors s'étonner de lire dans la thèse d'Albota que son but est de justifier l'admission du droit de l'option « dans une solution négative du problème des deux ordres de responsabilités en se plaçant au point de vue de l'unité de la responsabilité civile »[224]. À la différence de Grandmoulin, Albota reconnaît l'existence de certaines différences techniques entre la responsabilité délictuelle et celle découlant de l'inexécution d'un contrat. Mais, il s'agit pour lui « des règles d'applications qui ne touchent en rien à la nature de la responsabilité. Celle-ci garde un caractère unitaire et reste toujours délictuelle »[225]. Il y a quelque chose de choquant dans cette proposition ; n'est-il pas contradictoire d'affirmer d'une part que la responsabilité est nécessairement unique et délictuelle et d'autre part qu'elle a deux applications différentes ? Certes, on y voit déjà les traces du compromis effectué plus tard par Brun[226]. Mais la différence entre les deux pensées est apparente. Car même si Brun considère que les deux responsabilités ont la même nature du fait qu'elles assurent toutes les deux la fonction de réparation, il s'est démarqué du dogme de l'identité technique des règles de réparation. Albota, quant à lui, reste attaché à l'idée maîtresse défendue par Grandmoulin, et l'admission de l'option est légitimée selon lui « ...par l'idée de droit contenu par la responsabilité civile à *caractère unitaire et de nature délictuelle*[227] »[228]. Loin de pouvoir justifier une option, nous pensons que la thèse moniste radicale ne fait en réalité que fuir le problème, voire le détourner.

33. Le monisme de Planiol et la thèse de l'option. La même remarque pourrait, *a priori*, être valable pour le monisme défendu par Planiol. L'unité des fautes, qu'il soutient magistralement, devrait avoir pour conséquence immédiate d'unifier les régimes de responsabilités. Pourtant, l'analyse de Planiol paraît un peu plus nuancée[229]. En effet, contrairement à Grandmoulin, Planiol ne va pas jusqu'à nier toute spécificité aux règles régissant la responsabilité contractuelle. Elles sont discutables[230] selon lui, voire minimes, mais elles existent[231].

---

[224] J. P. Albota, Le problème des deux ordres de la responsabilité contractuelle et délictuelle, Bucarest, 1933, p. 33.
[225] *Ibid.*
[226] A. Brun, Rapports et domaines des responsabilités contractuelle et délictuelle, préf. L. Josserand, Sirey, 1931.
[227] Nous soulignons.
[228] J.-P. Albota, thèse précitée p. 172.
[229] Planiol passe parfois pour un tenant de l'unification totale des responsabilités contractuelle et délictuelle. Voir R. Demogue, De la responsabilité du vendeur à raison des inconvénients de la chose", RTD civ. 1923, p. 645 et s.
[230] « Si l'on veut parler d'une distinction à faire dans la pratique entre les obligations contractuelles et les obligations légales, peut-être trouve-t-on quelque disposition de loi positive qui donne un intérêt à cette distinction, mais si l'on prétend établir une différence spécifique entre les fautes contractuelles et délictuelles au point de vue rationnel et doctrinal, la distinction communément admise n'est pas seulement contestable ; elle n'a ni sens, ni raison d'être ». Voir M. Planiol, Traité élémentaire de droit civil, T.II, 6e éd. , LGDJ, 1912, n°857.

D'ailleurs, il estime que la limitation de la réparation au dommage prévisible, instituée par l'article 1150 du Code civil, en matière contractuelle, constitue une différence réelle entre les deux ordres de responsabilités[232]. Dans ce contexte, la relation entre la responsabilité contractuelle et la responsabilité délictuelle ne serait pas basée sur une absorption, comme le soutenait Grandmoulin ou Aubin, ni sur une élimination, comme le soutenaient les dualistes classiques. Dans une note sur un arrêt rendu par la Cour d'appel de Paris du 17 janvier 1905, Planiol, traçant les linéaments de sa théorie, concevait plutôt une certaine superposition entre les deux responsabilités[233]. En l'espèce, un locataire s'étant blessé gravement en tombant par la fenêtre de son logement, prétendait que sa chute était due au mauvais état d'une barre d'appui et voulait en rendre le propriétaire responsable. Le tribunal de première instance retient la responsabilité du propriétaire pour avoir mal entretenu l'immeuble. Le jugement est infirmé par la Cour d'appel qui considère que l'article 1386 est étranger aux rapports contractuels. L'existence d'un contrat excluait donc l'application de la responsabilité délictuelle et la victime se trouvait privée du secours qu'aurait pu lui porter la présomption de l'article 1386 du Code civil.

Violemment critiquée par Planiol, cette exclusion serait sans fondement car « ce n'est pas la responsabilité délictuelle qui sert de complément à l'autre, c'est le contraire qui est vrai ; la responsabilité contractuelle *vient s'ajouter à la responsabilité établie par la loi*[234] et ne peut ni l'éliminer, ni se substituer à elle »[235]. L'auteur concevait donc une certaine coexistence entre les deux responsabilités contractuelle et délictuelle. Toutefois, cette cohabitation n'est pas suffisante pour établir un rapport équilibré entre les deux ordres. Loin de là, les deux responsabilités sont hiérarchisées, la responsabilité délictuelle est supérieure à la responsabilité contractuelle, elle est donc toujours prête à jouer. Naît alors l'idée de la suprématie de la responsabilité délictuelle, considérée comme l'un des arguments les plus importants des tenants de la thèse du cumul en droit français[236]. La loi est antérieure à tous les contrats[237]. Par suite, la responsabilité résultant de la violation d'un devoir légal est une responsabilité principale, tandis que la responsabilité née de la violation d'un contrat est une responsabilité subsidiaire. La responsabilité contractuelle n'est qu'une

---

[231] G. Babert assimile la thèse de Planiol à celle de A. Brun, thèse précitée, n°115, p. 220. Or il semble que les deux pensées doivent être distinguées, car la seule différence de régime admise par Planiol, d'ailleurs à contrecœur, réside dans l'article 1150 limitant la réparation en matière contractuelle aux dommages prévisibles. Pour Brun, elles sont encore plus nombreuses.

[232] M. Planiol, traité élémentaire de droit civil, *op. cit. Loc. cit.*

[233] M. Planiol, note sous Paris 17 janvier 1905, D. P. 1907, 2, 97.

[234] Nous soulignons.

[235] M. Planiol, note sous Paris 17 janvier 1905, D. P. 1907, 2, 97.

[236] Voir dans le même sens, Bonnecase, Traité Supplément du traité théorique et pratique de droit civil de Baudry-Lacantinerie, T. 2, Sirey 1925, n°452.

[237] M. Planiol, note sous Paris 17 janvier 1905, D. P. 1907, 2, 97.

adaptation particulière de la responsabilité délictuelle qui reste toujours susceptible d'intervenir à tout instant.

L'idée d'une superposition des deux responsabilités a pu trouver un appui important dans les solutions admises en jurisprudence en ce qui concerne la validité des clauses limitatives de responsabilité. En effet, à partir de 1874[238], la Cour de cassation française considérait que les clauses relatives à la responsabilité, si elles avaient pu exonérer le débiteur en matière contractuelle, ne l'auraient pas libéré de la responsabilité délictuelle. Le créancier pouvait toujours, en se fondant sur les articles 1382, établir la faute délictuelle. A. Brun, tout comme L. Josserand, voyait dans cette solution la première approche jurisprudentielle de l'option en droit français[239].

34. L'affaiblissement de la thèse de l'option. Certes, le monisme modéré de Planiol justifie *a priori* les lectures qui ont relié la thèse de l'option à la thèse moniste. Néanmoins, cette liaison n'a fait qu'affaiblir la théorie de l'option. En effet, on sait aujourd'hui que la jurisprudence relative aux clauses est devenue caduque, les clauses de non-responsabilités produisent pleinement leurs effets et exonèrent le débiteur de toute responsabilité[240]. Les tenants de la thèse du cumul virent tous leurs espoirs s'effondrer. Pis encore, l'idée de la primauté de la responsabilité délictuelle a même servi à leurs adversaires à justifier le non-cumul[241]. La responsabilité délictuelle est de droit commun, la responsabilité contractuelle est une responsabilité d'exception, elle reste donc toujours destinée à régir le contrat si les conditions de son application se trouvent réunies[242]. C'est dire si les arguments déployés par les protagonistes de la thèse moniste, même relativement modérée, sont peu soutenables, ce qui n'est pas sans fragiliser la thèse de l'option. D'ailleurs, il est curieux d'observer que Planiol, et malgré l'atténuation qu'il a apportée au monisme absolu de Grandmoulin, s'est rapidement éloigné de la logique de l'option. L'inexécution du contrat est assimilée à un délit. Le contenu de la faute est toujours le même, ne pas nuire à autrui[243], il est donc « inutile de savoir si le débiteur qui manque à son engagement conventionnel viole en même temps une obligation légale »[244]. La faute, même dans les contrats, est délictuelle. L'auteur rejoint, dans une large mesure, l'analyse de Grandmoulin. L'idée d'une suprématie de la loi justifiait selon Planiol, comme tous les tenants de la thèse moniste radicale, une annihilation des règles contractuelles contenues dans le Code civil.

---

[238] Cass. civ. 4 fév. 1874, D. 1874, 1, 305 ; 24 janvier 1874, D. 1876, I, 133 ; Cass. civ. 15 mars 1876, S. 1876, 1, 337, note Labbé ; Cass. civ. 9 nov. 1915, D. P. 1921, 1, 23 ; Voir aussi Thaller, Annales de droit commercial, 1886, 1887, p.125 et s.

[239] A. Brun, thèse précitée, n°88, p. 107.

[240] Voir *infra* n°146 et s.

[241] L. Josserand, note sous Cass. civ. 14 déc. 1926, D. P 1927, 1, p. 105.

[242] Voir P. le Tourneau *et alii*, *op. cit.*, n°265, p. 96 ; F. Bussy-Dunod, Le concours d'actions en justice entre les mêmes parties, LGDJ, 1988, p. 270.

[243] Planiol, note sous Paris 8 février 1896, 2, p. 457.

[244] *Ibid.*

La thèse moniste, qu'elle soit radicale ou modérée, conduit à une application démesurée des règles délictuelles au cours de l'exécution du contrat, mais elle ne peut servir comme une justification théorique de l'option. Le fait que Planiol admettait une différence technique entre la responsabilité contractuelle et la responsabilité délictuelle résidant dans la prévisibilité du dommage a permis à l'ensemble de la doctrine de relier la thèse de l'option à la thèse moniste. Cette liaison nous paraît critiquable à deux niveaux. D'abord, la présentation de Planiol méconnaît l'existence de plusieurs autres différences de régimes, qui même si elles sont en train de s'estomper actuellement, n'ont pas totalement disparu. Ensuite et surtout, la présentation de Planiol rejoint, dans une large mesure, l'analyse de Grandmoulin. L'exclusivité de la responsabilité délictuelle pour ce dernier se rapproche sensiblement de l'idée de la suprématie défendue par le premier. Étant supérieure, la responsabilité délictuelle pourrait toujours intervenir et rendre illusoire la responsabilité contractuelle. Or, cette thèse nous paraît contestable, car aucun texte, aucune règle de droit ne donnent ce pouvoir à la responsabilité délictuelle. D'ailleurs, il est curieux d'observer que plusieurs systèmes autorisent l'option tout en reconnaissant à la responsabilité contractuelle une véritable existence et une réelle autonomie.

3. Dualisme et option : une cohabitation envisageable

35. L'autorisation de l'option dans les législations dualistes. Peu nombreux, semble-t-il, sont les systèmes juridiques étrangers qui ont adopté le monisme absolu. Mis à part quelques pays de l'Europe de l'Est[245], les autres systèmes juridiques, même s'ils ont réalisé un rapprochement entre les deux responsabilités, ne vont pas jusqu'à l'unification.

35-1. L'exemple du droit suisse. L'exemple le plus ancien est le droit suisse[246]. En effet, l'article 99 du Code des obligations suisse dans son

[245] Voir G. Viney, Traité de droit civil, Introduction à la responsabilité, 3e éd., LGDJ, 2008, n°242, p. 442 ; V. Knapp, « La codification du droit civil dans les pays socialistes européens », RIDC. 1979, p. 740 ; R. Sanilevici, « La réglementation de la responsabilité dans les pays socialistes européens, RIDC 1981, p. 821 ; D. Stankovic, « La responsabilité civile selon la nouvelle loi yougoslave sur les obligations », RIDC 1979, p. 765.

[246] Sur le droit suisse, voir A. R. Abdel-Wahab, Le concours des responsabilités contractuelles et délictuelles en droit français et suisse, Thèse, Genève, 1963 ; O. Chapuis, Responsabilité et devoirs accessoires découlant d'un contrat, thèse, Collection Neuchâteloise, 2005 ; P. Engel, Traité des obligations en droit suisse, Dispositions générales du Code des obligations, 2e éd., Berne, 1997 ; R. Secrétan, « Le concours de la responsabilité contractuelle et de la responsabilité délictuelle en droit suisse », RDS, 1949, p. 186 ; P. Wessner, « Droit contractuel et droit délictuel : à la recherche de frontières naturelles en matière de responsabilité civile », Rapport de la commission d'étude pour la révision totale du droit de la responsabilité civile, Berne 1991, p. 38 et s. ; « La responsabilité fondée sur la confiance au regard de la révision totale du droit de la responsabilité civile », *in* Journée de la responsabilité civile 2000, la responsabilité fondée sur la confiance, Zurich, 2001, p. 129 ; P. Piotet, « L'article 55 du Code civil et l'unification des responsabilités contractuelles et délictuelles, *in* Responsabilité civile et assurance. Études en l'honneur de Baptiste Rusconi, Lausanne, 2000, p. 267 ; F. Werro, « Quelques ruminations sur les

troisième alinéa dispose que « les règles relatives à la responsabilité dérivant d'actes illicites s'appliquent par analogie aux effets de la faute contractuelle »[247]. Le renvoi prévu dans cet article atténue fortement la distinction entre les deux responsabilités. Cependant, on ne peut pas dire que le Code des obligations suisse assimile entièrement les deux responsabilités[248]. Plusieurs différences subsistent entre la responsabilité contractuelle et la responsabilité délictuelle. Les effets les plus marquants de la distinction sont dans la répartition du fardeau de la preuve[249], la responsabilité pour le fait d'autrui[250] et la prescription[251]. Malgré ces différences, et sans être une

relations entre la responsabilité contractuelle et la responsabilité délictuelle à partir d'un accident de ski », DC 2001, p. 10 ; « Quelques remarques sur l'avant-projet de loi fédérale sur la révision et l'unification du droit de la responsabilité civile », REAS 2002, 1, p. 14 et ss. ; C. Chapuis, « Les règles de la bonne foi entre contrat et délit », *in* Pacte, convention, contrat, mélange en l'honneur du professeur Bruno Schmidlin, Bâle, Francfort sur le Main 1998, p. 227 et ss. ; C. Chapuis et F. Werro, « La responsabilité civile à la croisée des chemins, RDS 2003, II, p. 237 ; P. Tercier, Concours d'actions et solidarité, où somme-nous ? », *in* Quelques questions fondamentales du droit de la responsabilité civile, actualités et perspectives, Berne 2002, p. 115 ; » De la distinction entre dommage corporel, dommage matériel et autres dommages », *in* Mélange Assista, Genève 1979, p. 265 ; L. Thévenoz, « Quelques remarques sur l'avant-projet de loi fédérale sur la révision et l'unification du droit de la responsabilité civile », REAS 2002, 1, p. 14.

[247] Cependant les textes allemand et italien ont une teneur plus restrictive que le texte français puisqu'ils visent uniquement l'étendue de la responsabilité, à savoir la détermination du dommage et le montant de la réparation, voir A.-R. Abdel Wahab, thèse précitée, p. 39 *adde.,* O. Chapuis, thèse précitée, p. 46.

[248] La responsabilité contractuelle est réglementée par l'article 97 du Code des obligations, la responsabilité délictuelle est réglementée quant à elle par l'article 41 du même Code.

[249] La faute est présumée en matière contractuelle selon l'article 97 du Code des obligations, mais non pas en matière délictuelle au sens de l'article 41 du même Code.

[250] La règle délictuelle de l'article 55 du Code des obligations suisse permet une preuve libératoire de la diligence objective, ce que ne prévoit pas l'article 101 relatif à la responsabilité contractuelle, voir P. Wessner, « Droit contractuel et droit délictuel, à la recherche de frontières naturelles en matière de responsabilité civile », *op. cit.* p. 17 *adde.* O. Chapuis, thèse précitée, p. 44.

[251] Les délais institués par l'article 127 du Code des obligations sont plus longs que ceux institués par l'article 60 pour l'action délictuelle. Le premier est de 10 ans à partir de l'exigibilité de la créance, le second est d'une année dès la connaissance du dommage et du responsable. Voir les auteurs cités à la note précédente.

législation moniste[252], le droit suisse accepte l'option et parfois le cumul, et ce lorsque l'inexécution constitue en même temps un acte illicite[253].

35-2. L'exemple du droit québécois. Plus récemment, et avec la réforme de 1994, le législateur québécois[254] a clairement entendu souligner l'unité ontologique des deux ordres de responsabilités civiles. Les deux responsabilités sont intégrées dans une seule section intitulée « des obligations légales de réparer le dommage ». Au niveau des concepts, les différences fondamentales entre la responsabilité contractuelle et la responsabilité délictuelle s'estompent, puisque toutes les deux entraînent une obligation de réparation ayant pour origine le manquement à une obligation préexistante soit d'ordre conventionnel, soit d'ordre extracontractuel. Mais cette unité conceptuelle ne peut masquer certaines différences de régimes que le législateur québécois a préféré maintenir[255]. Ce rapprochement effectué a été accompagné par l'interdiction de

---

252 Voir cependant la position du professeur P. Jäggi qui rappelle curieusement celle des auteurs monistes en France. En effet, pour cet auteur, le fondement de la responsabilité est unique. Celui qui cause un dommage à autrui en ne respectant pas un devoir imposé par l'ordre juridique ou un contrat viole l'interdiction générale de ne pas nuire à autrui et commet un acte illicite. Il doit alors à la victime des dommages et intérêts en vertu des règles de la responsabilité délictuelle. P. Jäggi, Zum Begriff der vetraglichen scadenersatzforderung, *in* Festschrift fùr Wilhelm Schönenberger, Fribourg 1968, cité par O. Chapuis, thèse précitée, p. 181

253 Voir cependant l'avant-projet de la loi sur la responsabilité civile, qui entend unifier les règles de la responsabilité civile. Il n'est plus question de responsabilité contractuelle, ni par conséquent de cumul d'action. Seule la voie délictuelle est ouverte à la personne lésée. Ce projet n'est pas encore adopté. Il a été décidé de ne pas intégrer la révision du droit de la responsabilité dans le programme de la législature 2003- 2007. Voir, O. Chapuis, *op. cit.,* p. 190

254 Sur le droit québécois, voir L. Baudouin et P. Deslauriers, La responsabilité civile, 6e éd. Yvon Blais 2003 ; M. A Tancelin, Théorie du droit des obligations, Les presses de l'université de Laval, 1975 p. 180 « Option et cumul : une mauvaise querelle », Rev. Mc Gill 1982 n°4, p. 834 ; P. Azard, « Renouveau ou déclin de la responsabilité contractuelle », *in* Mélanges Bissonnette, p. 1 ; G. Durry, La distinction de la responsabilité contractuelle et la responsabilité délictuelle, université Mc. Gill, Montréal 1986 ; P. P. C Haanappel, « La relation entre les responsabilités civiles contractuelle et délictuelle : L'arrêt wabasso en droit québécois et en droit comparé », R. I. D. C. 1982, p. 118 ; « La responsabilité civile du manufacturier en droit comparé », Mc Gill 1980, n°3, p. 364 ; P. G Jobin, « Wabasso : un arrêt tristement célèbre », Rev. Mc Gill 1982 n°4, p. 813 ; A. Popovic, « Tendances récentes du droit de la responsabilité civile au Québec », *in* Les métamorphoses de la responsabilité, 6e journée René Savatier, Poitiers 15et 16 mai 1997, p. 129 ; G. Viney, « Pour une interprétation modérée et raisonnée du refus d'option entre responsabilité contractuelle et délictuelle », Rev. Mc Gill 1994, n°4, p. 813 ; P.-A Crépau, « La responsabilité civile du médecin et de l'établissement hospitalier », p. 91 ; Réflexions sur le fondement juridique de la responsabilité civile du transporteur de personnes, Mc. Gill 1960, p. 225 ; « L'affaire Wabasso sous les feux du droit comparé », Rev. Mc Gill 1982, n°4, p. 789 ; » L'indemnisation de la victime par ricochet d'un accident mortel résultant de l'inexécution d'un devoir contractuel », Rev. McGill 1981, n°3, p. 567 ; P. Glenn, « De la cause de l'action et de la compétence internationale », Rev. McGill 1982, n°4, p. 793 ; J. Pineau, À propos de l'affaire Marier, Rev. Mc Gill 1981, n°3, p. 560.

255 Le législateur québécois maintient certaines différences entre la responsabilité contractuelle et la responsabilité délictuelle. Ces différences concernent la prévisibilité du dommage, la règle de solidarité et la loi applicable en droit international privé, voir A. Popovici, art. précité, p. 137.

l'option[256]. Avant la réforme de 1994, et sans partir d'une législation moniste[257], les juges québécois, tout comme les juges suisses, autorisaient l'option[258]. Certains auteurs approuvent la nouvelle solution adoptée dans la mesure où dans une législation unitaire, l'option n'aurait pas beaucoup d'intérêt[259]. Nous ne partageons pas ce point de vue, car nous pensons que la législation québécoise n'a pas définitivement abandonné la distinction entre la responsabilité contractuelle et la responsabilité délictuelle. Or, chaque système qui aménage différemment la responsabilité contractuelle et la responsabilité délictuelle comporte en soi un germe de conflit entre les deux ordres de responsabilités. Certes, ce conflit est moins grave que celui que connaît le droit français, les différences techniques entre les deux ordres étant beaucoup plus accusées[260], mais le risque existe tout de même[261]. D'ailleurs, une partie de la doctrine québécoise regrette cette solution et parle d'une évolution régressive[262]. Mme Viney, pour sa part, a mis en garde les juristes québécois contre les dangers d'une application dogmatique de la règle du non-cumul.[263]

L'étude de ces deux droits comparés montre que l'existence d'une responsabilité contractuelle ayant une véritable autonomie n'est pas incompatible avec la thèse de l'option. Il serait tout à fait concevable d'avoir une législation dualiste et de reconnaître l'option. C'est loin d'être le cas du droit français qui continue, malgré quelques atténuations, à s'attacher au principe du non-cumul, ce qui aggrave de jour en jour le conflit de voisinage entre la responsabilité contractuelle et la responsabilité délictuelle.

36. Synthèse. L'existence d'une réglementation spéciale dans le Code civil relative à la responsabilité contractuelle a rendu vaine toute tentative de destruction. Entre la thèse dualiste qui essayait de réduire la responsabilité contractuelle à un simple effet de contrat ou au mieux, à un mode d'exécution de celui-ci, et la thèse moniste qui voulait assurer la domination de la responsabilité délictuelle, le droit français a fini par trouver un compromis

---

[256] Avant 1994, la jurisprudence québécoise autorisait l'option, voir G. Viney, Pour une interprétation modérée et raisonnée du refus de l'option entre responsabilité contractuelle et responsabilité délictuelle, article précité, p. 814.

[257] Il existait au Québec une palette de différences de régime entre la responsabilité contractuelle et la responsabilité délictuelle. L'exercice de l'action, la loi applicable, le tribunal compétent et la nécessité de la mise en demeure préalable dépendaient de la nature de la responsabilité invoquée.

[258] Les deux arrêts de la Cour suprême du Québec les plus significatifs à ce sujet sont l'arrêt Ross c. Emery en 1921 et l'arrêt Wabasso Ltd. C. The National Drying Machinery Compagny en 1981.

[259] M.A. Courtiau, thèse précitée, p. 352.

[260] Voir *infra* n°115 et s.

[261] D'ailleurs en adoptant une définition large de l'espace contractuel, la réforme de 1994 accentuerait désormais les conflits entre les deux ordres de responsabilités.

[262] A. Popovic, Tendances récentes du droit de la responsabilité civile au Québec, *in* Les métamorphoses de la responsabilité, 6e journée René Savatier, Poitiers, 15et 16 mai 1997, p. 123.

[263] G. Viney, article précitée, p820 et s.

depuis la thèse de Brun[264]. Entre la responsabilité contractuelle et la responsabilité délictuelle, il n'y a pas de différence de nature, toutes les deux assurant la réparation, mais une différence de régimes[265]. L'obligation initiale est transformée du fait de l'inexécution en une obligation de réparation, mais la réparation est soumise à des règles particulières formant la responsabilité contractuelle[266]. Celle-ci sort « indemne » de ce débat, du moins en ce qui concerne le principe de son existence. Mais le problème de l'option se trouve malheureusement malmené. En effet, la règle du non-cumul se trouve parfois justifiée au nom d'une fonction spécifique ce qui n'est guère vérifiable[267] ; parfois, c'est l'option que l'on prétend défendre, mais ceci se fait par de mauvais arguments et sur les décombres de la responsabilité contractuelle. En réduisant la responsabilité contractuelle à peau de chagrin, la thèse moniste, qu'elle soit radicale ou modérée, s'éloigne sensiblement de la logique de l'option. Elle justifie une absorption, voire une suprématie de la responsabilité délictuelle, mais elle ne peut aucunement servir comme fondement théorique de l'option. Même modérée, la thèse moniste a été désapprouvée par la plupart des auteurs français. Mais renoncer au monisme, c'était aussi rejeter la thèse qui lui était alliée, à savoir la thèse de l'option. En effet, même si la doctrine épouse actuellement et quasi majoritairement le compromis modéré de Brun, on a continué étrangement à concevoir la règle du non-cumul, à la manière des dualistes classiques[268], non seulement en ce qui concerne la conception du principe, mais également concernant son domaine d'application qui se trouve désormais de plus en plus élargi.

---

[264] Rapports et domaines des responsabilités contractuelle et délictuelle, thèse, Lyon, préface Louis Josserand, librairie Sirey 1931.

[265] Sur les différences de régimes, voir *infra* n°115 et s.

[266] La plupart des auteurs français modernes adoptent le compromis réalisé par Brun ; la responsabilité contractuelle assure la réparation, tout comme la responsabilité délictuelle, mais elle suit un régime différent, voir G. Viney, Traité de droit civil, sous la direction de Jacques Ghestion, Introduction à la responsabilité, 2e éd., LGDJ, 2006, n°170 ; J. Flour et J. L. Aubert et E. Savaux, Droit civil. Les obligations, Le fait juridique, quasi-contrat, 13e éd. Dalloz 2009, n°174

[267] Voir *supra* n°23 et s.

[268] A. Brun lui-même, malgré le compromis qu'il a bâti, continue d'affirmer la règle du non-cumul à la manière des dualistes classiques, l'option est interdite, sauf en cas de faute lourde, dol, ou faute pénale. C'est la même solution adoptée par E. N. Martine, thèse précitée. D'ailleurs, on va montrer tout au long de notre thèse que les arguments utilisés par la doctrine moderne pour justifier la règle du non-cumul sont les mêmes que ceux déployés par les dualistes classiques (le principe de l'autonomie de volonté et l'incompatibilité entre la qualité du contractant et tiers...). Voir également Rodière, Définition et domaine de la responsabilité contractuelle, Paris Pédone 1980, p. 160. Or, cette présentation nous paraît fort contestable, voir *infra* (deuxième partie).

§ 2 : Le rejet de l'option justifié par la prévalence de la responsabilité contractuelle

37. Largement admise par la jurisprudence[269] et approuvée par la doctrine française[270] (A), la règle du non-cumul impose une séparation stricte entre la responsabilité contractuelle et la responsabilité délictuelle. Mais puisque « qui trop embrasse mal étreint »[271], la règle du non-cumul, appliquée d'une manière dogmatique, amène à de nombreuses incohérences tant pratiques que théoriques (B).

---

[269] Req., 21 janvier 1890, S.1890, S., 1, 408 note anonyme ; Cass. civ., 11 janvier 1922, S. 1924, 1, 105, note R. Demogue ; Paris, 18 mai 1924, D. P. 1924, 2, 125, note E. D ; Cass. civ., 6 Avril 1927, S. 1927, 1, 201, note H. Mazeaud ; Req., 6 mars 1945, D. 1945, p. 217 ; Civ. 2e, 13 mai 1955, J. C. P 1956, 9246, note Esmein ; Paris, 10 juin 1955, D. 1955, p. 582, note R. Rodière ; Civ. 2e, 13 mai 1955, JCP 1956, II, 9246, note Esmein ; Civ. 1re, 9 janv. 1957, JCP 1957, 9915, note R. Rodière ; Civ. 1re, 9 oct. 1962, D. 1963, J., p. 1, note Liet-Veaux ; J. C. P. G 1962, II, 12910, P. Esmein ; CA Rouen, 6 nov. 1970, D. 1971, p. 274, note R. Rodière ; Civ. 3e, 18 déc. 1972, D. 1973, p. 272, note M. Vasseur ; Civ. 2e , 4 juin 1973, D. 1973, p. 673, note P. Chaveau ; Soc., 5 juin 1975, D. 1975, p. 686, note Y. Saint-Jours ; Civ. 2e, 30 juin 1976, J. C. P. 1979, II, 19038, note anonyme ; C. A Paris 2 déc 1977, RTD civ. 1978, p. 882, obs G. Durry ; Civ. 1re, 2 nov. 1978, D. 1979, I. R., p. 343, obs. C. Larroumet ; Civ. 3e, 9 mai 1979, I. R, p. 468 ; Civ. 1re, Civ. 3e, 9 oct. 1979, D. 1980, I. R, p. 222, obs. C. Larroumet ; Civ. 2e, 8 juin 1979, D. 1980, p. 583, note M. Espagnon ; Civ. 1re, 6 janv. 1981, RTD civ. 1982, p. 145, obs. G. Durry ; Civ. 1re, 11 mai 1982, Bull. civ. 1982, I, 151, n°170, G. P. 1982, sem. Jur. 612, note Chabas ; Civ. 2e, 15 déc. 1986, D. 1987, jur. 221, note C. Larroumet ; Civ. 1re, 11 janv. 1989, JCP 1989. II. 21426, note C. Larroumet ; Civ.2e, 26 mai 1992, Bull. civ. 1992, II, 75, n°154 ; Civ. 6 janv. 1981, D. 1982, I. R, p. 24 ; C. A. Poitiers 29 juin 1983, D. 1984, jur. 62, note G. Daverat ; Com., 26 fév. 1985, Bull. civ. 1985, IV, 67 ; Civ. 2e, 15 déc. 1986, D. 1987, jur. 221, note C. Larroumet ; Civ. 2e, 26 mai 1992, Bull. civ. 1992, II, 75, p. 15 ; JC P 1992, I, 3625, obs. G. Viney ; RTD civ. 1992, p. 767, obs. P. Jourdain ; Civ.2e, 26 mai 1992, Bull. civ. 1992, II, 75, n°154 ; Civ. 1re, 27 janv. 1993, Bull. civ. I. 28, n°42 ; Civ. 1re, 1 mars 1993, Bull. civ. 1993, 1, p. 174, n°84 ; Civ. 2e, 9 juin 1993, Bull. civ. 1993, II, 110, n°204 ; Civ. 2e, 9 juin 1993, Bull. civ. 1993 ; J. C. P. 1994, II, 22264, note F. Roussel ; Civ. 1re, 24 nov. 1993, RCA 1993, chron. n°6 par Groutel ; Civ. 1re, 5 avril 1993, RGAT 1993, p. 651, note P. Rémy ; Civ. 2e, 6 juill. 1994, RJDA 1994, n°1405 ; RCA 1994, comm. 366, RTD civ. 1995, p. 124, obs. P. Jourdain ; Com., 8 fév. 1994, P. A. 1996, n°33, p. 14, note F. Duquesne ; Civ. 1re, 4 janv. 1995, D. 1995, I. R. 528 ; J. C. P. 1995.I. 3853, obs. Viney ; Civ 3e 8 juillet 1998, RTD civ. 1998, p. 909, obs. P. Jourdain ; C. A Bordeaux, 14 déc 1999, RCA, comm n°74, obs. H. Groutel ; Civ. 1re, 19 mars 2002, CCC 2002, comm. 106 et note Leveneur ; Com., 9 juill. 2002, CCC 2002, comm n°172 et note Leveneur ; Civ 1re, 31 janv. 2002, GP 2002, J. n°31, p. 11 ; Com., 24 sept. 2003, RTD civ. 2004, p. 94, obs. P. Jourdain ; Civ. 1re, 1èr juill. 2003, Resp. civ. et assur. oct. 2003, comm. 252, obs. H. Groutel.

[270] E.-N. Martine, « L'option entre la responsabilité contractuelle et la responsabilité délictuelle, 1957 ; G. Cornu, Le problème du non-cumul de la responsabilité contractuelle et de la responsabilité délictuelle », 6e congrès international de droit comparé, Hambourg 1962 ; C. Larroumet, « L'intervention de la responsabilité délictuelle dans le domaine de la responsabilité contractuelle en droit français », McGill p. 839 ; A. Brun, thèse précitée.

[271] D. Mazeaud, Le régime de l'obligation de sécurité, G. P. 1997, 2, doc., p. 1201.

A. La prohibition de l'option en droit français : solution largement admise

38. Appliquée d'une manière quasi systématique dans les rapports contractuels directs (1), la règle du non-cumul devrait, pour certains auteurs[272], être opposable aux tiers qui souffrent de l'inexécution contractuelle, ce qui nous paraît fort discutable (2).

1. L'application de la règle du non-cumul dans les rapports contractuels directs

39. Assez souvent, l'étude de l'émergence historique d'une règle juridique contribue à découvrir sa raison d'être et sa philosophie profonde. Or, s'il apparaît aujourd'hui incontestable que le non-cumul entre la responsabilité contractuelle et la responsabilité délictuelle constitue une règle[273] de droit positif français, il n'en reste pas moins vrai que sa naissance demeure entourée d'une brume qui rendrait l'analyse historique fort délicate. À une période de « relâchement »[274] (α) marquée par une application spontanée des articles 1382 et suivants en matière contractuelle, s'est substitué un engouement pour la qualification de la responsabilité encourue, un engouement qui a contribué à l'endurcissement de la règle du non-cumul (β).

a. Du relâchement…

40. L'application de la responsabilité délictuelle au cours de l'exécution du contrat. Alors que la doctrine classique était majoritairement en faveur de distinguer ce qui est contractuel de ce qui délictuel[275], une bonne partie de la jurisprudence française ancienne voyait dans l'article 1382 du Code civil un texte passe-partout, un texte qui s'appliquait au cours de l'exécution du contrat et qui se cumulait parfois avec les règles de la réparation contractuelle[276]. En

[272] M. N. Courtiau, thèse précitée, p. 456 ; M. Espagnon, thèse précitée deuxième partie ; J. Huet, thèse précitée, titre II, chapitre II, p. 554 ; J. Neret, Le sous-contrat, LGDJ, Bibliothèque de droit privé 1977 ; B. Teyssié, Les groupes de contrats, LGDJ, Bibliothèque de droit privé, 1975, p. 281 n°562 et s. ; J. F. Overstake, « La responsabilité du fabricant de produits dangereux » RTD civ. 1972, p. 518, n°84 ; G. Lévy, RTD civ. 1970, p. 33 ; Bonet et Gros, « La réparation des dommages causés aux constructions par les vices de matériaux », JCPG 1974, I, 602, n°22 ; G. Viney, Pour une interprétation modérée…, art. précité, p. 815.

[273] M. Espagnon considère que l'interdiction de l'option a atteint un degré de précision qui permet d'affirmer qu'il ne s'agit pas d'un principe mais d'une règle juridique. D'ailleurs la jurisprudence parle assez souvent de la règle du non-cumul. Cette dernière peut servir comme fondement du pourvoi en cassation. Voir M. Espagnon, thèse précitée, p. 27.

[274] L'expression est utilisée par M. Epagnon, thèse précitée, p. 58.

[275] Particulièrement les partisans de la thèse dualiste, voir *supra* n°27.

[276] Ce qui explique en quelque sorte l'appellation même de la règle du « non-cumul ». En effet, le cumul proprement dit n'a pas été complètement absent dans la jurisprudence du XIXe siècle. L'exemple le plus illustratif est celui relatif à l'article 1153 du Code civil. Ledit article prescrivait dans sa version originelle que le retard de paiement des sommes d'argent est indemnisé par un

effet, la jurisprudence a rapidement cédé à la tentation de faire jouer en toute occasion les articles 1382 et suivants. Ceci pose des difficultés sérieuses d'interprétation car il ne faut pas voir dans ces arrêts[277] une consécration systématique de la théorie de l'option[278]. De même, il ne faut pas s'empresser de jeter ces arrêts aux oubliettes sous prétexte qu'il s'agit de solutions anciennes et

---

forfait, les intérêts moratoires. La loi du 7 avril 1900 a ajouté un alinéa 4 à l'article 1153, qui précise qu'en cas de mauvaise foi, le créancier « peut obtenir des dommages et intérêts distincts des intérêts moratoires de la créance ». Cet ajout est présenté comme tendant à « consacrer la jurisprudence antérieure », voir G. Babert, *op. cit., loc. cit.* Or, comme l'a précisé M. Babert, cette jurisprudence du XIXe siècle, statuant en équité, appliquait l'article 1382 pour accorder un supplément de dommages et intérêts en plus de ceux prévus à l'article 1153. Voir Cass. 1er fev. 1864, D. 1864, I, 135, S. 1864, I, 62 ; Cass. 29 juin 1896, D. 1896, I, 123 ; Cass. 3 mai 1897, S. 1897, I, 319 ; Cass. 11 mai 1898, D. 1899, I, 310. La problématique était donc initialement celle du cumul. Voir Demolombe, Cours de Code Napoléon, Traité des engagements qui se forment sans convention, 2e éd. Durand, 1871, n°472. Mais quand au début du XXe siècle la question distincte de l'option s'est posée, on a tout simplement repris le terme du cumul, seul disponible à l'époque. Voir G. Babert, *ibid.* Il fallait donc attendre les travaux de H. Mazeaud, « Responsabilité contractuelle et responsabilité délictuelle », *op. cit.,* pour laisser la terminologie du cumul et inaugurer celle de l'option.

[277] Aix 4 janvier 1872, D. 1873, 2, 55 ; Cass. civ. 15 mars 1876, S. 1876, 1 p. 337, note Labbé ; Req. 27 avril 1880, D. 1880, 1, 432 ; Caen 1881, 1, S. 1882, II, P. 76 ; Cass. 31 mai 1886, S. 1887, 1, 209 ; Trib. civ. de Moulins le 8 janvier 1887, S. 1887, 2, 173 ; Cass. civ. 9 mars 1886, S. 1886, I, 244 ; Cass. 5 avril 1887, France judiciaire, XIX, 2, 252 ; Trib de Seine, 22 juill 1891 cité par Aubin, thèse précitée p. 114 ; Cour de Bordeaux 9 nov. 1892, S. 1893, II, 148 ; Rennes 20 mars 1893, S. 1894, II, 36 ; Cass. civ. 29 mars 1893, D. P 1893, I, 289 ; Rennes, 20 mars 1893, S. 1894, II, 36 ; Req. 29 mars 1893, D. 1893, I, 289 ; Req. 24 mars 1894, D.1894, I, 451 ; C. A Dijon du 9 sept.1894, D. 1895, 2, 365 ; Cass. 10 déc. 1895, D. 1896, 1, 401 ; Civ., 16 juin 1896, D. P 1897, 1, 433, note R. Saleilles, Agen 17 mars 1897, D. 1900, 2, 289, note L. josserand ; Cass. 21 déc. 1897, D. 1898, 1, 143, S. 1899, 1, 86 ; Cass. civ. 16 juin 1897, D. 1880, 1, 36 ; Paris 10 mai 1898, D. 1900, 2, 405 ; Cass. civ. 11 mai 1902, S. 1902, I, 309 ; Req 2 juill 1902, D. P 1902, 1, 431 ; Req. 23 juill 1902, S. 1902, 1, 448 ; D. P. 1902, p. 431 ; Cour de Riom 25 mai 1903, D. P. 1904, 2, 257 ; Trib. de seine, 23 janv. 1903, D.1904, 2, 257 ; Dijon 18 mars 1903.S. 1906,2, 18, note Perreau ; Req. 16 mai 1904, D. P. 1905, 1, 352 ; Cass. civ. 28 nov. 1904, D. P 1905, 1, 253 ; Nancy, 11 avril 1907, D. 1908, V, 29 ; Req. 9 janv. 1907, D. 1908, I, 215 ; Cass. civ. 25 nov. 1908, D. 1909, I, 95 ; Bordeaux 8 juillet 1909, S. 1911, 2, 30 ; Req. 30 mars 1909, S. 1910, 1, 1883 ; D. P. 1909, 1, 351 ; Req. 28 déc. 1910, D. 1911, I, 451 ; Req. 26 janv. 1910, D. P. 1913, 1, 188 ; Req 21 mai 1912, S., 1914, 1, 470 ; D. 1914, 1, 16 ; Trib de la Seine, 12 nov. 1913, Gaz. Trib., 1913, 2, 431 ; RTD civ. 1914, p.410 ; Req. 1er déc. 1914, D. P 1916, 1, 192 ; Cass. civ. 25 juin 1914, S. 1916-1917, I, 15 ; C. A Alger ; 9 janv. 1924, G. P. 1924, I, 584 ; Cass. civ. 12 nov. 1924, D. H. 1924, p. 687 ; Cass. civ. 12 nov 1924, D. H 1924, p. 687 ; Cass. 14 décembre 1926, D. P 1927, 1, 105, note Josserand ; Cass. civ. 27 fév 1929, D. P 1929, 1, 129, note G. Ripert ; Req. 25 fév. 1930, D. H 1930, p. 24 ; D. P. 1932, 1, p. 280 ; Req. 3 avril 1933, S. 1933, 1, 334 ; Nimes 4 juin 1934, D. H. 1934, p. 547 ; Req 27 janv. 1936, D. H. 1936, p. 131 ; Req 10 mai 1937, D. H. 1937, p. 364 ; Cass. civ. 19 janv. 1938, D. H 1938, j. 148 ; Cass. civ. 4 mars 1938, G. P 1939, 1, 400 ; Paris 22 octobre 1941, D. C 1942, j. 20, note Lalou ; Req. 23 oct. 1945, D. C 1946, J. 213 ; Grenoble 3 nov. 1947, D. 1948, j. 81 ; Chambéry, 4 fév. 1952, J. C. P 1952, II, 7225, note GC.

[278] Cet amalgame apparaît surtout chez les partisans de la thèse moniste radicale, voir à titre exemple la thèse de J.-P. Albota précitée, deuxième partie.

empiriques[279]. Le tout doit être manié avec beaucoup de délicatesse afin de pouvoir comprendre l'émergence de la règle et son enracinement progressif dans droit positif français. Cette démarche ne peut être méthodologiquement tenable qu'après avoir éclairci ce qu'on entend par option entre la responsabilité contractuelle et la responsabilité délictuelle. Quand la question se pose-t-elle précisément ?

Il est certain que le fait d'aborder les rapports du contrat avec la responsabilité délictuelle constitue un problème distinct de l'option. Pour qu'il en soit ainsi, il faut que la victime ait le droit de se placer sur le terrain contractuel, que les conditions nécessaires pour qu'il y ait responsabilité contractuelle soient remplies. Dans ce cas, on peut se demander si cette victime peut se prévaloir des articles 1382 et suivants. C'est un problème de coexistence d'institutions dont les domaines d'application peuvent se recouper. Et c'est à la lumière de cette problématique que l'on peut relire les arrêts appliquant la responsabilité délictuelle au cours de l'exécution du contrat. L'objet de cette thèse ne nous autorise pas à étudier tous les arrêts au cas par cas. Nous proposons en revanche une lecture qui essaie de faire le tri entre les vrais problèmes et les faux problèmes d'option. Ce faisant, une première série d'arrêts devrait être exclue de notre étude. Il s'agit en effet de toutes les décisions qui retiennent la responsabilité délictuelle d'un contractant envers l'autre, sans que la responsabilité contractuelle ne soit envisageable. Ainsi, avant la loi de 1898 sur les accidents de travail, le salarié blessé ne pouvait invoquer que la seule responsabilité délictuelle de l'employeur, le contrat de travail ne mettant à la charge de ce dernier aucune obligation contractuelle de sécurité[280]. Le salarié pouvait donc valablement fonder son action sur les articles 1382 et suivants du Code civil, sans qu'il y ait cumul de responsabilités[281]. Cette analyse se trouve confirmée par toute une série d'arrêts qui appliquent la responsabilité délictuelle au cours de l'exécution du contrat de transport[282], avant la reconnaissance d'une obligation de sécurité à la charge du

---

[279] G. Cornu, art. précité, p. 241

[280] Caen 25 juill. 1881, S. 1882, II, p. 76 ; Nîmes, 15 mars 1884, S. 1885, 2, 79 ; Cour de Bordeaux du 9 nov. 1892, S. 1893, II, 148 ; Cass. civ., 16 juin 1896, D. P 1897, 1, 433, note R. Saleielles, *adde* les arrêts cités par M. Sauzet, « De la responsabilité des patrons vis-à-vis des ouvriers dans les accidents industriels », RCJB, 1883, p. 596.

[281] *Contra*. J.-P. Albota, thèse précitée, p. 197.

[282] Cass. civ. 10 nov. 1884, S. 1885, 1, 129, note C. Lyon-Caen ; Trib de Seine, 22 juill. 1891, cité par J. Aubin, thèse précitée p. 114 ; Cass. civ. 13 mars 1895, S. 1895, I, 258. Voir aussi Répertoire méthodique et alphabétique de législation, de doctrine et de jurisprudence, Paris 1885, T. 39, n°543. La lecture de ces arrêts révèle que les règles contractuelles n'étaient jamais utilisées pour la réparation des dommages corporels, les juridictions se basent sur l'article 1382 et 1384 ; *adde* Perraud Graud, Code des transports 2e éd. 1889, T.3, n°4. L'auteur déclarait qu'il n'était pas concevable que d'autres principes outre que les principes délictuels fussent appliqués.

transporteur[283]. De même, les arrêts retenant la responsabilité délictuelle des notaires[284], des architectes[285] ou des médecins[286] ne peuvent, pour les mêmes raisons, corroborer la théorie de l'option[287].

41. Comment interpréter les arrêts du 21 janvier 1890, du 11 janvier 1922 et du 6 avril 1927 ? Classiquement, l'arrêt du 21 janvier1890[288] est présenté comme l'arrêt fondateur de la règle du non-cumul en droit français[289]. Arrêt de rejet, il semble que cette décision n'ait pas la portée qu'on lui donne rétrospectivement[290]. En l'espèce, le liquidateur d'une société commerciale avait autorisé deux associés à prélever leurs créances sur l'actif conformément à l'interprétation jurisprudentielle en vigueur. Or, la jurisprudence avait changé et le liquidateur s'était vu reprocher une faute de gestion. Le pourvoi en cassation soutenait que le liquidateur devait répondre de sa faute, même la plus légère, ce que la Cour refusait d'admettre, car «c'est seulement en matière de délits ou quasi-délits que toute faute quelconque oblige son auteur de réparer le dommage »[291]. Faisant sienne la théorie de la gradation des fautes en matière contractuelle, non encore abandonnée par la jurisprudence, l'arrêt ne pose aucunement un principe de non-cumul des responsabilités contractuelle et délictuelle. Certes, il rappelle que dans les relations contractuelles, certaines fautes ne sont pas source de responsabilité, ce qui constitue une exception au principe posé par les articles 1382 et 1383 du Code civil, mais l'attendu n'est pas allé jusqu'à prétendre que la responsabilité délictuelle n'est jamais applicable entre contractants. D'ailleurs, il a fallu attendre encore une trentaine d'années, pour que ce principe soit réédité par les juges dans l'arrêt du 11 janvier 1922[292]. En l'espèce, il s'agissait d'une contestation au sujet de l'établissement d'une fosse d'aisance le long d'un mur qui séparait deux immeubles appartenant à deux frères. Pendant le procès, les frères se sont mis d'accord pour transiger et confier la rédaction de l'acte constatant leur convention à des experts qui étaient étrangers au droit, l'un exerçant la fonction de conducteur des ponts et chaussées, l'autre la profession d'architecte. Une fois

---

283 Cass. civ., 21 nov. 1911, S. 1912, I, 73, note Lyon-Caen ; Cass. civ. 27 janv. 1913, S. 1913, I, 177, note Lyon- Caen ; Cass. civ. 21 avril 1913, S. 1914, I, 5, note Lyon-Caen.

284 Req., 9 janv. 1907, D. 1910, I, 215 ; Civ., 25 nov. 1908, D. 1909, I, 95 ; Req. 28 déc. 1910, D. 1911, I, 451

285 Req., 29 mars 1893, D. 1893, I, 289 ; Req., 24 mars 1894, D.1894, I, 451 ; Req., 15 mai 1904, D. 1905, I, 352

286 Et ce avant le revirement jurisprudentiel de 1936, voir Cass. civ., 20 mai 1936, D. P.1936, I, 88.

287 *Contra.*, J.-P. Albota, *op. cit.*, p. 215.

288 Req., 21 janv.1890, S. 1890, S., 1, 408 ; D. 1891, 1, 380, note anonyme.

289 Voir par exemple M. Espagnon, thèse précitée, p. 12.

290 Voir dans ce sens, J.-P. Albota, thèse précitée, p. 179 ; G. Babert, *op. cit.*, p.395.

291 Cette formulation s'explique à l'époque par l'opposition faite entre la responsabilité délictuelle engagée quel que soit le degré de la faute, et la responsabilité contractuelle, qui connaissait une gamme de faute.

292 Cass. civ., 11 janv. 1922, D. P. 1922, 1, 16, S. 1924, 1, 105, note Demogue ; GP. 1922, 1, 344.

l'acte approuvé, il fut signé par les deux frères sur l'assurance des rédacteurs que la convention ne contenait aucune renonciation à un droit de propriété ou de copropriété sur le mur. Pourtant, la transaction ne contenait pas les réserves que les frères auraient désiré voir figurer dans leur convention. Ces derniers avaient intenté une action en dommages-intérêts à l'encontre des experts faisant valoir que toute faute, même la plus légère, oblige son auteur à réparer le dommage causé. C'est ce que la Cour de cassation refusa d'avaliser, pour les motifs suivants : « c'est seulement en matière de délit ou quasi-délit que toute faute quelconque oblige son auteur à réparer le dommage provenant de son fait ; [...] les articles 1382 et suivants sont sans application lorsqu'il s'agit d'une faute commise dans l'exécution d'une obligation résultant d'un contrat ; [...] le principe est alors posé par l'article 1137 du Code civil qui décide que le débiteur ne répond que de la faute que ne commettrait pas un bon père de famille »[293]. Réaffirmant que seule la faute légère engage la responsabilité contractuelle contrairement à la responsabilité délictuelle qui peut être mise en œuvre même pour les fautes les plus légères, l'arrêt est présenté, comme énonciateur de la règle du non-cumul[294] qui se trouve, encore une fois, associée avec la théorie de la gradation des fautes. Même si au fond la solution paraît logique, puisque ce serait nuire au contrat que d'appliquer via la responsabilité délictuelle un degré de diligence supérieur à ce qu'exige la loi[295], il est fort douteux que la solution adoptée par l'arrêt ait vocation à s'appliquer à d'autres hypothèses que celle du mandat. D'ailleurs, cette solution n'a été reproduite par la Cour de cassation qu'une seule fois par l'arrêt du 6 avril en 1927, de nouveau dans une affaire où les demandeurs essayaient de se placer sur le terrain délictuel pour apprécier la faute commise par des mandataires au cours de l'exécution du contrat de mandat.[296]

42. Jurisprudence encore versatile. Quoi qu'il en soit, et même si l'on retient la date de 1890, de 1922 ou celle de 1927 comme certifiant la naissance de la règle du non-cumul, ces arrêts sont loin de fixer une jurisprudence vacillante. N'est-il pas curieux de constater que les juges, tout en continuant à condamner l'intervention de la responsabilité délictuelle dans le domaine des contrats[297], n'ont pas hésité à consacrer la théorie de l'option à maintes

---

[293] Cass. civ., 22 janvier 1922, D. 1922, 1, 16, S. 1924, 1, 105, note R. Demogue.

[294] R. Demogue, note précitée.

[295] Voir *infra* n°240.

[296] Cass. civ., 6 avril 1927, D : 1927, 1, 201, note H. Mazeaud.

[297] Pau, 6 janvier 1898, D. 1900, II, 265, la Cour de Pau avait écarté l'article 1386 dans les rapports de commodant à commodataire ; Paris, 17 janvier 1905, D.1907, la Cour refuse d'appliquer l'art. 1386 pour le contrat de bail ; Cass. civ. 5 mai 1919, D. 1919, 1, 68. La responsabilité du transporteur de colis postaux, exclusivement contractuelle, ne peut être recherchée par un appel à la responsabilité délictuelle en dehors des cas et des limites des règles de compétence et de prescription déterminées à la convention ; Cour de Lyon 21 octobre 1922, D. P 1924, 2, 51, refus d'appliquer la responsabilité délictuelle à l'occasion d'un accident dans un manège ; Paris 18 mai 1924, D. P. 1924, 2, p. 1 ; Paris, 12 nov. 1927, D. H 1928, p. 107 ; Paris,

reprises ? Comment oublier que la haute juridiction a toujours eu tendance[298], jusqu'aux années 1950, à admettre que les clauses de non-responsabilité suppriment la responsabilité contractuelle mais laissent subsister la responsabilité délictuelle [299]? Loin d'être isolée, l'autorisation de l'option était particulièrement remarquée également dans le domaine de la responsabilité hôtelière. En effet, sous l'égide de la loi du 18 septembre 1948, l'article 1953 du Code civil limitait la réparation à 200 francs pour les espèces monnayées, les valeurs, les titres, les bijoux et les objets précieux de toute nature non déposés réellement entre les mains des aubergistes et des hôteliers. La jurisprudence[300], quant à elle, admettait que le client pouvait échapper à cette limitation en apportant la preuve d'une faute délictuelle de l'hôtelier. La victime bénéficiait dès lors d'une option entre la garantie forfaitaire de l'article 1953, alinéa 2, et l'action en responsabilité délictuelle fondée sur l'article 1382[301]. Faut-il voir

---

18 mai 1924, D. p. 1924, 2, 125, note E. D ; Trib. civ. de Rouen, 27 juin 1928, D. H 1928, p. 570 ; Trib civ. Seine, 3 janv. 1930, G. P 1930, 1, 433 ; Civ. 22 juill 1931, D. H. 1931, p. 506 ; Cass. civ. 22 mai 1933, D. H 1933, p. 395 ; Poitiers, 5 déc. 1933, D. H. 1934, p. 61 ; Req., 3 avril 1933, S. 1933, 1, 334 ; Civ., 22, mai 1933, S. 1933, 1, 263, G. P. 1933, 2, 384 ; Orléans, 27 fév. 1934, G. P 1934, 1, 835, Cass. civ. 20 mai 1936, D. 1937, I, p. 89, note Josserand ; Req., 15 juin 1937, J. C. P 1937, II, 413, note R. D ; Req., 1 juill. 1937, S. 1938, 1, 5 ; Cass. civ. 8 mai 1944, G. P. 13 juil.1944, G. P 1945. 2. 18 ; Req., 6 mars 1945, D. 1945, p. 217 ; Cass. civ., 6 mars 1945, D. 1945, p. 217 ; Cass. civ. 6 mai 1946, J. C. P. 1946, II, 3236 ; Cass. civ. 9 déc. 1946, J. C. P. 1947, II, 3483 ; Paris, 5 fév. 1946, sem. Jur 1946, II, 3186 ; Soc., 10 juin 1949, G. P. 1949, 2, 352 ; Paris, 23 nov. 1949, D. H. 1950, p. 156, note G. H ; Lyon, du 17 nov. 1949, D. 1950, p. 149 ; Civ. 9 déc. 1946, J. C. P. 1947, II, 34-83 ; Civ. 1re; 22 nov. 1950, J. C. P. 1951, II, 657 ; C. A de Lyon, 5 fév. 1951, J. C. P 1951, II, 65-79.

[298] Cass. Civ. 4 fév. 1874, D. 1874, 1, 305 ; 24 janvier 1874, D. 1876, I, 133 ; Civ. 15 mars 1876, S. 1876, 1, 337, note Labbé ; Cass. civ. 27 Juin 1904, D. P 1906, 1, 112 ; Civ. 9 nov. 1915, D. P. 1921, 1, 23 ; Bordeaux, 8 juill. 1909, S. 1911, II, 233, note G. Ferron, voir également, E. Bonnet, Responsabilité délictuelle et contrat, Rev. Crit. 1912, p. 418.

[299] En effet, la Cour de cassation française n'a admis la validité des clauses de non-responsabilité en leur faisant produire leur plein effet qu'à partir de 1949, voir Soc., 15 juill. 1949, J. C. P. 1949, II, 5180 ; Civ. 1re, 2 août 1950, D. 1951, p. 581, note Mimin ; Com., 15 juin 1959, D. 1960, p. 97, note R. Rodière.

[300] Voir Bordeaux, 20 mai 1892, D. 1893, 2, 183 ; Req., 30 mars 1909, D. P. 1909, I, 351 ; Nancy, 21 mars 1936, JCP 1936, II, 834 ; Grenoble, 3 nov. 1947, D. 1948, J. 81. La Cour affirme que « la responsabilité spéciale, qui frappe de plein droit l'hôtelier, est indépendante de celle de droit commun qu'il peut encore encourir à l'égard du voyageur en vertu des articles 1382 et suivants » ; *adde.* L. Moret, « Le contrat d'hôtellerie », RTD civ. 1973, p. 663 et s. ; J.-P., Dumas, « La responsabilité de l'hôtelier », D. 1974, chron. p. 104.

[301] Cette exception à la règle du non-cumul a été très critiquée par la doctrine, ce qui a conduit la Cour de cassation à opérer un revirement de jurisprudence et à admettre que la responsabilité de l'hôtelier fautif restait contractuelle. Voir Cass. civ. 9 janv. 1940, D. 1940, I, 49, note L. P ; Cass. civ. 5 fév. 1957, D. 1957, p. 233 ; RT.D civ. 1940, p. 434 ; RTD civ. 1956, n°44, p. 539. Cette solution a été maintenue dans le cadre de la nouvelle loi du 24 décembre 1973. Celle-ci limite également le montant des dommages et intérêts mais permet à la victime d'y échapper lorsque le voyageur démontre que le préjudice qu'il a subi résulte d'une faute de celui qui l'héberge ou des personnes dont ce dernier doit répondre. Voir Civ. 1re, 2 avril 1996, RTD civ. 1996, p. 917, obs. P. Jourdain ; Civ. 1re, 6 juill. 2000, Resp. civ. et assur. 2000, comm.°333, obs. H. Groutel ; RT.D.

dans l'interdiction de l'option une règle séculaire définitivement ancrée en droit français depuis 1890 ? Faut-il considérer que les solutions qui lui sont contraires sont rarissimes et insignifiantes ? Le doute est permis, d'autant plus que certains arrêts ont même admis l'application de l'article 1384 du Code civil dans les rapports contractuels[302]. On pourra davantage multiplier les exemples jurisprudentiels favorables à la pénétration des règles délictuelles dans le domaine du contrat[303], mais on objectera que cette jurisprudence, fluctuante et indécise, ne donne plus une image fidèle au droit positif français actuel.

---

civ. 2001, p. 156, obs. P. Jourdain ; Civ. 1re, 22 fév. 2000, R. C. A 2000, comm. 160, obs. Groutel.

[302] Voir Lyon 12 déc. 1902, D. 1907, 1, 177. Dans cet arrêt, La Cour de Lyon considère que la responsabilité d'un locataire envers son propriétaire, à la suite de dommages provoqués par l'éclatement d'un tuyau à gaz dans l'appartement loué pourrait être recherchée soit en vertu de son bail, *soit aux termes de l'article 1384 à raison de la détérioration de la canalisation du gaz qui lui avait été louée et qu'il avait prise en charge et dont il avait la garde* ; dans le même sens, la Cour de Riom 25 mai 1903, D. P. 1904, 2, 257, déclare les locataires responsables en vertu de l'article 1384. Voir aussi, Trib. de Seine, 23 janv. 1903, D. 1904, 2, 257, la responsabilité délictuelle du fait des choses a été retenue malgré le transfert de garde. En l'espèce, des infiltrations d'eau qui ont acquis des propriétés corrosives en traversant un plancher saturé d'acide sulfurique ont été la cause des détériorations portées à une machine à imprimer appartenant au commodataire, les locaux où se trouvaient la machine et les clichés étant occupés gratuitement par l'imprimeur au moment de l'accident. Le propriétaire de l'immeuble, le commodant, se défend en invoquant l'article 1891. Il prétend qu'il ne pouvait tenir que des engagements de celui qui prête à usage, « qu'il ne serait en conséquence responsable du dommage causé, qu'autant que ce dommage résulterait soit de son bail, soit des défauts de la chose prêtée, au cas où les connaissant, il n'en aurait pas averti l'emprunteur ». Mais le tribunal trouve que « la responsabilité de G. (propriétaire de l'immeuble) dérive de l'article 1384 » et « qu'il s'ensuit que G. doit être reconnu responsable des conséquences graves de l'accident dès l'instant que l'immeuble dont il est propriétaire peut être considéré comme se trouvant sous sa garde et sa surveillance ».

[303] La jurisprudence a particulièrement admis l'application de l'article 1385 du Code civil relatif à la responsabilité du fait des animaux dans le domaine du contrat. Voir Cass. civ. 9 mars 1886, S. 1886, I, 244. La Cour précise que « le propriétaire est responsable du dommage causé non seulement aux tiers, mais encore aux personnes qui sont à son service et qu'il a chargées de soigner ou de conduire l'animal » ; Cass. civ., 11 mai 1902, S. 1902, I, 309 ; Cass. civ., 29 mai 1902, S.1902, I, 310 ; Req., 2 juill. 1902, DP 1902, 1, 431 ; Req., 23 juill. 1902, S. 1902, 1, 448 ; Cass. civ., 28 nov. 1904, D. P 1905, 1, 253 ; Req., 1èr déc. 1914, D. P 1916, 1, 192 ; Cass. civ., 25 juin 1914, S. 1916-1917, I, 15 ; Req., 16 nov. et 1er déc. 1914, DP 1916, 1, 192 ; dans cet arrêt la Cour a jugé que le propriétaire d'un animal répond comme gardien du dommage que ce dernier cause au préposé chargé de conduire ; Paris, 22 oct. 1941, D. C 1942, J. 20, note Lalou. Plusieurs décisions ont admis à la fois l'application de l'article 1385 et des principes de la responsabilité contractuelle, voir Lyon 21 octobre 1922, D. P 1924, 2, 51, note Lalou ; Paris, 22 oct. 1941, D. C. 1942, 1, 20, note Lalou. L'arrêt estime qu'il y a responsabilité contractuelle et responsabilité délictuelle, que le domaine des deux responsabilités est identique, dans ce cas, la victime est libre de choisir la voie qu'elle préfère car : « aucune disposition légale ne lui interdit d'exciper à la fois de l'une et l'autre de ces responsabilités ». Voir aussi Civ. 1re, 16 janv. 1951, S. 1951, 1, 208 ; Paris 25 mars 1954, J. C. P. 1954, II, 8094, note Rodière ; D. 1954, p. 295. Voir également en dehors de la responsabilité du fait des animaux, plusieurs décisions qui sont favorables à l'option, Nîmes, 4 juin 1934, D. H. 1934, p. 547 ; Cass. civ., 19 janv. 1938, D. H 1938, p. 148 ; Cass. civ., 4 mars 1938, G. P 1939, 1, 400 ; Cass. civ., 14 mars 1938, G. P 1, 894 ; Cass. civ., 9 janv. 1940, D. P 1940, 1, 49, note L. P., dans un attendu de principe la Cour affirme que « attendu que la

Certes, ces solutions favorables à l'option, souvent peu citées par la doctrine[304], ont été modifiées, mais ceci montre que l'enracinement jurisprudentiel de la règle du non-cumul est relativement récent[305]. En effet, les juges ont progressivement changé d'orientation. Les tergiversations jurisprudentielles ont cédé la place à une interdiction quasi systématique de l'option. Mais la systématisation a tourné à l'obsession et l'obsession a conduit à un endurcissement.

b. ... À l'endurcissement

43. Appui doctrinal. « Cheval de Troie »[306], « brûlot de l'édifice juridique »[307], « ferment d'anarchie »[308], « facteur de désordre »[309], « source d'insécurité »[310], l'option entre l'article 1147 et les articles 1382 et suivants n'a pas été accueillie avec faveur par la majorité des auteurs français. De Labbé[311] à Carbonnier[312], des dualistes classiques[313] aux dualistes modérés[314], l'ingérence

---

responsabilité édictée par les articles 1382 et suivants se confondant, en l'espèce avec une responsabilité contractuelle dérivant d'un manquement aux obligations assumées par le débiteur envers son client, il importait peu que l'arrêt se référât aux articles 1382 et suivants, la référence à ces articles impliquant nécessairement une violation de ceux servant de base à la responsabilité contractuelle ». Notons enfin que la Chambre des requêtes était particulièrement favorable à la théorie de l'option. Voir Req., 27 janv. 1936, D. H. 1936, p. 131 5 ; Req., 10 mai 1937, D. H. 1937, p. 364 ; Req., 23 oct. 1945, D. C 1946, J. 213

304 M. Espagnon ne retient qu'un seul arrêt, « isolé selon lui », favorable à l'option. Il s'agit de l'arrêt de la Chambre des requêtes du 14 déc. 1926, D. 1927, p. 105, note Josserand ; voir M. Espagnon, *op. cit.*, p. 17.

305 G. Viney, « Pour une interprétation modérée et déraisonnable du refus d'option entre responsabilité contractuelle et responsabilité délictuelle », art. précité, p. 817. Madame Viney pense que la règle du non-cumul n'a été systématisée que dans les années 50, ce que nous partageons ; voir dans le même sens E.-N. Martine, thèse précitée, p. 16 et suivants. L'auteur remarque qu'à la fin du XIXe siècle, la jurisprudence était favorable au concours des deux responsabilités qu'elles ne le sont aujourd'hui.

306 G. Cornu, « Le problème du non-cumul de la responsabilité contractuelle et de la responsabilité délictuelle », art. précité, p. 241.

307 *Ibid.*

308 *Ibid.*

309 *Ibid.*

310 *Ibid.*

311 Labbé, note sous Cour supérieure de justice de Luxembourg 27 novembre 1884, C. A de Liège 18 juin 1885, Trib. civ de Bruxelles 28 avril 1885, S. 1885, 4, 25 ; S. 1886, 1, 1.

312 J. Carbonnier, Droit civil, Les obligations, 23e éd., PUF 2004 , n°221, p. 345.

313 Voir surtout G. Demolombe, Traité des engagements qui se forment sans convention, 2e éd., Durand 1871, p. 617 ; G. Ferron, note sous Bordeaux 8 juillet 1909, S. 1911, 2, 232 ; E. Bonnet, « Responsabilité délictuelle et contrat », Rev. Crit. 1912, p. 418 ; R. Demogue, note sous Cass. civ., 11 janv. 1922, S. 1924, 1, 105 ; L. Josserand, note sous Cass. 14 déc. 1926, D. P 1927, 1, 105. Pour les dualistes classiques, le système de l'option est interdit en principe sauf en cas dol, voir G. Demolombe, *op. cit adde* L. Josserand, *op. cit,* ou en cas de délit pénal, voir Labbé, *op. cit. adde* Bonnet art. précité, *ou* en cas de faute lourde, voir Ferron, *note précitée.* Pour l'étude de ces exceptions et leurs valeurs actuelles en droit français, *voir infra* n°173 et s.

314 A. Brun, malgré le compromis qu'il a effectué entre la thèse moniste et la thèse dualiste radicale, a continué à condamner le système de l'option et à ne l'autoriser qu'en cas de dol, faute

délictuelle dans le contrat a, sans cesse, suscité le mépris de la doctrine. En effet, permettre au créancier déçu de poursuivre délictuellement son débiteur serait la négation même de la force obligatoire des conventions[315]. L'ordre contractuel aurait des raisons sérieuses «...de se défendre, comme d'un cancer...»[316] contre la propagation de l'ordre délictuel. Les deux responsabilités étant incompatibles, elles ont des domaines absolument distincts[317]. « Une situation juridique », écrivait Ferron, « appartient à l'une des deux responsabilités, elle ne peut être dans les deux en même temps »[318]. La responsabilité contractuelle et la responsabilité délictuelle ont des champs d'application si différents qu'on ne conçoit pas qu'ils peuvent coïncider. L'application par la jurisprudence des articles 1382 et suivants au cours de l'exécution du contrat méconnaît de ce fait le principe même de la distinction ; à quoi sert bon de proclamer la dualité, si l'on admet que les deux responsabilités peuvent se recouper ? Respecter le principe de la distinction, devrait conduire inéluctablement à interdire le système de l'option. Chaque ordre devrait préserver une physionomie propre, un domaine d'application bien particulier.

44. Consécration jurisprudentielle. D'apparence logique et cohérente, ces thèses ont fini par influencer la jurisprudence. Les juges ont progressivement choisi de sauvegarder la distinction en séparant d'une manière étanche des deux ordres de responsabilités[319]. Appliquée d'une manière générale, et sans nuance aucune[320], la non-immixtion de la responsabilité délictuelle dans les rapports contractuels est devenue en quelque sorte l'accessoire indissociable de la responsabilité contractuelle. La responsabilité délictuelle est systématiquement chassée de la terre contractuelle. Ainsi, la règle du non-cumul évince la responsabilité délictuelle en cas de faute simple du contractant[321]. Mais le plus

---

lourde ou pénale. Voir A. Brun, thèse précitée, deuxième partie. Actuellement la plupart des auteurs français restent fidèles à cette conception. Voir à titre d'exemple J. Carbonnier, Droit civil, Les obligations, 23e éd., PUF 2004, n°221 et s. ; A. Flour, J.-L. Aubert, E. Savaux, Les obligations, Le fait juridique, *op. cit.*, n°765 et s. ; A. Benabent, Droit civil, Les obligations, *op. cit.*, n°259 et s. ; F. Terré, Ph. Simler, Y. Lequette, Précis de droit civil, Les obligations, 10e éd., Paris 2009, n°324 et s. ; B. Starck , A. Roland , L. Boyer, Droit civil, Les obligations, T.1, Responsabilité délictuelle, 5e éd., Paris Litec 1996, n°342 et s.

[315] Pour un examen approfondi et critique de cet argument, voir *infra,* deuxième partie, chapitre 2.

[316] G. Cornu, art. précité, p. 241.

[317] G. Ferron, *op. cit.*

[318] *Ibid.*

[319] Voir les arrêts favorables au non-cumul cités dans la note n°178.

[320] Sauf quelques exceptions qui sont en train de disparaître progressivement, voir *infra* n°173 et s.

[321] Cass. civ, 6 Avril 1927, S. 1927, 1, 201, note H. Mazeaud ; Civ. 3e,14 avril 1946, Bull. civ. 1964, III, n°182 ; Paris 23 nov 1949, D. 1950, p. 165 ; Paris, 10 juin 1955, D. 1955, p. 582, note Rodière ; Soc., 27 nov. 1958, J. C. P. G. 1959, II, 11143, note J. Brèthe De La Gressaye ; D. 1959, J., p. 20, note R. Lindon ; Civ. 1re, 11 janv.1961, Bull. civ. 1961, 1, 3, n°28 ; Civ. 1re, 28 mai 1962, Bull. civ. 1962, 1, 238, n°267 ; Civ. 1re, 28 déc. 1963, Bull. civ. I, n°577, p. 483 ; Civ. 3e, 14 avril 1964, Bull. civ. 1964, III, n°182, p. 154 ; Com., 11 juin 1965, Bull. civ., IV, n°360, p. 328 ; C. A Paris, 2 déc. 1977, RTD civ. 1978, p. 882, obs. G. Durry ; Civ. 1re, 2 nov. 1978, D.

souvent, c'est la présomption de l'article 1384 qui est sollicitée, la jurisprudence est encore ferme, elle refuse son application. En effet, les juges abandonnant la condition de vice en 1930[322], se montrent de plus en plus sévères à l'égard du gardien des choses inanimées. Les vertus secourables de l'article 1384, alinéa 1, s'affirment. L'ordre délictuel peut paraître à maintes reprises plus avantageux que l'ordre contractuel. Il fallait donc à tout prix éviter un éventuel envahissement délictuel. Comme l'écrivent, à juste titre, M.-P. Jourdain et Mme Viney, « (...)c'est surtout afin d'opposer une barrière à la carrière de l'article 1384 (...) que les auteurs ont donné à la règle du non-cumul toute son ampleur »[323]. Tous les contrats nécessitant l'utilisation ou la livraison d'une chose pour leurs exécutions se trouvent désormais concernés. L'interdiction de l'option barre ainsi la route à l'application de la responsabilité du fait des choses en matière médicale[324]. Le caractère exclusivement contractuel de la responsabilité du bailleur empêche lui aussi le locataire de se prévaloir de l'article 1384[325]. La même solution est retenue pour le contrat de travail[326]. Mais le domaine de la règle du non-cumul va davantage s'accroître avec le développement spectaculaire de l'obligation de sécurité[327]. Le domaine d'action

---

1979, I. R, p. 343, obs. C. Larroumet ; Civ. 1re, 6 janv. 1981, D. 1982, I. R. 24 ; R. G. A. T. 1981, p. 539 ; Civ. 1re, 24 fév. 1981, D. 1981, p. 560 ; RTD civ. 1982, p. 145, obs. G. Durry ; Civ. 1re, 1 mars 1983, Bull. civ. I, n°84, p. 74 ; Poitiers, 29 juin 1983, D. 1984, p. 61, note Daverat ; Civ. 1re, 27 janv. 1993, Bull. civ. 1993, 1, 28, n°42 ; Civ. 1re, 1 mars 1993, Bull. civ. 1993, 1, p. 174, n°84 ; Civ. 1re, 5 avril 1993, RGAT. 1993, p. 651, note P. Rémy.

322 Arrêt jand'heur, précité.

323 G. Viney et P. Jourdain, *op. cit.*, p. 377.

324 Cass. civ., 27 mai 1940, D. H. 1940, p. 129 ; Civ. 1re, 16 nov. 1965, J. C. P. 1965, p. 163 ; D. 1966, II, p. 61

325 Civ. 2e, 7 janv. 1955, J. C. P. G. 1955, IV, p. 22 ; Civ. 1re, 25 janv. 1961, J. C. P. G 1962, II, 12429, note R. Savatier ; Civ. 3e, 14 mai 1997, Resp. civ. assur. 1997, n°304 ; Civ. 3e, 10 nov. 1998, Resp. civ. assur. janv. 1999, comm. n°3 ; RTD civ. 1998, 1, p. 111, obs. P. Jourdain ; Civ. 2e, 2 déc 1998, RTD civ. 1999, p. 407, obs. Jourdain ; Resp. civ. et assur. 1999, comm. 34 ; Civ. 3e, 5 juin 2002, Resp. civ. assur. oct. 2002, n°281 ; Civ. 1re, 19 mars 2002, Resp. civ. assur. 2002, n°188.

326 Soc., 11 oct 1994, D. 1995, p. 440, note C. Radé ; RTD civ. 1995, p. 890, obs. P. Jourdain ; Soc., 28 oct. 1997, D. 1998, p. 219, note C. Radé.

327 Voir C. Block, L'obligation contractuelle de sécurité, Faculté de droit et de science politique d'Aix Marseille, institut d'études juridiques 2002, préface Roger Bout ; E. Bramat, L'obligation de sécurité (produits et services mis sur le marché), thèse, Montpellier, 2000 ; M. Falchi, Des obligations de sécurité, étude jurisprudentielle, thèse, Nice, 1971 ; P. Cordier, L'obligation de sécurité de la personne du créancier, thèse, Paris, 1946 ; J. Bécqué, La protection de la victime d'un dommage corporel et de ses proches dans le cadre contractuel, thèse, Montpellier, 1943 ; M. Mioco, La sécurité de la personne physique et la responsabilité contractuelle, thèse, Paris, 1938, p. 153 ; P. Brouillonet, Des contrats comportant une dette de sécurité, thèse, Montpellier, 1934 ; T. Hassler, « Le point sur l'obligation de sécurité », PA 12 février 1997, n°19, p. 17 ; P. Jourdain, « Le fondement de l'obligation de sécurité », GP. 1997, 2, 1196 ; P. Delebecque, « La dispersion des obligations de sécurité dans les contrats », GP. 1997, 2, 1184 ; D. Mazeaud, « Le régime de l'obligation de sécurité », G. P 1997, 2, 1201 ; G. Viney, « Rapport de synthèse » colloque Chambéry du 15 novembre 1996, G. P 1997, 2, 1212 ; T. Hassler « Le point sur l'obligation de sécurité », P. A.1997, n°19, p.17 ; Y. Lambert- Faivre, « Fondement et régime de l'obligation de

de celle-ci s'est élargi à une telle vitesse qu'elle ne se confirme plus seulement dans les contrats de transports[328] ou dans les contrats qui lui sont assimilés[329], mais elle s'impose par ailleurs dans un nombre illimité de contrats[330]. La liste n'étant jamais close, toutes les activités sont susceptibles de s'y rapporter[331].

---

sécurité », D. 1994, chron. 81 ; P. Jourdain, « L'obligation de sécurité, à propos de quelques arrêts récents », G. P 1993, 2, 1171 ; L. Josserand, « Le contrat dirigé », D. 1933, chron. 89 ; L. Josserand, « La personne humaine dans le commerce juridique », D. H. 1932, p. 1 ; H. Lalou, « Contrats comportant pour l'une des parties l'obligation de rendre le contractant sain et sauf », D. H. 1931, chron., p. 37.

[328] L'obligation de sécurité est consacrée officiellement pour la première fois dans le contrat de transport maritime de personnes, voir Cass. civ., 21 nov. 1911, S. 1912, 1, p. 73, note C. Lyon-Caen ; D. P 1913, 1, p. 249, note L. Sarrut ; elle a été appliquée rapidement au contrat de transport terrestre, voir Cass. civ., 21 nov. 1913, S. 1913, 1, p. 177, note C. Lyon-Caen et au transport aérien, voir Trib. Civ. Vienne, 4 déc. 1924, GP. 1925, 2, p. 217. Néanmoins, la portée de l'obligation de sécurité en matière de transport aérien a été limitée par la loi du 31 mai 1924 qui permet au transporteur aérien de s'exonérer facilement de sa responsabilité. De surcroît, la loi du 2 mars 1957 a rendu applicable en France la convention de Varsovie du 12 octobre 1929. Cette dernière institue une présomption simple de faute et plafonne la réparation à 250000 francs pour les dommages corporels. La jurisprudence actuelle applique le régime du transport aérien au vol en parapente, Civ. 1re, 19 oct. 1999, D. Aff. 1999, somm. p. 299 ; Civ. 1re, 7 mars 2000, JCP éd. G 2000, IV, 1778 (pour un ULM) ; *adde.* Cass. Civ. 1re, 22 nov. 2005, P. A. 2006, n°60, p. 4, note J. Sainte Rose.

[329] L'obligation de sécurité a été appliquée aux contrats qui se rapprochent du contrat de transport. Elle pèse sur l'exploitant de remonte-pente, voir Civ. 1re, 4 nov. 1992, D. 1994, Somm. Comm., p. 15, note E. Fortis ; D. 1994, p. 45, note P. Brun ; RTD civ. 1993, p. 364, obs. P. Jourdain ; JCP éd. G 1993, II, 22058, note P. Sarraz-Bournet ; GP. 1993, 2, p. 436, obs. J. Leroy ; pour l'exploitant de télésiège, voir Civ. 1re, 11 mars 1986, GP 1986, 2, somm. p. 333, obs. F. Chabas ; RTD civ. 1986, p. 767, obs. J. Huet ; Civ.1re, 28 oct. 1991, D. 1992, somm. comm. p. 271, note E. Fortis ; Civ. 1re, 1 Juill. 1995, D. 1997, somm. comm. 1997, p. 191, note J. Mouly ; JCP éd. G. 1996, II, 22620, note G. Paisant et Ph. Brun ; Civ. 1re, 10 mars 1998, D. 1998, p. 505, J. Mouly ; P. A. 2 oct. 1998, p. 23, note F. Gauvin ; Civ. 1re, 11 juin 2002, JCP.éd. G. 2003, I, 152, note Viney. Il en est de même pour l'exploitant d'une piste de bob-luge, Civ. 1re, 17 mars 1993, D. 1995, somm. p. 66, obs. J. Mouly, ou d'un manège d'autos tamponneuses, voir Civ. 1re, 28 avril 1969, D. 1969, p. 650, note G. C.-M. ; Civ. 1re, 12 fév. 1975, D. 1975, p. 512, note P. le Tourneau ; JCP G. 1976, II, 18179, note G. Viney.

[330] Les contrats portant sur une activité de loisirs ou sportives comportent une obligation de sécurité. Il en est ainsi de l'exploitant de jeux forains, Civ. 1re, 18 fév. 1986, RTD civ. 1986, p. 770, obs. J. Huet ; d'un patinoire Civ. 1re, fév. 1961, RTD civ. 1961, p. 481, obs. A. Tunc ; d'un toboggan aquatique Civ.1re, 28 oct. 1991, RTD civ. 1992, p. 397, obs. P. Jourdain ; d'une piscine Civ. 1re, 20 oct. 1971, RTD civ. 1972, p. 608, obs. G. Durry ; d'un parc de loisirs CA de Montpellier, 20 janv. 1992, JCP G. 1993, II, 22125, note S. Bories ; d'un moniteur de sports Civ. 1re, 9 fév. 1994, JCP éd. G. 1994, II, 22313, note D. Veaux ; Civ. 2e, 18 déc. 1995, D. 1997, somm. comm. p. 188, obs A. Lacabarts ; Civ. 1re, 28 nov. 2000, JCP. éd. G. 2002, II, 10010, p. 134, note C. Lièvremont ; Civ. 1re, 16 oct. 2001, RTD civ. 2002, p. 107, obs. P ; Jourdain , JCP G. 2002, II, 10194, note C. Lièvremont. Les organisateurs d'activité sportive n'échappent pas eux aussi à l'application de l'obligation de sécurité, voir Civ. 2e, 8 mars 1995, D. 1998, somm. comm., p. 43, note J. Mouly ; Civ. 1re, 1èr déc. 1999 (deux espèces), D. 2000, p. 287, note J. Mouly ; *adde* C. A de Grenoble 3 nov. 2003, GP. 2004, 2, p. 540, note M.-B. ; CA de Chambéry 4 fév. 2003, GP 2004, 2, p. 539, note M.- B ; CA Paris 24 mars 2003, GP 2004, 2, p. 536, note MB.

[331] On peut citer, sans prétendre être exhaustive, les colonies de vacances, Civ. 1re, 10 fév. 1993, D. 1993, p. 605, note J. Bonnard ; l'hôtelier et le restaurateur, Civ. 1re, 22 mai 1991, RTD civ.

Qu'elle soit de résultat, comme elle a été conçue originellement, ou de moyens, comme elle l'est devenue assez fréquemment, l'obligation de sécurité paralyse la mise en œuvre de la responsabilité délictuelle du fait des choses. La victime est assez souvent privée des bienfaits de l'article 1384. Elle est également privée de la présomption de l'article 1385 du Code civil lorsque l'exécution d'un contrat nécessite l'intervention d'un animal[332]. Hostile à l'application de la responsabilité délictuelle, la jurisprudence refuse encore l'application de l'article 1386 du Code civil au cours de l'exécution du contrat. Le locataire blessé suite à l'effondrement de l'immeuble qu'il occupe doit suivre exclusivement les règles de la responsabilité contractuelle[333].

Néanmoins, et contre toute attente, la jurisprudence, surtout celle des années 1970, s'est montrée permissive vis-à-vis de l'application de la théorie du trouble de voisinage en présence d'un règlement de copropriété. Ce dernier, et même s'il autorise les troubles, ne peut faire obstacle à l'application de la théorie jurisprudentielle du trouble de voisinage[334]. Cette solution est-elle toujours actuelle ? Faute d'une jurisprudence récente confirmant cette exception à la règle du non-cumul, le doute reste permis[335].

La règle du non-cumul est omniprésente, au fur et à mesure que la responsabilité contractuelle gagne de terrain, elle l'escorte systématiquement barrant la route à toute tentative de rapprochement délictuel. La doctrine, dans son ensemble, approuve cette fermeté jurisprudentielle, allant parfois jusqu'à

1992, obs. P. Jourdain, p. 757 ; Civ. 1re, 14 mars 1995, JCP G. 1995, IV, 1196 ; Civ. 1re, 3 déc. 2002, juris-data n°2002-016825 ; Civ. 1re, 1er juill. 2003, juris- data n°2003- 01997 ; Resp. civ. et assur. oct 2003, comm. 252, obs. H. Groutel ; *adde* L. Moret, « Le contrat d'hôtellerie », RTD civ. 1973, p. 696 ; le garagiste Civ. 1re, 9 juin 1993, RTD civ. 1993, p. 828, obs. P. Jourdain ; les agences de voyage, voir Civ. 1re, 15 janv. 1991, D. 1992, p. 242, note Y. Dagorne-Labbe ; pour l'exploitant d'une discothèque, voir Civ. 1re, 10 juin 1986, GP, 2, pan. jurispr. p. 206.

[332] Ainsi lorsqu'un cheval de club blesse un cavalier, ce dernier ne peut pas se prévaloir de l'article 1385 contre le club d'équitation dont il est membre. La victime devra prouver la faute du club ou celle du moniteur. Voir CA Paris, 25 mars 1954, JCP 1954, II, 8094, note R. Rodière ; D. 1954, p. 295 ; *adde* dans le même sens CA Lyon, 1er avril 1922, DP 1924, 2, 51, note H. Lalou ; Trib. civ. Lyon, 26 mai 1954, 2, 227.

[333] CA Pau, 6 janv. 1898, D. 1900, II, 265 ; CA Paris, 17 janv. 1905, D. 1907, II, 97 ; CA Poitiers 5 déc. 1933, DH 1934, p. 61 ; CA Lyon, 1 juin 1961, GP 1961, 1, p. 220.

[334] Une jurisprudence abondante permet aux copropriétaires dont la situation est contractuelle de se prévaloir de la théorie du trouble de voisinage. Voir Civ 3e, 20 fév 1973, RTD civ. 1974, p. 609, obs. G. Durry. En l'espèce, le règlement de copropriété imposait aux copropriétaires de souffrir l'existence d'une boulangerie à l'origine des nuisances sonores, ce qui n'a pas empêché de faire application de la théorie du trouble de voisinage ; voir dans le même sens, Civ. 3e, 28 janv. et 15 avril 1975, D. 1975, p. 221, note E. Agostini et J. Lamarque. Voir aussi les arrêts cités par R. Croisier, L'appartement, thèse, Lille, 1976, p. 193 et s. En revanche, la Cour applique le règlement de copropriété pour retenir la responsabilité du débiteur récalcitrant sans que le trouble ne revête un caractère excessif. Voir Civ. 3e, 2 mars 1976, D. 1976, p. 545, note C. Larroumet.

[335] Plusieurs auteurs français sont favorables à une application rigoureuse de la règle du non-cumul dans ce domaine. Voir M. Espagnon, thèse précitée, p. 113 ; *contra.* et pour une solution plus nuancée, voir C. Larroumet, note sous Civ. 3e, 2 mars 1976, D. 1976, p. 545.

proposer l'application de la règle du non-cumul à l'égard des tiers qui souffrent de l'inexécution contractuelle.

2. ... *Vers l'application de la règle du non-cumul à l'égard des tiers souffrant de l'inexécution du contrat ?*

45. Position du problème. Nombreux sont les tiers[336] qui se trouvent aujourd'hui affectés par l'inexécution du contrat, alors même qu'ils ne sont pas directement liés par un lien juridique avec le débiteur défaillant. La conception individualiste du contrat, selon laquelle le contrat est exclusivement l'affaire des parties, peut paraître un souvenir lointain. L'exécution défectueuse des obligations contractuelles peut causer dommage non seulement aux contractants directs mais aussi aux contractants indirects, voire à des tiers absolus. Pourtant, la qualification à donner à la responsabilité, lorsqu'elle est invoquée par un tiers au contrat, reste toujours problématique.

46. L'application de la responsabilité délictuelle. L'application stricte de la règle de l'effet relatif des conventions[337] devrait conduire à refuser l'action contractuelle à un tiers au contrat[338]. L'application de la responsabilité délictuelle, quant à elle, après avoir été condamnée par la jurisprudence[339], a été autorisée au nom de la théorie du contrat-fait[340]. Selon cette théorie, l'inexécution du contrat peut constituer une faute délictuelle à l'égard des tiers[341]. Ces derniers, en mettant en œuvre la responsabilité délictuelle du débiteur défaillant, n'exercent pas un droit issu du contrat, mais tirent les conséquences juridiques du comportement fautif du contractant, abstraction

---

[336] Sur la notion de tiers, voir J. Ghestin, « La distinction entre les parties et les tiers au contrat », JCPG 1992, I, 3628 ; J. L., Aubert, « À propos d'une distinction renouvelée des parties et des tiers », RTD civ. 1993, p. 263 ; C. Guelfucci-Thibierge, « De l'élargissement de la notion de partie au contrat [...] à l'élargissement de la portée du principe de l'effet relatif », RTD civ. 1994, p. 274.

[337] Le tiers n'est jamais engagé par le contrat. C'est le principe fondamental de l'effet relatif du contrat énoncé par l'article 1165 du Code civil et en vertu duquel le tiers ne peut devenir créancier ou débiteur au titre d'une convention à laquelle il n'a pas été partie.

[338] Voir G. Viney, « L'action en responsabilité entre participants à une chaîne de contrats », mél. Holleaux, 1990, p. 399 et s. ; P. Jourdain, « La nature de la responsabilité civile dans les chaînes de contrats après l'arrêt d'Assemblée plénière du 12 juillet 1991, D. 1992, p. 149 ; C. Larroumet, « L'action de nature nécessairement contractuelle et la responsabilité civile dans les ensembles contractuels », JCPG 1988, I, 3357 ; « L'effet relatif des contrats et la négation de l'existence d'une action en responsabilité nécessairement contractuelle dans les ensembles contractuels », JCP G. 1991, I, 3531 ; C. Jamin, « Une restauration de l'effet relatif du contrat », D. 1991, p. 257.

[339] Paris, 25 mai 1894, DP 1895, 2, 475 « attendu que leur action (*les tiers*) ne peut davantage être fondée sur l'article 1382 du Code civil, qu'en effet les dispositions de cet article ne sont applicables qu'au cas où aucun contrat n'est intervenu, réglant les droits respectifs des contractants ». Voir également Cass. civ. 10 juillet 1867, DP. 1867, I, 344.

[340] Voir F. Bertrand, L'opposabilité du contrat aux tiers, thèse, Paris II, 1979, n°199, p. 315 et s.

[341] Req., 20 mai 1930. D. H. p. 378.

faite de la convention. En effet, la Cour de cassation exigeait la preuve d'une faute délictuelle « envisagée en elle-même indépendamment de tout point de vue contractuel »[342]. Elle censurait même les décisions qui ont retenu la responsabilité délictuelle en se fondant sur l'inexécution pure et simple du contrat[343]. Néanmoins, au fil du temps, la distinction entre la faute délictuelle commise à l'occasion de l'inexécution du contrat et la faute contractuelle s'est effritée. La Cour suprême ne contrôlait plus si l'inexécution du contrat constituait bien une faute indépendamment de la violation des obligations contractuelles[344]. Actuellement la Cour de cassation française semble beaucoup plus engagée dans cette voie en posant le principe de l'assimilation des fautes contractuelles et délictuelles[345].

Saugrenu, ce laxisme jurisprudentiel applique clandestinement un vrai cumul d'actions[346]. Le tiers, privé de l'action contractuelle au nom du principe de l'effet relatif, va pouvoir mettre en œuvre la responsabilité du débiteur défaillant beaucoup plus facilement sur le terrain délictuel. Il lui suffit de prouver l'inexécution du contrat et il pourra obtenir réparation en échappant à toutes les règles de compétence, de prescription ou de limitation de

---

342 Voir Civ. 1re, 7 nov. 1962. JCP G. 1963, II, 12987, note P. Esmein.

343 Voir les références citées dans la thèse de J. Huet précitée, n°645, p. 608. L'auteur relève que cette jurisprudence est abondante.

344 Voir G. Durry, RTD civ. 1963, p. 36 *adde* RTD civ. 1968, n°3 p. 363 ; RTD civ. 1971 p. 142 ; RTD civ.1974, p. 814.

345 Ass. plén., 6 oct. 2006, Bull. civ. ass. plén. n°9 ; L'arrêt a été abondamment commenté par la doctrine, voir JCP 2006, II, 10181, avis Gariazzo et note M. Billiau ; D. 2006, p. 2825, note G. Viney ; D. 2006, p. 2933, note D. Houtcieff, Rev. Lamy dr. aff. Janv. 2007, n°671, comm. A. Reygrobellet ; JCP 2007, I, 115, obs. P. Stoffel-Munck ; P. Jacques, « La relativité de la faute contractuelle devant l'assemblée plénière », Rev. Lamy droit aff déc. 2006, p. 70 ; PA, 16 mai 2007 n°98, p. 16, note V. Depadt-Sebag ; PA, 22 janv. 2007 n°16, p. 16, note C. Lacroix ; RTD Civ. 2007 p. 123, obs. P. Jourdain ; RDC 2007, n°2, p. 269, note D. Mazeaud ; RDC 2007, n°2, p. 279, obs. S. Carval ; RDC 2007 n°2, p 609, note R. Wintgen ; RDC 2007 n°2, p. 379, note J. B Seube ; RDC 2007 n°2, p. 569, obs. Ph. Jacques ; RDC 2007 n°2, p. 538, obs. P. Ancel ; RDC 2007 n°2, p. 587, obs. P. Stoffel-Munck ;.RDC2007 n°2, p. 593, obs. G Wicker ; RDC 2007 n°2, P. 556, obs. P. Delebecque ; RDC 2007, n°2, p. 536, obs. C. Grimaldi ; RLDC janv. 2007, p. 5, note P. Brun. Voir également M. Espagnon, La prévision contractuelle et l'action en responsabilité du tiers contre le contractant (De l'arrêt Lamborghini à l'article 1342 du projet de réforme du droit des obligations et de la prescription), Mél. Viney, LGDJ, 2008 ; B. Moore, « L'arrêt d'assemblée plénière du 6 octobre 2006 : Perspectives québécoises », RDC 2007, p. 618 ; C. Popineau-Dehaulion, « Regards comparatistes sur la responsabilité du contractant à l'égard d'un tiers victime de l'inexécution du contrat », RDC 2007, n°2, p. 622. Même si la troisième Chambre civile de la Cour de cassation dans son arrêt du 22 oct. 2008, semble éprouver une certaine réticence à l'égard de la thèse de l'identité des fautes contractuelle et délictuelle, voir Civ. 3e, 22 oct. 2008, arrêt n°07-15.583, FS-P+B, D. 2008, p. 2793 ; RTD civ. 2009 p. 121, obs. P. Jourdain, le droit positif français reste largement imprégné par la solution retenue par l'Assemblée plénière dans son arrêt du 6 octobre 2006 précité.

346 Voir G. Viney, « L'action en responsabilité entre participants à une chaîne de contrats », mél. Holleaux, 1990, p. 399 et s. ; P. Ancel, « Les arrêts de 1988 sur l'action en responsabilité contractuelle dans les groupes de contrats, quinze ans après », *in* Études en l'honneur de A. Ponsard, Litec 2003, p. 3.

responsabilité applicables au contrat. C'est « en quelque sorte », écrit P. Ancel, « avoir à la fois le beurre et l'argent du beurre »[347]. La doctrine, hostile dans sa majorité à ce mélange de genre, cherche de plus en plus des solutions qui garantissent le respect du contrat tout en préservant les droits de la victime. Certains auteurs proposent alors la mise en œuvre de la règle du non-cumul[348]. Appliquer cette règle produira le double effet de rejeter la responsabilité délictuelle et d'appliquer la responsabilité contractuelle[349].

47. Propositions doctrinales en faveur de l'application de la règle du non-cumul à l'égard des tiers victimes de l'inexécution contractuelle. Ces suggestions, apparues sous la plume de plusieurs auteurs, s'inscrivent à vrai dire dans un contexte doctrinal souhaitant vivement l'application de la responsabilité contractuelle à l'égard des tiers. Ainsi, se plaçant dans le cadre du contrat de vente, M. Overstake propose que la responsabilité du fabricant envers l'utilisateur soit de nature contractuelle[350]. Raisonnant dans le cadre déjà plus étendu des groupes de contrats, M. Teyssié soutient, quant à lui, l'application exclusive de la responsabilité contractuelle entre tous les membres du groupe[351]. M. Néret approuve également cette solution à propos d'une catégorie particulière des groupes de contrats que sont les sous-contrats[352]. Beaucoup plus engagé dans la voie contractuelle, M. Huet défend son extension à l'ensemble des tiers, *penitus extranei* compris[353]. Recueillant les travaux de cette doctrine majoritairement favorable à l'application de la responsabilité contractuelle, M.

---

[347] P. Ancel, *op. cit.*

[348] F. Bertrand, L'opposabilité du contrat aux tiers, thèse, Paris II, 1979, n°277 et s. ; M. Espagnon, thèse précitée, 2e partie ; M. N. Courtiau, thèse précitée, p. 564 ; G. Viney, Pour une interprétation modérée, art. précité, p. 815 et s.

[349] M. Espagnon, thèse précitée n°210 pour qui « cette règle (*la règle du non-cumul*) a pour effet essentiel de rejeter l'action en responsabilité délictuelle lorsque l'équilibre contractuel est bouleversé. Elle permet donc d'assurer le maintien de cet équilibre. Par ailleurs, *elle comble le vide juridique créé par le rejet de la responsabilité délictuelle en permettant l'application de la responsabilité contractuelle* (nous soulignons). Elle ne laisse donc pas la victime sans droit à réparation ». *adde* dans le même sens M. N. Courtiau, thèse précitée, p. 564.

[350] J. F. Overstake, « La responsabilité du fabricant de produits dangereux » RTD civ. 1972, p. 518, n°84, voir aussi dans le même sens G. Lévy, RTD civ. 1970, p. 33.

[351] B. Teyssié, Les groupes de contrats, thèse précitée, p. 281 n°562 et s.

[352] Néret, Le sous-contrat, thèse précitée.

[353] M. Huet est le premier à systématiser l'extension de la responsabilité contractuelle aux non-contractants. On a déjà vu que cet auteur assignait à la responsabilité contractuelle une double fonction de réparation et de paiement. La fonction de paiement est réservée uniquement aux contractants. Reconnaître à un tiers le droit de la mettre en œuvre aurait pour effet d'autoriser un non-contractant à demander l'exécution du contrat. Il s'agirait donc d'une violation directe du principe de l'effet relatif des conventions. En revanche, selon ce même auteur, lorsqu'il s'agit de la réparation d'un dommage, les tiers pourraient agir contre le contractant défaillant, mais uniquement sur le fondement contractuel. Le débiteur ne serait ainsi tenu que dans les conditions prévues par la convention. Dans cette conception la responsabilité contractuelle dans sa fonction réparatrice serait étendue à tous les tiers y compris *penitus extranei.*

Espagnon déplore l'absence de la règle du non-cumul[354] et soutient son application à l'égard de tous les tiers cherchant à mettre en œuvre la responsabilité délictuelle du débiteur défaillant[355]. Mme Viney, dans son article paru en 1995 dans la revue *McGill*, quoique partisane d'une application modérée de la règle du non-cumul, parle d'un paradoxe[356] dans l'application de la règle du non-cumul en droit français. Alors que ladite règle est appliquée systématiquement dans les rapports contractuels directs, elle brille par son absence à l'égard des tiers souffrant de l'inexécution contractuelle. Une carence que certains auteurs n'hésitent pas à qualifier de « cruelle »[357].

48. L'effet du contrat à l'égard des tiers et le non-cumul, deux problématiques différentes. Toute cette analyse est en parfaite harmonie avec un certain engouement pour la responsabilité contractuelle que l'on voudrait appliquer, mais les choses se gâtent lorsqu'on confronte la problématique de l'effet du contrat à l'égard des tiers à la problématique de l'option. La règle du non-cumul, comme on l'a déjà exposé, interdit le choix entre la responsabilité contractuelle et la responsabilité délictuelle. Or, le tiers souffrant de l'inexécution contractuelle dispose-t-il réellement de l'action contractuelle ? Hormis quelques exceptions reconnues par le législateur et la jurisprudence[358], la réponse ne peut qu'être négative. On ne voit pas par quel miracle la règle du non-cumul serait « la source de la qualification contractuelle »[359]. Son rôle, déjà critiquable, est d'épauler une qualification contractuelle et non de la suggérer. Du moment où l'action contractuelle n'est pas affirmée, on a du mal à concevoir l'application de la règle du non-cumul, sauf à voir en elle un moyen préventif, un vaccin immunisant le contrat contre l'ingérence délictuelle, et ce avant même que la responsabilité ne reçoive la qualification contractuelle. La problématique de l'effet du contrat à l'égard des tiers nous semble parfaitement distincte de celle du non-cumul[360]. L'interdiction de l'option entre la

---

[354] La jurisprudence français a rappelé à maintes reprises que « […] si les articles 1382 et 1383 du Code civil ne peuvent en principe être invoqués pour le règlement de la faute commise dans l'exécution d'une obligation résultant d'un engagement contractuel, elles reprennent leur empire au regard des tiers étrangers au contrat ». Voir Civ.1re, 22 juill 1931, DH 1931, p. 506 *adde* dans le même sens Req., 9 mars 1936, D. H 1936, p. 233 ; Req., 8 mars 1938, p. 76, note R. Savatier ; Req., 7 oct. 1940, DH 1940, p. 180 ; Civ. 1re, 9 oct. 1962, RTD civ. 1963, p. 333, obs. A. Tunc ; Civ. 1re, 23 mai 1978, Bull. civ. I, n°201 ; Com 8 oct. 2002, Resp. civ. assur. 2003, p. 11.

[355] M. Espagnon, thèse précitée, deuxième partie.

[356] G. Viney, Pour une interprétation modérée…, art. précité, p. 815. Il faut préciser cependant, que postérieurement à cet article, l'analyse de Mme Viney est devenue plus nuancée. Voir G. Viney, « Projet de réforme du droit des obligations : les éléments clés en matière de responsabilité », RLDC, déc. 2005, p. 13 et s adde pour le même auteur, note sous Ass. Plén. 6 oct. 2006, D. 2006, p. 2825.

[357] M. N. Courtiau, thèse précitée, p. 596.

[358] Voir *infra* n°49 et s.

[359] M. N. Courtiau, thèse précitée, p. 596.

[360] Voir dans le même sens, R. Wingten, Étude critique de la notion d'opposabilité, les effets du contrat à l'égard des tiers en droit français et allemand, thèse, Paris I, 2002, p. 494 et s.

responsabilité contractuelle et la responsabilité délictuelle n'est point justifiée lorsqu'il s'agit des tiers aux contrats. Rien ne permet d'enfermer des tiers dans une action contractuelle qu'ils n'ont pas acceptée pour les déposséder de l'action délictuelle, action à laquelle ils auraient normalement droit. Cette méthode conduit à dissimuler une autre question primordiale et préalable, celle de la portée des devoirs contractuels des parties envers les tiers[361], une question souvent malmenée par le principe de l'assimilation de l'inexécution contractuelle à une faute délictuelle[362].

D'ailleurs, l'expérience française de l'action directe » nécessairement contractuelle » dans les chaînes de contrats acquisitives de propriété[363] invite à mener une réflexion profonde avant d'accréditer l'interdiction de l'option à l'égard des tiers au contrat.

49. L'action contractuelle directe et la règle du non-cumul. Peu de juristes ignorent que l'action directe a été développée en jurisprudence dans les années 1980 sous l'influence d'un courant doctrinal fort favorable à l'extension de la responsabilité contractuelle[364]. Ouverte au sous-acquéreur dans les ventes mobilières[365] et immobilières[366], puis au maître d'ouvrage qui entend mettre en

---

[361] *Ibid.*

[362] Voir *infra* n°257 et s.

[363] Plusieurs études ont été consacrées à la question, voir M. Cozian, L'action directe, préf. A. Ponsard, LGDJ, 1969 ; B. Teyssié, Les groupes de contrats, LGDJ, 1975 , C. Jamin, La notion d'action directe, LGDJ, 1991 ; F. Fiechter-Boulvard, La transmission de l'engagement contractuel dans les contrats en chaîne, thèse, Grenoble 1992 ; F. Leborgne, L'action en responsabilité dans les groupes de contrats, étude de droit interne et de droit international privé, thèse, Rennes, 1995 ; M. Baccache-Gibeili, La relativité des conventions et les groupes de contrats, LGDJ, 1996 ; *adde* G. Viney, « L'action en responsabilité entre participants à une chaîne de contrats », *in* mél. D. Holleaux, 1990, p. 399 et s. ; P. Jourdain, « La nature de la responsabilité civile dans les chaînes de contrats après l'arrêt d'Assemblée plénière du 12 juillet 1991 », DS 1992, p. 149 ; C. Larroumet, « L'action de nature nécessairement contractuelle et la responsabilité civile dans les ensembles contractuels », JCPG, 1988, I, 3357 ; « L'effet relatif des contrats et la négation de l'existence d'une action en responsabilité nécessairement contractuelle dans les ensembles contractuels », JCPG, 1991, I, 3531 ; C. Jamin, « Une restauration de l'effet relatif du contrat », D. 1991, p. 257 ; H. Groutel, « Les groupes de contrats : le retour à l'orthodoxie », Resp. civ. et assur. oct. 1991, chron. 23 ; J.-P. Karila, « L'action directe du maître de l'ouvrage à l'encontre du sous-traitant est nécessairement de nature délictuelle », GP. 1992, 1, doctr. P. 18 ; P. Ancel, « Les arrêts de 1988 sur l'action en responsabilité contractuelle dans les groupes de contrats, quinze ans après », *in* Études en l'honneur de A. Ponsard, Litec 2003, p. 3 ; C. Lisanti-Kalczynski, « L'action directe dans les chaînes de contrats, plus de dix ans après l'arrêt Besse », JCP G. 2003, I, 102 ; P. Puig, « Faut-il supprimer l'action directe dans les chaînes de contrats ? », *in* Études de droit de la consommation, Dalloz, 2004, p. 913 ; S. Lacour, « Plaidoyer pour la défense du maillon faible : l'avenir de l'action directe dans les chaînes de contrats », P. A. 9 juin 2005, n°114, p. 7.

[364] Voir surtout la thèse de B. Teyssié précitée, celle de J. Huet, précitée surtout dans sa deuxième partie et la thèse de M. Espagnon dans sa deuxième partie.

[365] La jurisprudence a très tôt conféré aux sous-acquéreurs de biens mobiliers une action contractuelle directe en garantie des vices cachés. Voir Cass. civ., 25 janv. 1820, S. 1820, 1, 213 ; Cass. civ, 17 nov 1908, S. 1914, 1, 443 ; Req., 6 janv. 1920, GP ; 1920, 1, p. 144. Elle a ensuite reconnu à la victime le droit d'agir sur le fondement du droit commun de la responsabilité

œuvre la responsabilité du fabricant de matériaux[367] ou celle du sous-traitant[368], la propagation de l'action directe a dû recevoir un coup d'arrêt avec le fameux arrêt Besse[369]. Loin d'annoncer sa mort subite, la jurisprudence Besse n'a fait

contractuelle, notamment en cas de violation de l'obligation de délivrance d'une chose conforme voir Civ. 1re, 9 mars 1983, JCP 1984, II, 20295, note P. Courbe.

366 En 1963, la première Chambre civile avait jugé que les acquéreurs successifs de l'immeuble pouvaient exercer contre les constructeurs les actions en garantie décennale et biennale des articles 1792 et 2279 du Code civil. Cette solution a été expressément confirmée par le législateur lui- même. Désormais l'article 1792 du Code civil précise que la responsabilité du plein droit des constructeurs, telle qu'elle est aménagée par le texte et ceux qui lui font suite (les art. 1792-1 à 1792-6) joue de la même façon » envers le maître ou l'acquéreur de l'ouvrage ». L'article 1646-1 étend cette responsabilité au vendeur d'immeuble à construire en précisant qu' » elle profite aux propriétaires successifs de l'immeuble ».

367 Pratiquement, il s'agit de l'hypothèse où un entrepreneur de construction achète des matières premières, certains éléments d'équipement ou des matériaux de construction qu'il incorpore à un immeuble édifié pour le compte du maître de l'ouvrage. Ce dernier acquiert la propriété des constructions et il peut de ce fait intenter une action contractuelle directe contre le fournisseur. Voir Ass. plén., 7 fév. 1986, D. 1986, p. 293, note A. Bénabent.

368 La première Chambre civile statuant dans une espèce où un particulier agissait directement à l'encontre d'un laboratoire de photo, sous-traitant, a cassé une décision qui avait appliqué la responsabilité délictuelle pour « fausse application des articles 1147 et 1382 du Code civil ». Aux motifs « que dans le cas ou le débiteur d'une obligation contractuelle a chargé une autre personne de l'exécution de cette obligation, le créancier ne dispose contre cette personne que d'une action de nature nécessairement contractuelle, qu'il peut exercer directement dans la double limite de ses droits et de l'étendue de l'engagement du débiteur substitué ». Voir Civ. 1re, 8 mars 1988, JCP G 1988, II, 21070, note P. Jourdain ; RTD civ. 1988, p. 531, obs. P. Rémy. Avec l'arrêt rendu par la 1re Chambre civile le 21 juin 1988, la Cour de cassation posait une solution plus générale, englobant et dépassant la précédente. En effet la haute juridiction affirmait : « Dans un groupe de contrats, la responsabilité contractuelle régit nécessairement la demande en réparation de tous ceux qui n'ont souffert du dommage que parce qu'ils avaient un lien avec le contrat initial ; qu'en effet, dans ce cas le débiteur ayant dû prévoir les conséquences de sa défaillance selon les règles contractuelles applicables en la matière, la victime ne peut disposer contre lui que d'une action de nature contractuelle, même en l'absence d'un contrat entre eux ». Voir Civ. 1re, 21 juin 1988, D. 1989, p. 5, note C. Larroumet ; JCP G 1988, II, 21125, note P. Jourdain.

369 S'appuyant sur le principe de l'effet relatif du contrat, la 3e Chambre civile continue à affirmer le caractère délictuel de la responsabilité du sous-traitant vis-à-vis du maître de l'ouvrage comme de celle du sous-traitant subséquent à l'égard de l'entrepreneur principal. Voir Civ. 3e, 22 juin 1988, JCP G. 1988, II, 21125, note P. Jourdain. La Chambre commerciale semblait de son côté, adopter la position prise par la première Chambre civile, voir Com.,17 fév. 1987, D. 1987, p. 543, note P. Jourdain. L'assemblée plénière a dû trancher ce conflit d'interprétation dans son arrêt du 21 juillet 1991. En l'espèce, un maître d'ouvrage recherchait la responsabilité d'un sous-traitant auquel il reprochait le caractère défectueux des travaux de plomberie dont il avait chargé l'entrepreneur principal. Ce dernier était à l'abri d'une action, le défaut étant apparu plus de 10 ans après la réception. Le maître de l'ouvrage fonda alors sa demande contre le sous-traitant sur la responsabilité délictuelle. Une Cour d'appel oppose au demandeur la jurisprudence de la première Chambre civile sur le sous-traitant où il avait été jugé que, dans le cas où le débiteur a chargé une autre personne de l'exécution de cette obligation, le créancier ne dispose contre cette personne que d'une action de nature nécessairement contractuelle. S'attachant à l'article 1165 du Code civil, l'assemblée plénière, relève que l'absence de lien contractuel entre le maître de l'ouvrage et le sous-traitant empêche la mise en œuvre de la responsabilité contractuelle de ce dernier. Voir

que fixer le domaine d'application de l'action directe[370]. Cette dernière est désormais limitée aux chaînes de contrats acquisitives de propriété[371].

Mais si l'action directe a pu paraître un moment comme une faveur pour son titulaire[372] qui pouvait, selon son choix, soit l'exercer, soit lui préférer l'action délictuelle[373], elle allait rapidement perdre ce caractère. À compter de l'arrêt Lamborghini[374], la Cour de cassation française supprime cette option, l'action du sous-acquéreur contre le vendeur initial étant de « nature nécessairement contractuelle ». Piégée par la règle du non-cumul, la logique protectrice de l'action directe se trouve alors altérée[375]. L'idéal d'équité qui a justifié son apparition ne se vérifie plus. C'est contre les victimes qu'elle produit maintenant ses effets les plus marquants. Le soi-disant bénéficiaire de l'action directe devrait se voir opposer toutes les clauses contenues dans le contrat initial. Cette restriction sérieuse des droits de la victime dans les groupes de contrats est d'ailleurs sciemment recherchée. L'équilibre contractuel doit primer sur le droit de la réparation[376]. Ainsi, M. Espagnon, approuvait pleinement

---

Ass. plén., 12 juill. 1991, JCP G 1991, II, 21743, note G. Viney ; RTD civ. 1991, p. 750, obs. P. Jourdain.

[370] Voir P. Jourdain, « La nature de la responsabilité civile dans les chaînes de contrats après l'arrêt d'Assemblée plénière du 12 juillet 1991, D. 1992, p. 149.

[371] À la suite de l'arrêt Besse, une possible conciliation était observée entre les deux interventions de l'assemblée plénière, situées à cinq années d'intervalle. Le coup d'arrêt de 1991 ne menaçait pas toutes les chaînes de contrats, mais seulement celles qui n'assuraient pas la transmission d'un bien. En revanche, toutes les fois qu'une série contractuelle aboutissait à un transfert de propriété entre des contractants extrêmes, les accessoires juridiques étaient *ipso facto* transportés, ouvrant ainsi des recours contractuels entre des personnes qui n'avaient pourtant pas contracté ensemble. Mais si ces solutions paraissent désormais acquises, des incertitudes quant au domaine de l'action direct ont récemment agité la doctrine. Voir Civ. 3e 28 nov. 2001, RTD civ 2002, p. 104, obs. P. Jourdain ; JCP G. 2002, II, 10037, note D. Mainguy ; RD imm. 2002, 92, obs. Ph. Malinvaud.

[372] L'action directe paraît comme un mécanisme correcteur de la rigueur du principe de l'effet relatif des conventions. Voir C. Jamin, thèse précitée, p. 289. En effet, une application stricte de ce principe impose à chaque contractant d'actionner son propre contractant qui pourra lui-même faire recours contre son contractant jusqu'à atteindre le véritable responsable de l'auteur du dommage. Outre la lenteur dans le règlement des litiges, la victime peut être privée de la réparation si son contractant direct s'avère non solvable ou non assuré. Voir G. Viney, « L'action en responsabilité entre participants à une chaîne de contrats », art. précité, p. 402.

[373] Voir à titre d'exemple Cass. civ., 25 janv. 1820, S. 1820, 1, 213 ; Civ. 1re, 18 juill. 1972, D. 73, somm. p. 39, M. Malinvaud approuvait cette jurisprudence, voir Ph. Malinvaud, « La responsabilité civile du fabricant en droit français », GP. 1973, 2, doc. p. 463.

[374] Civ. 1re, 9 octobre 1979, D. 1980, IR 222, note C. Larroumet ; RTD civ. 1980, p. 354, obs. Durry, voir dans le même sens notamment Civ. 1re, 4 nov. 1992, Bull. civ. I. 181, n°276.

[375] P. Ancel, « Les arrêts de 1988 sur l'action en responsabilité contractuelle dans les groupes de contrats, quinze ans après », *op. cit.*, p. 7 ; C. Lisanti-Kalczynski, « L'action directe dans les chaînes de contrats, plus de dix ans après l'arrêt Besse », *op. cit.*, 106 *adde* C. Jamin, La notion de l'action directe, thèse précitée spéc. n°276 et s., 310, 312, s., 326 et 418 ; H., L. et J. Mazeaud et F. Chabas, Leçons de droit civil, Obligations, théorie générale, Paris, Montchrestien, 9e éd.., par F. Chabas, n°756.

[376] Ainsi pour M. Espagnon « Il convient de faire primer le maintien de l'équilibre contractuel sur un droit à réparation qui, par sa nature n'est que subsidiaire ». Voir *op. cit.* n°221.

l'opposabilité des clauses relatives à la responsabilité à la victime. Cette solution serait, d'après lui, sans inconvénient majeur, puisque la victime peut se retourner contre son contractant direct[377]. Retour alors à la case de départ, la victime peut se trouver face à un débiteur insolvable ou non assuré. Atteindre le véritable responsable nécessite le cas échéant une cascade de recours et une lenteur dans le règlement du litige. Le souci majeur de cette doctrine est de sauvegarder la prévisibilité contractuelle du côté de l'auteur du dommage même si cela se fait « sur le dos de la victime »[378]. Parce qu'elle est considérée comme un membre de groupes, cette dernière se trouve contrainte à un statut contractuel auquel elle n'a jamais adhéré, qu'elle n'a pas non plus négocié. Cette « conception unilatérale du contrat »[379], accordant au débiteur la possibilité d'imposer sa volonté à des tiers est en dissidence totale avec l'objectif annoncé de la théorie de l'action directe, qui est justement de faciliter la réparation de la victime[380]. Cette solution est d'autant plus discutable que les tiers non bénéficiaires de l'action contractuelle, ont, eux, sur ce point, une situation exceptionnellement favorable. Tout cela invite bien évidemment à remettre en cause le bien-fondé de l'application de la règle du non-cumul à l'égard des tiers au contrat . Déjà, dans les rapports contractuels directs, cette règle entraîne de nombreuses incohérences ; vis-à-vis d'un tiers, elle est particulièrement critiquable[381].

B. Critique de la solution

50. Une application cartésienne de la règle du non-cumul entre la responsabilité contractuelle et la responsabilité délictuelle, quoiqu'elle plaise aux esprits ordonnés, ne peut être justifiable que lorsque la qualification de l'action exercée est incontestable. Or, « la valse-hésitation de la jurisprudence »[382] ainsi que les interminables discussions doctrinales sur la nature de l'action exercée rendent le droit positif fort imprévisible (1). Source d'injustice (2), ces complications pèsent évidemment sur les droits des victimes, celles-ci éprouveront bien des difficultés à trouver le fondement adéquat de leurs actions.

---

[377] *Ibid.*

[378] J.-L. Aubert, note sous Ass. plén., 12 juillet 1991, Défenois 1991, art. n°35150.

[379] P. Ancel, *op. cit.*, p. 9.

[380] Contra. S. Lacour, « Plaidoyer pour la défense du maillon faible : l'avenir de l'action directe dans les chaînes de contrats », P. A. 9 juin 2005, n°114, p. 7, note n°17. L'auteur approuve, au nom de la prévisibilité contractuelle, la restriction des droits de la victime.

[381] Nous allons voir dans les analyses postérieures que l'Avant-projet de réforme Catala ainsi que la proposition de loi Béteille ont renoncé à cette solution et a autorisé le tiers victime d'une inexécution contractuelle à une option entre la responsabilité contractuelle et la responsabilité délictuelle. Voir *infra* n°259 et s.

[382] Y. Lambet-Faivre, *op. cit.*, p. 81.

1. La règle du non-cumul aggrave le contentieux de frontière entre la responsabilité contractuelle et la responsabilité délictuelle

51. Tracer une ligne de démarcation entre les domaines des deux responsabilités contractuelle et délictuelle constitue une tâche particulièrement ardue, le Code civil n'ayant fixé aucun critère de délimitation[383]. C'est la doctrine qui a essayé de combler cette lacune en posant le principe selon lequel la responsabilité est contractuelle lorsque le dommage résulte de l'inexécution d'une obligation contractuelle, et délictuelle dans les autres cas[384]. Il suffit alors, pour délimiter les domaines respectifs de chacune des responsabilités, de fixer celui de la responsabilité contractuelle, et par soustraction, tous les cas qui n'entrent pas dans le domaine de celle-ci recevront la qualification délictuelle. Réductrice, cette opposition des deux domaines de responsabilités apparaît critiquable. Le sentiment qui prédomine est que cette dernière ne trouve plus aujourd'hui sa place dans tous les bouleversements qui s'opèrent au niveau de la frontière entre les deux branches de la responsabilité. En effet, selon la présentation classique selon laquelle la mise en œuvre de la responsabilité contractuelle nécessite la réunion de trois conditions – l'existence d'une situation contractuelle, l'inexécution d'une obligation contenue dans le contrat et la survenance d'un dommage entre contractants – s'avère trop simpliste. L'imprécision de la notion de situation contractuelle (A), ainsi que l'incertitude qui entoure la notion d'obligation contractuelle (B), laisse planer le doute sur la nature de la responsabilité encourue, ce qui complique la mise en œuvre de la règle du non-cumul.

a. L'imprécision de la notion de situation contractuelle

52. Le feuilleton jurisprudentiel de la convention d'assistance bénévole. Dans un système dualiste, séparant hermétiquement la responsabilité contractuelle de la responsabilité délictuelle, chaque ordre doit préserver un domaine d'application qui lui est propre. La qualification de l'action encourue

---

383 M. Espagnon, « Rapports entre responsabilité délictuelle et contractuelle. Généralités. Domaine des responsabilités délictuelle et contractuelle entre contractants », Juris-Classeur, 8, 2002, fasc. 16-10, p. 3.

384 Ce critère a été systématisé par A. Brun dans sa thèse, voir A. Brun, thèse précitée. Il a été repris depuis par la plupart des auteurs, voir à titre d'exemple, R. Rodière, « Étude sur la dualité des régimes de responsabilité, 1re partie, JCP G 1950, I, 861, n°12 et s. ; H. et L. Mazeaud et A. Tunc, Traité théorique et pratique de la responsabilité civile délictuelle et contractuelle, T. 1, 6e éd., Montchrestien, 1970, n°105 et s. ; H. et L. Mazeaud, J. Mazeaud et F. Chabas, Leçons de droit civil, T. II, V. 1, Les obligations, 9e éd., Montchrestien 1998, n°391, p. 384 ; J. Carbonnier, Droit civil. Les obligations, précité n°113 ; A. Flour, J.-L. Aubert, Y Flour, E. Savaux, Les obligations, précité, n°171 ; G. Viney, Traité de droit civil, Introduction à la responsabilité, précité, n°161 à 245.

revêt alors une importance capitale, elle constitue même « (...) une question préalable à tout examen du fond d'une action en responsabilité »[385]. Toute erreur dans le choix de l'action adéquate sera systématiquement censurée et cela indépendamment de l'examen des règles de fond effectivement applicables[386]. Cette rigueur aurait pu paraître légitime si les conditions de mise en œuvre de la responsabilité contractuelle étaient assez limpides. Or, ceci est loin d'être vérifiable. Ainsi affirme-t-on que l'application de la responsabilité contractuelle nécessite l'existence d'un contrat. Mais qu'est-ce qu'un contrat ? Un accord de deux volontés en vue de produire des effets juridiques ? Cette définition ne nous avance en rien dans la détermination du domaine d'application de la responsabilité contractuelle. Nombreuses sont en fait les hypothèses qui se rapprochent de la notion de situation contractuelle[387]. Le problème prend surtout de l'ampleur avec certaines relations de services gratuits. Peut-on y voir des véritables relations contractuelles ? Y a-t-il engagement ferme d'exécuter une prestation ? La réponse à toutes ces questions est particulièrement difficile, ce qui n'est pas sans compliquer davantage la distinction des deux ordres de responsabilités contractuelle et délictuelle.

En effet, consensualiste, le droit français des obligations permet en principe la formation d'un contrat du seul fait de l'accord des volontés. L'absence de toute matérialisation de cet accord n'empêche pas le juge de retenir la qualification contractuelle. De même, la gratuité de l'acte n'exclut pas l'existence d'un rapport contractuel[388]. Néanmoins, il faut nécessairement

---

[385] M. Espagnon, « Rapports entre responsabilité délictuelle et contractuelle. Généralités. Domaine des responsabilités délictuelle et contractuelle entre contractants », *op. cit.* p. 4.

[386] Sur le rôle du juge dans la rectification d'une action mal fondée, voir *infra* n°88 et s.

[387] À cet égard, il est possible d'entretenir des doutes quant à la qualification de situation contractuelle en matière de contrats forcés, pour lesquels on ne peut pas vraiment soutenir que l'une des parties soit toujours d'accord pour contracter mais pour qui la jurisprudence a pu retenir une responsabilité contractuelle pour appliquer la règle du non-cumul. On songe ici à la jurisprudence relative aux assistances éducatives. En effet, l'existence même d'un contrat entre le mineur et l'établissement est loin d'être évidente, l'établissement auquel est confié le mineur est choisi par décision de justice. Pourtant, la jurisprudence a retenu la qualification contractuelle. Une fois l'existence de ce contrat admise, le juge a fini par écarter l'application de la responsabilité délictuelle. Voir CA Pau 12 mars 1997, PA 25 juin 1999, n°126, p. 29, note N. Calatayud. La Cour de cassation, n'a pas, à juste tire, avalisé ce raisonnement. En fait, l'intervention judiciaire exclut toute notion de contrat entre la famille et le centre d'accueil. Les parents d'un enfant mineur confié en assistance éducative à un foyer par le juge, et victime des agissements d'un autre enfant, peuvent réclamer réparation des dommages subis à l'établissement d'accueil sur le seul fondement de l'art. 1384 al. 1 sans qu'on leur oppose la règle du non-cumul. Voir Civ. 2e, 9 déc. 1999, D. 2000, p. 713, note A.- M. Galliou-Scanvion ; Civ. 2e, 20 janv. 2000, D. 2000, p. 571, note Huyette.

[388] La loi envisage parfois l'existence de certains contrats gratuits, voir par exemple, la loi du 15 décembre 1922 et la loi du 8 août 1962 sur l'entraide agricole ; voir aussi La loi du 18 juin 1966, art. 24, al. 3 et 4 pour le transport maritime ou l'article 2 de la loi du 2 mars 1957 pour le transport aérien. L'absence de disposition légale expresse n'empêche pas l'existence d'une véritable

déceler une volonté ferme de s'engager qu'implique le contrat[389]. Cette volonté est-elle compatible avec l'intention de complaisance, de courtoisie et de désintéressement qui caractérisent l'acte bénévole ? À examiner la jurisprudence, la réponse pourrait être positive pour certains actes bénévoles. En effet, dans le but de faciliter la réparation des dommages subis à l'assistant, le juge invente la convention d'assistance bénévole[390], une technique qui va lui permettre de transférer la réparation sous l'égide de la responsabilité contractuelle. Ce faisant, il est rapidement piégé par l'application systématique de la règle du non-cumul, la convention d'assistance bénévole finit par devenir un obstacle à la réparation. Souvent taxé d'arbitraire et d'artifice, ce « fantôme de contrat »[391] a pu réussir à maintes reprises à barrer la route à l'application de la responsabilité délictuelle, même si cette dernière permet de réaliser une réparation plus satisfaisante. Ceci est d'autant plus grave que la jurisprudence ne propose pas de critères certains permettant de distinguer les actes bénévoles soumis au régime délictuel[392], des actes soumis au régime contractuel[393]. Les

---

relation contractuelle, ainsi, les soins gracieusement donnés au patient par un médecin n'ôtent pas à leur relation sa nature contractuelle. Voir Cass. civ., 18 janv. 1938, GP. 1938, 1, 314.

[389] P. Jourdain, obs. sous Civ. 2e, 26 janv. 1994, RTD civ. 1994, p. 864.

[390] Civ. 1re, 27 mai 1959, précité. En l'espèce, un cultivateur s'était blessé en prêtant main-forte à un camionneur embourbé ; la première Chambre civile avait relevé qu'il ressortait des faits souverainement constatés qu'une convention d'assistance bénévole était intervenue entre les parties ; que la convention impliquait pour l'assisté l'obligation de réparer les conséquences des dommages corporels subis par celui auquel il avait fait appel. Il semble que le recours à la responsabilité contractuelle est justifié par l'incapacité du régime délictuel à indemniser la victime. En effet, l'article 1382 était inapplicable pour absence de faute ; quant à l'article 1384, sa mise en oeuvre était rendue difficile par le fait que l'accident ne semblait pas avoir été directement causé par le camion.

[391] Ph. Malaurie, L. Aynès et P. Stoffel-Munck, Les obligations, précité, n°49. Plusieurs voix s'élèvent contre cette construction jurisprudentielle *adde* B. Fages, Le comportement du contractant, PUAM, 1997, p. 246-254 ; M. Douch, La notion de quasi-contrat en droit français, Economica, 1998, préf. A. Sériaux, n°114 et s. ; R. Bout, « La convention d'assistance », mél. Kayser, 1979, T. 1, p. 157 et s. ; H. Groutel, « De quelques méfaits de la convention d'assistance », Resp. civ. et assur, avril 1993, n°11 ; F. Stasiak, « Le fondement de la réparation du dommage résultant d'une assistance bénévole au regard des tendances actuels de la jurisprudence civile », PA 19 juillet 1996, n°87, p. 9 ; S. Hocquet Berg, « Remarques sur la prétendue convention d'assistance », GP. 1996, 1, doc. p. 32. ; M-F. Rubio, La convention d'assistance bénévole : critique d'un contrat solidaire, RRJ 2007, n°4, p. 1728 *Contra.* J. Huet, thèse précitée, n°113 ; A. Laude, La reconnaissance par le juge de l'existence d'un contrat, PUAM 1992, n°509. Cet auteur se montre favorable à une contractualisation d'ensemble des relations de complaisance, y compris le transport bénévole.

[392] Voir Civ. 2e, 22 juin 1955, D. 1956, somm, p. 48 ; Ch. Mixte 20 déc. 1968, D. 1969, p. 37, concl Schmelk ; RTD civ. 1969, p. 333, obs G. Durry ; Civ. 2e, 18 mars 1992, JCP G. 1992, IV, 1525 ; Civ. 1re, 6 avril 1994, RTD civ. 1994, p. 866, obs. P. Jourdain ; Civ. 2e, 26 janv. 1994, Resp. civ. et assur. 1994, comm. 114 ; RTD civ. 1994, p. 864, obs. P. Jourdain ; Civ. 2e, 21 mai 1997, JCP G 1997, IV, n°1471.

[393] Civ 1re, 27 mai 1959, D. 1959, p. 524, note R. Savatier ; Civ. 2e, 23 mai 1962, RTD civ. 1963, p. 327, obs. A. Tunc ; Civ. 1re, 15 mai 1984, RTD civ. 1985, p.389, obs. Huet ; Civ. 1re, 16 déc. 1986, D. 1987, IR, p. 25 ; Soc., 21 Juill. 1986, RTD civ. 1987, p. 534, obs. J. Mestre ; Soc., 14

hésitations, rappelant le feuilleton jurisprudentiel des actions directes[394], ne peuvent que désorienter les victimes. Ainsi, à une année d'intervalle et pour des faits similaires, la première Chambre civile préfère placer le débat sur le terrain contractuel[395], la deuxième Chambre[396], quant à elle, privilégie la responsabilité délictuelle. Le domaine de la convention d'assistance bénévole est pour le moins confus[397], de sorte qu'il est malaisé de fixer la frontière entre les deux responsabilités. Le choix du fondement de la responsabilité qu'il convient de mettre en œuvre est particulièrement ardu. Les plaideurs sont souvent désorientés par les tergiversations jurisprudentielles qui caractérisent la matière. En fait, on leur demande tout simplement d'être plus prévoyant que le droit lui-même, de faire un choix définitif alors que la jurisprudence n'a pas encore décidé de se décider.

b. L'hyperplasie de la responsabilité contractuelle

53. Une définition large de l'espace contractuel (a), ainsi que le relâchement du lien causal (b), ôte à la règle du non-cumul sa raison d'être. Basée sur une logique de suprématie et d'élimination[398], cette règle a empêché une cohabitation pacifique des deux ordres de responsabilités contractuelle et délictuelle. Justifiée ou non, la responsabilité contractuelle devrait évincer de plein droit la responsabilité délictuelle. Ceci étant, le conflit de voisinage ne cesse de s'envenimer, contribuant à la crise de la responsabilité civile

---

févr. 1963, JCP G 1964, II, 13611, note P. Esmein ; Civ. 1re, 27 janv. 1993, RTD civ. 1993, p. 584, obs. P. Jourdain ; Civ. 1re, 17 déc. 1996, RTD civ. 1997, p. 432, obs. P. Jourdain ; Civ. 1re, 16 déc 1997 et 13 janv. 1998, D. 1998, p. 580, note M. Viala ; Civ. 1re, 16 déc. 1997, Resp. civ. et assur. 1998, n°73 ; JCP G. 1998, I, 144, obs. G. Viney ; Civ. 1re, 16 juill. 1997, RTD civ. 1997, p. 944, obs. P. Jourdain ; D. 1998, p. 566, note F. Arhab ; Civ. 3e, 13 juill 1999, Resp. civ. et assur. 1999, comm. 316

[394] Voir *supra* n°49 et s.

[395] Civ. 1re, 27 janv. 1993, précité. Dans cette espèce, la victime aidait son frère à abattre un arbre situé dans sa propriété, elle fut blessée par la tronçonneuse utilisée par celui-ci. Après avoir versé à la victime diverses prestations, la caisse de sécurité exerça un recours contre l'assureur du frère sur le fondement de la garde de l'appareil. La Cour d'appel retient la responsabilité délictuelle de l'assuré fondée sur la garde. La Cour de cassation, constatant l'existence d'une convention d'assistance bénévole, retient la violation des articles 1382 et s. au motif que ces textes sont en principes inapplicables à l'inexécution d'un engagement contractuel.

[396] Civ. 2e, 26 janv. 1994, précité. Dans cette affaire, un employé municipal avait fait une chute alors qu'il élaguait gracieusement un arbre dans la propriété d'un tiers. La Cour de cassation retient la responsabilité délictuelle du propriétaire.

[397] D'autant plus que la jurisprudence a tendance à élargir le champ d'application de la convention d'assistance, en découvrant par exemple cette dernière annexée à un contrat d'entreprise, voir Civ. 1re, 16 juill. 1997, RTD civ. 1997, p. 944, obs. P. Jourdain ; D. 1998, p. 566, note F. Arhab, ou à essayer de nouveaux fondements, tels que la gestion d'affaires, voir Ch mixte 6 sept. 2002, JCP G. 2002, II, 1073, note S. Reifergerste.

[398] On a déjà vu, que dans sa conception théorique, la règle du non-cumul vise à évincer la responsabilité délictuelle du territoire contractuel.

α. L'extension abusive du domaine de la responsabilité contractuelle

54. L'amplification du contenu contractuel. L'existence d'un contrat entre l'auteur du dommage et la victime ne constitue pas à elle seule une condition suffisante pour que la responsabilité reçoive le label contractuel, encore faut-il que le dommage subi par l'un des contractants résulte de l'inexécution d'une obligation contractuelle[399]. Loin de limiter cette dernière aux obligations contractuelles explicitement voulues par les parties, le juge, s'appuyant sur l'article 1135 du Code civil[400], a pu découvrir tout un réseau d'obligations accessoires[401], dont l'obligation de sécurité est la forme la plus aboutie.

Découverte en 1911 en vue d'appliquer au contrat de transport un régime contractuel apparemment plus favorable aux victimes de dommages corporels que celui de la responsabilité délictuelle[402], l'obligation de sécurité connaît actuellement une expansion fulgurante de son domaine d'application. Emportée par le succès de son œuvre, la jurisprudence n'a pas hésité à l'ajouter dans une foule de contrats n'ayant qu'un rapport assez ténu avec la sécurité des personnes[403] ou celle des biens[404]. Le refus persisté de la Cour de cassation de l'enfermer dans quelques critères de qualification et les nombreux abus qui s'en sont suivis n'ont fait qu'accroître les tensions avec la responsabilité délictuelle. L'on ne manque pas aujourd'hui de rappeler que Josserand, « ce témoin du premier moment, a très exactement vu, dans le développement de l'obligation de sécurité, trois phénomènes liés : le gonflement artificiel du contrat, le refoulement de la responsabilité délictuelle, et la multiplication des conflits de frontière entre les deux ordres de responsabilités »[405]. En effet, on ne peut qu'être étonné par l'ampleur des incohérences qui caractérisent la matière. Évoluant dans le désordre le plus absolu, l'obligation de sécurité a perdu ses repères pour devenir une institution inaccessible, que la jurisprudence ajoute ici et supprime par là sans donner la moindre justification[406]. Ce faisant, le critère de distinction entre la responsabilité contractuelle et la responsabilité délictuelle se trouve gravement obscurci. Et si en 1956, P. Esmein redoutait une doctrine

---

399 M. Espagnon, « Rapports entre responsabilité délictuelle et contractuelle. Généralités. Domaine des responsabilités délictuelle et contractuelle entre contractants », *op. cit.* p. 16.

400 Selon lequel « Les conventions obligent non seulement à ce qui y est exprimé, mais encore à toutes les suites que l'équité, l'usage ou la loi donnent à l'obligation d'après sa nature ».

401 L. Josserand, « La personne humaine dans le commerce juridique », D. H. 1932, chron. p.1 ; « Le contrat dirigé », D. 1933, chron. p. 89 : « L'essor du concept contractuel », *in* mél. F. Gény 1977, p. 333 ; L. Leveneur, » Le forçage du contrat », *in* « Que reste-t-il de l'intangibilité du contrat? », Colloque organisé par la Faculté de droit de Chambéry, Dr. et patr., n°58, mars 1998, p. 69.

402 Voir *infra* n°301.

403 Voir *supra* n°44.

404 Voir *supra* n°44.

405 P. Rémy, « La responsabilité contractuelle, histoire d'un faux concept », *op. cit.*, p. 324, n°19.

406 C. Bloch, *op. cit.,* p. 60.

juridique qu'il ne pouvait pas « faire comprendre au justiciable »[407], plus d'un demi-siècle plus tard, rien ne semble changer. Comment justifier sinon que la Cour de cassation se soit récemment placée sur le terrain contractuel pour examiner la responsabilité d'un hôtelier due à l'organisation de son établissement[408], alors que si le même fait avait eu lieu dans un magasin, d'entrée libre ou non, il aurait donné lieu à la mise en œuvre de la responsabilité délictuelle ?[409] Incontrôlable, l'obligation de sécurité change de couleur et de territoire au gré des circonstances, « les reflux font place aux gains, les découvertes s'accompagnent d'assèchements »[410], le tout se fait sous le règne de l'intangible règle du non-cumul qui exige une qualification correcte de la responsabilité encourue.

55. Tentative de rationaliser le domaine de la responsabilité contractuelle. Consciente de l'ampleur de ses désordres, la jurisprudence a tenté de retracer le territoire des deux responsabilités. Après une forte période de contractualisation outrancière, les juges ont essayé de faire preuve de modération. Postérieurement à la « jurisprudence des magasins », qui a replacé les accidents corporels, dus au fonctionnement et à l'organisation, sous l'égide de la responsabilité délictuelle[411], l'arrêt Valverde[412] a marqué encore la volonté des juges de rétrécir le domaine de la responsabilité contractuelle. En effet, une conception particulièrement large de la sphère contractuelle conduisait à considérer que le contrat de transport commençait dès que le voyageur entrait dans l'enceinte d'une gare et s'achevait au moment où il la quittait. L'obligation

---

[407] P. Esmein, « La chute dans l'escalier », J. C. P. G. 1956, II, 1321.

[408] Civ. 1re, 17 fév. 2005, D. 2005, n°30, p. 2058, note C. Corgis- Bernard.

[409] La chute dans un magasin a donné lieu à des hésitations jurisprudentielles. En effet, assimilant « le client potentiel » au « client effectif », selon l'expression du doyen Carbonnier, *op. cit.*, p. 528, la jurisprudence n'a pas hésité à retenir la responsabilité de l'exploitant pour des faits dus au fonctionnement et à l'organisation de son magasin. Voir Trib. civ., 8 janv. 1940, GP 1940, 1, 217 ; CA de Paris, 1re ch. 30 juin 1958, GP. 1958, 1, 348 ; CA de Paris 1re ch., 9 janv. 1961, D. 1961, p. 153 ; Req., 13 nov. 1945, JCP 1946, II, 3040, note R. Rodière ; Civ. 1re, 20 déc. 1960, JCP G 1961, II, 12031, note A. Tunc. Sous l'influence d'une doctrine assez souvent critique, voir à titre d'exemple, J. Lacombe, « La responsabilité de l'exploitant d'un magasin à l'égard de ses clients », RTD civ. 1963, p. 243, la jurisprudence a replacé ces accidents dans le giron délictuel, voir Civ. 2e, 19 nov. 1964, RTD civ. 1965, p. 363, note R. Rodière ; CA Rouen 15 fév. 1972, D. 1972, IR. 119 ; Civ. 2e, 16 mai 1984, RTD civ. 1985, p. 585, obs. J. Huet ; Civ. 2e, 5 juin 1991, GP. 1993, 2, p. 209, note P. Jourdain ; JCP G. 1992, I, 3572, obs. G. Viney ; après avoir laissé entendre que cette solution se limite à l'hypothèse des magasins à entrée libre, la jurisprudence a abandonné cette restriction, la raison d'écarter la responsabilité contractuelle tient à l'absence d'obligation contractuelle dont l'inexécution eût pu causer le dommage, voir Civ. 1re, 29 mai 1996, RTD civ. 1997, n°1, p. 140, obs. P. Jourdain.

[410] C. Block, *op. cit.*, p. 60.

[411] Voir les arrêts cités à la note n°409.

[412] Civ. 1re, 7 mars 1989, D. 1991, p. 2, note P. Malaurie ; RTD 1989, p. 548, obs. P. Jourdain ; C. Mascala, « Le déraillement de l'obligation de sécurité », D. 1991, chron., p. 80 ; H. Groutel, « Vers un chambardement de l'obligation de sécurité dans les contrats », Resp. civ. et assur. déc 1998, hors série, chron. n°85.

de sécurité était rattachée au contrat alors que l'exécution n'avait pas encore commencé ou avait pris fin[413]. De ce fait, les situations limitrophes au contrat de transport proprement dit étaient prises en charge par la responsabilité contractuelle. La situation des voyageurs dans l'enceinte de la gare se trouvait ainsi fragilisée. L'obligation de sécurité dont ils bénéficiaient n'est que de moyens[414]. Les tiers, voire les voyageurs en situation irrégulière, bénéficient pour un dommage identique d'un régime plus favorable, celui de la responsabilité délictuelle du fait des choses[415]. Avec la jurisprudence Valverde, la Cour de cassation réduit sensiblement le domaine de la responsabilité contractuelle. Désormais, cette dernière serait retenue uniquement pendant le transport proprement dit, en dehors, la responsabilité ne peut être que délictuelle. La tension entre les deux ordres est alors apaisée, non pas par une option accordée à la victime entre la responsabilité contractuelle et la responsabilité délictuelle, mais par un certain retrait de l'obligation de sécurité du territoire contractuel. Manifestement, la doctrine semble favorable à cette solution. Plusieurs auteurs ont salué « la fin du fractionnement »[416] de l'obligation de sécurité et « la disparition d'un artifice »[417].

56. Solution limitée. Ce recentrage de la responsabilité contractuelle a paru un temps préoccuper la Cour de cassation. Peu de temps après l'arrêt Valverde, elle décidait que la responsabilité d'un établissement de soins est délictuelle quant aux dommages subis par les clients hors des actes médicaux[418]. Mais chassez l'obligation de sécurité par une porte, elle surgit par une autre. La jurisprudence a continué à appliquer la responsabilité contractuelle dans diverses hypothèses, notamment pour les accidents survenus dans les locaux qui étaient sans véritable rapport avec l'exécution du contrat. C'est le cas des restaurateurs[419], des hôteliers[420] qui restent tenus à une obligation de moyens quant à l'aménagement de leurs locaux. Le même tronçonnement subsiste dans

---

[413] La jurisprudence a considéré pendant longtemps qu'un accident qui avait lieu dans le hall, sur le quai ou dans les passages souterrains de la gare relevait de la responsabilité contractuelle. Voir à titre d'exemple, Civ. 1re, 17 mai 1961, JCP G 1961, II, 12217 bis, note R. Rodière.

[414] Civ. 1re, 1 juill 1969, D. 1969, p. 641, note G. C. M. ; JCP 1969, 16091, concl. R. Lindon ; GP. 1969, 2, 154 ; Civ. 1re, 27 juill. 1970, RTD civ. 1971, p. 163, obs G. Durry.

[415] Civ. 2e, 5 oct. 1988, Resp. civ. et assur. 1988, comm. 98, H. Groutel. La Cour de cassation, refusant de faire de la situation irrégulière une cause d'indignité sur le terrain de la responsabilité civile, fait bénéficier la victime de la présomption de l'article 1384 du Code civil.

[416] C. Mascala, « Les accidents de gare, le déraillement de l'obligation de sécurité », précité, p. 81.

[417] *Ibid.*

[418] Civ. 2e, 10 janv. 1990, RTD civ. 1990, p. 481, obs. P. Jourdain. Avant cet arrêt, la jurisprudence préférait placer le débat sur le terrain contractuel, voir Civ. 1re, 30 oct. 1962, D. 1963, p. 57 note Esmein ; JCP 1962, II, 12924, note R. Savatier ; GP. 1963, 1, 95 ; RTD civ. 1963, p. 329, obs. A. Tunc.

[419] Civ. 1re, 1èr juill. 2003, Resp. Assur. oct 2003, comm. 252, obs. H. Groutel.

[420] C. A Paris 17 ch. A, 11 juin 2001, Resp. civ. et assur. 2001, comm. 279, note L. Grynbaum ; Cass. civ. 1re, 22 mai 1991, p. 757, obs. P. Jourdain.

les conventions passées avec les exploitants de remontées mécaniques. Si l'accident survient pendant le jeu, la responsabilité est contractuelle pour manquement à une obligation de résultat ; s'il surgit avant ou après le jeu, l'obligation de sécurité est uniquement de moyens[421]. Et même en matière de transport, l'arrêt Valverde ne semble pas faire autorité. Si durant le vol, la responsabilité contractuelle est retenue sur la base d'une obligation de résultat, pendant, les escales la victime n'est créancière que d'une obligation de moyens[422]. La jurisprudence Valverde ne doit pas être surestimée. La distinction entre la responsabilité contractuelle et la responsabilité délictuelle repose selon cet arrêt sur un critère temporel. Avant l'exécution du contrat, la responsabilité est délictuelle ; pendant l'exécution, elle est contractuelle. Or, ce critère chronologique n'est ni toujours aisé à mettre en œuvre[423], ni tout à fait orthodoxe pour distinguer ce qui relève de la responsabilité délictuelle de ce qui relève de la responsabilité contractuelle[424]. Il est très délicat dans ces conditions de départager les deux ordres de responsabilités. La jurisprudence Valverde et celle des magasins essaient d'apaiser le conflit de voisinage entre les deux responsabilités, mais la méthode adaptée laisse planer des doutes, d'autant plus que les juges ne sont pas allés au bout de leurs raisonnements. En effet, la délictualisation, quoique partielle, de l'obligation de sécurité, nécessite souvent une qualification exacte de la responsabilité encourue et oblige toujours les plaideurs à effectuer un choix entre les deux voies de réparation, ce qui risque d'engendrer de nouveaux contentieux de frontière. Il faut reconnaître que l'on est encore loin de l'éclaircie souhaitée et que la casuistique reste dans ce domaine de règne.

57. Le paradoxe de la règle de non-cumul. L'application de la règle du non-cumul tombe dans ce contexte dans un double paradoxe. D'abord, elle exige la détermination correcte du fondement de l'action en responsabilité. Or, face à cette « loterie jurisprudentielle », la victime ne peut que « miser » sur le choix du juge ! Ensuite, elle vise, affirme-t-on, dans sa philosophie profonde, à protéger le domaine de la responsabilité contractuelle contre l'ingérence

---

[421] Civ. 1re, 4 nov. 1992, RTD civ. 1993, p. 364, note P. Jourdain ; Civ. 1re, 1 Juill. 1995, D. 1997, somm. Comm. 1997, p. 191, note J. Mouly ; JCP. G. 1996, II, 22620, note G. Paisant et Ph. Brun ; Civ. 1re, 10 mars 1998, D. 1998, p. 505, J. Mouly ; Civ. 1re, 15 juill. 1999, juris - data n°00303077 ; Civ. 1re, 11 juin 2002, JCP. G. 2003, I, 152, obs. G. Viney ; CA de Chambéry, 13 oct. 2004, GP. fév. 2005, j., p. 489, note T. Rey.

[422] Civ. 1re, 15 juill 1999, RTD civ. 1999, n°4, p. 844, obs. P. Jourdain ; D. 2000, p. 283, note S. Pech-Le Gac.

[423] Que décider par exemple si un accident survient au cours d'une correspondance ? Faut-il considérer que le contrat est interrompu et appliquer la responsabilité délictuelle ou faut-il considérer que la correspondance est attachée à l'opération du transport elle-même ? La doctrine est divisée. R. Nérac-Croisier propose l'application d'une obligation de résultat atténuée, voir « Soliloque sur la responsabilité du transporteur des personnes », D. 1995, chron., p. 37 ; S. Pech-Le Gac, propose, quant à elle, l'application d'une obligation de résultat à l'ensemble de l'opération de transport, peu importe le moment de survenance du dommage, *op. cit*, p. 285.

[424] E. Bramat, *op. cit.*, p. 75.

délictuelle. Or, ce domaine n'est rattaché au contrat que par une fiction juridique. En instituant une dette contractuelle de sécurité, la jurisprudence empiète sur le domaine de la responsabilité délictuelle. Comment, dès lors, pourrait-on revendiquer l'exclusivité ? En brisant ainsi la frontière qui séparait les deux responsabilités, la haute juridiction a fait perdre toute légitimité à l'application de la règle du non-cumul. L'obligation de sécurité entre en pleine concurrence avec le devoir général de ne pas porter atteinte à l'intégrité corporelle d'autrui. Or, « aucune obligation contractuelle n'a jamais poussé aussi loin la confusion entre la responsabilité contractuelle et la responsabilité délictuelle »[425].

Ceci est d'autant plus navrant que la logique exclusiviste de la règle du non-cumul a détourné l'obligation de sécurité de sa fonction originaire. Créée dans le but d'améliorer la situation des victimes du dommage corporel, à une époque où la responsabilité délictuelle objective cherchait encore son fil d'Ariane, cette obligation a perdu aujourd'hui beaucoup de sa légitimité. Égocentrique, elle semble ignorer l'aptitude de la responsabilité délictuelle à assurer elle aussi une réparation aussi complète qu'équitable. Impériale, sa prorogation est allée de pair avec la généralisation des obligations de moyens, souvent nuisibles aux victimes. La coalition entre la règle du non-cumul et l'obligation de sécurité de moyens a complètement perverti la notion même de l'obligation de sécurité. Chaque fois que le juge veut écarter l'application de la responsabilité délictuelle jugée trop protectrice, il se sert de la règle du non-cumul comme alibi pour imposer une obligation de sécurité de moyens. On comprend dès lors pourquoi chaque conquête de l'obligation de sécurité se traduit systématiquement par un recul de la responsabilité délictuelle. On est loin de l'objectif annoncé de la règle du non-cumul, qui est essentiellement de préserver le domaine particulier de la responsabilité contractuelle contre l'invasion délictuelle. C'est paradoxalement le contraire qui est vrai ; c'est la responsabilité délictuelle qui souffre incessamment de l'amputation de son domaine d'application. Cela est d'autant plus vrai que la jurisprudence se montre parfois laxiste dans l'examen du lien de causalité en matière contractuelle.

β. Le relâchement du lien causal

58. Une responsabilité contractuelle abusivement retenue. L'existence d'une relation contractuelle suffit dans la conception jurisprudentielle du non-cumul à éclipser la responsabilité délictuelle. Les juges se contentent parfois de relever que le dommage survient au cours de l'exécution du contrat pour retenir la responsabilité contractuelle, sans chercher réellement si le dommage se rattache causalement à l'inexécution d'une obligation contractuelle souscrite au contrat[426]. Ainsi, l'existence d'un contrat d'entreprise prive le maître d'ouvrage,

---

425 J. Bellissent, *op. cit.*, n°590.

426 Pourtant, classiquement, on exige que le dommage se rattache causalement à l'inexécution d'une obligation contractuelle pour que la responsabilité soit contractuelle. Ainsi, par exemple, le

au nom de la règle du non-cumul, de tout recours délictuel, même si le dommage affecte une chose qui ne fait pas l'objet du contrat[427]. De même, l'existence d'un bail empêche le locataire de se prévaloir contre le propriétaire de toute responsabilité délictuelle même si le dommage subi ne se rattache pas causalement à une obligation de jouissance due par le bailleur[428].

---

vendeur d'une automobile qui cause un dommage à un acheteur à l'occasion d'un accident totalement indépendant de la vente du véhicule encourt une responsabilité uniquement délictuelle. Voir M. Espagnon, « Rapports entre responsabilité délictuelle et contractuelle. Généralités. Domaine des responsabilités délictuelle et contractuelle entre contractants », *op. cit.* p. 4. La simplicité des exemples cités par la doctrine cache en réalité un contentieux plus compliqué. À maintes reprises, les juges semblent méconnaître cette règle élémentaire pour retenir une responsabilité contractuelle alors que le lien entre le dommage et l'inexécution d'une obligation contractuelle est des plus ténus.

[427] Voir, Civ. 2e, 26 mai 1992, Bull. civ. 1992, II, 75, p. 154 ; JCPG 1992, I, 3625, obs. G. Viney ; RTD civ. 1992, p. 767, obs. P. Jourdain ; C. Lapoyade-Deschamps, Responsabilité contractuelle ou responsabilité délictuelle, Plaidoyer pour un retour aux sources, Resp. civ. et assur. 1992, chron. 33. En l'espèce, le maître de l'ouvrage avait confié à une entreprise la charge de la novation du chauffage central d'un pavillon. Pendant les travaux de restauration, un incendie se déclara et détruisit l'automobile du maître de l'ouvrage, garée près du chantier. L'action exercée contre l'entrepreneur fut accueillie sur le fondement de l'article 1384, alinéa 1er, mais l'arrêt fut cassé au motif que les dispositions de l'article 1384, al.1, sont « étrangères aux rapports parties contractantes » et que le juge ne peut faire abstraction de la convention pour apprécier la responsabilité engagée. Voir dans le même sens, Civ. 3e, 8 juill. 1998, RTD civ. 1998, p. 909, obs. P. Jourdain.

[428] Civ. 3e, 10 nov. 1998, Resp. civ. assur. janv. 1999, comm. n°3. En l'espèce, une société avait loué les locaux à une autre qui avait par ailleurs fait acquisition de terrains sur un fonds voisin pour y entreprendre une opération de promotion immobilière. Se plaignant de troubles de jouissance dus aux travaux de construction, la locataire avait demandé réparation à la bailleresse sur le fondement de l'article 1384 du Code civil. Son action fut accueillie par la Cour d'appel. Mais l'arrêt a été cassé au motif que « (...) viole l'article 1147 du Code civil, la Cour d'appel qui condamne le propriétaire d'un immeuble sur le fondement de la responsabilité délictuelle, alors qu'*elle retient l'existence d'un bail entre les parties* (nous soulignons) ». Cet arrêt marque encore une fois un certain relâchement dans l'appréciation du lien causal. En invoquant l'article 1719 relatif à l'obligation de jouissance paisible, la Cour de cassation semble rattacher le dommage dont se plaignait la locataire à l'inexécution d'une obligation contractuelle. Cette solution est critiquable, les troubles provenaient en effet d'un fonds voisin de celui qui était loué. Certes ce fonds appartenait au bailleur, mais il s'agit là d'une circonstance purement occasionnelle. Le fait du bailleur pourrait être facilement assimilé à celui d'un tiers, la responsabilité pourrait être recherchée sur le terrain délictuel. Voir dans le même sens Civ. 3e, 14 mai 1997, Resp. civ. assur. 1998, n°289 ; RTD civ. 1998, p. 111, note P. Jourdain. Deux époux, propriétaires d'un immeuble, avaient loué une société de locaux à usage commercial au rez-de-chaussée alors qu'ils habitaient l'appartement situé au-dessus. Les lieux loués ont été endommagés à la suite d'infiltrations d'eau en provenance de l'appartement des bailleurs. Pour échapper à une clause incluse dans le contrat de bail selon laquelle la locataire renonçait à tout recours en responsabilité par suite de fuites ou d'infiltrations d'eau, la demanderesse fait recours à l'article 1384, al. 1, du Code civil. La Cour d'appel a accueilli favorablement cette demande, mais L'arrêt est cassé au visa de l'article 1147. L'existence d'un bail s'oppose à l'admission de la responsabilité délictuelle. Sans doute les auteurs des dommages étaient les contractants de la victime, mais cette circonstance semble tout à fait fortuite. Le même dommage aurait pu être causé par des tiers si les bailleurs n'avaient pas habité au-dessus de leur locataire. La contractualisation de la responsabilité semble là encore être

Cette application rigoureuse de la règle du non-cumul n'est guère justifiable. L'existence d'un rapport contractuel n'exclut pas le caractère délictuel de la responsabilité de l'une des parties envers l'autre. Les articles 1382 et suivants peuvent parfaitement, et même sans heurter la règle du non-cumul, s'appliquer lorsque le dommage est extérieur au contrat. Ce dernier peut se mêler fortuitement dans des circonstances dommageables, sans que la responsabilité soit nécessairement contractuelle. Admettre le contraire équivaut à réduire la causalité juridique à une causalité matérielle[429]. Il ne suffit pas en effet de déceler un rapport quelconque avec le contrat, même lointain, pour décider la nature contractuelle de la responsabilité et écarter les règles délictuelles. Cette manière de dessiner les frontières entre la responsabilité contractuelle et la responsabilité délictuelle laisse la porte ouverte à tous les déboires. Elle favorise la domination de l'ordre contractuel au détriment de l'ordre délictuel et surtout elle crée une inégalité injustifiée entre les victimes.

2. La règle du non-cumul : source d'injustice

59. Inégalité entre les victimes. Accentuant les inconvénients d'une qualification contractuelle, déjà abusivement retenue, la règle du non-cumul devient une source d'injustice pour les victimes. À force de trop vouloir sauvegarder le principe théorique de distinction, les juges ont fini par altérer la logique de toutes les techniques imaginées en faveur de la victime.

L'exemple de l'obligation de sécurité est particulièrement illustratif. Initialement conçue comme une obligation indemnitaire, procédant d'un sentiment de compassion des juges à l'égard des victimes de dommages subis à l'occasion de l'exécution défectueuse d'un contrat, l'obligation de sécurité changea rapidement de visage. Associée avec la règle du non-cumul, elle se mua en un mécanisme de privation pour des victimes qui eussent été mieux protégées par l'article 1384 du Code civil. En effet, la création des obligations de sécurité, qualifiées assez souvent de moyens, prive les victimes des bienfaits de la responsabilité délictuelle du fait des choses.

Cette injustice est d'autant plus flagrante que les tierces victimes bénéficieront quant à elles de la possibilité de se placer sur le terrain délictuel. Elles seront ainsi mieux traitées que les contractants victimes prétendus, pourtant créanciers de l'obligation de sécurité. La suprématie de la responsabilité contractuelle assurée par la règle du non-cumul perd beaucoup de sa légitimité. À maintes reprises, la qualité du contractant est fortuite ; le tiers,

---

le fruit d'une conception particulièrement souple du lien de causalité, ce qui n'est pas sans altérer l'application de la règle du non-cumul. Voir encore, dans le même sens Civ. 3e, 5 juin 2002, RCA oct. 2002, n°281.

[429] Sur le rapport entre le relâchement du lien de causalité et la règle du non-cumul, voir F Rouvière, Le contenu du contrat : Essai sur la notion d'inexécution, P. U Aix Marseille III, 2005, préface Ch. Atias, deuxième partie.

se trouvant dans la même situation, aurait pu se prévaloir de l'article 1384 du Code civil[430]. Les victimes, qu'elles soient contractantes ou tiers, sont toutes égales dans la détresse. Comment peut-on dès lors admettre que certaines soient moins bien traitées que d'autres ?[431]

Mais le détournement de l'obligation de sécurité est loin d'être un exemple isolé. L'action directe suit le même schéma. Devenant exclusive, elle a rapidement perdu son caractère de faveur. Bénéficier de ce « secours » jurisprudentiel réduit sensiblement les chances de réparation. Les non-bénéficiaires de cette grâce jurisprudentielle auront un sort plus envieux. La convention d'assistance bénévole n'échappe pas elle aussi à ce destin. À force d'ignorer les constructions juridiques parallèles, la règle du non-cumul rend la distinction entre la responsabilité contractuelle et la responsabilité délictuelle fort arbitraire. La séparation étanche des deux ordres de responsabilités aboutit à des résultats déconcertants. Les chances de réparation deviennent ainsi aléatoires et surtout discriminatoires.

Conclusion de la première section

60. La rigidité de la règle du non-cumul en droit français. Fonctions communes, domaines enchevêtrés : depuis le compromis de Brun[432], on ne cesse aujourd'hui de relever le rapprochement effectué entre la responsabilité contractuelle et la responsabilité délictuelle. Toutefois, « contre vents et marées »[433], la jurisprudence a dressé une muraille autour de la responsabilité contractuelle. « Les privilèges du sang »[434] ont cédé le pas à une séparation hermétique. Le respect du principe de la distinction légitime pour le droit français l'interdiction de l'option. Pourtant cette justification, annoncée depuis le temps des dualistes classiques, sans être réellement démontrée, se trouve

---

[430] L'arrêt de la Cour de cassation du 24 nov. 1993 offre un exemple illustratif. En l'espèce, une personne construit elle-même un bateau. Pour le placer sur sa quille, elle s'adresse à une entreprise de manutention laquelle envoie sur les lieux un camion-grue conduit par l'un de ses préposés. Le propriétaire du bateau assistait à la manœuvre. Au cours de celle-ci, la quille bascule, à la suite de la rupture d'un étai qui s'est dessoudé, et blesse le propriétaire. Ce dernier assigna l'entreprise sur le fondement de l'article 1384 al. 1 du Code civil. Sa demande fut rejetée au motif que celle-ci ne pouvait être fondée sur la responsabilité délictuelle. La victime est créancière d'une obligation de sécurité qui n'est que de moyens. Or, si elle avait été un tiers, assistant dans les mêmes conditions à la manœuvre effectuée par le débiteur et subissant un préjudice corporel, elle aurait pu être indemnisée sur le fondement de la responsabilité délictuelle. Voir H. Groutel, « L'impérialisme de l'obligation de sécurité », Resp. civ. et assur., fév. 1994, chron. n°6.

[431] T. Hassler, le point sur l'obligation de sécurité, *op. cit.*, p. 17.

[432] Thèse précitée.

[433] C. Lapoyade Deschamps, Responsabilité contractuelle ou responsabilité délictuelle, Plaidoyer pour un retour aux sources, RCA 1992, chron. 33.

[434] J. Huet, thèse précitée, p. 3.

aujourd'hui incapable d'expliquer le maintien de la règle du non-cumul en droit français.

Loin d'être séculaire, la règle du non-cumul systématisée par jurisprudence dans les années 1950[435] donne l'impression que la distinction entre la responsabilité contractuelle et la responsabilité délictuelle est nette et tranchée. Or, en réalité, les hypothèses pratiques sont beaucoup plus nuancées. L'interdiction systématique de l'option dans ce contexte entraîne des illogismes et des iniquités choquantes. Les règles applicables au litige sont souvent soumises aux caprices du hasard. À maintes reprises, les contractants se trouvent objectivement dans la même situation que les tiers ; les traiter différemment est dépourvu de toute justification.

61. Proposition doctrinale en faveur de la suppression de la responsabilité contractuelle et le maintien de la règle du non-cumul. C'est pour lui restaurer sa légitimité perdue que certaines voix autorisées se sont élevées contre la fonction réparatrice de la responsabilité contractuelle[436]. En réduisant cette dernière à une simple mesure d'exécution, il devient tout à fait compréhensible de la protéger contre l'intrusion délictuelle. Le remède est sans doute radical. Rompre avec deux siècles de raisonnements juridiques peut cependant paraître impraticable, la responsabilité contractuelle, appliquée quasi universellement, a acquis une certaine légitimité et surtout elle trouve son appui dans les articles 1146 et suivants du Code civil. Au lieu de déloger la responsabilité contractuelle, n'est-il pas plus opportun d'assouplir cette règle typiquement française du non-cumul ?

62. Pour un maniement souple de la distinction entre la responsabilité contractuelle et la responsabilité délictuelle. La distinction entre la responsabilité contractuelle et la responsabilité délictuelle effectuée par le Code n'est aucunement une raison pour en déduire le caractère exclusif de l'une ou de l'autre. Cette manière cartésienne de concevoir les rapports entre les deux ordres ne fait qu'aggraver le conflit de frontière. Les systèmes dualistes peuvent parfaitement s'accoutumer de l'autorisation de l'option, ce maniement pragmatique de la distinction permet d'apaiser la tension entre la responsabilité contractuelle et la responsabilité délictuelle. Telle semble être les nouvelles orientations de la jurisprudence tunisienne.

---

[435] Voir *supra* n°23 et s.

[436] Voir *supra* n°42 et s.

Section 2 : L'option et la porosité de la distinction en droit tunisien

63. Reconnue par le Code civil français et appliquée constamment par la jurisprudence française, la distinction entre la responsabilité contractuelle et la responsabilité délictuelle n'est également pas ignorée par le droit tunisien (§1). La méthodologie adoptée semble à première vue si identique que l'on imagine mal comment les interprétations juridiques pourraient différer. Cependant, l'examen des deux systèmes montre qu'ils sont loin de converger. Si le droit français, quoique d'une manière critiquable, a tranché nettement en faveur du non-cumul, la jurisprudence tunisienne, malgré quelques hésitations, semble s'orienter vers la reconnaissance de l'option entre l'ordre contractuel et l'ordre délictuel (§2).

§ 1. La réception du principe de la distinction entre la responsabilité contractuelle et la responsabilité délictuelle en droit tunisien

64. Tout comme le Code civil, le Code des obligations et des contrats a consacré le principe de la distinction entre la responsabilité contractuelle et la responsabilité délictuelle. Cependant, cette distinction n'est pas perçue de la même manière qu'en droit français (B.). La raison nous semble résider dans la place réservée à la responsabilité contractuelle en droit tunisien, car même si son caractère réparatoire est largement reconnu (A), elle est loin de connaître une hypertrophie similaire à celle du droit français.

A. L'affirmation du caractère réparatoire de la responsabilité contractuelle en droit tunisien

65. Les rédacteurs du Code des obligations et des contrats, comme ceux du Code civil, ont réglementé les deux ordres de responsabilités dans des chapitres différents. Ils leur ont consacré des articles différents et leur ont connu des sources différentes. Néanmoins, ressemblance ne veut pas dire similitude parfaite. À cet égard, une première différence notoire apparaît sur un plan purement formel. En effet, si la responsabilité délictuelle en droit tunisien[437], comme en droit français, est réglementée dans le cadre des sources des obligations, la responsabilité contractuelle, regroupée dans une section relative aux effets des obligations dans le Code civil, se trouve éparpillée dans le nôtre.

[437] Voir les articles 82 à 115 du Code des obligations et des contrats.

Certes, certaines dispositions, telles que l'article 244 relatif aux clauses de non-responsabilité et l'article 245 relatif à la responsabilité contractuelle du fait d'autrui, sont réglementées dans le cadre des effets des obligations. Néanmoins, la plupart des dispositions relatives à la responsabilité contractuelle, à savoir les articles 268 et suivants, sont situées principalement dans une section relative à la demeure du débiteur et noyées au sein de dispositions dont l'objet est plus vaste, puisqu'elles traitent plus généralement des sanctions de l'inexécution. On comprend alors pourquoi le débat relatif à l'opposition entre la responsabilité contractuelle, simple effet du contrat et la responsabilité délictuelle source d'obligation, avec les conséquences à tirer sur la fonction réparatrice de la responsabilité contractuelle,[438] est particulièrement ignoré en droit tunisien. L'emplacement de l'action en dommages et intérêts contractuels dans le cadre d'une section relative à la demeure du débiteur laisse toutefois l'interprète perplexe. La responsabilité contractuelle serait-elle due uniquement en cas de retard en droit tunisien ? Le législateur privilégie-t-il cette forme d'inexécution au détriment des autres formes ? Quelle conclusion devrait-on tirer de cette réglementation ? Plus profondément, quelle conception de responsabilité contractuelle a influencé législateur ? D'aucuns ignorent aujourd'hui que le Code des obligations et des contrats est loin d'être une simple transposition du Code civil français. Aux aveux de Santillana[439], le rapporteur de la commission chargée de codifier la législation civile, le législateur voulait établir une synthèse entre le droit musulman et les différents systèmes européens. Et effectivement, les renvois faits pour chaque article du projet préliminaire de Code civil et commercial de 1897, comme l'avant-projet de Code civil et commercial de 1899, de ce qui devait être promulgué le 15 décembre 1906, « Code des obligations et des contrats », révèlent qu'un emprunt important a été fait au droit musulman, au Code civil italien de 1865, au Code fédéral suisse des obligations de 1881, aux projets précédant l'élaboration du Code allemand de 1900 et au Code de commerce italien de 1882. Les textes relatifs à la responsabilité contractuelle n'ont pas échappé à cette règle ce qui rend son étude particulièrement digne d'intérêt. Si l'impact du droit musulman semble se réduire à quelques détails[440], deux systèmes semblent avoir influencé le

[438] Voir *supra* n°23 et s.

[439] Voir D. Santillana, « Avant-propos sur l'avant-projet du Code civil et commercial tunisien », Tunis 1899 *adde* N. Ben Ammou, « L'avant-propos de l'avant-projet de Code civil et commercial tunisien (commentaires d'un indigène décolonisé sur l'œuvre d'un orientaliste faisant fonction de législateur) », *in* Livre du centenaire du Code des obligations et des contrats, CPU 2006, p. 65 ; F. Belknani, « Code des obligations et des contrats et la codification », *op. cit.* p. 5.

[440] Voir à titre d'exemple, l'article 270 de l'avant-projet relatif à la responsabilité contractuelle du fait d'autrui fait renvoi au droit musulman ; l'article 296 de l'avant-projet fait référence au droit musulman quant à la dispense de la mise en demeure. L'article 302 de l'avant-projet relatif aux obligations de faire fait renvoi au droit musulman. Ce dernier semble privilégier l'exécution en nature par rapport à la réparation pécuniaire, voir L. Milliot, Introduction à l'étude de droit musulman, Sirey 1953, p. 200 ; Ch. Chehata, Théorie générale de l'obligation en droit musulman,

législateur tunisien dans la réglementation de la responsabilité contractuelle, le droit français d'une part[441] et le droit allemand d'autre part[442]. Deux conceptions *a priori* opposées, puisque si le premier opère avec la notion générale de l'inexécution en tant qu'écart avec la satisfaction promise, sans mentionner les formes individuelles par lesquelles on peut aboutir à cet état de chose, le second semble limiter la responsabilité contractuelle à deux hypothèses, celle de la demeure et celle de l'impossibilité d'exécution[443]. Comment le législateur a-t-il pu concilier ces deux systèmes ? En droit tunisien, une première lecture est proposée par la thèse de M. Chaffai[444] (1). Néanmoins, aussi séduisants qu'ils soient, les arguments déployés par l'auteur ne forcent pas l'adhésion (2).

1. Exposé de la thèse de M. Chaffai

66. Le Code des obligations et des contrats réglemente deux formes de responsabilité contractuelle. En prenant le soin de réglementer le retard spécialement, dans une section intitulée « de la demeure du débiteur », le législateur tunisien semble, selon M. Chaffai, y voir un certain particularisme par rapport à toute autre inexécution. L'auteur irait jusqu'à déduire que le législateur néglige les autres formes d'inexécution et « n'a réellement réglementé que l'hypothèse du demeure du débiteur »[445]. L'inexécution tardive étant toujours une inexécution provisoire qui suppose la possibilité de l'exécution ultérieure[446], elle justifie dès lors la mise en œuvre des sanctions particulières. Le contrat doit être maintenu jusqu'à ce que son exécution

---

Sirey 1969, n°50 ; Études de droit musulman, PUF 1971, p. 15 et s. ; Études de droit musulman, 2) la notion de la responsabilité contractuelle, PUF, Paris 1973, p. 59 *adde*. Essai d'une théorie générale de l'obligation en droit musulman, Dalloz 2005 ; Ch. Raymond, Le droit musulman, 6e éd. Coll. Que sais-je ?, PUF 1981, n°170 ; M. Ben Ali Nfissi, L'exécution forcée de l'obligation de faire, mémoire de DEA (en arabe), Faculté de droit et des sciences politiques de Tunis I, 1989, p. 17.

[441] Voir par exemple l'article 270 de l'avant-projet du Code civil et commercial, devenu l'article 245 du COC qui consacre la responsabilité contractuelle du fait d'autrui. L'avant-projet fait renvoi à l'article 278 allemand ; voir aussi l'article 296 de l'avant-projet relatif à la mise en demeure, devenu l'article 269 du COC, qui fait renvoi à l'article 284 allemand.

[442] Voir surtout l'article 302 de l'avant-projet, devenu l'article 275 du COC, qui fait renvoi aux articles 1142 et 1144 français pour la sanction des obligations de faire ; l'article 303 de l'avant-projet renvoie lui aussi aux articles 1143 et 1144 du Code civil français pour les obligations de ne pas faire. Voir surtout l'article 304 de l'avant-projet devenu l'article 277 du COC qui fait renvoi à l'article 1147 du Code civil français.

[443] J. Constantinesco, Inexécution et faute contractuelle en droit comparé (droit français, allemand, anglais), Institut de droit européen, 1960, p. 49 et s. ; F. Ferrand., Droit privé allemand, 1re éd., précis Dalloz, 1997, p. 57 et s.

[444] M. Chaffai, La demeure du débiteur dans l'exécution du contrat, thèse, faculté de droit et des sciences politiques et économiques de Tunis, 1984.

[445] *Ibid.*

[446] *Op. cit.*, p. 154.

devienne impossible[447]. La priorité est donnée à l'exécution en nature[448] par rapport aux autres sanctions. La responsabilité contractuelle pour demeure du débiteur est, elle aussi, particulière et se distingue de la responsabilité contractuelle encourue pour toute autre forme d'inexécution. Et elle est particulièrement originale en ce qui concerne les obligations portant sur une somme d'argent[449]. En effet, contrairement au droit commun qui exige la preuve d'un dommage, le créancier n'a pas à prouver l'existence d'un préjudice pour avoir droit à des dommages et intérêts moratoires[450]. De même, ce préjudice n'est pris en considération qu'à partir de l'interpellation que le créancier est ainsi obligé d'adresser à son débiteur. Or, conformément à l'article 269 du Code des obligations et des contrats, la mise en demeure n'est due que pour les obligations qui ne sont pas à terme. Mais la responsabilité du débiteur en demeure se distingue surtout du droit commun par le fait qu'elle est retenue même pour impossibilité fortuite d'exécution[451].

2. Appréciation critique

67. Le particularisme réduit de la responsabilité contractuelle du débiteur en demeure. La thèse de M. Chaffai semble être axée sur une idée centrale, la priorité de l'exécution en nature sur toutes les autres sanctions de l'inexécution de l'obligation contractuelle. Cette priorité trouve sa légitimité

---

[447] L'auteur prend parti du débat qui a agité la doctrine tunisienne sur l'option entre l'action en résolution et l'action en exécution forcée. En effet, une partie de la doctrine, systématisée dans la thèse de M. Chaffai soutient que l'action en résolution n'est envisageable que lorsque l'exécution en nature devient impossible. Voir dans la même filiation, M. Zine, La théorie générale des obligations, Le contrat, n°397 et s. ; N. Ben Ammou, note sous Cass. civ., Chambres réunies, n°35350, 29 février 1996, RTD 1996, p. 273 et s. *Contra.* M.-G. Khazami, « Réflexions sur l'article 273 du C. O. C », RJL, juin 1996, p. 7 et s. (en arabe) ; I. Aribi, « L'article 273 du Code des obligations et des contrats et l'option entre l'action en exécution et l'action en résolution », RTD 1999, p. 137.

[448] La jurisprudence tunisienne jusqu'à l'arrêt des Chambres réunies du 29 février 1996, précité, exige l'impossibilité de l'exécution pour la résolution du contrat. Voir Cass. civ. arrêt n°7867 du 22 octobre 1959, RJL 1960, n°9, p. 17 ; Cass. civ. arrêt n°1321 du 5 fév. 1960, RJL 1960, n°6, p. 34 ; Cass. civ. arrêt des Chambres des réunies, n°12082 du 30 janvier 1976, Rec. des Chambres réunies (1961-1992), p. 417 ; Cass. civ. arrêt n°4704 du 8 juin 1982, BCC 1982, III, p. 192 ; Cass. civ. arrêt n°27752 du 27 sept. 1990, BCC 1990, I, p. 166 ; Cass. civ. arrêt n°31966 du 29 mars 1994, BCC 1994, I, p. 421.

[449] À l'origine, le Code des obligations et des contrats ne soumettait les obligations de somme d'argent à aucune disposition particulière. Pour avoir droit à des dommages et intérêts moratoires en plus du capital qui lui est dû, le créancier devait, conformément au droit commun, rapporter la preuve que la demeure de son débiteur lui avait causé un préjudice. Ce n'est que depuis la loi n°59-148 du 7 novembre 1959 qui est venu ajouter quatre alinéas à l'article 278 du Code des obligations et des contrats que les obligations de sommes d'argent sont régies par un régime dérogatoire et similaire à celui qui existe dans les pays occidentaux.

[450] M. Chaffai, *op. cit.* p. 321

[451] L'article 280 du Code des obligations et des contrats dispose que « le débiteur en demeure répond du cas fortuit et de la force majeure ». Or, conformément à l'article 282, le cas fortuit ou la force majeure exonère le débiteur.

dans la définition de la demeure du débiteur en tant qu'une inexécution provisoire. La résolution ne peut être demandée que si l'inexécution devient impossible, et les règles de réparation sont tout à fait particulières[452]. Cette analyse a été battue en brèche depuis l'arrêt des Chambres réunies du 29 février 1996 qui a donné au créancier un droit d'option entre l'exécution en nature et la résolution[453]. Une solution qui se confirme de plus en plus en jurisprudence[454]. La Cour de cassation n'a-t-elle pas affirmé sans équivoque dans son arrêt du 7 avril 2005 que « toutes les sanctions sont mises à la disposition du créancier qui souffre de la demeure du débiteur. Ce dernier peut invoquer l'exception d'inexécution, la clause résolutoire, la réparation, l'exécution en nature et la résolution ». « La loi », précise la Cour, « n'impose pas une hiérarchie entre ces différents moyens ». L'idée de la primauté de l'exécution en nature se trouve dès lors sérieusement ébranlée. Il semble qu'il devrait en être de même pour l'idée de la particularité de l'action en dommages et intérêts contractuels pour demeure du débiteur exagérément défendue par l'auteur. En effet, s'il est tout à fait exact d'affirmer qu'il existe un divorce entre l'intitulé et le contenu de la section relative à la demeure du débiteur[455], il est excessif d'affirmer que « le législateur annonce l'inexécution pour ne traiter vraiment que de la demeure du débiteur »[456]. Il suffit de se référer à l'article 277 du Code des obligations et des contrats pour se rendre compte que ce texte ouvre un droit à la réparation pour toute inexécution quelle que soit sa forme. L'avant-projet fait d'ailleurs référence aux articles 1147 du Code civil français et 1218 du Code civil italien[457]. Il est certes maladroit d'ériger ce texte dans le cadre de la demeure du débiteur. Le contraire aurait dû être plus cohérent. La demeure n'est en réalité qu'une forme d'inexécution. Particulière ? C'est ce que semble affirmer catégoriquement M. Chaffai. Pour appuyer ses propos, l'auteur se fonde sur l'originalité de la responsabilité encourue pour inexécution d'une somme d'argent. Le préjudice étant présumé, le créancier est dispensé de la mise en demeure. Mais cette spécificité n'est-elle pas réellement la conséquence de la nature particulière des obligations portant sur une somme d'argent ? La réponse positive est tout à fait envisageable. Ce régime dérogatoire n'a pas été prévu dès la promulgation du Code. Il est très proche du système français qui réserve lui aussi un sort spécial à ce type d'obligation. Peut-on dans ce cas continuer à y

[452] Voir *supra* n°66.

[453] Cass. civ. Chambres réunies, n°35350, 29 février 1996, Rec. des Chambres réunies 1995-1996, p. 32

[454] Cass. civ. arrêt n°39035 du 7 mars 1996, BCC, I, p. 325 ; Cass. civ. arrêt n°42080 du 15 oct. 1996, BCC, I, p. 422.

[455] M. Chaffai, *op. cit.* p. 376

[456] *Ibid.*

[457] L'article 304 de l'avant-projet de 1899 dispose que « Les dommages et intérêts sont dus soit à raison de l'inexécution de l'obligation, soit du retard dans l'exécution et encore qu'il n'y a aucune mauvaise foi de la part du débiteur ».

voir une conséquence de l'approche allemande de la demeure ? Cela est fort douteux.

Toutefois, l'action en responsabilité contractuelle pour demeure du débiteur reste, selon M. Chaffai, toujours spécifique, car elle est retenue même lorsqu'il y a une impossibilité d'exécution. En effet, alors que le créancier d'une action en responsabilité contractuelle pour inexécution doit prouver la faute de son débiteur pour paralyser l'effet de la force majeure exonératoire, le créancier d'une action en dommages et intérêts pour retard doit seulement rapporter la preuve de la demeure de son débiteur indépendamment de toute faute. Sa tâche probatoire se trouve relativement allégée. Mais cette différence de traitement est-elle justifiable ? La frustration du débiteur privé définitivement de l'inexécution est plus grande que celui qui doit seulement attendre. Le fait que l'exécution ultérieure soit possible justifie-t-il ce traitement de faveur ? Cette particularité, si elle existe, est pour le moins choquante. Et il paraît peu concluant de se référer à elle seule pour forger l'autonomie de l'action contractuelle pour demeure du débiteur. L'article 277 du Code des obligations et des contrats est applicable à toutes les formes d'inexécution. Le régime de l'action contractuelle quant aux clauses de non-responsabilité, les caractéristiques du dommage réparable sont les mêmes[458]. Cela dit, le choix du législateur de réserver toute une section à la demeure du débiteur, section qui englobe, de surcroît, l'article 277[459], reste critiquable et source de confusion. Nous pensons que le législateur voulait seulement se démarquer du droit français quant à la nécessité de la mise en demeure. Car si le Code civil français[460] exige cette formalité pour tous types d'obligations, le Code des obligations et des contrats, tout comme le droit allemand, exige l'interpellation formelle du débiteur seulement « si aucune échéance n'est établie »[461] pour l'exécution du contrat.

C'est dire si, à quelques détails techniques près, l'approche tunisienne de la responsabilité contractuelle rejoint particulièrement l'approche française. Mais cette remarque doit être relativisée. Car même si les textes se ressemblent, les discussions doctrinales, les centres d'intérêt ne semblent pas être les mêmes. D'ailleurs, bien que l'on ait essayé de montrer l'existence de deux formes de responsabilité contractuelle dans le Code des obligations et des contrats, une pour inexécution et une pour demeure, aucun auteur n'a contesté la fonction réparatrice[462] de la responsabilité contractuelle. Ainsi, « tous les symptômes

---

[458] Voir *infra* n°146 et s ; n°117 et s.

[459] L'article 277 du Code des obligations et des contrats dispose que « les dommages et intérêts sont dus, soit à raison de l'inexécution de l'obligation, soit à raison du retard dans l'exécution, et encore qu'il n'y ait aucune mauvaise foi de la part du débiteur ».

[460] Art. 1139 du Code civil.

[461] Article 269 du Code des obligations et des contrats.

[462] M. Zine, La théorie générale des obligations, Le contrat, 2e éd., CPU 1997, n°350 (en arabe). L'auteur utilise le terme « exécution par équivalent » pour parler de la réparation contractuelle, ce

d'une responsabilité sont réunis », selon l'expression de M. Zine. Et même si certains auteurs pensent que tout le régime de la responsabilité contractuelle est fondé sur une présomption de préjudice[463], on continue toujours à soutenir le rôle réparateur des dommages et intérêts contractuels. Un rôle qu'ils partagent avec les dommages et intérêts délictuels, objet des articles 82 et suivants du Code des obligations et des contrats. Des dispositions qui se rapprochent elles aussi dans leur physionomie et leur philosophie générale des articles 1382 et suivants du Code civil français. Cette ressemblance n'aurait pas empêché la jurisprudence de manier parfois le rapport entre la responsabilité contractuelle et la responsabilité délictuelle avec beaucoup de souplesse et de pragmatisme.

B. La portée de la distinction entre la responsabilité contractuelle et la responsabilité délictuelle en droit tunisien

68. La complémentarité entre la responsabilité contractuelle et la responsabilité délictuelle. L'existence de deux blocs d'articles réglementant respectivement la responsabilité contractuelle et la responsabilité délictuelle justifie selon certains auteurs tunisiens une antinomie de fond entre les deux responsabilités[464], ce qui n'est pas sans rappeler la position dominante de la doctrine française favorable au non-cumul[465]. Cette présentation exige que les règles relatives à la responsabilité contractuelle s'opposent complètement à

---

qui est critiquable sur un plan purement terminologique. Néanmoins, il n'est pas douteux que l'auteur soutient la fonction réparatrice de la responsabilité contractuelle. En effet, pour lui, le créancier doit rapporter la preuve de la faute, du préjudice, et du lien de causalité., *op. cit.* n°352 voir dans le même sens R. Cabrillac et O. Ben Fadhel, Introduction au droit des affaires, CPU, Tunis 2005, n°268.

463 M. Bag Bag, « De la possible réception de la notion de clause pénale par le Code des obligations et des contrats, RTD 1998, p. 56. L'auteur a pu écrire : « Il semble aussi établi, et selon les termes mêmes de l'article 278 du COC, non seulement pour les obligations de somme d'argent, mais aussi pour *toute autre sorte d'obligation* (nous soulignons) [...] que tout retard dans l'exécution, ou tout défaut d'exécution est préjudiciable au créancier sauf à ce dernier de chiffrer ce préjudice, ce qui ne constitue pas la preuve du préjudice lui-même, mais celle de son montant ». Voir dans le même sens A. Trabelsi, Analyse de l'article 277 du Code des obligations et des contrats (en arabe), mémoire de DEA, faculté de droit et des sciences politiques de Tunis I, 1998. Néanmoins, cet avis est contesté par la majorité des auteurs. La présomption de dommage n'est prévue par le législateur que pour les obligations de payer une somme d'argent. Pour les autres types d'obligations, le créancier doit rapporter la preuve du préjudice. Voir, M. Zine, *op. cit. Loc. cit* ; R. Cabrillac et O. Ben Fadhel, *op. cit. Loc. cit* ; C. Ben Miled, Le rôle de la faute dans la responsabilité contractuelle, (en arabe), mémoire de DEA, faculté de droit et des sciences politiques de Tunis I, 1997, p. 106.

464 M. Salah Ayari, « Responsabilité délictuelle et responsabilité contractuelle », RJL fév. 1961, p. 18 (en arabe) ; I. Ben Rjeb, L'option en matière de responsabilité, mémoire de DEA, faculté de droit et des sciences politiques de Tunis, 1988 ; T. Abid, « La responsabilité médicale », RJL mars 1990, p. 105 (en arabe) ; A. KHouildi, La responsabilité du fait des choses inanimées en droit tunisien, Université de droit et des sciences d'Aix-Marseille 1990, p. 9.

465 Voir *Supra* n°43.

celles relatives à la responsabilité délictuelle, ce qui est loin d'être le cas aussi bien dans le Code des obligations et des contrats qu'en jurisprudence.

69. L'analogie entre la faute contractuelle et la faute délictuelle dans le Code des obligations et des contrats. Sans aller, comme en droit suisse[466], jusqu'à affirmer par un texte d'ordre général l'analogie entre les effets de la faute contractuelle et délictuelle, certains articles du Code des obligations et des contrats opèrent une analogie ponctuelle entre les deux catégories de fautes. L'article 275 du Code des obligations et des contrats est à ce titre plus qu'illustratif. Ce dernier dispose en effet que « le débiteur d'une chose déterminée par son individualité est libéré par la chose en l'état où elle se trouve *lors du contrat*[467]. Il répond toutefois des détériorations survenues depuis cette date : 1. lorsqu'elles proviennent d'un fait ou d'une faute qui lui est imputable *d'après les règles établies pour les délits et quasi-délits* »[468]. Il est certain que le domaine de l'article concerne l'obligation de délivrance d'une chose déterminée par son individualité, obligation qui est essentiellement contractuelle. L'appréciation de la faute contractuelle pourrait toutefois se faire en référence aux règles délictuelles. Ce renvoi aux règles délictuelles est particulièrement intéressant. En effet, en revenant aux travaux préparatoires[469], on se rend compte que Santillana renvoyait à l'article 1245 du Code civil français. Or, ledit article ne fait aucune allusion aux règles délictuelles[470]. Mais l'article 257 est loin d'être un exemple isolé. L'article 856 du Code des obligations et des contrats relatif au contrat de louage de service comporte lui aussi le même renvoi aux règles délictuelles. Le maître d'ouvrage doit assurer la sécurité de toute personne travaillant sous sa direction. La contravention à cette obligation se fait « d'après les dispositions établies pour les délits et quasi-délits »[471]. L'analogie entre la faute contractuelle et délictuelle se trouve également dans l'avant-projet du Code civil et commercial. À cet égard, afin d'illustrer par des exemples concrets la définition de la faute contractuelle, Santillana cite le cas de la détérioration de la chose vendue ou la dégradation de la chose déposée, des exemples qui illustrent plutôt la faute contractuelle[472]. Cette symétrie entre les deux types de fautes s'explique pour certains par l'influence du droit

[466] L'article 99 du Code des obligations suisse dans son troisième alinéa dispose que « les règles relatives à la responsabilité dérivant d'actes illicites s'appliquent par analogie aux effets de la faute contractuelle ».

[467] Nous soulignons.

[468] Nous soulignons.

[469] L'article 283 de l'avant-projet du Code civil et commercial tunisien.

[470] L'article 1245 du Code civil français dispose que : « le débiteur d'un corps certain est libéré par la remise de la chose en l'état où elle se trouve lors de la livraison, pourvu que les détériorations qui y sont survenues ne viennent point de son fait ou de sa faute, ni celle des personnes dont il est responsable, ou qu'avant ces détériorations il ne fût pas en demeure ».

[471] Article 856 du COC, al. 3.

[472] Voir l'article 88.

musulman[473]. En effet, la distinction entre la responsabilité contractuelle et la responsabilité délictuelle est loin d'être systématisée dans ledit droit, quoique ce dernier distingue parfois la garantie du contrat (d'amân al aqd) de la garantie d'un fait (d'amân itlâf)[474]. Les jurisconsultes musulmans citent assez souvent les faits qui peuvent donner naissance à un dommage, sans se demander si les parties sont ou non liées par un lien contractuel[475].

70. La reproduction des mécanismes délictuels dans le cadre de la responsabilité contractuelle. Cette même idée d'analogie a été adoptée par la jurisprudence afin de justifier l'indemnisation du dommage moral dans le cadre de la responsabilité contractuelle. En fait, contrairement à l'article 107 qui autorise expressément la réparation de ce type de dommage en matière délictuelle, l'article 278 relatif à la responsabilité contractuelle reste muet sur la question[476]. Ce silence n'a pas toutefois empêché les juges tunisiens d'admettre son indemnisation[477]. Ceci n'est pas sans rappeler la position de la jurisprudence française qui admet elle aussi la réparation des dommages moraux dans les deux formes de responsabilités[478]. Mais ce qui attire notre attention, c'est l'argumentation retenue par les juges tunisiens pour indemniser ce type de dommage. Dans un arrêt du 17 janvier 1985[479], les juges du fond ont retenu la responsabilité contractuelle du transporteur de personnes tout en l'obligeant à indemniser le dommage moral en sus du dommage matériel. Le transporteur s'est pourvu en cassation au motif que ce type de dommage n'est indemnisable que dans le cadre de la responsabilité délictuelle. La haute juridiction rejette ce moyen et affirme que « *la règle de l'analogie posée par l'article 535 du Code des obligations et des contrats*[480] permet de se référer aux règles de droit commun pour indemniser le dommage moral en matière contractuelle ». La Cour essaie donc de surmonter la difficulté née de la dualité des deux responsabilités et ne trouve aucun inconvénient à recourir à l'analogie comme

---

[473] C. Ben Miled, Le rôle de la faute dans la responsabilité contractuelle, *op. cit.*, p. 89.

[474] Ch. Chehata, Théorie générale de l'obligation en droit musulman, Sirey 1969, n°50 ; Droit musulman, Applications au Proche-Orient, Précis Dalloz, 1970, p. 173 et s. ; Études de droit musulman, PUF 1971, p. 15 et s. ; Études de droit musulman, 2), la notion de la responsabilité contractuelle, PUF, Paris 1973, p. 59 *adde*. Essai d'une théorie générale de l'obligation en droit musulman, Dalloz 2005.

[475] Voir Ch. Chehata, Théorie générale de l'obligation en droit musulman hanéfite, *op. cit.*, p. 152 et s.

[476] Voir M. Zine, La théorie générale des obligations, *op. cit*,.p. ; N. Ferhi, L'analyse de l'article 278 du Code des obligations et des contrats, Faculté de droit et des sciences politiques de Tunis, 1998, p. 33 et s.

[477] Cass. civ. arrêt n°4458 du 1er avril 1980 du 1er avril 1980, BCC 1980, I, p. 85 ; Cass. civ. arrêt n°10461 du 1 nov. 1984, BCC 1984, II, p. 200 ; Cass. civ. arrêt n°2322 du 13 avril 1989, BCC 1989, I, p. 175 ; Cass. civ. arrêt n°4458 du 1er avril 1980 du 1er avril 1980, BCC 1980, I, p. 85.

[478] T. Com. Seine 20 fév. 1931, GP 1932, I, 895 ; Paris 25 mai 1950, D. 1950, p. 439 ; Civ. 3e, 15 fév. 1972, B. III, n°103.

[479] Cass. civ. arrêt n°10624 du 17 janv. 1985, BCC 1985, I, p. 190.

[480] Nous soulignons.

technique d'interprétation pour combler les lacunes de la responsabilité contractuelle. D'ailleurs, il semble que c'est cette même idée qui ait poussé la Cour de cassation à utiliser l'article 107 comme fondement à la réparation du dommage matériel en matière contractuelle[481].

71. La reproduction des mécanismes contractuels dans le cadre de la responsabilité délictuelle. L'emprunt des mécanismes délictuels dans le domaine contractuel est loin d'être en sens unique, c'est-à-dire du domaine délictuel vers le contractuel ; la responsabilité contractuelle a pu elle aussi exporter ses propres concepts vers la responsabilité délictuelle. Ainsi, faute d'une définition légale de la force majeure en matière délictuelle[482], les juges ont purement et simplement appliqué la définition contenue dans l'article 283 relative à la responsabilité contractuelle[483]. Simple intuition ou recours délibéré ? Certes, la réponse à donner n'est pas aisée. Néanmoins, l'idée de la complémentarité des deux ordres de responsabilités ne semble pas être étrangère à cette jurisprudence. Une idée qu'elle a pu parfois exprimer d'une manière explicite s'agissant du domaine de l'article 245 du Code des obligations et des contrats relatif à la responsabilité contractuelle du fait d'autrui. En effet, le droit tunisien se singularise, par rapport à la quasi-totalité des systèmes juridiques, par l'absence d'une règle générale de responsabilité délictuelle du fait d'autrui[484], une responsabilité qui existe en revanche

[481] Cass. civ. n°2577du 16 janvier 1964, RJL 1965, p. 460 ; Cass. civ. n°87 du 24 mai 1984, BCC 1984, I, p. 340 ; Cass. civ. arrêt n°2591. 2005 du 3 fév. 2005 (inédit). M.-N. Ben Ammou a critiqué cette tendance dans sa thèse, en estimant que rien ne justifiait le recours aux articles 82 et 107 propre au domaine délictuel. Pour lui, d'importantes différences séparent les articles 278 et 107 du Code des obligations et des contrats, voir N. Ben Ammou, Le pouvoir de contrôle de la Cour de cassation, faculté de droit et des sciences politiques de Tunis I, 1996, p. 171. Il nous semble que cette remarque devrait être relativisée. Hormis l'alinéa 4 de l'article 278 du Code des obligations et des contrats qui édicte des règles spécifiques relatives à l'obligation de payer une somme d'argent et qui ne peuvent s'appliquer en matière délictuelle, Cass. civ. n°7380. 2004 du 2 fév. 2005 (inédit), les deux articles convergent sensiblement ce qui explique le recours jurisprudentiel à l'article 107 non seulement pour justifier la réparation des dommages moraux mais aussi pour fonder la réparation des dommages matériels en matière contractuelle.

[482] L'article 104 du Code des obligations et des contrats ne définit pas la force majeure bien qu'il admet son effet exonératoire.

[483] Cass. civ. arrêt n°2307 du 5 juin 1980, BCC 1980, I, p. 149 ; Cass. pénal arrêt n°12392 du 10 oct. 1984, BCC 1984, I, p. 166 ; Cass. civ. arrêt n°549 du 20 fév. 1986, BCC 1986, I, p. 256 ; Cass. pénal arrêt n°20186 du 5 janv. 1989, BCC 1989, I, p. 232

[484] T. Lakdhar, « une importante omission dans le Code des obligations et des contrats » Revue de jurisprudence tunisienne, 1949, p. 22 (en arabe) ; C. Samarane, « De la responsabilité du fait d'autrui en droit tunisien », RTD 1956, n°1, p. 11 ; E. de Lagrange, « La responsabilité du commettant du fait de ses préposés et l'article 267 du Code de la route, RTD 1966-1967, p. 9 ; E. Delagrange, note sous Civ. 12 juin 1968, RTD 1969, 1970, p. 2 ; M. M. Hamzaoui, « La responsabilité du commettant du fait de ses préposés et spécialement en droit civil », RJL 1977, n°4, p. 7

expressément en matière contractuelle[485]. Nous allons examiner ultérieurement les raisons qui ont poussé le législateur à refuser de consacrer une telle responsabilité en matière délictuelle[486], mais retenons, à ce stade de l'analyse, l'impact de ce choix sur les rapports entre la responsabilité contractuelle et la responsabilité délictuelle. En l'absence d'un texte général instituant la responsabilité délictuelle du commettant du fait de son préposé, les juridictions du fond avaient tenté de combler cette lacune en ayant recours à l'article 245 du Code des obligations et des contrats relatif à la responsabilité contractuelle du fait d'autrui. C'est ainsi que la Cour d'appel de Tunis[487], dans un arrêt très remarqué, a estimé « (...) qu'en vertu de l'article 245 du Code des obligations et des contrats, tout commettant est civilement responsable de son préposé *aussi bien quand son obligation est d'ordre contractuel que quand elle est d'ordre délictuel*[488] »[489]. La Cour part de l'idée que les deux ordres de responsabilités contractuelle et délictuelle se complètent. Pour elle, l'article 245 ne se limite pas aux obligations contractuelles. Le terme débiteur utilisé dans ledit article s'applique aussi bien au débiteur d'une obligation contractuelle qu'au débiteur d'une obligation extracontractuelle. La Cour ajoute : « (...) dans l'esprit du législateur de 1906, la matière des obligations forme un tout quelle que soit leur nature ». Qu'on adhère à cette analyse[490], ou qu'on la considère comme « byzantine »[491], l'originalité de l'argumentation reste de taille, même si elle rappelle curieusement les propos de la doctrine française moniste[492].

Ceci étant, cette jurisprudence allait être rapidement condamnée par la Cour de cassation. À l'occasion d'une espèce similaire à celle qui avait donné lieu à l'arrêt précité, la Cour de cassation déclare sans équivoque que « l'article 245 invoqué par le demandeur concerne les obligations contractuelles que le débiteur n'a pas exécutées, du fait ou de la faute de son préposé ; que dans la présente affaire c'est la responsabilité délictuelle du préposé qui est en cause ; que c'est à bon droit que la Cour d'appel a refusé d'appliquer à l'espèce le texte susvisé, vu l'absence de tout lien contractuel entre la victime et le

---

485 Article 245 du Code des obligations et des contrats ; voir B. Rahwi, La responsabilité contractuelle du fait d'autrui, mémoire de DEA, faculté de droit et des sciences politiques de Tunis I, 1996, 1997.

486 Voir *infra* n°338 et s

487 CA de Tunis, 13 déc 1960, RTD 1962, p. 125.

488 Nous soulignons

489 En l'espèce, le chauffeur s'empare de la voiture de son employeur et tue accidentellement deux personnes. En se basant sur la condamnation pénale, les héritiers de l'une des deux victimes intentent une action en réparation. Le TPI de Tunis leur donna raison en condamnant civilement l'employeur, propriétaire du véhicule ; celui-ci interjette appel en invoquant l'inexistence en matière délictuelle d'un principe général de responsabilité du commettant du fait de ses préposés ce que La Cour d'appel a réfuté en partant de l'idée de la complémentarité entre la responsabilité contractuelle et la responsabilité délictuelle.

490 M. Zine, note sous Cass. civ. 1 juill. 1976, RTD 1978, p. 101.

491 M. Cabrillac, note sous Tunis 13 déc., *op. cit.*, p. 17.

492 Pour l'examen de cette doctrine, voir *supra* n°29 et s.

commettant »[493]. Réaffirmant son hostilité à la reconnaissance d'un principe général de la responsabilité du commettant, la haute juridiction déclare : « l'inexistence du principe de cette responsabilité est voulue par le législateur tunisien, et [...] en ce domaine notre droit se distingue nettement du droit français »[494]. Cette hostilité est étayée par une conception restrictive de l'accident de circulation, le seul cas où le législateur autorise à titre exceptionnel la responsabilité du commettant du fait de son préposé.

Mais la condamnation est loin d'être définitive. Huit ans après, la Cour de cassation ne trouve aucun inconvénient à appliquer l'article 875 du Code des obligations et des contrats relatif à la responsabilité contractuelle de l'entrepreneur du fait de ses préposés, à un tiers au contrat[495]. En l'espèce, un entrepreneur a effectué des réparations dans un immeuble, ses employés ont causé un dommage à une maison voisine. Le propriétaire de cette maison assigne l'entrepreneur en réparation. Statuant en premier et en dernier ressort, le tribunal de première instance lui donne gain de cause ; la décision est confirmée par la Cour de cassation, qui fonde sa position sur l'article 845 du Code des obligations et des contrats aux termes duquel « le locateur d'ouvrage répond du fait et de la faute des personnes qu'il se substitue, qu'il emploie ou dont il se fait assister comme de son propre fait ou de sa faute ». De par sa place dans le Code, il semble que l'article 845 était destiné à régir les relations du locateur d'ouvrage avec son cocontractant. Or, les faits d'espèce montrent que la victime n'était pas le contractant de l'entrepreneur mais une tierce personne dont la maison était voisine à celle où étaient effectués les travaux.

Encore une fois, l'arrêt du 1èr juillet 1976 renoue avec la souplesse jurisprudentielle dans le maniement de la distinction. Une tolérance qui a conduit les juges à appliquer dans le domaine délictuel des textes écrits dans le cadre des engagements contractuels. Plutôt donc qu'une rigidité dans l'application du principe de la distinction entre la responsabilité contractuelle et la responsabilité délictuelle, on pourrait penser, avec M. Zine, que l'arrêt de 1962, ainsi que l'interprétation restrictive que la Cour de cassation faisait de la notion d'accident de circulation, témoignait en réalité du malaise qu'éprouve la jurisprudence à l'heure de reconnaître un principe général de la responsabilité du commettant du fait de son préposé[496]. D'ailleurs, dans son arrêt du 12 mars 1984[497], la Cour de cassation reprend la jurisprudence de la Cour d'appel de

[493] Cass. civ. arrêt n°1396 du 20 déc. 1962, B. C. C. 1963, I, p. 67.

[494], voir l'article 103 du Code de la Route. Ainsi, quand Le véhicule cause l'accident dans un garage, la responsabilité du commettant ne peut être engagée, Cass. civ. arrêt n°5731 du 12 juin 1968, BCC 1968, I, p. 107 ; de même l'accident causé au cours de déchargement du camion ne constitue pas un accident au sens du Code de la route, voir Cass. pén. n°8025 du 7 juin 1971, RJL 1972, p. 547.

[495]Cass. civ. 1 juill. 1976, RTD 1978, p. 99, note M. Zine

[496] *op. cit., Loc. cit.*

[497] Cass. civ. arrêt n°9428 du 12 mars 1984, BCC 1984, I, p. 335, en l'espèce, pour exécuter son obligation d'acheminer la marchandise au destinataire, le transporteur de marchandise fait recours

Tunis de 1960 et réaffirme que » l'article 245 s'applique non seulement en matière contractuelle, mais aussi en matière délictuelle ». Sans vouloir anticiper les analyses postérieures qui porteront sur l'applicabilité ou la non-applicabilité de l'article 245 en matière délictuelle[498], nous retenons surtout, à ce stade de l'analyse, la méthodologie retenue par la jurisprudence lorsqu'il s'agit de gérer le rapport entre le contractuel ou le délictuel.

72. Une logique optionnelle ? Il est clair que les barrières entre la responsabilité contractuelle et la responsabilité délictuelle sont, en droit tunisien, moins étanches qu'en droit français. Néanmoins, il est difficile de voir dans cette jurisprudence une consécration nette de la théorie de l'option. Cet « îlot de responsabilité délictuelle sur un fond contractuel »[499] exprime en réalité une tolérance quant aux rapports entre le contrat et le délit , mais aucune de ces solutions ne peut être expliquée par l'application d'une règle générale admettant une option entre les deux ordres de responsabilités. Certes, les puristes n'auraient aucune peine à contester le bien-fondé de ce maniement flexible ; néanmoins, cette souplesse explique dans une large mesure l'orientation jurisprudentielle vers la reconnaissance de la théorie de l'option.

§ 2 : Orientation vers la reconnaissance de l'option

73. Maintenir un rapport souple entre la responsabilité contractuelle et la responsabilité délictuelle ne constitue qu'une réponse indirecte à la problématique de l'option. Traiter avec flexibilité le principe distinction est une chose, autoriser la victime, en cas d'inexécution d'une obligation contractuelle, à se placer sur le terrain délictuel, en est une autre. Et la vraie question qu'il convient de se poser est de savoir si la jurisprudence tunisienne consacre clairement l'option entre la responsabilité contractuelle et la responsabilité délictuelle. Une réponse précise requiert un examen approfondi des décisions qui ont essayé de répondre directement à cette problématique. Une telle démarche n'est pas exempte de difficultés. En effet, une série d'arrêts, quoiqu'appliquant la responsabilité délictuelle au cours de l'exécution du contrat, doivent être éliminés de notre champ d'investigation (A). D'autres

---

à la société tunisienne de manutention. Au cours des opérations de déchargement, la marchandise transportée est incendiée par l'un de ses salariés qui est d'ailleurs poursuivi pénalement. Le destinataire de marchandise intente une action contre le transporteur et l'entreprise de manutention. Condamnée par les juges du fond sur la base de la responsabilité contractuelle du fait d'autrui, cette dernière se pourvoit en cassation au motif qu'il n'y a aucun rapport contractuel entre elle et le destinataire. Dès lors, l'article 245 devient inapplicable car il ne peut régir la matière délictuelle. Tout recours devrait être exercé contre le transporteur. La Cour de cassation réfute cette argumentation et procède à l'application de la responsabilité contractuelle du fait d'autrui malgré l'absence de rapport contractuel entre l'entreprise de manutention et le destinataire.

[498] Voir *infra* n°338 et s.

[499] L'expression de G. C., note sous Chambéry 4 fév. 1952, JCP 1952, n°7225.

soulèvent une difficulté sérieuse d'interprétation due à l'absence de débat entre les parties sur l'application de la responsabilité délictuelle (B). Ceci n'empêche pas toutefois d'affirmer l'existence de plusieurs arrêts dans lesquels la jurisprudence tunisienne, malgré quelques incertitudes, a montré sa volonté de consacrer l'option entre la responsabilité contractuelle et la responsabilité délictuelle (C).

A. L'exclusion de certains arrêts appliquant la responsabilité délictuelle au cours de l'exécution du contrat

74. Le sens de l'application de la responsabilité délictuelle dans le domaine médical par la jurisprudence. Nombreux sont les arrêts qui appliquent la responsabilité délictuelle au cours de l'exécution du contrat. Ainsi, la jurisprudence tunisienne n'a pas hésité à maintes reprises à appliquer au contrat médical les règles de la responsabilité délictuelle du fait personnel[500]. Certains arrêts peuvent être des exemples trompe-l'œil. Il s'agit des hypothèses où la responsabilité des services publics hospitaliers est retenue sur le fondement de l'article 82 et suivants du Code des obligations et des contrats[501]. Certains auteurs ont pu y voir une consécration de la théorie de l'option[502], ce qui nous paraît contestable ; l'application des règles délictuelles est en réalité liée à la nature particulière de la responsabilité hospitalière. En effet, le médecin agit dans le cadre du service public et non en vertu d'un contrat conclu

[500] Voir T. Abid, « La responsabilité médicale, RJL mars 1989, p. 7 ; A. Seguir Khadi, « La responsabilité civile du médecin dans le cadre de sa faute professionnelle », RJL oct. 1993, p. 127 (en arabe) ; T. Montassir, « La responsabilité pénale des médecins », RJL juin 1994, p. 7 (en arabe) ; F. Loksaier, « La faute simple en tant que fondement de la responsabilité civile médicale », RJL, mars 1996, p. 8 ; H. Kssibi, « Les droits des patients », RJL oct. 1996, p. 105 (en arabe) ; M.-S. Ben Hassine, « La responsabilité médicale en droit tunisien », RJL mars 1996, p. 17 ; N. Ben Salah, « Problème déontologique et médicaux-légaux posés par un nouveau mode d'exercice de la médecine « à distance » ou télémédecine, RJL sept. 1998, p. 10 ; Y. Kwader, « Le consentement du patient et son influence sur la responsabilité civile du médecin », RJL oct. 1998, p. 47 ; S. Jerbi, « La jurisprudence et la responsabilité médicale : la fin de l'arythmie paroxystique ? », *in* Études à la mémoire de Christian Lapoyade-Deschamps ; F. Belknani, « La faute dans la responsabilité civile du médecin », Études juridiques 2003, p. 207 ; B. Khaldi, « L'information sur les risques médicaux : que peut faire le juge avec le Code de déontologie médicale ? », RJL, janv. 2005, p. 53 ; N. Brahmi Zouaoui, « L'évolution de la responsabilité du médecin », RTD 2005, p. 5 ; S. Al Houar Achour, La responsabilité civile du médecin pour son fait personnel, mémoire de DEA, faculté de droit et des sciences économiques et politiques de Sousse, 1993, p. 11.

[501] TPI de Tunis, jugement n°40149 du 27 janv.1982 (inédit) ; TPI Tunis n°38127du 7 juin 1982 (inédit) ; TPI de Tunis, jugement n°442 du 9 fév. 1984 (inédit) ; TPI Sousse n°12321 du 12 mai 1986 ; Cass. civ. arrêt n°22112 du 1 oct. 1992 (inédit) ; CA de Sfax arrêt n°6876 du 15 déc. 1996 (inédit).

[502] C. Ben Miled, Le rôle de la faute dans la responsabilité contractuelle (en arabe), mémoire de DEA, faculté de droit et des sciences politiques de Tunis I, 1997, p. 107.

librement avec le patient[503]. Le tribunal administratif n'a-t-il pas décidé de longue date que « l'établissement hospitalier pris en sa qualité de service public établit des rapports avec les particuliers, usagers de ce service, non sur la base d'un contrat » et que « (...) sa responsabilité ne peut être que délictuelle, compte tenu du cadre dans lequel s'exerce cette activité »[504] ?

Mais, s'il est facile d'exclure ces arrêts du champ de notre investigation, l'interprétation des arrêts qui appliquent la responsabilité délictuelle au cours de l'exécution du contrat sans que le débat sur la qualification retenue soit soulevé, paraît beaucoup plus problématique.

B. L'incidence de l'absence du débat relatif à la nature de la responsabilité sur l'appréhension de la théorie de l'option en droit tunisien

75. Difficulté d'interprétation. L'affirmation selon laquelle un système juridique adopte ou non la règle de l'option entre la responsabilité contractuelle et la responsabilité délictuelle dépend assez largement de l'attitude adoptée par les parties au cours des débats devant les juges du fond. C'est lorsque la question est soulevée devant le juge, et que ce dernier répond directement à la question posée, que l'on pourrait être affirmatif. En revanche, lorsque les parties au litige ne s'opposent pas à la qualification délictuelle, ou lorsque le juge ne soulève pas le problème, la simple application des règles délictuelles au cours de l'exécution du contrat reste sujette à discussion. Ce phénomène s'est surtout observé concernant l'application de l'article 96 du Code des obligations et des contrats, qui porte sur la responsabilité délictuelle du fait des choses pour sanctionner une atteinte à la sécurité au cours de l'exécution du contrat. En effet, même si la théorie de l'obligation de sécurité n'a pas connu une consécration aussi large que celle du droit français, il n'en reste pas moins vrai qu'elle n'est pas non plus ignorée en droit tunisien. Deux interprétations sont dès lors possibles.

Dans une première interprétation, on peut penser que la concordance entre les conclusions des parties constitue un accord implicite qui lierait le juge[505]. Dans ce cas, la victime met en œuvre la responsabilité de son contractant sur le fondement délictuel et celui-ci s'abstient d'opposer la règle du non-cumul. Si

---

[503] F. Loksaier, « La faute simple en tant que fondement de la responsabilité civile médicale », RJL, mars 1996, p. 10.

[504] T. A arrêt n°38 du 15 janvier 1976, inédit cité par H. Hazami, La responsabilité civile médicale, mémoire de DEA, faculté des sciences juridiques, politiques et sociales de Tunis, 2001/ 2002, p. 99. Voir aussi pour la responsabilité hospitalière, W. Allouche, A. Ben Khalifa, « La responsabilité des établissements hospitaliers publiques devant le tribunal administratif », *in* La responsabilité médicale, CPU 2006, p. 57.

[505] Chambéry 4 fév. 1952, JCP 1952, n°7225, note GC ; Cass. civ. 17 fév. 1955, JCP 1955, n°8951, note Rodière ; Cass. civ. 13 nov. 1964, D. 1965, p. 346, note Lindon ; Paris 8e 9 fév. 1968, JCP 1968, n°15653, note Prieur.

les parties, même de manière spontanée, ont admis l'application de la responsabilité délictuelle comme donnée juridique de discussion, il y a, comme l'écrivait un auteur, « mauvaise grâce à troubler une entente inaccoutumée et à ne pas respecter une option pour une fois bilatérale »[506].

Cette interprétation nous paraît toutefois insuffisante. On objectera qu'il faudrait avoir en main les pièces du procès pour être absolument certain que nulle part dans leurs écritures les défendeurs n'avaient conclu le rejet de la responsabilité délictuelle. D'ailleurs, on peut même se demander si les parties au litige disposent d'une telle prérogative en droit tunisien. En droit français, la question a connu une évolution. Avant la réforme du Code de procédure civile, il était admis que les parties pouvaient lier le juge par leurs écritures, cet accord pouvait être exprès ou implicite. Mais après la réforme, l'article 12 alinéa 4 exige que l'accord soit exprès. La doctrine déduit que la simple concordance dans les écritures ne constitue pas un accord qui pourrait lier le juge[507]. En droit tunisien, on n'a pas une disposition explicite qui donne aux parties au litige la possibilité de lier le juge par leurs écritures, ce qui constitue un argument pour rejeter l'interprétation faisant de la concordance des écritures entre les parties au litige une option bilatérale liant le juge.

Une deuxième interprétation est dès lors envisageable. On peut en effet penser que le juge, en s'abstenant de replacer le débat sur le terrain contractuel, avalise implicitement la théorie de l'option entre la responsabilité contractuelle et la responsabilité délictuelle. La Cour de cassation tunisienne, contrairement à son homologue française[508], impose en effet à maintes reprises aux juges une véritable obligation de requalification si le fondement invoqué lui paraît erroné[509]. D'ailleurs, dans les arrêts où elle a pris position contre l'option entre les deux ordres de responsabilités, notre plus haute juridiction a pris le soin de replacer le débat sur le terrain contractuel, en rappelant que le cadre contractuel s'oppose à l'admission de l'action délictuelle[510]. Cette interprétation, qui nous permettra d'ailleurs de retenir les arrêts appliquant la responsabilité délictuelle du fait des choses au cours de l'exécution du contrat[511], est étayée par

[506] GC note sous Chambéry 4 fév. 1952, JCP 1952, n°7225, voir dans le même sens R. Rodière, note sous Cass. civ. 6 mai 1946, JCP 1946, II, 3236.

[507] Voir P. Blondel, « Le juge et le droit », *in* Le nouveau Code de procédure civile, vingt ans après, Actes de colloque des 11 et 12 décembre 1997, La documentation française 1998, p. 103 ; J. Miguet, « Réflexions sur le pouvoir des parties de lier le juge par les qualifications et points de droit », mél. Hébraud, p. 567.

[508] Voir *infra* n°88 et s.

[509] Voir *infra* n°88 et s.

[510] Cass. civ. arrêt n°9939 du 18 juillet 1974, BCC 1974, I, p. 204.

[511] La chute dans un bain maure justifie la mise en œuvre de l'article 96 du COC. Voir Cass. civ. arrêt n°72084 du 9 juin 1999, inédit ; Cass. civ. arrêt n°6725. 2002 du 6 juin 2002, inédit ; TPI de Sfax, jugement n°31190 du 25 mars 2002, inédit ; la noyade d'un enfant dans une piscine appartenant à un hôtel est soumise également à la responsabilité délictuelle du fait des choses. Voir Cass. civ. arrêt n°221. 2004 du 1er avril 2004, inédit. Le centre de loisir organisant une course de voiture n'échappe pas non plus à l'emprise de l'article 96 malgré la relation

l'existence de plusieurs décisions où la jurisprudence a pris nettement une position en faveur de l'option entre les deux ordres de responsabilités.

C. L'autorisation de l'option entre la responsabilité contractuelle et la responsabilité délictuelle : une règle en gestation en droit tunisien

76. Un texte inexploité : l'article 523 du Code des obligations et des contrats. Disposant que « lorsque deux actions sont ouvertes à une personne à raison de la même cause, le choix de l'une de ces actions ne saurait être considéré comme une renonciation de l'autre », l'article 523 du Code des obligations et des contrats reste en droit tunisien un texte peu éclairé. Sa lecture littérale laisse entendre qu'il autorise le cumul entre la responsabilité contractuelle et la responsabilité délictuelle. En effet, à première vue, ledit article autorise le créancier d'intenter deux actions pour réparer le même dommage puisque « le choix de l'une ne saurait être une renonciation de l'autre ». Cette interprétation devrait toutefois être rejetée. La réparation d'un même préjudice par l'exercice de deux actions cumulatives est une hypothèse tellement trop contraire à l'esprit de notre législation pour qu'on puisse l'admettre[512].

Le recours aux travaux préparatoires montre que les rédacteurs de l'article 608 de l'avant-projet du Code civil et commercial, devenu l'article 523 du Code des obligations et des contrats, ont été influencés par les propos de C. Aubry et C. Rau dans leur ouvrage Cours de droit civil d'après la méthode de Zachariae dans son édition de 1871[513]. Pour M. Zine, le texte est relatif à la renonciation aux droits. Cette dernière doit, au terme de l'article 522 du Code des obligations et des contrats, être expresse, et l'exercice d'un droit ne constitue pas une renonciation à l'autre[514]. Une interprétation qui n'est pas partagée par plusieurs auteurs. Ainsi, pour M. Mezghani[515], l'article 523 peut être attaché au problème de l'option. Une interprétation largement soutenue par M. Jerbi[516]. En effet, le texte semble traiter l'hypothèse de la pluralité d'actions attachée à une même cause[517]. Cela dit, et même si pour certains la règle posée par l'article 523 constitue « la véritable clef de voûte de la question»[518], elle reste une disposition

---

contractuelle le liant avec les participants. Voir Cass. civ. arrêt n°27227.2003 du 5 sept. 2003, inédit.

512 Voir dans le même sens I. Ben Rejeb, L'option en matière de responsabilité, *op. cit.*, p. 38.

513 Cours de droit civil français d'après la méthode de Zachariae, Obligations en général. Diverses espèces d'obligations. Contrats en général, 4e éd., 1871, §323.

514 Cours de responsabilité civile, *op. cit.*, p. 9.

515 Note sous TPI de Tunis du 30 avril 1984, RTD 1981, p. 423.

516 S. Jerbi, L'interprétation du contrat, thèse précitée, p. 472 et s.

517 *Ibid.*

518 Voir notamment I. Laribi, L'article 273 du Code des obligations et des contrats et l'option entre l'action en exécution et l'action en résolution, art. précité p. 153, note n°78.

inexploitée par la jurisprudence. Aucun arrêt à notre connaissance n'a fait usage de cet article ni pour autoriser l'option, ni pour la condamner.

77. La position de la jurisprudence avant l'arrêt des Chambres réunies du 16 mars 1995. Rares sont, avant le revirement du 16 mars 1995[519], les arrêts qui ont expressément répondu à la problématique de l'option entre la responsabilité contractuelle et la responsabilité délictuelle telle que nous l'avons précédemment définie[520].

Une première réponse affirmative de la thèse de l'option entre la responsabilité contractuelle et la responsabilité délictuelle est apportée par le jugement émanant du tribunal de première instance de Sfax du 4 juin 1960[521]. Il s'agit d'une course organisée où l'un des participants a eu un accident suite à l'entrée imprévue d'un engin sur le parcours ; le tribunal relève une faute de l'organisateur de la course en se fondant sur l'article 83. Il annule sur cette base les clauses de non-responsabilité prévues dans le contrat liant la victime avec l'organisateur. Il s'agit d'une première application de la théorie de l'option. En effet, le tribunal se base sur la responsabilité délictuelle pour paralyser les effets de la clause de non- responsabilité contractuelle, ce qui n'est pas sans rappeler la position désormais obsolète de la jurisprudence française qui annulait les mêmes clauses sur la base de la responsabilité délictuelle[522]. Critiquée par plusieurs auteurs[523], et non confirmée par des arrêts ultérieurs, cette décision ne peut à elle seule constituer une jurisprudence. Ceci est d'autant plus vrai que par un arrêt rendu le 18 juillet 1974[524], la Cour de cassation a pris explicitement parti pour la non-option en affirmant qu'« il est incontestable que la relation juridique entre les parties au litige est une responsabilité contractuelle, qu'il résulte que la responsabilité invoquée en l'espèce est une responsabilité contractuelle et non délictuelle, que c'est à bon droit que le jugement a écarté les articles 82 et 83 et a appliqué les articles 275 et 875 ». Rappelant à première vue la position de la jurisprudence française favorable au non-cumul, cet arrêt est loin d'avoir, toutefois, la même ampleur. Peu fréquents sont les arrêts qui ont repris la même interdiction. Au contraire, c'est le principe de l'option entre la responsabilité contractuelle et la responsabilité délictuelle qui a été solennellement affirmé par la Cour de cassation avec ses Chambres réunies dans l'arrêt du 16 mars 1995[525].

---

[519] Cass. civ. arrêt des Chambres réunies n°42389 du 16 mars 1995, RTD 1996, p. 16.
[520] Voir *supra* n°2.
[521] TPI de Sfax 4 juin 1960, jugement n°18221, RJL, n°7, p. 61.
[522] Cass. civ. 4 fév. 1874, D. 1874, 1, 305 ; 24 janvier 1874, D. 1876, I, 133 ; Cass. civ. 15 mars 1876, S. 1876, 1, 337, note Labbé ; Cass. civ. 9 nov. 1915, D. P. 1921, 1, 23 ; Voir aussi Thaller, Annales de droit commercial, 1886, 1887, p.125 et s.
[523] I. Ben Rjeb, L'option en matière de responsabilité, *op. cit.*, p. 97 ; M. Zine, *op. cit.*, p. 107.
[524] Cass. civ. arrêt n°9939 du 18 juillet 1974, BCC 1974, I, p. 204.
[525] Cass. civ. arrêt des Chambres réunies n°42389 du 16 mars 1995, précité.

78. L'arrêt fondateur du 16 mars 1995. Émis dans un contexte jurisprudentiel favorable à un maniement flexible entre les deux ordres de responsabilités, cet arrêt ne saurait surprendre. La généralité de l'attendu invite à porter loin. En déclarant que « la victime d'un accident de la circulation peut disposer de différents fondements pour demander la réparation des dommages qu'elle a subis ; elle peut demander en effet, soit d'agir sur la base de la responsabilité du fait personnel, soit sur la base de la responsabilité délictuelle du fait des choses ; soit enfin sur celle de la responsabilité contractuelle du transporteur ; qu'elle est en conséquence libre d'opter pour le fondement qu'elle choisit », la Cour semble renvoyer indistinctement aux règles de la responsabilité aussi bien contractuelle que délictuelle pour constituer l'éventail des voies de recours qui s'offrent à la victime[526]. Néanmoins, cet arrêt pose des difficultés majeures d'interprétation. L'examen des faits montre que l'attendu de la Cour déborde largement le débat juridique invoqué par les parties. Suite à un accident de circulation causant des dommages matériels à une voiture, le conducteur est condamné pénalement. La victime demande la réparation sur la base de l'article 96 du Code des obligations et des contrats, demande accueillie favorablement par les juges du fond, ce que la Cour de cassation censure au motif que la faute du gardien étant prouvée par le jugement pénal de condamnation, la victime ne peut solliciter que l'article 83 du Code des obligations et des contrats. La Cour de renvoi maintient sa position et autorise la victime à solliciter l'article 96 en tant que fondement de la réparation. Statuant pour la seconde fois et pour le même motif, la Cour de cassation change de perspective et affirme la possibilité de réclamer la réparation soit sur le fondement de l'article 82 et suivants, soit sur le fondement de l'article 96, soit enfin sur le fondement de la responsabilité contractuelle.

On l'aura compris, le débat entre les parties au pourvoi concernait l'applicabilité ou non de l'article 96 du Code des obligations et des contrats lorsque la faute délictuelle est prouvée ; un problème de choix interne au sein des textes délictuels. Pourquoi alors invoquer la possibilité d'invoquer des règles de la responsabilité contractuelle ? Contrairement à M. Nadir Ben Ammou, nous ne pensons pas qu'il y ait des insuffisances quant aux indications relatives aux faits, l'arrêt ne précisant pas selon lui si entre la victime et le défendeur il y a un contrat. En effet, la collision a eu lieu entre une voiture et un camion, on voit mal comment un contrat aurait pu réunir la victime et le responsable[527].

Nous ne pensons pas non plus que l'arrêt autorise la victime d'un dommage d'origine délictuelle à fonder son action sur les règles de la responsabilité contractuelle[528]. Cette faculté déborde de loin la problématique de l'option. En

---

[526] Voir dans le même sens N. Ben Ammou, « L'évolution récente de la jurisprudence en matière de responsabilité civile », *op. cit.*, p. 17.
[527] *Ibid.*
[528] *Ibid.*

effet, l'auteur semble épouser implicitement les propos de la thèse de M. Espagnon, en considérant que l'application de la responsabilité contractuelle pour des accidents d'origine délictuelle constitue une partie intégrante de la problématique de l'option[529]. Encore une fois, nous pensons que permettre ou ne pas permettre à un tiers d'invoquer les règles de la responsabilité contractuelle constitue une problématique à part entière qui ne peut se résoudre ni par l'interdiction de l'option comme le suggère une partie de la doctrine française[530], ni par l'autorisation par l'option comme le pense l'auteur. Et même l'exemple tiré de l'application de l'article 245 du Code des obligations et des contrats en matière délictuelle ne peut, contrairement à ce que soutenait M. Ben Ammmou, s'inscrire dans le cadre de la théorie de l'option. Certes, cet exemple montre un laxisme dans le maniement de la distinction, mais en aucun cas il ne confirme l'idée de choix entre deux ordres de responsabilités potentiellement applicables. Une idée que l'arrêt de 1995 épouse sans équivoque. Les victimes « sont libres » de solliciter tous les textes de la responsabilité délictuelle, mais leur choix peut se faire également entre les règles de la responsabilité contractuelle et les règles de la responsabilité délictuelle. La Cour en profite pour poser un « principe »[531]qui déborde largement les faits[532]. D'ailleurs, dans plusieurs arrêts inédits, la Cour de cassation a renoué avec l'application de la règle posée en 1995 pour les personnes transportées en vertu d'un contrat[533]. Ceci étant, même si nous saluons avec plusieurs auteurs[534] la consécration de ce principe en droit tunisien, nous ne saurions cependant passer sous silence les difficultés que suscitent son domaine ainsi que les incertitudes qui entourent sa mise en œuvre.

79. L'ambigüité de l'arrêt fondateur. La première difficulté d'interprétation que suscite l'arrêt des Chambres réunies de 1995 concerne la détermination des bénéficiaires de la règle de l'option. Profite-t-elle uniquement aux victimes des accidents de la circulation ?[535] Le doute est permis tant que la

---

[529] *Ibid.*

[530] Voir *supra* n°47 et s.

[531] S. Jerbi, « La responsabilité délictuelle dans le COC : les sources et les ressources, *in* centenaire du code des obligations et des contrats », *op. cit.*, p. 469.

[532] Voir J. Fossereau, J. Voulet, « Pourvoi en cassation, les arrêts de la Cour de cassation, effet, interprétation », J.-Cl. Procédure civile 1992, fasc. 794, n°96. La Cour de cassation a la possibilité parfois de déborder le moyen soulevé pour résoudre un problème qui ne lui était directement soumis. Elle profite en effet de l'affaire qui lui est soumise pour trancher une question dans son ensemble. Tel semble être le cas pour l'arrêt des Chambres réunies n°42389 du 16 mars 1995, précité.

[533] Cass. civ. arrêt des Chambres réunies n°42389 du 16 mars 1995, précité ; Cass. civ. arrêt n°72758. 99 du 8 fév. 2000 (inédit) ; Cass. civ. n°29391. 2003 du 28 janvier 2004 (inédit) « attendu que la victime d'un accident de circulation transportée en tant que voyageur peut choisir entre une action contractuelle fondée sur l'article 653 du Code de commerce et une action délictuelle au sens de l'article 83 du Code des obligations et des contrats ».

[534] S. Jerbi, *op. cit., Loc. Cit ;* N. Ben Ammou, *op. cit., Loc. Cit.*

[535] N. Ben Ammou, *op. cit., Loc. Cit.*

Cour de cassation n'a parlé expressément que de cette catégorie de victimes. Et même pour ces victimes, la règle de l'option posée par l'arrêt 1995 ne se trouve-t-elle pas désormais obsolète, à la lumière de la loi n°2005-86 du 15 août 2005 relative au régime d'indemnisation des préjudices résultant des atteintes aux personnes dans les accidents de la circulation ?[536]

Soustrayant le régime de réparation des accidents de circulation au droit commun de la responsabilité civile[537] pour les soumettre à une loi spéciale, le législateur aurait dépassé la distinction classique entre la responsabilité contractuelle et la responsabilité délictuelle. Certes, l'on ne trouve pas une disposition analogue à l'article 1 de la loi Badinter[538] selon lequel « les dispositions du présent chapitre s'appliquent, même lorsqu'elles sont transportées en vertu d'un contrat, aux victimes d'un accident de la circulation dans lequel est impliqué un véhicule terrestre à moteur ainsi que ses remorques et semi-remorques, à l'exception des chemins de fer et des tramways circulant sur des voies qui leur sont propres ». Néanmoins, cette uniformisation expresse en droit français, l'est aussi, mais d'une manière implicite, en droit tunisien. En effet, le domaine de la loi est large et s'applique à toute personne dont « la responsabilité civile peut être engagée à l'occasion de la circulation»[539]. Ces personnes sont dans l'obligation de conclure une assurance, et en cas d'accident

---

[536] Loi n°2005-86 du 15 août 2005, portant insertion d'un cinquième titre au Code des assurances concernant l'assurance de la responsabilité civile du fait de l'usage des véhicules terrestres à moteur et au régime d'indemnisation des préjudices résultant des atteintes aux personnes dans les accidents de la circulation, JORT du 23 août 2005, p. 2181. Sur cette loi, voir R. Wislati, « Le fondement de la réparation dans les accidents de la circulation » (en arabe) *in* L'étude des principes généraux de la réparation des dommages corporels à travers la loi du 15 août 2005, colloque organisé par l'Institut supérieur de la magistrature le 17 mai 2006 ; N. Ben Abdallah, La Loi n°2005-86 du 15 Août 2005 entre le texte et l'application, (en arabe) *in* Journée d'étude organisée par la faculté de droit de Sfax 2007 ; M. Hamidi, Du régime d'indemnisation des victimes d'accidents de la circulation prévu par la loi n°2005-86 du 15 août 2005, RJL mai 2007, p. 9 ; L. Ben Mahmoud, Les orientations législatives dans la loi n°2005-86 du 15 août 2005, RJL mai 2007, p. 25 (en arabe) ; F. Ajina, Les premières applications de la loi n°86 du 15 août 2005, n°2005-86 du 15 août 2005, p. 109.

[537] Le législateur a instauré un régime d'indemnisation automatique. L'article 122 de la loi précitée n'exige ni la faute du conducteur, ni le fait de la chose pour déclencher le système de réparation, de même selon l'article 124, la force majeure ou le cas fortuit, ainsi que le fait des tiers ne seraient exonératoires. Néanmoins, cette indépendance par rapport aux règles de la responsabilité n'est que relative puisque le conducteur du véhicule terrestre à moteur et ses ayants droit sont déchus de leurs droits à l'indemnisation des préjudices résultant des atteintes aux personnes dans un accident de la circulation proportionnellement à sa part de responsabilité dans l'accident. De même, les dommages matériels sont exclus, selon l'article 121 du domaine de la loi.

[538] La loi du 5 juillet 1985, sur cette loi voir M.-P. Camproux, « La loi du 5 juillet 1985 et son caractère exclusif », D. 1994, chron., p. 109 ;G. Wiederkher, « De la loi du 5 juillet et de son autonomie », D. 1986, ch. p. 255 ; B. Sollety, La loi du 5 juillet et le contrat de transport, JCP 1991, I, 3508.

[539] Article 110 de la loi n°2005-86 du 15 août 2005, précité.

de circulation, c'est l'assureur qui sera le débiteur de la réparation[540]. La loi n'introduit aucune distinction entre les victimes, qu'elles soient piétonnes, transportées à titre onéreux ou à titre gratuit. Les règles de la responsabilité contractuelles ainsi que les règles de la responsabilité délictuelle se trouvent ainsi détrônées. Ceci est d'autant plus vrai que la loi, dans son article 121, se veut exclusive. En disposant que « nul ne peut se prévaloir d'une autre loi à l'encontre de l'assureur pour demander l'indemnisation des préjudices résultant des atteintes aux personnes dans les accidents de la circulation », la loi du 15 août 2005 semble à première vue évincer également la règle de l'option annoncée en 1995 en faveur des victimes des accidents de circulation. Toutefois, une telle affirmation passe nécessairement par la démonstration de l'exclusivité de la loi. Or, cette caractéristique, lourde de conséquences,[541] est loin d'être absolue. En fait, la loi, dans son article 111, exclut de son domaine d'application « les véhicules appartenant à l'État et des véhicules circulant sur les voies ferrées ». Si la loi s'applique au profit des passagers d'un autobus privé, d'un taxi, etc., les personnes transportées par train ou par métro restent bénéficiaires de l'obligation de sécurité et du système de l'option affirmée par la jurisprudence en matière de transport. Il en découle indubitablement une inégalité choquante voire inexplicable entre les victimes, car être soumis à la loi du 15 août 2005, c'est se voir appliquer une réparation limitée soumise à un barème préétabli par le législateur[542]. Une limitation qui ne manque pas de susciter l'indignation de la doctrine[543]. En revanche, échapper au domaine de cette loi serait bénéfique pour les victimes qui profiteraient du principe de la réparation intégrale avec une possibilité d'opter soit pour la voie contractuelle, soit pour la voie délictuelle[544].

---

540 Il y a une coïncidence entre le domaine d'application de la loi et le domaine d'assurance obligatoire.

541 En effet, mieux vaut ne pas être soumis à ladite loi, cette dernière, même si elle a posé le principe de la réparation automatique, a apporté une dérogation importante au principe de la réparation intégrale.

542 Voir les articles 131 et suivants de la loi du n°2005-86 du 15 août 2005, précité. Les juges ne disposent d'un pouvoir d'appréciation limitée fixé par 15 pour cents par la loi soit pour augmenter soit pour réduire le montant de la réparation.

543 S. Jerbi, La responsabilité délictuelle dans le COC : les sources et les ressources, *in* Centenaire du Code des obligations et des contrats, *op. cit.*, p. 456, *adde* pour le même auteur, Tristes regards sur une triste loi, *in* Mélanges G. Viney 2008, p. 535 *Contra.* M. Zine, Plaidoyer pour une indemnisation rationnelle des victimes des accidents de la circulation routière, *in* Mélanges Sassi Ben Halima, p. 865.

544 Cass. civ. arrêt n°72758. 99 du 8 fév. 2000 (inédit) » Il n'y a aucun texte qui empêche la victime d'opter soit pour l'action contractuelle réglementée par les articles 653 et 655 du Code de commerce, soit les articles 83 et suivants » ; Cass. civ. n°29391. 2003 du 28 janvier 2004 (inédit) « attendu que la victime d'un accident de circulation transportée en tant que voyageur, peut choisir entre une action contractuelle fondée sur l'article 653 du Code de commerce et une action délictuelle au sens de l'article 83 du Code des obligations et des contrats ».

80. Accidents de circulation, accidents de transports. Outre cette exclusion explicite du domaine de la loi des accidents de circulation impliquant « les véhicules appartenant à l'État et des véhicules circulant sur les voies ferrées », le doute reste permis pour un certain nombre d'hypothèses qui semblent échapper à l'emprise des articles 110 et 121. Comme on l'a déjà précisé, la loi n'est exclusive que pour les accidents de circulation. Qu'en est-il des accidents survenus au cours de descente ou de montée ? Sont-ils considérés comme des accidents de circulation ? Certes, on considère qu'il y a accident de circulation « si le dommage se produit alors que le véhicule se trouve à l'arrêt sur une voie ouverte à la circulation publique »[545]. Il faudrait donc, au risque de créer des subtilités déconcertantes, faire la distinction entre les accidents de montée ou de descente lorsque le véhicule à l'arrêt se trouve sur une voie ouverte à la circulation publique. Ce même fait perd le qualificatif d'accident de circulation lorsqu'il a lieu dans une demeure privée, ce qui peut se concevoir, par exemple dans l'hypothèse d'un taxi déposant son client dans l'allée de sa maison[546].

Il est clair que la notion d'accident de circulation, fait générateur déclenchant la garantie de l'assureur, accumule les ambiguïtés. Et la loi reste particulièrement muette pour les accidents survenant à l'intérieur du véhicule[547]. Comme l'écrivait un auteur, « il y aura accident de circulation du fait de l'intervention de l'impulsion motrice si le dommage résulte d'une accélération, d'un freinage, d'un changement de direction… Mais un dommage se produisant à l'intérieur du véhicule sans l'influence de l'impulsion motrice ne se situera pas dans le cadre d'un accident de circulation : chute intempestive d'un sac de filet à bagages ; siège qui s'effondre, compartiment à bagages qui cède, chute d'un passager sur une allée glissante, blessure résultant du maniement d'une vitre ou de poignée d'une porte »[548]. « Une brûlure provoquée par l'allume-cigare » écrivait M. Huet[549], » n'est pas un accident de circulation ». Ces types de dommage résultant des circonstances internes aux véhicules, et qui sont singulièrement habituels en matière de transport en commun, restent en dehors du domaine d'application de la loi. La notion d'accident de circulation amène à laisser de côté ces dommages se produisant au cours de l'exécution d'un contrat de transport terrestre de voyageurs. Ces derniers seront pris en charge par le droit commun, c'est-à-dire, conformément à la règle de l'option posée par la jurisprudence, soit par le biais d'une responsabilité contractuelle pour manquement à une obligation de sécurité, soit par le biais de la responsabilité

---

[545] B. Sollety, La loi du 5 juillet et le contrat de transport, JCP 1991, I, 3508. L'article 103 du Code de la route exige que l'accident ait lieu dans la voie publique.

[546] B. Sollety, La loi du 5 juillet et le contrat de transport, *op. cit.*

[547] Le même problème est posé en droit français, voir B. Sollety, La loi du 5 juillet et le contrat de transport, *op. cit.*

[548] *Ibid.*

[549] RTD civ 1987, p. 329.

délictuelle. Faut-il regretter ce détour par le droit commun ? Certes, une uniformisation totale des règles de réparation en matière de transport sans prendre en considération la qualité de la victime, contractante ou non, serait plus que souhaitable ; néanmoins, le manque d'harmonie ainsi constaté et le caractère inique de la loi réduisant la réparation à peau de chagrin peuvent inciter à plaider en faveur d'une interprétation qui multiplie les escapades vers le droit commun de la responsabilité civile, avec ses piliers classiques, à savoir la responsabilité contractuelle et la responsabilité délictuelle.

Malgré l'apparence d'une désuétude en matière de transport, le berceau qui a abrité la règle de l'option dès sa naissance, ladite règle continuerait, et seule la jurisprudence postérieure nous le confirmera, à être vivace dans ce domaine. Ceci est d'autant plus vrai, que contrairement à ce qu'on aurait pu soutenir[550], la règle de l'option ne s'est pas limitée aux seules victimes des accidents de la circulation, elle a été confirmée par plusieurs autres arrêts, notamment en matière médicale[551].

81. Confirmation de la règle de l'option en matière médicale. Alors qu'on était enclin à écarter de notre analyse certains arrêts rendus en matière médicale qui n'appliquent que la responsabilité délictuelle[552], une jurisprudence récente dans le domaine médical nous paraît particulièrement concluante. Répondant au pourvoi qui critiquait la Cour d'appel de Tunis d'avoir statué tantôt sur les règles de la responsabilité contractuelle, tantôt sur les règles de la responsabilité délictuelle, la Cour de cassation affirme par son arrêt rendu le 19 février 1998 que « Toute personne a le droit à la sécurité corporelle (...). L'inexécution du contrat constitue une faute engendrant la responsabilité de son auteur. Cette responsabilité pourrait être aussi bien contractuelle que délictuelle »[553]. La même formule a été reproduite textuellement par la Cour d'appel de Tunis dans son arrêt du 25 juin 2002[554]. Elle a été également reprise dans l'arrêt de la Cour de cassation du 28 janvier 2003[555]. En l'espèce, une opération chirurgicale pratiquée échoue, conduisant à l'immobilité de la main de la patiente, qui sollicite l'article 82 et 83. Les juges du fond donnent gain de cause à la demande, ce que conteste le demandeur au pourvoi. Ce dernier invoque le cumul des responsabilités contractuelle et délictuelle, un cumul qui serait, selon

---

[550] N. Ben Ammou, « L'évolution récente de la jurisprudence en matière de responsabilité civile », *op. cit.*, p. 17

[551] Cass. civ. arrêt n°63103. 97 du 19 février 1998, BCC, I, p. 232 ; Cass. civ. arrêt n°22273 du 28 janvier 2003, inédit.

[552] Voir *supra* n°74.

[553] Cass. civ. arrêt n°63103. 97 du 19 février 1998, BCC, I, p. 232.

[554] CA Tunis, arrêt n°75672 du 25 juin 2002 (inédit), la Cour affirme que « La mauvaise exécution du contrat due à une négligence donne droit à la réparation. Cette responsabilité pourrait être aussi bien contractuelle que délictuelle ».

[555] Cass. civ. arrêt n°22273 du 28 janv. 2003 (inédit), la Cour insiste sur le fait que « La mauvaise exécution du contrat due à une négligence donne droit à la réparation. Cette responsabilité est encourue quel que soit le fondement choisi, contractuel ou délictuel ».

lui, contraire au principe de la distinction entre la responsabilité contractuelle et la responsabilité délictuelle reconnu par le législateur tunisien. La relation liant le médecin au patient est, selon la Cour, de nature contractuelle. Néanmoins, le patient peut invoquer aussi bien les règles de la responsabilité contractuelle que celui de la responsabilité délictuelle, car encore une fois « la mauvaise exécution du contrat due à une négligence donne droit à la réparation. Cette responsabilité est encourue quel que soit le fondement choisi, contractuel ou délictuel ».

82. Des flottements jurisprudentiels. Est-ce à dire pour autant que la règle de l'option qui a émergé dans le contrat de transport est désormais enracinée en droit tunisien ? Même si majoritairement, la jurisprudence affiche un penchant pour la théorie de l'option, certains arrêts semblent semer le doute quant à la fidélité de la jurisprudence à l'arrêt fondateur du 16 mars 1995. En effet, un arrêt rendu par la Cour de cassation le 21 septembre 2004[556] semble faire sienne l'idée selon laquelle l'existence d'un contrat évince l'application de la théorie du trouble de voisinage réglementée en droit tunisien dans les articles 99 et suivants du Code des obligations et des contrats. En l'espèce, l'acheteur d'un immeuble demande la fermeture de certaines fenêtres appartenant au vendeur voisin au motif que par leur emplacement même, ces dernières donnent sur sa demeure privée. Les juges de fond lui donnent gain de cause, ce que la Cour de cassation réfute au motif que « (...) la personne qui a acheté un immeuble après l'avoir examiné ne peut se prévaloir de l'article 99 du Code des obligations et des contrats. Cette prétention viole le contenu du contrat. Les juges du fond, en ne prenant pas en considération l'antériorité du trouble à l'opération de vente, ont violé le contenu du contrat et sa force obligatoire (...). L'acheteur a accepté tacitement l'état des lieux, il ne peut après la conclusion du contrat se prévaloir d'un trouble lui causant un préjudice ». L'existence d'un rapport contractuel, en l'occurrence un contrat de vente entre les parties au litige, empêche selon la Cour la mise en œuvre de la théorie du trouble de voisinage.

Cette décision a de quoi surprendre ; la jurisprudence tunisienne a réussi a maintes reprises à se démarquer d'une application dogmatique du principe de la distinction entre la responsabilité contractuelle et la responsabilité délictuelle. Une application qui transforme la nature de la responsabilité encourue du simple fait qu'il existe un rapport contractuel préétabli entre les parties. Si l'on suit ce raisonnement, le même fait, l'ouverture des fenêtres litigieuses, s'il a lieu après la conclusion de la vente, justifierait la mise en œuvre de la responsabilité délictuelle[557]. Le même fait également, s'il émanait d'un autre voisin que le vendeur aurait permis l'application de l'article 99 du Code des obligations et des contrats. La qualité de la partie responsable, contractante ou non, est

---

[556] Cass. civ. arrêt n°5840 du 21 sept. 2004, BCC 2004, I, p. 127.

[557] Voir Chambres réunies, arrêt n°59177 du 21 octobre 1999, Centre des études juridique et judiciaires 2001, p.9 ; Chambres réunies, arrêt n°59178 du 21 octobre 1999, Centre des études juridiques et judiciaires, 2001, p. 29.

contingente à la mise en oeuvre des règles de la responsabilité délictuelle. Critiquable, cette solution semble donc aller à l'encontre d'une jurisprudence majoritairement favorable à l'admission de l'option, même si cette règle est loin d'être illimitée.

83. Les limites de la règle de l'option. La règle de l'option adoptée par la jurisprudence tunisienne n'est point inconditionnelle. Il serait hasardeux d'affirmer qu'invariablement, et sans nuance aucune, les victimes peuvent solliciter l'application de la responsabilité délictuelle, même en présence d'une obligation inexécutée strictement contractuelle. L'arrêt du 4 avril 2005[558] est à ce titre plus qu'illustratif. En effet, la Cour de cassation a confirmé la position des juges du fond qui ont estimé que l'obligation d'entretien incombant au locataire devait s'apprécier selon les règles contractuelles et non délictuelles. De même, la mise en œuvre de la responsabilité délictuelle ne peut être autorisée pour mettre en échec un régime spécial de responsabilité. Ainsi, pour la haute juridiction, aussi large que soit le domaine d'application de l'article 96 du Code des obligations et des contrats, il ne peut servir, en cas d'accident de travail, comme fondement pour demander à l'employeur une indemnisation complémentaire.[559] En l'espèce, un incendie se déclare dans un dépôt, causant la mort d'un salarié. Ses héritiers demandent la réparation sur le fondement de l'article 96 du Code des obligations et des contrats. Leurs demandes sont accueillies favorablement par les juges du fond. L'employeur se pourvoit en cassation au motif qu'il s'agit d'un accident de travail qui exclut par sa nature même le recours à la responsabilité délictuelle. La Cour de cassation affirme le caractère exclusif de la loi du 21 février 1994 portant sur le régime de réparation des préjudices résultant des accidents de travail et des maladies professionnelles. En effet, conformément à l'article 5 de ladite loi, le recours complémentaire au droit commun n'est possible que lorsque la faute de l'employeur constitue un délit pénal. Tout recours basé sur le droit commun et spécialement sur la base de l'article 96 ne serait possible. En l'espèce, l'application exclusive des règles de la loi 1994 est justifiable, mais qu'en est-il si les conditions d'application de la loi ne sont pas réunies ? Le recours au droit commun serait-il condamné ? Il semble que le caractère exclusif de la loi se limite à son domaine d'application. Il n'en est pas ainsi lorsque la maladie n'a pas le caractère professionnel conformément aux critères posés par la loi. La victime peut dans ce cas demander la réparation sur le fondement du droit commun[560].

---

[558] Cass. civ. arrêt n°7461 du 4 avril 2005, BCC 2005, II, p. 67.

[559] Cass. civ. arrêt n°5230. 2004 du 8 fév. 2005 (inédit).

[560] Voir N. Mzid, « La responsabilité de l'employeur à travers la loi sur les accidents de travail », (en arabe), Revue tunisienne du droit social, 1995, n°7, p. 34 ; A. Moulehi, « la réforme du régime de réparation des accidents de travail et des maladies professionnelles », RJL 1996, n°3, p. 42 *adde* M. Fourati Kamoun, La place de la responsabilité civile dans les relations individuelles entre employeurs et salariés, mémoire de DEA, faculté de droit de Sfax 1996, 1997, p. 187.

Cela dit, même si les juges éprouvent une certaine fascination pour la responsabilité délictuelle, ils ont été amenés à introduire certaines nuances dans l'application de la règle. Qu'on le déplore[561], ou qu'on s'en félicite[562], qu'on y voie le résultat d'un affinement ou d'une déviation des concepts originaires, on ne peut nier que l'idée d'un système, même si elle est encore en gestation, est en train d'être bâtie en jurisprudence. La comparaison entre le droit français et le droit tunisien montre à la lumière de cette analyse une différence nette entre les deux systèmes. Alors que le premier interdit par principe l'option entre la responsabilité contractuelle et la responsabilité délictuelle[563], le droit tunisien, même si la jurisprudence a introduit quelques atténuations au principe de l'option, semble via cette règle autoriser un rapport plus souple entre les deux ordres de responsabilités.

Conclusion de la section 2

84. Le maniement souple de la distinction entre la responsabilité contractuelle et la responsabilité délictuelle en droit tunisien. Le Code des obligations et des contrats reconnaît la distinction entre la responsabilité contractuelle et la responsabilité délictuelle. Loin de concevoir les deux ordres d'une manière étanche, la jurisprudence tunisienne, contrairement à son homologue française, a montré beaucoup de souplesse et de pragmatisme dans l'application des textes. Beaucoup de facteurs expliquent cette divergence de perspective. L'usage modéré de la théorie du forçage du contrat, le succès récent et ascendant de l'article 96 du Code des obligations et des contrats fait que ce dernier est de plus en plus sollicité par les plaideurs et appliqué par la jurisprudence, même lorsqu'il y a une relation contractuelle préexistante entre les parties.

Ce maniement souple de la distinction est étayé par une panoplie de décisions affirmant la possibilité pour la victime d'opter pour la voie de recours qui lui est la plus favorable. Le premier arrêt fondateur est incontestablement l'arrêt des Chambres réunies du 16 mars 1995[564]. Sans ambages, la Cour affirme audacieusement que la victime d'un accident de circulation bénéficie d'une gamme de règles contractuelles et délictuelles susceptibles de fonder sa demande en réparation et qu'elle est « [...] libre d'opter pour le fondement qu'elle choisit ». Affirmée depuis dans le contrat de transport[565] et dans le

[561] M. Zine, Cours polycopié de droit civil, La responsabilité civile délictuelle 2002, 2003, p. 70.
[562] S. Jerbi, « La responsabilité délictuelle dans le COC : les sources et les ressources », *op. cit.*, p. 462.
[563] Voir i*nfra.* (chapitre 1 de la deuxième partie).
[564] Cass. civ. arrêt des Chambres réunies n°42389 du 16 mars 1995, précité.
[565] Cass. civ. arrêt n°72758. 99 du 8 fév. 2000 (inédit) ; Cass. civ. n°29391. 2003 du 28 janvier 2004 (inédit).

contrat médical[566], tout laisse présager que l'option entre les deux ordres de responsabilités a le statut d'une règle en droit tunisien. Mais si l'ensemble de ces décisions peut constituer un système, il s'agirait seulement d'un système en gestation. Certains arrêts semblent en effet semer le doute quant à la pérennité de cette construction jurisprudentielle.

85. Manque de systématisation. Alors que la Cour de cassation refuse habituellement de qualifier la responsabilité de contractuelle dès lors que l'existence du contrat est simplement contingente, certains arrêts[567], isolés il est vrai, adoptent la même méthodologie du juge français. Une méthode qui se suffit de l'existence, même fortuite, d'un contrat pour expulser la responsabilité délictuelle. Critiquable, cette tendance qui va à l'encontre du courant jurisprudentiel majoritaire devrait être abandonnée afin de ne pas brouiller l'harmonie et la cohérence d'une construction jurisprudentielle, récente et peu abondante il est vrai, mais qui mérite approbation.

Conclusion Chapitre 1

86. Droit français et droit tunisien : Textes et méthodes. Les deux systèmes français et tunisien reconnaissent le principe de la distinction entre les responsabilités contractuelle et délictuelle. La similitude au niveau des textes et dans leur rédaction est frappante. Ainsi peut-on noter déjà une affinité entre les articles 82 et 83 du Code des obligations et des contrats relatifs à la responsabilité du fait personnel et les articles 1382 et 1383 du Code civil, ou encore entre l'article 96 du Code des obligations relatif à la responsabilité du fait des choses, et l'article 1384, alinéa 1er du Code civil. Ressemblance encore plus marquée entre les articles 275 à 278 du Code des obligations traitant des sanctions de l'inexécution des obligations de faire et ne pas faire et les articles 1142 à 1147 du Code civil français. Mais, au-delà de la lettre ou du style des textes, la distinction entre la responsabilité contractuelle et la responsabilité délictuelle est perçue différemment entre les deux ordres juridiques tunisien et français.

À l'esprit logique d'un juriste français, la distinction est si naturelle que les Mazeaud[568] lui ont réservé 135 pages. Mais un tel volume est-il nécessairement la preuve d'une situation saine ? La construction française classique faite de logique mathématique est, certes, un bel édifice dont les perspectives plaisent à l'esprit ; mais à y regarder de près, les assises de ce raisonnement restent

[566] Cass. civ. arrêt n°63103. 97 du 19 février 1998, BCC, I, p. 232 ; Cass. civ. arrêt n°22273 du 28 janvier 2003, (inédit)

[567] Cass. civ. arrêt n°5840 du 21 sept. 2004, BCC 2004, I, p. 127.

[568] H. , L., J. Mazeaud. et F. Chabas, Traité théorique et pratique de la responsabilité civile délictuelle et contractuelle, T.3, vol.1 6e éd., par F. Chabas, Montchrestien, 1998.

fragiles. Les hésitations sur la qualification, les longues et inutiles discussions sur la nature de la responsabilité encourue conjuguée avec une interdiction quasi systématique de l'option ont engendré des subtilités et des inégalités injustifiables entre les victimes. La rigueur est certes l'une des vertus d'un juriste, mais un certain pragmatisme est parfois souhaitable. La souplesse dont la jurisprudence tunisienne fait preuve dans le maniement de la distinction allant jusqu'à autoriser les victimes à choisir entre la responsabilité contractuelle et la responsabilité délictuelle est sujette à caution. L'organisation dualiste des responsabilités ne s'oppose nullement à l'admission de l'option, d'autant plus que les différences de régime, argument dont se servent les tenants de la règle du non-cumul afin de différencier les deux ordres sur le plan procédural, sont de plus en plus mises en question.

Chapitre 2
L'option et la mise en œuvre pratique des deux ordres de responsabilités

87. Malgré leurs rétrécissements, les différences de régimes entre la responsabilité contractuelle et la responsabilité délictuelle (section 2) ont longtemps servi d'alibi pour les tenants d'une séparation hermétique entre les deux ordres de responsabilités sur le plan procédural. En effet, la jurisprudence française ne s'est pas contentée de distinguer les actions par leur domaine propre, la qualité des personnes contre lesquelles elles jouent, le mode de preuve qu'elles comportent. Elle a voulu également différencier la responsabilité contractuelle et la responsabilité délictuelle dans leur essence même, par ce qu'elle a appelé cause juridique de la demande. Il en découle que la victime d'une inexécution contractuelle devrait se placer uniquement sur le terrain contractuel, une erreur de qualification pouvant conduire au rejet de son action. Peu enclin à soulever d'office une requalification, le juge français a fait preuve d'un certain conservatisme, et ce contrairement au juge tunisien qui, en usant plus fréquemment de son office, a montré une certaine souplesse dans la mise en œuvre contentieuse de la distinction entre la responsabilité contractuelle et la responsabilité délictuelle (section 1).

Section 1 : L'utilisation différente de l'office du juge en droit tunisien et en droit français

88. Malgré l'existence d'un texte exprès [569] l'invitant à requalifier d'office les demandes mal fondées, le juge français a éprouvé une certaine réticence quant à l'exercice de son pouvoir (parag.1). Cette attitude qui a du coup rigidifié l'application jurisprudentielle de la règle du non-cumul ne semble pas être celle du juge tunisien. Ce dernier, malgré quelques incertitudes dues à l'absence d'un texte explicite lui accordant ce pouvoir de requalification, semble être plus

[569] L'article 12 du nouveau Code de procédure civile.

disposé à opérer des opérations de sauvetage avant de procéder au rejet de l'action de la victime (parag. 2).

§1 : La réticence du juge français à exercer son pouvoir de requalification

89. Une application stricte de la règle du non-cumul exige que l'on déboute le demandeur qui se serait engagé sur le mauvais régime de responsabilité. On peut comprendre alors que ladite règle pourrait aboutir à certaines décisions particulièrement désastreuses pour les victimes. Celles-ci peuvent se voir refuser toute indemnisation pour une simple erreur de visa. En effet, partant d'une conception restrictive de la cause de l'action en responsabilité, la jurisprudence française classique interdisait au juge de modifier le fondement de cette action (A). Le nouveau Code de procédure civile a, certes, permis au juge de ne pas pénaliser la victime en requalifiant les faits et en statuant sur le régime de responsabilité effectivement applicable au cas d'espèce. Toutefois, la réforme n'a pas encore eu l'effet escompté. Dans ce contexte, la règle du non-cumul risque de devenir un moyen dilatoire qui ne fait que retarder l'aboutissement de l'affaire (B).

A : La cause de la demande délimite l'office du juge

90. La détermination des pouvoirs respectifs du juge et des parties sur le fondement des prétentions litigieuses a longtemps été dominée voire brouillée par les controverses auxquelles donnait lieu la notion de cause de l'action. Alors que la doctrine classique, assimilant la cause de la demande à son fondement juridique, réduit sensiblement du coup le rôle du juge en matière de qualification (1), la doctrine moderne, critiquant cette vision restrictive, préfère lui laisser la maîtrise du droit. La cause de la demande ne serait constituée dans cette conception que par son aspect factuel, le seul aspect sur lequel les parties auraient la totalité de leur emprise (2).

1. La négation de l'identité de cause entre la responsabilité contractuelle et la responsabilité délictuelle

91. La théorie juridique de la cause. La cause de la demande était longtemps confondue avec son fondement juridique[570]. Il en découle que le juge

[570] Ph. Malinvaud, Droit des obligation, Droit des obligations, 11e éd., Litec 2010, n°532 ; Y. Brochen, « la notion de cause juridique dans les actions en responsabilité civile », thèse, Lille, 1933 ; J.-P. Gilli : « La cause de la demande en justice », LGDJ, 1962 ; R. Savatier, note au D. 1929, 1, 33 ; Mimin, note au DP 1935, 1, 33 ; H. Lalou, note sous Req., 23 oct. 1945, DC 1946, J. 213 ; P. Malaurie, note sous Soc 18 mars 1956, D. 1956, p. 517 ; G. Cornu, « problème du cumul de la responsabilité contractuelle et de la responsabilité délictuelle », Étude de droit

ne peut, sous peine de statuer « *extra petita* », modifier cet élément juridique[571]. En effet, le principe dispositif[572] veut, toujours selon les tenants de cette thèse, que le juge soit lié par les qualifications juridiques que les plaideurs apportent au soutien de leurs prétentions.

Appliquée fréquemment par la jurisprudence classique en matière de responsabilité civile, cette conception déduit de la différence des textes entre la responsabilité contractuelle et la responsabilité délictuelle une différence de cause juridique[573]. Une différence qui n'autorise pas le juge à substituer d'office les règles de la responsabilité contractuelle si les textes délictuels sollicités lui paraissent inapplicables[574]. En invoquant les articles 1382 et suivants au soutien

---

contemporain, Congrès de droit comparé, 1962, p. 239 et s. L'auteur considère que les articles 1382 et 1147 du Code civil forment deux causes distinctes de la demande.

571 Voir Civ. 19 mars 1912, DP 1912, 1, 325 ; Civ. 8 janv. 1924, S. 1924, 1, 13 ; Civ. 17 juill. 1926, S. 1926, 1, 359 ; Civ. 29 nov. 1934, DH. 1935, 18, GP 1935, 1, 91 ; Civ. 21 janv. 1956, D. 1957, p. 209, note Savatier ; Soc 18 mars 1956, D. 1956, p. 517, note P. Malaurie ; Civ.1re, 2 nov. 1959, Bull. civ. 1959, I, 408 ; Civ. 1re, 10 oct. 1960, JCP G 1961, II, 11980, note Esmein ; Civ. 2e, 21 janv. 1970, D. 1970, p. 525, note Y. L. Faivre ; Civ. 2e, 10 oct. 1973, Bull. 1973, II, n°251, p. 200 ; RTD civ. 1974, p. 652 obs. J. Normand ; Civ. 1re, 15 mai 1973, JCP.IV. 1973, IV, 244 ; Civ. 2e, 24 mai 1973, JCP 1973, IV, 261 ; Civ. 2e, 27 oct. 1976, JCP 1976, IV, 375 ; Civ. 1re, 29 nov. 1978, Bull. civ. I, n°769, p. 287 ; D. 1979, p. 381, note A. Bénabent ; D. 79, IR, p. 344, obs C. Larroumet ; RTD civ 1979, p. 423, obs. J. Normand ; Civ. 2e, 27 oct. 1982, D. 1984, p. 292, note R. Martin ; JCP G 1984, II, 20152, note Jourdain ; RTD 1983, p. 378, obs Normand ; RTD 1984, p. 318, obs. G. Durry.

572 D'après ce principe, seules les parties disposent du litige. Ce sont elles qui en délimitent le champ. Le litige est la chose des parties. Cependant, si tout le monde est d'accord pour imposer le respect de ce principe fondé sur la liberté de l'individu, l'unanimité n'existe plus dès qu'il s'agit d'en déterminer le contenu. Pour certains, le principe dispositif signifie que les parties disposent du fait et du droit alors que pour d'autres il signifie que les parties ne disposent que des faits laissant au juge la maîtrise du droit. Sur l'ensemble de ces questions, voir Glasson et Tissier et Morel, traité théorique et pratique d'organisation judiciaire, de compétence et de procédure civile, 3e éd., Sirey 1936, n°107 ; Croze H, Morel C., Fradin O. Procédure civile, manuel pédagogique et pratique, Litec-Lexis Nexis 2008, n°149 ; G. Bendjouya, Procédure civile, Presses universitaires de Grenoble, 2001, n°178 ; J. Héron, Droit judiciaire privé, 4e éd., Montchrestien, 2010, n°167 ; S. Guinchard, Droit et pratique de la procédure civile, 6e éd., Dalloz, 2009, n°217 ; G. Couchez, Procédure civile, 16e éd., Sirey, 2010 , n°225.

573 Voir Riom, 19 mars 1904, cité par Y. Brochen, thèse précitée p. 58 ; Civ. août 1905, S. 1907, 1, 25 ; Civ. 6 juin 1923, D. 24, 1, 206 ; Req. 17 déc. 1927, GP 1928, 1, 394 ; Douai 4 mars 1929, Rec. 1929, p. 164 ; Req. 27 mars 1935, DH 1935, p. 300 ; Civ. 1re, 20 fév. 1956, Bull. civ. I, n°82 ; Civ. 1re, 23 janv. 1959, D. 1959, p. 101, note Savatier ; Cass. civ. 10 oct. 1960, JCP 1961, II,°11980, note Esmein. *Contra.* Riom, 19 mars 1904, cité par Y. Brochen, *op. cit.* p. 58 ; Civ. 6 juin 1923, D. 1924, 1, p. 206 ; C. A. de Douai, 9 avr. 1925, cité par Y. Brochen, *op. cit. Loc. cit. ;* Req. 27 déc. 1927, GP 1928, 1, p. 394 ; Req. 21 oct. 1924, DH 1924, p. 639.

574 Civ. 14 mai 1935, DH 1935, p. 362 ; GP 1935, 2, 335 ; Req. 22 nov. 1937, S. 1938, 1, 29 ; Civ. 1re, 10 oct. 1960, JCP 1961, n°11980, note Esmein ; Civ. 1re, 3 oct. 1962, Bull. Civ.1962, n°393, p. 339 ; CA Paris 9 fév.1968 : JCP 1968, II, 15653, note Prieur ; Civ. 2e, 1 juill. 1970, Bull., II, n°228 ; RTD civ. 1971, n°1, p. 376, obs. G. Durry ; JCP 1970, IV, 5827, note J. A ; Civ. 1re, 9 nov. 1978, Bull. civ. I, n°369, p. 287 ; D. 1979, IR, p. 344, obs. C. Larroumet ; D. 1979, p. 381, note A. Bénabent ; Civ. 1re, 29 nov. 1978 ; RTD civ. 1979, p. 423, obs. J. Normand. *Contra.* Civ. 14 mars 1938, GP 1938 ; Civ. 2e, 17 déc. 1954, D. 1955, p. 269, note Rodière ; Civ. 2e, 17 déc.

de leurs demandes, les parties au litige fixent nécessairement les limites du débat judiciaire et lient ainsi le juge[575].

Cette différence de cause entre les articles 1382 et suivants et 1147 et suivants tient, selon Y. Brochen[576], à l'appartenance de ces textes à deux ordres différents de responsabilités. En fait, tout en adhérant aux préceptes de la théorie classique, l'auteur trouve exagérée l'assimilation intégrale de la cause de la demande à son fondement textuel. C'est ainsi que, pour lui, les textes délictuels, malgré leur diversité, expriment une cause unique. En revanche, « La cause de la demande varie lorsque le demandeur appuie sa prétention sur des ordres de responsabilités différents »[577].

Tout en concédant que la responsabilité contractuelle et la responsabilité délictuelle sont deux institutions parallèles entre lesquelles il n'y a pas de différences fondamentales[578], l'auteur reprend, non sans paradoxe, les arguments classiques de la thèse du non-cumul. La différence de cause entre la responsabilité contractuelle et la responsabilité délictuelle tient selon lui à l'existence d'un rapport contractuel préexistant entre les parties au litige dans le cadre de la responsabilité contractuelle ; un tel rapport fait défaut lorsque le plaideur sollicite la responsabilité délictuelle. Or, on a déjà vu que la préexistence d'un contrat pourrait être simplement accidentelle[579], et ne devrait même pas dans ce cas influencer la qualification de la responsabilité encourue. L'auteur trouve également dans les différences des conditions d'exercice un motif justifiant la différenciation des actions contractuelles et délictuelles sur un plan strictement procédural. Ceci étant, cette démonstration ne brille pas par sa cohérence. C'est ainsi que les dissemblances dans les conditions d'exercice au sein des textes délictuels pourraient être fondamentales. En revanche, on peut à maintes reprises passer de l'ordre délictuel vers l'ordre contractuel sans qu'une différence de régime soit réellement sensible[580].

1954, JCP 1955, II, 8499, note Savatier ; Trib. civ. Orléans, 28 nov. 1950, D. 1950, p. 786. Sur l'exposé de cette jurisprudence voir H., L. Mazeaud et A. Tunc, Traité théorique et pratique de la responsabilité civile délictuelle et contractuelle, T.1, 6e éd., Montchrestien, 1965, n°2093 ; M. Espagnon, La règle du non-cumul des responsabilités en droit civil français, thèse précitée, p. 121 et s.

[575] Voir à titre d'exemple, Civ. 1re, 1 juillet 1970, BC I 1970, p. 174, n°228, la Cour précise qu'« il résulte des qualités et des motifs de l'arrêt attaqué que la demanderesse avait fondé son action sur les seules dispositions des articles 1382 et 1384 du Code civil. Que dès lors, les juges du second degré, tenus de statuer dans les limites strictes des conclusions des parties, n'étaient pas autorisés à substituer d'office à la demande dont ils étaient saisis, une demande différente dans sa cause est fondée sur l'article 1147 ».

[576] *Op. cit.*, p. 55 et s.

[577] *Op. cit.*, p. 55 et s

[578] *Op. cit.*, p. 42.

[579] Voir *supra* n°58 et s.

[580] Voir i*nfra* n°116 et s.

Se voulant plus extensive, la thèse de J.-P. Gilli[581] réfute elle aussi l'assimilation de la cause de la demande à son fondement textuel. Décriant le formalisme excessif de la jurisprudence, l'auteur considère que la cause juridique de la demande, loin de s'identifier au texte invoqué, devrait être recherchée « dans le principe qui sert de fondement de celui-ci »[582]. Gilli invite ainsi à analyser la règle de droit invoquée par le plaideur afin de rechercher son fondement, le principe qui l'a inspirée[583]. Si les règles de droit invoquées expriment des principes différents, les causes sont différentes. Dans le cas contraire, les deux demandes sont fondées sur la même cause. Appliquant ces directives aux textes contractuels et délictuels, l'auteur trouve que ces deux derniers « correspondent à des principes juridiques différents : dans le premier cas le respect des obligations contractuelles, dans le second la responsabilité du fait des dommages causés »[584]. La thèse de Gilli conduit dès lors, malgré la différence de méthode, aux mêmes résultats soutenus par Brochen. Elle s'expose du coup aux mêmes reproches. Les regrets s'aiguisent quand il apparaît que la justification de la différenciation de cause entre la responsabilité contractuelle et la responsabilité délictuelle ne tient pas à une donnée propre au droit procédural. Ainsi Brochen a-t-il pu écrire : « si les éléments de ces deux actions présentent de nombreuses analogies, et s'il faut leur appliquer souvent des règles identiques, *il semble certain que la cause des actions qu'elles engendrent ne puisse en aucun cas être confondue*[585]. »[586] En quoi cette cause est-elle différente ? S'agit-il d'une raison propre au droit judiciaire ? Nulle part dans leurs analyses les deux auteurs n'ont fourni de réponse. Ils ne font que reprendre les arguments classiques des tenants de la règle du non-cumul. Ce faisant, la négation de l'identité de cause entre la responsabilité contractuelle et la responsabilité délictuelle ne fait qu'aggraver les effets néfastes de ladite règle. Source d'injustice entre les victimes[587], cette dernière risque de devenir également une source de « litigation » excessive. Saisi par erreur sur le fondement des articles 1382 et suivants du Code civil, le juge doit non seulement proclamer la responsabilité délictuelle inapplicable, mais aussi et surtout repousser définitivement l'action de la victime, même lorsqu'il ressort de l'examen des faits que la responsabilité contractuelle du défendeur pourrait être retenue. L'application de la règle du non-cumul amène ainsi à des conséquences inédites et incongrues. Le trouble est à son comble car à maintes

581 *Op. cit.*, p. 117.
582 *Ibid.* L'auteur reprend pour son compte la thèse de M. Azard. En effet, ce dernier considère que « dans le domaine des actions, la notion de cause est simple : elle désigne simplement le principe juridique en vertu duquel le plaideur réclame l'objet de sa demande ». Voir A. Azard, « L'immutabilité de la demande en droit judiciaire français », thèse, Paris, 1936, p. 25.
583 J. P. Gilli, *op. cit.*, p. 79.
584 *Ibid.*, p. 137.
585 Nous soulignons.
586 Y. Brochen, *op. cit.*, p. 55.
587 Voir *supra* n°59.

reprises le régime de la responsabilité encourue est le même quel que soit le fondement invoqué[588]. Or, il peut paraître contraire à l'exercice d'une bonne justice de rejeter l'action de la victime pour une simple erreur de visa[589]. La jurisprudence est parfois incertaine quant à la qualification à donner. Est-il juste, dans ce contexte, de sanctionner un plaideur parce qu'il n'a pas été » plus clairvoyant que la jurisprudence elle-même »[590] ?

En assimilant la cause de la demande à son fondement juridique, la théorie classique de la cause fait preuve d'un formalisme excessif. Plusieurs auteurs ont proposé de réduire cette rigueur en introduisant dans la définition de la cause les éléments de faits présentés à l'appui de la demande[591].

92. La théorie mixte de la cause de la demande. Dans cette conception, la cause de la demande serait un ensemble de faits juridiquement qualifiés. Toute demande en justice implique la revendication d'un droit en fonction duquel sont déterminés les faits soumis au juge. L'élargissement de la notion de cause, par l'introduction de l'élément factuel à côté de l'élément juridique, ne devrait pas pour autant conduire, selon les tenants de la théorie mixte, à une modification substantielle de l'office du juge. L'exposé des faits par les plaideurs n'est jamais neutre, il comporte implicitement une qualification qui lierait le juge. Le tribunal ne peut ainsi donner à des faits ayant reçu la qualification de faute délictuelle celle de faute contractuelle. « Si la qualification restreint aussi sensiblement les pouvoirs du juge », précise le doyen Normand, « c'est parce qu'elle coiffe et délimite la cause »[592]. La théorie mixte conduit dès lors à des résultats qui se rapprochent sensiblement de la théorie juridique de la cause. En toute hypothèse, le juge n'est pas autorisé à corriger les demandes incorrectement fondées. Ce faisant, on perd de vue les véritables intérêts en jeu et l'on crée des complications qu'aucun impératif pratique n'impose.

Sans être totalement détrônée[593], cette manière de concevoir l'office du juge, à cause de sa rigueur excessive, a cédé le pas à d'autres théories permettant au juge de requalifier et de replacer le débat sur son terrain exact.

---

588 Civ. 1re, 10 oct. 1960, JCP 1961, II, 11980, note Esmein ; Civ. 1ère, 7 nov 1961, D. 1962, p. 141 ; Civ. 1ère, 7 fév. 1962, D. 62, p. 433.

589 M. Espagnon, thèse précitée, p. 146 ; G. Viney, Traité de droit civil, Introduction à la responsabilité, 3e éd. Paris, LGDJ, 1995, n°220.

590 Espagnon, thèse précitée, p. 146.

591 P. Hébraud, RTD civ. 1951, p. 581 ; RTD civ. 1955, p. 700 ; RTD civ. 1959, p. 776 ; RTD civ. 1960, p. 709 ; RTD civ. 1962, p. 15 ; RTD civ. 1963, p. 140 ; RTD civ. 1971, n°5, p. 193 ; Rapport au Ve colloque des instituts d'Études judiciaires, « la logique judiciaire », PUF 1969, p. 23 ; P. Malaurie, note sous Soc 18 mars 1956, D. 1956, p. 517 ; J. Miguet, L'immutabilité et évolution du litige, thèse, LGDJ, 1977, n°40 ; R. Martin, « Le fait et le droit ou les parties et le juge », JCP, 1974, I,°2025 ; J. Normand, « Le juge et le fondement du litige », mél. Hébraud, p. 595 ; R. Martin, « Le juge devant la prétention », D. 1987, chron. 35.

592 J. Normand, « L'office du juge dans ses rapports avec le litige », LGDJ, 1965, p. 166.

593 Ph. Malinvaud, par exemple, continue à assimiler la cause de la demande à son fondement juridique. Ainsi a-t-il pu écrire : « On entend ici par cause de la demande le motif juridique invoqué et plus précisément le texte de loi ou l'article du Code sur lequel se fonde la demande et

2. *L'affirmation de l'identité de cause entre la responsabilité contractuelle et la responsabilité délictuelle*

93. La théorie factuelle de la cause. Systématisée par Motulsky[594], la détermination de l'office du juge en fonction de la distinction du fait et du droit rallie actuellement la majorité de la doctrine française[595]. Excluant la règle juridique de la définition de la cause de la demande, Motulsky conçoit cette dernière comme étant l'ensemble des faits sur lesquels est fondée la prétention[596]. La qualification juridique des faits n'est donc même pas un élément de la cause. Selon la construction doctrinale de l'auteur, le juge, en raison de la fonction juridictionnelle dont il est investi, est chargé de la façon la plus large de l'application de droit. Par conséquent, les parties apportent les faits, mais c'est au juge qu'il incombe de dire quelle est la règle de droit applicable[597].

C'est ainsi que dans un procès de responsabilité, lorsque le demandeur n'a pas fixé un fondement précis à sa demande, le juge doit lui-même rechercher quel est le régime de responsabilité applicable[598]. Mais également et surtout,

---

qui sera expressément visé dans l'assignation et dans la décision rendue ». Voir Ph. Malinvaud, Droit des obligations, *op. cit.* , n°532.

[594] H. Motulsky, « Principes d'une réalisation méthodique du droit privé », Sirey, 1948 ; « La cause de la demande dans la délimitation de l'office du juge », D. 1964, p. 235 ; « Prolégomènes pour un futur code de procédure civile », D. 1972, chron. XVII.

[595] Voir F. Bussy-Dunaud, « Le concours d'actions en justice entre les mêmes parties, L'étendue de la faculté de choix du plaideur », thèse, LGDJ, 1988 ; M. Espagnon, thèse précitée, n°149 ; P. Blondel, « Le juge et le droit », *in* Le nouveau Code de procédure civile, vingt ans après, Actes de colloque des 11 et 12 décembre 1997, La documentation française 1998, p. 106 ; H. Sak, « Plaidoyer pour la promotion de l'ensemble des principes directeurs de l'instance au rang des principes généraux du droit », PA 2000, n°77, p. 4 ; J. P. Desideri, « Le fondement juridique de la demande dans le procès civil », P. A 2000, n°111, p. 5.

[596] Il faut préciser que la théorie de H. Motulsky concevant la cause comme l'ensemble de faits soumis aux juges a déjà été soutenue par L. Josserand. Pour ce dernier, La cause de l'action en responsabilité, « est l'accident survenu ou si l'on veut le dommage qui en résulte ». L'auteur proteste la négation de l'identité de cause entre la responsabilité contractuelle et délictuelle et dépeint « un des plus criants abus des voies de droit qui se puisse imaginer et qui consisterait pour la victime à considérer l'auteur du dommage comme l'homme de l'article 1382, ou le gardien de 1384 ou le contractant des articles 1134 et s ». Voir L. Josserand, « La doctrine contre la jurisprudence », DH 1931, chron. p. 69. Certains arrêts anciens, rares il est vrai, consacre également l'unité de cause entre la responsabilité contractuelle et la responsabilité délictuelle. Voir Civ. 6 juin 1923, D. 1924, 1, p. 206 « attendu que la cause de la demande, à savoir le préjudice causé était resté le même ». La même formule a été reprise par la Chambre des requêtes dans son arrêt du 27 déc. 1927, GP 1928, 1, p. 34.

[597] L'auteur s'appuie sur l'adage « *Da mihi factum tibi dabo jus* ».

[598] Depuis le décret du 28 décembre 1998, les parties ont désormais l'obligation de présenter dans leurs écritures des « moyens en fait et en droit ». C'est une obligation de qualifier les faits qu'a instituée la loi sanctionnée par une nullité de fond, voir G. Bolard, Les écritures qualificatives, JCP G 2000, I, 214.

lorsque les parties ont fondé leur action sur un texte précis et qu'il se révèle à l'examen des faits contradictoirement débattus que ce fondement est inexact, le juge peut les requalifier et substituer au fondement erroné, le texte exact. Il peut donc modifier le fondement de l'action en responsabilité.

La théorie de Motulsky permet ainsi d'atténuer la rigueur de la règle du non-cumul. Au lieu de rejeter la demande fondée à tort sur la base des articles 1382 et suivants, le juge pourrait examiner l'affaire sous l'angle contractuel. En soustrayant l'élément juridique de la cause, l'auteur arrive ainsi à bouleverser les solutions classiques[599]. La cause de l'action en responsabilité est toujours la même, les textes que le demandeur présente à l'appui de sa demande ne sont que des moyens. Henri et Léon Mazeaud soutiennent eux aussi une thèse analogue. La responsabilité contractuelle du défendeur, sa responsabilité délictuelle en raison de son fait personnel, du fait d'autrui ou du fait des choses ne sont que des moyens pour le demandeur d'obtenir la reconnaissance de son droit violé par le défendeur, la cause de l'action étant quant à elle toujours invariable, immuable. Le passage d'une responsabilité à l'autre ne constituerait qu'un changement de moyens[600]. A. Tunc ramène quant à lui la cause à la notion de question litigieuse et aboutit de ce fait à un résultat identique[601]. Il en va de même pour Besson, selon lequel les différents textes avancés par le demandeur ne forment que des moyens à l'appui d'une cause unique[602].

Expurgée de toute référence aux éléments juridiques[603], la notion de cause permet ainsi d'octroyer de larges pouvoirs au juge en matière de qualification et

---

599 On a vu que la jurisprudence classique considérait que la cause de la demande en responsabilité varie suivant les articles invoqués. À la différence de textes correspond une différence de cause.

600 Voir H. et L. Mazeaud, Traité théorique et pratique de la responsabilité civile délictuelle et contractuelle, T. 1, 4e éd., Sirey 1970., n°2099.

601 Voir A. Tunc, note sous Soc. 13 déc. 1957, GP 1958, 1, 161 *adde* H. L., J. Mazeaud et A. Tunc, Traité de la responsabilité civile délictuelle et contractuelle, T. III, 6e éd., Montchrestien, n°2091 et s., n°2091.

602 Voir Besson, note sous Req. 23 nov. 1927, D. 1928, 1, 121.

603 Cette définition de la cause juridique de la demande n'est valable selon H. Motulsky que pour délimiter l'office du juge. En revanche, au regard de l'autorité de la chose jugée, le fait allégué ne suffit plus à délimiter la notion de cause. Il faut également étudier l'étendue du jugement et voir si tous les éléments de la nouvelle demande ont été tranchés par le premier jugement. Il faut s'assurer que la première décision judiciaire a bien tranché le problème juridique envisagé à l'occasion de la nouvelle demande en justice. « Lorsqu'on s'interroge sur ce qui a été jugé », écrit Motulsky « on ne peut que s'entendre par là ce qui l'a été en fait et en droit ». Voir H. Motulsky, « Pour une délimitation plus précise de l'autorité de la chose jugée en matière civile », D. 1964, chron., p. 1. Cette dualité dans la définition de la cause nous paraît critiquable. Nous pensons que la question de l'office du juge est intimement liée avec celle de l'autorité de la chose jugée. Certes, la thèse de Motulsky conduit à un luxe procédural, puisque le plaideur perdant peut toujours reprendre le combat judiciaire sur une autre base juridique, mais est-ce raisonnable ? Le doute est permis. Nous proposons en revanche une définition unitaire et factuelle de la cause valable pour déterminer l'office du juge et l'autorité de la chose jugée. Voir *infra* n°106 et s.

de requalification. En affirmant dans son article 12 que le juge « doit donner ou restituer leur exacte qualification aux faits et actes litigieux, nonobstant la dénomination que les parties en auraient proposée », le nouveau Code de procédure civile semble consacrer sans équivoque la théorie de Motulsky. On pourrait penser alors que la rigueur procédurale dans l'application la règle du non-cumul allait être atténuée. *Que nenni* ! Il serait hâtif de conclure à un renversement des solutions classiques. Le chemin est encore semé d'embûches. Le bilan est pour le moins décevant.

B. L'impact limité de la réforme du nouveau Code de procédure

94. Issu du décret du 9 septembre 1971[604], le nouveau Code de procédure civile paraît épouser la théorie de Motulsky, qui a d'ailleurs été son principal inspirateur. Aux parties la charge d'alléguer et de prouver les faits[605], au juge celle d'appliquer la règle juridique appropriée[606]. Soucieux d'éviter toute équivoque, le Code a même abandonné la notion de cause au profit du « fondement de la prétention »[607], un fondement sur lequel le juge pourrait exercer des pouvoirs de qualification importants. Néanmoins, malgré le caractère explicite et impératif de l'article 12, l'examen de la jurisprudence laisse perplexe. L'impression générale est que cette dernière n'a pas rompu avec ses propres traditions (1). Il convient dès lors de chercher les raisons profondes de ce conservatisme (2) avant de proposer des solutions plus cohérentes eu égard aux intérêts en cause. (3)

1. Un conservatisme jurisprudentiel déplorable

95. L'application timide de l'article 12 du nouveau Code de la procédure civile. La jurisprudence interdisait pendant longtemps aux juges du fond de passer d'office de la responsabilité délictuelle à la responsabilité

---

604 Sur la réforme du Code de procédure civile, voir H. Motulsky, « Prolégomènes pour un futur code de procédure civile : la consécration des principes directeurs du procès civil par le décret du 9 septembre 1971 », D. 1972, chron. XVII ; M. Bellamy, « Le pouvoir de commandement du juge, ou le nouvel esprit du procès », JCP 1973, I, 2522 ; E. Blanc, « Une année d'application de la nouvelle procédure civile, Bilan jurisprudentiel », JCP 1973, I, 1258 ; E. Blanc, « Principes généraux de la novelle procédure civile », JCP 1973, I, 2559 ; R. Martin, « Le fait et le droit ou les parties et le juge », JCP 1974, I, 2025 ; C. Tivaufrey-Bourdin, L'intervention d'office du juge, les pouvoirs d'action d'office du juge à l'épreuve des principes directeurs du procès civil, RRJ 2007, 2, p. 909.

605 L'article 6 du nouveau Code dispose qu' « à l'appui de leurs prétentions, les parties ont la charge d'alléguer les faits propres à les fonder ».

606 L'article 12 du nouveau Code de procédure.

607 H. Motulsky, « Prolégomènes pour un futur code de procédure civile, article précité n°39 indique qu'« il a paru préférable de renoncer au vocable même de la cause. À juste titre, nous semble-t-il, car [...] les significations du mot sont [...] loin d'être uniformes ni univoques ».

contractuelle[608]. Instituant expressément un pouvoir général de requalification, l'article 12 a-t-il convaincu la Cour de cassation française de changer de position ? Après quelques hésitations[609], la haute juridiction a semblé abandonner cette interdiction en permettant aux juges du fond de redresser en matière de responsabilité les fondements juridiques invoqués à tort. Ainsi, lorsque le demandeur s'est appuyé, au mépris de la règle du non-cumul, sur les articles 1382 et suivants, le juge peut condamner le défendeur comme contractuellement responsable en vertu de l'article 1147 du Code civil[610]. De même, le juge peut se fonder sur la responsabilité délictuelle alors que le demandeur n'a sollicité que les règles de la responsabilité contractuelle[611]. Certes, on est passé de l'interdit au permis, mais le doute s'est vite installé. Les

[608] Voir Civ. 14 mai 1935, DH 1935, p. 362 ; GP 1935, 2, 335 ; Req. 22 nov. 1937, S. 1938, 1, 29 ; Civ. 1re, 10 oct. 1960, JCP 1961, n°11980, note Esmein ; Civ. 1re, 3 oct. 1962, Bull. Civ.1962, n°393, p. 339 ; CA Paris 9 fév.1968 : JCP 1968, II, 15653, note Prieur ; Civ. 2e, 1 juill. 1970, Bull., II, n°228 ; RTD civ. 1971, n°1, p. 376, obs. G. Durry ; JCP 1970, IV, 5827, note J. A ; Civ. 1re, 29 nov. 1978, Bull. civ. I, n°369, p. 287 ; D. 1979, IR, p. 344, obs. C. Larroumet ; D. 1979, p. 381, note A. Bénabent ; Civ. 1re, 29 nov. 1978 ; RTD civ. 1979, p. 423, obs. J. Normand. *Contra.* Civ. 14 mars 1938, GP 1938 ; Civ. 2e, 17 déc. 1954, D. 1955, p. 269, note Rodière ; Civ. 2e, 17 déc. 1954, JCP 1955, II, 8499, note Savatier ; Trib. civ. Orléans, 28 nov. 1950, D. 1950, p. 786.

[609] Même après la réforme, la Cour de cassation continuait à censurer comme autrefois les arrêts qui passaient d'office d'une responsabilité à une autre. Elle reprend, en reprochant aux juges d'avoir modifié les termes du litige, les arguments des tenants de la théorie classique de la cause. Voir Civ. 2e, 27 oct. 1976, Bull. civ. II, n°291, p. 228, Civ. 2e, 27 oct. 1982, D. 1984, p. 292, note R. Martin ; GP 1984, Pan. 60, obs. Chabas ; JCPG 1984, II, 20152, note P. Jourdain ; RTD 83, p. 378, obs Normand ; RTD 84, p. 318, n°2, obs. G. Durry ; Civ. 2e, 3 fév. 1983, JCP 1984, II, 20270, note F. Chabas.

[610] TGI Lyon, 12 juillet 1974, JCP 1975, IV, 102 : saisi d'une action en dommages et intérêts fondée sur les articles 1382 et 1384 et dirigée contre un hôpital psychiatrique à la suite du suicide d'un malade, le juge du fond peut relever éventuellement la violation du contrat liant le malade à l'hôpital ; Civ. 1re, 14 mars 1978, Bull. civ., n°106, p. 86. Le pourvoi reprochait au juge de second degré saisi sur le fondement délictuel de s'être placé sur le terrain de la responsabilité contractuelle, la Cour répond : « le tribunal ayant considéré que l'aéroclub avait contracté l'obligation de mettre à la disposition de la société un appareil en bon état, l'aéroclub n'a pas contesté l'existence de cette obligation mais a reproché aux premiers juges d'avoir invoqué à la fois la responsabilité délictuelle et la responsabilité contractuelle, que dès lors, en retenant la seule responsabilité contractuelle de l'aéroclub, la Cour d'appel n'a pas excédé les termes du litige et n'a pas méconnu le principe du contradictoire ». Cet arrêt indique de façon très nette que le juge peut, lorsque les conditions d'application de la responsabilité ne sont pas contestées, donner à celle-ci sa véritable dénomination et statuer sur le fondement correct.

[611] Voir Civ. 1re, 18 janv. 1989, Bull. civ. I, n°18 ; JCP 1989, II, 21568, note Quénaudon, voir déjà TGI Paris 19 déc. 1972, JCP 1974, II,°17618, note Rodière ; RTD civ 1974, n°2, p. 449, obs. J. Normand, en l'espèce, il s'agissait d'un accident de quai. La victime demandait la réparation sur le fondement de l'article 1147, le Tribunal refuse la reconnaissance d'une obligation de sécurité de résultat, et applique, conformément à la réforme de 1971-1972 le pouvoir de donner ou restituer aux faits et actes litigieux leur exacte qualification. Il se place sur le terrain délictuel secourable pour les victimes. La décision du TPI de Paris est assurément contraire à la jurisprudence traditionnelle de la Cour de cassation. Celle-ci n'admettait pas que le juge saisi sur le terrain de la responsabilité contractuelle puisse statuer sur celui de la responsabilité délictuelle. Elle ne l'autorisait pas davantage la substitution inverse.

pouvoirs conférés au juge par l'article 12 du nouveau Code de procédure civile constituent-ils une obligation ou une simple faculté ? La question ne présente pas d'intérêt pratique si le juge use de son pouvoir de requalification. Peu importe qu'il l'ait fait à titre d'obligation ou de simple faculté. Il n'en va pas de même dans le cas où il s'abstient d'exercer ce pouvoir. Peut-on lui reprocher de n'avoir pas opéré d'office une requalification ? Devant la Cour de cassation, aucun reproche ne pourra être adressé au juge s'il ne s'agit que d'une simple faculté, alors que la cassation de la décision pourra être demandée si ce dernier est tenu d'une obligation. Or, justement la question de savoir si les juges disposent d'une simple faculté ou assument un devoir de requalification a longtemps divisé les différentes Chambres de la Cour de cassation.

96. Faculté ou obligation ? Le tumulte jurisprudentiel. Quelques arrêts émanant de la première Chambre civile semblent consacrer une véritable obligation au juge du fond d'examiner les faits sur le fondement contractuel dès lors qu'il a appliqué la règle du non-cumul. Illustrissime à cet égard est l'arrêt Chesnoy[612]. Visant expressément l'article 12, alinéa 1 et 2 du nouveau Code de procédure civile, la haute juridiction casse une décision dans laquelle les juges du fond avaient, après avoir soulevé d'office la règle du non-cumul, refusé de statuer sur le fondement contractuel. À l'appui de cette cassation, la Cour énonce « qu'il appartenait à la Cour d'appel de se prononcer sur la responsabilité éventuelle de chacune des parties au regard du contrat dont elle venait reconnaître l'application ».

Mais cette solution est loin d'être suivie par la deuxième Chambre civile qui préfère, quant à elle, reconnaître au juge une simple faculté de requalification[613], de sorte que l'amorce d'une évolution jurisprudentielle n'est pas encore acquise. D'ailleurs, souvent déclarée comme partisane d'une obligation de requalification, la première Chambre civile se montre particulièrement

---

[612] Civ. 1re, 19 mars 1985, Bull. civ. n°96, p. 89 ; JCP 1985, IV, 197, obs. Normand ; La Cour de cassation a cassé un arrêt au visa de l'art. 12 al. 1 et 2 du NCP qui avait rejeté une demande sur le fondement délictuel qui était celui invoqué par les parties, alors qu'il appartenait à la Cour d'appel de se prononcer sur la responsabilité éventuelle de chacune des parties au regard du contrat dont elles venaient de reconnaître l'application. Voir déjà Com. 26 fév. 1985, Bull. civ. IV, n°78, p. 67 ; JCP 1985, IV, 172. L'arrêt instaure une véritable obligation pour les juges du fond de rechercher si l'article 1147 ne pouvait pas être substitué à l'article 1382 en déterminant si les faits allégués par le demandeur ne caractérisaient pas un manquement à une obligation contractuelle. Voir également Civ. 1re, 22 avril 1997, JCP 1997, II, 22944, note G. Bolard.

[613] Civ. 2e, 30 janvier 1985, Bull. II, n°2, p. 15. Selon la Cour, « si l'article 12 du nouveau Code de procédure permet au juge, lorsque les parties n'ont pas, en vertu d'un accord exprès, limité le débat, de changer la dénomination ou le fondement juridique de la demande, *il ne lui en fait pas obligation* (nous soulignons) ». Cet attendu a été repris dans plusieurs autres arrêts, voir Civ. 2e, 14 février 1985, JCP 1988, II, 2130, note J. Héron ; Civ. 2e, 7 février 1985, D. 1986 ; somm., p. 17, note J.-C. Groslière ; Civ. 2e, 4 nov. 1988, Bull. civ. II, n°202, p. 111 ; D. 1989, p. 609, note A. M. Frison-Roche ; Civ. 2e, 27 juin 1990, Bull. civ. II, n°154, p. 78 ; Civ. 2e, 26 mai 1992, JCP 1992, I, 3625, n°16 et 17, obs. G. Viney ; Civ. 2e, 8 juin 1995, Bull. civ. II, n°168, p. 97 ; RTD civ. 1995, p. 869, obs. J. Normand.

hésitante. Après avoir affirmé à maintes reprises que le juge doit requalifier,[614] elle a préféré investir les juges d'une simple faculté de requalification dans son arrêt du 21 février 2006[615] avant de revenir le 15 mai 2007 à sa position initiale[616]. Or, seule l'affirmation d'une obligation de requalification permettrait d'éviter que la règle du non-cumul puisse être utilisée de façon dilatoire. Soutenir que l'article 12 du nouveau Code de procédure civile n'édicte qu'une simple faculté ne fait qu'affaiblir la portée de la réforme. La curiosité du juge est dans ce cas laissée à sa libre appréciation : il peut certes toujours rechercher d'office la règle effectivement applicable, mais il n'a aucune obligation à cet égard.

97. La règle du non-cumul excessivement rigidifiée. L'examen de la jurisprudence montre qu'elle était peu favorable à accueillir son pouvoir de rectification. Les juges étaient particulièrement réticents à opérer des requalifications[617] lorsque le passage d'une responsabilité à l'autre impliquait des différences de régimes entre la responsabilité contractuelle et la responsabilité délictuelle.

Cette position se rencontre surtout lorsque le demandeur a fondé son action sur la responsabilité délictuelle du fait des choses alors que le dommage résulte de l'inexécution d'une obligation se sécurité. L'arrêt du 26 mai 1992[618], émanant de la deuxième Chambre civile, illustre parfaitement cette tendance. Lors de travaux de rénovation d'un immeuble, un incendie se propage, détruisant l'automobile du maître d'ouvrage. Celui-ci exerce une action en responsabilité contre l'entrepreneur en se fondant sur l'article 1384 du Code civil. La Cour de cassation, retenant l'existence d'un marché de travaux entre les parties, casse l'arrêt de la Cour d'appel qui a indemnisé la victime sur la base des règles délictuelles. Le principe du non-cumul exige que la réparation se

---

614 Civ. 1re, 19 mars 1985 précité, adde Civ. 1re, 24 janv. 2006, Bull. civ. I, n°36.

615 Civ. 1re, 2 fév. 2006, Bull. civ. I, n°86 ; RDC 2006, p. 816, obs. G. Viney ; D. 2006, IR, p. 673, la Cour affirme que « les juges, s'ils peuvent rechercher eux-mêmes la règle de droit applicable au litige, n'en ont pas l'obligation dès lors que le demandeur a précisé le fondement juridique de sa prétention ». Voir dans le même sens Civ. 1re, 20 sept. 2006, D. 2006, IR, p. 2418 ; Civ. 1re, 30 janv. 2007, Bull. civ. I, n°442.

616 Civ. 1re, 15 mai 2007, inédit, pourvoi n°06-14781.

617 H. Motulsky définit la qualification juridique comme étant « la traduction de concepts de fait par des concepts de droit ». La cause de la demande dans la délimitation de l'office du juge, D. 1964, p. 237. Pour J.-L. Aubert la qualification juridique est « l'opération intellectuelle par laquelle on caractérise une donnée de fait, simple ou complexe, au regard de la règle de droit. Elle permet de passer du pur fait à l'insertion de ce fait dans l'application de la règle de droit ». Voir J.–L. Aubert, La distinction du fait et du droit dans le pourvoi en cassation, D. 2006, p. 1115. Pour L. Boré, la qualification des faits ou des actes « consiste à identifier une situation de fait à une notion légale, à déterminer sans quelle catégorie légale rentre le fait ou l'acte dont l'existence a été constatée et par suite, à apprécier quelle règle juridique lui est applicable ». Voir aussi H. Croze, Recherches sur la qualification en droit processuel, Th. Lyon 1981 ; T. Janville, La qualification juridique des faits, thèse, Paris II, 2002.

618 Civ. 2e, 26 mai 1992, JCP 1992, I, 3625, n°16 et 17, obs. G. Viney.

fasse uniquement sur la base des règles contractuelles. Se trompant sur le fondement exact de sa demande, la victime est purement et simplement déboutée de son action. Cette sévérité, rappelant « la procédure formulaire du droit romain »[619], est pour le moins regrettable. Seule la victime en ferait les frais. Ceci est d'autant plus vrai que la même tendance est encore présente lorsqu'il s'agit seulement de changer la dénomination juridique de la responsabilité encourue. En effet, il peut arriver que les faits générateurs de responsabilité et/ou leurs régimes soient les mêmes dans les deux branches de responsabilité[620]. C'est essentiellement le cas lorsque le fait dommageable constitue à la fois une faute délictuelle et un manquement à une obligation contractuelle de moyen. La qualification contractuelle ou délictuelle n'est alors qu'une simple étiquette qui recouvre des raisonnements analogues[621]. Il est certain que, dans ce cas, les juges peuvent modifier la dénomination de la responsabilité jugée incorrecte. L'article 12 du nouveau Code de procédure les invite expressément à requalifier « sans s'arrêter à la dénomination que les parties lui avaient proposée ». La jurisprudence quant à elle préfère ne pas modifier le fondement invoqué par les parties.

L'arrêt émanant de la troisième Chambre de la Cour de cassation du 9 juin 1999[622] montre encore une fois cette rigueur. La haute juridiction a cassé la décision de la Cour d'appel au motif qu'elle avait fondé la condamnation d'un architecte vis-à-vis des copropriétaires sur la base des articles 1382 et 1382 du Code civil alors que sa faute tombait sous l'égide de l'article 1792 du Code civil. Or, dans cette hypothèse, comme l'écrivait à juste titre Mme Viney, « il semble bien que l'application de l'article 1792 aurait conduit au même résultat que celui qu'avait permis l'article 1382 »[623]. Loin d'être isolée, cette solution a été également retenue par la deuxième Chambre civile dans son arrêt du 13 juillet 2006[624]. En effet, même si une association a commis une faute de surveillance, sa responsabilité ne peut être retenue car les juges du fond ont appliqué les articles 1382 et suivants alors que sa responsabilité à l'égard des parents de l'enfant confié en vertu d'un contrat devrait être contractuelle.

Il est clair que la jurisprudence fait preuve, dans l'exercice de son pouvoir de requalification, de beaucoup de prudence et de retenue. D'ailleurs, si c'est devant la Cour de cassation qu'est soulevé le moyen tiré de l'inapplicabilité de la responsabilité délictuelle, et même si l'article 620 du Code de procédure civile[625] l'autorise à sauver les décisions qui, bien que fondées à tort sur les

---

[619] Selon l'expression de M. Viney, *op. cit., Loc. cit.*

[620] Civ. 2e, 27 juin 1990, Bull. civ. II, n°154, p. 78.

[621] M. Espagnon, thèse précitée, n°154, p. 161.

[622] Civ. 3e, juin 1999, Bull. civ. III, n°130.

[623] G. Viney, Les conditions de la responsabilité, 3e éd., LGDJ, 2008, n°220.

[624] Civ. 2e, 13 juill. 2006, JCP 2007, II, 10169, note M. Brusorio.

[625] L'article 620 NCP énonce que : « la Cour de cassation peut rejeter le pourvoi en substituant un motif de pur droit à un motif erroné ».

règles de la responsabilité délictuelle, ont consacré des solutions qui auraient été justifiées sur le terrain contractuel[626], rares sont les arrêts qui ont eu recours à la technique de substitution de motifs[627], ce qui empêche d'en tirer des conclusions définitives.

Pourquoi alors ce conservatisme jurisprudentiel ? L'interdiction de modifier le fondement juridique de l'action n'a-t-elle pas été clairement levée par le nouveau Code de procédure civile ? Au lieu de céder le pas à une simple description des solutions prétoriennes, il serait plus judicieux d'essayer de trouver une explication, car on ne saurait connaître le remède si les causes du mal restent inconnues.

2. Tentative d'explication

98. Il est communément admis que l'effectivité d'une réforme réclame l'adhésion de ceux qui doivent l'appliquer. C'est seulement si les magistrats peuvent être convaincus de la nécessité de leurs interventions qu'ils accepteront d'user de leurs pouvoirs de requalification chaque fois que l'occasion se présentera. Or, malgré les textes avant-gardistes, l'impression d'une fidélité à la tradition jurisprudentielle, hostile à ce que le juge s'immisce dans la stratégie procédurale des parties, s'est vite installée[628].

En effet, bien que la formule de l'article 12 soit impérative, la Cour de cassation, encouragée par une partie de la doctrine, a rapidement opéré des distinctions et des restrictions dans l'application de l'article 12 du nouveau Code. Outre les cassations qui se sont multipliées pour violation du principe du contradictoire, l'obligation faite au juge de requalifier est limitée au relevé du

[626] Sur la technique de substitution de motifs voir, E. Prieur, La substitution de motifs par la Cour de cassation, préf. A. Joly, Coll. Droit civil, Economica 1986 ; J. Fossereau, J. Voulet, « Pourvoi en cassation, les arrêts de la Cour de cassation, effet, interprétation », J.-Cl. Procédure civile 1992, n°103.

[627] Cass. civ. 14 mars 1938, GP 1938, I, J. 849, la Cour a décidé que « la responsabilité édictée par les articles en question se confondant avec une responsabilité contractuelle dérivant d'un manquement aux obligations assumées par l'hôtelier envers son client, il importait peu qu'après avoir exposé les faits et les circonstances de la cause servant de base à sa demande, celui-ci se référât à l'article 1382 du Code civil, la référence à ceux-ci impliquant nécessairement en l'espèce une violation de ceux qui servent de base à la responsabilité contractuelle ; Civ., 9 janv. 1940, DP 1940, I, p. 49 ; Civ., 2ème , 17 déc. 1954, D. 1955, p. 269, note R. Rodière ; JCP 1955, II, 8499, note R. Savatier ; Civ. 1re, 17 juill. 1961, Bull. civ., I ; n°408, p. 321 ; Civ. 2e, 24 mai 1978, JCP 1979, II, 19237, note N. Dejean de La Batie ; Cass. Ass. plén., 7 fév. 1986, D. 1986, p. 293 ; Civ.1re, 8 mars 1988, Bull. civ. I, n°69, p. 46 ; Civ. 1re, 21 juin 1988, Bull civ. I, n°202, p. 141 ; Civ. 1re, 4 janv. 1995, D. 1995, IR. 528 ; JCP 1995, IV, n°528 ; J C P. 1995.I. 3853, obs. G. Viney.

[628] P. Hébraud écrivait : « si le climat général est pour l'élargissement du pouvoir du juge, la mesure reste baignée dans une grande incertitude », *in* « Rapport de synthèse, Journées Études Avoués », GP 1975, 2, doct. p. 540, voir dans le même sens J. Normand, « Le juge et le fondement du litige », art. précité, n°43. Voir dans le même sens G. Bendjouya, Procédure civile, *op. cit.* p. 83.

moyen de pur droit adéquat aux seuls faits allégués[629](a). Or, justement, le passage de la responsabilité délictuelle à la responsabilité contractuelle est considéré comme étant mélangé de fait et de droit. De même, une interprétation restrictive du fait dans les débats explique que la requalification par le juge en matière de responsabilité soit peu fréquente en pratique (b).

a. Une obligation de requalification limitée au relevé des moyens de pur droit

99. À l'aube de la réforme, plusieurs cassations sont intervenues pour violation du principe du contradictoire[630]. Le juge ne peut passer de la responsabilité délictuelle à la responsabilité contractuelle sans procéder à l'interpellation préalable des parties[631]. On pourrait penser alors, *a contrario*, que si le principe du contradictoire était respecté, la requalification par le juge aurait été possible. Sans être exclue, l'interprétation *a contrario* s'est rapidement avérée insuffisante. En fait, derrière l'atteinte aux droits de la défense, qui est seule mise en relief par le juge, se dissimule fréquemment une réalité plus profonde, qui tient à ce que la Cour de cassation s'oppose à l'élargissement des pouvoirs du juge en matière de requalification.

100. La distinction entre les moyens de pur droit et les moyens mélangés de fait et de droit. Plusieurs arrêts permettent de penser que le respect du principe du contradictoire ne serait à lui seul suffisant pour passer de l'ordre délictuel à l'ordre contractuel. L'arrêt de la Cour de cassation du 29 novembre 1978 inaugure cette tendance [632]. En l'espèce, la responsabilité contractuelle avait été substituée aux règles de la responsabilité délictuelle. La censure est principalement justifiée par l'affirmation que, selon l'article 12, alinéa 3, du nouveau Code, « le juge ne peut relever d'office que les moyens de pur droit ». La Cour ajoute : « en retenant ainsi la responsabilité de P. alors que l'action en dommages et intérêts de G. était fondée sur la responsabilité délictuelle et quasi délictuelle, *les juges d'appel ont relevé d'office un moyen qui n'était pas de pur droit car il nécessitait l'appréciation d'éléments de faits*[633] et notamment de la

---

[629] En faveur de cette distinction, voir G. Bolard, Droit et pratique de la procédure civile, Dalloz Action, 2005-2006, n°221, p. 113 ; S. Guinchard, Droit et pratique de la procédure civile, 6e éd., Dalloz 2009, n°221. 123, p. 502 ; J. Héron, Droit judiciaire privé, 4e éd., Montchrestien 2010. n°323 ; L. Cadiet, Droit judiciaire privé, 5e éd. Litec 2009, n°1134.

[630] Sur le principe du contradictoire, voir G. Wiederkehr, « Le principe du contradictoire », D. 1974, chron. p. 95 ; R. Martin, « Un autre procès possible ou est-il interdit de rêver ? » RTD civ. 1994, p. 557 ; A. Bénabent, « Les moyens soulevés en secret pas le juge », JCP 1977, n°2849 ; G. Wiederkher, « Droits de la défense et procédure civile », D. 1978, chron., p. 36 ; P. Raynaud, « L'obligation pour le juge de respecter le principe de la contradiction et les vicissitudes de l'article 16 », Mélanges P. Hébraud, p. 715.

[631] Civ. 1re, 18 avril 1977, D. 1978, IR, p. 88, obs. Julien ; Civ. 2e, 6 juill. 1978, GP 1979, I, p. 11, note Viatte.

[632] Civ. 1re, 29 nov. 1978, Bull. civ. I, n°369, p. 287 ; D. 1979, IR, p. 344, obs. C. Larroumet ; D. 1979, p. 381, note A. Bénabent, Civ. 1re, 29 nov. 1978 ; RTD civ. 1979, p. 423, obs. J. Normand.

[633] Nous soulignons.

portée du contrat de prêt sur lesquels les parties ne s'étaient pas expliquées et n'avaient pas été invitées à le faire. Ils ont dès lors violé le texte susvisé ».

Il est clair que cet arrêt adopte une conception restrictive de l'office du juge qui ne permettrait pas à ce dernier de se saisir d'office d'un moyen mélangé de droit et de fait, même après que les parties ont été interpellées et ont eu la possibilité de s'expliquer. Plusieurs auteurs apportent leur soutien à l'appui de cette restriction. Si l'article 12 autorise une requalification, ce n'est, écrivait J. Boré, « qu'à la condition que le moyen soit réellement de pur droit et qu'un débat contradictoire ait été ouvert »[634]. Mais l'article 12 permet-il réellement cette interprétation limitative des pouvoirs des juges ? Ces derniers sont-ils réellement obligés de ne retenir, dans les opérations de requalification, que des moyens de pur droit ? L'étude de l'évolution historique de cet article, qui a subi des modifications substantielles, n'est pas sans intérêt, elle montre en effet, qu'en méconnaissant les raisons d'être d'une réforme, on peut tout simplement la détourner des buts qu'elle est censée atteindre.

101. L'histoire tourmentée de l'article 12 du nouveau Code de procédure civile. Avant l'annulation de son alinéa 3 par le Conseil d'État[635], l'article 12 disposait que « le juge est tenu de trancher le litige conformément aux règles de droit qui lui sont applicables. Il doit donner ou restituer leur exacte qualification aux faits et aux actes litigieux, nonobstant la dénomination que les parties auraient proposée, et *peut relever d'office les moyens de pur droit*[636] ». Il est clair, à la lecture de cet article, que le relevé des moyens de pur droit est facultatif pour le juge. Le législateur garde le silence en revanche sur le régime des moyens mélangés de fait et de droit, tels que le passage d'une responsabilité à une autre. Cela ne veut pas dire pour autant que le relevé de ces moyens soit interdit. L'autorisation d'invoquer des moyens de pur droit n'implique nulle part une volonté législative d'interdire le relevé d'autres moyens quel que soit leur qualificatif. D'ailleurs la jurisprudence ainsi que la doctrine ont été amenées à introduire des nuances. Le passage du moyen de pur droit au moyen qui est mélangé de fait et de droit ne conduit pas à un bouleversement dans l'office du juge. L'obligation ne se mue pas en une interdiction, elle devient simplement une faculté[637].

Actuellement cette distinction, bénéficiant très largement du concours actif d'une doctrine autorisée[638], reçoit l'aval de la jurisprudence française[639]. Le juge

[634] J. Boré, « La rédaction des conclusions en prévision du pourvoi en cassation », GP. 1974, 2, doctr., p. 803.
[635] CE arrêt du 12 oct 1979, D. 79, p. 606, note A. Bénabent.
[636] Nous soulignons.
[637] J. Héron, note sous Civ. 2e, 14 fév. 1985, JCP 1988, II, 21030.
[638] F. Eudier, Ordre public substantiel et office du juge, thèse, Rouen, 1994 ; S. Guinchard, Droit et pratique de la procédure civile, *op. cit.*, n°221, p. 502 ; J. Héron, Droit judiciaire privé, *op. cit.* n°123 ; L. Cadiet, Droit judiciaire privé, *op. cit.*, n°254, H Croze et C. Morel, *op. cit.*, n°117, p. 172 ; R. Martin, Le juge a-t-il l'obligation de qualifier ou de requalifier ?, D. 1994, ch. p. 308.

est tenu de soulever les moyens de pur droit. Quant au relevé des moyens mélangés de fait et de droit, tels que le passage de la responsabilité délictuelle à la responsabilité contractuelle ou inversement, il est seulement facultatif. Simple pirouette ou vue pénétrante des choses ? Le doute est permis, cette distinction nous paraît peu soutenable. Elle est par ailleurs loin de coïncider avec la lettre de l'article 12 du nouveau Code de procédure. Nulle part, dans sa rédaction, ce dernier n'évoque la distinction entre les moyens de pur droit qui devraient être obligatoirement soulevés et les moyens mélangés de fait et de droit qui relèvent du pouvoir discrétionnaire du juge. L'expression « moyen de pur droit » a même été évincée de l'article 12 après l'annulation de son alinéa 3[640]. Au lieu de se féliciter de la disparition de cette notion et donner au devoir de requalification toute son ampleur, on s'attache, non sans obsession, à réduire l'étendue de l'intervention judiciaire en matière de requalification.

102. Le lien entre l'article 12 du nouveau Code de procédure civile et l'article 619 du même Code. Certains auteurs[641] évoquent l'effet contagieux de l'article 619 du nouveau Code de procédure[642]. En effet, l'expression « moyen de pur droit » intéressait jusqu'alors le recours devant la Cour de cassation. On ne peut présenter, devant cette dernière, de moyens nouveaux. Mais

---

[639] Civ. 1re, 22 février 1978, Bull. civ. I, n°76, D. 1978, IR, 412, obs Julien ; Civ. 2e, 14 fév. 1985, Bull. civ. II, n°23 ; JCP 1988, II, 21030, note Héron, pour la Cour de cassation, le juge du fond « n'avait pas l'obligation de soulever un moyen qui, impliquant l'appréciation de circonstances de fait, n'était pas de pur droit » ; voir dans le même sens Civ. 2e, 4 nov 1988, D. 1989, p. 609, note Frison-Roche, RTD civ 1991, p 152, obs Normand. Pour une synthèse de la jurisprudence, voir voir J. Normand RTD civ. 1996, p. 689 ; Mégacode, sous art. 13, n°17.

[640] Certains auteurs considèrent que l'annulation de l'alinéa 3 de l'article 12 du nouveau Code de procédure n'a été qu'une conséquence de l'annulation de l'art. 16 du même Code. C'est seulement en effet dans la mesure où la combinaison de l'article 12 avec l'art. 16 du nouveau Code permettait au juge de soulever d'office des moyens de pur droit sans avoir à respecter le principe du contradictoire que le Conseil d'État a estimé que ces dispositions étaient illégales. Cette annulation laisse intacte la faculté du juge à soulever des moyens de pur droit. S. Guinchard, *op. cit. Loc. cit.* Or, précisément c'est cette lecture que nous déplorons. En effet, l'annulation de l'alinéa 3 de l'article 12 a eu lieu non seulement pour violation du principe du contradictoire, mais aussi et surtout pour atteinte au principe de l'égalité des plaideurs devant la justice. Une simple faculté de requalification heurte de front ce dernier. Voir P. Blondel, « Le juge et le droit », *in* Le nouveau Code de procédure civile, vingt ans après, Actes de colloque des 11 et 12 décembre 1997, La documentation française 1998, p. 103. Il en découle que la disparition de cet alinéa devrait conduire à une véritable obligation de requalification des faits, une obligation qui ne peut, pensons-nous, être limitée au seul relevé des moyens de pur droit.

[641] R. Martin, Le fait et le droit ou les parties et le juge, JCP 1974, n°2025 ; J. Héron, note sous Civ. 2e, 14 février 1985, JCP 1988, II, 21030 ; J. Normand : le relevé d'office de moyen touchant au droit substantiel : obligation ou faculté ? RTD 1991, p. 152 ; P. Blondel, « Le juge et le droit », *in* Le nouveau Code de procédure civile, vingt ans après, Actes de colloque des 11 et 12 décembre 1997, La documentation française 1998, p. 103.

[642] L'article 619 du nouveau Code de procédure civile dispose que « les moyens nouveaux ne sont pas recevables devant la Cour de cassation. Peuvent néanmoins être invoqués pour la première fois, sauf dispositions contraire : 1° les moyens de pur droit ; 2° les moyens nés de la décision attaqué ».

exceptionnellement, cette interdiction tombe lorsque le moyen consiste à introduire dans la cause un élément de droit nouveau, à l'exclusion de tout nouvel élément de fait[643]. Aussitôt trouvée, la notion de moyen de pur droit, pourtant chassée de l'article 12, a été rapidement transposée aux juridictions de fond. Systématisant le lien entre les deux articles, J. Héron écrit sans équivoque : « l'article 12 énonce l'obligation qui pèse sur le juge du fond et l'article 619 pose la sanction de cette obligation »[644]. Et comme les moyens de pur droit sont rares et exceptionnels devant la Cour de cassation, l'étendue de l'obligation de requalification par les juges devrait, par ricochet, l'être aussi. On comprend alors que même dans les cas où elle est obligatoire, les requalifications sont rares en pratiques. Le passage de la responsabilité délictuelle à la responsabilité contractuelle l'est encore plus car il s'agit seulement d'un moyen mélangé de fait et de droit.

Ce raisonnement nous paraît pour le moins fallacieux. L'analogie entre l'article 620, un texte spécial réglementant les recours devant la Cour de cassation, et l'article 12 érigé par le législateur lui-même dans le cadre des » principes directeurs » est peu défendable[645]. Si la notion de pur droit peut avoir un sens devant la Cour de cassation qui n'est que juge du droit, il n'en est pas de même pour les juges du fond où fait et droit sont profondément liés dans l'opération de qualification[646]. Obliger le juge à requalifier uniquement lorsqu'il s'agit d'invoquer des moyens de pur droit, c'est réduire ce devoir à peau de chagrin. Ceci est d'autant plus vrai que la Cour de cassation retient une conception particulièrement étroite des moyens de pur droit et ne semble pas disposée à reconnaître au juge, en matière de responsabilité, des pouvoirs plus étendus qu'avant la réforme[647]. En effet, concevant, non sans ambiguïté, le moyen de pur droit comme étant le moyen « susceptible de s'appliquer aux faits de la cause, sans appeler aucune autre explication de fait »[648], la jurisprudence

[643] R. Martin, Le fait et le droit ou les parties et le juge, op. cit., *Loc. cit.*

[644] J. Héron, *op. cit.*

[645] Après avoir avalisé cette analogie, M. Martin l'a récemment remise en cause, voir R. Martin, « Le relevé d'office d'un moyen de droit », suite et fin, D. 2006, p. 2201.

[646] R. Martin, « Le relevé d'office d'un moyen de droit », suite et fin, D. 2006, p. 2201.

[647] J. Normand, « Le juge et le fondement du litige », *op. cit.*, n°36, p. 618.

[648] A. Bénabent, note sous Civ. 1re, 29 nov. 1978 (deux espèces), D. 1979, p. 381. Voir aussi S. Vincent et Guinchard, procédure civile, *op. cit.*, n°500, les auteurs écrivaient qu'« un moyen de pur droit est un moyen qui, en raison de la manière dont les prétentions ont été exposées en fait et en droit, a été implicitement invoqué ». Les parties, en précisant l'objet de leur demande et en exposant les faits qui lui servent de fondement, ont mis le juge en demeure de se prononcer conformément à la loi. C'est un moyen qui « n'exige l'appréciation d'aucun fait non déduit devant le juge du fond », d'aucun fait « qui n'ait été connu des juges du fond et soumis à leur appréciation ». On parle de moyen de pur droit parce que le moyen ne peut prendre pour fondement aucun fait qui n'ait été déjà présenté devant les juges. Dans le même sens, le conseiller Faye dans son traité, la Cour de cassation, n°125 et s. écrivait qu'« en précisant l'objet de leur demande et en exposant les faits qui lui servent de fondement, les parties ont mis le juge en demeure de se prononcer conformément à la loi, en lui laissant le soin de rechercher lui-même

considère constamment le passage de la responsabilité délictuelle à la responsabilité contractuelle comme étant un moyen mélangé de fait et de droit. Pour M. Parodi, en revanche, « dès lors que les faits nécessaires apparaissent au dossier, c'est à les croire, un moyen de pur droit que relève le juge en passant de la responsabilité délictuelle à la responsabilité contractuelle »[649]. Cette définition aurait pu, si elle était retenue, donner de l'ampleur au devoir de requalification en matière de responsabilité. Or, tel n'est pas le cas de la jurisprudence française qui préfère également adopter une définition restrictive de la notion des faits dans le débat.

b. Application restrictive de la notion « des faits dans le débat »

103. Les faits dans le débat et les faits adventices. Lorsque les juges usent de leurs pouvoirs de requalification, souvent leurs décisions sont cassées parce que les faits retenus n'étaient pas « dans le débat »[650]. Sont alors seulement « dans le débat », les faits spécialement invoqués à l'appui d'une prétention et ce à l'exclusion des faits adventices. Cette restriction semble aller à l'encontre de l'article 7 alinéa 2 du nouveau Code de procédure civile qui autorise le juge à s'emparer de tous les faits figurant dans le dossier pour opérer une requalification. Néanmoins, malgré cette disposition, la notion de « faits dans le débat » est restrictivement interprétée par plusieurs auteurs. « Le juge », écrivait M. Normand « a beau partir du même événement, puiser ses connaissances dans les pièces du même dossier, il introduit nécessairement dans la cause des éléments que les parties n'y ont point mis : ce ne sont plus des divers aspects de la conduite de l'adversaire qui entrent en discussion »[651]. Même si l'article 7 alinéa 2 autorise le juge à se saisir des faits adventices, il ne faut pas conclure qu'il a la possibilité d'utiliser tous les faits qui figurent au dossier[652].

---

comme c'est son devoir, le texte applicable ». Pour R. Martin, « Sur la notion de moyen », JCP 1976, I, 2768 ; La règle de droit nouvelle que la Cour de cassation décide d'appliquer doit trouver son fondement factuel uniquement dans les faits qui sont déjà dans le jugement soumis à la cassation et dans les conclusions des parties, à l'exclusion de tout élément de fait nouveau. Seule la règle peut être nouvelle, non le fait qu'elle qualifie. C'est cette exigence qui rend le restrictif « pur ».

[649] Parodi, « L'esprit général et les innovations du nouveau Code de procédure civile », Défernois 1976, p. 777. *contra.* J. Normand, RTD civ. 1977, n°2, p. 182 qui écrivait : « nous ne pouvons pas suivre Parodi dans les illustrations qu'il donne de ce qui devrait relever des pouvoirs du juge. On ne peut considérer avec lui qu'en appliquant l'article 1384 au lieu de l'article 1382, qu'en passant spontanément de la responsabilité délictuelle à la responsabilité contractuelle, le juge relève d'office un moyen de pur droit. En admettant qu'il ait le pouvoir de prendre de telles initiatives, ce qui est loin d'être le cas, il soulèverait ce qui nous semble constituer l'exemple le plus parfait de moyens mélangés de fait et de droit ».

[650] Civ. 8 fév. 1984, Bull. civ. III, n°34, p. 26 ; Civ. 1re, 16 fév. 1988, Bull. civ. I, n°38, p. 26.

[651] J. Normand, « Le juge et le fondement du litige », *op. cit.*, p. 540.

[652] J. Normand RTD civ. 1974, n°2, p. 449.

104. Application de la distinction en matière de responsabilité. Cette restriction des pouvoirs du juge en matière de requalification prend de l'ampleur quand il s'agit de passer d'un ordre de responsabilité à un autre. Si le demandeur invoque l'article 1382 du Code civil comme fondement de sa prétention, le juge ne peut prendre en considération que les faits qui peuvent confirmer ou infirmer l'existence de cette faute sur le terrain délictuel. Il peut certes s'emparer de certains faits non allégués par le demandeur, tels que par exemple un défaut de précaution qui n'apparaît que dans le rapport d'expertise, mais ses recherches doivent être finalisées, voire limitées par le cadre juridique invoqué par la victime. Le juge, même s'il constate l'existence du contrat, même s'il trouve que les conditions de la responsabilité contractuelle sont réunies, ne peut procéder à une requalification car ce faisant, il toucherait à l'édifice des faits construits par les parties. Ainsi, tout en partant du même évènement, il introduirait dans le débat délimité par les parties de nouveaux éléments. Ce ne serait plus la faute délictuelle de l'adversaire qui serait recherchée, ni son impact sur la réalisation du dommage, mais le fait de savoir s'il y a ou non un contrat, si l'obligation qu'il assume est de moyen ou de résultat... Or, ce changement de perspective est strictement interdit : « le juge ne pourra en aucun cas appliquer au litige une règle différente de celle invoquée, si cette substitution l'amenait à prendre en considération, *ne fût-ce que pour une partie* [653], des faits qui ne sont pas dans le débat »[654]. M. Normand arrive ainsi à justifier la rigueur de la jurisprudence qui n'autorisait qu'exceptionnellement le passage de la responsabilité délictuelle à la responsabilité contractuelle ou inversement[655]. » L'apparente sévérité »[656] de la Cour de cassation est légitimée, d'après lui, par la « une conception restrictive des faits dans le débat », une conception que l'auteur avalise entièrement.

105. Restriction des pouvoirs du juge. Dans ce contexte, il n'est pas exagéré d'affirmer que l'application de la réforme n'apporte aucune modification substantielle aux pouvoirs reconnus au juge sur le fondement des prétentions litigieuses. Adoptant ce raisonnement, La Cour de cassation demeure apparemment peu fidèle au dessein des réformateurs. Il ne suffit pas qu'un fait ressorte du dossier pour que le juge puisse s'en emparer et fonder sur lui la construction juridique à son avis la mieux appropriée. Cette lecture restrictive est pour le moins regrettable. Si les faits susceptibles d'engendrer une responsabilité contractuelle sont différents parfois en partie de ceux susceptibles d'entraîner une responsabilité délictuelle, il arrive assez fréquemment qu'il en soit autrement. Il en découle que les débats portant sur la première peuvent être tout à fait valables pour la deuxième. Une lecture exégétique de l'article 7 dans son alinéa 2 permet d'affirmer que le juge pourrait relever, sans sortir des faits

---

[653] Nous soulignons.
[654] *Op. cit. Loc. cit.*
[655] J. Normand, « Le juge et le fondement du litige », *op. cit.*, p. 609.
[656] *Op. cit. Loc. cit.*

dans le débat, l'existence d'un contrat ou d'une responsabilité de nature différente de celle invoquée[657]. Le juge, comme le précise à juste titre l'arrêt Chesnoy[658], ayant déclaré l'inapplicabilité des articles 1382 du Code civil, ne peut pas rester à mi-chemin et débouter le demandeur au motif qu'il s'est trompé de fondement. Il doit, une fois le principe de la contradiction respecté, se prononcer sur la responsabilité éventuelle au regard du contrat dont il vient de reconnaître l'application. Cet arrêt nous semble faire une application saine de la réforme. Néanmoins les arrêts qui ont repris cette analyse sont restés rarissimes. Les juges, exerçant exceptionnellement leurs pouvoirs de requalification, préfèrent souvent « se réfugier derrière une faculté confortable »[659]. Mais est-ce toujours raisonnable ? Est-ce toujours souhaitable ?

3. *Proposition*

106. Pour l'élargissement des pouvoirs de qualification des juges. En limitant l'obligation faite au juge de relever les moyens de pur droit adéquats aux seuls faits allégués, on se rapproche sensiblement de l'ancien système empêchant le juge, au nom du principe dispositif, de modifier le fondement juridique de la demande. Les moyens divergent, certes, mais l'esprit est toujours le même. Cette lecture restrictive de l'article 12 du nouveau Code de procédure devrait être révisée.

En fait, de deux choses l'une : soit on abandonne la notion de moyen de pur droit[660]. Dans ce cas, le juge serait obligé de soulever tous les moyens y compris ceux considérés mélangés de fait et droit tels que le passage de la responsabilité délictuelle à la responsabilité contractuelle. Cette perspective devrait être évidemment accompagnée par une définition extensive de la notion des faits dans le débat. Soit, si on continue à soutenir que le juge ne dispose que d'une simple faculté de requalification, ce qui nous paraît regrettable, il est temps que les tribunaux exploitent plus fréquemment l'opportunité que leur ouvre l'article 12 du nouveau Code de procédure. Mais, même si on concède que le juge ne dispose que d'une faculté, on peut s'étonner du fait que ce dernier n'ait pas accueilli avec faveur son pouvoir. L'interdiction de l'option dans ce contexte procédural conduit à des situations peu satisfaisantes en terme d'indemnisation. Le rejet de l'action en responsabilité en vertu de l'application de la règle du non-cumul paraît singulièrement rigoureux lorsque la victime a fondé son action sur la responsabilité délictuelle alors qu'il ressort des faits de la cause que les conditions de mise en œuvre de la responsabilité contractuelle sont également réunies. Le rapprochement entre les deux ordres de responsabilités ne peut que

---

[657] C'est là ou le principe du contradictoire révèle toute son utilité, voir *infra* n°106 et s.

[658] Civ. 1re, 19 mars 1985 précité.

[659] P. Blondel, « Le juge et le droit », *op. cit.*, p. 103.

[660] R. Martin parle de la faillite de la notion, voir « Le relevé d'office par le juge d'un moyen de droit, une question mal posée », D. 2005, p. 1444.

se répercuter sur l'application procédurale de la règle du non-cumul. À maintes reprises, la qualification retenue n'a aucune incidence sur le principe de l'indemnisation[661]. Et même si le passage de la responsabilité délictuelle à la responsabilité contractuelle implique parfois des différences de régime, il nous semble que le principe du contradictoire, principe qu'on est tenu de respecter en toutes circonstances, permettrait aux parties au litige de discuter tous les éléments de droit inhérents au régime de responsabilité invoqué par le juge[662]. Telle n'est pas la position de la jurisprudence qui préfère majoritairement débouter la victime en lui laissant le soin, si elle le désire, d'intenter un nouveau procès. Le plaideur, débouté de son action délictuelle fondée sur l'article 1382 et qui entendait se prévaloir de la responsabilité contractuelle issue de l'article 1147 du Code civil, est contraint alors de recommencer un nouveau procès sur le fondement adéquat[663].

Néanmoins, cette échappatoire, critiquable déjà en elle-même puisqu'elle est source de « litigation » excessive[664], a été récemment remise en cause par l'assemblée plénière de la Cour de cassation qui invite dans son arrêt du 7 juillet 2006[665] à réviser les éléments de l'autorité de la chose jugée. En effet, classiquement, la chose jugée n'interdit pas au demandeur d'agir à nouveau sur un fondement juridique différent. Même s'il y a une identité des parties et de l'objet, l'identité de la cause fait défaut. Pour Motulsky[666], partisan pourtant de la théorie factuelle de la cause pour délimiter l'office du juge, l'aspect juridique de la demande en justice doit être pris en considération dans la délimitation de l'autorité de la chose jugée. Il faut s'assurer que la première décision judiciaire a bien tranché le problème juridique envisagé à l'occasion de la nouvelle demande en justice. Il en découle que le rejet de l'action en responsabilité sur la base de l'article 1382 n'interdit nullement une nouvelle action sur la base de la responsabilité contractuelle. Aux deux fondements juridiques différents correspondent deux causes différentes. L'assemblée plénière dans son arrêt du 7

---

[661] G. Viney, « Pour une interprétation modérée et raisonnée du refus d'option entre responsabilité contractuelle et délictuelle », art. précité, p. 820.

[662] Pour H. Motulsky, la contradiction est le troisième volet de la réforme et, incontestablement, son élément décisif. L'extension des pouvoirs du juge ne pouvait se concevoir sans lui. Voir H. Motulsky, « Prolégomènes pour un futur code de procédure civile », *op. cit. Loc. cit.*

[663] L'assimilation du fondement juridique à la cause est particulièrement manifeste en matière de responsabilité civile ; la victime peut en effet exercer successivement plusieurs actions sans se heurter à l'autorité de la chose jugée dès lors qu'une règle juridique différente est invoquée. Voir Cass. Req., 16 juill. 1928, DP 1929, 1, p. 33, note Savatier ; Civ. 2e, 26 mars 1965, GP 1965, 2, p. 54 ; 24 juin 1970 ; Civ. 1re, 21 janv. 2003, Bull. civ. I, n°18

[664] G. Viney, « Pour une interprétation modérée et raisonnée du refus d'option entre responsabilité contractuelle et délictuelle », art. précité, p. 820.

[665] Ass. plén., 7 juill. 2006, RDI. 2006, p. 500, obs. Ph. Malinvaud ; JCP 2006, I, 183, obs. Amrani-Mekki.

[666] H. Motulsky, « Pour une délimitation plus précise de l'autorité de la chose jugée en matière civile », D. 1964, chron., p. 1.

juillet 2006[667] se prononce contre « ce luxe procédural »[668] permettant aux parties de reprendre indéfiniment le débat juridique en changeant seulement les règles juridiques sollicitées. Le fondement juridique de la prétention ne constitue plus la cause de la demande. Il apparaît seulement comme un moyen insusceptible de faire échec à l'autorité de la chose jugée[669]. Mais si la haute juridiction a rénové le concept de cause au sens de l'article 1351 du Code civil, il n'en est pas de même s'agissant de l'office du juge. La Cour continue à concevoir que ce dernier ne dispose que d'une simple faculté de rectification. C'est au justiciable, et c'est là l'innovation majeure de la décision, « de présenter dès l'instance relative à la première demande les moyens qu'il estime de nature à fonder celle-ci. » Il s'agit en quelque sorte d'une « obligation de concentration de moyens » dès le début du procès[670]. Les plaideurs ne peuvent pas compter sur un sauvetage judiciaire, ils doivent être eux-mêmes exhaustifs dans leurs écritures.

Certes, cette nouvelle lecture de l'autorité de la chose jugée nous paraît plus que souhaitable. Il nous semble peu opportun de permettre aux plaideurs de reprendre « à l'infini »[671] le combat judiciaire par un simple changement de textes[672]. Mais nous regrettons en revanche que l'élargissement des critères de l'autorité de la chose jugée n'ait pas été accompagné d'un élargissement corrélatif des pouvoirs du juge ou par une approche plus contraignante de son office. Dans ce contexte procédural, la règle du non-cumul risque de sacrifier l'intérêt des victimes. Déjà, en elle-même, cette dernière introduit beaucoup de désordre et d'injustice dans le droit de la responsabilité. Une certaine souplesse dans sa mise en œuvre contentieuse est incontestablement nécessaire ; telle semble être la position actuelle du juge tunisien.

---

[667] Arrêt précité. Le litige portait sur le paiement d'une somme d'argent, réclamé une première fois sur la base d'une disposition du Code rural, puis une nouvelle fois sur le fondement d'un texte du Code civil. Les juges du fond ont déclaré cette seconde demande irrecevable car contraire à l'autorité de la chose jugée. Le pourvoi en cassation soutenait au contraire qu'il n'y avait pas identité de cause car les textes sollicités étant différents, la question était donc centrée sur l'appréciation de l'identité de cause.

[668] P. Blondel, « Le juge et le droit », *op. cit. Loc. cit.*

[669] Selon L. Weiller, La haute juridiction raisonne en termes de finalité. S'agissait-il entre les intéressés de la même question pour conclure à l'identité de l'objet et de la cause. Il en découle une dilatation importante des deux notions. Voir L. Weiller, note sous Ass. Plén. 7 juill. 2006, D. 2006, p. 2135.

[670] Voir dans le même sens, Civ. 1re, 16 janv. 2007, Bull. civ. I, n°18 ; Com. 20 fév. 2007, JCP, IV, 1634.

[671] P. Blondel, « Le juge et le droit », *in* Le nouveau Code de procédure civile, vingt ans après, Actes de colloque des 11 et 12 décembre 1997, La documentation française 1998, p. 150.

[672] Voir dans le même sens, H. et L. Mazeaud, *op. cit.*, n°2106.

§2 : Une position plus tolérante du juge tunisien

107. Il est évident que dans les systèmes qui consacrent la règle de l'option entre la responsabilité contractuelle et la responsabilité délictuelle, comme le droit tunisien, redresser les qualifications effectuées par les parties paraîtrait même impensable. L'action de la victime serait recevable aussi bien sur la base des règles délictuelles que contractuelles. Cependant, on a vu que la règle de l'option est loin d'être illimitée et qu'elle est particulièrement écartée lorsque le législateur institue un régime spécial d'indemnisation ou lorsque l'obligation transgressée constitue une obligation typiquement contractuelle. Dans ces hypothèses, la jurisprudence a refusé l'immixtion des règles délictuelles dans le contrat. Or, loin de se contenter d'un simple rejet de l'action délictuelle, le juge s'est donné, malgré l'absence d'un texte équivalent de l'article 12 du nouveau Code de procédure civile français, la possibilité de replacer le débat sur le terrain contractuel (A). Mais certains arrêts récents semblent semer le doute et invitent dès lors à étudier la portée de l'office du juge en droit tunisien (B)

A. La reconnaissance de l'office du juge malgré l'absence d'un texte explicite

108. L'utilisation de l'article 12 du Code de procédure civile et commerciale pour s'opposer au pouvoir du juge en matière de qualification. Contrairement au droit français, aucun texte en droit tunisien n'envisage la possibilité pour les juges de rectifier les fondements juridiques invoqués à tort par les parties au litige. En disposant, avant sa modification en 1980[673] que « le tribunal n'a à faire aucune diligence pour constituer, compléter ou produire les moyens de preuve à l'appui des prétentions des parties », l'article 12 du Code de procédure civil tunisien n'interdisait que le relevé d'office des moyens de preuve sans que l'on puisse en étendre la solution aux moyens de droit[674]. En remplaçant les expressions « le tribunal n'a à faire aucune diligence... » par « le tribunal n'a pas l'obligation », la réforme de 1980 vient reconnaître aux magistrats une faculté pour jouer un rôle actif en matière de preuve[675]. Rien n'a été dit non plus

---

[673] Loi n°80-14 du 3 avril 1980, JORT n °21 du 4 avril 1980.

[674] R. Perrot, note sous Cass. civ. 4 mars 1971, RTD 1976, p. 293.

[675] La plupart des auteurs reconnaissent que l'article 12 ancien consacre une neutralité obligatoire du juge dans le procès civil, la réforme de 1980 tend à rendre cette neutralité seulement facultative. Voir M. H. Ben Abdallah, L'office du juge en procédure civile tunisienne, thèse Dijon 1992, p. 117. Plusieurs arrêts, avant la réforme, considéraient que le juge est soumis à une neutralité obligatoire. Voir Cass. civ n°7608. 4 mars 1971, BCC 1971, p. 44 ; Cass. civ. arrêt n°69 du 8 mai 1975, Bull. civ. 1975, II, p. 44 et s. ; Cass. civ. Arrêt n°1867 du 24 novembre 1977, BCC 1977, II, p. 191. M. Ahmadi considère en revanche que l'article 12 nouveau du Code de procédure n'apporte pas une modification substantielle au rôle du juge en matière de preuve puisque, même sous l'égide de l'ancienne formule, le juge n'est pas astreint à une neutralité

sur la requalification des faits par le juge. Pourtant, une partie de la jurisprudence tunisienne a pu voir dans cet article l'expression d'une neutralité obligatoire et absolue, non seulement à l'égard des moyens de preuve mais également à l'égard des moyens de droit. À maintes reprises, la Cour de cassation censurait les décisions des juges du fond qui ont soulevé d'office des règles juridiques non invoquées par les parties[676]. Seules les matières qui intéressent l'ordre public échappent à cette interdiction[677].

109. La reconnaissance de l'office du juge. L'utilisation de l'article 12 relatif à la neutralité du juge est pour le moins fallacieuse. Cet article ne vise que la question de preuve, la règle de droit, quant à elle, est l'apanage du juge et ne peut faire l'objet de preuve[678]. La qualification juridique des faits ne relève pas de la compétence des plaideurs mais fait plutôt partie intégrante de l'office du juge. C'est, par conséquent, à juste titre que la Cour de cassation a abandonné ce raisonnement. L'article 12 du Code de procédure civil n'empêche pas le juge de procéder à des requalifications[679]. Aux yeux de la haute juridiction, le juge du fond est même dans l'obligation de chercher le fondement juridique adéquat,

---

obligatoire, sa neutralité étant simplement facultative. Voir A. Ahmadi, Le juge et la preuve, thèse faculté de droit et des sciences politiques de Tunis, 1990, p. 81

[676] Cass. Civ. 4 mars 1971, B.C.C 1971, p. 44. En l'espèce, le demandeur au pourvoi avait intenté une action devant le Tribunal de première instance prétendant s'être associé avec le défendeur pour l'achat d'une moissonneuse batteuse en vue de l'utiliser et d'en partager les produits avec lui, et d'autre part avoir été employé dans l'administration de son co-associé. Il demande en conséquence la restitution de ce qui lui est dû après que l'on procède à la liquidation de tous les comptes. La juridiction du second degré déboute le demandeur de ses prétentions. Pour ce faire, la Cour d'appel soulève d'office l'article 246 du Code des obligations et des contrats, ce que conteste le pourvoi en cassation. Accueillant ce dernier, la Cour décide « qu'ayant soulevé d'office cette disposition, les juges du fond ont par là même violé manifestement l'article 12 ». Selon la Cour, en soulevant l'article 246 du Code des obligations et des contrats, la Cour d'appel a modifié la cause de la demande violant ainsi l'article 12 CPCC ; Cass. civ. arrêt n°69 du 8 mai 1975, Bull. civ. 1975, II, p.44 et s. La Cour de cassation a censuré la décision de la Cour d'appel qui a invoqué d'office le décret du 28 octobre 1948 qui n'a pas été invoqué par le demandeur.

[677] Cass. civ. 12 nov. 1974, B.C.C. 1974, III, p. 132 et s. ; Cass. civ. 2 nov. 1976, B.C.C1976, III, p. 90 ; civ. 25 janv. 1981, B. C.C. 1981, T. 2, p. 274.

[678] Voir dans le même sens, A. Ahmadi, Le juge et la preuve, *op. cit. Loc. cit* ; M. H. Ben Abdallah, L'office du juge en procédure civile tunisienne, *op. cit. Loc. cit.*

[679] Cass. civ. ch. réun. n°12082 du 30 janv. 1976, RJL fév. 1976, p. 37 En affirmant qu' « il est du devoir du juge de requalifier conformément à la loi, les faits qu'on lui soumet sans s'attacher à ce que soutiennent les parties », la Cour de cassation statuant en Chambre réunie, déclare solennellement que la qualification des faits relève de la compétence exclusive du juge. Voir dans le même sens Cass. civ. n°4480 du 16 sept. 1980, BCC II165 ; Cass. civ. n°5697 du 13 juill. 1981, BCC III, p. 81 ; Cass. civ. n°20203 du 27 avril. 1981, RJL 1990, nov. 1990, p. 90 ; Cass. civ. arrêt du 11 fév. 1985, BCC 1985, T. II, p.66 ; Cass. civ. n°16048 du 8 janv. 1987, Bull. civ. I, p. 93 ; Cass. civ. arrêt n°20203 du 27 avril 1988, RJL 1990, p. 70 ; Cass. civ. 16726 du 16 mars 1989, BCC, p. 137 ; Cass. civ. n°24631 du 14 mai. 1992, BCCI, p. 480 ; Cass. civ. n°24631 du 14 mai 1992, BCCI, p. 480 ; Cass. civ. n°24313 du 28 mai 1992, BCCI, 488 ; Cass. civ. arrêt n°60189 du 4 janv. 1999, BCC 1999, I, p. 257 et s. ; Cass. civ. arrêt n°21370 du 19 fév. 2003, Bull. civ. 2003, I, p. 428 ; Cass. civ. arrêt n°4091 du 2 déc. 2004, B.C.C 2004, I, p. 225 ; Cass. civ. arrêt n°7461 du 4 avril 2005, BCC 2005, II, p. 67 ; Cass. civ. arrêt n°6613. 2006 du 8 mars 2007 (inédit).

si la règle invoquée lui paraît inappropriée[680]. On comprend alors pourquoi les effets de la règle du non-cumul, lorsqu'elle est parfois admise en jurisprudence, sont particulièrement atténués en droit tunisien. À maintes reprises, tout en refusant l'application de la responsabilité délictuelle, seule invoquée par les parties, la Cour de cassation replace d'office le débat sur le terrain contractuel. L'arrêt du 18 juillet 1974[681] est à ce titre démonstratif. En l'espèce, un contrat d'entreprise a été conclu entre un particulier et un entrepreneur pour la construction d'une maison individuelle. Après la livraison, le demandeur, découvrant des vices de construction, a assigné son débiteur en réparation sur la base des articles 82 et 83 du Code des obligations et des contrats. Constatant l'inapplicabilité de ces articles, la Cour d'appel a replacé d'office le débat sur le terrain contractuel. La Cour de cassation confirme la décision des juges du fond au motif que « la qualification juridique de la demande est laissée à l'office du juge. Rien n'interdit à ce dernier de procéder à la qualification juridique des faits qui lui sont soumis ». La haute juridiction ajoute que « la Cour d'appel n'a pas violé l'article 12 du Code de procédure civile qui prescrit la neutralité du juge à l'égard des faits puisqu'elle n'a pas soulevé d'office un fait nouveau non invoqué devant elle (...). *Les juges du fond n'ont pas soulevé des faits nouveaux, ils ont statué sur les faits apportés par les parties*[682] ». Cet arrêt rappelle curieusement l'argumentation de l'arrêt Chesnoy[683]. Pour passer de la responsabilité délictuelle à la responsabilité contractuelle, le juge s'est donné la possibilité de s'emparer de tous les faits figurant dans le dossier. La notion des faits dans le débat est interprétée alors d'une manière extensive[684]. Loin d'être isolée, cette solution a été confirmée à plusieurs reprises[685]. Cette application nous paraît défendable dans la mesure où notre droit positif ignore également le concept de moyen de pur droit. Ceci explique dans une large mesure pourquoi le passage d'un régime de responsabilité à un autre se fait avec beaucoup plus de souplesse par rapport au droit français[686]. Il n'est d'ailleurs pas excessif d'affirmer que la jurisprudence tunisienne est favorable à l'application de la

---

680 Voir les arrêts cités à la note précédente.

681 Cass. civ. arrêt du 18 juillet 1974, B.C.C. 1974, T. 1, p. 204.

682 Nous soulignons.

683 *Op. cit.*

684 Cette solution est approuvée par M. Ahmadi. Pour lui, dès qu'un fait ressort du dossier, rien n'empêche le juge de le soulever alors même que les parties ne l'ont pas invoqué expressément, voir A. Ahmadi, *op. cit.* p. 115.

685 Cass. civ. arrêt n°7461 du 4 avril 2005, BCC 2005, II, p. 67, la Cour affirme sans équivoque « attendu que la Cour a le droit de changer le fondement de l'action à partir des faits en considérant que l'action est gouvernée par les principes de la responsabilité contractuelle et non pas celle de la responsabilité délictuelle ». Voir déjà Cass. civ. arrêt n°7017 du 17 janvier 1985, BCC 1985, I, p. 120.

686 N. Ben Ammou, « Le pouvoir de contrôle de la Cour de cassation », thèse, faculté de droit et des sciences politiques de Tunis, 1996, p. 134.

théorie de Motulsky plus que le droit français lui-même[687]. À maintes reprises, la Cour de cassation reprend la distinction entre les faits qui doivent être apportés par les plaideurs et le droit qui serait l'apanage du juge[688]. L'arrêt du 16 mars 1995[689] qui a posé la règle de l'option entre la responsabilité contractuelle et la responsabilité délictuelle semble également adopter la thèse de l'auteur, puisque la cause de la demande, loin d'être assimilée à son fondement juridique, est constituée par le fait dommageable lui-même. Les règles de la responsabilité contractuelle et de la responsabilité délictuelle ne constituent que des moyens que les parties au litige invoquent au soutien de leurs demandes[690].

110. La théorie factuelle de la cause et l'autorité de la chose jugée. Cette définition factuelle de la cause délimite également l'autorité de la chose jugée[691], ce qui constitue un écart de taille par rapport à la théorie de la cause développée par Motulsky. Dès lors que le juge est habilité, voire obligé de faire le tour de la question avant de rejeter la demande de la victime, cette dernière ne peut solliciter les règles de la responsabilité contractuelle si elle a été déboutée sur la base des règles délictuelles. Cette définition unifiée de la cause de la demande nous paraît défendable dans la mesure où l'office du juge est renforcé en droit tunisien. Néanmoins, la cohérence de ce système a été battue en brèche

---

[687] Certains arrêts invoquent expressément l'adage « *Da mihi factum tibi dabo jus* ». Voir CA Tunis arrêt n°7019 du 14 avril 2004 (inédit) ; Cass. civ. arrêt n°574 du 6 juill. 2006 (inédit).

[688] Voir les arrêts cités à la note n°107. Plusieurs auteurs tunisiens ont apporté leur soutien à cette analyse, voir Z. Mazouni, « Le principe de la neutralité du juge civile dans le droit tunisien », mémoire de DEA, Tunis 1980-1981 p. 93 ; A. Ahmadi, thèse précitée, p. 149 *contra.* K. Chebbi, pour qui la modification du fondement de l'action par le juge est interdite de façon absolue. L'auteur se réfère, tout comme les tenants de la théorie classique française de la cause, au principe dispositif. Voir « Aperçu sur la procédure civile ancienne et contemporaine en Tunisie », El Mouhamet, n°1, juillet 1983, p. 50.

[689] Arrêt des Chambres réunies n°42389 du1 6 mars 1995, RTD 1996, p. 16.

[690] Dans plusieurs arrêts la Cour prend le soin de distinguer entre la cause de la demande qui est unique et qui réside dans le fait générateur de droit et les moyens de droit qui peuvent varier selon les textes sollicités. Voir Cass. civ. n°2577du 16 janvier 1964, RJL 1965, p. 460 ; Cass. civ. arrêt n°4585 du 5 juill. 1966, RJL déc. 1966, p. 54 et s. ; Cass. civ. arrêt n°4 769 du 28 mars 1967, RJL 1968 p. 40 et s. ; Cass. civ. 5 mai 1970, B.C.C 1970, p. 81 ; Cass. civ. arrêt n°9427 du 7 fév. 1974, B.C.C 1974, I, p. 80 et s. ; Cass. civ. 10 avril 1975, B.C.C 1975, II, p. 11 ; Cass. civ. arrêt n°11850 du 20 mai 1976, B. C.C.1974, II, p. 58 et s. ; Cass. civ. arrêt n°193 du 5 avril 1977, RJL avril 1978, p.56 et s. ; Ch. réunies 13 déc. 1985, B. C.C 1985, I, p. 245 ; Cass. civ. arrêt n°2577 du 16 janvier 1964, RJL 1965, p. 460 ; Cass. civ. arrêt n°4585 du 5 juill. 1966, RJL déc. 1966, p. 54 et s. ; Cass. civ. arrêt n°4769 du 28 mars 1967, RJL 1968 p. 40 et s. ; Cass. civ. 5 mai 1970, B. C.C. 1970, p. 81 ; Cass. civ. arrêt n°9427 du 7 fév. 1974, B.C.C. 1974, I, p. 80 et s. ; Cass. civ. arrêt n°11850 du 20 mai 1976, B. C.C.1974, II, p. 58 et s. ; Cass. civ. arrêt n°193 du 5 avril 1977, RJL avril 1978, p.56 et s. ; Ch. réunies 13 déc. 1985, Bull. civ. 1985, I, p. 245.

[691] Cass. civ. arrêt n°18668 du 27 sept. 2002, BCC 2002, II, p. 30. La Cour affirme que « la cause de l'action est le fait générateur de droit, la responsabilité contractuelle, la responsabilité du fait d'autrui, la responsabilité du fait des choses ne sont que des moyens insusceptibles de faire échec à l'autorité de la chose jugée ».

par certains arrêts qui rappellent que seules les parties disposent du litige non seulement dans son aspect factuel mais aussi dans son aspect juridique.

B. La portée de l'obligation de requalification en droit tunisien

111. La distinction entre les requalifications obligatoires et les qualifications interdites. Malgré la netteté et la constance des décisions imposant au juge une véritable obligation de qualification et de requalification, certains arrêts récents[692] se sont montrés hostiles à la reconnaissance de ces pouvoirs au juge. La Cour de cassation tunisienne rappelle parfois que « le tribunal est obligé de se conformer au fondement juridique invoqué par le demandeur »[693]. Mais en réalité de telles formules sont peu fréquentes. En effet, la jurisprudence majoritaire autorise les juges à redresser les qualifications juridiques proposées par les parties et jugées erronées. En revanche, lorsque les parties au litige ne précisent pas le fondement de leurs prétentions, la haute juridiction interdit, dans ses arrêts les plus récents, toute qualification d'office[694]. Il s'agit en quelque sorte d'une distinction étrange entre les requalifications qui seraient obligatoires pour le juge et les qualifications qui lui seraient interdites ![695] L'arrêt du 4 novembre 2002 inaugure cette tendance[696].

---

[692] Cass. civ. arrêt n°73861 du 6 sept. 1999 (inédit) ; Cass. civ. arrêt n°75482 du 17 avril 2000, B. C.C. 2000, II, p. 157 s. ; Cass. civ. arrêt n°1963. 2002 du 4 nov. 2002 (inédit) ; Cass. civ. arrêt n°10945 du 24 janv. 2002, B.C.C 2002, II, p. 333 ; CA Tunis arrêt n°7019 du 14 avril 2004 (inédit) ; Cass. civ. arrêt n°4323 2004 du 14 fév. 2005 (inédit) ; Cass. civ. arrêt n°574 du 6 juill. 2006 (inédit).

[693] Cass. civ. arrêt n°73861 du 6 sept. 1999 (inédit) ; Cass. civ. arrêt n°75482 du 17 avril 2000, B. C.C. 2000, II, p. 157 s.

[694] Cass. civ. arrêt n°1963. 2002 du 4 nov. 2002 (inédit) ; Cass. civ. arrêt n°10945 du 24 janv. 2002, B.C.C 2002, II, p. 333 ; CA Tunis arrêt n°7019 du 14 avril 2004 (inédit) ; Cass. civ. arrêt n°4323. 2004 du 14 fév. 2005 (inédit) ; Cass. civ. arrêt n°574 du 6 juill. 2006 (inédit).

[695] C'est la situation inverse qui était retenue en droit français avant le décret du 28 décembre 1998. Avant ladite réforme, les juges sont tenus à une véritable obligation de qualification lorsque les parties n'ont proposé aucune qualification des actes ou faits litigieux, mais lorsque les plaideurs invoquent une règle de droit, le juge ne dispose que d'une simple faculté de requalification. Cette situation a suscité l'indignation de la doctrine. En effet, il peut paraître peu logique que l'office du juge change de degré en fonction de l'attitude des parties au procès. Cette distinction est de surcroît critiquable puisqu'elle sanctionne le plaideur qui a eu la diligence d'indiquer les fondements juridiques à l'appui de sa prétention, en revanche, elle paraît plus clémente à l'égard des parties qui se bornent parfois à établir les faits sans proposer aucune qualification. Voir H. Motulsky, « La cause de la demande dans la délimitation de l'office du juge », *op. cit.* p. 235. Le décret du 28 décembre 1998 impose désormais aux parties d'indiquer les moyens de droit sur lesquels elles se fondent. Le non-respect de cette obligation entraîne la nullité de la requête. Voir S. Guinchard, « L'ambition d'une justice rénovée », D. 1999, chron., p. 65, n°24 ;G. Bolard, « Les écritures qualificatives », JCPG 2000, I, 214 ; J. P. Desideri, « Le fondement juridique de la demande dans le procès civil », P. A 2000, n°111, p. 5.

[696] Cass. civ. arrêt n°1963. 2002 du 4 nov. 2002 (inédit). Voir déjà mais d'une manière implicite Cass. civ. arrêt n°10945 du 24 janv. 2002, Bull. civ. 2002, II, p. 333.

En l'espèce, une voyageuse, essayant de monter dans un train déjà en marche, subit des dommages corporels importants. Elle assigne le transporteur en réparation mais n'indique pas le fondement juridique de sa prétention. Les juges du fond procèdent à l'application de l'article 96 du Code des obligations et des contrats, ce que censure la Cour de cassation. Le juge ne peut, sans méconnaître le principe de neutralité prévu dans l'article 12 du Code de procédure civile, soulever d'office la règle juridique applicable. Il doit déclarer la requête nulle. Cette décision nous paraît fort critiquable. D'une part, même si l'article 70 oblige les parties à indiquer le fondement juridique de leurs demandes, le législateur tunisien n'a pas prévu la nullité comme sanction des écritures dépourvues de qualification[697]. Or, puisque la nullité ne peut être prononcée sans texte, le fondement même de cette sanction reste douteux. D'autre part, la référence au principe de neutralité pour sanctionner les arrêts qui invoquent le texte juridique appropriée laisse perplexe. Il est communément admis que depuis la réforme de 1980, la neutralité du juge est désormais facultative. Le juge peut choisir d'être neutre et ne pas intervenir dans la direction du procès, mais il peut tout à fait user des pouvoirs qui lui sont reconnus par le législateur. Il en découle que l'article 12 du Code de procédure civile édicte une règle inviolable. Il ne peut servir comme fondement à la cassation des décisions qui ont choisi de jouer un rôle actif dans le procès civil. Cette nouvelle tendance nous paraît d'autant plus regrettable que l'application de l'article 96 du Code des obligations et des contrats dans ce genre d'accidents est quasi constante[698]. Si le conseil de la victime a omis son devoir déontologique de plaider en droit, faut-il également que le juge se désiste de sa fonction de trancher le litige conformément à la loi ? Statuant en tant que Cour de renvoi, la Cour d'appel de Tunis, dans son arrêt du 14 avril 2004[699], semble abandonner ce raisonnement. Le principe de neutralité ne peut en aucun cas empêcher le juge de proposer une qualification des actes ou des faits litigieux. De même, la nullité ne peut être la sanction appropriée des requêtes dépourvues de qualification. Si les parties sont tenues d'apporter les faits à l'appui de leurs prétentions, le juge doit appliquer la règle de droit adéquate[700]. Mais cette obligation n'est pas illimitée. Elle ne peut avoir lieu lorsque le fait dommageable « peut donner lieu à plusieurs qualifications juridiques ». « La loi », ajoute la Cour, « donne au plaideur la possibilité de solliciter aussi bien les règles de la responsabilité contractuelle que délictuelle, ces différentes qualifications engendrent des conséquences

[697] L'article 71 qui énumère les cas de nullité n'indique pas si cette sanction est étendue aux requêtes dépourvues de qualification juridique.

[698] Cass. civ. arrêt n°77102 du 10 avril 2000, BCC 2000, I, p. 242 ; Cass. civ. arrêt n°17678. 2002 du 24 juin 2002 (inédit) ; Cass. civ. arrêt n°24050. 2003 du 18 avril 2003 (inédit).

[699] CA Tunis arrêt n°7019 du 14 avril 2004 (inédit).

[700] Voir déjà en faveur de cette position Cass. civ. n°1089 du 27 mars 1962, B. C.C, I, p. 26 ; Cass. civ. n°2831 du 30 avril 1981, BCCI, p. 219 ; Cass. civ. n°16048 du 8 janv.1987, B. C.C. I, p. 93 ; Civ. n°9520 du 13 fév. 1984, B. C. C, p. 92 ; Cass. civ. arrêt n°60189 du 4 janv. 1999, Bull. civ. 1999, I, p. 257 et s.

juridiques différentes. La Cour ne peut se substituer au demandeur dans l'exercice de son option. Ce faisant elle viole le principe du contradictoire ». Cette analyse est reprise intégralement par la Cour de cassation dans son arrêt du 6 juillet 2006[701].

112. L'incidence de cette distinction sur l'appréhension de la règle de l'option. L'application jurisprudentielle de la règle de l'option entre la responsabilité contractuelle et la responsabilité délictuelle s'éclaircit davantage en droit tunisien. Les plaideurs sont libres de choisir l'ordre de responsabilité qui convient le mieux à leurs intérêts. Mais, en aucun cas, ils ne peuvent compter sur le juge pour qu'il fasse un choix à leur place. Cette position laisse perplexe. Le demandeur qui invoque tous les textes contractuels et délictuels sans établir aucun ordre entre eux ne reporte-t-il pas aussi la charge de l'option sur le juge ?[702] Contrairement au droit français, où même si le recours subsidiaire est admis, le demandeur est tenu, afin d'éviter l'intransigeance de quelques décisions[703], de présenter d'abord l'ordre contractuel puis le délictuel, la Cour de cassation tunisienne a accepté d'examiner le litige dans tous ses aspects sans exiger un ordre particulier [704]. Ce faisant, elle a pu conclure que les règles délictuelles et les règles contractuelles aboutissent à maintes reprises à des résultats identiques. Tel devrait être également le cas dans les arrêts que nous venons d'exposer. Certes, la victime n'a pas opéré un choix, mais l'application de l'article 96 du Code des obligations et des contrats aurait conduit à des résultats similaires, si elle avait mis en œuvre la responsabilité contractuelle du transporteur pour manquement à une obligation de sécurité de résultat.

Reste à savoir, et là les arrêts posent un problème épineux, si, lorsque les deux ordres de responsabilités présentent des différences réelles, le juge peut choisir librement les règles de la responsabilité encourues ou s'il doit opter pour la voie la plus favorable. En refusant de procéder à une qualification, la Cour de cassation semble répondre par la négative. Même si une réforme du Code de procédure civile serait plus que souhaitable pour renforcer l'obligation incombant aux parties au litige de préciser le fondement de leurs actions et de sanctionner expressément une éventuelle omission par la nullité de la requête, nous pensons qu'en l'état actuel du droit positif, le juge ne peut se limiter à rejeter la demande. Nous pensons qu'il serait même loisible au juge de choisir la voie la plus favorable. Déjà, quand la victime choisit à fondement textuel

---

[701] Cass. civ. arrêt n°574 du 6 juill. 2006 (inédit).

[702] F. Bussy-Dunaud, « Le concours d'actions en justice entre les mêmes parties, L'étendue de la faculté de choix du plaideur », préf. J. Ghestin, LGDJ, 1988, n°495, p. 236.

[703] Com. 14 fév. 1989, RCA 1989, n°149 « le moyen ne peut, sans se contredire, soutenir à la fois, dans la première branche que la banque a engagé sa responsabilité au plan délictuel ou quasi-délictuel et, dans sa seconde branche qu'elle l'a fait au plan contractuel » *adde* Com. 13 nov 1990, RCA 1990, n°4.

[704] Cass. Civ. arrêt n°7437 du 13 déc 1999 (inédit).

erroné, on a proposé de renforcer son office afin qu'il puisse sauver les demandes mal fondées. Une solution symétrique serait envisageable lorsque le demandeur n'a pas invoqué un texte à l'appui de ses conclusions. Un fondement erroné et rejeté par le juge n'équivaudrait-il pas à un fondement inexistant ?

113. Un renforcement nécessaire du principe contradictoire à l'égard du juge. La distinction actuellement retenue par la jurisprudence tunisienne entre les requalifications obligatoires et les qualifications interdites devrait être révisée. Le tribunal est tenu d'appliquer la loi quelle que soit l'attitude procédurale des parties au cours du litige. La seule limite qui s'impose est le respect du principe du contradictoire. En toute hypothèse, le juge doit soumettre au débat le nouveau régime de responsabilité qu'il entend retenir. Or, contrairement au droit français qui accorde un intérêt particulier au respect de ce principe[705], plusieurs arrêts de la Cour de cassation tunisienne[706], rappelant la

---

[705] Dans sa forme première, celle du décret n°71-740 du 9 septembre 1971, l'article 16 du nouveau Code de procédure civile faisait expressément obligation au juge de respecter le principe du contradictoire et de soumettre au débat le moyen à relever d'office. Le décret 20 juillet 1972, disposait également que « le juge doit en toutes circonstances faire observer et observer lui-même le principe de contradiction » et ajoutait que le juge qui relève d'office un moyen de pur droit, doit « au préalable inviter les parties à présenter leurs observations ». Néanmoins, depuis 1975, l'article 16 dispose, de façon plus elliptique, que « le juge doit en toutes circonstances faire observer le principe de contradiction » et qu'« il ne peut retenir dans sa décision que les explications qu'il a recueillies contradictoirement ». Et le texte issu du décret du 29 juillet 1976 conserve lui aussi le même silence sur les moyens relevés d'office par le juge. Ces modifications ont suscité trois sortes de réactions. La première est celle de M. Parodi, pour qui le principe du contradictoire ne se rapporte qu'aux relations entre les parties et se limite en somme au devoir de loyauté qui pèse sur celle-ci. Au contraire, dit cet auteur, le travail du juge, ses recherches, ses réflexions, et la solution qu'il se propose d'apporter au litige n'ont pas à être soumis à la discussion des parties. Le juge aura tout avantage, bien entendu, à leur faire part de ses réflexions, leur soumettre les moyens de pur droit qu'il se proposerait de relever d'office afin de recueillir leurs observations. Mais il ne s'agit pas là qu'une application du principe de contradiction lequel ne saurait jouer entre les parties et le juge. Voir Parodi, « L'esprit général et les innovations du nouveau Code de procédure civile », Défernois 1976, p. 83. Une deuxième fraction de la doctrine estime que les règles du nouveau Code de procédure civile, en libérant le juge de l'obligation de proposer au débat des parties les moyens de droit qu'il entend soulever d'office, portent atteinte au principe de la contradiction. Elle s'en désole, mais paraît s'y résigner. Voir Perrot, RTD civ.1976, p. 826 ; Normand, RTD civ. 1977, p. 181 ; P. Julien, D. 77, IR, p. 411. Selon une troisième opinion, si les textes de 1971 et 1972 ont expressément exigé du juge qu'il invite les parties à discuter des moyens qu'il entend soulever d'office, ils n'ont fait que formuler une règle dont l'existence leur est antérieure et qui leur est supérieur. En conséquence, si le nouveau Code de procédure civile n'exprime plus cette règle, peu importe, cette dernière subsiste toujours. Voir A. Bénabent, « Les moyens soulevés en secret pas le juge », JCP 1977, n°2849. La jurisprudence française, en dépit des amputations effectuées par les décrets de 1971 et 1972, a réussi à imposer le respect du principe de la contradiction. Voir Civ. 2e, 6 juillet 1978, JCP 1979, II, 19214, note. E Boré. L'article 16 devait quelques mois plus tard être annulé par la Conseil d'État car jugé contraire aux principes généraux de droit. Le décret n°81-500 du 12 mai 1981, dont résulte la rédaction actuelle de l'article 16 du nouveau Code de procédure civile a repris les formules de 1971-1972. Le juge doit donc lui-même observer le principe de la contradiction. En particulier, il

position de M. Parodi[707], ont affirmé que le principe du contradictoire ne concerne que les parties. Quant au juge, libre dans ses recherches et ses réflexions, il n'est point tenu de soumettre à discussion la solution qu'il propose d'apporter au litige. Cette position est critiquable. Le tribunal, ne peut, sans porter atteinte aux droits de la défense, surprendre les parties, lors du prononcé du jugement par des moyens de droit que personne n'avait soulevés et qui n'ont fait l'objet d'aucune discussion préalable[708]. Le renforcement de l'office du juge a pour corollaire inéluctable le respect du principe du contradictoire. L'absence d'une règle explicite en droit tunisien équivalente à l'article 16 du nouveau Code de procédure civile français ne justifie point la libération du juge de la nécessité de respecter un principe si fondamental. Le recours aux principes généraux de droit pourrait parfaitement combler cette insuffisance[709]. Dans la mesure où le juge peut modifier les données du procès de sa propre initiative, il apparaît indispensable de s'assurer que les éléments nouveaux qu'il introduira dans l'instance soient soumis à la libre discussion des parties. C'est une condition que la jurisprudence française applique avec constance et à laquelle nous adhérons sans restriction.

Conclusion de la première section

114. Pour une souplesse procédurale dans le maniement de la distinction entre la responsabilité contractuelle et la responsabilité délictuelle. En consacrant largement la règle du non-cumul, la jurisprudence française a donné une importance majeure à la qualification. Cette opération doit se faire correctement par les plaideurs. Car si la victime invoque à tort les règles délictuelles, elle risque de voir sa demande rejetée, les redressements des qualifications par le juge étant rares dans la pratique jurisprudentielle. La doctrine propose aux plaideurs de faire recours aux demandes subsidiaires[710]. Le demandeur qui hésite entre le fondement contractuel et le fondement délictuel a intérêt à viser à la fois les articles 1147 et 1382 du Code civil. La jurisprudence récente de la Cour de cassation semble même instaurer une obligation de concentration de moyens susceptibles de fonder la cause de la demande. Cette solution, courante en droit tunisien[711], et peu usitée dans la pratique par les

---

ne peut fonder sa décision sur les moyens de droit qu'il a relevés d'office sans avoir au préalable invité les parties à présenter leurs observations (art. 16, al. 3).

[706] Cass. civ. arrêt n°574 du 6 juill. 2006 ; Cass. civ. arrêt n°6613. 2006 du 8 mars 2007, (inédit).

[707] *Op. cit.*

[708] Voir A. Al Ahamdi, *op. cit.*, n°147.

[709] A. Al Ahmadi, *op. cit.*, n°137 ; N. Ben Ammou, thèse précitée, n°274.

[710] M. Normand souligne qu'il est de l'intérêt du plaideur de fonder sa demande sur des causes multiples, car il oblige le juge à faire le tour de la question avant de rejeter cette demande, voir J. Normand, « L'office du juge dans ses rapports avec le litige », LGDJ, 1965, n°317.

[711] Voir à titre d'exemple Cass. Civ. arrêt n°7437 du 13 déc 1999 (inédit)

plaideurs en droit français[712], permet d'atténuer la rigueur de certaines solutions jurisprudentielles qui s'attachent, malgré la réforme de l'article 12 du nouveau Code de procédure civile français, à la conception classique de l'office du juge. Néanmoins, en aucun cas le recours au subsidiaire ne peut combler les incohérences engendrées par une interdiction systématique de l'option entre la responsabilité contractuelle et la responsabilité délictuelle. La règle du non-cumul conduirait toujours à une litigation excessive puisque l'on plaiderait souvent sur la qualification de telle situation juridique. Ceci amène, bien entendu, à ce que l'on puisse se servir de la règle de façon dilatoire, afin de retarder le plus possible le moment de la condamnation, bien que le principe de responsabilité ne fasse aucun doute[713].

Le droit tunisien consacrant en revanche la règle de l'option entre la responsabilité contractuelle et la responsabilité délictuelle, les problèmes de requalifications se sont posés avec beaucoup moins d'acuité. Mais dans les hypothèses où la question s'est posée, on a pu remarquer que la jurisprudence, malgré l'absence d'un texte lui donnant explicitement ce pouvoir, s'est reconnu le pouvoir de substituer au fondement erroné, le fondement approprié. Néanmoins, lorsque les parties se bornent à établir les faits sans proposer aucune qualification, la Cour de cassation s'oppose à l'office du juge. La plus haute juridiction n'accepte pas que les parties lui endossent la charge de l'option. Cette position nous a paru regrettable. Nous pensons que le maniement souple de la distinction entre la responsabilité contractuelle et la responsabilité délictuelle devrait être accompagné également par une souplesse procédurale. Les différences de régimes qu'on a souvent invoquées pour distinguer les deux actions contractuelles et délictuelles sur le plan procédural[714], si elles sont parfois réelles, sont en train de s'estomper de plus en plus aussi bien en droit français qu'en droit tunisien (section 2).

---

[712] F. Roussel, Que reste-il de la règle du non-cumul ?, *op. cit.* p. 37.

[713] *Ibid.*

[714] En droit français, ces différences sont invoquées comme arguments pour empêcher le juge de passer du régime contractuel au régime délictuel. En droit tunisien, ce même argument sert à rejeter les demandes qui ne précisent pas le régime de responsabilité sur lequel se base le demandeur.

Section 2 : Le rétrécissement des différences de régimes entre la responsabilité contractuelle et la responsabilité délictuelle en droit français et tunisien

115. Les divergences de régimes entre la responsabilité contractuelle et la responsabilité délictuelle ont toujours servi la règle du non-cumul en droit français[715]. L'existence de ces différences techniques traduit par elle-même la volonté du législateur d'interdire toute option. La distinction entre les deux ordres n'aurait aucun sens si les plaideurs pouvaient selon leurs intérêts opter pour l'une ou l'autre des règles. En effet, l'application de la responsabilité délictuelle pour sanctionner une inexécution contractuelle effacerait selon certains auteurs toute la réglementation relative à la responsabilité contractuelle[716]. Elle constituerait même selon G. Cornu une fraude à la loi[717]. C'est pour protéger les prévisions des parties que le législateur a aménagé différemment la responsabilité contractuelle. La règle du non-cumul vise justement à protéger ce particularisme modelé selon la moule contractuelle. Conséquence de ces différences techniques si nombreuses, R. Rodière a pu conclure dans son ouvrage comparatiste que l'interdiction française de l'option entre les deux responsabilités, même isolée, reste la plus logique et la plus cohérente[718] de tous les autres systèmes juridiques. Certains auteurs tunisiens partagent eux aussi cette vision ; ces divergences entre les deux régimes traduisent l'intention du législateur de créer deux ordres de responsabilités.

---

[715] L'argument a été systématisé la première fois par L. Josserand pour qui si l'option entre la responsabilité contractuelle et la responsabilité délictuelle devrait être retenue, « c'est le régime contractuel qui va s'effondrer, qui va faire faillite », voir L. Josserand, note sous Cass. Civ., 14 décembre 1926, DP 1927, 1, 105. Depuis, l'argument est repris par plusieurs auteurs. Voir A. Brun, Rapports et domaines des responsabilités contractuelle et délictuelle, thèse précitée p. 382 ; R. Rodière, « Études sur la dualité des régimes de responsabilité », art. précité n°868 ; R. Demogue, Traité des obligations en général, Sources des obligations, t. V, 1925 ; n°1238, p. 544, n°52 et n°158 ; H., L. Mazeaud et A. Tunc, Traité théorique et pratique de la responsabilité civile délictuelle et contractuelle, T.1, 6e éd., Montchrestien, 1965, p. 245 ; C. Lapoyade Deschamps, Droit des obligations, *op. cit.*, p. 145 ; A. Bénabent, Droit civil, Les obligations, *op. cit.* n°403 ; P. Brun, Responsabilité civile extracontractuelle, *op. cit.* n°88.

[716] G. Cornu, Rapport au Hambourg 1962, p. 241.

[717] *Ibid.*

[718] R. Rodière, « Définition et domaine de la responsabilité contractuelle », Paris Pedone, 1981, p. 143. Cette étude de droit comparé débouche d'ailleurs sur un avant-projet largement inspiré du modèle français, c'est-à-dire une interdiction de principe de l'option entre la responsabilité contractuelle et la responsabilité délictuelle assortie d'exceptions lorsque l'inexécution du contrat est dolosive ou revêt un caractère pénal.

L'autorisation de l'option rendrait les dispositions législatives propres à la responsabilité contractuelle caduques[719].

Cet argument, confinant au dogme, nous semble exagéré. Si ces différences ont pu paraître, selon certains auteurs, abondantes et justifiées[720], l'évolution du droit positif est loin de corroborer cette analyse. On ne peut qu'être frappé par le recul des particularités de la responsabilité contractuelle (§1), un recul qui devrait changer l'appréhension de la règle du non-cumul. Cependant, on ne peut affirmer que toutes les divergences entre les deux ordres de responsabilités ont totalement disparu. Ce serait tenir un souhait pour une réalité ; plusieurs différences techniques subsistent encore (§2), donnant au problème de l'option tout son intérêt.

§1 : L'effacement de certaines différences

116. Il est devenu d'usage, dans la quasi-totalité des ouvrages relatifs à la responsabilité civile, de recenser les divergences entre la responsabilité contractuelle et la responsabilité délictuelle. À première vue, ces différences, mêmes accessoires, sont nombreuses. Elles concernent non seulement les conditions d'exercice de l'action qui regroupent les règles de preuve, de prescription, de mise en demeure et même celles relatives aux conflits de lois, mais aussi celles qui concernent l'étendue de la réparation et qui touchent la règle de la prévisibilité du dommage exigée uniquement en matière contractuelle, la règle de la solidarité entre les débiteurs ainsi que les clauses relatives à la responsabilité. Ce tableau admis dans son intégralité par la plupart des auteurs[721] devrait être révisé. L'examen attentif de certaines particularités de

---

[719] I. Ben Rejeb, L'option entre la responsabilité contractuelle et la responsabilité délictuelle, *op. cit.*, p. 57 ; M. Zine, Cours de responsabilité civile, (en arabe), Tunis 2003, p. 86.

[720] Ces divergences se justifient selon la thèse dualiste par une différence fondamentale entre la responsabilité contractuelle et la responsabilité délictuelle, la première assure une exécution par équivalent, la deuxième assure la réparation. Voir J. Bellisent, Contribution à l'analyse de la distinction des obligations de moyens et obligations de résultats : à propos de l'évolution des ordres de responsabilités, thèse précitée, n°528. En effet, selon l'auteur, dès lors que les deux responsabilités se distinguent par leurs natures, les différences de régimes « perdurent et sont parfaitement justifiées ».

[721] Mise à part G. Viney qui a remis en cause la plupart des particularités affectant la mise en œuvre de la responsabilité contractuelle, voir G. Viney, Introduction à la responsabilité, *op. cit.*, n°237 et s., la plupart des auteurs continuent à reprendre la palette des différences entre les deux ordres de responsabilités. Voir à titre d'exemple E. Noel Martine, l'option entre la responsabilité contractuelle et la responsabilité délictuelle, thèse précitée, p. 14 ; C. Lapoyade Deschamps, Droit des obligations, *op. cit.*, p. 133 ; Ph. Malinvaud, Droit des obligations, *op. cit.*, p. 224, n°325 ;Y. Buffelan- Lanore, Droit civil, Les obligations, *op. cit.*, p. 334. Certains auteurs restent sceptiques quant à l'existence de différences entre les deux ordres de responsabilités sur le terrain de la preuve. Voir R. Savatier, Traité de la responsabilité civile en droit français, T 2, conséquences et aspects divers de la responsabilité, 2e éd., LGDJ, 1951, n°275 ; R. Rodière, Définition et domaine de la responsabilité contractuelle, *op. cit.*, p. 31. Le même doute est émis par H., L. Mazeaud et A. Tunc, quant à la limitation de la réparation aux seuls dommages prévisibles, voir H., L. Mazeaud

l'action contractuelle telle que la mise en demeure (C), la solidarité (B) ou celle relative à la limitation de la réparation aux seuls dommages prévisibles (A), montre que la jurisprudence française a effectué un effort de rapprochement entre la responsabilité contractuelle et la responsabilité délictuelle dans l'application de ces règles. Abandonnées en droit français par la pratique jurisprudentielle, ces divergences ont été déjà absentes lors de l'adoption du Code des obligations et des contrats. Simple coïncidence, ou signes avant-coureurs du recul de la spécificité de la responsabilité contractuelle? Quelle que soit la réponse à donner, ce constat devrait inéluctablement se répercuter sur la lecture de la règle du non-cumul. Ceci est d'autant plus vrai que le législateur français, contrairement à son homologue tunisien, a récemment uniformisé les délais de prescription contractuels et délictuels (D).

A. La désuétude de la limitation de la réparation aux seuls dommages prévisibles

117. Discutable sur le plan théorique (1), la limitation de la réparation aux seuls dommages prévisibles est « très peu appliquée en jurisprudence »[722] (2). Dans ce contexte, la règle du non-cumul est censée protéger une règle dont la présence en droit positif français ne constitue qu'une « simple survivance historique »[723]. L'absence d'un équivalent de l'article 1150 en droit tunisien semble justifier davantage l'orientation de ce dernier vers la reconnaissance de l'option.

1. Fondement théorique discutable

118. La règle de la limitation de la réparation aux seuls dommages prévisibles consacrée en droit français et qui n'a pas d'équivalent en droit tunisien (a), manque malgré sa consécration explicite dans l'article 1150 de justifications solides. Ni les arguments classiques (b), ni ceux présentés récemment par la thèse dualiste radicale (c) ne semblent satisfaisants.

a. L'appréhension différente de l'étendue de la réparation en droit français et tunisien

119. La condition de prévisibilité en droit français et tunisien. Pour être réparable, le dommage doit être certain et direct[724]. En plus de ce rapport de

---

et A. Tunc, Traité théorique et pratique de la responsabilité civile délictuelle et contractuelle, T.1, 6e éd., Montchrestien, 1965, n°2391. Certains auteurs, quant à eux, écartent la règle de la solidarité des tableaux de divergence entre la responsabilité contractuelle et la responsabilité délictuelle, voir B. Starck, H. Roland, L. Boyer, Droit civil, Les obligations, T. 2, Le contrat, *op. cit.* n°2037 *adde* G. Marty, P. Raynaud, Les obligations, *op. cit.*, n°448.

722 G. Viney, Introduction à la responsabilité, *op. cit.*, n°172-1.

723 M. Espagnon, thèse précitée, p. 139.

724 L'article 1151 du Code civil français est écrit pour la responsabilité délictuelle, mais la doctrine s'accorde sur son applicabilité à la responsabilité contractuelle. Le rapport de causalité

causalité commun aux deux ordres de responsabilités contractuelle et délictuelle, l'article 1150 du Code civil français pose une condition supplémentaire pour l'obtention des dommages et intérêts contractuels. En disposant que « le débiteur n'est tenu que des dommages et intérêts qui ont été prévus ou qu'on a pu prévoir lors du contrat, lorsque ce n'est point par son dol que l'obligation n'est point exécutée », ledit article semble exiger en matière contractuelle ce qu'une partie de la doctrine appelle « un rapport de prévisibilité »[725]. Cette condition de prévisibilité marquerait la spécificité de la responsabilité née de l'inexécution d'un contrat[726]. Contrairement à la responsabilité délictuelle dominée par le principe de réparation intégrale, la responsabilité contractuelle serait limitée aux seuls dommages que le débiteur a pu prévoir lors de la conclusion du contrat. Loin d'être accessoire, cette divergence est, à lire la thèse de madame I. Souleau, profonde et fondamentale[727].

Le droit tunisien ne connaît pas de texte équivalent à l'article 1150 du Code civil français. L'article 278 du Code des obligations et des contrats relatif à la responsabilité contractuelle, tout comme l'article 107 relatif à l'évaluation des dommages et intérêts en matière délictuelle, n'exige que la preuve d'un lien de causalité entre le fait dommageable et le dommage pour indemniser la victime. Pourtant, une partie de la doctrine[728] considère étrangement que la réparation est

---

est exigé aussi en droit tunisien. Cette condition ressort de l'article 107 du Code des obligations et des contrats concernant la responsabilité délictuelle et l'article 278 du même Code s'agissant de la responsabilité contractuelle.

[725] I. Souleau, « La prévisibilité du dommage contractuel, défense et illustration de l'article 1151 du Code civil », thèse, Paris II, 1979, n°228 et s. l'auteur distingue clairement la condition de causalité exigée dans l'article 1151 du Code civil français de celle de prévisibilité posée par l'article 1150 du même Code. Certains auteurs confondaient, en revanche, les deux conditions ; voir à titre d'exemple P. Esmein, trois problèmes de responsabilité civile, RTD civ. 1934, p. 320 *adde* note au JCP 1959, II, 11026.

[726] I. Souleau, La prévisibilité du dommage contractuel, défense et illustration de l'article 1151 du Code civil, thèse précitée ; M. N. Courtiau, Responsabilité contractuelle et inexécution, thèse précitée, n°621 et s. ; *adde* C. Radé, Conditions de la responsabilité contractuelle, Dommage, J-cl. 1999, fasc. 170, p. 1.

[727] I. Souleau écrivait sans équivoque : « La différence de régime est tellement profonde qu'elle entraîne une véritable spécificité de la responsabilité contractuelle par rapport à l'autre, c'est qu'elle ne tient pas seulement à des règles spéciales mais accessoires, relatives par exemple aux conditions d'exercice de l'action. Bien au-delà, la différence tient à l'étendue de la responsabilité et même à ses conditions d'existence puisque la responsabilité ne s'étend pas à un dommage pour lequel ses conditions ne sont pas réunies[…]. Lorsque deux principes fondamentaux s'opposent, lorsque les conditions d'existence de la responsabilité ne sont pas les mêmes, la différence est plus que technique. Elle est plus qu'un accessoire, elle est fondamentale », *op. cit.*, p. 490.

[728] M.-S. Ayari, « Responsabilité délictuelle et contractuelle » (en arabe), RJL 1961, p. 15 ; A. Kahloun, « L'action en réparation » (en arabe), RJL mai 2002, p. 57 ; C. Briki, « La prévisibilité du dommage contractuel »(en arabe), mémoire de DEA, faculté de droit et des sciences politiques de Tunis, 2004-2005. *Contra.* M. Zine, « Le contrat », *op. cit.* n° 384, p. 308 ; C. Ben Miled, « Le rôle de la faute en matière contractuelle » (en arabe), *op. cit.* p. 197 ; A. Tayachi, « L'influence du degré de la faute sur la réparation » (en arabe), mémoire de DEA, Faculté de droit et des sciences

limitée également en droit tunisien aux seuls dommages prévisibles. Le législateur tunisien donne au juge le pouvoir d'évaluer différemment le montant des dommages et intérêts selon la bonne ou la mauvaise foi du débiteur. Il en découle que « même si les termes de l'article 1150 du Code civil français sont absents, son esprit est là »[729]. Cette analyse ne nous paraît pas assez bien menée. En donnant au juge la possibilité d'augmenter la réparation lorsque le débiteur a commis un dol[730], l'article 278 ne l'a pas pour autant autorisé à limiter la réparation si la faute commise au cours de l'exécution du contrat est simplement ordinaire. D'ailleurs, la responsabilité du débiteur délictuel est elle aussi alourdie s'il est de mauvaise foi[731]. C'est dire si les deux ordres de responsabilités sont soumis aux mêmes principes, s'agissant de l'étendue de la réparation en droit tunisien. Certes, les travaux préparatoires[732] font allusion à l'article 1150 du Code civil français, néanmoins, l'absence dans le texte définitif de toute référence au dommage prévisible montre simplement que le législateur tunisien a choisi d'abandonner cette règle. Loin d'être regrettable[733], cette solution devrait être saluée. Déjà en droit français, où pourtant la limitation de la réparation aux seuls dommages prévisibles est consacrée explicitement, la doctrine peine à justifier rationnellement cette différence entre les deux ordres de responsabilités. Qu'est-ce qui rend légitime ce traitement de faveur accordé au débiteur contractuel? Que l'on attribue la paternité de cette règle aux juristes de l'ancien droit[734]ou que l'on essaie de remonter à ses sources romaines[735], l'article 1150 du Code civil manque de justifications rationnelles. En fait, non seulement les explications divergent mais elles sont surtout loin d'être convaincantes.

---

politiques de Tunis, 2000-2001, p. 92 ; S. Abid Mnif, « L'obligation de sécurité dans les contrats », *op. cit.,* p. 89 ; S. Abid Bellaaj, « La responsabilité contractuelle entre le Code des obligations et des contrats et les principes Unidroit », Mémoire de DEA, faculté de droit de Sfax, 2006-2007, p. 107.

[729] C. Briki, *op. cit*, p. 170.

[730] Cette possibilité est délaissée en pratique. La jurisprudence tunisienne reste attachée au principe indemnitaire et refuse d'adopter la théorie de peine privée consacrée par l'article 278 du COC. À lire cet article dont la formule ressemble énormément à l'article 107, la responsabilité vise à compenser le dommage subi objectivement à la victime, mais elle vise aussi à sanctionner le débiteur de mauvaise foi en augmentant le montant de la réparation.

[731] L'article 107 du Code des obligations et des contrats.

[732] Voir l'article 121 de l'avant-projet.

[733] C. Briki, *op. cit. Loc. cit.*

[734] Pothier donne au juge la possibilité au juge de modérer les dommages et intérêts contractuels lorsque le montant dépasse les prévisions des parties. Sur les origines historiques de l'article 1150 du Code civil français, voir I. Souleau, La prévisibilité du dommage contractuel, Paris II, 1979, n°6 ; H., L., J. Mazeaud et F. Chabas, Leçons de droit civil, *op. cit.* n°2375-2.

[735] J. Van Ryn, Responsabilité aquilienne et contrats en droit positif, thèse précitée, 1933, p. 49 et s.

b. Explication classique insuffisante

120. L'article 1150 du Code civil expression de la volonté des parties contractantes dans le domaine de la responsabilité civile. Classiquement, la limitation de la réparation aux seuls dommages prévisibles se justifie eu égard au principe de l'autonomie de la volonté[736]. Les parties ayant fixé librement leurs engagements réciproques, il est naturel qu'elles ne puissent être tenues responsables au-delà de ce qu'elles ont pu prévoir lors de la conclusion du contrat. L'article 1150, écrit Madame I. Souleau, est « le seul texte légal introduisant le principe de l'autonomie de la volonté dans le domaine de la responsabilité civile. [...] Source de l'obligation, la volonté reste source et mesure de la responsabilité lorsque les obligations sont nées du contrat »[737]. En même temps qu'il promet d'exécuter le contrat, le débiteur mesure et accepte l'étendue de la responsabilité qu'il risque d'encourir en cas d'inexécution. À l'inverse, les dommages imprévisibles de cette inexécution ne figurent pas dans le champ de ses prévisions, il n'est pas alors tenu de les réparer. Cette règle fait toute la particularité de l'action contractuelle. L'exigence de prévisibilité ne se retrouve logiquement pas en matière de responsabilité extracontractuelle, puisque les parties n'ont pas précisé d'avance l'étendue de leurs engagements. Le non-cumul entre la responsabilité contractuelle et la responsabilité délictuelle devient dans ce contexte parfaitement justifiable. Comme les parties ont librement délimité l'étendue de leurs obligations, il convient de protéger leurs ententes contre une intrusion délictuelle qui risque de faire entrer dans le champ contractuel des obligations qu'elles n'ont pas prévues. Madame I. Souleau irait jusqu'à affirmer l'identité de fondement entre l'interdiction de l'option entre la responsabilité contractuelle et la responsabilité délictuelle et la règle de la limitation de la réparation aux seuls dommages prévisibles[738]. « L'article 1150 », écrit l'auteur, « *est la disposition légale mère*[739], le seul texte de portée générale qui renvoie au contrat pour la détermination des conséquences de l'inexécution. On pourrait quasiment y voir *une disposition affirmant le non-cumul*[740] et la dualité des deux ordres de responsabilités »[741]. Tout comme l'article 1150, la règle du non-cumul vise à protéger la volonté des parties qui ont modelé un régime de responsabilité dérogatoire au droit commun.

121. Critiques. Ceci dit, cette présentation nous paraît vulnérable. Il est exagéré d'affirmer que la règle du non-cumul est annoncée par un article relatif

---

[736] En faveur de cet argument voir I Souleau, thèse précitée, p. 406 et s. ; C. Radé, Conditions de la responsabilité contractuelle, Dommage, J-cl. 1999, fasc. 170, p. 1 ; M. N. Courtiau, thèse précitée, p. 382.
[737] I. Souleau, thèse précitée, n°460.
[738] I. Souleau, *op. cit.*, p. 495.
[739] Nous soulignons.
[740] Nous soulignons.
[741] *Ibid.*

à la nature du dommage réparable en matière contractuelle. Même si nous concédons que l'article 1150 invite le juge à sculpter la volonté des parties afin de limiter la réparation, ce qui n'est pas le cas, il est excessif de rattacher au même article une règle prétorienne de portée plus générale qui concerne le rapport entre les deux ordres de responsabilités. En outre, le fondement volontariste proposé par l'auteur tant à la règle de l'article 1150 qu'à celle du non-cumul est loin d'être satisfaisant. Si l'on met de côté les critiques ascendantes adressées au principe de l'autonomie de volonté, cette volonté est, aux dires mêmes de Madame Souleau, dans la plupart des cas, tacite. Le travail du juge serait par conséquent essentiellement divinatoire. L'auteur elle-même propose de considérer comme prévisibles des dommages qui n'ont pas été prévus par les parties, tels que les dommages corporels. L'obligation de sécurité qui permet de réparer ce type de dommage sur le terrain contractuel n'est-elle pas introduite de vive force dans le contrat sans même le consentement des parties ? Le recours à la volonté des parties pour départager ce qui est prévisible de ce qui est imprévisible est une voie périlleuse. D'ailleurs, si on s'attache à préserver le contrat, ceci devrait conduire, comme on l'a affirmé[742], à aggraver les sanctions de son inexécution en assurant une réparation intégrale.

122. Bonne foi contractuelle, justice commutative. Consciente de l'insuffisance du fondement subjectif, Madame Souleau propose de faire recours à d'autres fondements objectifs, tels que la bonne foi ou la justice contractuelle[743]. N'ayant pas été en mesure d'apprécier les risques du contrat, il serait contraire à la bonne foi de faire assumer le débiteur la réparation des dommages imprévisibles. De même, la justice commutative exige un équilibre entre les prestations réciproques des contractants. La règle de l'article 1150 permettrait d'ajuster l'étendue de la responsabilité du débiteur avec celle des engagements qu'il a souscrits. On est, écrit I. Souleau, « au cœur du droit des contrats, au carrefour de la volonté et de la justice commutative, et en toute analyse, la justification profonde de la règle pourrait bien être : qui dit hors contrat, dit injuste »[744]. Certes, la bonne foi s'oppose à ce que le créancier puisse réclamer la réparation d'un dommage imprévisible dû à sa faute. Mais est-ce que la survenance d'un fait amplificateur est toujours la conséquence de la faute du créancier ? La réponse ne peut qu'être négative, et même dans cette hypothèse, le recours à l'article 1150 paraît superflu, l'effet partiellement exonératoire de la faute du créancier pourrait suffire pour réduire le montant de la réparation[745]. De même, le recours à la justice contractuelle, loin de justifier la limitation de la réparation aux seuls dommages prévisibles, paraît au contraire condamner cette règle. Lorsque l'imprévisibilité n'est pas due à sa faute, est-il équitable d'endosser la prise en charge des dommages imprévisibles

---

[742] G. Viney et P. Jourdain, Les effets de la responsabilité, *op. cit.*, p. 597.
[743] I. Souleau, thèse précitée, p. 453.
[744] *Ibid.*
[745] G. Viney et P. Jourdain, Les effets, *op. cit.* p. 597.

au créancier victime de l'inexécution ? La justice n'exige-t-elle pas qu'il soit entièrement indemnisé ?[746] Malgré le plaidoyer très exhaustif de Madame I. Souleau, la règle de l'article 1150 du Code civil français reste toujours en quête d'une justification rationnelle.

123. L'article 1150, instrument de mesure des dommages et intérêts. Madame G. Viney et monsieur P. Jourdain, malgré les critiques sévères qu'ils ont adressées à la limitation de la réparation en matière contractuelle, proposent de maintenir l'article 1150 comme un instrument de modération judiciaire des dommages et intérêts contractuels[747]. En fait, selon les auteurs, le développement exagéré des responsabilités menace de freiner les activités productives et de bloquer l'initiative. La jurisprudence trouverait alors dans les termes de l'article 1150 un instrument précieux de réduction des indemnités qu'elle juge exagérées. Cet argument est loin lui aussi d'être déterminant[748]. Une réparation intégrale n'est pas toujours l'expression d'une réparation excessive, une réparation intégrale est avant tout une réparation juste. S'il s'avère aujourd'hui nécessaire d'adopter une politique mesurée de réparation, nous ne voyons pas pourquoi ce souci apparaîtrait uniquement en matière contractuelle à l'exclusion de la responsabilité délictuelle. L'utilisation de l'article 1150 pour assurer ce but peut d'ailleurs paraître dangereuse. La distinction entre le dommage prévisible et le dommage imprévisible sur laquelle repose ledit article est « suffisamment floue »[749] pour jouer le rôle de modérateur des exagérations commises dans l'application du principe de la réparation intégrale.

L'article 1150 souffre en droit français d'une véritable crise existentialiste. C'est dans un autre registre, et afin de lui restaurer sa légitimité perdue que la thèse dualiste radicale a essayé de proposer une autre explication.

---

[746] *Ibid.*

[747] G. Viney et P. Jourdain, Les effets de la responsabilité, *op. cit.*, n°333.

[748] Comme le soutenait Y.-M. Laithier, le lien établi par les auteurs entre le développement des activités économiques et la limitation de la responsabilité du débiteur contractuel est purement hypothétique. Si une réparation limitée incite les débiteurs à accroître le nombre des transactions, elle découragerait en revanche les créanciers dont les attentes ne seront qu'imparfaitement protégées. Voir Y. M. Laithier, thèse précitée, n° 92, p. 131.

[749] Selon l'expression même des auteurs, voir G. Viney et P. Jourdain, *op. cit. Loc. cit.* Voir dans le même sens H., L. Mazeaud et F. Chabas, Traité théorique et pratique de la responsabilité civile délictuelle et contractuelle, *op. cit.*, n°2391 ; M.-E. Roujou de Boubée, Essai sur la notion de réparation, thèse précitée, p. 309. Ces auteurs remarquent à juste titre que la distinction entre les dommages prévisibles et imprévisibles est d'une mise en œuvre délicate. Elle complexifie le contentieux de la réparation puisqu'elle fait planer jusqu'à la fin du procès une incertitude sur le résultat de l'action.

c. Faiblesse de l'explication présentée par la thèse dualiste radicale

124. L'article 1150 instrument d'exécution par équivalent de l'obligation contractuelle transgressée. La véritable raison d'être de l'article 1150 du Code civil ne réside, selon la thèse dualiste radicale[750], ni dans la volonté des parties, ni dans la bonne foi ou la justice contractuelle, ni même dans la nécessité d'adopter une politique judiciaire de modération des réparations allouées. Elle serait ailleurs. La limitation de la réparation aux seuls dommages prévisibles tient à ce qu'il n'existe pas à proprement parler de « responsabilité contractuelle » mais une exécution différente de l'obligation par un équivalent. Or, cette exécution de substitution ne pourrait pas surpasser celle qui avait été originellement contractée. Le dommage prévisible n'est autre chose que « l'objet même de l'obligation inexécutée, l'avantage promis et non reçu »[751]. Dans une telle optique, on ne peut pas dire que la réparation est limitée en matière contractuelle car on n'est même pas en présence d'une réparation, mais d'un équivalent d'exécution. Nous avons déjà exprimé les causes de notre réticence à l'égard de la thèse destructrice de la responsabilité contractuelle. Là encore, on ne peut qu'être frappé par ses conséquences inédites. En effet, cette thèse définit la prévisibilité du dommage par référence à l'objet de l'obligation. Elle distingue ainsi entre les dommages intrinsèques seuls prévisibles et les dommages extrinsèques qui seront imprévisibles. Or, outre le fait que cette distinction est loin d'être convaincante, un dommage intrinsèque peut tout à fait être imprévisible, tout comme un dommage extrinsèque qui peut être prévisible[752], le rejet par principe de la réparation du dommage extrinsèque en le qualifiant d'imprévisible procède comme on l'a relevé à juste titre « d'une vision abusivement mutilante du contrat »[753].

Conscients de la fragilité de la situation du créancier si l'article 1150 du Code civil ne devait prendre en charge que le seul dommage intrinsèque, certains auteurs ont préconisé l'application des règles délictuelles afin d'obtenir la réparation du dommage imprévisible[754]. Le même fait générateur de responsabilité serait alors fractionné. L'inexécution qui a généré un dommage

---

[750] P. Rémy, « La responsabilité contractuelle, histoire d'un faux concept », *op. cit.*, n°40, p. 350 ; C. Lapoyade Deschamps, Le mythe de la responsabilité contractuelle en droit français, *op. cit.*, p. 181 ; J. Bellisent, « Contribution à l'analyse de la distinction des obligations de moyens et obligations de résultats : à propos de l'évolution des ordres de responsabilités », *op. cit.* , n°66, p. 44. ; Ph. le Tourneau *et alii*, Droit de la responsabilité et des contrats, *op. cit.* n°1013.

[751] P. Rémy, *Ibid.*

[752] Voir les exemples cités par G. Viney, La responsabilité contractuelle en question, *op. cit.* p. ; G. Viney, obs. sur Civ. 1re, 6 oct. 1998, JCP 1999, I, 147, n°4 *adde* Y. M. Laithier, thèse précitée, p. 145.

[753] Y. M. Laithier, thèse précitée, p. 147.

[754] L. Leturmy, art. précité, p. 872 ; voir déjà en faveur de cette position en droit belge, L. Cornelis, note sous Civ. 1re (Bel), 11 avr. 1986, RCJB 1990, p. 79, n°20, p. 99.

prévisible serait sanctionnée par le biais de l'exécution par équivalent. Tandis que le dommage imprévisible serait indemnisé par application des règles de la responsabilité délictuelle. Ce serait sacrifier la simplicité et sombrer dans une théorisation et un juridisme excessifs.

L'article 1150 du Code civil « décline inexorablement »[755]. Ce déclin est dû en grande partie à l'absence d'un fondement rationnel légitimant la limitation de la réparation en matière contractuelle. P. Esmein avoue qu'il « ne comprend guère les motifs de cette faveur faite au débiteur contractuel, qui, en négligeant d'exécuter, viole une obligation exactement comme l'auteur d'un délit »[756]. Dans ce contexte, on ne peut que regretter le maintien de cette règle dans la proposition de loi portant réforme de la responsabilité civile « Béteille »[757] qui dans son article 1386-16 reprend la solution adoptée par l'article 1366 de l'avant-projet de réforme du droit des obligations et de la prescription[758]. Rien en réalité ne justifie cette différence de traitement entre les deux branches de la responsabilité civile[759]. La quasi-totalité des systèmes juridiques consacre le principe de la réparation intégrale aussi bien dans le cadre de la responsabilité délictuelle que dans celui de la contractuelle[760]. Faire dépendre l'étendue de la réparation du choix de la responsabilité délictuelle, un choix d'emblée interdit en droit français dès lors qu'il y a une relation contractuelle préexistante, conduit à des inégalités choquantes entre les victimes. Heureusement, la jurisprudence a neutralisé les effets néfastes de cette solution en désertant l'article 1150 contre lequel « protestent à la fois la simplicité, qui est une qualité

---

[755] G. Viney, P. Jourdain, Les effets de la responsabilité, *op. cit.* n°173.

[756] P. Esmein, « Trois problèmes de responsabilité civile », RTD civ. 1934, n°15, p. 336.

[757] L'article 1386-16 de la proposition de loi portant réforme de la responsabilité civile dispose que « Sauf dol ou faute lourde de sa part, le débiteur n'est tenu de réparer que les conséquences de l'inexécution raisonnablement prévisibles lors de la formation du contrat ».

[758] L'article 1366 de l'avant-projet dispose que : « Sauf dol ou faute lourde de sa part, le débiteur n'est tenu de réparer que les conséquences de l'inexécution raisonnablement prévisibles lors de la formation du contrat ».

[759] H., L. et J. Mazeaud et F. Chabas, Traité théorique et pratique de la responsabilité civile délictuelle et contractuelle, *op. cit.* n°2375 et s. et surtout n°2391 ; Y. Chartier, La réparation du préjudice dans la responsabilité civile, Paris, Dalloz, 1983, n°60 à 91 ; P. Jourdain, « Les dommages et intérêts alloués par le juge, Rapport français », *in* Les sanctions de l'inexécution des obligations contractuelles, Étude de droit comparé, sous la direction de M. Fontaine et G. Viney, Bruylant, LGDJ, 2001, p. 273, n°10.

[760] Le droit allemand, et récemment la Common Law d'Angleterre, obligent le débiteur de l'inexécution à réparer l'intégralité du dommage même imprévisible. Voir Y. Chartier, La réparation du préjudice dans la responsabilité civile, thèse précitée, n° 91 ; H. Stoll, « Conséquences of liability : remedies, international Encyclopedia of comparative Law », vol. XI, ch. 8, n°7. Le droit suisse aussi consacre le principe de la réparation intégrale en matière contractuelle, voir S. Eberhard, Les sanctions de l'inexécution du contrat et les principes Unidroit, Lausanne 2005, p. 198.

première de toute règle juridique, la logique, qui en est la source, et l'équité qui en est la justification »[761].

2. La marginalisation de l'article 1150 en pratique

125. Contrairement aux vœux de Madame Souleau de conserver précieusement la règle de l'article 1150[762], la jurisprudence française tend de plus en plus à « supplanter » ce texte à un point que l'on a pu parler de sa désuétude[763]. Non seulement les exceptions apportées à la règle de prévisibilité sont appliquées d'une manière extensive, multipliant ainsi les hypothèses de retour au principe de la réparation intégrale (a), mais aussi la notion de dommage prévisible est appréciée d'une manière restrictive (b), faisant de l'exonération du débiteur sur la base de l'imprévisibilité des hypothèses rarissimes.

a. Application extensive des exceptions au principe de la limitation de la réparation

126. La mise à l'écart de la règle de prévisibilité de dommage lorsque la faute est dolosive ou lourde. L'article 1150 du Code civil, lui-même, fait échec à la limitation de la réparation qu'il prévoit lorsque le débiteur a commis un dol dans l'exécution du contrat. *A priori*, cette exception est de portée limitée, la faute dolosive étant une faute intentionnelle. Néanmoins, depuis le revirement qu'elle a opéré en 1969[764], la jurisprudence a extirpé l'élément intentionnel de la définition du dol en matière contractuelle. La faute dolosive ne s'identifie plus par l'intention de nuire ou par la volonté du dommage, il suffit que l'inexécution soit délibérée. En admettant le dol dans ce cas, on accroît les hypothèses sur lesquelles le débiteur s'en rend coupable et, de ce fait, on lui enlève le bénéfice de la limitation de sa responsabilité aux seuls dommages prévisibles[765]. Cette tendance a été en outre fortement accentuée par l'assimilation de la faute lourde à la faute dolosive en vertu de l'adage *culpa lata dolo acquiparatu.*[766] Cette assimilation a permis de réserver à la faute

---

[761] H., L Mazeaud, F. Chabas, *op. cit*, n°2391, p. 523.

[762] Thèse de Souleau, thèse précitée, p. 537.

[763] G. Viney, Introduction à l'étude de la responsabilité, précitée, n°173 ; G. Viney, P. Jourdain, Les effets de la responsabilité, précité, n°331 ; A. Bénabent, Les obligations, précité, n°415 ; P. Jourdain, « Réflexion sur la notion de responsabilité contractuelle, *op. cit.* p. 76 *adde* pour le même auteur « Les dommages et intérêts alloués par le juge », Rapport français, *in* les sanctions de l'inexécution des obligations contractuelles, Étude de droit comparé, sous la direction de M. Fontaine et G. Viney, Bruylant, LGDJ, 2001, p. 263. Dans ce contexte on peut regretter la consécration de la règle dans le projet Catala. Voir l'article 1366 Sauf dol ou faute lourde de sa part, le débiteur n'est tenu de réparer que les conséquences de l'inexécution raisonnablement prévisibles lors de la formation du contrat.

[764] Civ. 1re, 4 fév. 1969, DS 1969, p. 601, note J. Mazeaud ; JCP 1969, II, 16030, note Prieur.

[765] G. Viney et P. Jourdain, Les effets de la responsabilité, *op. cit.* n°326 p. 590.

[766] Civ. 1re, 19 déc. 1960, Bull. civ. I, n°552 ; Com. 25 mars 1963, D. 1964, p. 17, note Rodière ; Com. 11 mai 1976, D. 1976, somm. P. 64 ; Com. 3 avril 1990, Bull. Civ., IV, n°142 ; D. 1990, IR,

lourde le même sort qu'à la faute dolosive. Dans les deux cas, le débiteur assume une réparation intégrale et se voit privé de l'atténuation prévue en sa faveur dans l'article 1150. Constant en jurisprudence malgré les critiques doctrinales qui lui ont été adressées, ce jumelage entre les deux types de fautes, *a priori* foncièrement différentes, contribue à réduire la portée du principe de non-réparation du dommage imprévisible en pratique. Ceci est d'autant plus vrai que la faute lourde est facilement retenue, en particulier à la charge du débiteur professionnel[767]. Mais même dans les hypothèses où l'inexécution ne constitue ni un dol, ni une faute lourde, la jurisprudence trouve toujours le moyen de paralyser la mise en œuvre de l'article 1150.

b. Application restrictive de l'article 1150 du Code civil

127. La fréquence de la mise à l'écart de l'article 1150 du Code civil lorsque la faute est simple. S'il est vrai que la jurisprudence a appliqué la prévisibilité à la quotité du dommage et non seulement à sa cause[768], la portée de l'article 1150 reste limitée. Ainsi, l'imprévisibilité ne peut résulter d'une augmentation de la valeur du dommage due aux variations monétaires[769]. N'étant pas d'ordre public[770], le moyen tiré de l'imprévisibilité ne peut être soulevé pour la première fois devant la Cour de cassation, ni soulevé d'office

---

p. 114 ; JCP 1990, IV, p. 25 ; Com. 28 mai 1991, Bull. civ., IV, n°183 ; JCP 1991, IV, p. 289 ; Civ. 1re, 8 juin 1994, CCC1994, com., n°216 ; Com. 11 juill. 1995, Bull. civ., IV, n°215 ; JCP 1995, IV, 2258 ; Com., 19 nov. 1996, Bull. civ., IV, n°280 ; RJDA 1997, n°354.

767 G. Viney, P. Jourdain, *op. cit. Loc. cit*

768 La notion d'imprévisibilité a été largement débattue. Une première thèse prétend que le débiteur doit réparer intégralement le dommage causé par l'inexécution de son obligation dès lors que la cause du dommage a pu être prévue, même si, par des circonstances exceptionnelles, son importance, sa quotité, a dépassé les prévisions des parties. Le but de cette thèse est bien évidemment de restituer au principe de la réparation intégrale le domaine le plus large possible. Réfutée en droit français depuis l'arrêt 7 juillet 1924, voir Com. 7 juill. 1924, S. 1925, 1, p. 321, cette thèse a été reçue en droit belge. Dans leur interprétation de l'article 1150 du Code civil, les juges belges ont ramené l'exigence de la prévisibilité à la cause de dommage, et non à son étendue. Voir Cass. Belge, 1re ch. 11 avr. 1986, RCJB, 1990, p. 79, note Cornelis. Les auteurs belges considèrent que cette interprétation libérale rapproche sensiblement le régime de la responsabilité contractuelle et celui de la responsabilité délictuelle. Voir J. Fagnart, « La responsabilité extracontractuelle du prestataire de service », *in* Les prestations de services et le consommateur, 1991, p. 197 ; I. Durant et N. Verheyden-Jeanmart, « Les dommages et intérêts accordés au titre de la réparation d'un dommage contractuel », *in* Étude de droit comparé, sous la direction de M. Fontaine et G. Viney, Bruylant, LGDJ, 2001, p. 308 ; B. Dubuisson, Traité théorique et pratique de la responsabilité contractuelle et responsabilité extracontractuelle, UCL, 2003, n°90. La jurisprudence française consacre en revanche la deuxième thèse qui considère que l'imprévisibilité doit porter non seulement sur la cause du dommage mais aussi sa quotité.

769 La Cour de cassation a précisé que l'imprévisibilité doit porter sur les faits constitutifs du dommage et non sur son expression monétaire. Com. 16 février1954, D. 1954, p. 334, note R. Rodière ; JCP 1954, II, 8062, note JGB ; Com. 5 mars 1965, D. 1965, p. 449.

770 Com. 2 juill. 1962, Bull. civ. III, n°331.

par les juges[771]. Ces derniers disposent d'un pouvoir d'appréciation souverain non soumis au contrôle de la Cour de cassation, même si le critère de prévisibilité retenu par le tribunal est particulièrement extensif[772].

Ainsi, le transporteur pouvait prévoir que les voyageurs emporteraient dans leurs bagages des objets de valeur[773]. De même, le taxi qui par son retard a empêché ses clients de rejoindre le train en direction de l'aéroport Roissy-Charles-de-Gaulle, d'où décollait leur avion pour la Grèce, doit rembourser l'intégralité du voyage[774]. Mais il y a plus ; l'appréciation de la prévisibilité est abstraite[775] et se fait le jour de la formation du contrat[776]. Il en découle que l'imprévisibilité n'est que très rarement retenue, « presque tous les dommages », écrit M. Jourdain, « étant normalement prévisibles »[777].

La règle de l'article 1150, décrite comme « la disposition légale mère de la règle du non-cumul »[778] s'effondre en droit français, ôtant à l'interdiction de l'option l'une de ses plus fortes raisons d'être. Or, ce schéma est loin d'être isolé, la différence entre responsabilité contractuelle et responsabilité délictuelle, dans le cas où le dommage a été causé par plusieurs personnes, a également disparu.

B. La disparition de la distinction entre les codébiteurs contractuels et les codébiteurs délictuels

128. La règle de la solidarité élément de distinction entre la responsabilité contractuelle et la responsabilité délictuelle. Lorsque le fait dommageable a été commis par plusieurs personnes à la fois, on peut se demander si la victime peut s'adresser à l'une quelconque d'entre elles pour exiger la réparation de tout le préjudice subi, ou si elle doit au contraire diviser ses recours entre les différents responsables. En droit français, la réponse de principe est donnée par l'article 1202 du Code civil selon lequel « la solidarité ne se présume point, il faut qu'elle soit expressément stipulée. Cette règle ne cesse que dans les cas où la solidarité a lieu de plein droit, en vertu d'une disposition de la loi »[779]. À lire cette disposition, la victime, sauf exception légale ou stipulation contractuelle explicite, doit diviser son recours. Toutefois,

---

771 Civ. 1re, 15 juill. 1999, RTD civ. 1999, p. 843, obs. P. Jourdain.
772 Civ. 1re, 3 juin 1998, Bull. civ. I, n°199 ; D. aff. 198, obs. SP.
773 Arrêt précité.
774 Dijon, 7 oct. 2003, Resp. civ. et assur. 2004, n°3, note C. Radé.
775 Civ. 1re, 25 janv. 1989, Bull. civ. I, n°40.
776 Civ. 1re, 3 juin 1998, précité.
777 P. Jourdain, « Les dommages et intérêts alloués par le juge », Rapport français, *in* Les sanctions de l'inexécution des obligations contractuelles, p. 282.
778 I. Souleau, op. cit., p. 495.
779 Sur la solidarité entre les débiteurs en droit français, voir F. Chabas, « L'influence de la pluralité des causes sur le droit à réparation », préf. H. Mazeaud, LGDJ, 1967 ; M. Mignot, « Les obligations solidaires et les obligations *in solidum* en droit privé français », Dalloz, 2002.

et malgré ce texte, la jurisprudence a décidé depuis longue date que les coauteurs d'un même dommage en matière délictuelle sont tenus *in solidum* envers la victime[780]. Le but évidemment recherché est de garantir la victime en lui évitant la division de ses poursuites et en la protégeant contre l'insolvabilité éventuelle de l'un des coauteurs. Cette garantie supplémentaire d'indemnisation serait, selon une partie de la doctrine, limitée au seul domaine délictuel. En matière contractuelle, en revanche, cette possibilité n'existerait pas, à moins que le contrat ait stipulé que les codébiteurs s'engageaient solidairement[781]. « Avec la limitation des dommages et intérêts, l'obligation *in solidum* », écrit récemment un auteur, « a toujours séparé les deux ordres de responsabilités »[782]. L'arrêt du 6 avril 1927[783], considéré par la doctrine comme l'un des arrêts fondateurs de la règle du non-cumul en droit français, confirme cette analyse. En effet, la Cour de cassation censure la décision des juges du fond qui ont retenu une obligation solidaire entre les débiteurs pour une faute commise au cours de l'exécution d'un contrat de mandat[784]. À défaut d'une clause expresse stipulant la solidarité entre les codébiteurs contractuels, les juges ne peuvent faire recours à la responsabilité délictuelle pour imposer une obligation *in solidum*.

Cette divergence, défendable selon MM. Mazeaud, partisans pourtant d'un rapprochement entre les deux ordres de responsabilités, s'explique par référence

---

[780] Civ. 11 juill. 1892, D. 1894, 1, 561, note Levillain ; Civ. 30 juin 1930, GP 1930, 2, 250. Plusieurs études doctrinales ont été consacrées à l'obligation *in solidum*. Voir L. Mazeaud, « Obligations *in solidum* et solidarité entre codébiteurs délictuels », Rev. Crit. 1930, p. 147 ; R. Meurisse, « Le déclin de l'obligation *in solidum* », D. 1962, chron. I, p. 242 ; J.-P. Brunet, « Observations critiques sur l'obligation *in solidum* en responsabilité délictuelle », GP 1965, 2, doct., p. 75 ; F. Chabas, « Remarques sur l'obligation *in solidum* », RTD civ. 1967, p. 310 ; J. Boré, « Le recours entre coobligés *in solidum* », JCP 1967, I, 2126 ; J. Boré, « La causalité partielle en noir et blanc ou les deux visages de l'obligation *in solidum* », JCP 1971, I, 2369 ; P. Raynaud, « La nature de l'obligation des coauteurs d'un dommage, obligation *in solidum* ou solidarité ? », Mél. J. Vincent, 1981, p. 317 ; J. Huet, « L'obligation *in solidum* et le jeu de la solidarité dans la responsabilité des constructeurs », RDI 1983, p. 11.

[781] A. Brun, « Rapports et domaines des responsabilités contractuelle et délictuelle », *op. cit.*, n°65 et 67 ; H. et L., J. Mazeaud, F. Chabas, « Leçons de droit civil », *op. cit.* n°396.

[782] G. Babert, Le système Planiol, thèse précitée n°253.

[783] Cass. Civ. 6 Avril 1927, S. 1927, 1, 201, note H. Mazeaud.

[784] La Cour déclare : « C'est seulement en matière de délits ou de quasi-délit que toute faute quelconque oblige son auteur à réparer le dommage provenant de son fait, et les articles 1382 et s. sont sans application lorsqu'il s'agit d'une faute commise dans l'exécution d'une obligation résultant d'une convention. Doit être cassé l'arrêt qui condamne solidairement comme co-auteurs d'un quasi-délit, deux des liquidateurs d'une société qui ont agi en arrière du troisième liquidateur, à réparer le préjudice causé aux anciens associés par la vente d'un navire qui a été adjugé à un prix inférieur à des offres qui avaient été faites avant la vente publique. Le fait ainsi retenu contre les liquidateurs ne pouvait constituer qu'un manquement à l'obligation contractuelle résultant du mandat qu'ils avaient reçu de leurs co-associés ; et dés lors, en relevant à leur charge un quasi-délit, et en les condamnant solidairement à réparer le dommage ainsi causé par leur faute, l'arrêt n'a pas légalement justifié sa décision ».

à la volonté des parties[785]. Le créancier qui contracte avec plusieurs personnes aurait pu, s'il le juge utile, exiger une solidarité entre les débiteurs. Ne l'ayant pas fait, il ne peut par la suite demander une condamnation solidaire[786]. Pour M. Huet[787], cette différence entre les deux ordres de responsabilités prouve encore une fois la nature mixte de la responsabilité contractuelle. Contrairement à la responsabilité délictuelle uniquement réparatrice, la responsabilité contractuelle joue, selon l'auteur, un double rôle, d'une part, l'exécution par équivalent du contrat, et d'autre part l'indemnisation des dommages consécutifs à l'inexécution[788]. La question de savoir si la victime doit ou non diviser ses recours passe peu ou prou à travers cette distinction. S'agissant du droit au paiement, le créancier demande en réalité l'exécution du contrat, l'article 1202 du Code civil doit à cet égard prévaloir et l'obligation *in solidum* ne peut recevoir application. Il en va différemment pour les dommages consécutifs à l'inexécution du contrat. Dans ce cas, le créancier revendique un droit à la réparation et doit pouvoir profiter de l'indemnisation la plus complète grâce à la condamnation *in solidum* des codébiteurs.[789]

Source de complications, cette distinction entre l'exécution par équivalent qui empêcherait le jeu de l'obligation *in solidum* et la réparation qui la rendrait obligatoire est peu défendable. Comment faire comprendre au justiciable profane que pour une même inexécution, il aurait une forte chance d'être indemnisé totalement pour les dommages qu'il a subis dans sa personne ou dans ses biens, tandis que ses chances s'affaiblissent lorsqu'il cherche à réparer les dommages dus à l'inexécution de l'objet même de l'obligation ?

129. L'abandon de la distinction entre les codébiteurs contractuels et les codébiteurs délictuels. L'examen de la jurisprudence française montre qu'elle n'a pas fait sienne cette distinction entre le droit au paiement et le droit à la réparation. Les juges ne tiennent même plus compte de la distinction entre la responsabilité contractuelle et la responsabilité délictuelle pour décider si la victime doit ou non diviser ses recours entre les codébiteurs. En effet, après

---

[785] Mazeaud H., L., J. et Chabas F. Leçons de droit civil. Obligations, théorie générale, T. II, 9e éd., Montchrestien, 1998, n°1939.

[786] *Ibid.*

[787] J. Huet, « Responsabilité contractuelle et responsabilité délictuelle », thèse précitée, p. 112 ; *adde* J. Huet, « L'obligation *in solidum* et le jeu de la solidarité dans la responsabilité des constructeurs », *op. cit.* , p. 11.

[788] Voir *supra* n°23 et s.

[789] J. Huet, « L'obligation *in solidum* et le jeu de la solidarité dans la responsabilité des constructeurs », *op. cit.* p. 13. L'auteur dépeint particulièrement la condamnation solidaire des entrepreneurs et des architectes faite par la jurisprudence lorsque le maître de l'ouvrage se plaint uniquement de malfaçons affectant l'immeuble. Comme dans cette hypothèse les dommages et intérêts alloués ne constituent qu'une exécution par équivalent d'un engagement souscrit dans le contrat, la solidarité ne se présume pas et la victime doit diviser ses recours. En revanche, lorsque le maître de l'ouvrage souffre des dommages affectant sa personne ou ses biens, la responsabilité contractuelle joint son homologue délictuelle dans sa fonction réparatrice et la condamnation devrait être *in solidum.*

avoir séparé la responsabilité contractuelle de la responsabilité délictuelle sur le plan de la solidarité, la jurisprudence tend à assimiler à cet égard les obligations délictuelles et contractuelles, et à reconnaître dans les deux cas l'existence d'une responsabilité *in solidum.* Cette dernière peut parfaitement être admise à l'encontre de deux coresponsables dont l'un est tenu sur un fondement contractuel et l'autre sur le fondement de la responsabilité délictuelle[790]. L'obligation *in solidum* est encore applicable à des codébiteurs contractuels tenus par des contrats distincts. Ainsi, une clinique et un chirurgien sont responsables *in solidum* envers le malade[791], l'architecte et l'entrepreneur le sont également envers le maître d'ouvrage[792]. Une solution analogue est aussi retenue même si les obligations méconnues procèdent d'un seul et même contrat[793]. L'effacement de la distinction entre les codébiteurs contractuels et les codébiteurs délictuels est en soi défendable[794]. L'argument souvent tiré de l'article 1202 du Code civil afin de différencier les deux ordres de responsabilités est peu probant. En effet, l'article 1202 concerne les obligations conventionnelles proprement dites, il est fort douteux qu'il puisse être étendu aux dettes nées de l'inexécution. L'obligation au total est conditionnée seulement par l'indivisibilité du dommage, peu importe le fondement de la responsabilité retenu[795]. Ainsi, on le voit, une autre divergence classique entre les deux responsabilités s'estompe en droit français par le bon vouloir de la jurisprudence, rendant l'annonce de la règle du non-cumul sans objet. On ne sera donc pas surpris de voir que l'avant-projet de réforme du droit des obligations et de la prescription consacre ces solutions prétoriennes et gomme cette différence entre la responsabilité contractuelle et la responsabilité

---

[790] Civ. 29 nov. 1948, D. 1949, p. 117, note H. Lalou ; Civ. 3e, 5 déc. 1972, D. 1973, p. 401, note J. Mazeaud ; Civ. 3e, 11 juin 1976, Bull. III, n°260 ; RTD civ. 1977, p. 136, obs. G. Durry, ; Civ. 3e, 25 mars 1980, Bull. civ. III, n°69 ; Com. 27 oct. 1992, D. 1992, p. 505, note A. Bénabent.

[791] Paris 15 juin 1954, D. 1954, p. 649 ; RTD civ. 1954, p. 655, note H. et L. Mazeaud ; Civ. 1re, 1èr juin 1976, JCP 1976, II, 18483 ; Paris 21 avril 1982, D. 1983, IR, p. 497.

[792] Civ. 1re, 14 oct. 1958, Bull. civ. I, n°246 ; Civ. 3e, 31 janv. 1969, JCP 1969, II, 15937, note G. Liet-Veaux ; Ch. Mixte, 26 mars 1971, JCP 1971, II, 16762, note R. Lindon ; Paris 30 mars 1973, D. 1974, note P. Raynaud ; Civ. 3e, 15 mai 1973, D. 1973, p. 130 ; Civ. 1re, 25 mars 1980, Bull. III, n°69.

[793] Civ. 1re, 28 mars 1995, Bull I, n°146 ; RJDA 1995, n°935.

[794] Plusieurs auteurs approuvent ce rapprochement jurisprudentiel entre les codébiteurs contractuels et les codébiteurs délictuels. Voir V. Ryn, « La responsabilité aquilienne et les contrats », *op. cit.* n°61 ; G. Marty, P. Raynaud, « Les obligations », *op. cit.,* n°365, avec la note 6, p. 333 ; B. Starck, H. Roland, L. Boyer, « Droit civil, Les obligations », T. 2, Le contrat, *op. cit.*, n°2040 ; G. Viney, « Introduction à l'étude de la responsabilité », *op. Cit.* n°175 ; G. Viney, P. Jourdain, « traité de droit de la responsabilité, les conditions », LGDJ, 2006, n°420 *adde* D. Veaux, « Rapports entre responsabilité délictuelle et contractuelle », J. cl. Civ. Responsabilité civile, Fasc. 175, n°79.

[795] M. Mignot, « Les obligations solidaires et les obligations *in solidum* en droit privé français, thèse précitée, n°255.

délictuelle[796]. Une solution que la proposition de loi portant réforme de la responsabilité civile « Béteille » reprend largement dans son article 1386-20[797].

130. L'indifférence du fondement choisi sur l'application des règles de la solidarité en droit tunisien. En droit tunisien, les règles de la solidarité contractuelle ne diffèrent guère des règles de la solidarité délictuelle. Ignorant le concept de l'obligation *in solidum*, le Code des obligations et des contrats consacre de véritables obligations solidaires, aussi bien dans le cadre de la responsabilité délictuelle que dans celui de la contractuelle. La solution découle clairement des articles 108[798] et 109[799] qui donnent à la victime la possibilité de demander une condamnation solidaire en matière délictuelle. En matière contractuelle et même si l'article 174 dispose que « la solidarité entre les débiteurs ne se présume point, elle doit résulter expressément du titre constitutif de l'obligation, de la loi », le même article permet au juge d'instaurer la solidarité entre les débiteurs dans tous les cas où il « l'estime nécessaire ». Le juge peut donc baptiser une solidarité passive entre les codébiteurs sans avoir besoin de rechercher une disposition légale ou une stipulation explicite des parties[800]. Cette troisième source de la solidarité prévue par l'article 174 rapproche inéluctablement la responsabilité contractuelle de la responsabilité délictuelle. Les codébiteurs contractuels, tout comme les codébiteurs délictuels, assument une obligation solidaire dès lors que leur contribution à la réalisation du dommage est indivisible[801]. À maintes reprises, la jurisprudence tunisienne fait recours indifféremment aux articles 108, 109 et 174 pour décider une condamnation solidaire[802]. Parfois, elle se contente de se référer à l'article 108 pour condamner deux débiteurs dont l'un est tenu sur un fondement contractuel et l'autre sur le fondement délictuel[803]. Toutefois, un arrêt récent la Cour de

---

[796] L'article 1378 de l'avant-projet ne fait aucune distinction entre les codébiteurs contractuels et les codébiteurs délictuels et écarte également la distinction entre l'obligation *in solidum* et la solidarité.

[797] L'article 1386-20 dispose que « tous les responsables d'un même dommage sont tenus solidairement à la réparation », sans distinguer le débiteur contractuel du débiteur délictuel.

[798] L'article 108 du Code des obligations et des contrats dispose que « si le dommage est causé par plusieurs personnes agissant de concert, chacune d'elles est tenue solidairement des conséquences, sans distinguer si elles ont agi comme instigateurs, complices ou auteurs principaux.

[799] L'article 109 du Code des obligations et des contrats dispose que « La règle établie en l'article 108 s'applique au cas où, entre plusieurs personnes qui doivent répondre d'un dommage, il n'est pas possible de déterminer celle qui en est réellement l'auteur, ou la proportion dans laquelle elles ont contribué au dommage ».

[800] A. Saidane, « La solidarité passive », mémoire de DEA, faculté de droit et des sciences politiques de Tunis, 1976, p. 3.

[801] Voir Cass. civ. arrêt n°6995 du 16 octobre 2006, BCC2006, I, p. 123 ; Cass. civ. arrêt n°7050. 2006 du 23 avril 2007, inédit ; Cass. civ. arrêt n°7968. 2006 du 15 mai 2007, inédit ; Cass. civ. arrêt n°11828. 2007 du 14 nov. 2007.

[802] Cass. civ. arrêt n°10010 du 11 juin 1984, BCC 1984, II, p. 329.

[803] Cass. Civ. arrêt n°26433 du 29 déc. 2003, BCC 2003, I, p. 186. En l'espèce, une personne transportée en vertu d'un contrat a été victime d'un accident dû à une collision avec un autre

cassation[804] semble semer le doute sur l'identité des solutions posées par les articles 108, 109, et 174. Si tous ces articles permettent d'éviter à la victime de diviser ses recours entre les différents responsables, leur portée n'est pas la même. En effet, les articles 108 et 109 du Code des obligations et des contrats édictent selon la haute juridiction une obligation *in solidum,* tandis que l'article 174 du même Code règlemente une obligation solidaire. Le débiteur condamné *in solidum* et qui a dédommagé la victime ne peut se retourner contre les autres codébiteurs pour se faire rembourser. Une telle possibilité est réservée uniquement au débiteur d'une véritable obligation solidaire au sens de l'article 174. Cette solution nous paraît doublement inexacte. Tout d'abord, le droit tunisien, contrairement au droit français, ne connaît pas l'institution de l'obligation *in solidum* qui est une invention française purement prétorienne pour pallier les insuffisances des textes qui exigent que la solidarité soit expresse. Or, comme on l'a déjà vu, le législateur tunisien autorise explicitement le tribunal à condamner les codébiteurs solidairement s'il le juge nécessaire, c'est-à-dire s'il trouve que la contribution des personnes responsables au dommage est indivisible. Ensuite et surtout, les intérêts que la Cour de cassation tunisienne accorde à la distinction entre l'obligation *in solidum* et l'obligation solidaire sont saugrenus. En effet, dans les deux cas, la personne qui a dédommagé la victime conserve en droit français la possibilité de recourir contre les autres responsables pour restituer les sommes qu'elle a avancées à la victime. La différence entre les deux obligations concerne ce que la doctrine appelle les effets secondaires qui jouent dans le cas de la solidarité mais qui sont écartés lorsque la condamnation est *in solidum*[805]. D'ailleurs même en droit français, la distinction entre l'obligation solidaire et l'obligation *in solidum*, s'agissant des effets secondaires, tend elle aussi à s'estomper[806]. Isolée et surtout contraire à l'esprit du Code des obligations et des contrats, cette solution devrait être abandonnée étant donné que le législateur tunisien n'établit aucune différence entre la responsabilité contractuelle et la responsabilité délictuelle quant à l'obligation au tout des coresponsables.

---

véhicule. Ayant du mal à préciser la part de chaque responsable dans la réalisation du dommage, elle intente une action contre les deux assureurs des deux véhicules pour obtenir une condamnation solidaire. L'assureur du transporteur soutient qu'il ne peut être tenu pour solidaire avec l'assureur du véhicule car la solidarité ne se présume pas en matière contractuelle. Cet argument ne semble pas emporter la conviction des hauts magistrats qui appliquent l'article 108 du COC. Certes, le recours à l'article 108 du COC ne change pas la solution quant au fond du litige, mais la Cour aurait pu préciser que même l'article 174 n'empêche pas le prononcé puisque son alinéa 3 autorise le tribunal à ordonner une condamnation solidaire s'il le juge nécessaire.

[804] Voir Cass. civ. arrêt n°3981 du 18 déc. 2006, BCC 2006, I, p. 127.

[805] Sur ces effets secondaires voir. Ph. Malinvaud, Droit des obligations , *op. cit.* , n°441 ; Y. Buffelan-Lanore, Les obligations, *op. cit.* n°549 *adde* A Saidane, « La solidarité passive », *op. cit.*, p. 73 et s.

[806] Voir Civ. 2e, 9 juin 1993, Bull. civ. 1993 ; JCP 1994, II, 22264, note F. Roussel.

Cette identité des règles de solidarité contractuelle et délictuelle, aussi bien en droit français que tunisien[807], montre encore une fois que l'obligation au total, loin d'être une particularité différenciant la responsabilité délictuelle de son homologue contractuelle, constitue une nécessité qui transcende et rapproche les deux ordres de responsabilités. Un rapprochement qui se confirme davantage avec la marginalisation de la mise en demeure en tant que condition d'obtention des dommages et intérêts contractuels compensatoires.

C. Le déclin de la mise en demeure en tant que condition d'obtention des dommages et intérêts contractuels

131. La mise en demeure, condition de forme supplémentaire pour l'octroi des dommages et intérêts contractuels. D'après l'article 1146 du Code civil, les dommages et intérêts ne sont dus en matière contractuelle que lorsque le débiteur a été mis en demeure de remplir son obligation. Considérée comme une faveur accordée au débiteur contractuel, cette exigence préalable à toute demande de dommages et intérêts n'est pas requise en matière délictuelle[808]. Classiquement, on s'empare de cette divergence pour différencier

---

[807] Cette identité des règles de solidarité contractuelle et délictuelle ne devrait pas pour autant conduire au débouté de la victime, si après avoir intenté un recours contre un débiteur délictuel qui s'avère insolvable, elle demande la réparation à un autre codébiteur sur le fondement de la responsabilité contractuelle. *Contra.* Cass. civ. arrêt n°6068. 2006 du 15 mars 2007, inédit. En l'espèce, une personne transportée en vertu d'un contrat a été victime d'un accident dû à une collision avec un autre véhicule. Choisissant de demander l'intégralité de son dommage à l'assureur du véhicule, c'est-à-dire au débiteur délictuel, ses poursuites restent infructueuses, malgré un jugement de condamnation, car l'assurance de ce dernier connaît des difficultés financières. Elle demande alors la condamnation solidaire de l'assureur de son transporteur, ce que la Cour de cassation refuse au motif que le premier jugement qui a indemnisé la victime acquiert l'autorité de la chose jugée et que si la victime a choisi un débiteur pour lui demander une condamnation solidaire, elle ne peut par la suite faire la même demande à un autre codébiteur. Cette solution est fort regrettable. Le recours à l'autorité de la chose jugée ne fait que surprendre. D'aucuns ignorent que la mise en œuvre de cette dernière nécessite l'identité de la cause, de l'objet de la demande et surtout l'identité des parties. Or, bien évidemment, en l'espèce, les parties au litige sont différentes. Si dans le premier procès, la victime a demandé la réparation de son préjudice au débiteur délictuel, assureur du véhicule impliqué dans l'accident, dans sa deuxième demande, elle a actionné son débiteur contractuel, en l'occurrence le transporteur. Cet arrêt paraît surtout critiquable eu égard aux règles les plus élémentaires de la solidarité. Certes, selon l'article 176, le créancier n'a le droit d'être payé qu'une seule fois, mais cela ne veut pas dire que le choix du débiteur à la réparation se fait dès la première demande et d'une manière irréversible comme le soutient la Cour. L'essence des règles de la solidarité veut que le créancier puisse, si ces premières poursuites restent infructueuses, choisir un autre codébiteur pour lui demander la réparation.

[808] La jurisprudence française considère qu'en matière délictuelle, les dommages et intérêts sont dus sans mise en demeure. Voir Req. 14 janv. 1856, DP 1856, 1, 82 ; Cass. civ. 14 janv. 1920, S. 1921, 1, p. 100 ; Req., 3 mars 1937, S. 1937, I, p. 165 ; Civ. 22 mai 1968, Bull. Civ. III, n°232 ; D. 1970, p. 453, note P. Jestaz ; Crim. 30 oct. 1968, D. 1969, jurisp, p. 451, note Meurisse ; Civ. 2e, 5 mai 1970, JCP G, IV, p. 168 ; Civ. 3e, 20 nov. 1984, JCP G, IV, p. 43. Il en est de même des

davantage la responsabilité contractuelle de son homologue délictuelle.[809] Si la preuve du fait générateur dommageable, du dommage, et d'un lien de causalité suffisent pour faire naître le droit à la réparation, la responsabilité contractuelle exige, pour sa mise en œuvre une « condition de forme »[810] supplémentaire, la mise en demeure. La règle du non-cumul vise justement à éviter que les parties éludent cette exigence contractuelle en se plaçant sur le terrain délictuel[811].

132. Dommages et intérêts compensatoires, dommages et intérêts moratoires. La différence qu'on prétend établir entre les deux ordres de responsabilités est pourtant loin d'être aussi tranchée. En effet, alors que la nécessité de la mise en demeure est largement reconnue lorsqu'il s'agit de faire courir des dommages et intérêts moratoires[812], la portée de cette exigence quant

---

troubles de voisinage dont la réparation n'est pas subordonnée à l'existence d'une mise en demeure. Voir Civ. 2e, 25 nov. 1992, Bull. civ. II, n°278.

809 H., L. Mazeaud et A. Tunc, Traité théorique et pratique de la responsabilité civile délictuelle et contractuelle, T.1, *op. cit.*, n°2267 et s. ; H., L., J. Mazeaud et F. Chabas, Traité de la responsabilité civile, précité, n°2296 ; B. Starck, H. Roland, L. Boyer, Droit civil. Les obligations, T. 2, Le contrat, précité, n°1617 ; *adde* G. Durry, La distinction de la responsabilité contractuelle et de la responsabilité délictuelle, précité, p. 15 ; R. Rodière, Définition et domaine de la responsabilité contractuelle, précitée, p. 31.

810 Ph. le Tourneau *et alii*, Droit de la responsabilité et des contrats, *op. cit.*, n°819.

811 Nimes, 4 juin 1934, G.P 1936, 1, 83 ; Seine, 24 juin 1935, GP1935. 2. 537 ; Lyon 23 nov. 1935, GP 1936.1. 271 ; Riom, 25 mars 1937, GP 1937, 1, 887 ; Paris, 28 avril 1938, Gaz. Trib 21 juin 1938 ; Lyon, 10 mars 1938, S. 1938.2. 149.

812 La question de la mise en demeure en matière de dommages et intérêts est fort vieille. La jurisprudence ancienne exigeait cette formalité aussi bien pour les dommages et intérêts moratoires que compensatoire. La mise en demeure est une condition générale du droit à des dommages et intérêts qui ne serait écartée que dans les cas ou la loi l'admet. Voir Civ. 11 janv. 1892, DP 1892, 1, p. 257, note M. Planiol ; S. 1892, 1, 17 ; Civ. 6 juill. 1908, DP 1909, p. 510 ; Civ. 13 avril. 1923 ; S. 1926, p. 17. Les premières controverses doctrinales commencèrent en 1857, quand Larombière estimait que la mise en demeure n'est envisageable qu'en cas de retard. Voir Théorie et pratique des obligations ou commentaire des titres III et IV du Code civil, T. 1, 2e éd. 1885, sur l'article 1139, n°10. La doctrine a été, depuis, divisée, tandis que certains soutiennent que la mise en demeure est le prélude nécessaire à toute demande de dommages et intérêts tant moratoires que compensatoires. Voir L. Josserand, Cours de droit civil positif français, T.1, Paris, Sirey, 2e éd., 1932. n° 821 ; R. Demogue, Traité des obligations en général, Effets des obligations, T.VI, Rousseau, 1931 n°232. D'autres, à l'inverse, soutiennent que la mise en demeure ne se conçoit que pour les seuls dommages et intérêts moratoires. Voir F. Laurent, Principes de droit civil français, T. XX, 3e éd., Bruylant Marescq, 1878, n°251 ; Hubert, note au S. 1926, 1, 17. Avec l'arrêt du 3 décembre 1930, la jurisprudence française a opéré un revirement. Un préjudice certain résultant d'une inexécution contractuelle définitive ouvrait au créancier un droit à réparation même en l'absence d'une mise en demeure préalable. Voir Civ. 3 déc. 1930, S. 1931, 1, 101 ; 5 janv. 1938, DH 1938, p. 97. Sur la distinction entre les dommages et intérêts compensatoires et les dommages et intérêts moratoires, voir M.-J. Perard, « La mise en demeure et les dommages et intérêts compensatoires », JCP 1945, I, 464 ; R. Meurisse, Dommages et intérêts compensatoires, dommages-intérêts moratoires et mise en demeure, JCP 1947, I, 667 ; D. Allix, Réflexions sur la mise en demeure, JCP, 1977, II, 2844 ; X. Lagarde, Remarques sur l'actualité de la mise en demeure, JCP, 1996, 1, 3974 ; F. Leduc, Régime et réparation, Juris-classeur 1996, fasc. 201, n°5 ; R. Libchaber, Demeure et mise en demeure en droit français, *in* Les

aux dommages et intérêts compensatoires, destinés à réparer non plus le retard mais l'inexécution définitivement accomplie, est beaucoup plus douteuse[813]. La règle de l'article 1146 est assortie de tant d'exceptions que la place donnée au principe se trouve sérieusement limitée. Outre les dispenses conventionnelles qui sont parfaitement valables dans ce domaine[814], la mise en demeure est écartée lorsque l'obligation est de ne pas faire[815]. Pour les obligations positives, la mise en demeure est inutile « lorsque la chose que le débiteur s'était obligé de donner ou de faire ne pouvait être donnée ou faite que dans un certain temps qu'il a laissé passer »[816]. La jurisprudence ajoute que cette mise en demeure n'est plus exigée lorsque le débiteur a affirmé qu'il ne s'exécuterait pas[817], ou lorsqu'il n'est plus possible de s'exécuter[818]. À vrai dire, dès lors que l'inexécution est certaine et définitive, il serait insensé d'exiger une mise en demeure. Ceci veut-il dire que la mise en demeure redevienne utile et de surcroît nécessaire lorsque l'exécution est encore possible ?

133. Inexécution définitive, exécution possible. Plusieurs auteurs[819] proposent de distinguer deux situations : si l'inexécution est manifestement consommée et le préjudice acquis, la mise en demeure est alors superflue ; si l'exécution est encore envisageable et de nature à satisfaire le créancier, elle est alors obligatoire. Cette situation se rencontre surtout lorsque l'exécution du contrat implique le concours du créancier[820] ou lorsque le débiteur peut légitimement ignorer l'existence de son obligation, comme c'est le cas, par exemple, du locataire qui sollicite des réparations d'entretien dont il était le seul à connaître la nécessité[821]. La mise en demeure, prescrite par certains arrêts[822],

---

sanctions de l'inexécution des obligations contractuelles, Études de droit comparé, Bruylant, LGDJ, 2001, p. 113 ; D. Allix, Mise en demeure, Juris-classeur 2003, fasc. 21.

[813] R. Rodière, Définition et domaine de la responsabilité contractuelle, précitée, p. 31.

[814] Com. 3 nov. 1972, GP 1973, 2, 533. La Cour de cassation interprète d'une manière extensive la dispense conventionnelle de la mise en demeure. Cette dernière peut être déduite des circonstances rendant vraisemblablement l'intention du débiteur de ne pas l'exiger du créancier. Voir Com. 8 oct. 2002, Bull. civ. IV, n°138 ; RTD civ. 2003, p. 503, obs. J. Mestre et B. Fages.

[815] L'article 1145 dispose que « si l'obligation est de ne pas faire, celui qui y contrevient doit les dommages et intérêts par le seul fait de la contravention ». La jurisprudence déduit que le débiteur d'une obligation contractuelle de ne pas faire doit les dommages et intérêts sans mise en demeure, du jour où il a contrevenu à son obligation. L'acte interdit étant accompli, la mise en demeure a perdu son utilité. Voir Com., 17 mars 1997, RJDA, n°874 ; Civ. 1re, 26 fév. 2002, Bull. civ. I, n°68, D. 2002, IR, 1114 ; RTD civ. 2002, p. 809, obs. J. Mestre et B. Fages.

[816] L'article 1146 du Code civil tel que modifié par la loi n°91-650 du 9 juillet 1991.

[817] Req. 4 janv. 1927, DH 1927, p. 65.

[818] Com. 4 juillet 1955, Bull. Civ. III, n°239.

[819] P. Malaurie et L. Aynès et P. Stoffel Munck, Les obligations, *op. cit.*, n°973 ; P. Brun, Responsabilité civile extracontractuelle, *op. cit.* n°99 ; Ph. le Tourneau *et alii*, *op. cit.*, n°819 ; *adde* M. N. Courtiau, Responsabilité contractuelle et inexécution, thèse précitée, n°610.

[820] La convention peut ne pas donner des précisions sur la date ou les modalités d'exécution du contrat.

[821] Civ. 3e, 5 mars 1985, D. 1985, IR, p. 268.

joue dans ce cas un double rôle. D'une part, elle contribue à établir et à caractériser l'inexécution qui se trouve définitivement imputée au débiteur. D'autre part, et surtout, elle sert à informer ce dernier[823]. En effet, la bonne foi contractuelle[824] implique une sorte de collaboration entre les contractants et exige d'aviser le débiteur que le créancier a l'intention de faire jouer les sanctions de l'inexécution du contrat. Utile et pragmatique, la mise en demeure est exigée pour d'obtention des dommages et intérêts compensatoire[825]. Certains auteurs considèrent que l'avant-projet de réforme du droit des obligations et de la prescription, et même s'il a marginalisé la mise en demeure, continue dans l'article 1365[826] à concevoir cette dernière comme un préalable nécessaire à toute demande d'indemnisation contractuelle lorsque l'exécution du contrat est encore possible[827]. Cette lecture nous paraît critiquable. Loin d'exiger la mise en demeure en tant que condition d'obtention des dommages et intérêts compensatoires, ledit article, repris d'ailleurs par la proposition de loi portant réforme de la responsabilité civile « Béteille » dans son article 1386-15, assigne à cette formalité une fonction uniquement probatoire[828]. D'ailleurs, même cette fonction voulue par les auteurs de l'avant-projet nous semble regrettable. La preuve de l'inexécution[829] ou la délivrance d'une information doit-elle se faire

---

822 Com., 28 mai 1996, n°94-17.076, Bull. civ. IV, n°145, RTD civ. 1997, p. 920, obs. P. Jourdain. La cour affirme : « attendu que les dommages et intérêts ne sont dus que lorsque le débiteur est en demeure de remplir son obligation ; qu'il en est spécialement ainsi lorsque l'exécution de l'obligation requiert le concours du créancier ». Voir dans même sens : Com. 16 juin 2004, n°02-20480, inédit ; Com. 4 oct. 2005, n°04-10. 867, inédit ; RJDA janv. 2006, note P. Delmotte.

823 R. Libchaber, Demeure et mise en demeure, Rapport français, *in* Les sanctions de l'inexécution des obligations contractuelles, *op. cit.*, n°15, p. 125.

824 J. Huet, thèse précitée, n°92, voir dans le même sens F. Leduc, Régime et réparation, Juris-classeur 1996, fasc. 201, n°5 ; M. Mekki, note sous Cass. Ch. mixte, 6 juill. 2007, JCP 2007, II, 10175. *Contra.* X. Lagarde, Remarques sur l'actualité de la mise en demeure, JCP, 1996, 1, 397, n°8. L'auteur observe à juste titre que la bonne foi contractuelle justifie une dispense de mise en demeure en vue d'obtenir des dommages et intérêts. C'est le créancier qui est surpris par la survenance du préjudice de sorte qu'on ne saurait lui reprocher de n'avoir pas mis en demeure son débiteur. L'auteur irait jusqu'à conclure que l'existence d'un préjudice constitue un fait justificatif de l'absence de mise en demeure.

825 *Ibid*

826 L'article 1365 dispose que « la réparation du préjudice résultant du retard suppose la mise en demeure préalable du débiteur. La mise en demeure n'est requise pour la réparation de tout autre préjudice que lorsqu'elle est nécessaire pour caractériser l'inexécution ».

827 M. Mekki, note sous Cass. Ch. mixte, 6 juill. 2007, JCP 2007, II, 10175.

828 P. Jourdain, obs. sous Ch. Mixte 7 juill. 2007, RTD civ. 2007, p. 787.

829 Cette fonction probatoire est mise en question par M. Jourdain dans ses observations sur l'arrêt d'une Chambre mixte du 7 juill. 2007. En effet, si le débiteur réagit après l'assignation en justice, qui équivaut pourtant à une mise en demeure, et exécute son obligation avant le jugement statuant sur la responsabilité, sa faute ne pourra pas être prouvée. De même lorsque l'exécution du contrat nécessite le concours du créancier, la mise en demeure serait insuffisante pour caractériser l'inexécution, car rien n'empêche le débiteur d'invoquer l'impossibilité d'exécuter due au fait du créancier pour lui imputer l'inexécution. Voir P. Jourdain, RTD civ. 2007, p. 787.

dans un cadre aussi formel que la mise en demeure ? Mieux encore : dire, comme le soutient une partie de la doctrine[830], que la réparation des dommages et intérêts compensatoires est subordonnée à une mise en demeure préalable, nous semble dangereux. Les dommages survenus avant l'accomplissement de cette formalité seront à la charge du créancier puisque la responsabilité contractuelle naît uniquement, selon cette conception, le jour où le débiteur a été mis en demeure d'exécuter. Or, nul n'ignore que le droit à des dommages et intérêts compensatoires en matière contractuelle naît, au même titre que la responsabilité délictuelle, de plein droit, dès que l'inexécution est acquise et qu'elle cause un préjudice au créancier[831]. Imposer une mise en demeure pour l'obtention des dommages et intérêts compensatoires nous paraît confondre l'existence du droit à la réparation et son exigibilité. Certes, au moment où elle est née, la créance de réparation est informe et à cet égard le jugement ultérieur prononcé par le tribunal est constitutif ; mais le juge saisi ne fait en réalité que constater l'existence préalable de la dette d'indemnisation et à cet égard, le jugement est déclaratif[832]. N'est-il pas de coutume d'affirmer que « le jugement de responsabilité est déclaratif quant à l'existence de la créance de réparation et constitutif quant à son quantum »[833] ? Dès lors que la naissance de la responsabilité contractuelle coïncide avec la réalisation du préjudice, l'octroi des dommages et intérêts compensatoires ne peut être subordonné à une mise en demeure préalable. La décision d'une Chambre mixte du 7 juillet 2007[834] marginalisant la mise en demeure en matière contractuelle est sur ce point défendable[835]. En effet, cet arrêt approuve la jurisprudence de la première

---

[830] P. Malaurie et L. Aynès et P. Stoffel Munck, Les obligations, précité, n°973 ; P. Brun, Responsabilité civile extracontractuelle, précité n°99 ; Ph. le Tourneau *et alii*, *op. cit.*, n°819 *adde* M. N. Courtiau, Responsabilité contractuelle et inexécution, thèse précitée, n°610 ; *adde* Ch. mixte, 6 juill. 2007, JCP 2007, II, 10175.

[831] Voir P. Jourdain, obs. sur Com., 28 mai 1996, RTD civ. 1997, p. 921, *adde* pour le même auteur, La date de naissance de la créance d'indemnisation, P. A 9 nov. 2004, n°224, p. 49 ; F. Leduc, Régime et réparation, Juris-classeur 1996, fasc. 201, n°5 et 6.

[832] La question de la nature des jugements en matière de responsabilité civile a suscité un débat doctrinal. Si pour certains, ces jugements sont constitutifs (voir L. Nuville, Les intérêts en matière de responsabilité civile, GP 6 mars 1937, p. 1345), d'autres, préfèrent mettre l'accent sur son caractère déclaratif, tout en concédant qu'il contient des dispositions constitutives. V. H., L. et J. Mazeaud et F. Chabas, Traité de la responsabilité civile, précité, n°s 2246 et s. ; B. Starck, H. Roland et L. Boyer, Obligations. Responsabilité délictuelle, précité, n° 1252 ; F. Terré, Ph. Simler, et Y. Lequette, Droit civil. Les obligations, *op. cit.* n° 889. La majorité des auteurs considèrent qu'ils sont à la fois constitutifs et déclaratifs. Voir H. Mazeaud, « De la distinction des jugements déclaratifs et constitutifs de droit », RTD civ. 1929, p. 17.

[833] P. Grosser, Les remèdes à l'inexécution du contrat, essai de classification, thèse précitée, n°358 ; P. Jourdain, La date de naissance de la créance d'indemnisation, P. A 09 nov. 2004 n°224, p. 49.

[834] Ch. mixte, 6 juill. 2007, JCP 2007, II, 10175, note M. Mekki ; D. 2007, p. 2642, note G. Viney ; JCP 2007, act. 339, obs. M. Roussille. ; RTD civ. 2007, obs. P. Jourdain, p. 787.

[835] Plusieurs auteurs considèrent que la mise en demeure est inutile pour demander des dommages et intérêts compensatoires. Voir Y. Chartier, La réparation du préjudice, thèse précitée, n°425 ; T.

Chambre civile[836], qui, contrairement à la Chambre commerciale[837], écarte l'exigence de la mise en demeure pour l'octroi des dommages et intérêts compensatoires. Alors qu'en l'espèce, l'exécution était encore possible[838], les hauts magistrats ont tranché : dès lors que les juges du fond ont « retenu, par des motifs non critiqués, que l'inexécution du contrat était acquise et avait causé un préjudice à l'acheteur », la formalité de la mise en demeure est écartée. C'est seulement lorsque le créancier demande des dommages et intérêts moratoires que la mise en demeure redevient obligatoire, car le droit à réparation naît justement à partir de ce moment. En effet, étant donné que les dettes sont quérables et non portables[839], le créancier qui ne demande pas le paiement à l'échéance est présumé accorder implicitement à son débiteur un délai supplémentaire. À ce niveau, le préjudice n'est pas encore réalisé ; il faut une mise en demeure précisant au débiteur que le créancier ne peut plus patienter et que le retard concédé s'est mué en un retard préjudiciable. C'est donc à la date de cet avertissement que le préjudice résultant du retard est juridiquement établi.[840]

134. Le déclin de la mise en demeure en matière contractuelle. Il est clair, à la lumière de ces analyses, que la distinction à faire, concernant la mise en demeure, ne se fait pas vraiment entre la responsabilité contractuelle et la responsabilité délictuelle mais plutôt selon la nature du dommage, compensatoire ou moratoire[841]. On comprend alors pourquoi depuis

---

Bonneau, Rép. Civ. Dalloz, v. mise en demeure, n°278 ; G. Viney, Introduction à la responsabilité, *op. cit.* n°176 ; B. Starck, H. Rolland et L. Boyer, Droit civil. Les obligations, 2, Contrat, *op. cit.* , n°1617 ; F. Terré, P. Simler et Y. Lequette, Droit civil. Les obligations, *op. cit.* , n °987 ; J. Carbonnier, Droit civil, Les obligations, *op. cit.* n°168.

836 Cass. Civ. 3 déc. 1930, S. 1931, I, 101 ; Civ. 3e, 25 juin 1975, D. 1975, IR, p. 203 ; civ. 3e, 29 oct. 1986, JCP 1987, IV, 10 ; Civ. 1re, 6 mai 2003, inédit, pourvoi n°00-17383.

837 Com. 28 mai 1996, RTD civ. 1996, obs. P. Jourdain, p. 920 ; Com. 16 juin 2004, inédit, pourvoi n°02-20480 ; Com. 4 oct. 2005, n°04-10. 867 ; RJDA janv. 2006, note P. Delmotte.

838 En l'espèce, la société Château Moulin de Soubeyran avait vendu à la société Deli K Star du vin en bouteilles. Une clause dans le contrat stipulait que l'enlèvement devait intervenir « en date du 20 mars 2004 jusqu'au 31 décembre 2004 ». Après avoir fait connaître au vendeur qu'il devait mettre ses bouteilles à sa disposition le plus vite possible, l'acheteur assigna son cocontractant le 29 novembre 2004 en résolution de la vente et en paiement de dommages et intérêts. Les juges du fond accueillissent cette demande, et condamnaient le vendeur à verser des dommages et intérêts à l'acheteur. C'est cette dernière condamnation que critiqua le pourvoi, soulignant que « les dommages et intérêts ne sont dus que lorsque le débiteur est en demeure de remplir son obligation ». Ce pourvoi, que le président de la Chambre saisie renvoya à une Chambre mixte, fut rejeté malgré les avis contraires du conseiller rapporteur et de l'avocat général. La Cour a décidé qu'« Attendu qu'ayant retenu, par des motifs non critiqués, que l'inexécution était acquise et avait causé un préjudice à la société Deli K Star, la Cour d'appel en a exactement déduit qu'il y avait lieu de lui allouer des dommages et intérêts ».

839 Article 1247, alinéa 3 du Code civil français.

840 P. Jourdain, La date de naissance de la créance d'indemnisation, *op. cit. Loc. cit.*

841 Voir dans le même sens : J. Grandmoulin, De l'unité de la responsabilité ou nature délictuelle de la responsabilité pour violation des obligations contractuelles, Rennes 1892 ; J. P. Albota, Le problème des deux ordres de responsabilités civile, contractuelle et délictuelle, Paris 1933, p.

« l'effacement »[842] de la mise en demeure pour l'obtention des dommages et intérêts compensatoires, on ne trouve guère d'arrêts[843] qui témoignent du chevauchement entre les deux ordres de responsabilités sur ce plan. Le déclin de la mise en demeure réduit en fait la concurrence entre la responsabilité contractuelle et la responsabilité délictuelle.

L'absence d'un tel contentieux se justifie encore plus en droit tunisien où le législateur s'est contenté[844], tout comme plusieurs autres systèmes comparés[845], d'exiger la mise en demeure uniquement en cas de retard[846]. On peut alors s'étonner de voir quelques auteurs considérer que la mise en demeure est une condition générale d'obtention de dommages et intérêts qui particularise la responsabilité contractuelle par rapport à la responsabilité délictuelle en droit tunisien[847]. Ceci est d'autant plus vrai que la mise en demeure, dont la forme est particulièrement souple puisqu'il suffit pour la constituer d'une citation en justice même devant un juge incompétent[848], n'a été exigée par la jurisprudence tunisienne que pour mettre en œuvre les sanctions de l'inexécution des obligations autre que la réparation[849] ou pour demander des dommages et intérêts moratoires[850]. Introuvables sont, à notre connaissance, les arrêts où les juges ont subordonné la réparation des dommages et intérêts compensatoires à une telle formalité. D'ailleurs même pour les dommages et intérêts moratoires, l'arrivée du terme met, en droit tunisien, automatiquement le débiteur en demeure de payer.[851]

---

108 ; G. Viney, Introduction à la responsabilité, *op. cit.*, n°176 ; P. Malaurie et L. Aynès, Les obligations, *op. cit.*, n°850 ; J. Carbonnier, Droit civil, Les obligations, *op. cit.* p. 168.

[842] L'expression de Mme Viney, Introduction à la responsabilité, *op. cit. Loc. cit.*

[843] Mis à part les quelques arrêts anciens qu'on a déjà soulevés.

[844] Article 269 du Code des obligations et des contrats.

[845] Tous les systèmes juridiques ne sont pas aussi favorables au débiteur que l'est le droit français. Ainsi, en droit allemand (article 284 du BGB), en droit suisse (article 102 du Code fédéral), en droit italien (article 1219-3) la seule échéance au terme valait par elle-même mise en demeure. De même ni les principes Unidroit ni ceux du droit européen des contrats ne comportent de dispositions relatives à la mise en demeure. La Common Law ne connaît pas non plus de mécanismes semblables. Voir Y.-M. Laithier, Étude comparative des sanctions de l'inexécution du contrat, thèse précitée, n°205, p. 287.

[846] M. Chaffai, La demeure du débiteur dans l'exécution du contrat, thèse précitée, p. 5.

[847] M. Zine, Le contrat, *op. cit.*, n°377 ; R. Cabrillac, O. Ben Fadhel, Introduction au droit des affaires, *op. cit.*, n°281.

[848] Article 269 du Code des obligations et des contrats.

[849] La mise en demeure est exigée pour demander la résolution voir Cass. civ. arrêt n°10719 du 5 fév. 1974, BCC, II, p. 139 ; Cass. civ. arrêt n°3399 du 15 Août 1979, BCC 1979, II, p. 40 ; Cass. civ. arrêt n°4427 du 16 fév. 2005, BCC, II, p. 173 ou pour demander l'exécution forcée des obligations, voir Cass. Civ. arrêt n°32639 du 20 fév. 1992, BCC 1992, p. 525.

[850] Cass. civ. arrêt n°80804 du 30 nov. 1988, RJL, fév. 1993, p. 102.

[851] L'article 269 §1 dispose que : « Le débiteur est constitué en demeure par la seule échéance du terme établie par l'acte constitutif de l'obligation ». Voir en application de cet article Cour d'appel de Sfax, arrêt n°1316 du 5 fév. 1960, RJL 1960, p. 395 ; Cour d'appel de Tunis, arrêt n°57407 du 10 fév. 1965, RJL 1965, p. 426.

Ni en droit tunisien, ni en droit français, la mise en demeure peut être considérée comme une particularité de l'action contractuelle. Une telle action qui perd davantage de ses particularités en droit français qui a également unifié les délais de prescription contractuels et délictuels.

D. L'uniformisation des délais de prescription contractuels et délictuels en droit français

135. La dualité des délais de prescription avant la réforme du 17 juin 2008. Initialement et jusqu'à 1985, la prescription était en droit français trentenaire dans les deux ordres de responsabilités. Les règles de prescriptions étaient donc indifférentes quant à la qualification donnée, elles ne constituaient pas l'un des enjeux de l'option.[852]. Pourtant, certaines décisions anciennes refusant le recours à la responsabilité délictuelle en présence d'un délai de prescription spécial ont été analysées comme étant des arrêts qui corroborent la règle du non-cumul[853]. La jurisprudence dite « des colis »[854] retient particulièrement notre attention. Le retard dans la livraison des colis ne peut, selon la Cour de cassation, être sanctionné par un appel à la responsabilité délictuelle. [855] Quand la loi décide par commodité que l'action en responsabilité pour avarie ou retard, se prescrit par un an[856], on ne peut admettre que l'expéditeur puisse agir après l'expiration de ce bref délai de forclusion. Justifiable, cette solution ne peut cependant être fondée sur la règle du non-cumul. Elle s'expliquerait plutôt par le caractère spécial de la prescription. En effet, l'interdiction de solliciter les délais de la responsabilité délictuelle ne découle pas uniquement de la nature de la responsabilité ; s'y joint « un élément

---

852 Cette remarque devrait toutefois être relativisée. En effet, avant l'abandon de la règle de la solidarité des prescriptions, et lorsque le fait reproché au débiteur consiste en une infraction pénale, la prescription de l'action publique entraînait la prescription de l'action civile délictuelle. Alors, dans ce cas, l'action civile se prescrit dans les mêmes délais que l'action pénale. Si le fait dommageable constitue encore une violation d'une obligation contractuelle, le créancier conserve son action durant trente ans. La responsabilité contractuelle serait dans ce cas plus avantageuse que la responsabilité délictuelle ce qui explique d'ailleurs le revirement de 1936 qualifiant la responsabilité des médecins de contractuelle. Quand la Cour de cassation a décidé d'analyser la responsabilité médicale comme étant une responsabilité contractuelle et non plus délictuelle, c'était pour soustraire l'action en dommages et intérêts à la prescription triennale des délits pénaux. Voir Cass. Civ. arrêt du 20 mai 1936, S. 1937, 1, 321, note A. Breton.

853 Civ., 14 janv. 1918, 3 arrêts, 15 janv. 1918, 3 arrêts, 5 mai 1919, D. 1919, 1, p. 68 ; Civ 5 mai 1919, D. 1919, 1, 68 ; Cour d'Alger, 9 janv. 1924, GP. 3 avril 1924 ; Civ., 22 mai 1933, S. 1933, 1, 263 ; GP. 1933, 2, 384 ; Paris 10 juin 1955, D. 1955, p. 582, note Rodière.

854 Les arrêts cités à la note précédente .

855 La Cour de cassation française a mis terme à une certaine jurisprudence qui a admis la possibilité de solliciter les règles de prescription délictuelle après la prescription de l'action contractuelle spéciale. Voir Civ. 27 juin 1904, D. 1906, 1, 112 ; Bordaux, 8 juillet 1909, S. 1911, 2, 233, note G. Ferron.

856 Art. 108 du Code de commerce.

extrinsèque »[857] fondamental, à savoir l'existence d'une prescription dérogatoire au droit commun.

136. La dualité des délais de prescription et le contentieux du non-cumul. Le contentieux du non-cumul dû à une divergence des délais de prescriptions demeurait donc en droit français jusqu'à 1985 relativement secondaire[858]. C'est à partir de l'adoption de la loi n°85-677 du 5 juillet 1985, « tendant à l'amélioration de la situation des victimes d'accidents de la circulation et à l'accélération des procédures d'indemnisation », que le législateur a institué pour la première fois un nouveau délai propre à la responsabilité délictuelle[859]. À cet égard, l'article 38 de ladite loi a introduit dans le Code civil un nouvel article 2270-1 qui dispose que « les actions en responsabilité extracontractuelle se prescrivent par dix ans à compter de la manifestation du dommage ou de son aggravation ». Par cette loi, le législateur a voulu répondre aux vœux de la doctrine qui considérait majoritairement que le délai trentenaire de droit commun était trop long[860]. Mais au lieu de réduire également le délai de la prescription contractuelle, le législateur s'est contenté de raccourcir le délai de prescription délictuelle. Ce faisant, il a ajouté un autre élément de la distinction entre les deux ordres de responsabilités. En effet, loin de se limiter aux seuls accidents de la circulation, objet de la loi, la prescription décennale joue pour toutes les actions en responsabilité délictuelle de droit commun. Solution étonnante quand on sait que cette réforme était intervenue à l'occasion de l'entrée en vigueur d'un système d'indemnisation légale des victimes des accidents de la circulation, qu'elles soient transportées ou non en vertu d'un contrat. Son but annoncé est de dépasser la dualité des ordres de la responsabilité civile. Mais, aussi paradoxal que cela puisse paraître, la loi ajoutait une divergence supplémentaire entre le régime de l'action contractuelle et délictuelle[861]. Or, choisir de différencier les deux responsabilités sur ce point ne peut qu'engendrer des solutions inéquitables et incongrues. Non seulement le domaine des deux responsabilités ne présente pas toujours la précision souhaitable, mais aussi et surtout, cette dualité créait une inégalité entre les victimes, qui même dans des situations de fait analogues seront très largement traitées différemment selon ou non l'existence d'un contrat.

---

[857] L'expression de M. G. Durry, La distinction de la responsabilité contractuelle et de la responsabilité délictuelle, *op. cit.*, p. 39.

[858] G. Viney, Traité de droit civil, Introduction à la responsabilité, *op. cit.*, n°178.

[859] Ph. Bertin, » Les nouvelles règles de la prescription de l'action civile », GP. 1985, 2, doct. P. 507 ; F. Zénati, » La rénovation de l'action aquilienne », RTD civ. 1985, p. 795.

[860] M. Planiol et G. Ripert, Traité pratique de droit civil de droit civil français, *op. cit.* n°671 ; J. Carbonnier, Les obligations, *op. cit.*, n 359 ; F. Terre, P. Simler, Y. Lequette, Droit civil, Les obligations, *op. cit.* n°1377 ; P. Souty, « La prescription trentenaire doit disparaître », GP 1948, I, doctr., 43 ; A Benabent, « Le chaos du droit de la prescription extinctive », mél. Boyer, Toulouse, 1996, p. 125.

[861] M. Bruschi, La prescription en droit de la responsabilité civile, Economica, Préf. A. Sériaux 1997, p. 36 et suivants.

La situation se complique davantage en droit français avec la théorie des groupes de contrats[862]. En effet, la distinction entre les chaînes translatives de propriété soumises au délai de prescription contractuel[863] et les chaînes non translatives de propriété soumises à la prescription délictuelle[864] s'est vite avérée délicate à mettre en œuvre. Quel délai faut-il retenir lorsque la chaîne s'apparente à la fois aux chaînes translatives et non translatives de propriété ?[865] Difficile à mettre en œuvre, cette dualité des délais de prescription appliquée dans les groupes de contrat est devenue également source de discrimination entre les victimes. En effet, depuis l'arrêt Lamborghini[866], l'action des tiers

[862] Sur l'exposé de cette théorie, voir *supra*.

[863] Il s'agit de chaînes de ventes successives, voir Civ. 1re, 9 octobre 1979, D. 1980, IR 222, note C. Larroumet ; RTD civ. 1980, p. 354, obs. Durry. La jurisprudence française a étendu le caractère exclusivement contractuel de la responsabilité à l'action du maître de l'ouvrage contre le fabricant de matériaux. Voir Ass. plén., 7 fév. 1986, D. 1986, p. 293, note A. Bénabent ; JCP G 1986, II, 20616, note Ph. Malinvaud ; RTD civ. 1986, p. 364, obs. J. Huet ; p. 594, obs. J. Mestre ; p. 605, obs. P. Rémy ; Defrénois 1986, art. 33825, n°109, p. 1499, obs. J.-L. Aubert.

[864] Ass. plén., 12 juill. 1991, JCP G 1991, II, 21743, note G. Viney ; JCP E 1991, II, 218, note C. Larroumet ; RJDA 1991, n°771, p. 583, concl. Mourier et rapp. Leclercq, p. 590 ; Contrats, conc. consom. 1991, comm. n°200, obs. Leveneur ; RTD civ. 1991, p. 750, obs. P. Jourdain ; RTD civ. 1992, p. 90, obs. J. Mestre ; Defrénois 1991, art. 35150, p. 1301, obs. J.-L. Aubert ; D. 1991, 549, note J. Ghestin ; D. 1992, somm. 119, obs. A. Bénabent. En l'espèce, un maître d'ouvrage recherchait la responsabilité d'un sous-traitant auquel il reprochait le caractère défectueux des travaux de plomberie dont il avait chargé l'entrepreneur principal. Ce dernier était à l'abri d'une action, le défaut étant apparu plus de 10 ans après la réception. Le maître de l'ouvrage fonda alors sa demande contre le sous-traitant sur la base de la responsabilité délictuelle. La Cour d'appel déclare cette action irrecevable en raison de la forclusion de l'action décennale du maître de l'ouvrage contre l'entrepreneur principal, forclusion qu'elle autorise le sous-traitant à opposer au demandeur par application de la jurisprudence de la première Chambre civile et particulièrement de l'arrêt 1988. Voir Civ. 1re 8 mars 1988, JCP G 1988, II, 21070, note P. Jourdain ; RTD civ. 1988, p. 531, obs. P. Rémy ; p. 741, obs. Mestre ; p. 761, obs. Jourdain. S'attachant à l'article 1165 du Code civil, l'Assemblée plénière relève que l'absence de lien contractuel entre le maître de l'ouvrage et le sous-traitant empêche la mise en œuvre de la responsabilité contractuelle de ce dernier.

[865] Voir à titre illustratif Civ. 3e 28 nov. 2001, RTD civ. 2002, p. 104, obs. P. Jourdain ; JCP G. 2002, II, 10037, note D. Mainguy ; RD imm. 2002, 92, obs. Ph. Malinvaud ; Defrénois 2002 n°37486, p. 255, obs. R. Libchaber ; Resp. civ. et assur. 2002, n°143, note L. Grynbaum ; D. 2002, p. 1442, note J. -P Karila. En l'espèce, le maître de l'ouvrage agit en responsabilité contre le fournisseur de matériaux défectueux incorporés dans la chose pour lui fabriquée, ce qui est l'hypothèse des arrêts 1986. Mais la particularité est que ces matériaux ont été fournis, non directement à l'entrepreneur, mais à un sous-traitant, ce qui rappelle la jurisprudence Besse. L'action du maître de l'ouvrage contre le fournisseur doit-elle être retenue sur le terrain contractuel ou sur le terrain délictuel ? La troisième Chambre avait penché vers l'approche délictuelle ; pour elle, dès lors que le sous-traitant engage sa responsabilité envers le maître de l'ouvrage sur le fondement délictuel, le fournisseur de ce sous-traitant devait à l'égard du maître de l'ouvrage répondre de ses actes sur le même fondement. Cet arrêt a encore agité la doctrine française qui admet que le domaine de l'action directe est fort ambigu.

[866] Civ. 1re, 9 octobre 1979 précité. Avant cette date, la jurisprudence française autorisait les bénéficiaires de l'action directe de faire recours aux règles délictuelles. Voir Req. 23 fév. 1897, S. 1898, 1, 65, note P. Esmein ; Req. 9 mars 1936, D. H. 1936, p. 233 ; Req. 8 mars 1937, D. P.

bénéficiaires de l'action directe devrait être nécessairement contractuelle. Situation fragile si l'on considère que l'action contractuelle de droit commun a reculé au profit de l'action en garantie des vices cachés au bref délai.[867] La dualité des délais de prescription introduisait incontestablement un désordre dans le droit de la responsabilité civile. Dès lors que les deux responsabilités contractuelles et délictuelles ont une fonction réparatrice, rien ne justifiait en fait cette disparité des délais.

137. L'uniformisation ponctuelle des délais de prescriptions. Conscient de la nécessité d'outrepasser cette dualité gênante, le droit français a essayé dans un premier temps d'uniformiser les délais de prescription contractuels et délictuels de manière ponctuelle, dans certains domaines. La loi du 4 mars 2002 relative aux droits des malades et à la qualité du système de santé illustre cette tendance : dans son article L.1142-28, elle dispose que « Les actions tendant à mettre en cause la responsabilité des professionnels de santé publics ou privés à l'occasion d'actes de prévention, de diagnostic ou de soins se prescrivent par dix ans à compter de la consolidation du dommage »[868]. Le délai décennal transcende dans le domaine médical la distinction entre la responsabilité contractuelle et la responsabilité délictuelle.

Le contentieux de la construction montre également une volonté de dépasser la dualité des délais de prescription. Hostile à une prescription trentenaire jugée

---

1938, 1, 76, note R. Savatier ; Req. 7 oct. 1940, D. H. 1940, p. 180 ; Cass. civ. 6 fév. 1958, Bull. civ. II, n°112 ; Com. 4 fév. 1964, Bull. civ. III, n°57, p. 63 ; Cass. civ. 9 mars 1964, Bull. civ. I, n°138, p. 104 ; Civ. 3e, 5 déc. 1972, D. 1973, p. 401, note J. Mazeaud ; Com. 22 janv. 1973, Bull. civ. IV, n°28, p. 22.

867 Avant 1993, et malgré la reconnaissance de la nature nécessairement contractuelle dans les chaînes de contrats translatives de propriété, le tiers titulaire de l'action directe bénéficie du délai de prescription trentenaire de la responsabilité contractuelle pour manquement à l'obligation de délivrance conçu d'une manière extensive par la jurisprudence, » de sorte que », comme l'écrivait A. Bénabent, « [...] en même temps qu'elle consacrait la théorie des chaînes de contrats, la Cour de cassation semble l'avoir vidée d'une partie de sa portée pratique, en paraissant sonner le glas de l'article 1648 ». Voir A. Bénabent, note sous Ass. plén., 7 fév. 1986, D. 1986, p. 293. Néanmoins, et après avoir montré, dans les années quatre-vingt un véritable engouement pour l'action de droit commun qui a été utilisée pour éluder le bref délai qui caractérise l'action en garantie des vices cachés, la jurisprudence française a opéré un revirement. En effet, en annonçant que « les défauts qui rendent la chose impropre à sa destination normale constituent les vices définis par l'article 1641 du Code civil qui était donc l'unique fondement possible de l'action exercée », la première Chambre civile s'oppose à l'option entre l'action en garantie des vices cachés et l'action contractuelle de droit commun pour défaut de conformité. Le bref délai de l'action en garantie des vices cachés chasse désormais l'action de droit commun. Voir Civ. 1re, 27 oct. 1993, Bull. civ. I, n°305. Sur cette évolution, voir G. Viney et P. Jourdain, Les conditions de la responsabilité, *op. cit.*, n 740, p. 833

868 Voir C. Radé, « La réforme de la responsabilité médicale après la loi du 4 mars 2002 relative aux droits des malades et à la qualité du système de santé », RCA 2002, chron., p. 4 ; C.-M. Alves, « L'unification de la prescription médicale à l'épreuve de la prescription quadriennale », PA, 14 sept. 2004 n°184, p. 3. La durée de dix ans retenue répond aux vœux exprimés depuis longtemps par la doctrine. Voir M. Bruschi, La prescription en droit de la responsabilité civile, thèse précitée, p. 81.

trop longue, la jurisprudence s'est évertuée à aligner la durée de la responsabilité contractuelle de droit commun sur celle des garanties légales décennales.[869] Si le droit commun devrait parfois être retenu à côté des garanties légales[870], son délai ne peut selon la Cour de cassation excéder dix ans[871]. La réduction ainsi faite de la durée de prescription contractuelle rapproche davantage les deux ordres de responsabilités. Néanmoins, malgré cet effort de fusion, le jumelage des délais de prescriptions restait limité. Non seulement cette uniformisation s'est réalisée d'une manière disparate qui ne couvre pas tous les domaines de la responsabilité civile ; le contentieux du non-cumul, même réduit, n'a pas totalement disparu. Mais aussi et surtout, on n'est pas certain que le point de départ des prescriptions soit homogène. Si pour les actions extracontractuelles, l'article 2270-1 du Code civil faisait courir la prescription « à compter de la manifestation du dommage ou de son aggravation », la jurisprudence hésitait à retenir la même solution en matière contractuelle. En effet, tantôt elle se réfère au jour du dommage pour faire courir la prescription de l'action en responsabilité[872], tantôt, elle se montre plus

---

[869] Civ. 3e, 16 oct. 2002, Bull. civ. III, n°205 ; Civ. 3e, 16 oct. 2002, Bull. civ. III, n°205 ; D. 2003, p. 300, note Ph. Malinvaud ; RC A 2003, note H. Groutel, p. 15 ; RDI janvier/ février 2003, p. 92, obs. Ph. Malinvaud ; Com., 7 déc. 2004, Bull. civ. IV, n°218 ; Civ.3e, 27 mai 2006, Bull. civ. III, n°132 ; RDI 2006, p. 311, obs. Ph. Malinvaud ; PA 8-9 mai 2007, note R. Raffi ; Civ. 3e, 22 nov. 2006, Bull. civ. III, n°228.

[870] Il s'agit des dommages et/ou de non-conformités révélés avant la réception de l'ouvrage. La Cour de cassation applique un délai décennal à partir de la manifestation du dommage. Même si l'arrêt du 27 mai 2006 précité est rendu au visa de l'article 1147 du Code civil, la solution est purement prétorienne. En effet, il va sans dire que la référence à cette disposition devrait conduire à retenir une prescription trentenaire, or, l'arrêt se contente d'une prescription décennale. Voir dans le même sens Com., 7 déc. 2004, Bull. civ. IV, n°218. La responsabilité contractuelle est également retenue pour les désordres et/ou non-conformités survenus postérieurement à la réception de l'ouvrage. La jurisprudence a créé également un délai de prescription de dix ans à partir de la réception. Voir Civ.3e, 27 avr. 2000, n°98-15.970, Bull. civ. III, n°88 ; Civ.3e, 16 oct. 2002, précité et Civ.3e, 16 oct. 2002, précité. Sur le domaine de la responsabilité de droit commun dans le droit de la construction, voir également P. De Lescure, Responsabilité des constructeurs : quelle responsabilité contractuelle de droit commun en cas de dommage à l'ouvrage ?, RDI 2007, p. 307.

[871] Voir Ph. Malinvaud, « Responsabilité des constructeurs : généralisation de la prescription décennale », D. 2003, p. 300 ; J.-P. Karila « Vers l'uniformisation de tous les délais et actions des différentes responsabilités des constructeurs d'ouvrages immobiliers », JCP N 2004, p. 1160 et s. ; J.-P. Karila, « Extension du domaine de la prescription abrégée de dix ans aux manquements contractuels non directement liés à des désordres à l'ouvrage, commentaire de l'arrêt précité du 16 mars 2005 », D. 2005, p. 2198 ; E. Gavin-Millan-Oosterlynck, Pour une durée décennale de la responsabilité du constructeur, RDI 2006, p. 259 ; J.-P. Karila, « Bilan des différentes prescriptions des actions dirigées contre les constructeurs d'ouvrages », RLDC avr. 2007, p. 17.

[872] Soc. 1er avr. 1997, RTD civ. 1997, p. 957. La Cour déclare que « la prescription d'une action en responsabilité résultant d'un manquement aux obligations nées du contrat de travail ne court qu'à compter de la réalisation du dommage ou de la date à laquelle il est révélé à la victime si celle-ci établit qu'elle n'en avait pas eu précédemment connaissance » *adde* déjà Soc. 18 déc. 1991, Bull. civ., V, n°598. La même solution a été retenue pour l'action en responsabilité

indécise et retient la réception ou la livraison comme point de départ de la prescription de l'action contractuelle de droit commun[873].

Ceci étant, les divergences entre la responsabilité contractuelle et la responsabilité délictuelle concernant les délais et les points de départ de la prescription est contestable. Majoritairement[874], la doctrine regrette tout ce contentieux de qualification bâti autour d'une question qui aurait pu être évitée par « une modeste intervention législative pour unifier les prescriptions »[875]. C'est ce que le législateur français a essayé d'effectuer récemment en gommant toute différence entre la responsabilité contractuelle et la responsabilité délictuelle concernant les délais de prescription.

138. La suppression de la dualité des prescriptions contractuelles et délictuelles par la loi du 17 juin 2008[876]. Entre le délai de prescription triennal préconisé par l'avant-projet Catala[877], lui-même inspiré du droit allemand[878], des principes européens du contrat[879] et des principes unidroit[880], et le délai décennal recommandé par la Cour de cassation dans ses rapports annuels de 2001 et 2002, le législateur français, dans la loi n°2008-561 du 17 juin 2008[881],

---

contractuelle de droit commun du constructeur quant aux désordres révélés avant la réception. Voir Civ. 3e, 24 mai 2006, D. 2006, IR, 1633.

873 Civ.3e, 27 avr. 2000, précité ; Civ.3e, 16 oct. 2002, précité ; Civ.3e, 16 oct. 2002, précité ; Civ. 3e, 26 juin 2002, RTD civ. 2003, obs. P. Jourdain, p. 103 Com. 24 janv. 2006, RTD civ. 2007, obs. P. Jourdain, p. 571

874 P. Souty, « La prescription trentenaire doit disparaître », GP 1948, I, doctr., 43 ; A Benabent, « Le chaos du droit de la prescription extinctive », mél. Boyer, Toulouse, 1996, p. 125 ; M. Bruschi, La prescription en droit de la responsabilité civile, Economica, Préf. A. Sériaux 1997, p. 36 et suivants.

875 C. Lapoyade Deschamps, Le droit des obligations, *op. cit.*, p. 143.

876 Loi n°2008-561 du 17 juin 2008 portant réforme de la prescription en matière civile disponible sur le site www.legifrance.gouv.fr.

877 L'article 2274 de l'avant-projet Catala dispose que « Toutes les actions sont prescrites par trois ans, sans que celui qui allègue cette prescription soit obligé d'en rapporter un titre ou qu'on puisse lui opposer l'exception déduite de la mauvaise foi ».

878 La loi du 26 novembre 2001, entrée en vigueur le 1er janvier, réformant le BGB a prévu un délai de prescription triennal.

879 Voir les Principes du droit européen des contrats, version française traduite par G. Rouhette, Sté de législation comparée, 2002.

880 Voir S. Ebrehard, Les sanctions de l'inexécution du contrat et les principes UNIDROIT, centre du droit de l'entreprise de l'université de Lausanne 2005 p. 123

881 Disponible sur le site www.legifrance.gouv.fr. Sur cette loi voir O. Dufour, Prescription civile, une vraie révolution est en préparation, PA 2008, n°80, p. 4 ; M. Mignot, Aperçu critique de l'avant-projet de la loi sur la prescription, RRJ 2007, n°4, p. 169 ; La proposition de la loi portant réforme de la prescription en matière civile : une nouvelle application du droit de ne pas payer ses dettes ?, PA 2008, n°41, p. 6 ; S. Amrani-Mekki, Liberté, simplicité, efficacité, la nouvelle devise de la prescription ?, JCP 2008, I, 160 ; A. Moreau, M. Brotons, Les principales modifications apportées par la loi du 17 juin 2008 portant réforme de la prescription en matière civile, PA 2008, n°153, p. 17 ; B. Fauvarque-Cosson et J. François, Commentaires de la loi du 17 juin 2008 portant réforme de la prescription en matière civile, D. 2008, p. 2511 ; D. Mazeaud, R. Wintgen, La prescription extinctive dans les codifications savantes, D. 2008, p. 2523 ; L. Dargent, Réforme de la prescription en matière civile, D. 2008, p. 1332 ; L. Leveneur, Réforme de la prescription : trois

a opté pour une prescription quinquennale. En disposant que « les actions personnelles ou mobilières se prescrivent par cinq ans à compter du jour où le titulaire d'un droit a connu ou aurait dû connaître les faits lui permettant de l'exercer », l'article 2224 pose un délai de droit commun auquel est associé un point de départ uniforme. Approuvée par la plupart des auteurs[882], cette « réduction drastique »[883] des délais de droit commun est d'autant plus remarquable qu'elle transcende non seulement les obligations civiles et commerciales, mais aussi et surtout la responsabilité contractuelle et la responsabilité délictuelle. En effet, la réforme a supprimé en tant que telle la prescription en principe applicable aux obligations nées à l'occasion de leur commerce entre commerçants ou entre commerçants et non-commerçants prévue par l'article L. 110-4 du Code de commerce. Désormais, ces obligations tombent sous le coup de la nouvelle prescription de droit commun de cinq ans, ce qui limite sensiblement les intérêts attachés à la distinction entre les obligations civiles et les obligations commerciales. Ce même délai quinquennal remplace avantageusement le délai trentenaire propre à la responsabilité contractuelle et le délai décennal spécifique à la responsabilité délictuelle. Cette unification des délais s'est accompagnée également d'une homogénéisation des points de départ de la prescription. En effet, conformément à l'adage *contra non valentem agere non currit prescriptio* selon lequel la prescription ne court pas contre celui qui n'est pas à même d'agir, l'article 2224 fixe « le jour où le titulaire d'un droit a connu ou aurait dû connaître les faits lui permettant de l'exercer » pour faire courir la prescription. La disparité des délais de prescription a donc disparu. Avec elle, c'est un enjeu de la règle du non-cumul qui s'évapore.

139. Les exceptions. Cette uniformisation des délais et des points de départ n'est pas absolue. À côté de la prescription quinquennale de droit commun, la loi a prévu une série de dérogations. La principale exception concerne les actions en responsabilité nées en raison d'un évènement ayant entraîné un dommage corporel pour la victime. Cette dernière dispose selon l'article 2226 d'un délai de prescription de dix ans pour agir contre l'auteur du dommage, délai qui commence à courir à compter de la consolidation du dommage initial ou aggravé. La méthodologie adoptée par le législateur se démarque

---

petits tours au parlement et quelques questions, CCC 2008, n°8/9, p. 13 ; A.-M Leroye, Réforme de la prescription civile, RTD civ. 2008, p. 563.

[882] Tous les commentateurs de la loi considèrent que cette réduction des délais de prescription est en soi défendable. Non seulement elle sert le commerce juridique puisqu'elle réduit les coûts de conservation des preuves, mais aussi assure une harmonisation du droit français avec la plupart des droits européens. *Contra*. M. Mignot, pour qui le raccourcissement des délais de prescription manque de base économique. Voir « La proposition de la loi portant réforme de la prescription en matière civile : une nouvelle application du droit de ne pas payer ses dettes ? », PA 2008, n°41, p. 6.

[883] L'expression de MM. A. Moreau, M. Brotons, Les principales modifications apportées par la loi du 17 juin 2008 portant réforme de la prescription en matière civile, PA 2008, n°153.

sensiblement des solutions classiquement retenues. La distinction des délais de prescription ne se fait plus selon la nature de la responsabilité sollicitée, mais selon la nature du dommage subi. En effet, qu'elle soit contractuelle ou délictuelle, l'action en responsabilité visant l'indemnisation d'un dommage corporel est uniformément décennale. Mais cette uniformisation ne concerne que ce type de dommage. Car si le dommage est purement matériel, c'est le délai quinquennal de droit commun qui devrait être retenu.

Cette même distinction concerne également les accidents de la circulation. En effet, l'article 11 de la loi du 17 juin 2008 réformant le droit de la prescription remplace la référence faite dans l'article 22 de la loi n°85-677 du 5 juillet 1985 relative aux accidents de la circulation, à l'article 2270-1 par l'article 2226 précité. Il en découle que, pour les accidents de la circulation, la victime dispose d'un délai décennal pour demander la réparation des dommages corporels, mais elle doit aller deux fois plus vite, si elle sollicite la réparation des dommages matériels. Quel délai faut-il retenir si dans un même accident, ce qui est le plus fréquent, la victime subit à la fois des dommages corporels et des dommages matériels ? Certains pensent que, s'agissant d'une seule et même procédure, le délai de prescription est toujours décennal.[884] Or, outre le fait que cette interprétation ne semble pas conforme au texte de la loi qui en remplaçant le renvoi fait à l'article 2270-1 par l'article 2226 ne vise que les dommages corporels, les dommages matériels seront donc soumis au délai quinquennal de droit commun prévu dans l'article 2224 ; cette différenciation des délais selon la nature du dommage nous paraît dangereusement fragile. À titre comparatif, l'avant-projet Catala a proposé dans son article 1384 de soumettre à la même prescription décennale l'action en responsabilité contractuelle et l'action en responsabilité extracontractuelle sans distinguer la nature du dommage, ce qui nous semble plus cohérent et épargne le droit de la responsabilité d'un contentieux inutile.

140. L'unification des délais de prescription dans le domaine de la construction. Dans le domaine de la construction, l'unification des délais de prescription paraît, malgré l'existence de certains « îlots de résistance »[885], plus aboutie. En effet, à côté de la garantie spécifique des constructeurs réglementée par les articles 2270 et 2270-1 devenus respectivement les articles 1792-4-1 et 1792-4-2[886], le nouvel article 1792-4-3 du Code civil créé par l'article 1er de la

---

[884] S. Amrani Mekki, Liberté, simplicité, efficacité, la nouvelle devise de la prescription ?, *op. cit., Loc. cit.*

[885] Ph. Malinvaud, Prescription et responsabilité des constructeurs après la réforme du 17 juin 2008, RDI 2008, p. 368

[886] Le législateur n'a pas souhaité modifier au fond les articles 2270 ou de l'article 2270-2 du Code civil. La seule modification tient uniquement à ce que ces deux articles sont replacés la section des devis et marchés, juste après l'article 1792-4 portent ainsi les numéros 1792-4 et 1792-4-2.

loi du 17 juin 2008[887] établit une prescription décennale pour toutes les actions en responsabilité contre les constructeurs et leurs sous-traitants[888]. Il est clair que le législateur a voulu, par cette disposition, consacrer la jurisprudence initiée par l'arrêt du 16 octobre 2002[889] qui a aligné la durée de prescription de la responsabilité de droit commun sur celle des garanties légales décennales. La formule de l'article 1792-4-3 invite même à aller plus loin. En fait, la jurisprudence n'appliquait la prescription décennale à la responsabilité contractuelle de droit commun qu'en présence de « désordres affectant l'ouvrage »[890]. En l'absence de cette condition, la prescription décennale est écartée au profit de la prescription trentenaire. Ainsi, au motif que « l'action engagée contre l'architecte chargé d'une mission limitée à l'obtention du permis de construire visait seulement, en l'absence de tout désordre, le préjudice résultant d'un manque à gagner à raison de l'impossibilité de réaliser le projet initial de construire deux bâtiments »[891], la Cour de cassation, dans son arrêt du 26 septembre 2007, a appliqué la prescription trentenaire. Or, une telle limitation dans le domaine d'application de l'article 1792-4-3 fait défaut. Ce dernier vise d'une manière plus générale « les actions en responsabilité dirigées contre les constructeurs », quel que soit le fondement contractuel ou extracontractuel, et quelle que soit la nature du dommage[892]. Évidemment, cette unification généralisée a le mérite de simplifier la prescription en matière de construction. L'hypothèse de la garantie biennale de l'article 1792 mise à part, toutes les actions en responsabilité contre les constructeurs seront enfermées dans le délai de dix ans à compter de la réception. Mais aussi large qu'elle soit, cette uniformisation n'est pas complète. En effet, en retenant la réception comme point de départ pour faire courir la prescription, l'article 1792-4-3 écarte de son domaine d'application la réparation des dommages qui se produiraient avant la réception, soumise ainsi au délai quinquennal de droit commun prévu à l'article 2224[893]. Or, on sait que la jurisprudence antérieure à la loi a décidé que l'action en réparation de ce type de dommage se prescrit par dix ans à compter

---

[887] L'article 1 dispose qu'« en dehors des actions régies par les articles 1792-3, 1792-4-1 et 1792-4-1 et 1792-4-2, les actions en responsabilité dirigées contre les constructeurs désignés aux articles 1792 et 1792-1 et leurs sous-traitants se prescrivent par dix ans à compter de la réception des travaux ».

[888] Ph. Malinvaud, Prescription et responsabilité des constructeurs après la réforme du 17 juin 2008, RDI 2008, p. 368.

[889] Civ. 3e, 16 oct. 2002, Bull. civ. III, n°205 ; Civ. 3e, 16 oct. 2002, Bull. civ. III, n°205 ; D. 2003, p. 300, note Ph. Malinvaud ; RC A 2003, note H. Groutel, p. 15 ; RDI janvier/ février 2003, p. 92, obs. Ph. Malinvaud ; Com., 7 déc. 2004, Bull. civ. IV, n°218 ; Civ.3e, 24 mai 2006, Bull. civ. III, n°132 ; Civ. 3e, 22 nov. 2006, Bull. civ. III, n°228.

[890] Civ. 3e, 16 oct. 2002, Bull. civ. III, n°205 ; D. 2003, p. 300, 1re espèce, note Ph. Malinvaud.

[891] Civ. 3e, 26 sept. 2007, RDI 2007, p. 523, obs. Ph. Malinvaud.

[892] Ph. Malinvaud, Prescription et responsabilité des constructeurs après la réforme du 17 juin 2008, RDI 2008, p. 372.

[893] Ph. Malinvaud, Prescription et responsabilité des constructeurs après la réforme du 17 juin 2008, *op. cit.*, p. 373.

de la manifestation du dommage[894]. De telles réflexions en suscitent d'autres. Le choix de la réception comme point de départ de la prescription de l'action en responsabilité en matière de construction est-il justifiable ? Certes, ce point de départ fixe dérogatoire au point de départ flottant prévu par l'article 2224 a l'avantage d'homogénéifier les règles de prescription dans le droit de la construction et de mettre les constructeurs et leurs assureurs à l'abri de toute surprise, néanmoins, cette solution paraît sévère à l'égard des victimes qui seront démunies de tout recours si le dommage survient après l'expiration du délai décennal à compter de la réception. Avec M. Jourdain, on ne peut qu'avoir « du mal à concevoir qu'une action en responsabilité puisse naître avant le dommage et la créance de réparation qu'il génère »[895]. Le propre d'une action en responsabilité n'est-il pas d'indemniser la victime du dommage qu'elle a subi ?

141. Les limites de l'uniformisation. Certes, la loi du 17 juin 2008 a effectué un grand effort d'uniformisation. C'est là un élément très lumineux qui devrait tarir, sur ce point, le contentieux de non-cumul. Mais si la méthodologie, est, en elle-même, défendable, elle laisse malencontreusement traîner des foyers de résistance à toute unification totale. Ainsi, pas plus qu'hier, la loi passe sous silence sur la prescription dans les groupes de contrat. On peut penser que la distinction entre les chaînes translatives de propriété soumises à la responsabilité contractuelle et les chaînes non translatives de propriété soumises à la responsabilité délictuelle perdrait de son intérêt concernant la détermination de la durée de la prescription, désormais quinquennale dans les deux branches de responsabilité sauf s'il s'agit d'un dommage corporel. Cette uniformisation ne doit pas toutefois être surestimée. En effet, le délai biennal de la garantie des vices cachés continue à s'appliquer car la loi réserve le maintien de certains délais dérogatoires résultant des textes spéciaux. Il en découle que les solutions actuellement retenues par la jurisprudence demeurent inchangées chaque fois que le juge admet la transmission en chaîne de la garantie des vices cachés. L'action du tiers serait, règle du non-cumul oblige, nécessairement contractuelle[896], et la victime se verrait ainsi opposer le bref délai de prescription conçu pourtant pour un rapport contractuel direct, ce qui ne serait guère compréhensible.

Ceci étant, et malgré ces reproches, l'uniformisation des délais de prescription contractuelle et délictuelle accomplie par la loi est en soi défendable. Il n'y a guère de raisons de retenir des délais de prescriptions distincts selon la nature de la responsabilité dès lors qu'il s'agit de la réparation d'un dommage. À condition d'éviter de remplacer la distinction entre la

---

[894] Civ.3e, 27 mai 2006, Bull. civ. III, n°132 ; RDI 2006, p. 311, obs. Ph. Malinvaud ; D. 2006, IR, obs. I. Gallmeister.

[895] P. Jourdain, obs. sur Com. 24 janv. 2006, RTD civ. 2007, p. 571.

[896] C'est la solution consacrée par la jurisprudence française depuis l'arrêt Lamborghini. Voir *supra* n°49.

responsabilité contractuelle et la responsabilité délictuelle par une autre distinction entre le dommage corporel et le dommage matériel, et quitte à ce que le point de départ de la prescription soit uniformément la possibilité d'agir, comme le retient l'article 2224 de la loi du 17 juin 2008, l'homogénéisation des délais de prescription servirait de modèle pour le droit tunisien, qui maintient quant à lui une dualité contestable des délais de prescription et ce à côté d'autres divergences distinguant la responsabilité contractuelle de la responsabilité délictuelle. En effet, certaines différences entre les deux ordres de responsabilités, même si elles tendent elles aussi à s'atténuer, subsistent aussi bien en droit français que tunisien donnant à la problématique de l'option toute sa difficulté.

§ 2 : La compatibilité des différences persistantes de régime avec la règle de l'option

142. Contrairement au droit français qui a récemment uniformisé les règles de prescription, les délais de prescription contractuels diffèrent en droit tunisien des délais délictuels. Cette divergence n'empêche pas la reconnaissance de l'option dans ce domaine même si la jurisprudence semble encore hésitante (A) Par ailleurs, les deux systèmes français et tunisien différencient la responsabilité contractuelle de son homologue délictuelle non seulement concernant, les clauses limitatives de responsabilité (B), les règles de preuve (C), mais aussi concernant les règles de conflit de lois en droit international privé (D). Ces divergences, loin de justifier la règle du non-cumul, nous paraissent au contraire compatibles avec la règle de l'option.

A. Le maintien de la dualité des délais de prescription en droit tunisien

143. Des délais de prescriptions contractuels et délictuels divergents. La responsabilité délictuelle se prescrit en droit tunisien conformément à l'article 115 du Code des obligations et des contrats « par quinze ans à partir du moment où le dommage a eu lieu ». Toutefois ce délai est réduit à trois ans si la partie lésée « a eu connaissance du dommage »[897]. Une telle connaissance n'affecte en rien le délai de prescription en matière contractuelle qui demeure en toute

[897] Une jurisprudence constante affirme que le délai de quinze ans est réduit à trois ans si la victime connaît le dommage qu'elle a subi. Voir Cass. civ. arrêt n°13195. 2001 du 3 mai 2002, inédit ; Cass. civ. arrêt n°13913. 2001 du 3 juin 2002, inédit ; Cass. civ. arrêt n°18787 du 21 oct. 2002, inédit ; Cass. civ. arrêt n°18560 du 22 nov. 2002, BCC 2002, II, p. 41 ;Cass. civ. arrêt n°22335 du 17 avril 2003, BCC 2003, II, p. 90 ; Cass. civ. arrêt n°2731. 2004 du 8 juill. 2004, inédit ; Cass. civ. arrêt n°4167 du 9 nov. 2004, BCC 2004, II, p. 123.

circonstance de quinze ans.[898] Théoriquement donc, la responsabilité contractuelle de droit commun uniformément de quinze ans[899] est plus avantageuse que son homologue délictuelle dont le délai oscille entre les trois et les quinze ans selon la connaissance ou non par la victime du dommage qu'elle a subi[900].

144. Le refus de l'option entre les délais contractuels et les délais délictuels par la jurisprudence. La règle de l'option audacieusement annoncée par la Cour de cassation dans son arrêt du 16 mars 1995[901] donnerait-elle à la victime la possibilité de choisir entre le délai de prescription contractuelle et le délai délictuel ? L'examen de certaines décisions postérieures à l'arrêt des Chambres réunies laisse perplexe. En effet, juste une année après la proclamation de la règle de l'option, la Cour de cassation, dans son arrêt du 14 mars 1996[902], s'attache à la qualification contractuelle de l'obligation de sécurité du transporteur et s'oppose à l'admission des délais de prescription délictuelle. Cette position nous paraît fort regrettable. Les délais de prescription se trouvent dans le cadre du contrat de transport de personne fortuitement uniformisée puisque, selon l'article 666 du Code de commerce, l'action contractuelle contre le transporteur se prescrit, comme la responsabilité délictuelle, par trois ans à partir de la survenance du dommage. Cette remarque en appelle d'ailleurs une autre : dès lors que les actions contractuelle et délictuelle aboutissent au même résultat, pourquoi cet engouement pour la qualification contractuelle ? La jurisprudence tunisienne n'a-t-elle pas minimisé cette opération lorsque les deux actions contractuelles et délictuelles convergent ? Dans ce contexte, l'arrêt du 14 mars 1996 devient incompréhensible. Si cette interprétation devrait être retenue, elle mettrait un coup d'arrêt important à la thèse de l'option admise par les juges, ce qui paraît peu cohérent.

145. Une autre interprétation possible. Nous pensons que l'arrêt du 16 mars 1996 est susceptible d'une autre interprétation. En fait, même si la jurisprudence tunisienne admet la règle de l'option, cette dernière serait limitée aux seuls cas où le concours d'actions concerne les actions de droit commun. Si, le législateur a prévu pour un contrat déterminé, un délai de prescription spécial, c'est évidemment ce délai qui devrait être retenu. La haute juridiction se montre prudente car si elle admet l'application de l'article 115 du Code des obligations et des contrats pour le transport des personnes, cela pourrait conduire à l'application des longs délais pouvant atteindre les quinze ans lorsque la victime ignore le chef de ses dommages. Loin de condamner la théorie de l'option, l'arrêt semble, sans le dire, appliquer l'adage « le spécial déroge au général ».

[898] Sur la prescription en matière contractuelle en droit tunisien, voir A. Rebai, Le domaine de la prescription civile en matière contractuelle, mémoire de DEA, faculté de droit et des sciences politiques de Tunis, 1982-1983.
[899] Conformément à l'article 402 du Code des obligations et des contrats.
[900] Article 115 du Code des obligations et des contrats.
[901] Cass. civ. arrêt des Chambres réunies n°42389 du 16 mars 1995, précité.
[902] Cass. civ. arrêt n°39922 du 14 mars 1996, BCC 1996, I, p. 260.

Cette interprétation nous semble restituer à la jurisprudence tunisienne une certaine cohérence. En droit allemand, où le cumul d'actions est largement admis, les juges refusent l'option lorsque le législateur prévoit par des textes spéciaux des délais de prescription moins longs que le droit commun[903]. Mais en dehors des hypothèses où la prescription est prévue par un texte spécial et quand les deux actions de droit commun contractuelle et délictuelle se chevauchent, c'est-à-dire lorsque les faits générateurs contractuels et délictuels se recoupent[904], il n'y a aucune raison de refuser à la victime la possibilité de choisir le délai le plus favorable[905]. Or, comme le délai de prescription contractuelle est, en droit tunisien, plus favorable que son homologue délictuel, les victimes opteraient éventuellement pour la voie contractuelle.

La comparaison entre le droit tunisien et droit français sur la question de la prescription est fort fructueuse. Face à la dualité des délais, le droit français a eu un réflexe fusionniste. Ce faisant, on a pu réduire le contentieux du non-cumul sur ce point. Pour éviter les effets pervers de cette dualité gênante, la règle de l'option posée en droit tunisien devrait donner à la victime le choix entre les délais contractuels et délictuels. La jurisprudence reste toutefois peu fournie et les quelques arrêts qui ont traité la question demeurent réservés. Face à cette incertitude, il serait préférable que le législateur intervienne pour unifier les délais de prescription, ceci est d'autant plus vrai que le critère de distinction entre le bref délai de trois ans et le long délai de quinze ans en matière délictuelle est subjectif et peut être source de litigation inutile[906]. Or, justement, ce mouvement d'uniformisation reste peu accompli en droit tunisien. Ainsi, la loi du 7 décembre 1992 relative à la protection du consommateur, même si elle

---

903 Avant l'uniformisation des délais de prescription contractuels et délictuels, la prescription de la responsabilité contractuelle était en droit allemand plus avantageuse pour le créancier car le délai se prescrit par trente ans. Voir § 195 du BGB. La responsabilité délictuelle se prescrit quant à elle par trois ans. Voir § 852 du BGB. Comme les deux ordres de responsabilités sont autonomes, la prescription de l'action fondée sur un tel régime n'implique pas nécessairement celle de la demande fondée sur l'autre. Néanmoins, il existe des exceptions à cette règle. Il s'agit des actions en réparations intentées par le bailleur, le prêteur ou le propriétaire en cas d'usufruit contre le locataire. La brève prescription de six mois de ces exceptions empêche la mise en œuvre de la règle de l'option. Voir M. Bruschi, thèse précitée, p. 12. Actuellement, le législateur allemand a choisi d'uniformiser les délais de prescription tout comme le législateur français, ce qui réduit l'impact la règle de l'option posée par la jurisprudence. Sur cette réforme, voir J. Baurreis, Le nouveau droit de la prescription, RIDC. 2002-4, p. 1023 et s. ; Y. Levano, La prescription extinctive en droit allemand après la réforme du droit des obligations, RID comp. 2004, p. 947 ; R. Wintgen, La mise en œuvre de la technique du double délai de prescription extinctive, RDC 2007, p. 907 ; C. Witz, Les nouveaux délais de prescription du droit allemand applicables aux ventes internationales de marchandises régies par la Convention de Vienne, D. 2000, chron. 2860.

904 Sur le recoupement des faits générateurs contractuels et délictuels, voir *infra*, chapitre 2 de la deuxième partie.

905 Le délai contractuel est, en droit tunisien, plus favorable que le délai délictuel.

906 Reposant sur la connaissance ou non de la victime de son dommage, ce critère est souvent source de litigation lorsque la victime cherche à allonger le délai en prétextant qu'elle ignorait son dommage. Voir à titre d'exemple Cass. civ. arrêt n°73756.99 du 25 fév. 2000, inédit.

a unifié le fait générateur de responsabilité pour défaut de sécurité, reste muette sur les délais de prescription, ce qui laisse présager que ce sont les délais de prescription de droit commun selon la nature contractuelle ou délictuelle de l'action qui seraient applicables. La loi du 15 août 2005 sur les accidents de la circulation a certes unifié les délais de prescriptions, désormais de trois ans à partir de la survenance du dommage[907] ; néanmoins, comme on l'a déjà vu, l'uniformisation qu'elle a réalisée demeure limitée puisque sont exclus de son domaine d'application les accidents de transports ainsi que les accidents causés par « les véhicules circulant sur les voies ferrées »[908]. Cela dit, l'uniformisation des deux régimes de responsabilité contractuelle et délictuelle, même si elle est plus fournie en droit français qu'en droit tunisien, est loin d'être totale dans les deux systèmes. Plusieurs règles différencient encore la responsabilité contractuelle de la responsabilité délictuelle, telles que les clauses limitatives de responsabilité.

B. La divergence entre la responsabilité contractuelle et la responsabilité délictuelle concernant la validité des clauses relatives à la responsabilité[909]

146. Valables en matière contractuelle et nulles en matière délictuelle, les clauses relatives à la responsabilité opposent, aussi bien en droit français qu'en

[907] L'article 125 de ladite loi dispose que « toutes les actions dérivant des accidents de la circulation sont prescrites dans un délai de 3 ans à compter de la date de connaissance de la victime ou de ses ayants droit en cas de décès du préjudice ou de celui qui l'a causé ».

[908] L'article 111 de la loi du 15 août 2005 précitée.

[909] Plusieurs écrits ont été consacrés à l'étude des clauses relatives à la responsabilité. Voir à tire d'exemple P. Durand, Des conventions d'irresponsabilité, thèse, Paris, 1931 ; J. Pellerin, Les clauses relatives à la répartition des risques financiers entre contractants, thèse, Paris II, 1977 ; Al Jondi, Le juge et les clauses exonératoires et limitatives de responsabilité, Paris, 1979 ; A. S. Muzuaghi, Le déclin des clauses d'exonération de responsabilité sous l'influence de l'ordre public nouveau, préf. P. Bonassies, LGDJ, 1981 ; Ph. Delebecque, Les clauses allégeant les obligations dans les contrats, thèse, Aix-Marseille, 1981 ; Les clauses limitatives ou exonératoires de responsabilité en Europe, Actes de colloque des 13 et 14 déc. 1990, LGDJ, coll. Droit des affaires sous la direction de J. Ghestin ; P. Esmein, Les clauses de non-responsabilité, RTD civ. 1926, p. 313 ; P. Robino, Les conventions d'irresponsabilité dans la jurisprudence contemporaine, RTD civ. 1951, p. 1 et s. ; P. Delebecque, Les clauses de responsabilité, *in* Les principales clauses des contrats conclus entre professionnels, PUF Aix-Marseille, 1990, p. 177 ; J. Ghestin, Les clauses limitatives ou exonératoires de responsabilité en Europe, LGDJ, 1991 ; D. Mazeaud, Les clauses limitatives de réparation, *in* Les obligations en droit français et en droit belge : convergences et divergences, Bruylant et Dalloz, 1994, p. 155 et 180 ; D. Mazeaud, Les clauses limitative de responsabilité, *in* Les obligations en droit français et en droit belge, convergences et divergences, Bruylant et Dalloz, 1994, p. 155 et s. ; P. Delebecque et D. Mazeaud, Les clauses de responsabilité : clauses de non-responsabilité, clauses limitatives de réparation, clauses pénales, *in* Les sanctions de l'inexécution des obligations contractuelles. Étude de droit comparé sous la direction de M. Fontaine et G. Viney, éd. Bruylant et LGDJ, 2001, p. 361 ; F. Montero, « Les clauses limitatives ou exonérations de responsabilité », Rapport Belge, même ouvrage, p. 393 et s ; D. Houtcieff, « Le régime des clauses limitatives de responsabilité est-il satisfaisant ? », RDC 2008 n°3, p. 1020.

droit tunisien, les deux ordres de responsabilités (1). Néanmoins, appréhendant différemment la question de l'option, l'impact de cette divergence ne devrait pas être le même dans les deux systèmes (2).

1. Une opposition de principe entre les deux ordres de responsabilités contractuelle et délictuelle

147. L'évolution historique en droit français. Jusqu'à 1874, la Cour de cassation française annulait pareillement les clauses d'exonération de la responsabilité contractuelle[910] et les conventions d'irresponsabilité délictuelle[911]. Il n'existait donc jusqu'à cette date aucune divergence entre la responsabilité contractuelle et la responsabilité délictuelle puisque dans les deux cas, les clauses étaient dépourvues d'effet. Sous l'influence de Troplong[912], la haute juridiction opère en 1874[913] un revirement. Pour la première fois, les juges n'annulent pas la clause d'irresponsabilité, mais considèrent qu'elle engendre un renversement de la charge de la preuve. Au lieu d'exonérer le débiteur, la clause astreint le créancier à prouver la faute. Ainsi, le transporteur devait, malgré la clause d'exonération, être responsable de la perte ou de l'avarie des marchandises si l'expéditeur ou le destinataire prouvaient qu'il avait commis une faute et que cette faute était la cause du dommage[914]. Reprise par un nombre considérable d'arrêts[915], cette jurisprudence a donné lieu à une grande controverse doctrinale entre Labbé[916] et Thaller[917]. Pour ce dernier, l'inexécution du contrat viole à la fois l'obligation contractuelle de respecter la parole donnée et l'obligation générale de ne pas nuire. Par conséquent, la clause relative à la responsabilité n'annihile que la première faute ; elle laisse en revanche intacte la responsabilité délictuelle qu'il faut prouver conformément

---

910 Cass. civ. 21 janv. 1807, cité par Hugueney, note au S. 1915, 1, 115.

911 Cass. civ. 18 Août 1872, D. 1872, p. 228.

912 Traité de l'échange et du louage, Tome III, n°942, p. 167. D'après Troplong, la clause de non-responsabilité dans le contrat de transport a pour but d'exonérer le débiteur des conséquences des cas fortuits. Par suite, si le créancier arrive à démontrer une faute du débiteur, il peut détruire la régularité de cette clause.

913 Cass. civ. 4 fév. 1874, D. 1874, I, 305 ; Civ. 15 mars 1876, S. 1876, I, 337, note Labbé.

914 Cass. Civ. 4 fév. 1874 précité ; Cass. civ. 29 déc. 1890, D. 1892, 1, 356 ; S. 1892, 1, 28 ; Cass. civ. 6 janv. 1904, S. 1905, 1, 19.

915 Cass. civ. 15 mars 1876, S. 1876, 1 p. 337, note Labbé ; Civ. 31 déc. 1900, S. 1901, 1, 401 ; D. 1903, 1, 17 ; Lyon 12 déc. 1902, D. 1907, 1, 177 ; Riom, 25 mars 1903, D. 1904, 2, 257 ; Caen, 5 juin 1907. D. P. 1909, 2, 124 ; Bordaux, 8 juill. 1909, S. 1909, S. 1911, 2, 233, note Ferron ; Cass. civ. 6 mars 1912, D. P. 1913, 1, 415 ; S. 1919, 1, 454 ; Civ., 9 nov. 1915, D. 1921, 1, 23 ; Req. 18 fév. 1919 D. 1919, chron. 5. ; Req., 15 mai 1923, S. 1924, 1, 81, note H. Rousseau ; Req. 19 déc. 1923, G. P. 1924, 1, 356 ; Cass. civ. 11 janv. 1931, S. 1931, 1, 121 ; Civ. 18 janv. 1933, DH 1933, p. 115 ; Cass. civ. 18 janv. 1933. D. H. 1933, p. 115 ; G. P. 1933, 1, 668 ; Req. 23 avril 1934, S. 1934, 1, 207 ; Req. 19 mars 1934. G. P. 1934, 1, 948 ; D. H. 1934, 365 ; Cass. civ. 27 nov. 1936, G. P. 1937, 1, 144 ; Cass. civ. 18 janv. 1937, D. H. 1937, 1, 113.

916 Annales de droit commercial, Tome I, 1886, pp. 185 et 251.

917 Annales de droit commercial, Tome I, 1886, pp. 125, 188 et 255.

au droit commun. Ce système de renversement de la preuve s'explique donc par la superposition et le cumul des deux responsabilités. Si la clause de non-responsabilité n'empêche pas la mise en œuvre des articles 1382 et suivants, c'est parce que la responsabilité délictuelle est seulement masquée par la responsabilité contractuelle[918]. Pour Labbé[919], en revanche, les clauses relatives à la responsabilité devraient éteindre aussi bien l'action contractuelle que délictuelle comme c'était le cas en droit romain. Il ne saurait donc être question d'invoquer la responsabilité délictuelle si la responsabilité contractuelle se trouve écartée[920].

Ce débat doctrinal devrait perdre toute son actualité depuis que la Cour de cassation a abandonné le système de renversement de la charge de la preuve pour donner aux clauses relatives à la responsabilité un effet exonératoire complet.[921] Lorsque les parties insèrent dans leurs contrats une clause de responsabilité, cette dernière écarterait tout recours qu'il soit contractuel ou délictuel. Faute d'un lien contractuel préexistant, la Cour de cassation affirme, en revanche, que la responsabilité délictuelle étant d'ordre public, elle ne peut être écartée ou limitée par convention[922]. Cette validité limitée à la responsabilité contractuelle[923] devrait consolider davantage l'interdiction de l'option en droit français[924], et on a déjà vu dans notre investigation historique[925] que cette règle n'a vraiment été ancrée qu'au moment où les exonérations conventionnelles de responsabilité sont devenues possibles. Suivant la logique

---

918 Cet argument est rapidement repris par les partisans de l'option entre la responsabilité contractuelle et la responsabilité délictuelle. Voir Bonnecase, Supplément au traité théorique et pratique de droit civil de Baudry-Lacantinerie, T. II, Sirey, 1925, n°446.

919 Annales de droit commercial, précité.

920 Voir dans le même sens G. Ferron, notes sous Bordeaux, 8 juillet 1909, S.1911, 2, 30.

921 Soc., 3 août 1948, D. 1950, p. 536. Depuis cette date, la Cour de cassation affirme continûment la validité de principe des clauses relatives à la responsabilité en matière contractuelle Voir Soc. 15 juill. 1949, S. 1950, 1, 19 ; JCP 1949, II, 581, note G. R. ; Com, 6 juill. 1955, GP. 1955, 2, 253 ; Cass. civ. 9 fév 1956, Bull. Civ. III, n°140, p. 102 ; Cass. civ 27 mai 1957, JCP 1957, p. 102 ; Com. 15 fév. 1959, D. 1960, p. 97, note R. Rodière ; Civ. 3e, 14 avril 1964, Bull. civ. 1964, III, p. 154 ; Civ. 3e, 14 avril 1964, Bull. civ. 1964, III, p. 154 ; Civ. 1re, 25 fév. 1964, GP 1964, 1, 391 ; Civ 1re, 1 déc. 1965, Bull. civ. I, p. 510, n°669 ; Civ. 3e, 13 nov. 1970, Bull. Civ. III, n°596, p. 436 ; Civ. 1re, 19 janv. 1982, JCP 1984, II, 20215, note F. Chabas ; Poitiers, 29 juin 1983, D. 1984, p. 61, note G. Daverat ; Civ. 3e, 17 juill. 1987, D. 1987, p. 481, note P. Delebecque.

922 Civ. 2e, 12 fév. 1955, D. 1956, p. 17, note P. Esmein ; Civ. 2e, 15 juin 1994, Bull. civ. II, n°155.

923 P. Esmein, « Méditations sur les conventions d'irresponsabilité au cas de dommage causé à la personne », *in* Mélanges R. Savatier, 1965, p. 271 ; B. Starck, « Observations sur le régime juridique des clauses de non-responsabilité ou limitatives de responsabilité », D. 1974, chron. 157 ; G. Viney, Rapport de synthèse, *in* Les clauses limitatives ou exonératoires de responsabilité en Europe, Actes de colloque des 13 et 14 décembre 1990, LGDJ, 1990, p. 330 ; G. Viney et P. Jourdain, Les effets de la responsabilité, *op. cit.* n°212 ; P. Brun, Responsabilité civile extracontractuelle, *op. cit.* n°167.

924 A. S. Muzuaghi, Le déclin des clauses d'exonération de responsabilité sous l'influence de l'ordre public nouveau, *op. cit.*, n°328.

925 Voir *supra* n°40 et s.

de la règle du non-cumul, dès qu'il y a une clause contractuelle de responsabilité, l'ordre délictuel est systématiquement mis à l'écart[926].

148. L'état du droit positif tunisien. En droit tunisien les postulats de base, sans être identiques, se ressemblent. En effet, conformément au principe de l'autonomie de la volonté, les clauses relatives à la responsabilité sont valables en matière contractuelle malgré l'absence d'un texte général reconnaissant explicitement cette validité[927]. En revanche, les clauses relatives à la responsabilité sont nulles en matière délictuelle, car cette dernière est d'ordre public. Cette solution, d'origine jurisprudentielle en droit français, est consacrée expressément par les articles 82 et 83 du Code des obligations et des contrats[928]. Le caractère impératif des règles délictuelles justifierait selon une partie de la doctrine tunisienne la règle de l'option posée par la jurisprudence. C'est parce que les règles de la responsabilité délictuelle sont d'ordre public qu'elles peuvent s'imposer aux rapports établis entre les cocontractants[929]. Le jugement du tribunal de première instance de Sfax du 4 juin 1960 écartant une clause de non-responsabilité sur la base de l'article 82 du Code des obligations et des contrats semble corroborer cette analyse.[930] L'intérêt même de la règle de l'option posée par la jurisprudence tunisienne est, selon M. Ben Ammou, de garantir un maximum de chances de réparation aux victimes en les mettant à l'abri d'une clause limitative ou exclusive de responsabilité.[931]

Ainsi il apparaît qu'à partir des mêmes données, les deux systèmes français et tunisien offrent des solutions différentes. Alors que le caractère d'ordre public de la responsabilité délictuelle en droit français a été accompagné par un retrait total de cette responsabilité en présence d'une clause contractuelle relative à la responsabilité, c'est ce même caractère d'ordre public qui a été proposé pour justifier la règle de l'option en droit tunisien. Or, tout cela mérite une réflexion profonde. Est-ce qu'une clause contractuelle éclipse

---

926 Voir Civ. 1re, 11 janv. 1961, Bull. civ. I, n°28 ; Civ. 3e, 14 avril 1964, Bull. civ. 1964, III, p. 154 ; Poitiers, 29 juin 1983, D. 1984, p. 61, note G. Daverat.

927 Voir M. Zine, La théorie générale des obligations, *op. cit.*, p. 309, R. Cabrillac et O. Ben Fadhel, Introduction au droit des affaires, *op. cit,* p. 235.

928 Cette similitude des solutions n'est pas toutefois absolue. Le législateur ne semble interdire que les conventions élusives ou limitatives de responsabilité pour faute prouvée. Rien n'a été en revanche dit concernant celle qui portent sur une responsabilité sans faute, comme la responsabilité pour trouble anormal de voisinage ou du fait des choses.

929 Voir N. Ben Aicha, « Quelques précisions sur la signification actuelle de la *lex delicti* en droit tunisien », Études juridiques 2000, n°7, p. 34.

930 TPI de Sfax 4 juin 1960, jugement n°18221, RJL 1960, n°7, p. 61. En l'espèce, il s'agit d'une course organisée où l'un des participants a un accident suite à l'entrée imprévue d'un engin au parcours. Le tribunal relève une faute de l'organisateur de la course en se fondant sur l'article 83 du COC. Pour ce qui est des conventions d'exonération de responsabilité stipulées par l'organisateur, le tribunal invoque l'article 83 al. 2 qui indique que toute stipulation contraire est sans effet sur la responsabilité de celui qui cause un dommage par son fait ou par sa faute.

931 N. Ben Ammou, « L'évolution récente de la jurisprudence en matière de responsabilité civile », RTD 1996, p. 56.

inéluctablement la responsabilité délictuelle ? Est-ce qu'en revanche, il serait souhaitable au nom de l'option de mettre à l'écart les clauses de responsabilité valablement consenties par les parties ? La réponse à ces questions est fort délicate. Extrémistes, les deux solutions française et tunisienne pourraient engendrer des conséquences incohérentes et incongrues.

2. Appréciations critique

149. Le rapprochement constant entre les deux ordres de responsabilités civiles. Tout d'abord, il convient de préciser que cette opposition de principe entre les deux branches de responsabilités a perdu beaucoup de son ampleur. Nombreuses sont en fait, aussi bien en droit français que tunisien, les exceptions apportées au principe de validité des clauses de responsabilité dans le domaine contractuel[932]. Le phénomène paraît plus accentué en droit français. Outre les dérogations imposées par des dispositions législatives propres à certains contrats et qui sont nombreuses[933], la jurisprudence française annule assez souvent ces clauses sur la base des notions de portée générale, telles que l'ordre public[934], ou l'obligation fondamentale[935]. Or, au fur et à mesure que ce

---

[932] Ph. Delebecque, Que reste-t-il du principe de validité des clauses de responsabilité ? DA 1997, p. 235.

[933] Voir en droit français à titre d'exemple les nombreuses dérogations au principe de la validité de ces clauses dans le contrat de transport. C'est ainsi que l'article 103, alinéa 3 du Code de commerce issu de la loi du 17 mars 1905, dite loi Rabier, frappe de nullité les clauses de non-responsabilité insérées dans le contrat de transport terrestre de marchandise. La même solution est consacrée par l'article 29 de la loi du 18 juin 1966 qui interdit les clauses de non-responsabilité dans le transport de marchandise. L'article 33 de la même loi prohibe ces mêmes clauses pour le transport maritime de passagers. L'article 23 de la Convention de Varsovie du 12 octobre 1929 relative aux transports aériens interdit également ces clauses. Dans le domaine de la construction, l'article 1972-5 du Code civil introduit par la loi du 4 janvier 1978 aux termes duquel est réputée non écrite toute clause ayant pour objet ou pour effet d'exclure ou de limiter la responsabilité des constructeurs telle que l'aménage la loi nouvelle. Le droit de la consommation participe également dans le déclin des clauses relatives à la responsabilité, voir l'article 1386-15 du Code civil, issu de la loi du 9 mai 1998 selon lequel « les clauses qui visent à écarter ou à limiter la responsabilité du fait des produits défectueux sont interdites et réputées non écrites ». En droit tunisien également, nombreuses sont les dispositions législatives qui annulent les clauses de responsabilité, voir par exemple l'article 9 de la loi n°94-9 du 31 janvier 1994, relative à la responsabilité et au contrôle technique dans le domaine de la construction selon lequel : « est nulle de plein droit, toute clause contraire aux dispositions des articles précédents tendant à supprimer ou à réduire la responsabilité décennale ». Dans le contrat de transport de personne l'article 656 du Code de commerce interdit au transporteur de s'exonérer de « tout ou en partie de sa responsabilité pour les dommages corporels survenus aux voyageurs ». Voir également l'article 10 de la loi du 7 décembre 1992 qui annule toutes les clauses qui limitent la réparation d'un dommage causé par un produit n'offrant pas la sécurité et la santé légitimement requise par le consommateur.

[934] Assez souvent, des obligations accessoires que la jurisprudence insère de vive force dans les contrats, telles que l'obligation de sécurité sont considérées d'ordre public, il découle que les clauses relatives à la responsabilité qui écartent ou limitent la réparation des dommages corporels sont déclarées nulles. Voir Nancy, 26 juin 1925, D. 1927, 2, 25, note H. Lalou ; Toulouse, 23 oct. 1934, D. 1935, 2, 49, note L. Mazeaud ; Paris, 25 mars 1954, D. 1954, p. 295 ; JCP, 1954, II,

phénomène s'accentue, les deux ordres de responsabilités se rapprochent et le contentieux du cumul se réduit. Mais comme on l'a déjà vu, cette uniformisation est loin d'être totale aussi bien en droit français que tunisien. Il en découle que, même résiduelle, cette opposition entre la responsabilité contractuelle et délictuelle continue d'être l'un des enjeux de l'option.

150. Le rapport entre les clauses relatives à la responsabilité et la responsabilité délictuelle. La proscription de solliciter les règles délictuelles en présence d'une clause de responsabilité en droit français paraît à première vue logique. L'ingérence des règles délictuelles peut dans cette hypothèse porter atteinte au principe de la force obligatoire du contrat. En effet, la mise en œuvre des articles 1382 et suivants rendrait caduque une clause librement et valablement consentie par les parties[936]. Mais l'interdiction de l'option perd beaucoup de sa légitimité quand la qualification contractuelle de la responsabilité est incertaine. Or, cette hypothèse est loin d'être négligeable en droit français. Ainsi, dans son arrêt du 14 mai 1997[937], la troisième Chambre de la Cour de cassation considère que la clause dans laquelle la locataire renonçait à tout recours en responsabilité contre les bailleurs en cas de dommages causés par suite de fuites ou d'infiltrations d'eau, interdit le recours à la responsabilité délictuelle. Cette solution aurait pu être compréhensible si les conditions de la responsabilité contractuelle étaient bien réunies, ce qui était loin d'être vérifiable. En l'espèce, deux époux, propriétaires d'un immeuble, louent une société de locaux à usage commercial au rez-de-chaussée alors qu'ils habitent l'appartement situé au-dessus. Suite à des infiltrations d'eau en provenance de l'appartement des bailleurs, la locataire intente une action en réparation sur le fondement de l'article 1384, alinéa 1 du Code civil, accueillie favorablement par la Cour d'appel au motif que cette action était dirigée contre les défendeurs en leurs qualité de propriétaire et non de bailleur. Les juges du fond arrivent ainsi à mettre à l'écart la clause exonératoire de responsabilité insérée dans le contrat de bail. L'arrêt est censuré au visa de l'article 1147 du Code civil car l'existence d'un bail évince, selon la Cour de cassation, l'application de la responsabilité délictuelle. Certes, le litige opposait des parties contractantes au cours de l'exécution du contrat de bail ; néanmoins, on peut rester sceptique quant à l'application de la responsabilité contractuelle. Même si les infiltrations d'eau émanaient de l'appartement des bailleurs, cette circonstance pourrait être

8094, note R. Rodière ; RTD civ. 1954, p. 499, n°37, obs. H. et L. Mazeaud. Cette solution n'est pas toutefois bien établie en jurisprudence, certains arrêts semblent semer le doute et admettent la validité de ces clauses.

[935] Voir Com. 22 oct. 1996, Bull. civ., IV, n°261, JCP1997, I, 4025, n°17 et 18, obs. G. Viney ; C. Larroumet, « Obligation essentielle et clause limitative de responsabilité, D. 1997, chron. p. 145 ; J.-P. Chazal, Théorie de la cause et justice contractuelle. À propos de l'arrêt Chronopost, JCP, 1998, I, 152.

[936] S. Taylor, L'harmonisation communautaire de la responsabilité du fait des produits défectueux, LGDJ, 1999, p. 257.

[937] Civ. 3e 14 mai 1997, RCA 1998, n°289 ; RTD civ. 1998, 1, p. 111, obs. P. Jourdain.

sans incidence sur la nature de la responsabilité. Ce même dommage aurait pu être causé par des tiers si les bailleurs n'avaient pas résidé au-dessus de leur locataire[938]. Il va sans dire que la responsabilité dans ce cas serait nécessairement délictuelle. Lorsque la qualité de l'auteur du dommage est accidentelle ou lorsque la nature du dommage est étrangère au contrat, il est regrettable de s'attacher dogmatiquement à la qualification contractuelle de la responsabilité tout en excluant le recours délictuel[939], un phénomène qui marque profondément le droit français surtout avec la prolifération exagérée des obligations de sécurité[940]. Sans être strictement contractuelle, cette obligation ajoutée par forçage au contrat écarte, comme on l'a déjà vu[941], la responsabilité délictuelle. L'effet néfaste de cette exclusion aurait pu être minimisé si les clauses restreignant la réparation du dommage corporel sont déclarées solennellement nulles[942]. Or, malgré l'hostilité du droit positif à l'égard de ces clauses[943], la jurisprudence hésite encore à prononcer leurs nullités. Aucune décision de la haute juridiction n'a affirmé qu'une clause restrictive de responsabilité est en principe nulle lorsqu'elle exclut ou limite la réparation d'un dommage corporel[944]. Pire encore, plusieurs arrêts ont admis la validité de telles clauses[945]. L'application de règle du non-cumul devient dans ce contexte fort regrettable. L'obligation contractuelle de sécurité ne s'apparente-t-elle pas dans la plupart des cas à l'obligation extracontractuelle de ne pas nuire à autrui ?[946]

151. Mettre les tiers au contrat à l'abri des clauses de responsabilité. Mais l'extension du domaine de la responsabilité contractuelle en droit français

---

[938] P. Jourdain, obs. sur Civ. 3e 14 mai 1997, *op. cit. Loc. cit*

[939] Voir aussi dans la même ligne droite de cet arrêt Civ. 3e 5 juin 2002, RCA oct. 2002, n°281.

[940] Sur l'ampleur de ce phénomène en droit français, voir *supra* n°44 et s.

[941] Voir *supra* n°44 et s.

[942] Le projet Catala a essayé de combler cette lacune en annonçant expressément dans l'article 1382-1 que « Nul ne peut exclure ou limiter la réparation d'un dommage corporel dont il est responsable ».

[943] La loi du 5 juillet 1985 sur les accidents de la circulation s'oppose à la validité de ces clauses dans le transport terrestre interne des personnes. Pour les transports terrestres internationaux, la Convention de Berne sur les transports internationaux de voyageurs par chemin de fer, ainsi que la convention de Genève sur les transports routiers internationaux de voyageurs prohibent expressément ces clauses. Pour le transport maritime, la convention de Bruxelles du 29 avril 1961 ainsi que la loi du 18 juin 1966 sur les contrats d'affrètement et de transport maritime s'opposent à ces clauses. La même interdiction frappe les clauses limitatives ou exonératoires de responsabilité dans le transport aérien. Voir la Convention de Varsovie de 1929 ainsi que la loi de 2 mars 1957. L'article 12 de la directive européenne du 25 juillet 1985 relative à la responsabilité du fait des produits défectueux interdit aussi toute clause dont l'objet consiste à écarter ou à limiter la responsabilité des fabricants et des vendeurs professionnels pour le défaut de sécurité de leurs produit.

[944] G. Viney et P. Jourdain, Les effets de la responsabilité, *op. cit.*, n°196, p. 382.

[945] Civ. 1re, 3 juin 1970, D. 1971, p. 373, note P. Chauveau ; Civ. 1re, 8 nov. 1983, Bull. civ. I, n°261, p. 234 ; Civ. 1re, 28 juin 1989, Bull. civ., I, n°265.

[946] Surtout lorsqu'elle est simplement de moyens.

n'est pas due uniquement au phénomène du forçage du contrat. Certaines personnes, tierces au contrat, se trouvent par le biais de l'action directe associées au régime contractuel[947]. En fait, l'une des conséquences majeures de cette qualification exclusivement contractuelle est de leur faire subir l'effet des clauses restrictives de responsabilité insérées dans le contrat initial auquel elles n'ont pas consenti. Ainsi, un fabricant peut opposer au sous-acquéreur ou au maître de l'ouvrage qui exerce une action contractuelle en responsabilité une clause limitative de réparation[948]. Comme l'action directe est considérée l'accessoire nécessaire de la chose transmise *intuiti rei*[949], son régime serait calqué sur celui de l'action issue du contrat originaire. Si ce dernier limite l'exercice de l'action initiale, cette clause doit limiter encore l'exercice de l'action directe. Ce fondement objectif permet d'outrepasser la qualité du créancier de la réparation. La clause limitative de responsabilité produit ainsi ses effets mêmes à l'égard d'un consommateur ou un professionnel profane, à qui elle n'aurait pas été opposable s'il avait été le contractant direct du fabricant. Il va sans dire que cette solution est en décalage total par rapport à l'évolution du droit positif qui, sous l'influence consumériste, montre une certaine hostilité à l'encontre des clauses limitatives de responsabilité[950].

Certes, la jurisprudence a essayé d'atténuer les effets néfastes de cette opposabilité des clauses insérées dans le contrat originaire en paralysant leurs effets à l'égard des victimes. Néanmoins, cette tendance qui ne concerne que certaines clauses dites de différends[951], paraît limitée et la position de la Cour de cassation est loin d'être ferme. Si les clauses attributives de compétence sont déclarées régulièrement inopposables à l'égard des victimes par la Chambre commerciale[952], la troisième Chambre a adopté la position inverse en faisant subir au tiers les effets de telles clauses[953].

---

[947] Voir *supra* n°49.

[948] L'arrêt Zurich-France rendu le 7 juin 1995 par la première Chambre civile illustre bien cette tendance. En l'espèce, un contrat d'entreprise est conclu pour la réalisation de collecteurs d'eau. L'entrepreneur commande des vannes auprès d'un fabricant. Dans ce contrat de vente figure une clause limitative de garantie. L'une des vannes éclate, causant des dommages au maître de l'ouvrage. L'ayant indemnisé, son assureur assigne le fabricant et son assureur en remboursement des sommes versées. Ce dernier lui oppose une clause limitative de garantie figurant dans le contrat originaire. Pour s'y soustraire, le demandeur souligne que la victime, dans les droits de laquelle il est subrogé, est un professionnel profane. Il en découle que la clause ne peut donc lui être opposée. La première Chambre civile fait droit au fabricant et permet l'opposabilité de la clause au maître de l'ouvrage. Voir Civ. 1re, 7 juin 1995, Bull. civ. I, n°249 ; RTD civ. 1995, obs. P. Jourdain, p. 764 ; CCC 1995, comm. n°159, obs. L. Leveneur.

[949] Sur l'apparition et le fondement de l'action directe en droit français, voir *supra* n°49.

[950] Voir *supra* n°49.

[951] Il s'agit des clauses attributives de compétence et des clauses compromissoires.

[952] Com., 26 mai 1992, RTD civ. 1993, p. 193, obs. P. Jourdain ; Com 18 octobre 1994, JCP 1995, I, 3853, note G. Viney ; Com. 4 mars 2008, RTD civ. 2008, p. 483, obs. P. Jourdain.

[953] Civ. 3e, 30 oct. 1991, Bull. civ. III, n°251, JCP G 1992, I, 3570, note C. Jamin.

Les mêmes incertitudes règnent encore sur l'opposabilité ou l'inopposabilité des clauses compromissoires. Après avoir laissé entendre que les tierces victimes titulaires de l'action directe peuvent être mises à l'abri de ces clauses en cas « d'ignorance raisonnable de l'existence de cette clause »[954], la haute juridiction s'est récemment montrée partisane de l'opposabilité totale des clauses d'arbitrages, aussi bien dans les chaînes homogènes qu'hétérogènes[955]. Toutes ces tergiversations sont à vrai dire incompréhensibles. Admettre l'opposabilité des clauses contenues dans le contrat initial à un tiers qui ne les a pas acceptées au moment de la conclusion de son contrat paraît singulièrement inconvenant[956]. Ceci est d'autant plus vrai que ce tiers n'a aucune autre échappatoire. La voie délictuelle surtout est elle aussi bloquée en raison de la règle du non-cumul des responsabilités. Titulaire de l'action directe sans l'avoir voulu, ni connu, le contractant final se retrouvera dépourvu de tout recours, qu'il soit contractuel ou délictuel.

Le rapport entre la responsabilité délictuelle et les clauses de responsabilité, ne peut, pensons-nous, et à la lumière de toutes ces données, recevoir une réponse uniforme. À condition d'être souscrite dans le cadre d'une responsabilité contractuelle restrictivement définie, une clause valablement consentie entre les parties dans les rapports contractuels directs s'oppose à l'admission de la responsabilité délictuelle. Cette donnée faisant, dans la plupart des cas, défaut dans les rapports contractuels indirects condamne en revanche la théorie du non-cumul.

152. Même proposition pour le droit tunisien. Admettre l'application sans limites de la responsabilité délictuelle en présence d'une clause de responsabilité explicitement voulue dans le contrat, comme le souhaite une partie la doctrine tunisienne, semble excessif. Le caractère d'ordre public reconnu à la responsabilité délictuelle nous paraît un argument de peu de

---

954 Civ. 1re, 6 fév. 2001, D. 2001, somm. 1135, obs. P. Delebecque ; V. Seraglini, « Le transfert de la clause compromissoire dans les chaînes de contrats après l'arrêt Peavy », Cah. Arb. GP, juill. 2002, p. 87 ; Niboyet-Hoegy, Trois arrêts importants sur la portée des clauses d'arbitrage et de juridiction à l'égard des parties non signataires, Cah. Arb. GP, juill. 2002, p. 87 ; J. Moury, « Réflexions sur la transmission des clauses de compétence dans les chaînes de contrats translatifs », D. 2002, chron. 2744 ; C. Listani-Kalczynski, « L'action directe dans les chaînes de contrats, plus de dix ans après l'arrêt Besse », JCPG, 2003, I, 102 ; P. Ancel, « Les arrêts de 1988 sur l'action en responsabilité contractuelle dans les groupes de contrats, quinze ans après », *in* Études en l'honneur de A. Ponsard, Litec 2003, p. 3. Avant cet arrêt, la Cour de cassation refusait la transmission de la clause et donc déclarait son inopposabilité à l'égard des tierces victimes sur la base de l'autonomie de la clause compromissoire. Voir Civ. 1re 6 nov. 1990, Bull. civ. I, n°230.

955 Civ. 1re, 27 mars 2007, P. A 2007, p. 23, note A. Malan ; D. 2007, p. 2077, note S. Bollé ; Com. 7 mars 2008, RTD civ. 2008, p. 483, obs. P. Jourdain.

956 Contre l'opposabilité des exceptions à la victime, M. Bacache-Gibeili, La relativité des conventions et les groupes de contrats, préf. Y. Lequette, LGDJ, 1996, t. 268, n°334 ; C. Jamin, La notion d'action directe, préf. J. Ghestin, LGDJ, 1991, n°215.

poids[957]. Ce caractère n'a été en fait admis dans le Code des obligations et des contrats que dans le cadre de la responsabilité du fait personnel, objet des articles 82 et 83. Rien n'a été dit en revanche concernant les autres types de responsabilité et spécialement la responsabilité du fait des choses ou du fait des animaux. Et même si ce caractère d'ordre public est reconnu également pour ces types de responsabilité, on ne peut suivre cette piste pour justifier la règle de l'option posée par la jurisprudence. Aucune exclusion *a priori* d'une clause relative à la responsabilité ne pourrait être fondée sur ce qualificatif accolé à la responsabilité délictuelle. Un texte d'ordre public peut parfaitement avoir un champ d'application limité. D'ailleurs, la Cour de cassation elle-même, dans son arrêt du 28 janvier 2004, a fixé son interprétation des articles 82 et 83 dans un sens qui écarte l'option à partir de ces textes[958]. Si la victime d'un accident de la circulation dispose d'une option entre la responsabilité contractuelle et la responsabilité délictuelle, cette option ne peut être fondée sur l'article 83 car « la formule selon laquelle toute clause contraire est nulle, reproduite dans l'article 83 du Code des obligations et des contrats in fine *ne signifie nullement l'écart de la responsabilité contractuelle*[959], mais plutôt clairement que toute clause élusive de la responsabilité délictuelle avant sa survenance est sans effet »[960].

153. Regards sur le droit comparé. La nature d'ordre public reconnue à la responsabilité délictuelle laisse entier le problème du rapport entre la responsabilité délictuelle et son homologue contractuel. Il est de surcroît assez singulier de remarquer que la plupart des systèmes qui reconnaissent l'option entre les deux ordres de responsabilités consacrent la validité des clauses limitatives de responsabilité aussi bien dans le cadre contractuel que délictuel.

En droit suisse les clauses restrictives de responsabilité sont valables aux mêmes conditions et avec les mêmes effets, en matière contractuelle et extracontractuelle[961]. Une solution similaire est consacrée en droit allemand[962]. Pour la jurisprudence belge, les dispositions des articles 1382 et 1383 du Code

---

[957] Cet argument soutenu par certains auteurs tunisiens rappelle l'idée de la suprématie de la responsabilité délictuelle défendue par Planiol qui écrivait : « ce n'est pas la responsabilité délictuelle qui sert de complément à l'autre, c'est le contraire qui est vrai ; la responsabilité conventionnelle vient s'ajouter à la responsabilité établie par la loi et ne peut ni l'éliminer, ni se substituer à elle, pour la raison que la loi est antérieure à tous les contrats ». Voir M. Planiol, note sous Paris 17 janv. 1905, D. P 1907, II, p. 97.

[958] S. Jerbi « La responsabilité délictuelle dans le COC : les sources et les ressources », *op. cit.*, p. 449.

[959] Nous soulignons.

[960] Cass. civ. n°29391 du 28 janvier 2004, inédit, p. 461 cité par S. Jerbi dans son article « La responsabilité délictuelle dans le Code des obligations et des contrats : les sources et les ressources », *op. cit.*, p. 449.

[961] B. Stauder, Droit suisse, *in* Les clauses limitatives ou exonératoires de responsabilité en Europe, Actes de colloque des 13 et 14 décembre 1990, LGDJ, 1990, p. 128.

[962] J. Schmidt-Salzer, Le droit allemand, *in* Les clauses limitatives ou exonératoires de responsabilité en Europe, *op. cit.*, p. 47

civil ne sont pas d'ordre public[963]. Il en découle que le régime des clauses exonératoires ou limitatives de responsabilité n'est pas différent selon l'ordre de responsabilité sollicité[964].

Cette validité des clauses commune aux deux ordres n'élude pas, toutefois, le problème du rapport entre la clause et la responsabilité délictuelle. Ainsi, pour s'exonérer de la responsabilité délictuelle, le vendeur doit en droit allemand faire apparaître nettement cette exclusion dans la rédaction de la clause. Si aux termes d'une clause exonératoire, seule la responsabilité contractuelle se trouve exclue, la victime pourra toujours en vertu de la théorie de l'option solliciter les règles de la responsabilité délictuelle[965]. En droit suisse, une clause qui ne couvre pas d'une manière explicite et précise la responsabilité délictuelle du débiteur est qualifiée d'ambiguë ; par conséquent, elle ne pourra produire ses effets qu'en matière contractuelle[966]. Cette solution est bien évidemment irréalisable en droit français et tunisien. Le caractère d'ordre public s'oppose d'emblée à ce que les parties insèrent explicitement une clause relative à la responsabilité délictuelle dans leurs contrats. La proposition de loi portant réforme de la responsabilité civile « Béteille » semble dans son article 1386-37 avaliser les clauses relatives à la responsabilité en matière délictuelle sauf lorsque cette dernière est fondée sur la faute[967]. Solution que l'avant-projet, suivant les vœux de la plupart des auteurs[968], consacre plus explicitement. En effet, l'article 1382[969] valide les clauses de responsabilité dans les deux ordres de responsabilités contractuelle et délictuelle et exige dans les deux cas leur acceptation par les victimes[970]. Cette manière de concevoir le

---

963 Cass. 29 mai 1984, inédit cité par J. Van Ryn et X. Dieux, chronique de jurisprudence, responsabilité civile (1976-1984), JT 1985, p. 457.

964 X. Dieux, Le contrat, instrument et objet de dirigisme, *in* Les obligations contractuelle, éd. Jeune Barreau 1984, p. 127.

965 J. Schmidt-Salzer, Le droit allemand, *in* Les clauses limitatives ou exonératoires de responsabilité en Europe, *op. cit. Loc. cit.*

966 B. Stauder, Droit suisse, *in* Les clauses limitatives ou exonératoires de responsabilité en Europe, *op. cit. Loc. cit.*

967 L'article 1386-37 dispose : « en matière délictuelle, on ne peut par convention exclure ou limiter la réparation d'un dommage qu'on a causé par sa faute. Dans les autres cas, la convention n'a d'effet que si celui qui l'invoque prouve que la victime l'avait accepté de manière non équivoque ».

968 G. Viney, Rapport de synthèse, *in* Les clauses limitatives ou exonératoires de responsabilité en Europe, Actes de colloque des 13 et 14 décembre 1990, LGDJ, 1990, p. 330 ; G. Viney, P. Jourdain, Les effets de la responsabilité, *op. cit.*, n°212.

969 L'article 1382 de l'avant-projet Catala dispose que : « Les conventions ayant pour objet d'exclure ou de limiter la réparation sont en principe valables, aussi bien en matière contractuelle qu'extracontractuelle ». La validité des clauses relatives à la responsabilité délictuelle ne joue pas lorsque la responsabilité est fondée sur une faute. Voir l'article 1382-4, alinéa 2.

970 En subordonnant l'opposabilité de la clause, en matière contractuelle, à la possibilité pour la victime d'en prendre connaissance avant la formation du contrat, l'article 1382-3 du projet

rapport entre la clause et la responsabilité délictuelle diffère évidemment des solutions suisses et allemandes. D'une part, la validité des clauses de responsabilité est écartée dans le cadre de la responsabilité pour faute[971]. D'autre part, et surtout, l'avant- projet, tout comme la proposition de loi, continue à consacrer la règle du non-cumul sauf pour les dommages corporels[972] et pour les tierces victimes de l'inexécution contractuelle[973]. Irréalisables, les solutions adoptées par les systèmes allemand et suisse nous paraissent également peu commodes. Il est en fait exceptionnel que les parties manifestent la volonté expresse de modifier, de réduire ou de supprimer le jeu de la responsabilité délictuelle du droit commun. La recherche de leur volonté devient dans ce contexte assez souvent malaisée.

Plus intéressante est la voie empruntée par la jurisprudence belge, pour qui une clause de non-responsabilité n'entraîne pas une décharge systématique de la responsabilité délictuelle. Les juges procèdent par une analyse de la nature de l'obligation violée. Seules les obligations purement contractuelles empêchent la mise en œuvre de l'action délictuelle[974]. Le droit anglais partage lui aussi cette vision. En effet, à côté des obligations contractuelles essentielles telles que la garantie de la qualité du bien vendu, il existe des obligations parallèles qui existent aussi bien dans le cadre contractuel que délictuel[975]. La clause relative

---

renforce l'idée de l'acceptation tacite de ces clauses pour qu'elles puissent engendrer leurs effets. En matière extracontractuelle, l'art. 1382-4 exige une « acceptation non équivoque ».

971 L'article 1382-4 du projet dispose qu'« en matière extracontractuelle, on ne peut exclure ou limiter la réparation du dommage qu'on a causé par sa faute ».

972 L'article 1341 du projet dispose qu'« en cas d'inexécution d'une obligation contractuelle, ni le débiteur ni le créancier ne peuvent se soustraire à l'application des dispositions spécifiques à la responsabilité contractuelle pour opter en faveur de la responsabilité extracontractuelle. Toutefois, lorsque cette inexécution provoque un dommage corporel, le cocontractant peut, pour obtenir réparation de ce dommage, opter en faveur des règles qui lui sont plus favorables ».

973 L'article 1342 : « Lorsque l'inexécution d'une obligation contractuelle est la cause directe d'un dommage subi par un tiers, celui-ci peut en demander réparation au débiteur sur le fondement des articles 1362 à 1366. Il est alors soumis à toutes les limites et conditions qui s'imposent au créancier pour obtenir réparation de son propre dommage. Il peut également obtenir réparation sur le fondement de la responsabilité extracontractuelle, mais à charge pour lui de rapporter la preuve de l'un des faits générateurs visés aux articles 1352 à 1362 ».

974 Cass. Belge, 4 juin 1971, Pas., 1971, I, p. 940, note J. Van Ryn. En l'espèce, une action quasi délictuelle avait été intentée par une entreprise contre la société de distribution d'électricité pour contourner la limitation de responsabilité insérée dans le contrat conclu avec cette société. Le dommage consistait en une perte d'exploitation résultant d'une interruption de la fourniture d'électricité. L'arrêt attaqué avait conclu à la responsabilité quasi délictuelle de la société en dépit du contrat existant entre les deux parties. L'arrêt est cassé. Comme le droit à la fourniture du courant électrique trouvait uniquement son origine et ses conditions d'existence dans le contrat conclu entre les parties et que le dommage subi n'était dû qu'au seul manquement de la demanderesse aux obligations découlant du contrat, les conséquences de cette violation ne pouvaient être régies que par les principes qui gouvernent la responsabilité contractuelle.

975 Voir l'arrêt Jackson v Mayflower window Cleaning Co. Ltd., cité par S. Taylor, *op. cit.*, p. 260. Dans cet arrêt, le juge J. Barry explique nettement la justification du droit à l'option en présence d'une clause de responsabilité. En l'espèce, lors d'une opération de nettoyage d'un

à la responsabilité insérée dans le contrat demeure sans effet à l'égard de ces obligations, et la victime peut en vertu du droit de l'option solliciter la responsabilité délictuelle[976].

Cette solution nous paraît plus logique et équitable. Son admission en droit tunisien rendrait la règle de l'option annoncée par la jurisprudence plus intelligible. Loin de devoir être fondée sur le caractère d'ordre public reconnu aux articles 82 et 83, cet argument est non seulement dangereux, puisqu'il peut conduire à l'annihilation d'une clause valablement consentie par les parties, mais surtout, facilement réfutable car même d'ordre public, la responsabilité délictuelle doit se souscrire dans un champ d'application bien déterminé. Autoriser la victime à solliciter la voie délictuelle en présence d'une clause relative à la responsabilité contractuelle nous paraît également souhaitable en droit français. Cette clause ne devrait pas empêcher systématiquement la mise en œuvre des articles 1382 et suivants dès lors que l'obligation transgressée n'est pas strictement contractuelle.

L'existence d'une différence technique de régime ne doit pas, pensons-nous, être prise intrinsèquement et à elle seule pour condamner le recours à la responsabilité délictuelle. Cette méthode retenue par la plupart des auteurs pour justifier l'expulsion de la responsabilité délictuelle conduit à un désordre incompréhensible dans le droit de la responsabilité. C'est seulement l'impact de ces divergences techniques sur l'équilibre contractuel qui doit être pris en considération. C'est cette donnée qui nous pousse à plaider en faveur de l'option entre la responsabilité contractuelle et la responsabilité délictuelle, même si les règles de preuve sont parfois différentes.

---

lustre, l'ouvrier le fait tomber lui causant des dommages matériels. Le juge doit précisément décider si l'action peut être traitée sous l'angle délictuel. J. Barry déclare : « la question que je dois me poser [...] est celle de savoir si par essence le demandeur doit s'appuyer sur le contrat afin d'établir la responsabilité du défendeur ou si elle peut correctement traiter le contrat comme étant seulement une question de circonstances, qui explique la présence de l'ouvrier dans son appartement, et établir une violation d'une obligation indépendante des obligations assumés par le défendeur envers elle selon le contrat. À mon avis, l'action actuelle relève de la dernière catégorie. Le demandeur ne plaide pas [...] que le défendeur n'a pas nettoyé son lustre à l'heure ou de la manière stipulée par le contrat. Son action est fondée sur un devoir plus général, indépendant des obligations contractuelles entreprises par le défendeur. Elle dit que si le défendeur, à travers ses ouvriers interfère avec ses biens, [...] il est soumis à une obligation de ne pas endommager ces biens par sa négligence. [...] Je pense que ceci est le vrai fondement de l'action du demandeur ».

[976] S. Taylor, *op. cit. Loc. Cit.*

C. La preuve dans la responsabilité contractuelle et dans la responsabilité délictuelle[977]

154. La distinction de Demogue et la répartition du fardeau probatoire dans les deux ordres de la responsabilité. Classiquement, la source contractuelle ou délictuelle de l'obligation jouait un rôle décisif dans la détermination de la charge de la preuve dans le contentieux de la responsabilité civile. Alors que la faute est présumée du seul fait de l'inexécution dans la responsabilité contractuelle, elle doit être prouvée dans la délictuelle[978]. Jetée aux oubliettes depuis la découverte de la distinction entre les obligations de moyens et les obligations de résultat par R. Demogue[979], cette répartition du fardeau probatoire fondée sur les divergences des sources devrait céder le pas à un autre système basé sur l'examen du contenu de l'obligation. En effet, toutes les fois que le contrat comporte une obligation de moyens, la mise en œuvre de la responsabilité contractuelle commande la preuve d'une faute au même titre que la délictuelle. Réciproquement, la responsabilité délictuelle renferme des présomptions[980] qui mettent le demandeur, quant au fardeau de la preuve, dans une situation analogue à celle où se trouverait contractuellement le créancier d'une obligation de résultat. En attribuant à la distinction des obligations de moyens et de résultat le rôle de répartiteur exclusif de la charge de la preuve, Demogue établit par là même un parallélisme entre les deux ordres de responsabilités. D'ailleurs, c'est en voulant rapprocher la responsabilité délictuelle de son homologue contractuelle que l'auteur a élaboré sa théorie. Sur ce point, ses interprètes ne s'y sont pas trompés et n'ont pas trahi sa pensée[981].

---

[977] Sur la question de la preuve dans le droit de la responsabilité, voir J. Frossard, La distinction des obligations de moyens et des obligations de résultat, LGDJ, 1965, préf. R. Nelson ; J. Devèze, Contribution à l'étude de la charge de la preuve en matière civile, thèse Toulouse, 1980, n°460 et s. ; B. Nouri Said, L'évolution des concepts des obligations de moyens et d'obligation de résultat, thèse, Lille, 1990 ; P. Brun, Les présomptions dans le droit de la responsabilité civile, thèse Grenoble, 1993 ; X. Lagarde, Réflexion critique sur le droit de la preuve, LGDJ, 1994, préf. J. Ghestin n°173-196 ; J. Bellisent, Contribution à l'analyse de la distinction des obligations de moyens et obligations de résultats : à propos de l'évolution des ordres de responsabilités, LGDJ, 2001.

[978] T. Huc, Commentaire théorique et pratique du Code civil, T. VII, 1894, n°95.

[979] R. Demogue, Traité des obligations, T. V, Paris, éd. Rousseau, 1925, n°1237.

[980] Il s'agit essentiellement de la responsabilité délictuelle du fait des choses, du fait des bâtiments et du fait d'autrui.

[981] H. Mazeaud qui était le premier à défendre la distinction et l'approfondir a pu écrire : « désormais toutes les obligations contractuelles ou extracontractuelles sont réparties en deux groupes, obligations déterminées et obligations générales de prudence et diligence ». Voir H. Mazeaud, « Essai de classification des obligations, obligations contractuelles et obligations extracontractuelles, obligations déterminées et obligations générales de prudence », RTD civ. 1936, p. 1 ; *adde* H., L. Mazeaud et A. Tunc, Traité théorique et pratique de la responsabilité civile délictuelle et contractuelle, T.1, 6e éd., Montchrestien, 1965, n°132-2, p. 113. Pour R. Savatier, les notions d'obligations contractuelles et délictuelles sont sans grand intérêt quant à la détermination du fardeau probatoire. Voir R. Savatier Cours de droit civil, T.II, 2e éd., LGDJ,

Qu'on la regrette ou que l'on trouve que cette conception est le fruit d'une contamination dérangeante de la responsabilité contractuelle par le concept de la réparation[982], la pratique montre aujourd'hui qu'il n'y a pas de césure totale entre les deux ordres de responsabilités quant à la charge de la preuve[983].

155. La distinction de Demogue et la règle de non-cumul. Malgré cette unité probatoire, le contentieux de non-cumul ne cesse de croître en droit français. Certes, les deux ordres de responsabilités, menant tous les deux une existence parallèle, peuvent offrir deux réponses analogues et ce lorsqu'il y a un concours entre les obligations contractuelles de moyens et une faute délictuelle au sens de l'article 1382 du Code civil, ou lorsqu'à côté de la responsabilité du fait des choses, le créancier souffre de l'inexécution d'une obligation de résultat. Néanmoins, cette concordance n'est pas toujours vérifiable. À maintes reprises, la responsabilité contractuelle et la responsabilité délictuelle donnent deux solutions différentes pour une même situation de fait. Le demandeur pourrait trouver avantage à se placer sur le terrain contractuel, quand l'obligation méconnue est de résultat ; il pourrait aussi avoir intérêt à solliciter les règles délictuelles quand il bénéficie d'une présomption de responsabilité. L'homogénéité des règles de preuve proposée par Demogue n'a donc pas empêché le concours de responsabilité. Comme l'ordre contractuel est déclaré systématiquement et exclusivement applicable en cas de conflit de compétence, les juges ont été menés à user, voire à abuser de la distinction. En témoigne la

---

1949, n°275. Voir également dans le même sens J. Frossard pour qui la *summa divisio* classique serait avantageusement remplacée pour la plupart des problèmes de responsabilité par la théorie des obligations de moyens et des obligations de résultat. J. Frossard, thèse précitée, n°64.

[982] Voir J. Bellissent, thèse précitée, n°1202. Pour l'auteur, un système qui distingue clairement l'exécution forcée par équivalent de la responsabilité civile réparatoire des articles 1382 et suivants du Code civil, la distinction des obligations de moyens et des obligations de résultat n'est d'aucune nécessité ni même d'aucune utilité. Il est cependant curieux d'observer que l'auteur, malgré les critiques qu'il a adressées à la distinction, ne propose pas une autre alternative pour déterminer à qui incombe la charge de la preuve. Bellissent propose simplement de « rétablir le juge dans sa faculté simple de juger le fait ». Voir thèse précitée, n°1210. Or, même si la distinction de Demogue reste fragile sur le plan théorique faute de critère fiable permettant de départager les obligations de moyens de résultat des obligations de moyens, il peut paraître téméraire de la jeter dans l'oubliette. L'outil est si commode qu'il a été adopté par la quasi-totalité des systèmes comparés. Les principes UNIDROIT ainsi que les principes européens du contrat ont eux aussi consacré ce mécanisme. Voir P. Ancel, « La responsabilité contractuelle », *in* Les concepts français à l'heure des principes du droit européen des contrats, Dalloz, 2003, Actes du colloque organisé les 30 et 31 janvier 2003 par l'institut Charles Dumoulin de la Faculté Jean Monnet, Paris XI, 2003, p. 243 ; S. Eberhard, Les sanctions de l'inexécution du contrat et les principes UNIDROIT, Centre du droit de l'entreprise de l'université de Lausanne 2005, p. 198.

[983] R. Rodière, Définition et domaine de la responsabilité contractuelle, Pedone, 1977, p. 32 ; G. Durry, La distinction de la responsabilité contractuelle et de la responsabilité délictuelle, université Mc.Gill, centre de recherche en droit privé et comparé du Québec, p. 35 ; G. Marty, P. Raynaud, Les obligations, *op. cit.* , n°448 ; B. Starck, H. Roland, L. Boyer, Droit civil. Les obligations, T. 2, Le contrat, *op. cit.* p. 399, n°2029 ; Ph. Malinvaud, Droit des obligations, *op. cit.* , p. 249, n°365 ; Y. Buffelan-Lanore, Droit civil, *op. cit.*, n°459.

prolifération à outrance des obligations de moyens dans le domaine contractuel[984]. L'interdiction de l'option gonfle ainsi artificiellement la responsabilité contractuelle et est à cet égard susceptible de s'avérer frustrante. L'exemple le plus fréquemment évoqué est celui du créancier de l'obligation contractuelle de sécurité de moyens privé du bienfait de la responsabilité délictuelle du fait des choses[985] :

156. Les critères de distinction entre les obligations de moyens et les obligations de résultat et la règle du non-cumul. Pour certains, la règle du non-cumul se justifie par l'existence des différences fondamentales entre responsabilité délictuelle et responsabilité contractuelle en ce qui concerne les critères permettant de distinguer les cas de responsabilité pour faute prouvée des cas de responsabilité sans faute[986]. Ainsi, les indices permettant de distinguer les obligations de moyens et les obligations de résultat en matière contractuelle tels que la volonté des parties, l'aléa, la participation de la victime, ou même celui de l'acceptation des risques, sont étrangers en matière délictuelle[987]. Cet argument nous paraît à lui seul peu convaincant. Ces critères sont déjà en crise en matière contractuelle. Le recours à la volonté des parties[988] pour décider la nature de l'obligation méconnue, même s'il ne peut être adopté en matière délictuelle puisque par hypothèse le débiteur n'a rien voulu, est rarement usité en matière contractuelle, faute d'une volonté suffisamment décelable. L'aléa[989] comme critère permettant de départager les obligations de moyens des obligations de résultat est généralement difficile à mettre en œuvre. S'il devrait être retenu, rien ne justifie de le limiter au seul domaine contractuel. Toute activité humaine qu'elle s'exerce dans le cadre contractuel ou non n'est-elle pas plus ou moins aléatoire ? La participation de la victime dans l'exécution du contrat[990] n'échappe pas elle non plus aux mêmes reproches. Souvent contesté

---

[984] J. Bellissent, thèse précitée, n°1099.

[985] Sur l'étendue de ce phénomène en droit français, voir notamment P. Jourdain, L'obligation de sécurité, à propos de quelques arrêts récents, GP. 1993, 2, doc., p. 1172 ; *adde* pour le même auteur, le fondement de l'obligation de sécurité, GP. 1997, 2, doctr. p. 1197.

[986] D. Veaux, Droit à réparation, Rapports entre responsabilité délictuelle et contractuelle, J.-Cl. Civil 1991, fasc. 15, n°67 ; J. Huet, Responsabilité contractuelle et responsabilité délictuelle, thèse précitée, p. 49.

[987] J. Huet, thèse précitée, p. 53.

[988] S'agissant d'une obligation contractuelle, il semble évident que la volonté des contractants soit la référence à laquelle les juges doivent s'attacher pour déterminer l'intensité de l'obligation.

[989] Selon ce critère lorsque le résultat recherché par le contrat est en lui-même aléatoire, la responsabilité du débiteur ne peut être que des moyens. En revanche, lorsque le résultat envisagé doit être atteint par la mise en œuvre des techniques dont dispose le débiteur et qu'il a la maîtrise, l'obligation est de résultat. Voir A. Tunc, « La distinction des obligations de résultat et des obligations de diligence, JCP 1945, éd. G., I, n°449.

[990] Selon ce critère lorsque le créancier est maître de ses actes, on peut imaginer que l'inexécution résulte en fait de son comportement. Le débiteur ne serait alors tenu que d'une obligation de moyens. Inversement, lorsque le débiteur maîtrise l'exécution, il assume une obligation de résultat.

par la doctrine[991], ce critère ne semble pas non plus impensable en matière délictuelle. On est en fait très proche de l'idée du fait du créancier qui transfère le problème au stade de l'examen du lien causal. Quant à l'acceptation des risques[992], nul n'ignore que cette thèse qui a connu une certaine pénétration aussi bien dans le domaine contractuel que délictuel est en perpétuel déclin en droit de la responsabilité civile.

Ceci étant, même si les critères distinction des obligations de moyens et des obligations de résultat devraient différer selon la responsabilité sollicitée, ce qui est fort douteux comme on vient de le montrer, cette ségrégation ne devrait pas conduire à une application systématique de la règle du non-cumul. Ce n'est pas parce que les critères sont divergents que l'un des deux ordres de responsabilités est nécessairement exclusif de l'autre. Ce procédé conduit, surtout concernant l'obligation de sécurité, à des inégalités choquantes entre les victimes selon qu'elles soient ou non liées avec le responsable par un contrat malgré le fait que dans la plupart des cas, les circonstances de fait sont les mêmes.

Conscients de l'ampleur de ces inconvénients, les rédacteurs de l'avant-projet Catala, tout en reconnaissant la nature contractuelle de l'obligation de sécurité[993] qui de ce fait pourrait être soit de moyens, soit de résultats[994], autorisent dans l'article 1341 la victime à choisir entre la responsabilité contractuelle et la responsabilité délictuelle lorsque l'inexécution du contrat provoque des dommages corporels[995]. La proposition de loi portant réforme du droit de la responsabilité « Béteille » est certes muette sur la nature de l'obligation de sécurité, néanmoins l'option qu'elle avalise dans son article

---

[991] Voir P. Brun, note sous Civ. 1re, 21 oct. 1997, D. 1998, jurisp., p. 271 ; J. Mouly, « La responsabilité des organisateurs d'activités sportives, obligation particulière de prudence ou obligation implicite de résultat ?, D. 2000, p. 287.

[992] Selon ce critère, il y aurait obligation de moyens lorsque le créancier a volontairement accepté les risques normaux inhérents à l'activité du débiteur.

[993] L'article 1150 de l'avant-projet dispose que : « L'obligation de sécurité, inhérente à certains engagements contractuels, impose de veiller à l'intégrité de la personne du créancier et de ses biens ».

[994] L'avant-projet consacre la distinction entre les obligations de moyens et les obligations de résultats. L'article 1149 dispose que : « L'obligation est dite de résultat lorsque le débiteur est tenu, sauf cas de force majeure, de procurer au créancier la satisfaction promise, de telle sorte que, ce cas excepté, sa responsabilité est engagée du seul fait qu'il n'a pas réussi à atteindre le but fixé. L'obligation est dite de moyens lorsque le débiteur est seulement tenu d'apporter les soins et diligences normalement nécessaires pour atteindre un certain but, de telle sorte que sa responsabilité est subordonnée à la preuve qu'il a manqué de prudence ou de diligence ».

[995] L'article 1341 de l'avant-projet dispose qu'« en cas d'inexécution d'une obligation contractuelle, ni le débiteur ni le créancier ne peuvent se soustraire à l'application des dispositions spécifiques à la responsabilité contractuelle pour opter en faveur de la responsabilité extracontractuelle. Toutefois, lorsque cette inexécution provoque un dommage corporel, le cocontractant peut, pour obtenir réparation de ce dommage, opter en faveur des règles qui lui sont plus favorables ».

1386-17 pour les victimes de dommages corporels[996] donnerait au demandeur la possibilité de revendiquer l'application de la responsabilité délictuelle du fait des choses lorsque l'obligation de sécurité est simplement de moyens, ce qui pourrait constituer une avancée considérable dans le droit de la responsabilité.

157. La distinction entre les obligations de moyens et les obligations de résultat en droit tunisien. En droit tunisien, la distinction de Demogue, même si elle n'est pas ignorée[997], est loin d'avoir la même ampleur connue en droit français. En témoigne la rareté des obligations de moyens en matière contractuelle prévues uniquement dans certains contrats spéciaux[998]. Certains auteurs estiment à juste titre que les obligations de résultat sont de principe en matière contractuelle[999]. Conjuguée avec la théorie de l'option consacrée par la jurisprudence, cette donnée sépare profondément le droit français du droit tunisien. Aux yeux d'un juriste tunisien, le phénomène de prolifération des obligations de moyens, spécialement concernant la sécurité corporelle, qui bloquent la route à l'application de la responsabilité délictuelle, peut paraître saugrenu[1000]. En droit français, si compte tenu des traditions juridiques établies, il est impensable de prévoir un rapport de principe à exception entre les obligations de résultat et les obligations de moyens, il serait souhaitable que les juges assouplissent les rapports entre la responsabilité contractuelle et la responsabilité délictuelle. Ceci est d'autant plus vrai que l'interdiction de l'option est une solution typiquement française en droit international privé.

D. La commodité de la règle de l'option avec la distinction entre la Lex contractu et la Lex delicti :

158. Comme le droit français, le droit tunisien consacre des règles de conflit de lois tout à fait diverses selon la nature de la responsabilité engagée[1001]. En

[996] L'article 1386-17 de la proposition de loi portant réforme de la responsabilité civile dispose que : « Le contractant victime d'une inexécution contractuelle ne peut se soustraire de l'application des dispositions de la présente section. Toutefois, lorsque cette inexécution provoque un dommage corporel, le créancier ou le débiteur peut également obtenir la réparation de ce dommage dans les conditions prévues dans la section II du présent chapitre ».

[997] Voir C. Ben Miled, Le rôle de la faute dans la responsabilité contractuelle, op. cit., p. 31 ; A. Ben Hassanna, La consécration de la distinction entre les obligations de moyens et les obligations de résultat en droit tunisien, mémoire de DEA, faculté de droit et des sciences politiques de Tunis, 1999/ 2000.

[998] Voir l'article 782 du Code des obligations et des contrats pour le contrat de bail ; l'article 1005 du Code des obligations et des contrats pour le contrat de dépôt, l'article 1131 du même Code pour le contrat de mandat. Voir aussi l'article 32 du Code de déontologie médicale consacrant l'obligation de moyens du médecin.

[999] Voir C. Ben Milled, *op. cit.*, p. 31 ; A. Ben Hassanna, *op. cit.*, p. 42.

[1000] Voir S. Abid Mnif, L'obligation de sécurité dans les contrats, *op. cit.*, p. 16.

[1001] Pour le droit français voir D. Gutmann, droit international privé, 6e éd., Dalloz 2009, n°223 et suivants ; P. Mayer, V. Heuzé, Droit international privé, 10e éd., Montchrestien, 2010, n°677. Pour le droit tunisien, voir M. Larbi Hachem, « Leçons de droit international privé, Livre II, les conflits de lois », CPU, 1997, p. 229 et suivants ; A. Mezghani, Droit international privé. États

effet, la responsabilité contractuelle est traditionnellement rattachée à la loi du contrat contrairement à son homologue délictuelle soumise à la loi du lieu de la réalisation du délit[1002]. Et même si les dérogations à la *Lex contractu* et la *Lex delicti* ne cessent de se multiplier (2), la distinction continue à exercer une influence nette dans la délimitation des deux ordres de responsabilités en droit international privé. Toutefois, l'expression de cette divergence serait plus accentuée en droit français qu'en droit tunisien, étant donné que le premier accorde à la règle du non-cumul un statut privilégié (1).

1. La distinction entre la Lex contractu et la Lex delicti : expression différente de la distinction entre la responsabilité contractuelle et la responsabilité délictuelle dans les deux systèmes français et tunisien

159. La consécration de la distinction entre la *Lex contractu* et la *Lex delicti* en droit international privé français et tunisien. En matière délictuelle[1003], c'est l'arrêt Lautour du 25 mai 1948 qui a fixé, en droit français, la compétence de la loi du lieu du délit[1004], principe non démenti par le règlement du parlement européen et du conseil du 11 juillet 2007 sur la loi applicable aux obligations non contractuelles[1005]. La même solution a été

nouveaux et relations privées internationales, Cérès Productions, 1991 p. 240 ; *adde* pour le même auteur, Commentaires du Code de droit international privé, CPU, 1999.

[1002] P. Hébraud inclinait même à la considérer comme la différence « la plus caractéristique et la plus solide », Voir, P. Hébraud, « rôle respectif de la volonté et des éléments objectifs dans les actes juridiques », mél. Maury, t. I, p. 471.

[1003] Sur les conflits de lois en matière délictuelle, voir P. Bourel, Les conflits de lois en matière d'obligations extracontractuelles, LGDJ, 1961 ; F. Monéger, Réflexions sur le principe de la compétence de la loi locale en matière de responsabilité délictuelle, Paris 1974 ; P. Bourel, Du rattachement de quelques délits spéciaux en droit international privé, RCADI 1989, II, 255.

[1004] Civ., 25 mai 1948, D. 1948, p. 357, note P. L. P ; JCP 1948, II, 1532, note Vasseur.

[1005] Connu sous l'appellation « Rome II », le règlement n°864/2007 du parlement européen et du conseil en date du 11 juillet 2007, dote les États membres de la Communauté d'un corps de règles uniformes destinées à trancher les conflits de lois en matière d'obligations non contractuelles. Il consacre dans son article 4 la règle de la *lex delicti* tout en apportant des précisions. En effet, le règlement tranche la question de plus en plus fréquente de la dissociation des lieux de faits générateurs et du dommage en faisant prévaloir le second. Ainsi, en France, après avoir rappelé en 1983 que la loi compétente était celle du lieu du dommage a été réalisé (voir Civ. 1re, 8 fév. 1983, JDI, 1984, p. 123), la Cour de cassation s'était, à partir de 1997, orientée vers un système alternatif en jugeant que le délit se localisait aussi bien par le fait générateur que par le dommage qui en découlait (voir Civ. 1re, 14 janv. 1997, Rev. Crit. DIP 1997, p. 504, note J.-M. Bischoff, D. 1997, p. 177, note M. Sana-Croce ; JCP G 1997, II, 22903, note H. Muir Watt). Les auteurs du règlement n'ont pas retenu un système alternatif et dans un souci de prévisibilité, ont préféré un rattachement fixe. Sur l'étude du règlement dit Rome II, voir M. Fallon, Proposition pour une convention européenne sur la loi applicable aux obligations non contractuelles, Européen Review of private Law 1999, vol. 7, n°1, p. 47 ; C. Nourissat, E. Treppoz, Quelques observations sur l'avant-projet de la proposition du Conseil sur la loi applicable aux obligations non contractuelles « Rome II », JDI 2003, p. 7 ; G. Légier, Le règlement « Rome II » sur la loi applicable aux

consacrée par la jurisprudence tunisienne[1006] avant de recevoir une consécration législative avec le nouveau Code de droit international privé[1007].

La responsabilité contractuelle[1008], quant à elle, est soumise, aussi bien en droit français[1009] que tunisien[1010], à la loi du contrat. En fait, en droit international privé, les parties sont libres de désigner l'ordre juridique dont les règles matérielles régiront leurs contrats. L'autonomie de la volonté devient ainsi le point de rattachement de la règle de conflit[1011]. Mais, comme généralement les parties ne font pas d'avance leur choix, la loi applicable, selon la règle de conflit tunisienne, est la loi de l'État au sein duquel la partie qui doit fournir la prestation caractéristique du contrat a sa résidence habituelle. Pour sa part, la Convention de Rome du 1 juin 1980, qui constituait le droit commun des conflits de lois en matière contractuelle en droit français, supplée le silence des parties sur la loi applicable en ayant recours au principe de proximité. L'article 4 de la Convention dispose à cet égard que « le contrat est régi par la

---

obligations non contractuelles, JCP 2007, I, 207 ; P. E. Herzog, Le début de la « révolution » des conflits de lois aux États-Unis et les principes fondamentaux de la proposition « Rome II », y a-t-il un « parallélisme inconscient », *in* Vers de nouveaux équilibres entre ordres juridiques, Dalloz, 2008, p. 71.

1006 Voir TPI de Tunis, 30 avril 1981, RTD 1981, p. 423, note A. Mezghani ; CA de Tunis n°86249 du 25 déc. 1982, RTD 1984, p 816, note K. Meziou.

1007 L'article 70 du Code de droit international privé tunisien dispose que « la responsabilité extracontractuelle est soumise à la loi de l'État sur le territoire duquel s'est produit le fait dommageable ». Voir N. Ben Aicha, « Quelques précisions sur la signification actuelle de la *lex delicti* en droit tunisien », Études juridiques, 2000, n°7, p. 7.

1008 Voir A. Toubiana, Le domaine de la loi du contrat en droit international privé, Dalloz, 1972, préf. H. Battifol ; J. C. Pommier, Principe d'autonomie et loi du contrat en droit international privé, Economica, 1992, préf. Y. Lousseron ; J. Aubry, Le domaine de la loi d'autonomie en droit international privé, JDI, 1996, p. 465 ; H. Heuzé, La notion de contrat en droit international privé, TCF DIP 1995-1998, p. 320 ; H. Heuzé, La volonté en droit international privé, Droits, 1998, p. 113.

1009 Voir la Convention de Rome du 1er juin 1980 sur la loi applicable aux obligations contractuelles qui est entrée en vigueur en France le 1er avril 1991. Cette convention sera remplacée entre les États membres de la Communauté européenne par le règlement Rome I qui a pour objet la détermination de la loi applicable aux obligations contractuelles. Le règlement n'affectera pas en revanche la Convention de La Haye de 1955 sur la Vente et la Convention de La Haye de 1978 sur les contrats d'intermédiaires. Voir P. Lagarde, Remarques sur la proposition de règlement de la Commission européenne sur la loi applicable aux obligations contractuelles (Rome I), Rev. Crit. DIP 2006, p. 331 ; S. Corneloup, Transformation de la Convention de Rome sur la loi applicable aux obligations contractuelles. Le futur règlement communautaire « Rome I », Aperçu rapide, JCP, 2008, p. 320.

1010 Avant d'être consacrée explicitement dans le nouveau Code de Droit international privé dans l'article 62, la solution était, en droit tunisien prétorienne, voir Cass. Tun. 8 juin 1970, RTD 1975, p. 219, note M.-L. Hachem.

1011 Le succès qu'a connu à la fin du XIXe siècle la doctrine volontariste et dont les principales manifestations concernent le droit civil, a affecté également le droit international privé. Comme les parties sont libres de déterminer la substance du contrat en droit interne, elles peuvent également sur le plan international choisir la loi qui régirait leurs rapports mutuels. Voir P. Mayer, V. Heuzé, Droit international privé, *op. cit.* n°677.

loi du pays avec lequel il présente les liens les plus étroits ». Et pour permettre aux juges de décider quel est ce pays, il recense une série de présomptions dont la plus générale est exprimée par l'alinéa 2 : « il est présumé que le contrat présente les liens les plus étroits avec le pays ou la partie qui doit la prestation la plus caractéristique a, au moment de la conclusion du contrat, sa résidence habituelle, ou, s'il s'agit d'une société, association ou personne morale, son administration centrale (...) ». La Convention édicte également certains rattachements spéciaux liés à certains contrats[1012]. Le nouveau règlement communautaire relatif à la détermination de la loi applicable apportera un bouleversement profond des solutions retenues par la Convention de Rome. La proclamation de principe de l'application de la loi qui représente les liens les plus étroits avec le contrat a été supprimée. À sa place figure dorénavant une liste de huit rattachements spéciaux[1013].

160. La qualification *Lege fori* et l'impact de la distinction entre la responsabilité contractuelle et délictuelle sur le plan international. Aussi bien le droit français que tunisien consacrent, comme on vient de l'exposer en liminaire, des principes de solutions des conflits de lois divergents selon que la responsabilité recherchée est de nature contractuelle ou extracontractuelle. Pourtant, l'importance accordée à la distinction ne semble pas être la même dans les deux systèmes. L'approche tunisienne, autorisant l'option entre la responsabilité contractuelle et la responsabilité délictuelle, devrait relativiser la distinction entre la *lex contractu* et la *lex delicti*[1014]. Le caractère optionnel du recours en droit interne donne au demandeur la possibilité de déterminer lui-même le type de recours qu'il formera sur le plan international[1015]. Le Code tunisien du droit international privé est, certes, muet sur la question, mais comme la qualification de l'action se fait *lege fori*[1016], c'est à la loi du for, de déterminer ses propres conditions d'application, c'est-à-dire de préciser si les règles qu'elle édicte peuvent servir de fondement à une action délictuelle intentée concurremment avec l'action née du contrat. C'est ce que la

---

[1012] Voir les critères de rattachement spécifiques relatifs au contrat ayant pour objet un droit réel et au contrat de transport de marchandise, cités dans les alinéas 3 et 4 de l'article 4 de la Convention de Rome précitée.

[1013] Voir P. Lagarde, Remarques sur la proposition de règlement de la Commission européenne sur la loi applicable aux obligations contractuelles (Rome I), *op. cit. Loc. cit.* ; S. Corneloup, Transformation de la Convention de Rome sur la loi applicable aux obligations contractuelles. Le futur règlement communautaire « Rome I », Aperçu rapide, *op. cit. Loc. cit.*

[1014] Voir dans le même sens, N. Ben Aicha, « Quelques précisions sur la signification actuelle de la *lex delicti* en droit tunisien », *op. cit.*, p. 30.

[1015] L. Forget, Les conflits de lois en matière d'accidents de la circulation routière, Dalloz 1973, préf. Y. Loussouran, n°13 ; L. F. Bravo, Rapports entre contrats et obligations délictuelles, RCADI 1975, vol. 146, p. 383 ; P. Lagarde, Le nouveau droit international privé des contrats après l'entrée en vigueur de la Convention de Rome du 19 juin 1980, Revu. Cri. dr. Int. Privé, 1991, p. 287.

[1016] A. Toubiana, thèse précitée, n°132 ; L. Forget, Les conflits de lois en matière d'accidents de la circulation routière, *op. cit.* n°12.

jurisprudence tunisienne n'a pas manqué de confirmer à maintes reprises[1017]. Le droit tunisien se rapproche de ce fait du droit anglais. Effectivement, face à une situation susceptible de donner naissance à la fois à une action contractuelle et à une action délictuelle, le droit international privé anglais admet que deux lois différentes puissent régir ces actions, même si elles aboutissent à des résultats différents[1018]. Pareillement, le droit québécois[1019], avant la réforme du Code civil de 1994, autorisait l'option entre la responsabilité contractuelle et la responsabilité délictuelle. Cette option est traduite sur le plan international par un choix entre la *Lex contractu* et la *Lex delicti.* L'avant-projet de réforme du droit des obligations et du droit de la prescription français autorise lui aussi l'option lorsque l'inexécution du contrat provoque un dommage corporel[1020] mais reste muet sur l'impact de cette autorisation sur le plan international. Les solutions retenues en droit tunisien, anglais et québécois nous semblent, dans cette hypothèse, tout à fait transposables.

Cette présentation n'est pas toutefois partagée par tous les auteurs. Pour P. Bourel[1021], la possibilité ou l'impossibilité de l'option ne relève pas de la qualification *lege fori.* Cette dernière a pour but, toujours selon l'auteur, d'appréhender le rapport de droit en vue de le rattacher à une catégorie juridique déterminée. Saisi d'une action en responsabilité, le tribunal doit dans un premier temps juger si les faits litigieux rentrent dans la catégorie « délit » ou dans la catégorie « contrat ». À ce stade, les juges doivent s'inspirer de leurs propres droits. Mais une fois résolu ce problème, il appartient à la loi reconnue compétente au fond de préciser si les conditions de la responsabilité délictuelle ou contractuelle sont établies. La *Lex fori* n'a dès lors aucun rôle à jouer, car il s'agirait d'une question préalable à l'application des lois du contrat ou du délit[1022]. P. Bourel irait jusqu'à conclure que l'option ne serait possible que si les deux lois en admettent ensemble ce principe. On ne peut alors, à titre d'exemple, admettre l'application de la responsabilité délictuelle au cours de

---

1017 TPI de Tunis, 30 avril 1981, RTD 1981, p. 423, note A. Mezgani ; CA de Tunis n°86249 du 25 déc. 1982, RTD 1984, p 816, note K. Meziou.

1018 O. Barkovic, La réparation du préjudice en droit international privé, LGDJ, 2003, préf. P. Lagarde, n°362.

1019 P.P.C Haanappel, La relation entre les responsabilités civiles contractuelle et délictuelle : L'arrêt Wabasso en droit québécois et en droit comparé, RIDC 1982, p. 103 ; J. L. Baudouin, L'affaire Wabasso : un débat entre la théorie et la pratique ?, Rev. McGill 1982, p. 810 ; P.-G. Jobin, wabasso, un arrêt tristement célèbre, McGill 1982, p. 81.

1020 Article 1341 de l'avant-projet de réforme du droit des obligations et du droit de la prescription.

1021. P. Bourel, Les conflits de lois en matière d'obligations extracontractuelles, LGDJ, 1961, p. 146 *adde* P. Bourel note sous Chambéry, 14 déc. 1965, Rev. Crit. DIP 1964, p. 111.

1022 Voir dans le même sens, G. Légier, « Sources extracontractuelles des obligations, Domaine de la loi compétente », J.-CL. Droit international, fasc., 553-2, n°18 *Contra.* L. Forget, pour qui la qualification doit tenir compte non seulement des catégories générales du for, mais aussi de l'articulation faite par le for entre ces catégories. Voir, L. Forget, Les conflits de lois en matière d'accidents de la circulation routière, Dalloz, 1973, préf. Y. Loussouarn, n°14, p. 14

l'exécution du contrat en droit français désignée par une règle de conflit étrangère car ledit droit n'autorise pas l'option entre les deux formes de responsabilités[1023].

Faut-il dire que cette présentation ne nous convainc pas ? Certes, le principe de la qualification *lege fori* pose des difficultés énormes en droit international privé concernant surtout le rapport entre la responsabilité contractuelle et la responsabilité délictuelle. Néanmoins, exiger que les deux systèmes autorisent l'option pour que cette dernière soit acceptée nous paraît excessif. L'application ou non de la responsabilité délictuelle à côté de la responsabilité contractuelle ne constitue ni une règle d'ordre public au sens du droit international, ni une loi de police justifiant la mise à l'écart de la loi désignée par règle de conflit[1024]. D'ailleurs, cette solution n'a pas été retenue par la jurisprudence française qui a soumis à la *Lex contractu* la question de savoir si la partie victime de l'inexécution peut opter pour une action délictuelle[1025]. Il y a lieu donc de penser que la règle de principe du droit civil français, qui refuse au demandeur l'option entre les deux responsabilités et l'oblige lorsqu'il existe un contrat à se placer sur le terrain contractuel, se transpose en droit international privé[1026].

161. Difficulté de délimiter les catégories contractuelle et délictuelle en droit international privé. La projection de l'interdiction de l'option sur le plan international est d'une mise en œuvre délicate dans une matière où les frontières qui séparent les deux ordres de responsabilités sont souvent incertaines et changent d'un pays à l'autre[1027]. Les longues discussions sur la nature de la responsabilité du transporteur illustrent à ce titre la difficulté de délimiter les catégories contrats et délits en droit international privé[1028]. En effet, même si l'on s'accorde aujourd'hui à dire que cette responsabilité acquiert une nature

---

[1023] Voir P. Bourel, Les conflits de lois en matière d'obligations extracontractuelles, LGDJ, 1961, p. 146 *adde* P. Bourel note sous Chambéry, 14 déc. 1965, Rev. Crit. DIP 1964, p. 111.

[1024] Voir dans le même sens P. Lagarde, pour qui, l'option devrait être admise si la loi désignée par la règle de conflit l'autorise, P. Lagarde, Le nouveau droit international privé des contrats après l'entrée en vigueur de la Convention de Rome du 19 juin 1980, Rev. Crit. DIP 1991, p. 287. En somme, il nous semble que l'option peut être admise dans deux hypothèses. Elle est autorisée, si la loi du for l'admet, car cela fait partie intégrante de l'opération de la qualification. Elle est en outre permise si la loi désignée applicable par la règle de conflit l'accepte.

[1025] Voir Trib. Civ. Mulhouse, 2 mai 1950, Rev. Crit. DIP 1951, p. 153, note M. L Niboyet ; TGI Chambéry, 14 déc. 1965, Rev. Crit. DIP 1966, p. 110, note P. Bourel ; Civ. 1re, 15 déc. 1969, Rev. Crit. DIP 1971, p. 512, note Bourel.

[1026] Quoique cette solution ne nous semble pas absolue, car si la loi désignée applicable par la règle du conflit française, autorise l'option, l'action délictuelle devrait être admise si la victime sollicite son application.

[1027] Voir dans le même sens Y. Loussouran, La responsabilité du fabricant en droit international privé et en droit comparé, Actes du colloque du 30 et 31 janvier 1975 du Paris I, p. 230.

[1028] Voir L. Forget, « Les conflits de lois en matière d'accidents de la circulation routière », Dalloz, 1973, préf. Y. Loussouarn.

nécessairement contractuelle en présence d'un véritable contrat de transport[1029], et une nature délictuelle lorsque le transport est bénévole ou à frais partagés[1030], cette distinction est loin d'être admise par tous les systèmes juridiques[1031].

Mais l'exemple du contrat de transport est loin d'être isolé. Le problème de la responsabilité du fait des produits défectueux illustre encore une fois la mise en œuvre délicate de la distinction entre la responsabilité contractuelle et la responsabilité délictuelle[1032]. La loi du 19 mai 1998, instaurant un régime particulier de responsabilité du fait des produits défectueux pour les dommages causés aux personnes ou aux biens, ne contient aucune disposition de droit international privé. La Convention de La Haye relative à la responsabilité du fait des produits[1033] et le règlement européen et du Conseil du 11 juillet 2007 sur la loi applicable aux obligations non contractuelles[1034] écartent de leurs champs d'application la responsabilité contractuelle, soumise dès lors à la loi du contrat, et ne traitent que la responsabilité délictuelle. Une exclusion qui peut paraître large compte tenu de l'amplification, en droit interne français, du domaine de la responsabilité contractuelle par le biais de l'action directe[1035]. En fait, la nature

1029 La responsabilité du transporteur pour manquement à une obligation de sécurité est nécessairement contractuelle en droit français depuis l'arrêt de la Cour de cassation du. 21 nov. 1911, D. P. 1913, 1, 249, note Sarrut ; S. 1912, 1, 73, note Lyon Caen.

1030 Quelques décisions ont estimé que, dans le cas d'un voyage à frais partagés, on est en présence d'un contrat TGI Dinan, 24 sept. 1968, D. 1969, p. 404, note J. Prévault, mais la Cour de cassation n'est pas de cet avis et a censuré la décision de la Cour de Nîmes du 19 novembre 1970, en lui reprochant d'avoir déduit « l'existence d'un transport à titre onéreux du seul fait que les frais d'essence, de transport de la voiture et d'hôtel étaient partagés par les parties, sans constater que la dame M. s'était engagée à assumer à l'égard des passagers de son automobile les obligations d'un transporteur ». Voir Civ. 1re, 11 oct. 1972, JCP 1973, II, 17325, note R. Rodière. Cette solution est confirmée avec l'arrêt Civ. 6 avril 1994, Rev. Crit. DIP 1994, p 650, note Lagarde ; JCP 1994, I, 3871, note M. Fabre-Magnan.

1031 Ainsi, les droits tunisien, allemand ou anglais acceptent, pour les accidents de transport, aussi bien la qualification contractuelle que délictuelle. Voir pour le droit tunisien voir Cass. civ. arrêt des Chambres réunies n°42389 du 16 mars 1995, RTD 1996, p. 16 Pour le droit anglais et allemand, voir O. Boskovic, *op. cit.* n °362 et suivants.

1032 Voir Y. Loussouran, La convention de La Haye sur la loi applicable à la responsabilité du fait des produits, Clunet 1974, p. 32 ; M. Fallon, Les accidents de la consommation et le droit, Bruylant, 1982 ; O. Boscovic, *op. cit.*, n°365 et suivants.

1033 La convention de la Haye relative à la responsabilité du fait des produits signée le 2 octobre 1973 et entrée en vigueur en France le 1er octobre 1977. Dans son article 1er, la Convention dispose que « lorsque la propriété ou la jouissance du produit a été transférée à la personne lésée par celle dont la responsabilité est invoquée, la Convention ne s'applique pas dans leurs rapports respectifs ».

1034 L'article 5, 1 du règlement indique que la loi désignée gouverne « l'obligation non contractuelle découlant d'un dommage causé par un produit ».

1035 Une amplification due au phénomène du forçage du contrat et à la reconnaissance de la nature nécessairement contractuelle de l'action directe, voir *supra.* Voir F. Leborgne, L'action en responsabilité dans les groupes de contrats, Étude de droit interne et de droit international privé, Rennes 1995 ; F. Leclerc, Les chaînes de contrats en droit international privé, JDI, 1995, p. 267 ; J. Bauerreis, Le rôle de l'action directe contractuelle dans les chaînes internationales de contrats, Rev. Crit. DIP 2000, p. 331.

nécessairement contractuelle de cette action en droit interne s'est réfléchie en droit international privé[1036], principe de la qualification *lege fori* oblige. Conjuguée avec une interdiction systématique de l'option, cette solution conduisait à mettre à l'écart la Convention de Lahaye[1037]. Isolée, cette solution l'était, étant donné que la plupart des États signataires de la Convention ignoraient la technique de l'action directe. On comprend alors pourquoi la Cour de cassation française a dû faire marche arrière. Cinq ans après la condamnation communautaire[1038], la haute juridiction semble abandonner la qualification contractuelle de l'action directe en droit international privé[1039]. Une solution qu'elle confirme avec l'arrêt du 7 mars 2000 où la première Chambre civile de la Cour de cassation, en appliquant la Convention de La Haye sur les produits défectueux dans un litige opposant un fabricant à un sous-acquéreur[1040], écarte toute discussion sur la nature contractuelle ou délictuelle de la responsabilité encourue. Revenant sur sa jurisprudence antérieure qui mettait à l'écart la responsabilité délictuelle en vertu de la qualification contractuelle du for de l'action directe[1041], la Cour énonce de façon solennelle que « l'article 1er de la Convention de La Haye du 2 octobre 1973, qui détermine la loi applicable à la responsabilité des fabricants pour les dommages causés par un produit, *ne fait pas de distinction selon la nature de la responsabilité encourue*[1042] ». Faut-il conclure que la jurisprudence a réussi à éviter les pièges engendrés par la

---

1036 Suivant les vœux de la majorité de la doctrine, la jurisprudence française a, dans un premier temps, qualifié l'action directe sur le plan international de contractuelle. Voir Civ. 1re, 18 déc. 1990, Bull. civ. I, n°297 ; Civ. 1re, 27 janv. 1993, Bull. civ. I, n°45 ; Com. 10 oct. 1995, D. 1996, p. 171, obs. B. Audit.

1037 Civ. 1re, 16 déc. 1997, D. 98, I. R., p. 44 ; JCP 98, IV, 1331. La Cour de cassation a censuré la décision de la Cour d'appel qui a appliqué l'article 1er de la Convention de La Haye du 2 octobre 1973 au litige opposant un fabricant néerlandais et un acheteur français. La relation entre les protagonistes est, selon les magistrats, nécessairement contractuelle. Or le domaine de la Convention est limité à la responsabilité extracontractuelle.

1038 La Cour de justice des communautés européennes a condamné la théorie de l'action directe sur le terrain de la compétence juridictionnelle CJCE 17 juin 1992, JDI 1993, p. 469, obs. J.-M. Bischoff ; Rev. Crit. DIP 1992, p. 730, note H. Gaudemet ; JCP 1992, II, 21927, note C. Larroumet.

1039 Dans son arrêt du 5 janvier 1999, la Cour de cassation a censuré un arrêt de la Cour d'appel qui avait appliqué la Convention de Vienne de 1980 aux rapports entre un fabricant américain et un sous-acquéreur français d'un système frigorifique au motif que les juges n'avaient pas caractérisé l'existence d'un contrat entre les parties. Voir Civ. 1re, 5 janv. 1999, D. 1999, p. 383, note C. Witz ; Rev. Crit. DIP 1999, p. 519, note H. Heuzé. Certains auteurs regrettent cette solution, voir C. Witz, note précitée ; *adde* J. Bauerreis, Le rôle de l'action directe contractuelle dans les chaînes internationales de contrats, *op. cit*, p. 333. D'autres la saluent souhaitant son extension en droit interne, la théorie de l'action directe est devenue source de complications confinant parfois à l'absurde. Voir L. Grynbaum, Responsabilité et contrat : l'union libre, Variations sur la responsabilité contractuelle, le préjudice corporel et les groupes de contrats, *in* Mélanges Ph. le Tourneau, p. 431.

1040 Voir Civ. 1re, 7 mars 2000, Rev. Crit. DIP 2001, p. 101, note P. Lagarde.

1041 voir Civ. 1re, 16 déc. 1997 précité.

1042 Nous soulignons.

distinction entre la responsabilité contractuelle et la responsabilité délictuelle en droit international privé ? La solution adoptée par la jurisprudence sous pression communautaire, peu favorable à l'action directe typiquement française, peut-elle conduire à uniformiser les deux ordres de responsabilités, même dans les rapports contractuels directs ? Une réponse affirmative serait hasardeuse, la Convention de La Haye ainsi que le règlement du parlement européen et du conseil du 11 juillet 2007 ayant justement choisi de ne traiter que la responsabilité extracontractuelle, ce qui constitue une faille importante des solutions conventionnelles en droit international privé.

2. Le dépassement de la distinction en droit international privé : une tentative limitée

On trouve souvent énoncée dans les ouvrages l'affirmation selon laquelle la Convention de La Haye sur la responsabilité du fait des produits ainsi que celle relative aux accidents de la circulation ont créé des critères de rattachement qui transcendent la *Lex contractu* et la *Lex delicti*, minimisant ainsi l'effet de la distinction entre la responsabilité contractuelle et la responsabilité délictuelle et son corollaire la règle du non-cumul en droit international privé[1043]. Cette affirmation devrait, pensons-nous, être révisée. Les conventions internationales se limitent à proposer de nouveaux critères de rattachement qui dépassent la *Lex contractu* et *la Lex délicti* mais laissent intact le problème de qualification et avec lui toutes les difficultés engendrées par la règle du non-cumul.

162. Les limites de l'uniformisation concernant la responsabilité du fait des produits défectueux. Ces limites se vérifient d'abord concernant la Convention de La Haye sur la responsabilité du fait des produits défectueux. Non seulement les dommages causés aux produits sont exclus du domaine de la Convention[1044] mais aussi et surtout les dommages causés par le produit entre

---

[1043] Selon G. Viney, la distinction entre la responsabilité contractuelle et la responsabilité délictuelle a perdu beaucoup de son intérêt s'agissant des accidents de la circulation et de la responsabilité du fait des produits défectueux. L'auteur écrit : « [...] L'évolution du droit positif révèle donc une diminution du rôle de la distinction entre responsabilité contractuelle et responsabilité délictuelle dans le règlement de conflits de lois [...] D'ailleurs, certains de ces régimes spéciaux, notamment celui qui est applicable à la responsabilité du fait des produits et même celui qui concerne les accidents de la circulation, peuvent englober des situations relevant des deux branches de responsabilité, l'accident étant susceptible d'atteindre non seulement des tiers, mais aussi des cocontractants (clients du fabricant, passagers transportés à titre onéreux dans le véhicule...) qui seront tous soumis aux mêmes règles de conflit [...] C'est pourquoi on peut dire que, même en droit international privé où pourtant la distinction entre le régime contractuel et le régime délictuel paraît aussi traditionnelle que tranchée, elle tend à perdre son importance ». Voir G. Viney, Traité de droit civil, Introduction à la responsabilité, op. cit. n°180, p. 320. Voir dans le même sens P. Brun, Responsabilité civile extracontractuelle, *op. cit.*, n°156 ; *adde* J. Bauerreis, Le rôle de l'action directe contractuelle dans les chaînes internationales de contrats, *op. cit.*, p. 331.

[1044] L'exclusion des dommages causés au produit du champ d'application de la Convention de La Haye était une question très controversée lors de l'adoption de la Convention. Devant la grande

contractants direct[1045]. En effet, lorsque la victime souffre de la perte de la valeur économique du produit due à l'inexécution de l'obligation incombant au fournisseur de délivrer un produit conforme à ce qui était convenu et apte à l'usage auquel il était destiné ; seule la Convention de Rome relative aux obligations contractuelles serait applicable. Or, même si cette restriction est approuvée à juste titre par la plupart des auteurs[1046], il n'en est pas de même concernant l'exclusion de la Convention de La Haye dans les rapports contractuels directs. En effet, au terme même de l'article 1er alinéa 2, « lorsque la propriété ou la jouissance du produit a été transférée à la personne lésée par celle dont la responsabilité est invoquée, la Convention ne s'applique pas dans leur rapport respectif ». Loin donc de vouloir unifier le domaine des deux responsabilités, le problème que l'on a entendu surtout résoudre est celui de l'action de la victime contre un tiers avec lequel elle n'a point contracté, soit le fabricant lui-même, soit une personne qui s'est interposée entre le fabricant et le vendeur dans la chaîne de distribution commerciale du produit. Les rapports contractuels directs, quant à eux, seraient soumis à la règle de conflit relative aux obligations contractuelles.

Cette bifurcation de la catégorie « dommage causé par le produit » n'est point satisfaisante. Pour illustrer le caractère arbitraire de cette distinction, on peut reproduire l'exemple cité par M.-P. Lagarde : une machine vendue par un américain en vertu d'un contrat soumis à la loi du Texas explose en France dans les magasins de l'acheteur revendeur et blesse celui-ci en même temps que le sous-acquéreur venu en prendre livraison[1047]. L'action des deux victimes contre le Texan devrait être soumise à deux lois différentes, l'une à la loi du Texas, l'autre à la loi française. On voit ici encore combien les solutions sont obscurcies par l'application de deux critères de rattachement différents à une même situation de fait. Le trouble est à son comble quand on s'aperçoit qu'en droit interne, l'article 1386-1 du Code civil, transposant la directive européenne

---

divergence des délégués, il a été proposé d'inclure le dommage au produit à condition que des dommages aient été également causés à un autre objet ou à une autre personne. La proposition recevait l'aval de la Conférence et l'article 2-b était alors rédigé : « le mot dommage comprend tout dommage aux personnes ou aux biens, ainsi que la perte économique, toutefois, le dommage causé au produit lui-même ainsi que la perte économique qui en résulte sont exclus à moins qu'ils ne s'ajoutent à d'autres dommages ». Voir F. Leborgne, thèse précitée, p. 372 et s.

[1045] L'article 1 de la Convention de La Haye relative à la responsabilité du fait des produits défectueux dispose que « lorsque la propriété ou la jouissance du produit a été transférée à la personne lésée par celle dont la responsabilité est invoquée, la Convention ne s'applique pas dans leurs rapports respectifs ».

[1046] M. Baccahe-Gibeili, thèse précitée ; F. Leborgne, thèse précitée ; H. Heuzé, La notion de contrat en droit international privé, TCF DIP 1995-1998, p. 320 ; H. Heuzé, La volonté en droit international privé, Droits, 1998, p. 113 ; J. Bauerreis, Le rôle de l'action directe contractuelle dans les chaînes internationales de contrats, op. cit., p. 331 ; H. Heuzé, La notion de contrat en droit international privé, TCF DIP 1995-1998, p. 320 ; H. Heuzé, La volonté en droit international privé, Droits, 1998, p. 113.

[1047] P. Lagarde, note sous Civ. 1re, 7 mars 2000, *op. cit.*, p. 101.

du 25 juillet 1985, déclare le producteur « responsable du dommage causé par un produit qu'il soit ou non lié par un contrat avec la victime », c'est à dire sans distinguer, comme le fait la Convention, selon que la propriété ou la jouissance du produit a été ou non transférée à la personne lésée par celle dont la responsabilité est invoquée. La différence entre la responsabilité contractuelle et la responsabilité délictuelle que les auteurs de la directive et l'article 1386 du Code civil français ont voulu gommer, perdure en matière de conflits de lois. L'arrêt du 7 mars 2000 qui affirme que « l'article 1er de la Convention de La Haye du 2 octobre 1973 qui détermine la loi applicable à la responsabilité des fabricants pour les dommages causés par un produit ne fait pas de distinction selon la nature de la responsabilité encourue », ne doit pas non plus être surestimé. Un examen attentif des faits d'espèce montre que le rapport entre les parties au litige est un rapport contractuel indirect. Le produit a été transféré au demandeur, non par la défenderesse, mais par une société belge, vendeur intermédiaire. On ne peut être sûr que la solution serait la même si la victime imputait le dommage causé par le produit à son vendeur immédiat.

Certes la Convention de La Haye, ainsi que le règlement Rome II s'inscrivent dans la ligne de la tendance contemporaine visant à limiter le jeu de la *Lex delicti* et la *Lex contractu* et à lui préférer un rattachement plus significatif,[1048] mais pour éviter les aléas de la distinction entre la responsabilité contractuelle et la responsabilité délictuelle, eux-mêmes accentués par la qualification *lege fori*, il ne suffit pas de retenir le même critère de rattachement, encore faut-il que ce critère s'applique uniformément quelle que soit la qualité du demandeur, qu'il soit un acheteur direct, un sous-acquéreur ou un tiers. Déjà en 1974, soit un an après l'adoption de la Convention de La Haye, Y. Loussouran, se demandait s'il n'était pas possible « (...) d'envisager de mettre à l'ordre du jour de la prochaine session de la conférence la préparation d'une convention encore plus générale puisqu'elle se proposerait de régler les conflits de lois à la fois en matière d'obligations contractuelles et d'obligations

---

[1048] La Convention de La Haye retient une méthode dite de groupement deux à deux des points de rattachement. Elle prévoit une série de combinaisons sur la base soit du lieu ou le fait dommageable s'est produit associé au lieu de la résidence habituelle de la victime, de l'établissement principal du responsable ou du bien d'acquisition du produit, soit de la résidence habituelle de la personne directement lésée associée au lieu de l'établissement principal du responsable ou à celui de l'acquisition du produit. De surcroît, dans le cas où les groupements retenus par les articles 4 et 5 n'existeraient pas, l'article 6 de la Convention donne compétence à « la loi de l'État du principal établissement de la personne dont la responsabilité est invoquée, à moins que le demandeur ne se fonde sur la loi interne de l'État sur le territoire duquel s'est produit le fait dommageable. Le règlement européen Rome II adopte un système différent. Tout en réservant l'application de la loi de la résidence commune des parties et de la loi des liens les plus étroits, il privilégie la compétence de la loi de la résidence de la victime et si le produit a été commercialisé à cet endroit sans le consentement de l'intéressé, la loi de la résidence de l'auteur du fait dommageable. Voir l'article 5 du règlement Rome II.

délictuelles »[1049]. Telle n'a pas été malheureusement la solution retenue par le règlement Rome II[1050] qui a choisi de ne traiter que « l'obligation non contractuelle découlant d'un dommage causé par un produit »[1051].

163. Même difficulté concernant les accidents de la circulation. La même méthode est adoptée par la Convention de La Haye sur les accidents de la circulation routière qui ne s'applique, selon son article premier, qu'à la responsabilité civile extracontractuelle. La responsabilité civile régie par un contrat se trouve alors exclue du champ de la Convention qui, de surcroît, n'aborde pas le problème de la qualification. Cette dernière devrait donc être effectuée par chaque tribunal selon sa méthode propre. La contractualisation de la responsabilité du transporteur combinée avec la règle du non-cumul devrait conduire en droit international privé français à mettre à l'écart la Convention chaque fois où la victime est transportée en vertu d'un contrat. C'était justement l'une des raisons avancées en Allemagne pour ne pas la ratifier. Plusieurs auteurs ont soulevé le risque d'interprétations différentes résultant de la règle typiquement française du non-cumul des responsabilités[1052].

Est-il nécessaire de rappeler que le droit interne français, depuis la loi 5 juillet 1985, ne distingue pas selon que la personne est transportée ou non en vertu d'un contrat. Là encore, la Convention de La Haye du 4 mai 1971 laisse malencontreusement subsister en matière d'accidents de la circulation routière la différence de régime les responsabilités contractuelle et extracontractuelle, une différence que le droit interne a essayé de dépasser.

164. La responsabilité du fait des produits défectueux en droit interne et international tunisien. Cette discordance entre les règles internes et internationales existe aussi en droit tunisien mais dans un sens contraire. En effet, contrairement à l'article 1386-1 du Code civil qui a expressément uniformisé la responsabilité du fait des produits défectueux, la loi du 7 décembre 1992 relative à la protection du consommateur est pour le moins ambiguë. Une lecture combinée des articles 2[1053] et 10[1054] de ladite loi permet à

[1049] Y. Loussouran, La convention de La Haye sur la loi applicable à la responsabilité du fait des produits, Clunet, 1974, p. 47.

[1050] D'ailleurs l'entrée en vigueur de ce règlement pose un problème supplémentaire d'harmonisation avec la Convention de La Haye. Selon l'article 28, le règlement « n'affecte pas l'application des conventions internationales auxquelles un ou plusieurs États membres font parties lors de l'adoption du présent règlement et qui règlent les conflits de lois en matière d'obligations non contractuelles. Toutefois, le présent règlement prévaut entre les États membres sur les conventions conclues d'entre eux dans la mesure ou elles concernent des matières réglées par le présent règlement ». Il en découle que dans les rapports intracommunautaires, c'est le règlement qui s'applique. En revanche, dans les rapports entre les pays de l'union européenne et les États tiers, c'est la Convention de La Haye qui reçoit application.

[1051] L'article 5. 1 du règlement.

[1052] v. Staudinger-von Hoffmann, art. 38, n°310 cité par P. Lagarde note sous Civ. 1re, 6 avril 1994, Rev. Crit. DIP 1994, p. 651.

[1053] L'article 2 dispose que « le consommateur est celui qui achète un produit dans le but de le consommer ». Même si le législateur n'a pas utilisé le terme « achète » dans sa signification

première vue de déduire que la responsabilité du fait des produits défectueux revêt en droit tunisien un caractère contractuel. Bien évidemment et compte tenu de l'orientation de la jurisprudence tunisienne vers la reconnaissance de la règle de l'option, la responsabilité du fournisseur est loin d'être purement contractuelle. Néanmoins, une autre interprétation reste possible. En effet, il semble que le juge ait la possibilité de dépasser les limites imposées par les articles 2 et 10 en faisant recours à l'article 3 de la même loi. En exigeant que « les produits doivent, dans les conditions normales de leur utilisation présenter la sécurité à laquelle on peut légitimement s'attendre », ledit article apporte un argument pertinent en faveur de l'extension de l'obligation de sécurité au profit des tiers[1055]. Et même si cette disposition est relative à la prévention, il ne faut pas, comme on l'a défendu à juste titre[1056], exagérer la portée de la distinction entre la prévention et la réparation. D'ailleurs, il y a une incohérence à définir l'obligation de sécurité différemment selon qu'il s'agit de prévenir les dommages ou de les réparer[1057]. Mais même si cette interprétation reste théoriquement possible, il n'en reste pas moins vrai que le législateur, en s'abstenant à déterminer le régime de cette action uniforme, renvoie au droit commun pour combler cette faille. Il en découle que ce régime diffère selon la victime ait ou non la qualité de contractant, même si la rigueur de cette solution est considérablement réduite par la règle de l'option.

En droit international privé, en revanche, l'uniformisation des règles délictuelles et contractuelles concernant la responsabilité du fait du produit défectueux paraît plus aboutie. En effet, le Code de droit international privé tunisien prévoit des critères de rattachement qui transcendent la *lex delicti* et la

---

purement technique, puisque la loi s'applique aux termes de l'article 2-a « tout service quelle que soit sa nature », il semble que la loi 1992 ne s'intéresse qu'au consommateur juridique, c'est-à-dire à la personne qui a contracté avec le fournisseur. Ce qui a d'ailleurs permis à certains d'affirmer que « le verbe « achète » n'est utilisé que pour l'unique finalité de restreindre l'attribution de la qualité de consommateur, sujet protégé par cette loi, dans un domaine purement contractuel ». Voir C. Abdennader, La responsabilité du fait des produits défectueux, mémoire de DEA, faculté de droit de Sfax 2004/ 2005, p. 25. Voir déjà S. Abid Mnif, L'obligation de sécurité dans les contrats, mémoire de DEA, faculté de droit de Sfax 2002/2003, p. 17.

1054 L'article 10 dispose que « le fournisseur final est responsable du dommage causé par le produit n'offrant pas la sécurité et la santé légitimement requises pour le consommateur ». La canalisation de cette responsabilité au seul fournisseur direct, laisse présager que cette responsabilité ne concerne que les rapports contractuels directs.

1055 L'uniformisation est parfois souhaitée, mais sans montrer les fondements de sa réception en droit tunisien, voir M. Farhat, La responsabilité du fait des produits défectueux (en arabe), mémoire de DEA, faculté de droit et des sciences politiques de Tunis, 2002-2003, p. 58. L'auteur parle d'une responsabilité uniforme pour la responsabilité du fait des produits défectueux sans réellement donner au juge les moyens de réfuter les arguments tirés des articles 2 et 10.

1056 Voir E. Bramat, L'obligation de sécurité, thèse précitée, p. 17.

1057 Cette interprétation, si elle devait être retenue par la jurisprudence tunisienne, conduirait à une véritable « révolution » dans le droit de la responsabilité civile. La loi du 7 décembre 1992 ne s'applique-t-elle pas également aux prestataires de services ?

lex contractu. L'article 72 donne en effet à la victime le choix entre « 1 : La loi de l'État dans lequel le fabricant a son établissement ou bien son domicile.

2 : L'État dans lequel le produit a été acquis, à moins que le fabriquant ne prouve que le produit ait été mis sur le marché sans son accord.

3. L'État ou s'est produit le fait dommageable.

4. L'État ou la victime a sa résidence habituelle. »

Deux remarques peuvent être déduites à partir de ce texte. D'une part, il y a lieu à penser que ces critères de rattachement s'appliquent indifféremment aux deux ordres de responsabilités. L'existence d'un rapport contractuel, au sens de l'article 72 alinéa 2, ne justifie pas la mise en œuvre d'une règle de conflit particulière[1058]. D'autre part, et surtout, le législateur donne implicitement à la victime le choix entre *la lex contractu* et la *lex delicti* ce qui n'est pas sans rappeler des solutions adoptées par la jurisprudence tunisienne en droit interne. Mais conscients des insuffisances des critères de rattachement classiques, la loi ajoute des critères de rattachement nouveaux dans le souci d'assurer une protection meilleure du consommateur[1059].

Ceci étant, la solution du droit tunisien, autorisant l'option entre la *lex contractu* et la *lex delicti* accompagnée dans certains domaines par l'adoption de nouveaux critères de rattachement qui s'appliquent uniformément aux deux ordres de responsabilités, nous semble nettement plus cohérente que celle qui élevait une muraille entre les deux catégories de rattachement. En dehors de l'hypothèse où les parties ont choisi expressément la loi qui régirait leur rapport international[1060], et dans la mesure seulement où cet accord est possible, on ne voit pas quel est le fondement de la règle du non-cumul sur le plan international si ce n'est la projection sur le plan international d'une solution de droit interne. Cette transposition systématique sur le plan international d'une solution reçue en droit interne a quelque chose d'irritant. C'est pour esquiver les aléas de cette solution, que certains auteurs prônaient l'abandon de la qualification *lege*

[1058] Voir dans le même sens, M. Ben Moussa, Explication du Code de droit international tunisien (en arabe), éd. Dar al mizane li nachr, Tunis 2003, p. 579.

[1059] En l'occurrence la loi de l'établissement du fabricant et la loi de résidence du consommateur.

[1060] À cet égard, nous pensons que la jurisprudence tunisienne qui a appliqué la *lex délicti* alors que les parties ont expressément choisi la loi du contrat, nous paraît critiquable. Voir le jugement du Tribunal de première instance de Tunis du 30 avril 1981, RTD 1981, p. 423 ; note A. Mezghani, Cour d'appel de Tunis du 25 déc. 1982, RTD 1984, p 816, note K. Meziou. En l'espèce, il s'agit d'un litige portant sur la rupture unilatérale par un concédant étranger d'un contrat de concession exclusive à durée indéterminée ayant pour objet la revente en Tunisie du matériel agricole. Le concessionnaire tunisien saisit les tribunaux nationaux estimant que la rupture intervenue à la suite du préavis de 3 mois prévu dans le contrat, est abusive et qu'il y a lieu de condamner son cocontractant à des dommages et intérêts selon l'article 103 relatif à la responsabilité délictuelle. La société Ford rappelle que la convention donne compétence au droit de l'État de Michigan, ce que le tribunal ne retient pas. Cette solution est confirmée par la Cour d'appel qui a écarté la loi du contrat.

fori[1061]. Mais le poids d'une tradition peut être si lourd qu'il serait difficile d'adopter une telle solution. Dans l'attente d'une uniformisation conventionnelle des catégories de rattachement, l'assouplissement de la règle du non-cumul typiquement française pourrait contribuer à simplifier une construction juridique devenue fort complexe. Il serait peut-être temps de proposer une nouvelle relation entre les deux voisins riverains afin que ce rapport de répulsion se transforme en un rapport pacifique de cohabitation.

Conclusion de la section 2

165. Rapprochement des règles contractuelles et délictuelles et option. Indépendamment des hypothèses où le législateur a lui-même unifié les deux ordres de responsabilités[1062], les convergences entre la responsabilité contractuelle et son homologue délictuelle, conduisant à une identité de résultat, loin d'être occasionnelles, ne cessent de se multiplier. La tendance à l'unification des deux ordres de responsabilités est désormais si enracinée dans la culture juridique qu'un retour en arrière semble invraisemblable[1063]. L'image d'une responsabilité contractuelle plus favorable au débiteur contractuel que son homologue délictuelle est de plus en plus mise en doute. Plusieurs faveurs s'estompent l'une derrière l'autre conduisant à une identité de résultat entre l'action contractuelle et l'action délictuelle. Cette convergence, qu'elle soit fortuite ou réfléchie, a des répercussions inévitables sur la compréhension de la règle du non-cumul. Elle rend illégitimes les barrières élevées d'une manière étanche entre les deux ordres de responsabilités en droit français. L'ancienneté des arrêts condamnant l'option sur la base de la solidarité[1064], la mise en demeure[1065] ou la règle de la limitation de la réparation en matière contractuelle au seul dommage prévisible[1066] est révélatrice. Les assises techniques, désormais historiques, de la règle du non-cumul, ne peuvent plus lui servir d'appui. Ceci est d'autant plus vrai que le législateur français a récemment uniformisé les règles de prescription contractuelle et délictuelle. Le rapprochement effectué entre les règles techniques des deux ordres de responsabilités est souvent négligé par la doctrine. Ainsi, les rares arrêts

---

[1061] El-Kocheri, La notion de contrat international, thèse Rennes 1962, p. 775

[1062] Notamment en matière des accidents de la circulation et des produits défectueux, aussi bien en droit français que tunisien.

[1063] I. Durant et N. Verheyden-Jeanmart, Les dommages et intérêts accordés au titre de la réparation d'un dommage contractuel, *in* Étude de droit comparé, sous la direction de M. Fontaine et G. Viney, Bruylant, LGDJ, 2001, p. 308.

[1064] Cass. Civ. 6 Avril 1927, S.1927, 1, 201, note H. Mazeaud.

[1065] Les arrêts qui condamnent l'option sur cette base sont non seulement anciens mais émanent uniquement des juges du fond. Nîmes, 4 juin 1934, G.P 1936, 1, 83 ; Seine, 24 juin 1935, GP1935. 2. 537 ; Lyon 23 nov. 1935, GP 1936.1. 271 ; Riom, 25 mars 1937 ; GP 1937.1. 887 ; Paris, 28 avril 1938, Gaz. Trib 21 juin 1938 ; Lyon, 10 mars 1938, S. 1938.2. 149.

[1066] Civ. 1re, 11 mai 1982, RTD civ. 1983, p. 145, obs. G. Durry.

français qui ont admis l'option dans ces hypothèses sont considérés par G. Cornu comme anarchiques et peu concluants.[1067] Mais maintenant que les règles contractuelles et délictuelles se rapprochent davantage, les bases de la règle du non-cumul se trouvent sérieusement ébranlées. À maintes reprises, la qualification contractuelle donnée à la responsabilité encourue ne recouvre pas un régime visiblement distinct de la responsabilité délictuelle[1068]. Déjà A. Brun mettait en garde contre une lecture trop accusée entre les régimes contractuels et délictuels car « les règles que l'on relève dans l'un d'entre eux sont souvent identiques dans l'autre »[1069]. Refuser l'option dans ces hypothèses nous paraît injustifiable. Tout simplement, la règle du non-cumul ne fait que protéger un particularisme contractuel illusoire qui n'existe pas.

Mais si ce rapprochement entre les règles contractuelles et les règles délictuelles ébranle le bien-fondé de la règle du non-cumul en droit français, il n'en reste pas moins vrai qu'il permet sinon d'élucider le fondement de la règle de l'option posée par la jurisprudence tunisienne, du moins d'expliquer la mise en œuvre contentieuse souple de la distinction entre la responsabilité contractuelle et la responsabilité délictuelle. C'est cette convergence qui explique, semble-t-il, l'arrêt des Chambres réunies du 16 mars 1995[1070]. En effet, l'examen de la responsabilité contractuelle et de la responsabilité délictuelle applicables au transporteur de personnes montre un rapprochement entre les deux corps de règles. Les clauses de responsabilité sont nulles quel que soit le fondement sollicité[1071]. Les règles de preuve ne sont pas sensiblement différentes ; qu'elle soit créancière d'une obligation de sécurité de résultat ou bénéficiaire de la responsabilité délictuelle du fait des choses, la victime est dispensée de rapporter la preuve de la faute du débiteur. Mais la jurisprudence tunisienne n'a pas consacré l'option uniquement dans cette hypothèse. En droit international privé, les juges donnent à la victime la possibilité de choisir entre la *lex contractu* et la *lex delicti*[1072]. Certains arrêts ont même autorisé à faire appel aux règles délictuelles en présence d'une clause relative à la responsabilité.[1073] Dans ce contexte, le refus de la haute juridiction d'autoriser la victime à choisir entre les délais de prescription contractuels et délictuels peut paraître incompréhensible.

1067 G. Cornu, « Le problème du non-cumul de la responsabilité contractuelle et de la responsabilité délictuelle, *op. cit.*, p. 241.
1068 Voir dans le même sens M. Espagnon, thèse précitée, n°120.
1069 A. Brun, thèse précitée, p. 382.
1070 Arrêt précité.
1071 Le Code de commerce proclame nulles les clauses de non-responsabilité relatives aux dommages corporels, de même la responsabilité délictuelle ne peut être écartée d'avance par une clause limitative ou élisive de responsabilité.
1072 Voir TPI de Tunis, 30 avril 1981, RTD 1981, p. 423, note A. Mezgani ; CA de Tunis n°86249 du 25 déc. 1982, RTD 1984, p 816, note K. Meziou.
1073 TPI de Sfax, 4 juin 1960, RJL 1960, n°7, p. 61.

166. Divergence de régimes et option. L'existence de divergence de régimes entre la responsabilité contractuelle et la responsabilité délictuelle ne suffit pas à elle seule à condamner la théorie de l'option. Au contraire, c'est justement là que l'intérêt de cette thèse se pose sur le plan pratique. Car même si les différences techniques se sont progressivement diluées, il n'en reste pas moins vrai que plusieurs divergences subsistent. Dire que ces dernières ont totalement disparu serait une fiction que la thèse moniste radicale n'a pas réussi à mettre de côté. De même, dire qu'elles sont ténues, techniques, voire minimes comme l'affirment actuellement plusieurs auteurs[1074] ne résout rien. En droit allemand, les différences entre les deux ordres de responsabilités sont importantes et pourtant l'option est admise afin de corriger les insuffisances de l'action délictuelle. Cette incompatibilité de principe entre les règles contractuelles et délictuelles, présentée comme le fondement même de la règle du non-cumul, nous a paru à maintes reprises peu vérifiable. Au contraire, si l'on met de côté les clauses limitatives de responsabilité, l'opposition entre les règles de preuve, ainsi que la distinction entre la *lex delicti* et la *lex contractu* s'accommoderaient plus avec une reconnaissance de l'option.

Conclusion chapitre 2

167. Le nœud du problème : Les divergences entre les règles contractuelles et les règles délictuelles. Les règles de la responsabilité contractuelle diffèrent des règles délictuelles. De cette distinction de régime, la règle du non-cumul tire ses raisons d'être. Sur le plan procédural, ces divergences montrent que les deux responsabilités ont une cause juridique distincte. Le juge ne peut, sans toucher à cette dernière, modifier d'office le fondement juridique invoqué par les parties. On perçoit alors que le point dur du problème réside justement dans le fait que le législateur, aussi bien français que tunisien, a prévu des différences de régimes entre la responsabilité contractuelle et la responsabilité délictuelle. Or, confinant au dogme, cette méthode adoptée par le droit français et souhaitée par une partie de la doctrine tunisienne[1075] perd aujourd'hui beaucoup de sa légitimité. Non seulement le rapprochement entre les deux ordres de responsabilités s'accentue de plus en plus, montrant ainsi qu'il n'y a plus d'incompatibilité de principe entre les deux corps de règles,

[1074] H., L. Mazeaud et A. Tunc, Traité théorique et pratique de la responsabilité civile délictuelle et contractuelle, précité, n°132-2, p. 113 ; A. Tunc, La responsabilité civile, 2e éd, Economica, 1990, p. 37 ; B. Starck, H. Roland, L. Boyer : Droit civil. Les obligations, T. 2, Le contrat, 6e éd., précité, N°2029 ; C. Lapoyade Deschamps, Droit des obligations, précité, p. 133 ; J. Carbonnier, Droit civil, Les obligations, précité n°291 ; Ph. Malinvaud, Droit des obligations, précité, n°325 ; Y. Buffelan-Lanore, Droit civil, Les obligations, précité, p. 334.

[1075] I. Ben Rejeb, L'option entre la responsabilité contractuelle et la responsabilité délictuelle, *op. cit.*, p. 57 ; M. Zine, Cours de responsabilité civile, Tunis, 2003, p. 86.

mais aussi, la particularité de certaines règles contractuelles, si restreinte soit-elle, peut s'accommoder d'une autorisation de l'option.

168. Uniformisation en marche et rapport entre les deux ordres de responsabilités. À maintes reprises, le régime de la responsabilité encourue est identique quel que soit le fondement invoqué. Ce mouvement d'uniformisation en marche remet en cause la lecture procédurale de la règle du non-cumul. Il apparaît, en fait, contraire à l'exercice d'une bonne justice de rejeter l'action de la victime pour une simple erreur de visa[1076]. Or, il n'est pas rare, en droit français, que la règle du non-cumul soit soulevée sans que le juge montre en quoi la règle délictuelle sollicitée risque d'écarter ou d'altérer le régime contractuel[1077]. Dans ce genre de cas, on ne peut qu'avoir des doutes sur l'opportunité du maintien d'un tel formalisme excessif. Le parallélisme des règles est parfois tellement frappant que l'erreur sur le choix de régime applicable n'est en réalité qu'une simple erreur de dénomination juridique de la responsabilité encourue. Or, contrairement à son homologue tunisienne, la jurisprudence française n'a pas accueilli avec faveur son pouvoir de qualification. La technique de substitution de motifs, quoiqu'utile pour le sauvetage des requêtes mal fondées, n'est pas usitée de manière fréquente par la Cour de cassation. L'obligation de qualification, explicite pourtant selon l'article 12 du nouveau Code de procédure civile et commerciale, s'est muée en une simple faculté. Comme le juge ne peut soulever d'office que les moyens de pur droit correspondant aux seuls faits allégués, rares sont les arrêts qui ont procédé d'office à une requalification. Le passage d'une responsabilité à une autre est considéré comme un moyen mélangé de fait et de droit.

L'absence de la notion de moyen de pur droit en droit procédural tunisien a facilité le passage de la responsabilité contractuelle à la responsabilité délictuelle et *vice versa*. Cette audace devrait être cependant être entourée par des garanties nécessaires. En toute hypothèse, le juge doit respecter le principe du contradictoire. Or, plusieurs arrêts émanant de la haute juridiction tunisienne[1078] affirment que ce principe ne concerne que les parties à l'exclusion du juge, qui reste libre dans ses recherches et ses réflexions. Cette position nous paraît regrettable. Le renforcement de l'office du juge nécessite en contrepartie le renforcement principe du contradictoire. Et même si le Code de procédure civil tunisien est muet sur ce point, le recours aux principes généraux de droit pourrait parfaitement combler cette insuffisance[1079]. Ceci dit, la position de la jurisprudence tunisienne, évitant l'excès de formalisme et de dogmatisme dans l'application de la distinction entre la responsabilité contractuelle et la

1076 M. Espagnon, thèse précitée, p. 146 ; G. Viney, Traité de droit civil, Introduction à la responsabilité, 3ème éd., Paris, LGDJ, 2008, n°226.

[1077] G. Viney, Introduction à la responsabilité civile, 3e éd., LGDJ, 2008, n°221.

[1078] Cass. civ. arrêt n°574 du 6 juill. 2006 ; Cass. civ. arrêt n°6613. 2006 du 8 mars 2007 (inédit).

[1079] A. Al Ahmadi, *op. cit.*, n°137 ; N. Ben Ammou, thèse précitée, n°274.

responsabilité délictuelle nous paraît soutenable. La similitude de fond des régimes ne légitime plus leurs ségrégations sur un plan procédural.

169. Divergence de régime et maniement souple de la distinction entre la responsabilité contractuelle et la responsabilité délictuelle. Faut-il conclure que les divergences persistantes de règles entre la responsabilité contractuelle et la responsabilité délictuelle légitiment une séparation hermétique entre les deux responsabilités ? En elles-mêmes, ces différences techniques paraissent compatibles avec la reconnaissance de l'option. Les critères de répartition de preuve contractuels s'accommoderaient, si l'on met à part le critère tiré de la volonté des parties déjà peu utilisé en matière contractuelle, avec la responsabilité délictuelle. De même, la distinction entre la *lex delicti* et *la lex contractu* s'accorderait mieux avec la théorie de l'option.

Reste le régime des clauses limitatives qui différencie sensiblement la responsabilité contractuelle de son homologue délictuelle. Certains auteurs tunisiens proposent, au nom de l'ordre public accolé à la responsabilité délictuelle, de mettre en œuvre le droit de l'option pour paralyser l'effet de ces clauses. Cette solution nous paraît excessive. En effet, l'existence d'une clause limitative de responsabilité qui porte sur une obligation typiquement contractuelle constitue, selon nous, une limite rationnelle à l'admission de l'option. Ceci ne devrait toutefois pas conduire à une expulsion systématique de la voie délictuelle dès lors que le rapport entre le fait dommageable et le contrat n'est que fortuit, comme semble l'admettre la jurisprudence française. En réalité, ce n'est pas l'ampleur des divergences qui justifie l'interdiction de l'option, mais la manière dont on applique la distinction. Or, celle-ci apparaît regrettable en droit français. Sans vérifier si la particularité technique de la responsabilité contractuelle met ou non en péril l'équilibre du contrat, seul fondement rationnel de la règle du non-cumul[1080], le recours aux règles délictuelles est systématiquement sanctionné dès lors qu'il y a une obligation contractuelle, même fictive, et dès lors que la victime, même contre son gré, a la qualité de contractant.

[1080] Nous verrons que ce fondement laisse une place réduite à l'application exclusive de la responsabilité contractuelle. Voir *infra*, chapitre 2 de la deuxième partie.

Conclusion première partie

170. Option ou non-option ? La réponse à cette question dépend dans une large mesure de la conception que l'on se fait sur le principe de la distinction entre la responsabilité contractuelle et la responsabilité délictuelle. S'agit-il d'un principe sacro-saint qu'il faut préserver théoriquement même si ses conséquences pratiques sont inadmissibles ? Ou faut-il prendre en considération ses effets et l'appliquer modérément ? De façon plus appronfondie, est-ce que l'autorisation de l'option se contredit avec la reconnaissance de la distinction entre les deux ordres de responsabilités ?

171. Pour la relativisation de la distinction entre la responsabilité contractuelle et la responsabilité délictuelle. En se fondant sur l'existence de deux blocs de dispositions distinctes figurant dans deux chapitres différents du Code civil, la doctrine et la jurisprudence française ont donné à la distinction entre la responsabilité contractuelle et à la responsabilité délictuelle le caractère d'une *summa divisio*. Chaque situation de fait doit impérativement figurer dans un tel ou tel ordre. Les barrières entre les articles 1382 et suivants et les articles 1146 et suivants doivent être étanches. Au lieu de donner au juge la possibilité de choisir l'ordre le plus apte à régir la situation litigieuse, la règle du non-cumul, abandonnant tout autre critère de répartition de compétence entre les deux ordres de responsabilités, expulse systématiquement la responsabilité délictuelle au profit de la responsabilité contractuelle. Respecter le principe de la distinction, devrait conduire alors à interdire le système de l'option. Cette manière cartésienne de prévoir le rapport entre les deux ordres de responsabilités s'est vite avérée délicate à mettre en œuvre. En même temps que se sont propagées « les zones de compétence croisées »[1081] entre les deux ordres de responsabilités civiles dues essentiellement au double mouvement de « prolifération des situations contractuelles »[1082] et de « dilatation du contenu contractuel »[1083], la règle du non-cumul s'est trouvée incapable de gérer rationnellement ce conflit de compétence. À force de trop vouloir sauvegarder le principe théorique de distinction, elle est devenue source de solutions sinon arbitraires, du moins illogiques et inéquitables. Ceci est d'autant plus vrai que la mise en œuvre contentieuse de la règle est particulièrement ardue. Il suffit d'une simple erreur de visa pour que la demande en réparation soit rejetée, alors que le principe d'indemnisation ne fait aucun doute. Solution regrettable quand on sait

[1081] L'expression de J. Bellissent, thèse précitée, n°1079.
[1082] *Ibid.*
[1083] *Ibid.*

que les divergences techniques dont on se sert pour justifier cette séparation hermétique sont, non seulement en perpétuel déclin, mais également s'accommoderaient mieux avec la reconnaissance de l'option.

C'est cette solution qui semble émerger dans la jurisprudence tunisienne depuis l'arrêt des Chambres réunies du 16 mars 1995. Règle encore en gestation, l'option entre la responsabilité contractuelle et la responsabilité délictuelle souffre en droit tunisien de l'absence de toute systématisation. Rares sont en fait les études qui lui étaient consacrées. Et la netteté de certains arrêts manipulant la distinction entre les deux ordres avec souplesse est parfois brouillée par d'autres arrêts qui semblent replonger dans un formalisme excessif, qui n'est pas sans rappeler la rigueur de certaines solutions françaises. Faut-il céder le pas à une simple description du droit prétorien ? Tel semble être l'obstacle auquel se heurte toute tentative de systématisation d'une matière aussi foisonnante, émaillée seulement d'affirmations trop générales pour être utiles. C'est en justifiant ce principe et en précisant sa mise en œuvre, ses limites, que la règle de l'option pourrait devenir intelligible. Ceci est d'autant plus vrai que son admission conduit à légitimer l'intervention délictuelle dans le contrat. (deuxième partie)

Deuxième partie
L'option justificative de l'intervention délictuelle dans le contrat

172. L'approche française autorisant accidentellement l'application des règles délictuelles lorsque l'inexécution contractuelle revêt une certaine gravité, ou lorsque la victime dispose d'une stipulation pour autrui ou se trouve subrogée dans les droits de la personne indemnisée, nous paraît insuffisante (chapitre premier). En effet, nous préférons voir dans le recoupement des faits générateurs contractuels et délictuels qui ne cesse de s'accroître la justification même de la règle de l'option entre la responsabilité contractuelle et la responsabilité délictuelle aussi bien en droit tunisien que français (chapitre 2).

Chapitre 1
Insuffisance de l'approche française : une intervention délictuelle accidentelle

173. Afin de tempérer la rigueur de la règle du non-cumul, la jurisprudence française a permis que la responsabilité délictuelle du contractant soit mise en œuvre soit directement, et ce lorsque l'inexécution contractuelle revêt une certaine gravité, soit indirectement lorsque la victime se trouve bénéficiaire d'une stipulation pour autrui ou subrogé dans les droits de la personne dédommagée. Ces « pseudo-exceptions » qui tiennent plus à des raisons contingentes qu'à une politique juridique raisonnée sont en perpétuel déclin. Non seulement les applications de la responsabilité délictuelle justifiées par la gravité de la faute ont purement et simplement disparu (section 1), mais les options indirectes se sont également sensiblement affaiblies (section 2).

Section 1 : La résorption des exceptions à la règle du non-cumul basées sur la gravité de la faute

174. L'inexécution dolosive du contrat (§1), ainsi que l'inexécution contractuelle pénalement répréhensible (§2) permettaient selon une jurisprudence classique l'application des règles délictuelles. Ces solutions, qui au demeurant sont dépourvues de toute logique optionnelle, sont désormais caduques puisque la jurisprudence récente refuse toute ingérence délictuelle et applique exclusivement les règles de la responsabilité contractuelle.

§1. L'inexécution dolosive du contrat

175. Longtemps focalisée sur la nécessité de déterminer l'ordre de responsabilité applicable lorsque l'inexécution du contrat est dolosive, il semble que la jurisprudence s'oriente actuellement vers l'abandon de la responsabilité délictuelle pour consacrer une responsabilité exclusivement contractuelle (A).

Or, il est possible de se demander si le rapprochement entre le dol contractuel et le dol délictuel (B) ne rend pas le débat sur la nature de la responsabilité encourue purement théorique.

A. L'abandon de la responsabilité délictuelle

176. Les arguments en faveur de la délictualisation de la responsabilité du débiteur contractuel, auteur d'une faute dolosive. L'interdiction de réintroduire dans le cercle contractuel la responsabilité délictuelle connaissait en droit français une exception importante lorsque la faute commise par le débiteur revêt un caractère dolosif. En effet, un courant jurisprudentiel qui avait pris une assez grande importance en ce qui concerne la responsabilité des constructeurs, admettait pendant assez longtemps que la faute dolosive justifiait, en raison de sa gravité, l'application, même entre contractants, des règles délictuelles[1084]. Faisant sienne la thèse de Josserand[1085] selon laquelle le débiteur de mauvaise foi se met lui-même en dehors du contrat, la jurisprudence admettait qu'une faute dolosive pouvait modifier la nature de la responsabilité contractuelle et la transformer en une responsabilité délictuelle.

À l'appui de cette conception, on invoque généralement un passage de l'exposé de motifs de Bigot-Préameneu dans lequel il explique pourquoi la limitation des dommages et intérêts au seul préjudice prévisible ne joue pas lorsque l'exécution du contrat est dolosive : « Le dol », écrit l'auteur « établit, contre celui qui le commet une nouvelle obligation différente de celle qui résulte du contrat : cette nouvelle obligation n'est remplie qu'en réparant tout le tort que le dol a causé »[1086]. L'obligation de réparation, étant dans ce cas différente de l'obligation contractuelle, elle devrait donc être soumise au régime délictuel. Mieux encore, pour Josserand, le débiteur de mauvaise foi est en fraude. Or, cette dernière, conformément à l'adage *fraus omnia corrumpit*, fait exception à toutes les règles[1087]. C'est ce qu'exprime l'auteur dans une formule assez connue : « Le régime contractuel, régime de confiance, ne survit pas à la trahison de ceux qui l'ont établi [...] Le débiteur qui commet un dol s'évade de la loi contractuelle dont il ne doit pouvoir se réclamer ; il se met lui-même hors du contrat. »

[1084] Civ. 3 e, 18 déc. 1972, JCP 1973, IV, p. 48 ; D. 1973, p. 272 Note J. Mazeaud ; Civ. 3e, 23 juillet 1986, Bull. civ. I ; n°129 ; Civ. 1re, 4 oct. 1988, D. 1988, IR, p. 256 ; Civ. 3e, 23 janv. 1991, Bull. civ. III, n°28 ; Civ. 3e 17 mars 1993, Bull. civ. III, n°38.

[1085] L. Josserand, Notes sous Cass. 14 déc. 1926, DP. 1927, 1, 105 ; Voir déjà et dans le même sens Demolombe, Traité des contrats et des obligations conventionnelles en général, *op. cit.*, n°598 ; Sainctelette, De la responsabilité et de la garantie *op. cit.* p. 61 ; Bonnecase, *op. cit.*, t. II, n°500, 506. Voir également A. Brun, thèse précitée, n°110, 222, 350 qui soutient malgré les critiques adressées à la théorie de Josserand la transformation de la responsabilité contractuelle en une responsabilité délictuelle.

[1086] Exposé des motifs du titre III du Livre III, séance du 6 plûviose an XII, Locré, t. 12, p. 330, n°43.

[1087] L. Josserand, note précitée.

177. Critique de la thèse délictuelle. Cette conception a fait long feu en raison de ses justifications théoriques discutables et la doctrine semble unanime pour condamner la position jurisprudentielle appliquant la responsabilité délictuelle pour sanctionner la faute dolosive des constructeurs.[1088] Pour H. et L. Mazeaud et A. Tunc[1089], cette solution est nécessairement contraire au principe de l'autonomie de la volonté. En effet, selon ces auteurs, tout le problème de l'option entre la responsabilité contractuelle et la responsabilité délictuelle se ramène à l'examen de la volonté des parties. L'accès de la responsabilité délictuelle pour sanctionner un manquement contractuel n'est recevable qu'avec le consentement des parties. En revanche, en cas de silence, seul l'ordre contractuel doit recevoir application même si l'inexécution contractuelle est dolosive[1090].

Pour d'autres auteurs[1091], s'il est vrai que le débiteur de mauvaise foi doit être sanctionné sévèrement, ce but pourrait être atteint en application des règles contractuelles. Bigot-Prémaneu n'a-t-il pas affirmé expressément que les dommages et intérêts trouvent en cas de dol leur cause dans l'inexécution de l'obligation ?[1092] D'ailleurs, lorsque l'inexécution du contrat est dolosive, le législateur a prévu certaines exceptions aux règles ordinaires de la responsabilité contractuelle qui rapprochent cette dernière de son homologue délictuelle. Ainsi, les clauses limitatives de responsabilité sont nulles, la limitation de la réparation aux seuls préjudices prévisibles est écartée. Nul besoin alors de faire recours à l'option délictuelle. Le débiteur coupable de dol

---

[1088] Les critiques adressées à cette théorie sont de plus en plus ascendantes. Voir Labéé note S. 1885, 1, p. 1 ; Planiol et Ripert, Traité. Tome VI par P. Esmein, n°492 ; H. et L. Mazeaud, Traité de la responsabilité, T. I, n°189 et suivants. Voir encore ; R. Rodière, Une notion menacée, la faute ordinaire dans les contrats, RTD civ. 1954, p. 201 ; G. Cornu, RTD civ. 1966, p. 829 ; B. Soinne, La responsabilité des architectes et entrepreneurs après la réception des travaux, LGDJ, 1969, p. 306 et s ; J. Mazeaud, D. 1973, p. 272 sous Civ. 3e, 18 déc. 1972 ; J. Frossereau, Le clair-obscur de la responsabilité des constructeurs, D. 1977, chron., p. 28 ; J.-P. Karila, « Garanties légales et responsabilité de droit commun des locateurs d'ouvrages immobiliers après la réception de l'ouvrage », D. 1990, chron., p. 307 ; M. Espagnon, J-cl. civil, art. 1146 à 1155 fasc. 16-1 n°64 ; M. Abbad-faure, Le fait générateur de la responsabilité contractuelle, thèse précitée, n°332 ; A. Vignon Pinault, Intention et responsabilité civile, PUAM, 2004, préf. D. Mazeaud, n°555, p. 499.

[1089] H. et L. Mazeaud, A. Tunc, Traité théorique et pratique de la responsabilité civile délictuelle et contractuelle, 6e éd., Montchrestien, 1965, n°205.

[1090] H. et L. Mazeaud, A. Tunc, Traité théorique et pratique de la responsabilité civile délictuelle et contractuelle, *op. cit. Loc. cit.* Voir dans le même sens Labbé note S. 1885, 1, 1.

[1091] G. Cornu, Le problème du cumul de la responsabilité contractuelle et de la responsabilité délictuelle, *in* 6e congrès international de droit comparé 1962, p. 242. voir dans le même sens M. Espagnon, thèse précitée, p. 72, n°76 *adde* pour le même auteur note au D. 1980, p. 414 ; P. Rémy, obs. RTD civ. 1981, p. 868.

[1092] « Mais dans ce cas-là, même les dommages et intérêts n'en ont pas moins leur cause dans l'inexécution de l'obligation », Bigot de Préameneu Locré, *op. cit. Loc. cit.*

« tomberait sous le coup d'une responsabilité aggravée, mais toujours contractuelle »[1093].

178. Application de la responsabilité contractuelle. Ces critiques ont trouvé un écho dans certains arrêts isolés rendus sur le fondement de la responsabilité contractuelle de droit commun[1094], et ce avant le revirement jurisprudentiel du 27 juin 2001 dans lequel la troisième Chambre de la Cour de cassation a décidé solennellement que « le constructeur, nonobstant la forclusion décennale est, sauf faute extérieure au contrat, contractuellement tenu à l'égard du maître de l'ouvrage de sa faute dolosive »[1095].

Cette solution présentait, avant la loi n°2008-561 du 17 juin 2008 portant réforme de la prescription civile, un avantage en ce qui concerne les délais[1096]. En effet, avant cette loi, l'action délictuelle se prescrivait par dix ans à compter de la manifestation du dommage, alors qu'elle est toujours de trente ans en matière contractuelle sauf dans le cas de l'article L. 110-4 du Code de commerce. Cet intérêt est désormais atténué depuis la réforme du droit de la prescription qui a retenu un délai quinquennal uniforme dans les deux branches de la responsabilité civile à compter du jour où le titulaire de droit, ici la victime du dol, a connu ou aurait dû connaître les faits dolosifs[1097]. On peut alors se demander si le débat sur la nature de la responsabilité encourue en cas de dol n'est pas dorénavant purement théorique. De telles réflexions en suscitent d'autres. Si les règles sont uniformes, pourquoi alors cet engouement pour la qualification contractuelle et pourquoi ce souci de sauvegarder autant que faire se peut la règle du non-cumul ? Examinées de près, les critiques adressées à l'exception, jadis consacrée à l'application de la responsabilité délictuelle au cours de l'exécution du contrat, devraient être relativisées.

[1093] G. Cornu, Le problème du cumul de la responsabilité contractuelle et de la responsabilité délictuelle, *in* 6e congrès international de droit comparé 1962 précité.

[1094] Voir Civ. 3e, 2 juillet 1975, Bull. civ. III, n°233. La 3e Chambre civile de la Cour de cassation a retenu la responsabilité d'un constructeur passé le délai de 10 ans, sans se référer aux articles 1382 et 1383. L'importance de cet arrêt a été soulignée dans le rapport de la Cour de cassation au garde des sceaux de 1975, p. 77, qui y voit « une ébauche de revirement de jurisprudence quant à la base juridique de l'aggravation de la responsabilité du contractant ». Voir également Civ. 3e, 5 janv. 1983, RDI 1983, p. 233, obs. Ph. Malinvaud et B. Boubli. Néanmoins, ces deux arrêts n'ont pas fixé la jurisprudence française qui a continué à maintes reprises à retenir le fondement délictuel. Voir Civ. 3e, 21 nov. 1990, RGAT 1991, p. 125, obs. A. D'Hauteville ; Civ. 3e, 4 déc. 1991, RDI 1992, p. 73 ; Com. 19 juin 1993, Bull. Civ. IV, n°24.

[1095] Civ. 3e, 27 juin 2001, Bull. civ. III, n°83, D. 2001 Conclusion J.-F. Weber et note de J. P. Karila, p. 2935 ; JCP 2001, II, 10626, note Ph. Malinvaud ; P. A, 25 février 2002 n°40, p. 14, note C. Gentili ; Défrenois 2002, p. 64, obs. H. Périnet- Marquet ; Droit et patrimoine, mai 2002, n°104, obs. F. Chabas ; RTD civ. 2001, p. 887, obs. P. Jourdain ; Resp. civ. et assur. oct. 2001, Com. 289.

[1096] Sur cette réforme, voir *supra* n°137.

[1097] Voir Ph. Malinvaud, Prescription et responsabilité des constructeurs après la réforme du 17 juin 2007, RDI 2008, n°8, p. 370.

Le recours à la volonté des parties afin de justifier la mise à l'écart des règles délictuelles pourrait paraître d'emblée une voie périlleuse. Purement divinatoire, cette méthode est facilement réfutable. C'est ainsi que pour certains auteurs, la volonté des contractants qui, selon eux, refoule normalement la responsabilité délictuelle, serait inefficace en cas de faute dolosive car contraire à l'ordre public contractuel[1098]. La même position est adoptée en droit belge par les adeptes de la théorie dite de l'incompatibilité mitigée entre la responsabilité contractuelle et délictuelle. En effet, selon Pirson et Villé[1099], il y a une incompatibilité de principe entre l'ordre contractuel et l'ordre délictuel car en contractant, les parties entendent s'écarter des règles délictuelles. Néanmoins, l'autonomie de la volonté n'est pas absolue ; elle est limitée par l'ordre public qui s'oppose à ce que le contractant s'abrite derrière le contrat pour échapper à la réparation complète du préjudice qu'il a causé par sa faute dolosive. Scruter la volonté des parties, pourrait donc justifier deux conclusions contradictoires.

Le particularisme des règles contractuelles ne justifie pas non plus cette obstination pour une responsabilité exclusivement contractuelle. En perpétuel déclin[1100], les spécificités de l'action contractuelle s'évaporent davantage lorsque l'inexécution du contrat est dolosive.

Le recours à l'article 1150 du Code civil dont la structure de rédaction fait cohabiter les termes « dol » et inexécution de la convention suffit pourtant à prouver que la faute dolosive pourrait être sanctionnée par une responsabilité contractuelle. Or, la jurisprudence antérieure à l'arrêt du 27 juin 2001 a supprimé purement et simplement tout recours contractuel. Si cette jurisprudence nous paraît donc critiquable, ce n'est point parce qu'elle a autorisé une option, mais parce qu'elle a annihilé une option. En effet, contrairement à ce qui est classiquement présenté, il n'y a pas à proprement parler d'exception à la règle du non-cumul. Pour qu'il en soit ainsi, il faut que la jurisprudence autorise la victime à opter soit pour la voie contractuelle, soit pour la voie délictuelle[1101]. Or, avant le revirement du 27 juin 2001, le recours était nécessairement délictuel. Le juge agrée l'application des règles délictuelles, non pas parce qu'il admet l'option ou parce qu'il consacre une exception à la règle du non-cumul, mais tout simplement parce qu'il disqualifie,

---

[1098] Bouvier-Banguillon, note sous Req. 20 juill. 1902, Pandecte 1903, p. 5 ; Demogue, note S. 1924, 1, 105.

[1099] Pirson et Villé, Traité de la responsabilité civile extracontractuelle, éd. É. Bruylant, LGDJ, 1935 *adde* A. De ville, Les responsabilités contractuelles et délictuelles et leurs rapports, RGAR 1932, p. 1044.

[1100] Voir supra n°115 et et s.

[1101] *Contra.* L. Leturmy, pour qui l'application de la responsabilité délictuelle pour sanctionner la faute dolosive du constructeur constitue une vraie exception à la règle du non-cumul. Ainsi écrit-elle : « nous pouvons continuer d'affirmer que la faute dolosive dans l'exécution du contrat entraînant la mise en œuvre de la responsabilité délictuelle du contractant est bel et bien une exception véritable au principe du non-cumul ». Voir L. Leturmy, La responsabilité délictuelle du contractant, RTD civ. 1998, p. 839.

aux dépens de l'article 1150 du Code civil, la responsabilité contractuelle des constructeurs. Même Josserand, considéré comme le pionnier de cette exception, n'a pas pour autant songé à autoriser la victime un choix entre la voie délictuelle et la voie contractuelle. Faut-il rappeler que l'auteur est un partisan fervent d'une incompatibilité absolue entre la qualité de contractant et celle d'un tiers ?[1102] Le débiteur auteur d'une faute dolosive ne fait que, selon lui, quitter la sphère contractuelle pour être traité par la responsabilité délictuelle. La doctrine dans son ensemble se félicite du retour à la thèse contractuelle avec l'arrêt du 27 juin 2001[1103], car même si les différences de régime s'estompent, il n'en reste pas moins vrai que la définition du fait générateur, en l'occurrence le dol[1104], paraît selon plusieurs auteurs[1105] plus élargie en matière contractuelle qu'en matière délictuelle. Or, ce constat devrait, pensons-nous, être relativisé, vu le rapprochement entre le dol contractuel et le dol délictuel qui ne cesse de s'accroitre.

B. Le rapprochement entre le dol contractuel et le dol délictuel

179. L'autonomie du dol contractuel. Initialement, la faute dolosive est décrite comme l'équivalent contractuel de la faute intentionnelle en matière délictuelle.[1106] L'intention de nuire était donc une condition commune aux deux responsabilités pour établir le dol du débiteur. « On commet une faute délictuelle », écrivent MM. Mazeaud en 1934, « de même qu'on commettait un *dolus* de droit romain, chaque fois qu'on agit dans l'intention de causer un dommage. Il y a là une erreur de conduite caractérisée, acte méchant,

[1102] L. Josserand, Notes sous Cass. 14 déc. 1926, DP. 1927, 1, 105

[1103] Civ. 3e, 27 juin 2001, précité

[1104] Sur la notion de la faute dolosive, voir H. Lalou, « La gamme des fautes », DH 1940, chron. P. 17 ; R. Rodière, « une notion menacée : la faute ordinaire dans les contrats », RTD civ. 1954, p. 20 ; R. Jambu-Merlin, « Dol et faute lourde », D. 1955, chron., p. 84 ; G. Brière de l'Isle, « La faute intentionnelle (à propos de l'assurance de la responsabilité civile professionnelle) », D. 1973, p. 259 ; « la faute dolosive, tentative de clarification », D. 1980, chron., p. 133 ; « La faute intentionnelle ou cent fois sur le métier… », D. 1993, p. 75 ; D. Nguyen thank-Bourgeais, « La faute dolosive et sa place actuelle dans la gamme des fautes », RTD civ. 1974, p. 496 ; J. Ghestin, « La faute intentionnelle du notaire dans l'exécution de se obligations contractuelle et l'assurance de responsabilité », D. 1974, chron., p. 31 ; G. Viney, « Remarques sur Faute inexcusable, lourde et dolosive », D. 1975, chron. 2, p. 263 ; A. Tunc, « Remarques sur la distinction entre faute intentionnelle, faute inexcusable et la faute lourde », D. 1975, chron. P. 263 ; A. Ghafourian, Faute lourde, faute inexcusable et dol en droit français, thèse, Paris II, 1977 ; A. Vignon-Barrault, Intention et responsabilité civile, PUAM, 2004, préf. D. Mazeaud.

[1105] J. P. Karila, note sous Civ. 3e, 27 juin 2001, D. 2001, p. 2935 ; Ph. Malinvaud, note au JCP 2001, II, 10626, C. Gentili, note au P. A, 25 février 2002 n°40, p. 14 ; H. Périnet- Marquet, obs. au Défrenois 2002, p. 64 ; F. Chabas , obs. au Droit et patrimoine, mai 2002, n°104, obs.

[1106] Sur l'étude de l'évolution historique de la notion de la faute dolosive, voir G. Viney et P. Jourdain, Les conditions de la responsabilité, *op. cit.*, n°618 et s.

« malignité » comme disait Pothier.[1107] Plus loin, les mêmes auteurs définissent la faute contractuelle dolosive pareillement : « C'est intentionnellement que le débiteur n'exécute pas son obligation : il commet cette faute avec le désir de causer un préjudice à son créancier. La faute contractuelle est alors de même ordre que la faute délictuelle ; on lui donne généralement le nom de dol ».[1108]

Cette unité a été battue en brèche dès les années 1950 quand Jambu-Merlin[1109], suivi ultérieurement par plusieurs autres auteurs[1110], proposait de distinguer pour la définition du dol les deux branches de responsabilités. Si le dol délictuel suppose nécessairement l'intention de nuire, l'existence d'un lien entre les parties permettrait d'augmenter le seuil de la responsabilité, le dol et la mauvaise foi se trouvant établis dès qu'une partie se refuse délibérément à exécuter ses obligations contractuelles. Cette présentation n'est pas restée lettre morte. En affirmant que « le débiteur commet une faute dolosive lorsque, de propos délibéré, il se refuse à exécuter ses obligations contractuelles même si ce refus n'est pas dicté par l'intention de nuire à son contractant », l'arrêt de la « société des comédiens français »[1111] a fini par adopter une définition large du dol contractuel. Cet élargissement visait en l'espèce à paralyser les effets d'une clause relative à la responsabilité. Peu usitée, depuis, pour mettre en échec lesdites clauses[1112] puisque la faute lourde est assimilée à un dol et produit les mêmes effets que lui, l'extrapolation de l'élément intentionnel du dol contractuel a été affirmée récemment par la Chambre commerciale de la Cour de cassation dans son arrêt du 4 mars 2008[1113].

Dans le domaine de la construction, la définition du dol a connu une évolution tourmentée. L'enjeu est pourtant de taille puisqu'il s'agit de priver le constructeur du bénéfice de la garantie décennale à compter de la réception. Cet intérêt demeure à l'ordre du jour même après la réforme du droit de la prescription du 17 juin 2008, puisque le point de départ de la prescription

[1107] H. et L. Mazeaud, Traité théorique et pratique de la responsabilité civile délictuelle et contractuelle, tome I, 2e éd., 1934, n°409, p. 411.
[1108] *Op. cit.* n°674, p. 621.
[1109] Jambu-Merlin, Dol et faute lourde, D. 1955, chr., p. 89.
[1110] J. Ghestin, La faute intentionnelle du notaire dans l'exécution de ses obligations contractuelle et l'assurance de responsabilité, D. 1974, chron. ; D. Nguyen Thanh-Bourgeais, La faute dolosive et sa place actuelle dans la gamme des fautes, RTD civ. 1974, p. 496 ; G. Durry, obs. RTD civ. 1977, n°3, p. 785.
[1111] Civ., 4 fév. 1969, JCP 1969, II, 16030, note Prieur, D. 1969, p. 601, note J. Mazeaud.
[1112] Voir Cour d'appel de Paris, 8e ch. A, 15 sept 1992, D. 1993, p 98, obs. P. Delebecque. Le transporteur qui fait de la surréservation commet un dol rendant inopposables aux passagers victimes de la survente les clauses limitatives de réparation dont il se prévaut.
[1113] Com. 4 mars 2008, D. 2008. p. 844, obs. X. Delpech, JCP 2008. II. 10079, note L. Guignard ; RTD civ. 2008, p. 490, obs. P. Jourdain, RDC 2008 n°3, p. 750, note G. Viney. Le transporteur de marchandises qui s'est vu interdire toute sous-traitance par l'expéditeur et qui sous-traite l'opération, se refusant ainsi, de propos délibéré, à exécuter son engagement, commet une faute dolosive qui le prive du bénéfice des limitations d'indemnisation que lui ménage la loi ou le contrat.

quinquennale est désormais la découverte des faits dolosifs. Alors quand justement le comportement du constructeur est-il considéré comme dolosif ? Faut-il adopter une conception large ou restreinte du dol ? Juste après l'arrêt de la société des comédiens, la Cour de cassation a paru consacrer une définition élargie[1114], avant de changer de perspective et décider que « l'existence d'une faute dolosive suppose non seulement la conscience de la faute[1115], mais encore la volonté de réaliser le dommage » ou même l'intention de nuire[1116]. On comprend alors le souci d'une grande partie de la doctrine de contractualiser la faute dolosive du constructeur[1117], la responsabilité contractuelle est considérée dans ce contexte plus protectrice que son homologue délictuelle. Mais le retour à la thèse contractuelle avec l'arrêt de la Cour de cassation du 27 juin 2001[1118] assure-t-il réellement cet avantage accolé à la responsabilité contractuelle ?

180. La définition du dol contractuel adoptée par l'arrêt de la troisième Chambre civile de la Cour de cassation du 27 juin 2001[1119]. Si plusieurs auteurs approuvent la contractualisation du dol avec le revirement du 27 juin 2001, c'est justement parce que la haute juridiction a adopté, selon eux, une définition large du dol contractuel[1120]. En effet, conformément aux suggestions de l'Avocat général Wéber[1121] dans ses conclusions, la troisième Chambre de la plus haute juridiction déclare que « les constructeurs, nonobstant la forclusion décennale, est, sauf faute extérieure au contrat, contractuellement tenu à l'égard du maître de l'ouvrage de sa faute dolosive lorsque, *de propos délibéré, même*

[1114] Civ. 3e , 18 déc. 1972, D. 1973, p. 272, note J. Mazeaud ;Civ. 3e, 9 mai 1979, D. 1979, IR, p. 468.
[1115] Civ. 3e, 26 mai 1988, JCP G 1988, IV, p. 276 ; Civ. 3e, 7 fév. 2001, JCP G 2001, IV, 1571 ; RDI 2001, p. 348 ; JCP G 2001, IV, 2113.
[1116] Civ. 1re, 18 déc. 1996, Bull. civ. I, n°239, D. 1997, somm., p. 289, note P. Delebecque.
[1117] J. Frossereau, Le clair-obscur de la responsabilité des constructeurs, D. 1977, chron., p. 28 ; A. S. Muzuaghi, Le déclin des clauses d'exonération de responsabilité sous l'influence de l'ordre public nouveau, préf. P. Bonassies, LGDJ, 1981 N°340, p. 230 ; J.-P. Karila, « Garanties légales et responsabilité de droit commun des locateurs d'ouvrages immobiliers après la réception de l'ouvrage », D. 1990, chron., p. 307 ; Droit de la promotion immobilière, 8e éd., Dalloz 2009 ; M. Espagnon, J-cl. civil, art. 1146 à 1155 fasc. 16-1 n°64 ; M. Abbad-Faure, Le fait générateur de la responsabilité contractuelle, thèse précitée, n°332 ; A. Vignon Pinault, Intention et responsabilité civile, PUAM, 2004, préf. D. Mazeaud, n°555, p. 499.
[1118]Civ. 3e, 27 juin 2001, précité D. 2001 Conclusion J.-F. Weber et note de J.-P. Karila, p. 2935 ; JCP 2001, II, 10626, note Ph. Malinvaud ; P. A, 25 février 2002 n°40, p. 14, note C. Gentili ; Défrenois 2002, p. 64, obs. H. Périnet-Marquet ; Droit et patrimoine, mai 2002, n°104, obs. F. Chabas ; RTD civ. 2001, p. 887, obs. P. Jourdain ; Resp. civ. et assur. oct. 2001, Com. 289
[1119] Civ. 3e, 27 juin 2001, précité.
[1120] Ph. Malinvaud, note sous Civ. 3e, 27 juin 2001, JCP 2001, II, 10626 ; C. Gentili, note sous Civ. 3 e, 27 juin 2001, P. A, 25 février 2002 n°40, p. 14 ; H. Périnet-Marquet, obs. sur Civ. 3 e, 27 juin 2001, Défrenois 2002, p. 64 ; F. Chabas, obs. sur Civ. 3 e, 27 juin 2001, Droit et patrimoine, mai 2002, n°104.
[1121] D. 2001, p. 2935.

sans intention de nuire, il viole par dissimulation ou par fraude ses obligations contractuelles [1122]».

Certes, comme dans l'arrêt de la société des comédiens français de 1969[1123], la Cour n'exige plus la démonstration de l'intention de nuire, mais seulement que la violation des obligations contractuelles soit délibérée ; néanmoins, il serait téméraire d'affirmer que toute inexécution volontaire des prescriptions contractuelles constitue un dol. En fait, non sans ambiguïté, les juges ajoutent que cette violation contractuelle doit être faite « par dissimulation ou par fraude ». Loin donc de consacrer une définition élargie du dol similaire à celle retenue dans l'arrêt de 1969, la Cour adopte une nouvelle définition propre au domaine de la construction constituée, soit par la dissimulation, soit par la fraude. On peut se demander alors si ces deux éléments constitutifs de dol élargissent réellement cette faute caractérisée ; et si tel est le cas, cet élargissement est-il la conséquence directe du caractère contractuel de la responsabilité ? Pour répondre à cette question, il convient d'approfondir les deux hypothèses de dol proposées par l'arrêt. S'agissant d'abord du dol constitué par la fraude, plusieurs auteurs commentant l'arrêt du 27 juin 2001 ont considéré que la Cour a consacré « le dol malfaçon volontaire »[1124]. Néanmoins, le terme utilisé par les juges paraît beaucoup plus restrictif. Toute malfaçon volontaire ne constitue pas nécessairement un dol, encore faut-il que cette malfaçon volontaire soit frauduleuse. Or, la fraude ne prouve-t-elle pas en elle même « une intention caractérisée de causer le dommage »[1125] similaire à celle retenue en matière délictuelle ?

Concernant le dol par dissimulation, cette hypothèse vise le cas où le constructeur essaie de dissimuler une malfaçon de manière à éviter que le maître de l'ouvrage ne la découvre lors de la réception, ou dans les délais de garantie[1126]. « À notre époque », écrit M. P. Malinvaud[1127], « où l'obligation d'information qui pèse sur les professionnels est reine, la dissimulation est impardonnable. Elle constitue nécessairement un dol ». Le silence gardé par un contractant est considéré par la Cour de cassation comme constitutif de mauvaise foi. La jurisprudence en a fait application au contrôleur technique qui garde le silence sur la non-conformité de l'installation aux normes techniques[1128]. La même solution est retenue à l'égard du maître d'œuvre qui ne

---

[1122] Nous soulignons.

[1123] Arrêt précité.

[1124] Ph. Malinvaud, note sous Civ. 3e, 27 juin 2001, JCP 2001, II, 10626 ; C. Gentili, note sous civ. 3e, 27 juin 2001, P. A, 25 février 2002 n°40, p. 14, A. Vignon-Barrault, Intention et responsabilité civile, thèse précitée, n°559 ; Ph. Malinvaud, P. Jestaz, P. Jourdain et O. Tournafond, Droit de la promotion immobilière, Précis Dalloz, 7e éd., 2004, n°177.

[1125] G. Viney et P. Jourdain, Les conditions de la responsabilité, *op. cit.*, p. 670.

[1126] Ph. Malinvaud, note sous civ. 3e, 27 juin 2001, JCP 2001, II, 10626.

[1127] *Ibid.*

[1128] Civ. 3e , 22 juin 2005, Bull. civ. III, n°135 ; RDI 2005, p. 338, obs. Ph. Malinvaud ; RDC, 2006 n°3, p. 833, obs. S. Carval.

relève pas lors de la réception les désordres, apparents à ses yeux de professionnel[1129]. L'élargissement de la notion du dol dans ces deux arrêts est tel que la doctrine craint un glissement vers la faute lourde[1130]. L'arrêt du 22 juin 2005[1131] a même retenu l'existence d'un dol alors que le caractère volontaire du silence est plus qu'incertain[1132].

181. Le recul de la distinction entre dol contractuel et dol délictuel. Cette nouvelle définition du dol incluant le silence est-elle spécifique à la responsabilité contractuelle ? Cela est fort douteux. En effet, une telle faute dolosive, quoique commise au cours de l'exécution du contrat, présente une forte similitude avec le dol précontractuel qui consiste le plus souvent dans des mensonges ou des dissimulations destinés à tromper le partenaire[1133]. D'ailleurs, dans l'arrêt du 21 juin 2001, on pouvait, comme le soulignait à juste titre M. Malinvaud, hésiter entre deux qualifications du dol du vendeur d'immeuble à construire, dol dans l'exécution ou dans la conclusion du contrat.[1134]

En réalité, il serait exagéré d'affirmer que l'élargissement de la notion du dol correspond à la contractualisation de la responsabilité du constructeur. Faut-il rappeler que l'arrêt de la troisième Chambre de la Cour de cassation du 18 décembre 1972[1135] vigoureusement critiqué par la doctrine[1136] retient une définition large du dol tout en restant sur le terrain délictuel ? Si la jurisprudence retient deux conceptions du dol, l'une large, l'autre restreinte, ceci ne devrait pas correspondre, pensons-nous, à la distinction entre la responsabilité contractuelle et la responsabilité délictuelle[1137]. Malléable, la notion de faute dolosive pourrait être modelée par les juges selon l'intérêt en cause. Ainsi, une définition restrictive est adoptée dans le contrat de travail afin de ne pas priver le salarié de la protection que lui apporte la législation sociale.[1138] La même restriction est retenue pour la définition de la faute

---

[1129] Civ. 3e, 6 déc. 2005, RDI 2006, p. 137, obs. Ph. Malinvaud.

[1130] Ph. Malinvaud, obs. sur Civ. 3e, 22 juin 2005, RDI 2005, p. 338 ; S. Carval, note précitée.

[1131] Arrêt précité.

[1132] S. Carval, obs. sous Civ. 3e, 22 juin 2006, RDC 2006, p. 834. Voir dans le même sens Civ. 3e, 11 mai 2005, Bull. civ. III, n° 101. La Cour retient le dol du constructeur alors que son caractère délibéré n'est pas établi.

[1133] S. Carval, note précitée. Voir dans le même sens C. Larroumet, Droit civil. Les obligations, précité, n°623. L'auteur écrit : « le dol dans l'exécution du contrat, comme le dol dans la conclusion du contrat, suppose la mauvaise foi ».

[1134] Ph. Malinvaud, note précitée.

[1135] Civ. 3e, Civ. 18 déc. 1972, D. 1973, p. 272, note J. Mazeaud.

[1136] Notamment par J. Mazeaud, note précitée.

[1137] Voir dans le même sens G. Viney, « Remarques sur Faute inexcusable, lourde et dolosive », D. 1975, chron. 2, p. 270 ; G. Viney et P. Jourdain, Les conditions de la responsabilité, *op. cit.*, p. 671.

[1138] Voir Soc. 13 janv. 1966, Bull. civ., IV, n°63 ; Soc. 24 avril 1969, Bull. civ. IV, n°265 ; D. 1969, p. 649, note Y. Saint-Jours ; Soc., 26 janv. 1972, D. 1972, somm., p. 33 ; Soc., 6 janv. 1977, D. 1977, IR, p. 57 ; JCP 1977, IV, p. 49 ; Soc., 21 avril 1977, Bull. civ., V, n°264.

intentionnelle non susceptible d'assurance.[1139] L'élargissement de la notion de dol ne rime pas donc nécessairement avec le transfert du dol sous l'égide contractuelle. C'est un intérêt exagérément attribué à la thèse contractuelle. Le passage d'une définition restrictive à une définition élargie et *vice versa* n'est point lié par un saut d'un ordre à un autre. La nature de la responsabilité, contractuelle ou délictuelle, reste pensons-nous purement contingente.

Ceci étant, l'ingérence de la responsabilité délictuelle au cours de l'exécution du contrat lorsque l'inexécution est dolosive a servi de mauvais exemple pour la thèse de l'option. La méthodologie utilisée est en réalité défectueuse. Non seulement l'ordre contractuel est purement et simplement supprimé alors qu'il est considéré, surtout avant la réforme du droit de la prescription[1140], plus avantageux pour la victime, mais aussi et surtout, la manière dont la responsabilité délictuelle a été amenée à s'introduire dans le contrat, au nom de la gravité de la faute, est peu soutenable. En appliquant désormais une responsabilité exclusivement contractuelle, la règle du non-cumul a acquis plus de légitimité, rendant toute idée d'option vouée à l'échec. Ceci est d'autant plus vrai que la jurisprudence a également écarté l'application de la responsabilité délictuelle lorsque l'inexécution du contrat est pénalement répréhensible.

§2. L'inexécution pénalement répréhensible du contrat[1141]

182. Plusieurs arguments ont été avancés (B), en droit français, afin de justifier l'application de la responsabilité délictuelle du débiteur contractuel, auteur d'une infraction pénale, devant les juridictions répressives (A). Vivement critiquée par la doctrine, cette délictualisation est actuellement en déclin, le juge pénal n'hésitant plus à appliquer les règles de la responsabilité contractuelle (C). En droit tunisien, la règle de l'option entre la responsabilité contractuelle et la responsabilité délictuelle, largement consacrée par les juridictions civiles s'efface devant le juge pénal. Ce dernier doit, contrairement à son homologue français, se désister lorsqu'il décide la relaxe du prévenu. L'évolution qu'a connue le droit français pourrait ouvrir des pistes pour le droit de la procédure pénale tunisien qui, pensons-nous, nécessite une refonte profonde (D).

[1139] Civ. 1re, 27 mai 2003, Bull. civ. I, n°215 ; Resp. civ. et assur. 2003, comm. N°282 ; JCP 2004, I, 101, n°14 et s., obs. G. Viney ; Civ. 2e, 18 mars 2004, Bull. civ., II, n°130 ; Resp ; civ ;et assur., 2004, comm. N°130 ; D. 2004, p. 2324, note B. Beignier.

[1140] Sur la réforme du droit de la prescription du 17 juin 2008, voir *supra* n°137 et s.

[1141] Voir M. Muller, L'inexécution pénalement répréhensible du contrat, thèse, Paris II, 1976 ; V. Wester-Ouisse, Convention et juridiction pénale, thèse, Nantes, 1999 ; V. Tellier, De l'obligation civile dans es rapports avec les situations d'impunité, thèse, Tours, 2000 ; Ph. Bonfils, L'action civile, Essai sur la nature juridique d'une institution, PUAM, 2000, préf. S. Cimamonti.

A. L'application de la responsabilité délictuelle par le juge pénal

183. Divergence entre la Chambre criminelle et les Chambres civiles. Il n'est pas rare que l'inexécution d'un contrat coïncide avec la commission d'un délit pénalement répréhensible. On pense en particulier à l'abus de confiance qui est à la fois une inexécution contractuelle et une infraction[1142]. Tel est le cas également de l'inexécution d'une obligation de sécurité qualifiée, sur le plan pénal, de coups et blessures involontaires. Selon une jurisprudence traditionnelle de la Chambre criminelle de la Cour de cassation, lorsque l'inexécution d'une obligation contractuelle est pénalement incriminée et que l'action civile est portée, accessoirement à l'action publique, devant une juridiction répressive, elle doit être jugée selon les principes délictuels.[1143] Le juge pénal n'a pas à appliquer l'article 1150 du Code civil limitant la réparation aux seuls préjudices prévisibles[1144], ni à tenir compte des clauses relatives à la responsabilité[1145]. Quant à la responsabilité du fait d'autrui, et même si la victime est liée au commettant par un contrat, elle doit être fondée sur l'article 1384 alinéa 5 et non sur la responsabilité contractuelle du fait d'autrui[1146]. Le juge pénal a même consacré la primauté du délai de prescription de l'action publique afin d'écarter les courtes prescriptions de droit civil consacrées par quelques textes spéciaux, tels que le délai biennal prévu par la Convention de Varsovie sur le transport aérien[1147]

Cette position est restée spécifique à la Chambre criminelle. Le juge civil admet, quant à lui, que l'action en responsabilité fondée sur une inexécution contractuelle, fût elle réprimée par la loi pénale, est soumise au seul régime contractuel et échappe, règle du non-cumul oblige, à l'application des articles

---

[1142] Voir l'article 314-1 du Code pénal.

[1143] Crim. 15 juin 1924, DP 1924, p. 135 ; Crim., 6 juin 1946, D. 1947, J. 234, note J. Savatier ; Crim. 12 déc. 1946, D. 1947, J. 94 ; JCP 1947, II, 3621, note R. Rodière ; Crim. 29 nov. 1955, D. 1956, p. 177 ; Crim. 26 nov. 1964, GP 1965, 1, 312 ; Crim. 17 mai 1966, JCP 1966, II, 14703, note M. De Juglart ; D. 1966, p. 471, note M. Muller ; Crim. 17 mai 1966, JCP 1966, II, 14703, note M. De Juglart ; D. 1966, p. 518, note Chauveau ; RTD civ. 1966, p. 798, obs. Durry ; Crim. 24 nov. 1972, Bull. crim., n°300 ; Crim. 3 juill. 1980, JCP 1980, IV, 354 ; Crim. 16 déc. 1982, Bull. crim. ,n°297 ; Crim., 15 janv. 1985, JCP 1985, IV, 121 ; Crim. 15 janv. 1985, IV, p. 121 ; Crim. 18 oct. 1988, D. 1988, IR, p. 273 ; Crim. 27 mars 1996, JCP 1996, IV, 1518.

[1144] Crim. 29 nov. 1955, D. 1956, p. 177.

[1145] Crim. 10 mars 1958, Bull. crim., n°254.

[1146] Crim., 6 juin 1946, D. 1947, p. 234 ; Crim., 24 janv. 1983, D. 1983. 456, note J.M.R ; Crim., 15 mai 1986, GP. 1986. II. 682.

[1147] Crim. 17 mai 1966, JCP 1966, II, 14703, note M. De Juglart ; D. 1966, p. 518, note Chauveau ; RTD civ. 1966, p. 798, obs. G. Durry. La jurisprudence criminelle a, depuis l'arrêt du 9 janv. 1975, changé de solutions et a appliqué le délai de forclusion biennal. Voir Crim. 9 janv. 1975, D. 1976, jurisp. 111, note Chauveau, RTD civ. 1975, p. 547, n°11, obs. Durry.

1382 et suivants du Code civil.[1148] Les divergences entre les deux formations de la Cour de cassation sont alors apparentes. Sans être unique[1149], l'exemple tiré de la responsabilité médicale est à ce titre illustratif. Alors que pour le juge civil « la violation, même involontaire, de l'obligation contractuelle du médecin est sanctionnée par une responsabilité de même nature, également contractuelle ; l'action civile qui réalise une telle responsabilité ayant une source distincte du fait constitutif d'une infraction à la loi pénale, et, puisant son origine dans la convention préexistante »[1150], il n'en est pas de même pour le juge pénal pour qui « si la responsabilité médicale est en principe contractuelle, il en est autrement lorsque, comme en l'espèce, le manquement à leurs obligations commis par un médecin ou une sage-femme présente les caractères d'une imprudence ou d'une négligence constitutive de l'infraction prévue et réprimée par l'article 319 du Code pénal ; qu'en ce cas, il y a lieu à l'application de la loi pénale la cause de la responsabilité résultant nécessairement de la constatation du délit retenu à la charge du condamné »[1151]. La doctrine conclut que la victime possède, en cas d'infraction pénale, une option entre la responsabilité contractuelle et la responsabilité délictuelle, option découlant de celle offerte à la victime d'une infraction entre la saisine de la juridiction pénale et celle de la jurisprudence civile[1152]. D'ailleurs, la Chambre criminelle elle-même prend le soin de préciser qu' « [...] un fait dommageable lorsqu'il constitue une infraction pénale caractérisée [...] entraîne une responsabilité d'ordre délictuel, *faisant ainsi échec au principe de non-cumul des responsabilités contractuelles et délictuelle*[1153] »[1154].

B. Les arguments en faveur de la délictualisation de la responsabilité devant le juge pénal

184. Plusieurs arguments relevant du droit civil (1) ainsi que du droit processuel (2) ont été avancés afin de justifier la délictualisation de la responsabilité devant les juridictions répressives.

[1148] Civ. 20 avril 1936, D. 1936, p. 8, note L. Josserand ; Req. 15 juin 1937, J. C. P. 1937, 2, 413. Note Dallant ; Civ. 18 janvier 1938. G. P. 1938, 1, 314 ; Req. 1er juillet 1937. S. 1938, 1, 5.

[1149] On peut, de même, constater que les accidents de personnes, survenant dans l'exécution d'un contrat de transport ou d'un contrat de jeux forains, sont susceptibles de constituer une infraction pénale. Dans ces hypothèses, le juge répressif applique la responsabilité délictuelle, contrairement au juge civil qui retient la seule responsabilité contractuelle.

[1150] Civ. 20 avril 1936, précité.

[1151] Crim. 12 déc. 1946, D. 1947, J. 94 ; JCP 1947, II, 3621, note R. Rodière.

[1152] Voir P. Brun, Responsabilité civile extracontractuelle, *op. cit.*, n°88, n°113 ; G. Viney, Introduction à la responsabilité, *op. cit*, n°223.

[1153] Nous soulignons.

[1154] Crim. 27 juin 1972, GP 1973, 1, p. 249.

1. Les arguments qui relèvent du droit civil

185. La justification de Labbé : la théorie de l'acte double[1155]**.** Accueillie par Labbé, pourtant ardent défenseur d'une séparation hermétique entre l'ordre contractuel et l'ordre délictuel, cette exception à la règle du non-cumul se justifie, selon lui, par la théorie de l'acte double. En effet, en contrevenant pénalement au contrat, le débiteur aurait commis deux actes ; d'une part, il viole le contrat, d'autre part, il commet une infraction pénale. Mais ces actes n'auraient pas la même portée. Le second d'entre eux, éclipserait, voire effacerait le premier. L'infraction a, certes, été rendue à l'occasion de l'exécution du contrat, mais elle n'en est pas une suite. « L'acte principal », écrit l'auteur « c'est le délit pénal et le contrat n'a été qu'un moyen pour l'accomplir »[1156]. La responsabilité en jeu ne peut être que délictuelle, non seulement devant le juge pénal, mais également devant le juge civil. Loin de justifier une option qui dérogerait à la règle du non-cumul, l'auteur plaide en réalité pour la disparition de la responsabilité contractuelle. Or, justement, la doctrine[1157] ne comprend guère l'éviction de cet ordre de responsabilité lorsque le fait dommageable a une coloration pénale. C'est ce que les contestataires de la responsabilité contractuelle dans sa fonction réparatrice ont essayé de démontrer récemment en déplaçant le débat vers la nature des dommages et intérêts contractuels. Ceci ne peut, bien entendu, que revivifier le débat sur l'applicabilité de la responsabilité contractuelle devant le juge pénal d'un point de vue civiliste[1158].

186. Le débat revivifié : L'impossible application de la responsabilité contractuelle, mode d'exécution par équivalent, par le juge pénal. Certes, l'article 2 du Code de procédure pénale autorise la victime à demander au juge pénal la réparation de son préjudice né d'une infraction. L'article 470-1 du même Code irait jusqu'à autoriser la victime à demander la réparation en cas de relaxe du prévenu. Néanmoins, la prorogation de compétence dont bénéficie le juge pénal ne s'entend qu'au regard de l'action civile qui a pour objet la

---

[1155] Labbé a exposé ses idées dans deux notes au recueil Sirey. Voir S. 1885, 4, 25 ; S. 1886, 1, 1 et dans une correspondance échangée par lui avec M. Thaller au sujet de l'ouvrage de Sainctelette, voir Annales de droit commercial, t. I, 1886-1887, p. 185 et s. et p.251 et s. ; voir dans le même sens Ch. Sainctelette, Responsabilité et garantie, thèse précitée, p. 34 ; H. Lalou, Cours de Droit civil, n°619 ; R. Savatier, Traité de la responsabilité civile en droit français, administratif, procédural, Les sources de la responsabilité civile, 2e éd., Paris, LGDJ, 1956, Tome I, n°154.

[1156] Labbé, note au S. 1886, 1, 1 sous Req. 23 nov. 1885.

[1157] R. Rodière, note sous Crim. 12 déc. 1946, D. 1947, J. 94 ; JCP 1947, II, 3621 ; M. Edmond Noël, L'option entre la responsabilité contractuelle et la responsabilité délictuelle, thèse précitée, p. 161 ; M. Muller, L'inexécution pénalement répréhensible du contrat, thèse précitée, n°161 à 217 bis ; M. Bacache-Gibeili, Les obligations. La responsabilité civile extracontractuelle, *op. cit.*, n°99 ; G. Viney, Introduction à la responsabilité, *op. cit.* n°223.

[1158] C. Ophèle, « La responsabilité contractuelle dans la jurisprudence de la Chambre criminelle », mél. Stoufflet, LGDJ, 2001, p. 261.

réparation ; « toute action tendant à une autre fin ne serait pas une action civile, mais une action à fins civiles, excédant la compétence des juridictions répressives »[1159]. Or, les dommages et intérêts alloués à la victime en cas d'inexécution du contrat, loin d'être réparateurs, constituent un mode d'exécution par équivalent qui échappe par sa nature même à la compétence des juridictions répressives. M. Ophèle approuve ainsi l'application par le juge pénal des règles délictuelles et la mise à l'égard des règles contractuelles. Appliquer la responsabilité contractuelle par le juge pénal nécessite, toujours selon l'auteur, une modification de l'article 2 du Code de procédure pénale.[1160] Cette explication rappelle celle de M. Huet pour qui la responsabilité contractuelle joue une double fonction de réparation et de paiement. Devant le juge pénal, l'action contractuelle n'est recevable que si elle tend à réparer, elle devrait en revanche être déclarée irrecevable en ce qui concerne la fonction de paiement.[1161] Nous avons déjà exprimé notre réticence à l'égard de la thèse destructrice de la responsabilité contractuelle.[1162] Là encore, on ne peut qu'être frappé par le retrait de cette présentation par rapport au droit positif qui semble s'orienter désormais vers l'autorisation du juge pénal à appliquer toutes les règles de la responsabilité civile, y compris celles de la responsabilité contractuelle.[1163]

Il est clair donc que ni la théorie de l'acte double, ni la thèse contestataire de la fonction réparatrice de la responsabilité contractuelle n'expriment une idée d'option entre la responsabilité contractuelle et la responsabilité délictuelle. Toutes les deux ne font en réalité que justifier l'éviction de l'ordre contractuel. Le choix entre la responsabilité contractuelle et la responsabilité délictuelle est en réalité purement fortuit et s'explique par l'option procédurale dont dispose la victime entre la saisine du juge civil et le juge pénal. D'ailleurs, pour demander la réparation devant les juridictions répressives, en cas de condamnation du prévenu, seules les règles de la responsabilité délictuelle du fait personnel[1164] ou

---

[1159] C. Ophèle, *op. cit. Loc. cit.*

[1160] *Ibid.*

[1161] J. Huet, Responsabilité contractuelle et responsabilité délictuelle, Essai d'une délimitation entre les deux ordres de responsabilités, thèse, Paris, 1978, n°99, p. 106.

[1162] Voir *supra* n°27 et s.

[1163] Voir *infra* n°190 et s.

[1164] Crim. 15 juin 1924, DP 1924, p. 135 ; Crim., 6 juin 1946, D. 1947, J. 234, note J. Savatier ; Crim. 12 déc. 1946, D. 1947, J. 94 ; JCP 1947, II, 3621, note R. Rodière ; Crim. 20 mai 1952, JCP 1952, II, 7162, note Léauté ; Crim. 29 nov. 1955, D. 1956, p. 177 ; Crim. 26 nov. 1964, GP 1965, 1, 312 ; Crim. 17 mai 1966, JCP 1966, II, 14703, note M. De Juglart ; D. 1966, p. 471, note M. Muller ; Crim. 17 mai 1966, JCP 1966, II, 14703, note M. De Juglart ; D. 1966, p. 518, note Chauveau ; RTD civ. 1966, p. 798, obs. Durry ; Crim. 24 nov. 1972, Bull. crim., n°300 ; Crim. 3 juill. 1980, JCP 1980, IV, 354 ; Crim. 16 déc. 1982, Bull. crim. ,n°297 ; Crim., 15 janv. 1985, JCP 1985, IV, 121 ; Crim. 15 janv. 1985, IV, p. 121 ; Crim. 18 oct. 1988, D. 1988, IR, p. 273 ; Crim. 27 mars 1996, JCP 1996, IV, 1518.

la responsabilité délictuelle du fait d'autrui[1165] sont susceptibles d'être invoquées. Or, loin d'être animé par une logique optionnelle, ceci s'explique plutôt par des données propres au droit de la procédure pénale, des préceptes qui, au demeurant, sont en perpétuel déclin.

2. Les arguments qui relèvent du droit processuel

187. Seul le délit civil fonde l'action civile en réparation devant le juge pénal. À lire l'article 2 du Code de la procédure pénale[1166], on pourrait penser que la demande en réparation du préjudice né d'une infraction emprunterait les fondements du droit de la responsabilité civile avec ses deux piliers contractuels et délictuels. Pourtant, concevant l'exercice de l'action civile devant les tribunaux répressifs comme « un droit exceptionnel »[1167], la jurisprudence pénale a essayé de limiter la portée de cette action. Partant de cette logique restrictive, le juge s'est donné la possibilité de faire le tri entre les règles du droit de la responsabilité qui peuvent être invoquées devant lui. Cette sélection le conduisait à ne retenir que les règles de la responsabilité délictuelle.[1168] Lorsqu'une infraction est commise, il s'agit d'un préjudice commun subi par la société entière plutôt qu'une détresse particulière. Dès lors, les considérations d'ordre privé, telles que l'existence d'un contrat entre la victime et son responsable, doivent s'effacer.[1169] Il en découle que seule la responsabilité délictuelle, dont la formulation est plus générale, doit être utilisée.[1170] Ainsi peut-on lire sous la plume de M. Conte que « [...] la compétence d'un tribunal répressif se rapporte à une infraction, et non à un contrat, lorsqu'une faute est commise dans l'exécution d'un acte juridique, l'action publique ne concerne pas une violation de la loi contractuelle, mais un délit, c'est-à-dire un fait juridique, on conçoit mal comment l'action civile, qui, au pénal, est l'accessoire de l'action publique, pourrait obéir à des règles différentes »[1171]. En plus de cet argument pris de la source du fait dommageable, les procéduralistes classiques

---

[1165] Crim., 6 juin 1946, D. 1947, p. 234 ; Crim., 24 janvier 1983, D. 1983. 456, note J.M.R ; Crim., 15 mai 1986, GP. 1986. II. 682.

[1166] L'article 2 dispose que « l'action civile en réparation du dommage causé par un crime, un délit ou une contravention appartient à tous ceux qui ont personnellement souffert du dommage causé par l'infraction ».

[1167] Crim 9 janv. 1973, JCP 1974, II, 17675, note B. Bouloc. Une partie de la doctrine soutient cette présentation. L'action civile est exceptionnelle et doit être appliquée restrictivement. Voir S. Guinchard et J. Buisson, Procédure pénale, 6e éd. Litec / Lexis Nexis, 2010, p. 36.

[1168] G. Viney, obs sur Crim. 3 mars 1993, JCP 1994, I, 3772, n°3.

[1169] La Chambre criminelle énonce ainsi : « que les juges n'ont pas à rechercher dans les conventions intervenues, la cause d'une responsabilité qui résultait nécessairement de la constatation du délit dont le préposé était déclaré coupable » Crim., 6 juin 1946, D. 1947, J. 234, note J. Savatier.

[1170] V. Wester-Ouisse, Convention et juridiction pénale, thèse précitée 1999, n°278.

[1171] Voir P. Conte, *in* Responsabilité du fait personnel, Rép. civ. Dalloz, 1992, n°64 *adde* pour le même auteur, « Un revirement peut-il en cacher un autre ? », RCA 1996, n°4, note sous Crim. 4 janv. 1995.

justifient la disqualification de la responsabilité contractuelle devant le juge pénal par la différence de nature qui existe entre l'action en responsabilité de droit commun et l'action civile. Si la première est exclusivement réparatrice, la seconde, quoiqu'elle contribue à la réparation, a la particularité d'être le prolongement de la sanction[1172]. Mais à côté de ces arguments annoncés, se cache une autre justification plus profonde, celle de la relativité aquilienne.

188. L'idée sous-jacente : la relativité aquilienne. Lorsque les juridictions répressives estiment que l'action civile prend sa source dans le délit lui-même et non pas dans le contrat, il semble qu'elles se servent inconsciemment de la théorie de la relativité aquilienne[1173]. Selon cette théorie, chaque règle pénale a une finalité particulière. Le juge n'envisage le délit qu'en tant qu'une atteinte à la valeur pénalement protégée. Or, la violation contractuelle en elle-même ne pouvant s'élever à ce rang, c'est par l'intermédiaire de la responsabilité délictuelle que le juge examinera alors l'action civile.

Utilisée également pour exclure la réparation des dommages matériels devant le juge pénal[1174], puisque seuls les dommages corporels sont considérés comme des intérêts pénalement protégés, cette théorie est plus que discutable. En l'absence d'un critère objectif permettant de déterminer avec certitude les intérêts que chaque règle a pour objet de protéger, le travail du juge serait divinatoire, voire arbitraire[1175]. D'ailleurs l'idée de la relativité aquilienne a connu un coup d'arrêt important avec la réforme de 1958, qui a ajouté l'alinéa 2 de l'article 3 du Code de la procédure pénale disposant désormais que « (l'action civile) sera recevable pour tous chefs de dommages aussi bien matériels que corporels ou moraux qui découleront des faits objets de poursuite »[1176]. Dès lors, il n'est plus opportun de se baser sur la finalité de la loi pénale pour légitimer la mise à l'écart des règles contractuelles. Une exclusion qui se trouve de plus en plus injustifiable eu égard aux réformes législatives qui vont bafouer l'idée d'une action civile puisant sa source uniquement dans l'article 1382 du Code civil.

189. Le déclin de la présentation procédurale classique. Le postulat de base de cette jurisprudence, selon lequel « seule une faute délictuelle peut servir de support à une action civile devant la juridiction pénale », paraît injustifié[1177]. Les articles 2 et 3 du Code de la procédure pénale ne limitent nullement la

---

[1172] J. Vidal, « Observation sur la nature juridique de l'action civile », RSC 1963, p. 481

[1173] M. Muller, L'inexécution pénalement répréhensible du contrat, thèse précitée, n°201 ; V. Wester Ouisse, Convention et juridiction pénale, thèse précitée, n°300 ; G. Viney, Introduction à la responsabilité civile, *op. cit.*, n°96.

[1174] Voir G. Viney, Introduction à la responsabilité, op. cit., n°96-1.

[1175] G. Viney, Introduction à la responsabilité, *op. cit.*, n°96-1.

[1176] La Chambre Criminelle a dû s'incliner devant la volonté du législateur et accepte désormais la réparation des dommages matériels. Voir à titre d'exemple Crim., 18 janv. 1978, JCP 1979, II, 19244, note O. Mesmin.

[1177] Viney, JCP 1994, I, 3772, n°3.

compétence des tribunaux répressifs au seul domaine délictuel. Rien dans ces textes, du moins d'un point de vue exégétique, n'interdit le recours à la responsabilité contractuelle, dès lors que l'inexécution contractuelle constitue en même temps une infraction à la loi pénale[1178]. Si cette interprétation sélective a pu paraître commode à une époque où le droit pénal présentait une sorte de supériorité sur le droit civil, cette présentation est de plus en plus en retrait par rapport à l'évolution du droit positif. En effet, le rapport même entre le droit civil et le droit pénal a subi depuis les années 80 une mutation profonde. Détaché depuis la loi du 23 décembre 1980 du principe de la solidarité des prescriptions[1179], ainsi que du sacro-saint principe d'unité des fautes civiles et pénales[1180] et de son corollaire, l'autorité de la chose jugée au pénal qui ne s'applique plus depuis la loi du 10 juillet 2000 en cas de relaxe[1181], le juge civil saisi d'une action en responsabilité née d'une infraction a retrouvé une liberté non négligeable par rapport au procès public.

Le juge pénal a, lui aussi, retrouvé cette liberté reconnue au juge civil et ce depuis la réforme de la loi n°83-608 du 8 juillet 1983 qui a introduit dans le Code de procédure pénale l'article 470-1 autorisant les tribunaux répressifs à examiner, selon les règles de droit civil, l'action en réparation en cas de

---

1178 A. Huet, note sous Civ. 2e, 8 mai 1968, JCP 1969, II, 15761.

1179 Le principe de la solidarité des prescriptions n'a pas disparu totalement après la loi du 23 décembre 1980. Ce principe ne joue pas lorsque la victime intente une action en réparation devant le juge civil. Elle serait soumise au délai de prescription de droit civil comme si son dommage avait eu une cause purement civile. Si, en revanche, l'action civile est intentée devant le juge pénal, elle se prescrit en même temps que l'action publique. Voir M. Bruschi, La prescription en droit de la responsabilité civile, thèse précitée, n°19.

1180 En faveur de la dualité des fautes civiles et pénales, voir A. Pirovano, Faute civile et faute pénale, LGDJ, 1966.

1181 Sur la loi n°2000-647 du 10 juill. 2000 tendant à préciser la définition des délits non intentionnels et qui a inséré un nouvel article 4-1 dans le Code de la procédure pénale, voir J. Pradel, « De la véritable portée de la loi du 10 juillet 2000 sur la définition des délits intentionnels », D. 2000, n°29, Point de vue ; J.-D. Nuttens, « La loi Fauchon du 10 juillet 2000 ou la fin de la confusion de la faute civile et de la faute pénale d'imprudence », G.-P. 05 oct. 2000 n°279, p. 7 ; C. Roca, « Nouvelle définition de l'infraction non intentionnelle : une réforme qui en cache une autre plus importante », PA, n° 214, 26 octobre 2000 , p. 4 et s. ; P. Jourdain, « La nouvelle définition des délits non intentionnels par la loi du 10 juillet 2000 », RSC 2001, p. 748 et s., D.-N. Commaret, « La loi du 10 juillet 2000 et sa mise en oeuvre par la Chambre criminelle de la Cour de cassation », G.P 12-13 avril 2002, p. 3 et s. ; C. Desnoyer, « L'article 4-1 du Code de procédure pénale, la loi du 10 juillet 2000 et les ambitions du législateur : l'esprit contrarié par la lettre », D. 2002, chr., p. 979 et s. ; A. Dorsner-Dolivet, « Que devient le principe de l'identité des fautes civile et pénale après la loi du 10 juillet 2000 ? », RRJ, Droit Prospectif, 2002-1, p. 199 et s. ; M. Tapia, « Décadence et fin éventuelle du principe d'identité des fautes pénale et civile », G P 08 mars 2003 n°67, p. 2 ; P. Bongils, « Consécration de la dualité des fautes civile et pénale non intentionnelles », D. 2004, p. 721. La jurisprudence française a même anticipé la réforme et a écarté le principe de l'unité des fautes civiles et pénales en cas de relaxe. Voir Civ. 1re, 30 janv. 2001, Bull. civ. I, n°19, RTD Civ. 2001 p. 376, obs. P. Jourdain ; D. 2002, somm. p. 1320, obs. P. Delebecque ; RSC 2001, p. 613, obs. A. Giudicelli ; Resp. civ. et assur. 2001, Chron. n°16, par M.-A. Agard ; JCP 2001, I, n°338, n°4., obs. G. Viney.

relaxe[1182]. Même portée devant une juridiction répressive, l'action civile est soumise aux règles du droit civil, ce qui contredit directement l'interprétation restrictive de la Chambre criminelle selon laquelle le seul dommage réparable est celui qui trouve sa source dans une infraction punissable. Loin de supprimer la voie répressive comme le suggérait une partie de la doctrine[1183], le législateur semble de plus en plus relâcher les liens entre l'action publique et l'action civile pour organiser une action en réparation largement ouverte. La logique procédurale sélective et autonomiste de l'action civile va céder le pas devant la volonté d'aider les victimes. Ceci est d'autant plus vrai que le domaine d'application de ce texte a été étendu par les lois du 13 mai 1996 et 10 juillet 2000 à l'ensemble des infractions non intentionnelles au sens des alinéas 2, 3 et 4 de l'article 123 du Code pénal. La juridiction pénale acquiert ainsi une compétence pour connaître une véritable action civile trouvant son fondement non seulement dans les articles 1382 et suivants, mais aussi dans les textes de la responsabilité contractuelle. La demande en réparation, susceptible d'être portée au gré de la victime devant le juge répressif ou le juge civil, ne saurait changer de fondement selon la juridiction saisie[1184]. Certes, il serait exagéré de conclure que l'action civile est le clone de l'action en responsabilité civile intentée devant le juge civil. La spécificité du procès pénal justifie que la procédure applicable à l'action civile soit bien différente de celle-ci qui se déroule devant le juge civil. Néanmoins, et quant au fond, rien n'interdit que la demande en réparation soit soumise aux mêmes règles de droit civil[1185]. De même, si la

[1182] Sur cette importante réforme, voir J.-L. Froment, « L'action civile devant le juge pénal en matière d'homicide et de blessures involontaires depuis le loi du 8 juillet 1983 relative à la protection des victimes », GP 1986, 1, doctr., p. 40 ; O. Bouillane de Lacoste, « L'application des règles de droit civil en cas de relaxe du prévenu », GP 1987, doctr., p.397 ; R. Merle, La distinction entre le droit de se constituer partie civile et le droit d'obtenir réparation du dommage causé par l'infraction, Mel. Vitu, 1989, p. 397 ; C. Roca, « De la dissociation entre la réparation et la répression dans l'action civile exercée devant les juridictions répressives », D. 1991, chron., p. 88 ; R. Cassin, « Remarques sur l'interprétation jurisprudentielle de l'article 470-1 du Code de procédure pénale », Mélanges Larguier, PUG, 1993, p. 149 ; Ph. Bonfils, L'action civile, Essai sur la nature juridique d'une institution, PUAM, 2000, Préf. S. Cimamonti, n°335 et s., p. 383 et s.

[1183] Durry, obs. sous Crim. 9 janv. 1975, RTD civ. 1975, p. 547 ; R. Cassin, « Remarques sur l'interprétation jurisprudentielle de l'article 470-1 du Code de procédure pénale », *op. cit.*, p. 175.

[1184] Voir dans le même sens V. Tellier, pour qui « Il n'est pas certain que le droit positif affirme encore aujourd'hui la prééminence du droit pénal et le caractère accessoire de l'action civile. Le système répressif actuel s'intéresse de très près à l'aspect réparateur du procès, et à la complémentarité entre sanction et réparation », V. Tellier, De l'obligation civile dans ses rapports avec les situations d'impunité, thèse, Tours, 2000.

[1185] V. Wester-Ouisse, thèse préc., p. 275. Il faut néanmoins préciser que les règles de prescriptions diffèrent du droit commun de la responsabilité civile puisque la règle de la solidarité des prescriptions continue à jouer lorsque l'action civile est portée devant le juge pénal. En effet, l'article 10 alinéa 1 du Code de procédure pénale dispose : « l'action civile se prescrit selon les règles du Code civil. Toutefois, cette action ne peut plus être engagée devant la juridiction répressive après expiration du délai de prescription de l'action publique qui découleront des faits objets de la poursuite ».

constitution de partie civile a des effets au regard de l'action publique[1186], ceci ne doit pas occulter la fonction réparatrice de l'action civile[1187], une fonction qu'elle peut partager, sans discrimination aucune, avec l'action en réparation de droit commun[1188]. Cette « révolution procédurale »[1189], n'a pas laissé le juge pénal indifférent. De plus en plus, le postulat selon lequel seule une faute délictuelle fonde la recevabilité de l'action civile s'effrite.

C. L'application de la responsabilité contractuelle par les juridictions répressives

190. La possibilité offerte au juge pénal d'appliquer la responsabilité contractuelle a rapidement été interprétée en faveur de la réception de la règle du non-cumul par le juge pénal (1). Cette solution nous paraît critiquable (2). En effet, les arguments avancés en faveur de l'interdiction de l'option entre la responsabilité contractuelle et délictuelle sont loin d'être convaincants.

1. La réception de la règle du non-cumul par le juge pénal

191. L'accueil de l'action contractuelle. La contractualisation de la responsabilité du débiteur contractuel auteur d'une inexécution pénalement répréhensible a, en réalité, précédé la réforme de 1983 introduisant dans le Code de procédure pénale l'article 470-1. Déjà dans les années 70, le juge pénal écarte l'application des délais délictuels pour retenir le délai biennal de prescription prévu pour le transporteur aérien[1190]. Loin d'exprimer la volonté du juge pénal de se libérer du carcan de l'article 1382 du Code civil, cette solution s'explique plutôt par le caractère impératif de responsabilité prévu par la Convention de Varsovie[1191], un régime qui est altéré par l'immixtion de la

---

1186 Notamment l'acquisition de la qualité de partie au procès pénal, le déclenchement des poursuites pénales en cas d'inaction du Ministère public. Le juge français donne également à la victime la possibilité d'intenter une action civile exclusivement répressive ou vindicative. Sur ces prérogatives, voir G. Viney, Introduction à la responsabilité, n°101 et suivants.

1187 Voir dans ce sens la thèse de Ph. Bonfils qui propose de distinguer l'action civile en réparation d'un préjudice se rapprochant de plus en plus des principes généraux de la responsabilité civile, de la participation vindicative de la victime au procès pénal sans qu'une demande en réparation soit nécessaire.

1188 C. Roca, « De la dissociation entre la réparation et la répression de l'action civile exercée devant les juridictions répressives », D. 1991, chron., p. 85 ; R. Merle, « La distinction entre le droit de constituer partie civile et le droit d'obtenir réparation du dommage causé par l'infraction », mél. Vitu, 1989, p. 389 ; G. Viney, Introduction à la responsabilité, op. cit., n°99-1.

1189 O. Bouillane de Lacoste, « L'application des règles de droit civil en cas de relaxe du prévenu », GP 1987, doctr., p.397.

1190 Crim. 9 janv. 1975, RTD civ. 1975, p. 547, n°11, obs. G Durry ; D. 1976, jurisp. 111, note P. Chauveau ; Crim. 10 mai 1977, JCPG, 1978, II, 18803, note P. Chauveau.

1191 En effet, la convention de Varsovie, dans son article 204, dispose que la responsabilité du transporteur ne peut en aucun cas être exercée dans des conditions autres que celles prévues au texte. Elle confère à celle-ci une force particulière.

responsabilité délictuelle, ce qui n'est guère justifiable étant donnée la suprématie d'un texte de droit international sur le droit interne. Ces solutions sont restées, toutefois, limitées aux cas où l'application des règles délictuelles mettrait en échec un régime impératif institué par une Convention internationale. C'est l'avènement de l'article 470-1 du Code de procédure pénale en 1983 qui a offert de véritables possibilités au juge pénal d'appliquer les régimes contractuels de réparation.[1192] En effet, l'application des règles du droit civil mène à retenir non seulement les règles de la responsabilité délictuelle mais également celles de la responsabilité contractuelle.

192. La mise en œuvre de la règle du non-cumul par le juge pénal. Alors que le but de la réforme de 1983 est de venir en aide aux victimes, la réparation assurée par le juge pénal, généralement plus rapide et moins couteuse, faisant l'économie d'un deuxième procès, les partisans de la règle du non-cumul trouvent dans l'opportunité offerte par l'article 470-1 l'occasion pour le juge pénal de revenir sur l'exception qu'il a assortie au principe civiliste de non-option entre l'ordre contractuel et l'ordre délictuel. L'application par l'article 1382 du Code civil est jugée inopportune, voire dangereuse, car elle risque de compromettre l'équilibre contractuel voulu par les parties[1193]. Ainsi, commentant les arrêts qui appliquent la responsabilité délictuelle pour sanctionner une inexécution pénalement répréhensible, MM. P. le Tourneau, *et alii* écrivent, sans ambages : « cette jurisprudence est contestable, car des défaillances contractuelles seront appréciées en termes de responsabilité délictuelle *gauchissant ainsi les prévisions des parties*[1194] ».

Partageant cette conviction, B. Starck, H. Roland et L. Boyer déplorent l'examen de l'inexécution contractuelle par des règles qui lui sont étrangères[1195]. L'article 470-1 donne plus que jamais l'occasion d'exporter la règle civiliste du non-cumul devant le juge pénal. L'application par les tribunaux répressifs des règles contractuelles[1196], tant souhaitée par la doctrine et ce même avant la réforme[1197], sonnerait le glas de l'exception réservée

---

[1192] Crim. 20 oct. 1986, Bull. crim. n°291 ; Crim. 26 mars 1991, Bull. crim., n°142 ; Crim. 3 mars 1993, Bull. crim., n°96, p. 2 ; Crim. 20 mars 1996, Bull. crim., n°119, obs. P. Jourdain, RTD civ. 1996, p. 912 ; JCP 1996, I, 3985, obs. G. Vieny ; Crim. 1er juill. 1997, Bull. crim., n°259, D. 1998, som., p. 199, com. P. Jourdain ; RCA 1998, p. 6, note Leduc ; Crim. 28 sept. 1999, RCA 2000, p. 11, note H. Groutel.

[1193] Ph. le Tourneau *et alii*, n°347 ; G. Viney, Introduction à la responsabilité civile, *op. cit.* n°223.

[1194] Nous soulignons.

[1195] B. Starck, H. Roland et L. Boyer Droit civil, Les obligations, T.2, Le contrat, *op. cit.*, n°347.

[1196] Crim. 20 oct. 1986, Bull. crim. n°291 ; Crim. 26 mars 1991, Bull. crim., n°142 ; Crim. 3 mars 1993, Bull. crim., n°96, p. 2 ; Crim. 20 mars 1996, Bull. crim., n°119, obs. P. Jourdain, RTD civ. 1996, p. 912 ; JCP 1996, I, 3985, obs. G. Vieny ; Crim. 1er juill. 1997, Bull. crim., n°259, D. 1998, som., p. 199, com. P. Jourdain ; RCA 1998, p. 6, note Leduc ; Crim. 28 sept. 1999, RCA 2000, p. 11, note H. Groutel.

[1197] H., L. Mazeaud et A. Tunc, Traité théorique et pratique de la responsabilité civile délictuelle et contractuelle, 6e éd., Montchrestien, 1965, t. I, n°202 ; R. Rodière, note sous Crim. 12 déc.

classiquement à l'inexécution pénalement répréhensible du contrat[1198]. Or, tout cela mérite une réflexion profonde. Est-ce que l'application des règles délictuelles par le juge pénal menace réellement l'équilibre contractuel ? Est-ce-souhaitable de remplacer une action exclusivement délictuelle par une action exclusivement contractuelle ? Tel qu'il est engagé, il semble difficile que le débat puisse aboutir. Deux logiques s'affrontent, deux raisonnements s'opposent. Un autre éclairage peut cependant être porté sur la question. En effet, l'argument souvent tiré de la menace que l'application de la responsabilité délictuelle fait subir au contrat nous paraît surestimé.

2. Critique de l'application de la règle du non-cumul devant le juge pénal

193. Le bouleversement apporté à l'équilibre contractuel par le juge pénal : critique exagérément soutenue par les partisans de la règle du non-cumul. En les examinant attentivement, les hypothèses des inexécutions contractuelles pénalement répréhensibles peuvent être regroupées en deux catégories. Tantôt elles sanctionnent l'inexécution dolosive de certains contrats, telle que l'abus de confiance ou le détournement de fonds, tantôt elles répriment l'atteinte à l'intégrité du corps et vie humaine[1199]. Or, le contractant auteur d'un dol voit déjà sa responsabilité aggravée[1200]. L'application des règles délictuelles par le juge répressif ne présente donc pas d'inconvénients pratiques puisque dans les deux cas, le régime est semblable[1201].

Quant à l'atteinte à l'intégrité physique, et d'ailleurs dans la plupart des cas, l'application des règles contractuelles par le juge pénal a lieu à l'occasion de dommages corporels[1202], nous pensons que l'application exclusive de la responsabilité contractuelle et la mise à l'écart des règles délictuelles n'est point opportune, ni devant le juge civil, ni devant le juge pénal. Nous avons déjà vu que la mise en œuvre de la règle du non-cumul pour épauler la responsabilité

1946, D. 1947, J. 94 ; JCP 1947, II, 3621 ; M. Edmond-Noël, L'option entre la responsabilité contractuelle et la responsabilité délictuelle, thèse précitée, p. 161 ; M. Muller, L'inexécution pénalement répréhensible du contrat, thèse précitée, n°161 à 217 bis.

1198 M. Bacache-Gibeili, Les obligations, La responsabilité civile extracontractuelle, *op. cit.*, n°99 ; Ph. le Tourneau *et alii*, n°347 ; G. Viney, Introduction à la responsabilité civile, *op. cit.* n°223.

1199 M. Espagnon, La règle du non-cumul, thèse précitée, n°93.

1200 Voir *supra* n°175 et s.

1201 M. Espagnon, *op. cit. Loc. cit.*

1202 En 1993, un patient était décédé d'un arrêt cardiaque lors d'une opération chirurgicale. Voir Crim. 3 mars 1993, Bull. crim., n°96, p. 2 En 1996, et 1999, l'accouchement d'une femme avait été déclenché prématurément et l'enfant n'avait pas survécu. Voir Crim. 28 sept. 1999, RCA 2000, p. 11, note H. Groutel. En 1997, était en cause l'obligation de sécurité d'un club de vacances. Crim. 1er juill. 1997, Bull. crim., n°259, D. 1998, som., p. 199, com. P. Jourdain ; RCA 1998, p. 6, note Leduc ; Crim. 28 sept. 1999, RCA 2000, p. 11, note H. Groutel.

contractuelle dans cette hypothèse est injustifiable.[1203] L'obligation de sécurité transcende en effet les deux ordres[1204], son manquement devrait ouvrir les deux voies de recours contractuelle et délictuelle devant les deux juridictions répressives et civiles. D'ailleurs, la mise en œuvre du droit de l'option consacré par l'avant-projet Catala dans l'article 1341 et l'article 1386-18 de la proposition de loi Béteille lorsque l'inexécution du contrat provoque un dommage corporel devrait, s'il est adopté, recevoir application non seulement devant le juge civil, mais également devant le juge pénal. La réforme de 1983 lui donne la possibilité d'appliquer toutes les règles de droit civil. Or, la règle de l'option entre la responsabilité contractuelle et la responsabilité délictuelle ferait partie de ce corps de règles. L'intérêt pratique de cette option se pose surtout lorsque le juge décide la relaxe. En effet, si la victime ne peut se targuer que d'une simple obligation de sécurité de moyens, le recours à l'article 1384 alinéa 1 peut lui être d'un grand secours. Confinant au dogme, cette image du contrat devant contrôler ses frontières contre toute ingérence délictuelle nous paraît exagérée, car cette « visite délictuelle » n'est pas toujours synonyme de perturbation ; c'est ce que montre l'exemple de l'application de l'article 1384 alinéa 5 du Code civil par le juge pénal.

194. L'abus de fonction entre le juge civil et le juge pénal. Il n'est pas rare que l'inexécution d'une obligation née d'un contrat, constitutive d'une infraction pénale, provienne non du fait du débiteur lui-même, mais d'un tiers auquel le débiteur a confié l'exécution de l'obligation. Le juge pénal, appliquant l'article 1384 alinéa 5 du Code civil[1205], accepte que le débiteur contractuel qui s'est substitué un tiers pour l'exécution de son obligation soit assigné devant les juridictions répressives en sa qualité de civilement responsable[1206]. Cette jurisprudence s'expliquait[1207] par l'article 69 ancien du Code pénal qui, en

---

[1203] Voir supra. Première partie, Chapitre 1.

[1204] Nous allons approfondir cette question dans le chapitre 2 de la deuxième partie.

[1205] Voir à titre d'exemple Crim., 6 juin 1946, D. 1947, p. 234 ; Crim., 24 janvier 1983, D. 1983, p. 456, note J.M.R ; Crim. 13 déc. 1984, Bull. crim., n °342, p. 883 ; Crim., 15 mai 1986, GP. 1986, jurisp., p. 682 ; Crim. 23 juin 1988, RTD civ. 1989, p. 94, obs. P. Jourdain ; Crim. 8 fév. 1990, RCA 1990, chron. Croutel, n°3.

[1206] Cette possibilité se distingue évidemment de la responsabilité pénale du fait d'autrui. En effet, comme l'exige l'article 121-1 du nouveau Code pénal, la responsabilité pénale est purement personnelle, ce qui se comprend vu sa finalité répressive. Ce principe n'est pas toutefois absolu. Il existe deux hypothèses dans lesquelles on admet l'existence d'une responsabilité pénale du fait d'autrui. Il s'agit de la responsabilité qui incombe à la personne morale pour les infractions commises pour son compte par ses organes ou représentants et de celle qu'encourt le chef d'entreprise pour les infractions à la réglementation du travail commises par ses salariés. L'étude de la responsabilité pénale du fait d'autrui déborde le champ d'investigation de notre thèse. Sur la question, voir H. Bonnard, Les infractions intentionnelles et l'extension de la responsabilité pénale, notamment patronale, du fait d'autrui, Trav. Univ. Paris II (1978) ; A. Demichel, « Le droit pénal en marche arrière », D. 1995, p. 213 et s.

[1207] M. Durrleman, « Unité ou dualité de l'action civile en réparation d'un dommage », *op. cit.*, p. 75.

désignant les personnes pouvant répondre civilement de l'infraction d'autrui devant le tribunal répressif pénal, renvoie aux articles 1382 et suivants du Code civil. L'abrogation de cet article remet alors en cause le bien-fondé de cette solution largement critiquée par la doctrine pour les effets néfastes qu'elle entraîne[1208]. « Comment justifier que des situations juridiques tout à fait semblables », écrit M. Drulleman, « puissent être traitées sur des terrains différents et aboutir à des solutions opposées selon que l'affaire est portée devant le juge répressif ou le juge civil ? »[1209]. « Il est totalement inique », ajoute l'auteur, « que la solution d'un litige dépende encore une fois du hasard des compétences ». En effet, délictualiser la responsabilité contractuelle du fait d'autrui, c'est accepter qu'un fait constitutif d'abus de fonction puisse devant les tribunaux répressifs libérer le commettant débiteur contractuel. Or, ne constituant pas une force majeure au sens de la responsabilité contractuelle, l'abus de fonction ne peut avoir, devant le juge civil cet effet exonératoire[1210]. L'application des règles délictuelles bafoue donc le contrat et met en cause l'équilibre contractuel voulu par les parties.

Ces deux critiques fondamentales adressées à l'application de l'article 1384 alinéa 5 présument que les tribunaux civils appliquent la responsabilité contractuelle pour sanctionner la responsabilité du commettant du fait de ses préposés et supposent également que l'abus de fonction soit apprécié différemment par le juge civil et le juge pénal. Toutefois, l'examen de ces deux postulats permet d'émettre des réserves. L'opposition qu'on a supposée radicale entre les deux Chambres civile et criminelle est loin d'être vérifiable. Nul n'ignore que le juge civil fait, lui aussi, fréquemment recours à l'article 1384 alinéa 5 du Code civil pour fonder la responsabilité du commettant du fait de son préposé. De nombreuses affaires ont vu leur aspect contractuel occulté. Tel est le cas du détournement de fonds ou de marchandises remis au préposé en exécution d'un contrat liant la victime avec le commettant[1211]. Les vols,

---

[1208] Y. Lambert-Faivre, « L'abus de fonction », D. 1986, p. 143 ; M. Durrleman, Unité ou dualité de l'action civile en réparation d'un dommage, précité, p. 75 ; S. Euzen, « La distinction des responsabilités contractuelle et délictuelle à l'épreuve de l'abus de fonction », précité, p. 4 ; J. Djoudi, « La responsabilité du commettant-contractant : une hybridation difficile », précité, p. 677.

[1209] M. Durrleman, « Unité ou dualité de l'action civile en réparation d'un dommage », *op. cit. Loc. cit*

[1210] *Ibid.*

[1211] Plusieurs arrêts font recours à l'article 1384 alinéa 5 pour examiner la responsabilité du commettant. Voir Civ. 2e, 7 déc. 1983, D. 1984, p. 170 obs. C. Larroumet ; RTD civ., 1984, p. 749, obs. Durry (vendeur d'automobile détournant le paiement en espèces reçu d'un client ; commettant tenu) ; Paris, 29 oct. 1984, D. 1985. 288, note Aubert (clerc de notaire encaissant pour son propre compte des fonds remis par le client de l'étude, notaire tenu responsable) ; Civ. 2e, 21 oct. 1987, D. 1987. I.R. 226 (détournements de fonds par un employé de banque) ; Civ. 1re, 11 janv. 1989, J.C.P. 1989, II, 21326 (1re espèce), note C. Larroumet (prestations d'assurance-vie et invalidité détournées par un agent général, action contractuelle de la victime soumise à la prescription biennale) ; Paris, 10 oct. 1989 (2 arrêts), RCA 1990, n° 52 (détournement commis par

incendies et tout autre dommage causé aux biens de ce dernier par les préposés d'entreprises de gardiennage ou d'entretien tombent également sous l'égide de l'article 1384, alinéa 5 du Code civil[1212]. L'argument tiré de la divergence de solutions entre le juge pénal et le juge civil perd alors beaucoup de sa pertinence. Tous les deux méconnaissent la règle du non-cumul et appliquent le même texte malgré l'existence d'un contrat entre la victime et le commettant[1213]. Tous les deux également, après une longue évolution, retiennent le même critère définissant l'abus de fonction exonératoire de la responsabilité du fait d'autrui.

195. L'appréciation de l'abus de fonction entre la responsabilité contractuelle et la responsabilité délictuelle. Pour déclencher la responsabilité du commettant, la victime doit prouver, outre le lien de subordination, que l'acte du préposé se rattache aux fonctions exercées au service du commettant. Or, la détermination des actes du préposé susceptibles, en raison de leurs liens avec les fonctions exercées au service du commettant, de mettre en jeu la responsabilité de celui-ci, a longtemps opposé le juge pénal au juge civil. Si la Chambre criminelle tend à admettre largement la responsabilité du commettant pour les actes du préposé dont l'accomplissement avait été facilité par l'exercice de ses fonctions, même si l'employé avait agi dans un intérêt étranger à celui de l'entreprise[1214], la deuxième Chambre civile[1215], suivie de la première[1216], affichait une volonté d'exclure la responsabilité du commettant chaque fois que le préposé avait agi dans un intérêt personnel. S'il y a alors une discordance entre le juge civil et le juge pénal quant à la définition de l'abus de fonction, elle n'est point liée à la nature contractuelle ou délictuelle de la responsabilité retenue. L'explication est ailleurs. En fait, il s'agit de savoir s'il faut ou non faciliter les exonérations sur la base de l'abus de fonction. Les divergences entre les deux formations de la Cour de cassation sont le fruit d'une hésitation entre le

---

le cadre d'une banque ; banque responsable) ; Civ. 2e, 19 janv 1994, Bull. civ. 1994, II, p. 18, 19, n° 34 (le directeur de banque qui refuse de restituer au client les fonds que celui-ci lui avait remis, banque déclarée responsable) ; même solution retenue par la Cour de cassation dans plusieurs arrêts Civ. 2e, 8 juin 1995, D. 1995, p. 104-105 ; Civ. 2e, 29 mai 1996, JCP éd. G, 1996, 1628-1637.

[1212] Civ. 2e, 3 mars 1977, D. 1977. 501, note C. Larroumet ; Civ., 22 mai 1995, D. 1995, 2e partie ; Civ. 2e, 17 mars 1993, Bull. civ., II, n° 117, p. 61.

[1213] S. Euzen, « La distinction des responsabilités contractuelle et délictuelle à l'épreuve de l'abus de fonction », PA 1997, n°65, p. 4 ; J. Djoudi, « La responsabilité du commettant-contractant : une hybridation difficile », D. 1999 p. 677 ; O. Wester Ouisse, Convention et juridiction pénale, thèse précitée, n°283 ; G. Viney et P. Jourdain, Les conditions de la responsabilité, *op. cit.*, n°804.

[1214] Voir notamment, Crim., 21 nov. 1971, D. 1973, p. 21, note C. Larroumet ; Crim, 18 fév. 1975, D. 1975, IR, p. 66 ; Crim., 10 mai 1976, IR, p. 182 ; Crim., 18 nov. 1976, D. 1977, IR, p. 29 ; JCP 1977, II, 18617 ; Crim., 21 déc. 1976, D. 1977, IR, p. 52 ; Crim, 23 fév. 1977, D. 1977, II, 18617, IV, p. 106 ; Crim., 22 avr. 1977, D. 1977, IR, p. 348.

[1215] Civ. 2e, 15 déc. 1975, D. 1976, IR, p. 86 ; Civ. 2e, 7 juill. 1976, JCP 1976, IV, p. 296 ; Civ. 2e, 8 nov. 1976, D. 1977, IR, p. 107.

[1216] Civ. 1re, 13 fév. 1975, RGAT 1975, p. 544.

critère objectif et le critère subjectif. Si le premier de ces critères adopté par le juge pénal restreint cette possibilité, puisque la réalisation du fait dommageable pendant les heures et sur les lieux fixés par le commettant, avec les moyens fournis par celui-ci, suffit pour engager sa responsabilité, alors même que le préposé avait manifestement agi dans son intérêt personnel, le deuxième critère, adopté par les juges civils élargit en revanche les possibilités d'exonération. En effet, la responsabilité du commettant est, selon la formation civile de la haute juridiction, exclue chaque fois que le préposé a agi pour son propre intérêt. Il est clair donc que l'hésitation entre ces deux critères est indépendante de la nature contractuelle ou délictuelle de la responsabilité encourue.

Quant à la perturbation qu'une définition délictuelle de l'abus pourrait causer à l'équilibre contractuel, elle nous paraît également peu vérifiable. En effet, tout en appliquant le système de responsabilité délictuelle, le juge pénal impose le respect d'obligations contenues dans le contrat ; les actions des victimes sur le fondement de la responsabilité du fait d'autrui sont accueillies avec largesse, et l'exonération du commettant est rarement retenue[1217]. La question n'est pas alors de savoir s'il faut adopter ou non une définition propre à la responsabilité contractuelle, comme le suggère une partie de la doctrine[1218], le problème ne provient pas, non plus, d'une définition délictuelle jugée inadaptée au respect du contrat, mais du critère qu'il faut assigner à l'abus de fonction. D'ailleurs, ce conflit qui a longtemps opposé les deux formations de la Cour de cassation a fini par s'apaiser, après plusieurs tentatives, à la faveur de l'arrêt de l'Assemblée plénière du 19 mai 1988[1219].

196. Les critères de l'abus de fonction exonératoire d'après l'arrêt de l'Assemblée plénière du 19 mai 1988. Pour s'exonérer le commettant doit, en application de l'arrêt du 19 mai 1988, apporter une triple preuve : celle du dépassement objectif des fonctions ; celle de l'absence d'autorisation, et celle du but étranger aux attributions. La Cour de cassation affiche en effet sa volonté d'étendre la responsabilité du commettant et de restreindre autant que faire se peut l'exonération pour absence de lien entre l'acte du préposé et ses fonctions au service du commettant[1220]. Mais ce qui attire le plus notre attention, c'est que cette définition a été formulée sur la base de l'article 1384, alinéa 5, alors qu'en l'espèce, la victime était liée par un contrat avec le commettant. Signe avant-coureur de la volonté de la jurisprudence d'adopter une définition commune à la

[1217] O. Wester Ouisse, Convention et juridiction pénale, thèse précitée, n°283.

[1218] Y. Lambert-Faivre, « L'abus de fonctions », *op. cit.*, p. 143 S. Euzen, « La distinction des responsabilités contractuelle et délictuelle à l'épreuve de l'abus de fonction », PA 1997, n°65, p. 4 ; J. Djoudi, « La responsabilité du commettant-contractant : une hybridation difficile », D. 1999 p. 677.

[1219] Ass. Plén. 19 mai 1988, Bull. civ. ass. Plén., n°5, D. 1988, p. 513, note C. Larroumet. Sur l'évolution de cette jurisprudence, voir G. Viney et P. Jourdain, Les conditions de la responsabilité, *op. cit.* n°800 et s.

[1220] G. Viney et P. Jourdain, Conditions de la responsabilité, *op. cit.*, n°804.

responsabilité contractuelle et la responsabilité délictuelle.[1221] Mis à part l'arrêt du 3 juin 2004 émanant de la 2e Chambre civile[1222], refusant d'admettre la responsabilité du commettant pour un acte du préposé qui avait été incontestablement commis dans l'exercice de ses fonctions de sa part, il semble que les juges civils adhèrent largement à la définition adoptée par l'Assemblée plénière[1223]. La Chambre criminelle, quant à elle, et après avoir, contre toute attente, admis l'exonération des sociétés de nettoyage et de gardiennage dont un préposé avait provoqué volontairement, au cours de son travail, des dommages à l'entreprise cliente[1224], rompant ainsi avec le critère objectif qu'elle avait longtemps adopté, a fini par s'aligner sur la jurisprudence de l'Assemblée plénière. Dans son arrêt du 16 février 1999[1225], la Chambre criminelle a fini par déclarer une société de gardiennage civilement responsable pour le fait de son préposé qui avait commis des vols dans les locaux soumis à sa surveillance.

197. Pour une définition commune de l'abus de fonction dans les deux ordres de responsabilité civile. De ces tergiversations chaotiques entre les deux formations de la Cour de cassation qui ont fini par se stabiliser, une réalité devrait désormais être mise en avant. L'abus de fonction exonératoire pourrait recevoir une définition commune aux deux ordres de responsabilité contractuelle et délictuelle. Il en découle que les conditions de la responsabilité contractuelle du commettant du fait de ses préposés ne diffèrent point de celles qui sont retenues pour rechercher sa responsabilité sur le fondement de l'article 1384, alinéa 5. Et c'est clairement ce qui explique que la règle du non-cumul des responsabilités contractuelles et délictuelles ne soit, à juste titre, retenue ni par le juge civil, ni de surcroît par le juge pénal[1226]. La prétendue atteinte à l'équilibre contractuel pour condamner cette position nous paraît exagérément soutenue par les partisans d'une séparation étanche entre les deux ordres de responsabilité.

Largement critiquée parce que contraire au principe du non-cumul, l'application par le juge répressif de la responsabilité délictuelle lorsque l'inexécution du contrat est pénalement répréhensible ne nous semble pas être une déformation du contrat. Ce qui est réellement discutable, pensons-nous, c'est le fait que cette option passe nécessairement par l'exercice de l'action civile devant le juge pénal. D'ailleurs, même cette éventualité est en perpétuel déclin, l'opportunité offerte par l'article 470-1 du Code de procédure pénale

---

[1221] G. Viney et P. Jourdain, *op. cit. Loc. cit.*

[1222] Civ. 2e, 3 juin 2004, Resp. civ. et assur. 2004, comm. 250, obs. H. Groutel ; RTD Civ. 2004 p. 742, obs. P. Jourdain.

[1223] Voir P. Jourdain, obs. RTD civ. 1990, p. 495 et s. ; J. Mestre, obs. RTD civ. 1989, p. 307, n° 7 ; P. Brun, « L'évolution des régimes particuliers de responsabilité du fait d'autrui », Resp. civ. et assur. Nov. 2000, hors-série, p. 13, n° 26 et 27.

[1224] Crim. 23 juin 1988, RTD civ. 1989, p. 94, obs. P. Jourdain.

[1225] Crim. 16 fév. 1999, RTD civ. 1999 p. 409, obs. P. Jourdain.

[1226] G. Viney et P. Jourdain, Les conditions de la responsabilité, *op. cit.*, n° 824, p. 1048.

étant analysée comme un moyen de transposer la règle civiliste du non-cumul devant le juge pénal. Or il semble que c'est le droit civil qui doit changer de position et autoriser un rapport plus souple entre le contractuel et le délictuel. S'il est vrai que la libération du juge pénal de l'emprise de l'action publique constitue une avancée considérable dans la réalisation de l'objectif d'une indemnisation rapide et moins coûteuse, nous pensons que les chances d'une réparation seraient maximisées si la victime pouvait choisir l'ordre de responsabilité qui lui est le plus favorable. Cette solution servirait de modèle pour le droit tunisien qui, même s'il manie avec souplesse le rapport entre la responsabilité contractuelle et la responsabilité délictuelle, continue à malmener le rapport entre le civil et le pénal.

D. Piste pour le droit tunisien

198. L'emprise de l'action publique sur l'action civile en réparation (1) a conduit, en droit tunisien, à l'effacement de l'option entre la responsabilité contractuelle et la responsabilité délictuelle devant le juge pénal (2). Cette situation fort regrettable appelle une refonte du droit de la procédure pénale.

1. L'emprise de l'action publique sur l'action civile en réparation

199. Le principe de l'unité des fautes civiles et pénales. Largement dominée par le principe de l'unité des fautes civiles et pénales[1227], la jurisprudence tunisienne consacre la primauté du procès pénal sur l'action civile. Alors que l'article 101 du Code des obligations et des contrats[1228] ainsi que l'article 19[1229] du Code pénal lui restituent une liberté entière pour apprécier l'action en réparation en cas d'acquittement, le juge civil s'est privé de s'octroyer un tel pouvoir, préférant malencontreusement consacrer l'autorité de la chose jugée au pénal sur le civil[1230]. Obstiné par la nécessité d'assurer la non-

[1227] Ch. Réunies, arrêt n° 45822 du 16 mars 1995, Recueil des arrêts des Chambres réunies 1994/ 1995, Centres d'études et de recherches juridiques et judiciaires, p. 8 ; RJL 1996 ; p. 243, note M. Zine (en arabe).

[1228] L'article 101 du Code des obligations et des contrats dispose que : « L'acquittement prononcé par un tribunal pénal ne préjuge pas la question des dommages civils résultant du fait qui a donné lieu aux poursuites. La même règle s'applique au cas d'extinction de l'action pénale par le décès du prévenu ou par amnistie ».

[1229] L'article 19 du Code pénal dispose que : « L'acquittement ou la condamnation aux peines édictées par la loi est prononcé sans préjudice des restitutions et dommages et intérêts dus aux parties lésées ».

[1230] Plusieurs études doctrinales ont été consacrées au rapport entre la responsabilité civile et la responsabilité pénale en droit tunisien, voir notamment S. Ayari, « L'unité des fautes civiles et pénales », mémoire de DEA, faculté de droit et des sciences politiques de Tunis, 1974/ 1975 ; A. Ghazouani, « De la règle le criminel tient le civil en l'état », mémoire de DEA, faculté de droit et des sciences politiques de Tunis, 1988/ 1989 ; M. Zine et S. Bouraoui, « Les effets du jugement pénal par défaut sur l'action civile exercée devant le tribunal civil », RTD 1977, n°2, p. 113 ; N. Ben Ammou, « L'évolution récente de la jurisprudence en matière de responsabilité civile », RTD

contradiction des décisions de justice[1231], même si cela conduisait à contredire des dispositions légales expresses, le juge civil a continué, contre vents et marées[1232], à refuser l'examen des demandes en réparation sauf si elles étaient fondées sur la responsabilité délictuelle du fait des choses objet de l'article 96 du Code des obligations et des contrats[1233].

200. Le caractère accessoire de l'action civile exercée devant le juge pénal. Quand elle est exercée devant le juge pénal, comme l'autorise l'article 1 du Code de procédure pénale[1234], l'action civile n'échappe pas, elle non plus, à la domination du droit pénal. Considérée comme l'accessoire de l'action publique, elle serait, en droit tunisien, profondément affectée par cette dernière. En effet, conformément à l'article 7 du même Code, seule une action en réparation du dommage né de l'infraction peut être portée en même temps que l'action publique devant les juridictions répressives. En application de cette règle, la jurisprudence considère que la demande en réparation des dommages matériels ne peut être examinée par le juge répressif au motif que ceux-ci ne résultent pas « directement » de l'infraction poursuivie[1235]. Signe précurseur que la jurisprudence tunisienne adopte la contestable théorie de la relativité

1996, p. 27 ; F. Loksaier, « Quand renonce-t-on au principe de l'autorité de la chose jugée au pénal ? », RJL juill. 1997, p. 121 (en arabe) ; S. Elluch Mallek, « L'autorité de la chose jugée au pénal sur le civil », thèse, faculté de droit et des sciences politiques de Tunis 2003/ 2004 (en arabe).

[1231] Ch. Réunies, arrêt n° 45822 du 16 mars 1995, précité.

[1232] La majorité de la doctrine tunisienne critique cette position. Voir N. Ben Ammou, « L'évolution récente de la jurisprudence en matière de responsabilité civile », *op. cit.* ; F. Loksaier, « Quand renonce-t-on au principe de l'autorité de la chose jugée au pénal ? », *op. cit* ; S. Elluch Mallek, « L'autorité de la chose jugée au pénal sur le civil », thèse, faculté de droit et des sciences politiques de Tunis 2003/ 2004, thèse précitée.

[1233] C'est la seule brèche ouverte par l'arrêt du 16 mars 1995 précité, ce qui est fort critiquable, car les conditions d'application de cet article ne sont pas toujours réunies (voir les auteurs cités à la note précédente).

[1234] Voir M. Zine, « Quelques aspects de rapports de l'action publique et de l'action civile » (Étude et réflexions à propos de la jurisprudence sur le droit d'appel de la partie civile contre « les jugements d'acquittement et d'incompétence »), RTD 1982, p. 15 ; T. Loumi, « L'influence du jugement d'acquittement sur l'action civile exercée devant le juge pénal », RJL avril 1984, p. 7 (en arabe) ; Y. Bejaoui, « La réparation du dommage né d'une infraction », mémoire de DEA, faculté de droit de Tunis, 1997, 1998 (en arabe) ; S. Messoudi, « Le jugement pénal de condamnation », mémoire de DEA, faculté de droit de Tunis, 1998/ 1999 ; R. Jebri, « Le jugement pénal d'acquittement », mémoire de DEA, faculté de droit de Tunis 1999/ 2000 ; L. Khammar, « La victime et l'action pénale », mémoire de DEA, faculté de droit de Tunis, 1999/ 2000 (en arabe) ; A. Kahloun, « L'action en réparation », RJL mai 2002, p. 45 (en arabe).

[1235] Cass. pén., arrêt n° 1983 du 20 avril 1978, BCC, partie pénale, p. 158 ; Cass. pén., arrêt n° 2710 du 7 mai 1979, BCC, partie pénale, p. 125. Dans son commentaire du Code de procédure pénale, M. Khmekhem relève une tendance chez certains procureurs de la République à élargir la base de la condamnation afin de permettre la réparation des dommages matériels. À côté de la poursuite pour homicide involontaire, certaines contraventions au Code de la route sont invoquées. Voir Commentaire du Code de procédure pénale, Tunis 2002, p. 68 (en arabe). L'auteur ne cite pas toutefois des arrêts confirmant ou infirmant cette tendance. La jurisprudence criminelle récemment publiée n'a pas traité de la question.

aquilienne ? Le doute est permis. Ceci est d'autant plus vrai que la doctrine enseigne classiquement que l'action civile exercée devant le juge pénal est soumise, comme l'exige l'article 8 du Code de la procédure pénale, aux règles de droit civil, mais ne cite que les articles 82 et 83 du Code des obligations et des contrats[1236]. La responsabilité contractuelle serait-elle exclue du cortège des règles pouvant être soumises au juge pénal ? En l'absence d'une jurisprudence traitant directement de la question[1237], on ne peut être affirmatif. L'application de l'article 82 du Code des obligations et des contrats a souvent eu lieu à l'occasion des accidents de la circulation sans qu'il y ait un contrat préalable entre le responsable et la victime. Certains jugements récents marquent toutefois un décalage par rapport au précepte adopté par la jurisprudence et la doctrine, qui veut que seuls les articles 82 et 83 servent de fondement à l'action civile. En fait, les juges du fond ont accepté d'examiner la demande des victimes des accidents de la voie publique sur la base de la loi du 15 août 2005 qui instaure une réparation automatique détachée en principe de l'établissement d'une faute[1238]. Mais même si cette jurisprudence, non encore confirmée par la Cour de cassation, donne la possibilité de solliciter d'autres textes formant le droit de la responsabilité civile autre que la faute, le destin de l'action civile reste, en droit tunisien, fatalement lié par le sort de l'action publique.

201. L'incompétence du juge pénal tunisien en cas d'acquittement du prévenu[1239]. Contrairement au droit français qui donne au juge pénal la

---

[1236] Voir les références citées à la note n° 1234.

[1237] Certains arrêts ont recours aux règles régissant le contrat de dépôt, mais le problème concernait la preuve de l'existence du contrat, condition préalable au délit d'abus de confiance. Le problème de l'application de la responsabilité contractuelle n'a pas été abordé. Voir Cass. pén. arrêt n° 809 du 21 janv. 1930, RJL 1963, p. 84 ; Cass. pén. arrêt n° 053543 du 19 janv. 1968, BCC, partie pénale 1968, p. 199 ; Cass. pén. arrêt n° 4736 du 19 juil. 1980, BCC partie pénale, 1980, p. 200 ; Cass. pén. n°5833 du 28 avril 1982, BCC partie pénale. 1982, p. 163 ; Cass. pén, n°10772 du 21 déc. 1983, BCC partie pénale 1983, p. 239. Sur cette question voir M. Loussaief, « Le droit pénal et la protection des contractants lors de l'exécution du contrat civil », mémoire de DEA, faculté de droit et des sciences politiques, Tunis 1995, 1996.

[1238] Voir TPI de Siliana, jugement pénal n° 52384 du 16 nov. 2006, RJL mai 2007, p. 14 ; TPI de Tatawine, jugement pénal n° 199 du 19 oct 2006, RJL mai 2006, p. 141. Sur les difficultés d'une telle application, voir F. Agina, « Commentaire des premières applications jurisprudentielles de la loi n°86 de l'année 2005 », RJL mai 2007, p. 109 (en arabe).

[1239] Sur cette question, voir M. S. Ayari, « Y a-t-il du nouveau dans l'article 170 du Code de procédure pénale ? », RJL 1970, p. 35 et s. (en arabe) ; M. Zine, « Quelques aspects de rapports de l'action publique et de l'action civile » (Étude et réflexions à propos de la jurisprudence sur le droit d'appel de la partie civile contre « les jugements d'acquittement et d'incompétence »), RTD 1982, p. 15 ; T. Loumi, « L'influence du jugement d'acquittement sur l'action civile exercée devant le juge pénal », RJL avril 1984, p. 7 (en arabe) ; B. Ferchichi, « Le droit d'appel de la partie civile », *in* « L'appel », Colloque organisé par la faculté de droit de Tunis 1993, p. 243 (en arabe) ; S. Jouini, « Le principe de double juridiction en matière pénale », mémoire de DEA, faculté de droit de Tunis, 2000/ 2001 ; M. H. Chérif, « Le sort de l'action civile en cas d'acquittement du prévenu au sens de l'article 170 du Code de procédure pénale », RJL mai 2002, p. 9 ; M. Lakdhar, « La position de la Cour de cassation concernant l'appel de la partie civile », RJL janvier 2006, p. 75 (en arabe).

possibilité d'examiner l'action civile en réparation malgré la relaxe du prévenu, l'article 170 du Code de procédure pénale tunisien, accentuant le caractère accessoire de l'action civile par rapport à l'action publique, interdit expressément au juge pénal de statuer sur une telle action[1240]. Solution regrettable quand on sait que selon une jurisprudence, aujourd'hui bien établie, la partie civile ne peut, quant à ses intérêts civils, interjeter appel toute seule d'un jugement pénal d'acquittement. Cet appel n'est pas recevable sans le concours du Ministère public[1241]. Les droits de la partie civile se trouvent dès lors sérieusement fragilisés, alors que l'article 210 du Code de la procédure pénale ne soumet la procédure d'appel à aucune restriction[1242]. À vrai dire, il existe un véritable paradoxe dans le Code de procédure pénale tunisien. Alors que l'article 7 de ce Code déclare le juge incompétent pour statuer sur l'action civile dès qu'il a acquitté le prévenu, les articles 210 et suivants donnent à la partie civile la possibilité d'interjeter appel et de se pourvoir en cassation lorsque ses intérêts civils sont lésés. Le juge s'est trouvé dans un vrai dilemme. Comment accepter l'appel alors que l'action civile n'a pas été examinée au fond par la juridiction de premier degré ? Pour sortir de cette impasse, la jurisprudence a choisi, malheureusement, de sacrifier les intérêts de la partie civile, contrainte au demeurant d'intenter une nouvelle action en réparation devant le juge civil.

[1240] L'article 170 du Code de procédure pénale dispose que : « si le tribunal estime que le fait ne constitue aucune infraction à la loi pénale, ou que le fait n'est pas établi, ou qu'il n'est pas imputable au prévenu, il renvoie celui-ci des fins de la poursuite. S'il y a partie civile en cause, le tribunal *se déclare incompétent* (nous soulignons) pour statuer sur l'action civile… ». La jurisprudence applique constamment ce principe. Voir Cass. pén. arrêt n° 29551 d 31 janv. 1992, BCC partie pénale 1992, p. 29 ; Cass. pén. arrêt n° 56209 du 7 fév. 1995, BCC 1995, partie pénale, p. 72.

[1241] Cass. Pén.18 fév. 1976 n° 11470, BCC 1976, partie pénale, p. 168 ; Cass. Pén. arrêt n° 4300 du 1er janv. 1983, BCC 1983, partie pénale, p. 14. Le pourvoi en cassation est soumis à la même condition. Voir Cass. pén. arrêt n° 12202 du 11 oct. 1984, BCC 1984, partie pénale, p. 117 ; Cass. pén. arrêt n° 28279 du 6 déc. 1988, BCC 1988, partie pénale, p. 47 ; Cass. pén. arrêt n° 26613 du 6 mars 1990, BCC 1990, partie pénale, p. 61 ; Cass. pén. arrêt n° 30755 du 13 juin 1990, BCC 1990, partie pénale, p. 39.

[1242] La doctrine tunisienne critique majoritairement cette solution. Sur cette question, voir M. S. Ayari, « Y a-t-il du nouveau dans l'article 170 du Code de procédure pénale ? », *op. cit.* ; H. Boufarès, « Les pouvoirs de la juridiction répressive de jugement en cas d'appel limité aux intérêts civils », mémoire de DES de science criminelle, Tunis 1978 ; M. Zine, « Quelques aspects de rapports de l'action publique et de l'action civile » (Étude et réflexions à propos de la jurisprudence sur le droit d'appel de la partie civile contre « les jugements d'acquittement et d'incompétence »), *op. cit.* ; T. Loumi, « L'influence du jugement d'acquittement sur l'action civile exercée devant le juge pénal », *op. cit.* ; B. Ferchichi, « Le droit d'appel de la partie civile », *op. cit.* ; S. Jouini, « Le principe de double juridiction en matière pénale », *op. cit.* ; M. H. Chérif, « Le sort de l'action civile en cas d'acquittement du prévenu au sens de l'article 170 du Code de procédure pénale », *op. cit.* ; M. Lakdhar, « La position de la Cour de cassation concernant l'appel de la partie civile », *op. cit.*

2. L'effacement de l'option entre la responsabilité contractuelle et la responsabilité délictuelle devant le juge pénal

202. Une divergence profonde entre le droit français et le droit tunisien. Privé en cas de relaxe du prévenu de la possibilité d'examiner l'action civile en réparation, le juge pénal tunisien ne peut donc appliquer les règles ni de la responsabilité contractuelle, ni de la responsabilité délictuelle. Solution peu commode, quand on sait que l'admission d'une telle action fera l'économie d'un deuxième procès devant le juge civil. On constate ici l'opposition profonde entre le droit français et le droit tunisien. Alors que le droit tunisien reconnaît l'option entre les deux ordres de responsabilité devant le juge civil, il a du mal à imposer cette solution devant le juge pénal qui, en cas d'acquittement, devient incompétent pour examiner l'action civile. Certes, en cas de condamnation, le juge peut, s'il déserte la théorie de la relativité aquilienne en donnant à l'article 8 du Code de procédure pénale sa plénitude, appliquer indifféremment la responsabilité contractuelle et la responsabilité délictuelle. Mais l'intérêt pratique sera dans ce cas minime. En décidant de réparer, peu importe en fait que cela se fasse selon les règles contractuelles et délictuelles. Lorsque l'inexécution du contrat est pénalement répréhensible, l'étendue de la réparation, comme on l'a vu, est pratiquement la même. Quant aux règles de preuves, elles seront certainement dénaturées. Mais comme l'écrivait, à juste titre, un auteur : « La démonstration de la faute se fera au stade de l'examen de l'action publique et avec l'aide du Ministère public ; la preuve de cette faute ne sera pas à renouveler dans le cadre de l'examen de l'action civile »[1243]. Une réforme de l'article 170 du Code de procédure pénale, libérant l'action civile de l'emprise pénale, nous paraît plus que nécessaire. Le juge pénal français, quant à lui, dispose des moyens techniques lui permettant d'examiner toutes les règles de droit civil. Or, justement, actuellement ces règles de droit civil ne contiennent pas une règle autorisant l'option entre la responsabilité contractuelle et la responsabilité délictuelle.

Conclusion de la première section

203. Des pseudo-exceptions en voie de disparition. L'application des règles délictuelles pour sanctionner une inexécution dolosive ou une inexécution pénalement répréhensible constitue-t-elle une vraie dérogation au principe de l'interdiction de l'option entre la responsabilité contractuelle et la responsabilité délictuelle ? La réponse négative devrait, selon nous, s'imposer. En effet, même si les juges ont agréé dans un premier temps l'application des règles délictuelles, l'idée de choix entre deux ordres de responsabilité

[1243] Voir V. Wester-Ouisse, « Convention et juridiction pénale », thèse précitée, p. 325.

potentiellement applicable a toujours été absente. Les juges n'ont fait, en réalité, qu'évincer la responsabilité contractuelle pour la remplacer par une responsabilité exclusivement délictuelle. Sous l'influence d'une doctrine de plus en plus critique, la jurisprudence a fini par abandonner la thèse délictuelle pour appliquer une responsabilité exclusivement contractuelle.

Outre la nécessité de respecter la règle du non-cumul, la contractualisation de la responsabilité pour inexécution dolosive a été justifiée par la nécessité d'adopter une définition large du dol. Un tel élargissement ne pourrait être atteint si la responsabilité demeurait délictuelle. Ce raisonnement nous paraît discutable. L'élargissement de la notion du dol ne correspond pas à un passage d'un ordre de responsabilité à un autre. Tout dépend en réalité de la politique jurisprudentielle et du but recherché derrière l'élargissement ou la restriction du dol en tant que fait générateur de responsabilité. La nature de cette dernière, qu'elle soit contractuelle ou délictuelle, reste selon nous purement contingente.

La contractualisation de la responsabilité devant le juge pénal a suivi, elle aussi, le même schéma. Après avoir longtemps refusé l'application des règles contractuelles au motif que seul l'article 1382 du Code civil pouvait être soulevé devant les juridictions répressives, la jurisprudence, et suite à des réformes législatives libérant l'action civile en réparation de l'emprise du procès pénal, a dû faire marche arrière en avalisant l'invocation des articles 1147 et suivant du Code civil. Mais accepter l'application de la responsabilité contractuelle, c'était aussi favoriser l'accueil de « son accessoire indissociable », la règle du non-cumul. Le statut privilégié de cette dernière ne fait, dès lors, que s'enraciner d'autant plus que les options indirectes se sont, elles aussi, sensiblement infléchies.

Section 2 : L'amenuisement des options indirectes

204. Afin de tempérer la rigueur de certaines solutions inhérentes à une application rigoureuse de la règle du non-cumul, la jurisprudence française a essayé d'utiliser des détours justifiant l'application de la responsabilité délictuelle. Cette option est alors indirecte, car pour pouvoir choisir entre la responsabilité contractuelle et la responsabilité délictuelle, il faut soit bénéficier d'une stipulation pour autrui tacite, soit être subrogé dans les droits de la victime indemnisée. Or, si la deuxième technique est encore maintenue (§2), l'option *via* la stipulation pour autrui est désormais obsolète (§1).

§1 Le glas de l'option via la stipulation pour autrui

205. Après avoir longtemps exploité la stipulation pour autrui afin de permettre aux tiers, victimes par ricochet, une option entre la responsabilité contractuelle et la responsabilité délictuelle (A), cette voie ne semble plus aujourd'hui recevoir la faveur de la jurisprudence qui, en désertant cette technique, supprime une autre exception classique à la règle du non-cumul (B).

A. De la fluorescence…

206. Les applications jurisprudentielles en droit français. Habituellement les victimes par ricochet ont la qualité de tiers par rapport au contrat. La responsabilité délictuelle constitue la seule voie qui leur permet d'atteindre directement l'auteur du dommage[1244]. Ce schéma n'est toutefois pas absolu. La voie contractuelle a été, elle aussi, parfois admise par la jurisprudence française et ce par le biais de la stipulation pour autrui tacite[1245]. Utilisée d'abord dans le cadre du transport de marchandises afin de permettre au destinataire, tiers au contrat de transport, de mettre directement en jeu la responsabilité contractuelle du transporteur [1246], cette solution a été ensuite appliquée dans le cadre du

[1244] Civ. 1re, 1er avril 1968, Bull. civ. I, n°112, p. 89; Civ. 2e, 21 oct. 1971, Bull. civ. II, n° 282, p. 204; Civ. 2e, 22 janv. 1976, Bull. civ., 1976, II, n° 23, p. 19 ; Civ. 1re, 7 nov. 1973, Bull. civ. I, p. 266 ; Civ. 1re, 30 oct. 1995, Bull. civ. I, n° 383 ; Civ. 18 juil. 2000, Bull. civ. I, n° 221, Resp. civ. et assur. 2000, Com. 351 ; Civ. 1re, 13 fév. 2001, Bull. civ. I, n° 55, JCP 2002, II, 10033, note C. Lisanti-Kalaczniski ; Civ 2e, 23 oct. 2003, Bull. civ., II, n° 330 ; note A. Marchand, Lamy Droit de la responsabilité 2004, n°1 ; Civ. 1re, 28 oct. 2003, Bull. civ. I, n° 219 ; D. 2004, p. 233, note Ph. Delebecque ; JCP 2004, II, 10177, note Y. Tricot-Chamard ; Contrats, conc. consom. 2004, comm.1, obs. L. Leveneur, RTD Civ. 2004, p. 96, obs. P. Jourdain ; JCP 2004, I, 163, n° 13 et s., obs. G. Viney ; PA 2004, n°155, p. 13, note M. Azavant ; PA 2004, n° 255, p. 11, note P. Ancel ; Resp. civ. et assur., com. 30, obs. H. Groutel.

[1245] Sur la stipulation pour autrui, voir J. Bécqué, « La protection de la victime d'un dommage corporel et de ses proches dans le cadre contractuel », thèse, Montpellier, 1943, p. 123 et s. ; G. Flattet, « Les contrats pour le compte d'autrui », thèse, Paris, 1950, n° 160 et s. ; C. Larroumet, « Les opérations juridiques à trois personnes en droit privé », thèse, Bordeaux, 1968 ; J. Huet, « Responsabilité contractuelle et responsabilité délictuelle, essai de délimitation entre les deux ordres de responsabilité », thèse précitée, n° 529 ; M. Espagnon, « La règle du non-cumul », thèse précitée, n° 204 ; V. Balestriero, « La stipulation pour autrui tacite », thèse, Nancy 2, 1994 ; M.-J. François, « Les opérations juridiques triangulaires attributives (stipulation pour autrui et délégation de créance », thèse, Paris II, 1994 ; M. Tchendjou, « Les applications contemporaines de la stipulation pour autrui », thèse, Paris 1, 1995 ; R. Wintgen, Étude critique de la notion d'opposabilité. Les effets du contrat à l'égard des tiers en droit français et allemand, LGDJ, 2002, préface J. Ghestin, n° 315 et s ; M. Faure-Abbad, Le fait générateur de la responsabilité contractuelle, LGDJ, 2003, n° 218 ; J.-M. Roux, Le rôle créateur de la stipulation pour autrui, Institut d'études judiciaires, PUAM 2001, préf. J. Mestre ; P. Jacques, Regards sur l'article 1135 du Code civil, Dalloz 2005, n° 388.

[1246] Civ. 2 déc. 1891, D. 1892, 1, 161, note Sarraut ; Civ. 26 janv. 1915, DP 1916, p. 47 ; Civ. 17 déc. 1945. S. 1946, 1, 80 ; Com. 1er fév. 1955, D. 1955, p. 338, note P. Durand ; JCP 1955, II, 8772, note J. Hemard. Sur l'application de la stipulation pour autrui dans le contrat de transport de

contrat de transport de personnes[1247]. Les proches parents du passager tué dans un accident pouvaient, en effet, se prévaloir du bénéfice de l'obligation de sécurité souscrite à leur profit par le défunt lors de la conclusion du contrat. Limitée aux seuls créanciers alimentaires du passager décédé[1248], la stipulation pour autrui devait recevoir un nouvel élan dans le domaine des transfusions sanguines. Le 17 décembre 1954[1249], la deuxième Chambre civile, confrontée à la contamination de plusieurs malades par la syphilis à l'occasion de transfusions sanguines, avait jugé que la convention passée entre l'Assistance publique et le Centre national de transfusion sanguine ayant pour objet de procurer à une malade hospitalisée le concours d'une donneuse de sang pour l'exécution d'une prescription médicale, s'accompagnait d'une stipulation pour autrui. De ce fait, la victime pouvait directement engager la responsabilité du centre en s'appuyant sur l'intention présumée qui animait l'établissement de soins. L'outil est apparu d'ailleurs si commode qu'il fut étendu au contrat de bail[1250], voire au contrat de crédit-bail[1251].

207. Application peu fréquente en droit tunisien. En droit tunisien[1252], la théorie de la stipulation pour autrui tacite n'a pas connu une telle ampleur dans le domaine de la responsabilité civile. Si on met de côté le jugement du Tribunal de première instance de Tunis du 20 novembre 1976[1253] qui a invoqué expressément la stipulation pour autrui pour expliquer le recours du destinataire

---

marchandises, voir R. Rodière, *Droit des transports terrestres et aériens*, Précis Dalloz, 2e éd., n°283 ; P. Vallastan, « Livraison et adhésion au contrat de transport », PA 29 avril 1994, p. 11.

[1247] Civ., 6 déc. 1932, S. 1934, p. 181, note P. Esmein ; DP 1933, 1, p. 137 ; RTD civ. 1933, p. 109, obs. R. Demogue ; RGAT 1933, p. 398, note M. Picard ; Civ. 24 mai 1933, D. 1933, p. 137, note L. Josserand ; Req., 19 juin 1933, DH 1933, p. 429 ; Req. 8 mars 1937, S. 1937, 1, 241, rapport Pilon.

[1248] Civ., 15 fév. 1953, D. 1955, p. 519.

[1249] Civ. 2e, 17 déc. 1954, D. 1955, j., p. 269, note R. Rodière ; JCP 1955, II, 8490 ; note J. Savatier ; RTD civ. 1955, p. 800, obs. H. et L. Mazeaud.

[1250] Civ. 1re, 25 janv. 1961, JCP 1962, II, 12429, D. 1961, somm. 90, note R. Savatier. Selon la Cour de cassation, le locataire exige la jouissance paisible des lieux non seulement à son profit, mais encore en faveur des membres de sa famille appelés à les occuper avec lui.

[1251] Amiens 2e ch. 20 déc. 1967. JCP 1968, II, 15504, note Leloup ; Trib. de Com. Vervins 18 avril 1967, JCP 1967, II, 15291, note Leloup ; Trib. de Com. Paris, 19 mai 1970, JCP 1970, II, 6766, note Leloup ; Com., 3 janvier 1971, JCP 1973, n°17300, note Leloup. Voir aussi l'étude de M. Harchaud-Ramu, « Le transfert des garanties dans le crédit-bail mobilier », R.T.D. civ. 1978, p. 209.

[1252] Sur la stipulation pour autrui en droit tunisien, voir M. Zine, « La théorie générale des obligations. Le contrat », *op. cit.*, n°431 ; M. Elluch Mnif, « La stipulation pour autrui » (en arabe), mémoire de DEA, faculté de droit de Sfax 1998/ 1999 ; H. Taleb Ali, « Le décès en droit civil » (en arabe), thèse, faculté de droit et des sciences politiques de Tunis, 2005/ 2006.

[1253] TPI de Tunis, n° 9806 du 20 nov 1976 (inédit). Le tribunal affirme que « le destinataire définitif a le droit d'agir contre le transporteur maritime comme le prévoit l'article 38 du Code des obligations et des contrats relatif à la stipulation pour autrui ». En faveur de cette solution, voir S. Mellouli, « La responsabilité du transporteur maritime de marchandises », CPU 1993, p. 159.

contre le transporteur, on ne trouve guère de décisions qui s'y réfèrent directement pour justifier le recours des victimes par ricochet.

Ainsi, dans son arrêt du 6 août 1981[1254], la Cour de cassation tunisienne associe la veuve et l'enfant du voyageur décédé au bénéfice de l'obligation de sécurité de résultat réglementée par l'article 653 du Code de commerce, sans préciser la voie qui lui a permis de passer de la rive délictuelle à la rive contractuelle. Dans l'arrêt du 6 septembre 1999[1255], le demandeur au pourvoi conteste l'application par les juges du fond de la responsabilité contractuelle pour indemniser les proches de la victime. L'obligation de sécurité ne profite, selon lui, qu'à la victime médiate, principe de la relativité des conventions exige. La Cour de cassation censure la décision des juges du fond, non pas parce que le principe même du recours contractuel est refusé aux victimes par ricochet, mais parce que ces derniers n'ont pas apporté la preuve de l'existence d'un contrat entre le transporteur et le défunt[1256], ce qui laisse présager que si cette preuve était apportée, le recours contractuel serait possible. C'est ce que la Cour affirme, d'ailleurs, ouvertement dans son arrêt du 12 avril 2001[1257], sans toutefois préciser la technique lui permettant le passage de la responsabilité délictuelle à la responsabilité contractuelle.

Pour une partie de la doctrine tunisienne, l'accueil de l'action contractuelle des proches de la victime s'explique par la théorie de la stipulation pour autrui consacrée par les articles 37 et 38 du Code des obligations et des contrats[1258]. En fait, l'examen attentif des faits dans les arrêts précités montre que les victimes exerçaient une action personnelle pour la réparation de leurs propres préjudices et non pas une action héréditaire pour la réparation du préjudice que le *de cujus* aurait subi. D'ailleurs, cette action est peu usitée en pratique. Son succès est lié à la réunion de deux conditions. Il faut, d'une part, que l'action en réparation se trouve dans le patrimoine du défunt et, d'autre part, que ces ayants cause soient des héritiers acceptant la succession. Si la victime n'est pas décédée sur le coup, l'existence de l'action dans son patrimoine est certaine et peut être transmise par la voie successorale. Si, en revanche, la mort de la victime a été instantanée, la jurisprudence refuse d'admettre l'existence d'une action en réparation dans cette hypothèse[1259]. L'action en indemnité n'a pu naître dans la tête de la victime ; en conséquence, cette dernière ne peut transmettre à ses héritiers une

---

[1254] Cass. civ. arrêt n° 6271 du 6 août 1981, BCC 1981, III, p. 68.

[1255] Cass. civ. arrêt n° 73861 du 6 sept. 1999 (inédit).

[1256] Cette argumentation nous surprend, car la Cour de cassation a toujours retenu une conception souple des preuves lorsque la responsabilité du transporteur était mise en cause. Elle a même admis que la victime bénéficie d'une présomption de l'existence du contrat. C'est au transporteur de prouver l'absence d'un engagement de sa part pour se décharger de l'obligation de sécurité. Voir Cass. civ. n° 3990 du 18 juin 1981, BCC 1981, II, p. 209 ; Cass. civ. arrêt n° 5589. 2000 du 12 avril 2001 (inédit).

[1257]Civ. arrêt n° 5589 du 12 avril 2001 (inédit).

[1258] M. Zine, « La théorie générale des obligations. Le contrat », *op. cit.*, n° 431.

[1259] H. Mribeh, « Le dommage de mort » (en arabe), RJL 1982, n°1, p. 1.

action qu'elle n'a jamais possédée. Mais le recours des proches de la victime serait-il uniquement contractuel ? L'option reconnue par le juge tunisien à la victime médiate profite-t-elle également à la victime immédiate ? La jurisprudence n'a pas encore eu l'occasion de se prononcer sur cette question. En droit français, où habituellement, sous l'emprise de la règle du non-cumul, la contractualisation de la responsabilité conduit systématiquement à la mise à l'écart des règles délictuelles,[1260] la Cour de cassation a permis aux victimes par ricochet de renoncer au bénéfice de la stipulation et d'agir sur le terrain délictuel en leur qualité de tiers. Ces victimes disposaient par conséquent d'une option entre la responsabilité contractuelle et la responsabilité délictuelle[1261] de telle manière que le transporteur ne puisse opposer aux proches de la victime les clauses de non-responsabilité ou limitatives de responsabilité contenues dans le contrat.

208. L'option entre la responsabilité contractuelle et la responsabilité délictuelle par le biais de la stipulation pour autrui. L'existence d'une telle option en droit français pourrait de prime abord surprendre. Ce dernier a toujours refusé de voir la responsabilité contractuelle concurrencée par la responsabilité délictuelle. Néanmoins, la portée de cette solution ne doit pas être surestimée. En effet, cette option reste exceptionnelle puisque, aussi paradoxal que cela puisse paraître[1262], elle ne profite qu'aux victimes par ricochet ; la victime médiate, si elle a survécu, est privée de toute option et se voit nécessairement opposée toutes les clauses du contrat. Cette solution insolite est en réalité le reflet d'une faculté de renonciation très légitimement accordée au bénéficiaire de la stipulation pour autrui. Sans avoir une justification propre, cette option paraît en quelque sorte « une institution par ricochet », sa légitimité dépend dans une grande mesure de l'existence d'une stipulation par autrui tacite. Or, depuis que le droit français se désintéresse de plus en plus de cette technique, le système de l'option se trouve lui aussi abandonné.

B. ... À la décadence

209. Le désintéressement jurisprudentiel. Après une exploitation extensive du procédé, une tendance régressive dans l'utilisation de la stipulation pour autrui implicite a pu être constatée. Dans le contrat de transport de personnes, son domaine de prédilection, elle est pratiquement tombée en désuétude. En effet, dans un premier temps, le législateur brisa cette option accordée aux proches de la victime via la stipulation pour autrui, tant pour les

---

[1260] Comme c'est le cas pour l'action directe dans les chaînes de contrats translatives de propriété, voir *supra* n°49.

[1261] Com. 19 juin 1951, p. 717, note G. Ripert ; S. 1952, 1, 89, note R. Nerson ; Civ. 23 janv. 1959, D. 1959, p. 101, note R. Savatier ; D. 1959, p. 281, note R. Rodière.

[1262] La doctrine fut unanime à critiquer cette solution qui « donne à l'ayant cause agissant en son nom propre une possibilité d'option (...) qui est légitimement refusée à la victime elle-même ». Voir H., L., Maezaud et A. Tunc, *op. cit*, n° 141.

transports aériens[1263] que maritimes[1264], les limitations édictées par ces textes étant opposables à toute victime, qu'elle soit directe ou par ricochet.

En ce qui concerne les transports non visés par des dispositions particulières, la construction jurisprudentielle de la stipulation pour autrui tacite semble avoir été également abandonnée par la Cour de cassation dans son arrêt du 28 octobre 2003[1265]. Lors d'un voyage organisé au Cambodge pour un groupe de Français, un chavirage de pirogue sur le fleuve Mékong provoque le décès de quatre personnes. Leurs proches parents assignent l'agence de voyage et son assureur en réparation de leurs préjudices moraux. La Cour d'appel de Paris dans son arrêt du 9 mai 2000 rejette cette demande, la loi cambodgienne ne reconnaissant pas la réparation de ce préjudice. Pour éviter l'application de la loi cambodgienne, les proches parents soutiennent la compétence de la loi française en sa qualité de loi du contrat de voyage et prétendent, pour ce faire, bénéficier d'une stipulation pour autrui tacite, ce que la première Chambre de la Cour de cassation a refusé d'avaliser en déclarant solennellement que « les demandeurs, victimes par ricochet, n'étaient pas ayants cause de leurs parents décédés, n'agissant ni en qualité de cessionnaires ni d'héritiers [...] ne pouvaient bénéficier d'une stipulation pour autrui implicite au titre du contrat de voyage, de sorte qu'il était exclu que leur action soit fondée sur la responsabilité contractuelle de l'agence de voyages ».

Prévisible, puisque déjà, dans le domaine des transfusions sanguines, la Cour de cassation avait accueilli les actions de victimes par ricochet du fait de produits sanguins contaminés par le virus d'immuno-déficience humaine sans faire état, pour justifier la solution, de la notion de stipulation pour autrui[1266]. Cet abandon marque davantage le désintérêt de la jurisprudence de sa propre création. Même si l'attendu ne vise que le contrat de voyage, l'idée de la stipulation pour autrui, n'est plus, pour la haute juridiction, « la bonne référence »[1267]. Il faut dire que depuis ses premières utilisations, cette

---

[1263] Voir l'article 24 de la convention de Varsovie et l'article 2 de la loi du 2 mars 1957 devenu art. L. 322-2, alinéa 2 Code de l'aviation civile. Sur l'unification de la responsabilité du transporteur aérien, voir G. Ripert, « La responsabilité dans le transport aérien », D. 1957, chron., p. 79 ; M. De Juglart, « La loi du 2 mars 1957 », JCP 1957, 1, p. 1362.

[1264] Voir l'article 6 § 6 de la convention de Bruxelles et l'art. 42 de la loi du 18 juin 1966.

[1265] Civ. 1re, 28 oct. 2003, Bull. civ. I, n° 219 ; D. 2004, p. 233, note Ph. Delebecque ; JCP 2004, II, 10006, note G. Lardeur, PA 2004, n° 155, p. 13, note M. Azavant ; PA 2004, n° 255, p. 11, note P. Ancel ; Contrats, conc. consom. 2004, comm.1, obs. L. Leveneur, RTD Civ. 2004 p. 96, obs. P. Jourdain ; JCP 2004, I, 163, n°13 et s., obs. G. Viney ; Resp. civ. et assur., com. 30, obs. H. Groutel.

[1266] Civ. 1re, 28 avril 1998, JCP 1998, II, 100088, Rapport P. Sargos, D. affaires 1998, p. 1122, obs. J. F ; R.T.D. Civ. 1998, 684, obs. P. Jourdain. Selon la haute juridiction, « tout producteur est responsable des dommages causés par un défaut de son produit, *tant à l'égard des victimes immédiates que des victimes par ricochet, sans qu'il y ait lieu de distinguer selon qu'elles ont la qualité de partie contractante ou de tiers* (nous soulignons) ».

[1267] L'expression de P. Delebecque, « Le préjudice par ricochet : quelle autonomie ? », D. 2004 p. 233.

construction jurisprudentielle a plutôt fait « mauvaise presse en doctrine »[1268]. Critiqué souvent pour son caractère fictif et artificiel[1269], ce détour créé par la Cour de cassation s'est vu en outre reprocher de tant distendre « les cadres traditionnels de la stipulation pour autrui qu'il les ferait éclater »[1270]. En fait, pour que cette dernière puisse avoir lieu, il faut un accord entre le stipulant et le promettant comportant un engagement de la part de ce dernier de faire quelque chose au profit du tiers bénéficiaire. Quand, par exemple, un voyageur prend un billet de train, il est fort douteux qu'il demande au transporteur de réparer le préjudice que ses proches sont susceptibles de subir personnellement du fait de l'accident. Il ne faut pas oublier que la stipulation pour autrui n'est qu'une exception au principe de la relativité des conventions. Une telle exception doit être fondée sur une volonté réelle et non pas sur des suppositions simplement hypothétiques et divinatoires[1271].

On comprend alors pourquoi la jurisprudence évite de recourir à ce subterfuge dès lors qu'elle dispose d'un autre mécanisme assurant l'indemnisation des proches de la victime. La voie délictuelle, ne représentant plus les mêmes lacunes qui ont justifié la prolifération de la stipulation pour autrui, permet de plus en plus d'atteindre cet objectif. En effet, les victimes par ricochet peuvent fonder leur recours sur l'article 1384 du Code civil, ce qui les décharge de prouver toute faute, et, même si aucune chose n'est intervenue dans la réalisation du dommage, elles profitent actuellement d'une facilité singulière puisque la jurisprudence les autorise à invoquer, en tant que faute délictuelle, le seul manquement à l'obligation contractuelle sans se voir imposer toutes les contraintes qui peuvent être attachées au contrat[1272].

210. Tentative de revivification : la théorie de M. Ancel[1273]. Faut-il conclure que la responsabilité contractuelle est dépourvue de toute utilité pour la victime ? Il serait hâtif d'affirmer que l'évolution de la responsabilité délictuelle permet invariablement et en toute circonstance de remplacer avantageusement la voie contractuelle. On peut encore rencontrer des cas où la victime, tiers au contrat, a intérêt à se prévaloir de la responsabilité contractuelle. C'était effectivement le cas de l'arrêt du 28 octobre 2003 précité.

1268 L'expression de P. Ancel, note au PA 2004, n°255, p. 16.

1269 L. Josserand, note sous Civ. 24 mai 1933, D. 1933, p. 137 ; R. Rodière, « Études sur la dualité des régimes de responsabilité », JCP 1950, I, n° 861, spéc. n° 18 ; Ph. Malinvaud, « L'action directe du maître de l'ouvrage contre les fabricants et fournisseurs de matériaux et composants », D. 1984, p. 43 ; Ph. Jestaz, note au D. 1970, p. 663.

1270 L. Josserand, note sous Civ. 24 mai 1933, *op. cit. Loc. cit.*

1271 J. Huet, « Responsabilité contractuelle et responsabilité délictuelle, essai de délimitation entre les deux ordres de responsabilité », thèse précitée n° 540.

1272 Sur l'analyse de cette jurisprudence, voir *infra* n°253 et s.

1273 P. Ancel, note sous Civ. 1re, 28 oct. 2003, PA 2004, n°155, p. 20 *adde* pour le même auteur « Les arrêts de 1988 sur l'action en responsabilité contractuelle dans les groupes de contrats, quinze ans après », *in* Études en l'honneur de A. Ponsard, Litec 2003, p. 3 ; « Le contrat avec effets protecteurs pour les tiers », RDC 2004 n° 2, p. 471.

Seule en l'espèce, l'action contractuelle, conduisant à retenir l'application de la loi française, était de nature à donner satisfaction aux proches de la victime directe, la loi cambodgienne désignée par la *lex délicti*, quant à elle, refusant la réparation des préjudices moraux[1274]. On se retrouve, comme le soutenait M. Ancel[1275], dans une hypothèse où, tout comme le contexte qui a donné naissance à la stipulation pour autrui tacite dans le contrat de transport, la voie délictuelle gêne l'indemnisation des victimes par ricochet. Dans ce cas, il ne serait pas absurde, au dire de l'auteur, « d'espérer que la Cour de cassation emprunterait à nouveau ce chemin »[1276]. En effet, loin de s'allier à la majorité de la doctrine réfractaire de l'institution, M. Ancel trouve que cette dernière mérite d'être revivifiée, voire étendue à tous les tiers qui souffrent de l'inexécution du contrat[1277].

Rejetant son caractère fictif[1278], l'auteur soutient qu'elle peut, sans trop de difficultés, être fondée sur l'article 1135 du Code civil. « De même », écrit-il, « que la loi ou le juge mettent à la charge des parties des obligations qu'elles n'ont aucunement voulues, de même il nous semble possible d'admettre que la loi ou le juge obligent le contractant à réparer le dommage causé à des tiers en inscrivant dans le contrat, objectivement, une stipulation pour autrui qu'on pourrait dire "de droit" plus que tacite »[1279]. Cette analyse qui se rapproche de l'idée de « contrat avec effet protecteur vis-à-vis des tiers » consacrée par la jurisprudence allemande[1280] aurait l'avantage, selon lui, de donner à tous les tiers victimes de l'inexécution contractuelle, y compris les victimes par ricochet, une option entre la responsabilité contractuelle et la responsabilité délictuelle[1281].

1274 P. Ancel, note sous Civ. 1re, 28 oct. 2003, PA 2004, n°155, p. 17.

1275 *Ibid.*

1276 *Ibid.*

1277 Outre la note précitée l'auteur a exprimé sa thèse dans deux articles retentissants. Voir P. Ancel, « Les arrêts de 1988 sur l'action en responsabilité contractuelle dans les groupes de contrats, quinze ans après », *in* Études en l'honneur de A. Ponsard, Litec 2003, p. 3 *adde* « Le contrat avec effets protecteurs pour les tiers », RDC 2004 n° 2, p. 471.

1278 *Ibid.*

1279 P. Ancel, note sous Civ. 1re, 28 oct. 2003, PA 2004, n° 155, p. 20.

1280 Sur la théorie allemande du contrat avec effet protecteur pour les tiers, voir F. Ferrand, Droit privé allemand, Dalloz, 1997, n° 301 ; R. Wintgen, « Étude critique de la notion d'opposabilité : les effets du contrat à l'égard des tiers en droit français et allemand », thèse, Paris II, 2002, sous la dir. de J. Ghestin, n° 316 s. ; P. Ancel, « Le contrat avec effets protecteurs pour les tiers », article précité.

1281 Voir P. Ancel, « Les arrêts de 1988 sur l'action en responsabilité contractuelle dans les groupes de contrats, quinze ans après », *in* Études en l'honneur de A. Ponsard, Litec 2003, p. 3 ; note sous Civ. 1re, 28 oct. 2003, PA 2004, n° 155, p. 20 ; « Le contrat avec effets protecteurs pour les tiers », RDC 2004 n° 2, p. 471.

211. Appréciation critique. La démarche de l'auteur est à vrai dire pragmatique : tant que ce « vieux truc »[1282] qu'est la stipulation pour autrui conduit à un résultat opportun, il convient de ne pas s'arrêter sur son caractère artificiel. Cette analyse est à première vue séduisante. L'auteur a le mérite d'accepter qu'un même fait dommageable puisse être traité, soit sous l'égide contractuelle, soit sous l'égide délictuelle. La méthodologie, souvent adoptée par la doctrine et la jurisprudence françaises, consistant à contractualiser ou à délictualiser en bloc la responsabilité encourue ne résout pas en fait tous les problèmes. Pire encore, cette manière de concevoir le rapport entre les deux ordres de responsabilité civile ne fait qu'ignorer la réalité des choses puisque certaines situations sont susceptibles d'appartenir aussi bien au bloc contractuel que délictuel. Mais si, comme lui, nous pensons que ce bilatéralisme de qualification justifie l'option, nous ne pouvons cependant pas approuver le fait que cette option passe nécessairement par le biais de la stipulation pour autrui. En effet, le fondement théorique de cette institution reste fragile, et même si l'auteur essaye de proposer un fondement objectif tiré de la bonne foi contractuelle, cette explication ne permet pas de justifier la création des stipulations tacites. D'ailleurs, ces dernières sont par définition des conventions. Or l'article 1135 du Code civil n'autorise pas l'adjonction de contrats accessoires[1283]. L'option accordée aux tiers souffrant de l'inexécution du contrat via la stipulation par autrui, solution chère à l'auteur, pourrait conduire à une inégalité choquante entre les victimes directes de l'inexécution contractuelle et les tiers. Alors que ces derniers peuvent à leur guise choisir entre la responsabilité contractuelle et la responsabilité délictuelle, la victime directe, quoique subissant personnellement le dommage, se trouve privée d'une telle option à défaut de pouvoir bénéficier d'une quelconque stipulation pour autrui. Les virulentes critiques qui ont accompagné l'institution depuis son émergence nous semblent devoir freiner son extension tous azimuts comme le souhaite cette doctrine.

212. Pour une option entre la responsabilité contractuelle et la responsabilité délictuelle détachée de la stipulation pour autrui. Si la stipulation pour autrui tacite est contestable, les victimes par ricochet méritent certainement qu'on les fasse bénéficier de la responsabilité contractuelle[1284]. La proximité toute particulière qu'elles entretiennent avec la victime directe impose de ne pas les considérer comme de véritables tiers[1285]. Comme le relève justement M. Jourdain, « le dommage qu'elles subissent n'est qu'un reflet de celui de la victime directe puisque ce n'est que par contrecoup qu'elles en

---

[1282] L'expression est utilisée par l'auteur dans sa note sous Civ. 1re, 28 oct. 2003, PA 2004, n° 155, p. 23.

[1283] P. Jacques, Regards sur l'article 1135 du Code civil, Dalloz 2005, n° 388.

[1284] Ph. Delebecque, note sous Civ. 1re, 28 oct. 2003, D. 2004, p. 233 ; P. Jourdain, RTD Civ. 2004, p. 96.

[1285] *Ibid.*

souffrent ».[1286] Et, non sans raison, l'auteur ajoute « de la même façon qu'on leur oppose parfois le "fait originaire considéré en toutes ses circonstances" (pour réduire leur indemnisation en cas de faute de la victime directe), il ne serait pas absurde de leur permettre ici d'opposer à l'auteur du fait originaire la circonstance qu'il est un débiteur contractuel ». Faut-il rappeler que l'autonomie du préjudice par ricochet n'a jamais été pleinement reconnue par la jurisprudence ?[1287] De ce fait, le bénéfice de l'action contractuelle peut ne pas paraître saugrenu. Loin de devoir être fondé sur une stipulation pour autrui, il est le fruit de l'unité du fait générateur de responsabilité tant à l'égard de la victime directe que par ricochet.

L'extension de la responsabilité contractuelle ne devrait toutefois pas barrer la route devant l'application de la responsabilité délictuelle. Un tel résultat pourrait être atteint sans le détour de la stipulation par autrui. En effet, le problème de l'option ne se pose pas seulement pour les victimes par ricochet, il se pose également et surtout pour les victimes directes. Le tout passe par une relecture de la règle du non-cumul. Car si l'option est ouverte à la victime directe, rien n'interdit de transmettre ce droit à ses proches. Faire dépendre ce droit de l'existence d'une stipulation pour autrui tacite, souvent factice et divinatoire, ne fait que fragiliser la théorie de l'option.

Ceci permet d'ailleurs une autre interprétation des arrêts émanant de la Cour de cassation tunisienne admettant le recours contractuel des proches de la victime dans le contrat de transport de personnes. Si la haute juridiction n'invoque pas une quelconque stipulation pour autrui, le caractère contractuel du recours peut se justifier par le fait que le dommage subi par les victimes par ricochet n'est qu'un reflet de celui de la victime directe[1288]. Toutefois, cette responsabilité ne serait pas, selon nous, nécessairement contractuelle en droit tunisien, non pas parce que son titulaire peut y renoncer comme l'autorise la théorie de la stipulation pour autrui, une technique que la Cour n'invoque d'ailleurs nulle part, mais parce que la victime directe dispose en droit tunisien d'une option entre la voie contractuelle et la voie délictuelle.

On arrive ainsi à déceler une autre divergence séparant le droit français du droit tunisien. Alors que le glas de la stipulation pour autrui tacite en droit français fait disparaître l'option traditionnellement reconnue aux victimes par ricochet d'un accident de transport, la méconnaissance par la Cour de cassation de cette technique de disqualification de responsabilité en droit tunisien ne

---

[1286] P. Jourdain, obs. sous Civ. 1re, 18 juill. 2000, RTD civ. 2001, p. 146.

[1287] Sur la question, voir Y. Lambert-Faivre, « Le dommage par ricochet », thèse, Lyon, 1959 ; J. Dupichot, Des préjudices réfléchis nés de l'atteinte à la vie ou à l'intégrité corporelle, LGDJ, 1969 ; G. Viney, « L'autonomie du droit à réparation de la victime par ricochet par rapport à celui de la victime initiale », D. 1974, Chron. p. 3 ; G. Viney et P. Jourdain, Traité de droit civil. Les conditions de la responsabilité civile, *op. cit.*, n° 327.

[1288] *Contra.* M. Zine, pour qui ces arrêts s'expliquent par la théorie de la stipulation pour autrui tacite.

devrait affecter en rien le droit d'option reconnu en tant que principe par la jurisprudence tunisienne, un principe qui n'est point subordonné, comme c'est le cas en droit français, à l'existence d'une subrogation dans les droits de la victime indemnisée.

§2 Le maintien de l'option via la subrogation

213. Si la règle du non-cumul des responsabilités française fait obstacle à l'application de la responsabilité délictuelle entre contractants, cette solution se trouve écartée lorsque l'une des parties demande réparation à l'autre après avoir elle-même été condamnée à indemniser un tiers d'un dommage causé lors de l'exécution du contrat. Cette situation se rencontre surtout dans le domaine de la construction. En effet, il n'est pas rare que les travaux de construction causent des dommages à des tiers. Pour demander la réparation de leurs préjudices, ces derniers peuvent s'adresser au maître de l'ouvrage qui, lorsqu'il est déclaré responsable, cherche à se retourner contre le constructeur[1289]. Le fondement et le régime de cette action récursoire ont donné lieu, en droit français, à un contentieux intarissable dont il convient de dresser le bilan (A) avant d'apprécier le bien-fondé des solutions retenues (B).

A. Le bilan jurisprudentiel

214. Le tumulte de la jurisprudence. Classiquement, une jurisprudence constante autorisait le maître de l'ouvrage, responsable envers les tiers, de se prévaloir contre l'entrepreneur d'une action délictuelle dont disposait la victime et qu'il exerçait par subrogation dans ses droits[1290], et d'une action contractuelle dont il bénéficiait sur la base du contrat le liant avec le responsable[1291]. Ce bilatéralisme de recours a été, dans un premier temps, supprimé au profit de l'exclusivité du fondement délictuel. En effet, la Cour de cassation énonçait que « le recours en garantie du maître de l'ouvrage contre les entrepreneurs, consécutif à des dommages causés à l'immeuble voisin… devait être fondé sur

---

[1289] Sur ce point, voir B. Soinne, « La responsabilité des architectes et des entrepreneurs après la réception des travaux », thèse, Lille, 1968, T. 1, n° 105 ; J. Huet, « Responsabilité contractuelle et responsabilité délictuelle. Essai de délimitation entre les deux ordres de responsabilité », thèse précitée, n° 374 à 380 ; M. Espagnon, « La règle du non-cumul », thèse précitée, n° 257 à 266 ; P. Canin, « Les actions récursoires entre coresponsables », thèse, Grenoble, 1993.

[1290] Civ. 1re, 4 nov. 1971, JCP 1972, II, 17070, note B. Boubli ; Civ. 1re, 9 oct. 1962, D. 1963, p. 1, note Liet-Veaux ; Civ. 3e, 8 mai 1969, D. 1969, p. 666 ; Civ. 3e, 15 oct. 1970, Bull. civ. III, n° 515, p. 375 ; Civ. 3e, 5 mai 1970, Bull. civ. III, n° 308, p. 222 ; Civ. 3e, 10 janv. 1984, RDI 1984, p. 191 ; Civ. 3e, 5 nov. 1985, JCP 1986, IV, 4 ; Civ. 3e, 18 mars 1987, Bull. civ. III, n° 52, GP 1987, II, pan. 151 ; Civ. 3e, 31 oct. 1989, Bull. civ. III, n° 199 ; Civ. 3e, 13 juin 1990, Bull. civ. III, n° 143 ; Civ. 3e, 29 janv. 1992, Bull. civ. III, n° 30, p. 17 ; Civ. 3e, 6 mars 1991, Bull. civ. III n° 78 ; Civ. 3e, 16 juin 1993, Resp. civ. et assur. 1993, comm. 354

[1291] Civ. 3e, 1er déc. 1971, Bull. civ. III, n° 593 ; Civ. 3e, 1er juin 1976, Bull. civ. III, n° 239 ; Civ. 3e, 16 juil. 1981, Bull. civ. III, n° 143.

la responsabilité quasi délictuelle »[1292]. Dans son arrêt du 24 mars 1999[1293], la haute juridiction opéra un revirement et retint une solution diamétralement opposée qui imposait au maître de l'ouvrage d'exercer un recours sur la base de son contrat avec l'entrepreneur, à l'exclusion de l'action délictuelle, solution qu'elle confirme d'ailleurs dans les deux arrêts du 21 juillet 1999[1294]. Toutefois, un troisième arrêt datant du même jour et émanant de la même chambre[1295] a jugé que c'était le régime délictuel qui devait être appliqué.

Ces décisions, apparemment contradictoires, ont laissé les interprètes perplexes. La majorité des auteurs se demandaient, en effet, les raisons profondes de ce traitement différentiel du recours du maître de l'ouvrage[1296]. Pressentie par M. Malinvaud[1297] et confirmée par le Conseiller Villien[1298], l'explication de cette divergence réside dans l'attitude même du maître de l'ouvrage. Si ce dernier a dédommagé la victime, il peut agir contre l'entrepreneur sur le fondement délictuel car il est dans cette hypothèse subrogé dans les droits de la victime. S'agissant, en revanche, d'un appel en garantie avant la condamnation, le maître de l'ouvrage serait tenu de fonder son recours sur le contrat le liant à l'entrepreneur faute de pouvoir admettre une subrogation *in futurum*[1299].

215. Constance de la distinction entre le recours personnel avant le paiement et le recours subrogatoire après le paiement dans la jurisprudence. Il va sans dire que la jurisprudence n'a pas supprimé l'option dont dispose le maître de l'ouvrage entre le recours personnel contractuel et le recours subrogatoire délictuel. En effet, les juges n'ont fait qu'endurcir les conditions d'admission d'une telle option puisque, auparavant, le recours

---

1292 Civ. 3e, 17 déc. 1997, Resp. civ. et assur. 1998, comm. 119 ; RD imm. 1998, p. 266, obs. Ph. Malinvaud et B. Boubli.

1293 Civ. 3e, 24 mars 1999, Bull. civ. III ; n° 74, RTD. civ. 1999, n° 3, p. 640, obs. P. Jourdain ; RDI 1999, p. 412 ; obs. Ph. Malinvaud ; Constr. Urb. 1999, 187, obs. D. Sizaire.

1294 Civ. 3e, 21 juill. 1999, RTD civ. 2000 ; p. 120, obs. P. Jourdain ; RDI 1999, obs. Ph. Malinvaud, p. 656 ; H. Groutel, « Travaux immobiliers et troubles de voisinage : une jurisprudence troublante », Resp. civ. et assur. 1999, chron. n° 23.

1295 Civ. 3e, 21 juil. 1999, Bull. civ. III, n° 182, RTD civ. 2000, p. 120, obs. P. Jourdain ; Constr. Urb. 1999, p. 275, obs. D. Sizaire ; Resp. civ. et assur. 1999, chron. 23, H. Groutel ; RD imm. 1999, p. 656, obs. Ph. Malinvaud et p. 685, obs. P. Capoulade ; RD imm. 2000, 75, obs. D. Leguay ; Resp. civ. et assur. 2000, chron. 6, G. Courtieu.

1296 P. Jourdain, « Fondement du recours de maitre de l'ouvrage contre les constructeurs : après le revirement la perplexité », note sous Civ. 3e, 21 juil. 1999, RTD civ. 2000, p. 120 ; H. Groutel, « Travaux immobiliers et troubles de voisinage : une jurisprudence troublante », Resp. civ. et assur. 1999, chron. n° 23, p. 5.

1297 Ph. Malinvaud, note sous Civ. 3e, 21 juil. 1999, RD imm. 1999, p. 656

1298 P. Villien, « Vers une unification des régimes de responsabilité en matière de troubles de voisinage dans la construction immobilière », RDI 2000, p. 275.

1299 *Ibid.*

subrogatoire n'était pas subordonné à un paiement préalable[1300]. Il en est autrement actuellement puisque, à défaut de paiement, le maître de l'ouvrage dispose d'un recours exclusivement contractuel[1301]. C'est le dédommagement de la victime qui va lui permettre d'exercer, par subrogation, les actions délictuelles dont disposait cette dernière à l'encontre du constructeur[1302].

216. Méconnaissance de la règle du non-cumul. S'agit-il d'une exception à l'interdiction classique de l'option entre la responsabilité contractuelle et délictuelle ? Plusieurs auteurs semblent l'affirmer[1303]. Pourtant, l'examen attentif de la manière dont les règles délictuelles ont été admises à intervenir dans les rapports contractuels permet d'émettre des doutes. En effet, par l'exercice de l'action subrogatoire, le maître de l'ouvrage perd sa qualité de contractant et se substitue totalement à la victime. Il agit en tant que *solvens*. Le recours délictuel est donc celui du tiers, ce qui autorise à penser que son exercice ne constitue pas une exception formelle ou réelle à la règle du non-cumul[1304]. Si, en revanche, il exerce un recours personnel, il conserve sa qualité

[1300] Civ. 2e, 5 mars 1964, Bull. civ. II, n° 214 ; Civ. 3e, 15 févr. 1972, Bull. civ. III, n° 96, D. 1972, p. 380 ; JCP 1972, II, 17213, note G. Liet-Veaux ; Civ. 3e, 21 fév. 1984, Bull. civ. III, n° 42, RTD civ. 1984, p. 741, obs. Ph. Rémy ; Civ. 3e, 29 janv. 1992, Bull. civ. III, n° 30.

[1301] Civ. 3e, 28 nov. 2001, Bull. civ. III, n° 135 ; D. 2002, p. 3299, note A. Rabreau ; RDI 2002, p. 90, obs. Ph. Malinvaud ; Resp. civ. et assur. 2002, comm. 60, obs. H. Groutel ; RTD civ. 2002, p. 315, obs. P. Jourdain ; Defrénois 2002, art. 37585, p. 1034, obs. H. Périnet-Marquet, voir dans le même sens Civ. 3e, 20 nov. 2002, Resp. civ. et assur. 2003, comm. 54 ; Civ. 1re, 18 mars 2003, RD imm. 2003, p. 284, obs. Ph. Malinvaud, et 314, obs. L. Grynbaum ; Resp. civ. et assur. 2003, chron. 11 par H. Groutel ; RTD Civ. 2003 p. 513, obs. P. Jourdain ; Civ. 3e, 24 avr. 2003, Bull. civ. III, n° 80 ; RDI 2003, p. 358, obs. Ph. Malinvaud ; D. 2003, IR p. 1411; JCP 2003, IV, 2038.

[1302] Civ. 3e, 21 juil. 1999, Bull. civ. III, n° 182, p. 125 ; Constr. urb. 1999, 275, obs. D. Sizaire ; RTD civ. 2000, p. 121, obs. P. Jourdain; RD Imm. 1999, p. 656, obs. Ph. Malinvaud ; RD Imm. 2000, p. 75, obs. G. Leguay ; Civ. 3e, 4 avril 2001, RCA, juil. 2001, Comm. 222 ; Civ. 3e, 31 oct. 2001, Resp. civ. et assur. janv 2002, Comm. 27 ; RTD civ. 2002, p. 315 ; Civ. 1re, 18 sept 2002, Bull. civ. I, n° 200, p. 155 ; RD Imm. 2003, p. 96, obs. Ph. Malinvaud ; Civ. 3e, 24 sept 2003, Bull. civ. III, n°160 ; Resp. civ. assur., comm. 324, H. Groutel ; Constr. urb. 2003, 269 obs. B. Pagès de Varenne. RD imm. 2003, p. 582, obs. Ph. Malinvaud et p. 545, obs. L. Gruynbaum ; Civ. 3e, 22 juin 2005, Bull. civ. III, n° 136, D. 2006, p. 40, note J.-P. Karila, Resp. civ. et assur. 2005, comm. 288, note H. Groutel ; RD imm. 2005, p. 339, obs. Ph. Malinvaud ; RTD civ. 2005, p. 788, obs. P. Jourdain ; Civ. 3e, 20 déc. 2006, Bull. civ. III, n° 254 ; D. 2007. 148, obs. I. Gallmeister et 1472, note J.-P. Karila ; JCP 2007. I. 117, n° 4, obs. H. Périnet-Marquet ; Resp. civ. et assur. avr. 2007, n°117, comm. H. Groutel ; RTD Civ. 2007 p. 360 ; obs. P. Jourdain ; RDC 2007, p. 754, obs. S. Carval ; Constr.-Urb. 2007. comm. 30, obs. M.-L. Pagès-de Varenne ; RD imm 2007 p. 145, obs. E. Gavin-Milan-Oosterlynck ; RD imm. 2007 p. 170, obs. Ph. Malinvaud ; Defrénois, 2008, art. 38702-7, n° 7, p. 76, obs. H. Périnet-Marquet ; RGDA 2007, p. 130, obs. J.-P. Karila.

[1303] B. Soinne, « La responsabilité des architectes et des entrepreneurs après la réception des travaux », thèse précitée, T. 1, n° 105 ; M. Espagnon, « La règle du non-cumul », thèse précitée, n° 261 ; N. Reboul-Maupin, « Constructeurs et troubles anormaux de voisinage : Regards critiques sur la position jurisprudentielle en droit privé », PA 2007 n° 214, p. 3.

[1304] Voir dans le même sens L. Leturmy, « La responsabilité délictuelle du contractant », art. précité, p. 840 ; A. Rabreau, « Troubles de voisinage et construction immobilière : quelle

de partie au contrat et se trouve proscrit de solliciter les règles de la responsabilité délictuelle[1305]. D'ailleurs, c'est pour pallier les insuffisances de l'action personnelle exclusivement contractuelle que la jurisprudence a essayé par le détour de la subrogation d'introduire une autre alternative délictuelle au profit du maître de l'ouvrage. Ce faisant, sa construction est devenue fort complexe, la subrogation étant l'un des mécanismes les plus délicats à manipuler.

B. Appréciation critique

217. Afin d'apprécier l'option entre la responsabilité contractuelle et la responsabilité délictuelle *via* la subrogation, il convient d'examiner les deux recours alternatifs accordés au coresponsable contraint d'indemniser un tiers. Le problème s'est posé fréquemment dans le domaine de la construction où il n'est pas rare que les travaux de construction ou de rénovation causent des troubles de voisinage aux tiers. La jurisprudence accorde au maître de l'ouvrage la possibilité d'exercer une action délictuelle dont disposait la victime et qu'il exerce par subrogation dans ses droits, et une autre action contractuelle, dont il bénéficie sur la base du contrat le liant à un coresponsable.

218. Le recours personnel contractuel. Uni par une convention avec les différents constructeurs, le maître de l'ouvrage peut, selon la jurisprudence[1306], exercer une action personnelle de nature contractuelle. Si une clause dans le contrat fait supporter au constructeur les troubles causés aux voisins, il pourra bien incontestablement en demander l'application[1307]. Mais même en dehors de toute clause de recours, le maître de l'ouvrage condamné pour troubles de voisinage pourrait, selon la haute juridiction, rechercher la responsabilité contractuelle de l'entrepreneur s'il arrive à prouver que le trouble lui

---

responsabilité », note sous Civ 3e, 28 nov. 2001, D. 2002, p. 3299 ; S. Carval, obs. sur Civ. 3e, 20 déc. 2006, RDC 2007, p. 754.

[1305] Civ. 3e, 28 nov. 2001, Bull. civ. III, n°135 ; D. 2002, p. 3299, note A. Rabreau ; RDI 2002, p. 90, obs. Ph. Malinvaud ; Resp. civ. et assur. 2002, comm. 60, obs. H. Groutel ; RTD civ. 2002, p. 315, obs. P. Jourdain ; Defrénois 2002, art. 37585, p. 1034, obs. H. Périnet-Marquet, voir dans le même sens Civ. 3e, 20 nov. 2002, Resp. civ. et assur. 2003, comm. 54 ; Civ. 1re, 18 mars 2003, RD imm. 2003, p. 284, obs. Ph. Malinvaud, et 314, obs. L. Grynbaum ; Resp. civ. et assur. 2003, chron. 11 par H. Groutel ; RTD Civ. 2003 p. 513, obs. P. Jourdain ; Civ. 3e, 24 avr. 2003, Bull. civ. III, n° 80 ; RDI 2003, p. 358, obs. Ph. Malinvaud; D. 2003, IR p. 1411; JCP 2003, IV, 2038.

[1306] Civ. 3e, 28 nov. 2001, Bull. civ. III, n° 135 ; D. 2002, p. 3299, note A. Rabreau ; RDI 2002, p. 90, obs. Ph. Malinvaud ; Resp. civ. et assur. 2002, comm. 60, obs. H. Groutel ; RTD civ. 2002, p. 315, obs. P. Jourdain ; Civ. 3e, 28 nov. 2001, Defrénois 2002, art. 37585, p. 1034, obs. H. Périnet-Marquet, voir dans le même sens Civ. 1re, 18 sept. 2002, Bull. civ. I, n° 200 ; Civ. 3e, 20 nov. 2002, RCA 2003, comm. 54 ; Civ. 1re, 18 mars 2003, RD imm. 2003, p. 284, obs. Ph. Malinvaud, et 314, obs. L. Grynbaum ; Resp. civ. et assur. 2003, chron. 11 par H. Groutel ; RTD Civ. 2003 p. 513, obs. P. Jourdain ; Civ. 3e, 24 avr. 2003, Bull. civ. III, n° 80 ; RDI 2003, p. 358, obs. Ph. Malinvaud ; D. 2003, IR p. 1411; JCP 2003, IV, 2038.

[1307] Civ. 3e, 10 janv. 1978, Bull. civ. III, n° 27, p. 20.

incombe[1308]. Il en est ainsi si le constructeur a violé les règles de l'art dans l'exécution des travaux qui sont à l'origine des désordres ou s'il a manqué à son obligation de conseil vis-à-vis du maître de l'ouvrage. Soumis aux exigences de la règle du non-cumul, ce recours est nécessairement contractuel à l'exclusion de toute responsabilité délictuelle.

Cette solution, avalisée par une grande partie de la doctrine[1309], nous semble excessive. Sans aller jusqu'à considérer que ce recours sort formellement du cadre de la responsabilité civile pour épouser les règles de la gestion d'affaires ou de la répétition de l'indu, comme l'a récemment soutenu un auteur[1310], la nature exclusivement contractuelle du recours personnel du maître de l'ouvrage paraît discutable. On peut en effet se demander si l'indemnisation d'un tiers victime d'un trouble causé par l'activité de l'entrepreneur constitue une obligation purement contractuelle sanctionnée par une responsabilité exclusivement contractuelle. C'est là en fait le nœud du problème.

[1308] Certains arrêts isolés semblent s'orienter vers une obligation de résultat. Voir CA Paris 19e ch. B, 13 janv. 2000, RDI 2000, p. 184, obs. Ph. Malinvaud ; Civ. 3e, 27 fév. 2001, RD imm. 2001 p. 177, obs. Ph. Malinvaud. La Cour de cassation approuve implicitement les premiers juges qui, sous l'étiquette « défaut de précaution », faisaient peser sur le maître d'œuvre une sorte d'obligation de résultat : à ce maître d'œuvre de prévoir toutes les mesures nécessaires pour éviter les dommages à l'immeuble voisin, et d'en justifier. En faveur d'une telle solution, voir S. Carval, obs. sur Civ. 3e, 20 déc. 2006, RDC 2007, p. 745. *Contra.* P. Villien, « Vers une unification des régimes de responsabilité en matière de troubles de voisinage dans la construction immobilière », RDI 2000, p. 275.

[1309] Voir P. Rivera, « Vers un transfert des risques inhérents à l'acte de construire ? », Gazette du Palais, 16 mai 2000 n° 137, p. 2 ; J.-M. Berly, « La responsabilité du maître de l'ouvrage en raison des troubles anormaux de voisinage », Constr.-Urb. janv. 2000, Chr. n° 1 ; « Le recours du maître de l'ouvrage condamné en qualité de vendeur sur le fondement de la théorie des troubles de voisinage », Constr. Urb., oct. 2001, Chr. n° 19 ; F. Archer, « La responsabilité civile du propriétaire-bailleur pour le trouble de voisinage causé par son locataire », Defrénois, 30 mai 2001 n° 10, p. 607 ; Ph. Malinvaud, « Les dommages aux voisins dus aux opérations de construction », RDI 2001, p. 479 ; « La responsabilité du maître de l'ouvrage à l'égard des voisins », RDI 2002, p. 492 ; « Vers un nouveau régime prétorien de la responsabilité des constructeurs pour troubles du voisinage », RD imm. 2006. 251 ; V. Roulet, « Troubles anormaux de voisinage, le recours du maître de l'ouvrage contre l'entrepreneur : quels fondements, quelles conséquences ? », G. P. sept, oct. 2004, doc., 3078 ; H. Périnet-Marquet, « Remarques sur l'extension du champ d'intervention de la théorie des troubles du voisinage », RD imm. 2005. 161 ; N. Reboul-Maupin, « Constructeurs et troubles anormaux de voisinage : Regards critiques sur la position jurisprudentielle en droit privé », PA 2007 n° 214, p. 3.

[1310] M. Mignot, « Construction, troubles de voisinage et obligation *in solidum* », RD imm. 2008, p. 408 *adde* pour le même auteur, Les obligations solidaires et les obligations *in solidum* en droit privé français, préf. E. Loquin, Dalloz, 2002, n° 248 et s. Dans le même sens, voir F. Moderne, « Dommages aux tiers et action en garantie du maître de l'ouvrage contre les constructeurs (mesure d'une divergence entre le droit public et le droit privé) », Études offertes au prof. Ph. Malinvaud, Lexis Nexis, Litec, 2007, p. 453 En faveur de cette solution en droit belge, voir M. Honatiau, « Troubles de voisinage : la responsabilité du maître de l'ouvrage pour le dommage causé à un voisin par la faute de l'entrepreneur », Rev. Dr. ULB 1992, n° 5, p. 11 *contra* P. Jourdain RTD civ. 1999, p. 640 selon lequel le maître de l'ouvrage qui indemnise le voisin victime subit par cela même un préjudice dont il peut demander réparation.

Une première réponse consiste à affirmer que le contrat contient une obligation accessoire pour l'entrepreneur de ne pas causer de dommages aux voisins de nature à engager la responsabilité du maître de l'ouvrage sur le terrain des troubles anormaux du voisinage. Dans ce cas de figure, la responsabilité de l'entrepreneur ne peut être engagée que sur le terrain de la responsabilité contractuelle[1311]. Or, outre le fait que la jurisprudence n'a jamais affirmé la présence d'une telle obligation accessoire dans le contrat d'entreprise malgré l'affirmation du recours contractuel du maître de l'ouvrage, cette démarche reste purement divinatoire.

En dehors de l'hypothèse où le contrat contient une clause expresse par laquelle l'entrepreneur assume l'indemnisation des voisins victimes du trouble, on ne peut présumer l'existence d'un tel engagement. Par son recours personnel, le maître de l'ouvrage ne se plaint pas de la perte ou de la dégradation de l'ouvrage construit lui-même, mais d'un dommage autre que celui qui résulte de la mauvaise exécution du contrat. Il n'évoque point un dommage que l'entrepreneur lui aurait causé mais un dommage que ce dernier aurait occasionné au tiers. Comme l'écrit, à juste titre, M. Mignot : « les travaux exécutés par l'entrepreneur n'ont pas causé un dommage au maître de l'ouvrage mais au voisin. Donc, les trois conditions de la responsabilité ne doivent pas s'apprécier dans les rapports entre le maître de l'ouvrage et l'entrepreneur mais entre le voisin et l'entrepreneur » [1312]. C'est cette solution que consacre à titre d'exemple la Cour de cassation belge qui, depuis l'arrêt du 14 juin 1968, considère que « l'entrepreneur qui commet une faute personnelle ou une négligence dans la construction du bâtiment est responsable, en vertu des articles 1382 et suivants du Code civil, du dommage qu'il cause ainsi au maître de l'ouvrage qui, en suite de ladite faute personnelle, devient à l'égard du propriétaire voisin débiteur ou d'une indemnité compensatoire ou d'une

---

[1311] P. Rivera, « Vers un transfert des risques inhérents à l'acte de construire ? », Gazette du Palais, 16 mai 2000, n° 137, p. 2.

[1312] M. Mignot, « Construction, troubles de voisinage et obligation *in solidum* », RD imm. 2008 p. 408, n° 32. En effet, pour cet auteur, si le maître paye à la victime pour partie au moins une dette supportée également par l'entrepreneur, il ne s'agit plus d'une responsabilité quelconque mais d'un recours en répétition de l'indu. « L'erreur de la jurisprudence », écrit-il, « est d'admettre que le maître de l'ouvrage agisse en répétition en utilisant les règles de la responsabilité civile contractuelle. Or ce recours n'a pas la nature d'une action en responsabilité civile ». Et l'auteur ajoute, sans ambages « si l'on estime que l'action récursoire du maître contre l'entrepreneur… doit être une action personnelle, elle doit avoir alors un fondement quasi contractuel. Comme toute action personnelle récursoire, elle doit être fondée sur la gestion d'affaires ou sur l'enrichissement sans cause, à l'exclusion de toute autre nature ». Cette analyse nous paraît contestable, car le recours basé sur la répétition de l'indu suppose un paiement préalable. Or la jurisprudence autorise le recours personnel du maître de l'ouvrage bien avant le dédommagement de la victime, ce que d'ailleurs conteste l'auteur. Or, contrairement à lui, nous pensons que l'exigence de paiement préalable constitue une complication supplémentaire dans les recours en contribution.

indemnité compensatoire plus lourde »[1313]. Telle n'est pas la position des juges français qui, pour ouvrir la voie délictuelle, utilisent le détour de la subrogation.

219. Le recours subrogatoire délictuel. Ayant indemnisé le voisin victime des troubles, le maître de l'ouvrage se trouve subrogé, par application de l'article 1251, 3° du Code civil, dans les droits dont ce voisin disposait à l'encontre des constructeurs. Théoriquement, le voisin peut rechercher la responsabilité des constructeurs sur le terrain délictuel, soit sur le fondement de la faute, soit sur celui de la garde des engins ou du chantier, soit enfin sur la base de la théorie des troubles de voisinage. Examinons ces trois cas de figure afin d'apprécier le bien-fondé de la délictualisation de la responsabilité par le biais de la subrogation.

220. Le recours à la faute. Le voisin peut en premier lieu agir contre les constructeurs sur le fondement de la faute. Dans cette hypothèse, la subrogation du maître de l'ouvrage dans les droits du tiers voisin ne présente aucun intérêt. En effet, dès l'instant où l'entrepreneur a commis une faute, le maître de l'ouvrage peut, comme on l'a déjà vu, l'invoquer directement, sans le détour de la subrogation. Invoquer la faute délictuelle des constructeurs par le mécanisme de la subrogation n'ajoute rien[1314].

221. Le recours à la responsabilité délictuelle du fait des choses. Le maître de l'ouvrage peut invoquer la responsabilité délictuelle du fait des choses. Cela suppose que le voisin ait réellement disposé contre les constructeurs de cette action fondée sur la garde du chantier. Or, si la jurisprudence l'a admis dans un premier temps, elle se montre de plus en plus réticente et, somme toute, les demandes fondées sur l'article 1384 alinéa 1 du Code civil sont en général écartées au motif qu'il n'est pas démontré que l'entrepreneur avait l'usage, la direction et le contrôle du chantier[1315]. Il s'ensuit que les recours subrogatoires fondés sur la garde n'aboutissant jamais, la victime directe elle-même ne bénéficie pas des bienfaits de la responsabilité délictuelle du fait des choses.

222. Le recours à la théorie du trouble de voisinage. Les tiers peuvent enfin agir contre le constructeur sur la base de la théorie du trouble de voisinage, qui est de loin la voie la plus pratiquée[1316] depuis que les juges se

---

[1313]Cass. civ., 14 juin 1968, Pas., 1968, I, 1177, RCJB, 1968, p. 387, note Dabin, RGAR 1969, p. 8177, note Dalcq.

[1314]. Ph. Malinvaud, obs. sur Civ. 1re, 18 sept. 2002, RD Imm. 2003, p. 96.

[1315] Civ 3e, 20 oct. 1971, D. 1972, p. 444, note C. Lapoyade-Deschamps ; RTD civ. 1972, p. 785, obs. G. Durry. Sur l'ensemble de la question, voir M.-Cl. Lambert-Pieri, « La responsabilité envers les voisins du fait de la construction », RDI 1980, p. 367 ; « Construction immobilière et dommages aux voisins », Economica, 1982 ; R. Mevoungou Nsana, « Le préjudice causé par un ouvrage immobilier : réparation en nature ou par équivalent », RTD civ. 1995, p. 733 ; Ph. Malinvaud, obs. sur Civ. 1re, 18 sept. 2002, RD Imm. 2003, p. 96.

[1316] Voir P. Rivera, « Vers un transfert des risques inhérents à l'acte de construire ? », *Gazette du Palais*, 16 mai 2000, n° 137, p. 2 ; J.-M. Berly, « La responsabilité du maître de l'ouvrage en raison des troubles anormaux de voisinage », Constr.-Urb. janv. 2000, Chr. n° 1 ; « Le recours du

sont montrés favorables à la mise en œuvre de la théorie des inconvénients anormaux de voisinage à l'encontre de l'entrepreneur[1317]. La subrogation dans les droits des victimes permet alors au maître de l'ouvrage d'exercer une action de même nature[1318]. Plusieurs auteurs s'indignent de cette solution contraire à la règle du non-cumul[1319]. Le maître de l'ouvrage et le constructeur sont en fait unis par un contrat. Il apparaît donc surprenant que la responsabilité pour troubles anormaux de voisinage puisse s'insinuer dans leur relation

---

maître de l'ouvrage condamné en qualité de vendeur sur le fondement de la théorie des troubles de voisinage », Constr. Urb., oct. 2001, Chr. n° 19 ; F. Archer, « La responsabilité civile du propriétaire-bailleur pour le trouble de voisinage causé par son locataire », Defrénois, 30 mai 2001, n° 10, p. 607 ; Ph. Malinvaud, « Les dommages aux voisins dus aux opérations de construction », RDI 2001, p. 479 ; « La responsabilité du maître de l'ouvrage à l'égard des voisins », RDI 2002, p. 492 ; « Vers un nouveau régime prétorien de la responsabilité des constructeurs pour troubles du voisinage », RD imm. 2006, p. 251 ; V. Roulet, « Troubles anormaux de voisinage, le recours du maître de l'ouvrage contre l'entrepreneur : quels fondements, quelles conséquences ? », G. P. sept, oct. 2004, doc., p. 3078 ; H. Périnet-Marquet, « Remarques sur l'extension du champ d'intervention de la théorie des troubles du voisinage », RD imm. 2005, p. 161 ; N. Reboul-Maupin, « Constructeurs et troubles anormaux de voisinage : Regards critiques sur la position jurisprudentielle en droit privé », PA 2007 n° 214, p. 3.

[1317] Classiquement, la jurisprudence n'autorise pas les voisins à actionner l'entrepreneur car c'est le maître de l'ouvrage qui a la qualité de voisin. Seul un arrêt ancien de la deuxième Chambre civile du 10 janvier 1968, RTD civ. 1968, p. 725, obs. G. Durry, s'était déjà montré favorable à la mise en œuvre de la théorie des inconvénients anormaux de voisinage à l'encontre des constructeurs. Trente ans après, la Cour de cassation attribue aux constructeurs la qualité de voisin occasionnel pouvant être actionné par trouble de voisinage. Voir Civ. 3e, 30 juin 1998, Bull. civ. III, n° 144 ; D. 1998, IR, p. 220 ; RDI 1998, p. 647, obs. Ph. Malinvaud ; JCP 1999, I, n° 120, n° 13, obs. H. Perinet-Marquet ; Défrenois 1999, n° 9, p. 549, obs. H. Périnet-Marquet ; R. T. D. civ. 1999, p. 114, obs P. Jourdain ; Civ. 3e, 11 mai 2000, Bull. civ. III, n° 106 ; RCA 2000. comm. 263, obs. H. Groutel ; RD imm. 2000. 313, obs. M. Bruschi ; D. 2001. Somm. 2231, obs. P. Jourdain ; Civ. 3e, 13 avr. 2005, Bull. civ. III, n° 89 ; RCA 2005. comm. 184.

[1318] Civ. 3e, 21 juil. 1999, Bull. civ. III, n° 182, p. 125 ; Constr. urb. 1999, 275, obs. D. Sizaire ; RTD civ. 2000, p. 121, obs. P. Jourdain ; RD Imm. 1999, p. 656, obs. Ph. Malinvaud ; RD Imm. 2000, p. 75, obs. G. Leguay ; Civ. 3e, 4 avr. 2001, RCA, juil. 2001, Comm. 222 ; Civ. 3e, 31 oct. 2001, Resp. civ. et assur. janv. 2002, Comm. 27 ; RTD civ. 2002, p. 315 ; Civ. 1re, 18 sept. 2002, Bull. civ. I, n° 200, p. 155 ; RD Imm. 2003, p. 96, obs. Ph. Malinvaud ; Civ. 3e, 24 sept. 2003, Bull. civ. III, n° 160 ; Resp. civ. et assur., comm. 324, H. Groutel ; Constr. urb. 2003, 269 obs. B. Pagès de Varenne. RD imm. 2003, p. 582, obs. Ph. Malinvaud et p. 545, obs. L. Gruynbaum ; Civ. 3e, 22 juin 2005, Bull. civ. III, n° 136, D. 2006, p. 40, note J.-P. Karila, Resp. civ. et assur. 2005, comm. 288, note H. Groutel ; RD imm. 2005, p. 339, obs. Ph. Malinvaud ; RTD civ. 2005, p. 788, obs. P. Jourdain ; Civ. 3e, 20 déc. 2006, Bull. civ. III, n° 254 ; D. 2007. 148, obs. I. Gallmeister et 1472, note J.-P. Karila ; JCP 2007. I. 117, n° 4, obs. H. Périnet-Marquet ; Resp. civ. et assur. avr. 2007, n° 117, comm. H. Groutel ; RTD Civ. 2007 p. 360; obs. P. Jourdain ; RDC 2007, p. 754, obs. S. Carval ; Constr.-Urb. 2007. comm. 30, obs. M.-L. Pagès-de Varenne ; RD imm 2007 p. 145, obs. E. Gavin-Milan-Oosterlynck;, RD imm. 2007 p. 170, obs. Ph. Malinvaud ; Defrénois, 2008, art. 38702-7, n° 7, p. 76, obs. H. H. Périnet-Marquet ; RGDA 2007, p. 130, obs. J.-P. Karila.

[1319] N. Reboul-Maupin, « Constructeurs et troubles anormaux de voisinage : Regards critiques sur la position jurisprudentielle en droit privé », PA 2007 n° 214, p. 3 ; H. Périnet-Marquet, « Remarques sur l'extension du champ d'application de la théorie des troubles de voisinage », préc., p. 170.

contractuelle au travers de la subrogation. L'existence même d'un contrat chasse l'application de la théorie des troubles de voisinage. Mais si comme cette doctrine, nous pensons qu'il serait inexact d'appliquer ladite théorie entre le maître de l'ouvrage et l'entrepreneur, nous ne pouvons cependant pas approuver les arguments dont on se sert pour repousser la mise à l'écart de cette institution. En effet, il peut paraître excessif d'affirmer que la préexistence d'un rapport contractuel élude l'application de la théorie du trouble de voisinage. La jurisprudence, elle-même, fidèle habituellement à une application stricte de la règle du non-cumul, s'est montrée permissive vis-à-vis de l'application de la théorie du trouble de voisinage en présence d'un règlement de copropriété[1320]. Les raisons profondes qui nous poussent à être sceptiques vis-à-vis de l'application de la théorie du trouble de voisinage entre le maître de l'ouvrage et le constructeur résident en fait dans l'accession malencontreuse des entrepreneurs à la qualité de voisin occasionnel. C'est alors aux arrêts engageant la responsabilité de ces derniers sur ce fondement objectif qu'il faut s'en prendre, avant de montrer les aléas de la jurisprudence qui autorise au maître de l'ouvrage d'invoquer la théorie du trouble de voisinage par subrogation aux droits de la victime. En effet, on peut se demander s'il est opportun de condamner les entrepreneurs pour les troubles du voisinage dus à l'activité du chantier lorsqu'aucune faute ne peut leur être imputée. La doctrine se montre, à juste titre, très réservée. Tant il est vrai que l'entrepreneur n'est pas réellement un voisin de la victime. Faire reposer sa responsabilité objective sur cette qualité est pour le moins artificiel et douteux[1321], surtout lorsque les troubles sont la conséquence inéluctable de la décision même de construire[1322]. D'ailleurs, sur ce point, l'article 1461 de l'avant-projet de réforme du droit des obligations, tout comme l'article 1386-12 de la proposition de loi portant

---

[1320] Civ. 1re, 13 janv. 1964, AJPI, 1964, I I, 1048, n° 157, obs Cabanc ; Civ 3e, 20 fév. 1973, GP. 1973, 1, p. 471, note Morand ; RTD civ. 1974, p. 609, obs. G. Durry. Dans cette dernière espèce, le règlement de copropriété imposait aux copropriétaires de souffrir l'existence d'une boulangerie à l'origine des nuisances sonores, ce qui n'a pas empêché de faire application de la théorie du trouble de voisinage ; voir dans le même sens, Civ. 3e, 28 janv. et 15 avr. 1975, D. 1975, p. 221, note E. Agostini et J. Lamarque. Voir aussi les arrêts cités par R. Croisier, « L'appartement », thèse, Lille, 1976, p. 193 et s. En revanche, la Cour applique le règlement de copropriété pour retenir la responsabilité du débiteur récalcitrant sans que le trouble ne revête un caractère excessif. Voir Civ. 3e, 2 mars 1976, D. 1976, p. 545, note C. Larroumet.

[1321] Ph. Malinvaud, « Les dommages aux voisins dus à des opérations de construction », RD imm. 2001, p 479 ; « Vers un nouveau régime prétorien de la responsabilité des constructeurs pour troubles du voisinage », RD imm. 2006, p. 251 ; H. Périnet-Marquet, « Remarques sur l'extension du champ d'intervention de la théorie des troubles du voisinage », RD imm. 2005, p. 161 ; P. Jourdain, obs. sur Civ. 3e, 20 déc. 2006, RTD Civ. 2007 p. 360 ; M. Mignot, « Construction, troubles de voisinage et obligation *in solidum* », RD imm. 2008, p. 408. *Contra.* B. Boubli, note sous Civ. 3e, 4 nov. 1971, JCP 1972, II, 17070 ; H. Groutel, « Travaux immobiliers et troubles de voisinage : une jurisprudence troublante », Resp. civ. et assur. 1999, chron. n° 23.

[1322] Tel est le cas lorsque le trouble est dû à la présence même de l'ouvrage. Par exemple, s'il provoque une privation d'ensoleillement ou un trouble esthétique ou autorise des vues sur le fonds voisin.

réforme de la responsabilité civile écartent cette solution jurisprudentielle et n'ouvrent l'action en troubles de voisinage qu'à l'encontre du propriétaire, du détenteur ou de l'exploitant d'un fonds. Cette solution nous paraît entièrement approuvable. L'accession des constructeurs à la qualité de voisin à côté du maître de l'ouvrage entraîne des difficultés ardues pour l'organisation des recours entre ces deux co- obligés. En effet, suivant la jurisprudence, le tiers voisin peut poursuivre indifféremment le maître de l'ouvrage ou les constructeurs sur le fondement de la théorie des troubles de voisinage. On se trouve donc avec deux personnes susceptibles d'être condamnées pour troubles de voisinage. Comment alors régler les recours de l'un contre l'autre ? Le jeu purement mécanique de la subrogation conduirait à des solutions illogiques, chacun pouvant se retourner pour le tout contre l'autre. On risque ainsi de se retrouver dans une situation dont l'issue dépendra de la décision du voisin de rechercher en premier la responsabilité du maître de l'ouvrage ou du constructeur, ce qui n'est guère satisfaisant[1323]. « On voit mal », comme l'écrit M. Groutel, « le *solvens* opposer à l'autre la théorie des troubles sur le fondement de laquelle il est lui-même tenu, ce qui pourrait lui être retourné, dans un dialogue de sourds sans fin »[1324]. Consciente de ce dilemme, la Cour a décidé que le maître de l'ouvrage a un recours pour le tout contre ses « locateurs d'ouvrage » au motif que, même non fautifs, ils sont les « auteurs des troubles »[1325].

Même si la rigueur de cette solution a été tempérée récemment par la Cour de cassation qui, dans son arrêt du 21 mai 2008[1326], a restreint la responsabilité des constructeurs aux seuls auteurs matériels de troubles, écartant ainsi la responsabilité de l'entrepreneur principal pour les troubles causés par l'activité du sous-traitant, la canalisation finale de la responsabilité à la charge des entrepreneurs transforme radicalement la nature des relations entre le maître de l'ouvrage et les constructeurs. Vis-à-vis du voisin, le maître de l'ouvrage n'est

---

1323 Ph. Malinvaud, note sous Civ. 3e, 21 juil. 1999, RD imm. 1999 p. 656 ; « Vers un nouveau régime prétorien de la responsabilité des constructeurs pour troubles de voisinage », *op. cit.* p. 251.

1324 H. Groutel, « Travaux immobiliers et troubles de voisinage : une jurisprudence troublante », Resp. civ. et assur. 1999, chron. n° 23.

1325 Civ. 3e, 22 juin 2005, Bull. civ. III, n° 136, D. 2006, p. 40, note J.-P. Karila ; Resp. civ. et assur. 2005, comm. 288, note H. Groutel ; RD imm. 2005, p. 339, obs. Ph. Malinvaud ; RTD civ. 2005, p. 788, obs. P. Jourdain ; Civ. 3e, 20 déc. 2006, Bull. civ. III, n° 254 ; Constr.-urb. 2007, comm. n° 30, obs. M.-L. Pagès de Varenne ; D. 2007. 148, obs. I. Gallmeister et 1472, note J.-P. Karila ; JCP 2007, I, 117, n° 4, obs. H. Périnet-Marquet ; Resp. civ. et assur. avr. 2007, n° 117, comm. H. Groutel ; RTD civ. 2007 p. 360 ; obs. P. Jourdain ; RDC 2007, p. 754, obs. S. Carval ; RD imm. 2007 p. 145, obs. E. Gavin-Milan-Oosterlynck ; RD imm. 2007 p. 170, obs. Ph. Malinvaud ; Defrénois, 2008, art. 38702-7, n° 7, p. 76, obs. H. H. Périnet-Marquet ; RGDA 2007, p. 130, obs. J.-P. Karila.

1326 Civ. 3e, 21 mai 2008, Bull. civ. III, n° 90, p. 82 ; D. 2008, p.1550, obs. S. Bigot de la Touanne ; RTD civ. 2008, p. 496, obs. P. Jourdain ; Defrénois 2009, n° 1, art. 38879-8., p. 87, obs. H. Périnet-Marquet.

plus tenu avec les constructeurs, mais pour les constructeurs. Il est simplement leur garant[1327]. Ne serait-il pas alors plus sage de ne tenir pour responsable sur la base du trouble de voisinage que le seul maître d'ouvrage ? Si une telle solution est retenue, la technique même de la subrogation serait réduite à néant. En effet, la charge de la réparation doit rester sur la tête du maître de l'ouvrage qui ne peut actionner ses entrepreneurs que sur le fondement de la faute sans être contraint d'épouser la voie de la subrogation.

Ce recours serait-il contractuel ou délictuel ? Nous pensons qu'il serait opportun d'autoriser le maître de l'ouvrage à choisir entre les deux voies. L'option contractuelle serait la seule ouverte lorsqu'il y a dans le contrat une clause de recours. D'ailleurs, dans cette hypothèse, ce recours contractuel est plus avantageux pour le maître de l'ouvrage. En l'absence d'une telle clause, rien ne justifie que ce recours soit seulement contractuel. La responsabilité est par essence subjective, qu'elle soit sanctionnée par une responsabilité délictuelle fondée sur l'article 1382, ou contractuelle pour manquement à une obligation de moyens.

Conclusion de la deuxième section

223. Disparition de l'option *via* la stipulation pour autrui. Faut-il emprunter des détours pour autoriser l'option entre la responsabilité contractuelle et la responsabilité délictuelle ? Source de complication, la méthode utilisée par la jurisprudence française est peu soutenable. En effet, la légitimité même de l'option dépend dans ce système de l'existence d'une stipulation pour autrui tacite ou d'une subrogation dans les droits de la victime indemnisée. Ainsi, après avoir exploité la technique de la stipulation pour autrui tacite afin de permettre au tiers au contrat, victime par ricochet, de choisir la voie de recours la plus favorable, les juges ont fini par abandonner le procédé souvent taxé d'arbitraire. Cet abandon a engendré inéluctablement la disparition de l'option entre la responsabilité contractuelle et la responsabilité délictuelle.

224. La complexité de l'option *via* la subrogation. Le maintien de l'option *via* la subrogation, procédure assez souvent utilisée dans le domaine de la construction, paraît également fort complexe. Outre le fait que la subrogation est l'un des mécanismes les plus délicats à manipuler, l'option qu'elle génère entre le recours personnel avant le paiement et le recours subrogatoire après le paiement est seulement apparente. En effet, le recours personnel du maître de l'ouvrage demeure exclusivement contractuel. C'est seulement en subrogeant dans les droits de la victime indemnisée que le maître de l'ouvrage dispose d'un recours subrogatoire délictuel. Or, en agissant ainsi, il perd sa qualité de contractant et se substitue totalement à la victime. Il agit en réalité en tant que *solvens.* Le recours délictuel qu'il exerce est donc celui du tiers, ce qui autorise

[1327] M. Mignot, « Construction, troubles de voisinage et obligation in solidum », *op. cit.*, n° 32.

à penser que son exercice ne constitue pas une exception formelle ou réelle à la règle du non-cumul.

Conclusion du chapitre premier

225. Pour une option directe sans détour. Le cloisonnement étanche entre la responsabilité contractuelle et la responsabilité délictuelle a connu en droit français quelques tempéraments. En effet, il y a des cas où les juges ont autorisé la mise en œuvre de la responsabilité délictuelle pour sanctionner un manquement contractuel. Classiquement, ces situations sont analysées comme des exceptions à la règle du non-cumul. Or, en réalité, il n'y a pas, à proprement parler, d'exception à la règle du non-cumul concernant l'hypothèse de l'inexécution dolosive ou celle de l'inexécution pénale du contrat. Pour qu'il en soit ainsi, il faut que la jurisprudence autorise la victime à opter soit pour la voie contractuelle, soit pour la voie délictuelle. Or, fidèle à son approche cartésienne de qualification, la jurisprudence française n'a fait que remplacer une responsabilité nécessairement contractuelle par une responsabilité nécessairement délictuelle, avant de décider que la responsabilité était exclusivement contractuelle. Ces évolutions, comme ces marches arrière, ressemblent à une course au mirage. Une fois atteint, tout s'évanouit, pour repartir de nouveau vers un autre mirage encore plus lointain qui sera lui-même un autre point de départ pour une étape ultérieure. Et c'est sans fin... La méthode adoptée, consistant à caser le fait dommageable dans un habillage juridique préétabli tout en changeant incessamment cette qualification sous l'influence de considérations contingentes se fait nécessairement aux dépens de toute sécurité juridique. N'est-il pas alors plus opportun d'admettre qu'un même fait pourrait, sous certaines conditions, recevoir aussi bien le label contractuel que délictuel et autoriser la victime à opter pour la voie qui lui convient ? Si la réponse était positive, cela devrait également éviter d'utiliser les détours artificiels permettant le choix entre l'action contractuelle et l'action délictuelle. Certes, le droit français a déserté l'option accordée aux victimes par ricochet à travers la stipulation pour autrui, néanmoins, là encore, la suppression de l'option et son remplacement par une action exclusivement délictuelle peuvent paraître excessifs. L'unité du fait générateur permet en effet de faire bénéficier les victimes par ricochet d'une responsabilité contractuelle sans que cela doive, pensons-nous, barrer la route à l'application de la responsabilité délictuelle.

Cette souplesse dans le maniement de la distinction ne doit pas non plus passer par le biais de la subrogation. Appliquée malencontreusement dans le domaine de la construction immobilière, cette dernière n'a fait qu'altérer les rapports entre le maître de l'ouvrage et l'entrepreneur qui a accédé d'une manière plus que critiquable au statut de voisin occasionnel.

En somme, ces cas d'application de la responsabilité délictuelle, aujourd'hui pour la plupart dépassés, n'ont jamais constitué de vraies exceptions, ce qui conforte le statut privilégié dont bénéficie la règle du non-cumul en droit français. Rarissimes dorénavant, si on met de côté l'option entre le recours subrogatoire et le recours personnel, ces pseudo-exceptions sont évidemment introuvables en droit tunisien. L'explication réside, selon nous, dans le fait que ce dernier consacre un principe opposé à la règle du non-cumul et autorise largement l'option entre la responsabilité contractuelle et la responsabilité délictuelle sans exiger une gravité particulière de la faute commise au cours de l'exécution du contrat et sans passer non plus par les détours artificiels inventés par le juge français.

226. Piste pour le droit tunisien. Le système de l'option appliqué récemment par la jurisprudence tunisienne laisse en revanche planer des doutes concernant l'applicabilité de cette règle à l'égard des victimes par ricochet. Certes, la question n'a pas été encore posée devant la haute juridiction, mais il semble que la mise en œuvre harmonieuse du système de l'option commande de l'appliquer à l'égard des victimes par ricochet auxquelles la jurisprudence étend l'application des règles contractuelles sans utiliser le mécanisme de la stipulation pour autrui. L'harmonie du système impose également une refonte du droit de la procédure pénale afin d'autoriser le juge pénal, en cas de relaxe, à indemniser la victime sur la base des règles de la responsabilité civile avec ses deux piliers contractuel et délictuel. En effet, même si la règle de l'option s'applique devant le juge civil, il en est autrement devant le juge pénal qui doit purement et simplement se désister dès qu'il décide la relaxe du prévenu, ce qui oblige la victime à intenter un nouveau procès afin de demander la réparation de son préjudice.

L'option entre la responsabilité contractuelle et la responsabilité délictuelle ne se justifie, selon nous, ni par la gravité de la faute, ni par les détours de la stipulation pour autrui et de la subrogation, mais en examinant les faits générateurs contractuels et délictuels. Là, l'interprète ne peut que s'étonner de l'ampleur de la zone mixte qui réunit les deux voisins riverains.

Chapitre 2
Le recoupement des faits générateurs contractuels et délictuels

227. Un examen exégétique des textes règlementant respectivement responsabilité délictuelle et responsabilité contractuelle permet, à première vue, de déduire qu'il y a une divergence de principe entre les faits générateurs de chaque ordre de responsabilité. Si le Code civil ainsi que le Code des obligations et des contrats reconnaissent pour la responsabilité délictuelle trois faits générateurs, à savoir le fait personnel, le fait des choses et le fait d'autrui, la dette de réparation en matière contractuelle n'est due dans les deux systèmes français et tunisien qu'en cas d'inexécution ou d'un retard dans l'exécution du contrat. On peut penser alors que les textes délictuels et contractuels sont antinomiques et que la mise en œuvre des faits générateurs propres à la responsabilité délictuelle porte atteinte à l'équilibre contractuel qui ne peut être garanti que par l'application d'une responsabilité purement contractuelle. Pourtant, le recoupement du fait personnel (section 1), du fait des choses (section 2) ainsi que du fait d'autrui (section 3) avec le contrat permet d'affirmer que la réalité est beaucoup plus nuancée et que l'opposition entre les faits générateurs de responsabilités contractuelle et délictuelle est loin d'être totale.

Section 1 : Le fait personnel entre la responsabilité contractuelle et la responsabilité délictuelle

228. Selon la jurisprudence tunisienne, la coexistence des fautes contractuelles et délictuelles dans un même rapport contractuel direct ne saurait justifier une séparation hermétique entre les deux ordres de responsabilités contractuelle et délictuelle. Cette position contraste sensiblement avec la jurisprudence française qui, en affirmant sans cesse le principe selon lequel la victime ne peut opter pour la responsabilité délictuelle lorsqu'elle se plaint d'une inexécution contractuelle, semble refuser cette coexistence des fautes (§1) tout en identifiant pourtant, et aussi paradoxal que cela puisse paraître, cette inexécution à une faute délictuelle, lorsque c'est un tiers au contrat qui en subit les conséquences (§2).

§1 La coexistence des fautes contractuelles et délictuelles dans les rapports contractuels directs

229. En affirmant que « les articles 1382 et suivants sont sans application lorsqu'il s'agit d'une faute commise dans l'exécution d'une obligation résultant d'un contrat »[1328], ou que la responsabilité délictuelle ne peut être invoquée « ...pour le règlement de la faute commise dans l'exécution d'une obligation résultant d'un engagement contractuel »[1329], la jurisprudence française laisse entendre qu'il y a un divorce total entre la faute contractuelle et la faute délictuelle. En décalage avec l'évolution du droit positif qui ne cesse de rapprocher les deux types de fautes, cette déclaration diffère de la position de la jurisprudence tunisienne pour qui le phénomène de rapprochement des fautes contractuelles et délictuelles ne peut justifier cette disjonction entre le fait personnel délictuel et l'inexécution du contrat. Il est donc clair que la réponse à donner au problème de l'option dépend dans une large mesure de la conception que l'on se fait de la faute contractuelle[1330], sa structure interne, ses modes d'appréciation, afin de savoir s'il s'agit réellement d'une faute foncièrement différente de la faute délictuelle (B). Mais avant d'entamer ce champ d'investigation, il convient d'exposer le débat concernant l'existence de la faute contractuelle car il semble que c'est cette existence même qui soit de plus en plus mise en doute par une partie de la doctrine française (A).

A. La faute contractuelle existe-t-elle ?

230. La faute est-elle une notion si étrangère à la responsabilité contractuelle que le vocable même devrait être réservé à la responsabilité délictuelle ? Le débat sur la faute contractuelle semble être fort dogmatique. Il oppose en effet deux positions extrêmes : celle qui nie en bloc l'existence de la faute contractuelle (1) à celle qui l'érige comme fondement unique de la responsabilité contractuelle (2).

[1328] Req., 21 janv. 1890, S. 1890, S., 1, 408 ; D. 1891, 1, 380, note anonyme ; Cass. civ., 11 janv. 1922, D. P. 1922, 1, 16, S. 1924, 1, 105, note Demogue ; GP. 1922, 1, 344 ; Cass. civ, 6 avr. 1927, S.1927, 1, 201, note H. Mazeaud.

[1329] Civ. 6 mai 1946, JCP 1946, II, 3236, note R. Rodière.

[1330] Sur la faute contractuelle, voir A. Rabut, « De la notion de faute en droit privé », thèse, Paris, 1946 ; L. Ségur, « La notion de faute contractuelle en droit civil français, étude jurisprudentielle », thèse, Bordeaux, 1954 ; J. Constantinesco, Inexécution et faute contractuelle en droit comparé, Institut de droit européen de l'université de la Sarre, vol. n°5, 1960.

1. La négation de la faute contractuelle

231. La faute contractuelle, notion abusivement empruntée au droit des délits et des quasi-délits[1331]. Alors que la faute est désignée *expressis verbis* dans les articles 1382 et 1383 du Code civil comme fait générateur de la responsabilité délictuelle, ce vocable brille par son absence dans le cadre des articles 1146 à 1155 relatifs à la responsabilité contractuelle. La seule notion qui figure à l'article 1147 est celle de l'inexécution. Or celle-ci ne présente aucun point commun avec la faute[1332]. Ceci prouve, encore une fois, que les dommages et intérêts dus par le débiteur qui n'exécute pas le contrat ne constituent pas la réparation d'un dommage mais seraient plutôt une exécution par équivalent de l'obligation[1333]. Le recours à la notion de faute contractuelle constitue alors, selon cette thèse, un détour parfaitement inutile[1334]. Il suffit, en effet, de comparer objectivement la promesse faite et le résultat obtenu. Peu importe l'analyse du comportement fautif ou non du débiteur, les dommages et intérêts contractuels sont dus dès lors que l'inexécution lui est imputable. Seule la preuve d'une cause étrangère permet son exonération.

Cette analyse vaut, selon ses partisans, non seulement pour la violation d'une obligation de résultat, mais aussi et surtout lorsque l'obligation transgressée est de moyens[1335]. Dans les deux cas, écrit M. Tallon, « c'est toujours un résultat qui n'est pas atteint : le débiteur n'a pas fait ce qu'il avait promis »[1336]. Pour engager la responsabilité du débiteur défaillant, il suffit de comparer ce qui est dû avec ce qui a été fait. Le passage par la distinction entre les obligations de moyens et les obligations de résultat n'est qu'un trompe-l'œil. Toute la question du fait générateur de la responsabilité contractuelle se ramène en réalité à la question du contenu exact du contrat[1337] et non pas à la preuve d'une faute du débiteur. « L'obligation dite de moyens », écrit l'un des partisans de cette thèse, « n'est guère différente de l'obligation de résultat »[1338]. Si cette dernière est déterminée par le résultat à atteindre, la première s'apprécie également par rapport au contenu de la prestation raisonnablement promise par le débiteur[1339].

[1331] D. Tallon, « Pourquoi parler de faute contractuelle ? », Écrits en hommage à G. Cornu, p. 429 ; « L'inexécution du contrat : pour une autre présentation », RTD civ. 1994, p. 223 ; P. Rémy, « La responsabilité contractuelle : histoire d'un faux concept », RTD civ. 1997, p. 323 ; L. Leturmy, « La responsabilité délictuelle du contractant », RTD civ. 1998, p. 839 ; M. Faure-Abbad : « Le fait générateur de la responsabilité contractuelle », LGDJ, 2003, n° 169 et suivants.

[1332] Voir les auteurs cités à la note précédente.

[1333] Sur les linéaments de la thèse dualiste radicale, voir *supra* n° 23 et s.

[1334] *Ibid.*

[1335] Voir M. Faure- Abbad, « Le fait générateur de la responsabilité contractuelle », thèse précitée, n° 289.

[1336] D. Tallon, « L'inexécution du contrat : pour une autre présentation », RTD civ. 1994, p. 223.

[1337] M. Abbad-Faure, « Le fait générateur de la responsabilité contractuelle », *op. cit. Loc. cit.*

[1338] *Ibid.*

[1339] *Ibid.*

Dans ce contexte, la pseudo-faute contractuelle apparaît absolument distincte de la faute délictuelle. Uniforme, celle-ci constitue une erreur de conduite qui s'apprécie toujours par référence au critère du bon père de famille. Protéiforme, l'inexécution contractuelle varie, quant à elle, selon le contenu de chaque contrat. Cette distinction paraît basique, car concevoir l'inexécution du contrat comme une variété de la faute civile rend malaisée, voire illusoire la distinction des fautes contractuelles et délictuelles sur laquelle repose la règle du non-cumul[1340]. Pour redonner à ce principe sa légitimité, il faut bien abandonner ce cousinage entre les deux faits générateurs.

Ceci est d'autant plus vrai que l'intrusion du vocable « faute » pour désigner l'inexécution contractuelle est le fruit d'une définition erronée de la faute civile adoptée par Planiol. En effet, on ne peut saisir comment la faute contractuelle a concouru à l'envahissement de l'inexécution du contrat par un raisonnement de type délictuel qu'en se référant à l'œuvre de Planiol, soit en revenant un siècle en arrière[1341]. Dans son *Traité élémentaire du droit civil*, l'auteur définissait, d'une manière devenue fort célèbre, la faute civile comme étant « un manquement à une obligation préexistante »[1342]. Par cette définition générale, Planiol englobe dans une même acception les fautes contractuelles et délictuelles. L'illicite[1343] constitue un socle commun unissant les deux variétés du fait personnel. On peut bien pétrir la faute dans un moule contractuel ou délictuel mais cela n'altère en rien sa nature unitaire. Quel que soit l'ordre de responsabilité civile concerné, on rencontre toujours une obligation qui préexiste à l'obligation de réparation. La faute contractuelle réside dans le fait de manquer à une obligation volontairement souscrite dans le contrat. La faute quasi délictuelle réside pareillement dans le manquement à une obligation légale.

[1340] *Ibid.*

[1341] D. Tallon, « Pourquoi parler de faute contractuelle ? », Écrits en hommage à G. Cornu, p. 429 ; « L'inexécution du contrat : pour une autre présentation », RTD civ. 1994, p. 223 ; P. Rémy, « La responsabilité contractuelle : histoire d'un faux concept », RTD civ. 1997, p. 323 ; G. Babert, « Le système Planiol, Bilan d'un moment doctrinal », thèse précitée.

[1342] M. Planiol, Traité élémentaire de droit civil, T.II, 6e éd., LGDJ, 1912, n° 901. Voir dans le même sens pour le même auteur Rev. Crit. 1905, p. 283.

[1343] L'illicéité mise en avant par Planiol est entendue ici comme un élément constitutif de la faute civile, voir M. Planiol, Traité élémentaire de droit civil, *op. cit. Loc. cit.* ; A. Legal, « De la négligence et de l'imprudence comme source de responsabilité civile délictuelle », thèse, Paris, 1922 ; A. Rabut, « De la notion de faute en droit privé », thèse, Paris, 1946 ; G. Cornu, « Étude comparée de la responsabilité délictuelle en droit privé et en droit public », thèse, 1949, p. 190 ; D. Deliyannis, « La notion d'acte illicite considérée en sa qualité d'élément de la faute délictuelle », thèse, Paris, 1952 ; J. Darbellay, « Théorie générale de l'illicéité », thèse, Fribourg, 1955 ; M. Puech, L'illicéité dans la responsabilité civile extracontractuelle, LGDJ, 1973, préf. A. Rieg ; P. Jourdain, « Responsabilité fondée sur la faute, notion de faute : contenu commun à toutes les fautes », J.-cl. civil 2006, Responsabilité civile fasc. 120-10, n° 12.

L'abus de langage d'une telle conception est depuis longtemps dénoncé[1344]. En matière délictuelle, on suppose l'existence préalable d'obligations auxquelles on aurait manqué. Or ces obligations au sens technique n'existent pas ; il s'agit plutôt des devoirs généraux de comportement. En outre, si la faute est le devoir méconnu et que ce dernier détermine lui-même la faute, c'est un cercle vicieux dans la définition. En effet, la prédétermination des obligations préexistantes n'est qu'une illusion, car en réalité, c'est au moment du dommage qu'on découvre l'existence d'une norme violée dont on affirme rétrospectivement le caractère obligatoire[1345]. Ces critiques classiquement adressées à la définition de Planiol sont reprises pour le compte de la thèse contestataire[1346]. Le procédé utilisé par ses pourvoyeurs est habile, car en montrant la vanité d'une telle définition en matière délictuelle, on propose par là même son abandon en matière contractuelle en la remplaçant par une notion plus solide : celle d'inexécution. Est tout autre la position de la thèse qui confirme l'existence de la faute en matière contractuelle, qui, même si elle critique la définition de Planiol, continue à raisonner selon son système.

2. L'existence de la faute contractuelle

232. La faute, fondement unique de la responsabilité contractuelle. Reprenant l'idée de Domat selon laquelle le défaut de s'acquitter de ses engagements constitue une faute[1347], une grande partie de la doctrine française assimile l'inexécution du contrat à une faute génératrice de dommages et intérêts contractuels[1348]. Dans cette conception, la faute et l'inexécution visent

---

[1344] F. Gény, « Risques et responsabilité », RTD civ. 1902, p. 816. L'auteur critiquait cette idée qu'il pût y avoir de vraies « obligations légales » préexistant à tout délit. La critique est reprise par plusieurs auteurs. Voir H. et L. Mazeaud, A. Tunc, Traité théorique et pratique de la responsabilité civile délictuelle et contractuelle, T. 1, 6e éd., Monchrestien, 1965, n° 389 ; H. et L. Mazeaud, J. Mazeaud et F. Chabas, Leçons de droit civil, obligations, théorie générale, Paris, Montchrestien, 9e éd., par F. Chabas 1998, n° 453 ; P. Brun, Responsabilité civile extracontractuelle, *op. cit.*, n° 342 ; P. Malaurie, L. Aynès, P. Stoffel-Munck, Les obligations, *op. cit.*, . n° 51, p. 28.

[1345] Ces critiques ne nous paraissent pas suffisantes pour repousser la définition de Planiol, voir *infra* n° 243 et s.

[1346] P. Rémy, La responsabilité contractuelle. Histoire d'un faux concept, op. cit., p. 333 ; G. Babert, « Le système Planiol, Bilan d'un moment doctrinal », thèse précitée, p. 226.

[1347] Œuvres de Domat, éd. J. Remy, Paris 1835, Les lois civiles dans leur ordre naturel, la section IV du titre VIII du livre II intitulée « Des dommages causés par les fautes qui ne vont pas à un crime, ni à un délit », p. 480, n° 2.

[1348] H., L. Mazeaud et A. Tunc, Traité théorique et pratique de la responsabilité civile délictuelle et contractuelle, T.1, 6e éd., Montchrestien, 1965, n° 662 et s, p. 727 ; H. et L. Mazeaud, J. Mazeaud et F. Chabas, Leçons de droit civil, obligations, théorie générale, Paris, Montchrestien, 9e éd., par F. Chabas 1998, n° 435 ; B. Starck, H. Roland, L. Boyer, Droit civil. Les obligations. Le contrat, *op. cit.* n° 1454 et 1455 ; J. Carbonnier, Droit civil. Les obligations, *op. cit.*, p. 293, n° 156 ; Ph. Malinvaud, Droit des obligations, *op. cit.*, n° 83 ; L. Ségur, « La notion de faute en droit civil français », thèse, La pensée universitaire, Aix-en-Provence, 1956 ; B. Fages, Le comportement du contractant, PUAM, 1997, n° 209 ; R. Rodière, « La faute ordinaire dans les

en réalité un fait matériel unique. Il suffit alors de relever la seconde pour faire apparaître la première. Et même si la formule de l'article 1147 du Code civil, disposant que « le débiteur est condamné, s'il y a lieu, au paiement de dommages et intérêts, soit à raison de l'inexécution de l'obligation, soit à raison du retard dans l'exécution toutes les fois qu'il ne justifie pas que l'inexécution provient d'une cause étrangère qui ne peut lui être imputée », fait apparaître que le législateur a abandonné tout recours à la faute pour instaurer la responsabilité du débiteur, il n'en reste pas moins vrai que le contractant qui ne s'exécute pas, alors qu'il n'en est pas empêché, commet inéluctablement une faute. Partant de l'article 277 du Code des obligations et des contrats qui reprend à l'identique la formule utilisée par l'article 1147 du Code civil français[1349], une partie de la doctrine tunisienne adopte ce même raisonnement. Ainsi, pour Zine, faute du débiteur et inexécution sont synonymes[1350]. Cette idée est reprise par M. Loksaier[1351] pour qui le transporteur terrestre des personnes, tout comme le débiteur de droit commun, est en faute dès lors qu'il n'exécute pas son obligation de sécurité.

233. La responsabilité contractuelle est une responsabilité subjective. Fonder la responsabilité contractuelle sur la faute donne à cette responsabilité une coloration subjective. En effet, « Qu'il s'agisse de la responsabilité civile extracontractuelle, engagée pour violation de l'obligation de ne pas nuire à autrui, ou de la responsabilité civile contractuelle, mise en cause parce que le débiteur n'a pas respecté la parole donnée, *le droit porte, dans ces deux hypothèses, un jugement de valeur sur le fait qui donne lieu à ces responsabilités*[1352] »[1353]. Ce raisonnement est facilement vérifiable pour les obligations contractuelles de moyens. Dans cette hypothèse, l'article 1137 du

---

contrats », RTD civ. 1954, p. 201 ; P. Esmein, « Le fondement de la responsabilité contractuelle rapprochée de la responsabilité délictuelle », RTD civ. 1933, p. 627 ; « L'obligation et la responsabilité contractuelle », *in* Le droit privé français au milieu du XXe siècle. Études offertes à G. Ripert, t. 2, LGDJ, Paris, 1950, p. 101 ; C. Radé, « L'impossible divorce de la faute et de la responsabilité civile » (1), D. 1998, p. 301 ; P. Jourdain, « Réflexion sur la notion de responsabilité contractuelle », *in* Les métamorphoses de la responsabilité, PUF, coll. Publications de la faculté de droit et des sciences sociales, T. 32, 1998, p.65 ; Ch. Larroumet, « Pour la responsabilité contractuelle », mél Catala 2001, p. 543 ; G Viney, « La responsabilité contractuelle en question », Études offertes à J. Ghestin, Le contrat au début du XXIe siècle, p. 921, n° 22 ; P. Jourdain, « Responsabilité fondée sur la faute, notion de faute : contenu commun à toutes les fautes », J. Cl civil 2006, Responsabilité civile fasc. 120-10.

[1349] L'article 277 du Code des obligations et des contrats dispose que : « Les dommages et intérêts sont dus à raison de l'inexécution de l'obligation, soit à raison du retard dans l'inexécution, et encore qu'il n'y avait aucune mauvaise foi de la part du débiteur ».

[1350] M. Zine, Le contrat, Imprimerie El Wafa, 1997, p. 286 et 289.

[1351] F. Loksaier, « Le fondement de la responsabilité contractuelle du transporteur dans les transports terrestres interne », RJL 1995, n° 5, p. 8.

[1352] Nous soulignons.

[1353] C. Radé, « L'impossible divorce de la faute et de la responsabilité civile » (1), D. 1998, p. 301 *adde* pour le même auteur « La responsabilité civile contractuelle, les quasi-contrats », *op. cit.*, p. 11

Code civil suggère bien que l'on confronte le comportement du débiteur avec celui du bon père de famille. Lorsque l'obligation inexécutée est de résultat, la faute reste toujours la condition de la responsabilité encourue ; elle est tout simplement présumée du fait de l'inexécution[1354]. Et même si le législateur, aussi bien français que tunisien, exige la preuve d'une cause étrangère pour l'exonération du débiteur contractuel, cette dernière correspond réellement à la preuve de l'absence de faute[1355].

Face à ces deux conceptions diamétralement opposées, on peut se demander si la responsabilité contractuelle est exclusivement objective comme le propose la thèse dualiste radicale ou plutôt strictement subjective comme le soutient la majorité des auteurs français et une partie de la doctrine tunisienne. La réponse à cette question nous paraît décisive. En fait, la solution à donner au problème de l'option entre les deux ordres de responsabilité dépend, dans une large mesure, de la conception que l'on se fait de la faute contractuelle.

B. La compatibilité de principe entre le fait personnel délictuel et l'inexécution du contrat

234. Même si la théorie objectiviste et la théorie subjectiviste de la responsabilité contractuelle comportent chacune une part de vérité, il n'en reste pas moins vrai que toutes les deux présentent des faiblesses majeures dues en grande partie à leur caractère excessif. En éradiquant totalement le concept de la faute contractuelle, la thèse de M. Rémy et de ses disciples occulte une vraie analogie entre l'obligation de moyens et la faute délictuelle (1). Inversement, en exagérant la place accordée à la faute en tant que fondement exclusif de la responsabilité contractuelle, on finit par méconnaître la spécificité de l'inexécution contractuelle par rapport à la faute délictuelle (2).

1. Le parallélisme entre la faute délictuelle et le manquement à une obligation de moyens

235. Même contenu, même mode d'appréciation. Que l'on définisse la faute civile comme la violation d'une obligation préexistante[1356] ou comme un

---

[1354] H., L. Mazeaud et A. Tunc, Traité théorique et pratique de la responsabilité civile délictuelle et contractuelle, T.1, 6e éd., Montchrestien, 1965, n° 662 et s, p. 727 ; J. Carbonnier, Droit civil. Les obligations, *op. cit.*, p. 293, n° 156. En faveur de cette solution en droit tunisien, voir F. Loksaier, *op. cit. Loc. cit.*

[1355] P. Esmein, « Le fondement de la responsabilité contractuelle rapprochée de la responsabilité délictuelle », RTD civ. 1933, p. 627, n° 14 ; P. Wigny, « Responsabilité contractuelle et force majeure », RTD civ. 1935, p. 19 ; A. Tunc, « Force majeure et absence de faute en matière contractuelle », RTD Civ. 1945, p. 235.

[1356] La définition de Planiol est adoptée par plusieurs auteurs, voir A. Legal, « De la négligence et de l'imprudence comme source de responsabilité civile délictuelle », thèse, Paris, 1922 ; A. Rabut, « De la notion de faute en droit privé », thèse, Paris, 1946 ; G. Cornu, « Étude comparée de la responsabilité délictuelle en droit privé et en droit public », thèse, 1949, p. 190 ; D.

écart de conduite[1357], il faut toujours se référer à une norme de comportement imposant à toute personne de se conduire de façon prudente et diligente. En matière délictuelle, cette norme de civilité que sous-tendent respectivement les articles 1382 et 1383 du Code civil français, ainsi que les articles 82 et 83 du Code des obligations et des contrats, impose d'user de tous les moyens propres à ne pas causer de dommages à autrui. Elle se rencontre à l'identique dans le domaine contractuel toutes les fois que l'obligation transgressée peut être regardée comme une obligation de moyens[1358]. Ne pouvant se déduire de la seule absence de résultat, la responsabilité du débiteur contractuel ne peut être engagée que si son comportement était imprudent. [1359] Il faut admettre que l'inexécution de l'obligation ressemble fort, dans ce cas, à une faute délictuelle. Dans l'une, comme dans l'autre, il est nécessaire de porter un jugement sur la conduite du débiteur, et de comparer ce qu'il a fait à ce qu'il aurait dû faire. Plusieurs dispositions dans le Code des obligations et des contrats font la part belle à ce cousinage de fautes. Le législateur tunisien renvoie, en effet, à maintes reprises aux articles 82 et 83 relatifs à la responsabilité délictuelle pour apprécier la responsabilité du débiteur d'une obligation contractuelle de moyens. Ainsi, le débiteur d'une chose déterminée par son individualité répond, selon l'article 257, des détériorations qui « proviennent d'un fait qui lui est imputable *d'après les règles établies pour les délits et quasi-délits*[1360] ». L'article 856 du Code des obligations et des contrats relatif au contrat de louage de services comporte lui aussi le même renvoi aux règles délictuelles. Si le

---

Deliyannis, « La notion d'acte illicite considérée en sa qualité d'élément de la faute délictuelle », thèse, Paris, 1952 ; J. Darbellay, « Théorie générale de l'illicéité », thèse, Fribourgn 1955 ; M. Puech, L'illicéité dans la responsabilité civile extracontractuelle, LGDJ, 1973, préf. A. Rieg ; P. Jourdain, Les principes de la responsabilité civile, éd. Dalloz, Coll. Connaissance du droit, p. 43 ; G. Viney et P. Jourdain, Les conditions de la responsabilité, LGDJ, 2006, n° 457 ; P. Jourdain, « Responsabilité fondée sur la faute, notion de faute : contenu commun à toutes les fautes », J.-cl. civil 2006, Responsabilité civile fasc. 120-10, n°12.

[1357] Pour MM. Mazeaud et Tunc, la définition de Planiol centrée sur l'illicéité « ne va pas au fond des choses et ne donne pas le critère, ni même le principe de la distinction entre le fait fautif et le fait non fautif ». La référence à l'illicite serait dangereuse : elle risquerait de faire croire que celui qui agit en se conformant à une obligation légale ou réglementaire ne peut jamais engager sa responsabilité, ce qui constituerait une erreur certaine. Ces auteurs proposent de remplacer le critère de l'illicite par le concept de l'écart de conduite. Voir H., L. Mazeaud et A. Tunc, Traité théorique et pratique de la responsabilité civile délictuelle et contractuelle, T.1, 6e éd., Montchrestien, 1965, n° 395. Dans le même sens, P. Brun, Responsabilité civile extracontractuelle, *op. cit.* n° 343. Sur l'absence de différence fondamentale entre la définition de la faute en tant que manquement à une obligation préexistante et sa définition en tant qu'un écart de conduite, voir *infra* n°243 et s.

[1358] P. Jourdain, « Responsabilité fondée sur la faute, notion de faute : contenu commun à toutes les fautes », J. Cl. civil 2006, Responsabilité civile fasc. 120-10, n° 52.

[1359] H. et L. Mazeaud, A. Tunc, Traité théorique et pratique de la responsabilité civile délictuelle et contractuelle, T. 1, 6e éd., Monchrestien, 1965, n°673-2, n°679 ; G. Viney, P. Jourdain, Traité de droit civil, Les conditions de la responsabilité, n°457 et s ; A. Bénabent, Droit civil. Les obligations, *op. cit.* , n° 403.

[1360] Nous soulignons.

maître de l'ouvrage doit assurer la sécurité de toute personne travaillant sous sa direction, la contravention à cette obligation s'apprécie « *d'après les dispositions établies pour les délits et quasi-délits*[1361] ».

L'analogie entre faute contractuelle et faute délictuelle se trouve également dans l'avant-projet du Code civil et commercial. À cet égard, afin d'illustrer par des exemples concrets la définition de la faute délictuelle, Santillana cite l'exemple du dépositaire qui nie le dépôt ou le convertit à son usage, le commodataire qui emploie la chose à un usage différent, l'artisan ayant reçu une chose pour la nettoyer ou la réparer, la prête à autrui ou en fait un autre usage...[1362] Ce jumelage entre les fautes contractuelles et délictuelles explique la position de la jurisprudence tunisienne qui a fait référence à l'article 82 pour établir la responsabilité des débiteurs d'une obligation de moyens[1363]. Ceci a poussé certains à affirmer, non sans raison, qu'entre faute délictuelle et obligation de moyens, il n'y a aucune différence de nature, la substance étant en réalité la même, à savoir une négligence, une imprudence que ne commettrait pas un bon père de famille[1364].

Plus explicitement, l'article 1137 du Code civil français indique que l'obligation de conservation soumet celui qui en est chargé à « tous les soins d'un bon père de famille ». Cette formule, invitant à porter un jugement de valeur sur le comportement du débiteur contractuel,[1365] s'apparente très directement à la faute délictuelle d'imprudence ou de négligence des articles 1382 et 1383 qui s'apprécie également *in abstracto*[1366]. Étendu par la jurisprudence à tous les contrats comportant une obligation de moyens, ce raisonnement rend difficilement acceptable la négation de l'existence de la faute contractuelle. De même, il semble inexact de dénoncer la confusion entre la faute contractuelle et la faute délictuelle au motif que pour relever la première, il suffit de constater l'inexécution du contrat, alors que la deuxième est jugée abstraitement par référence à la conduite du bon père de famille. Instrument de mesure des comportements conférant au juge le pouvoir de décider de la normalité ou de l'anormalité de la conduite du débiteur dans un contrat déterminé, le recours au critère du bon père de famille prévu dans l'article 1137 interdit de procéder différemment pour apprécier la faute délictuelle et l'obligation contractuelle de moyens. On voit mal pourquoi les rédacteurs du

---

[1361] Nous soulignons.

[1362] Voir l'article 88 de l'avant-projet.

[1363] TPI de Sfax 4 juin 1960, jugement n° 18221, RJL, n°7, p. 61 ; Cass. civ. arrêt n° 63103. 97 du 19 fev. 1998, BCC, I, p. 232 ; CA Tunis, arrêt n° 75672 du 25 juin 2002 (inédit) ; Cass. civ. arrêt n° 22273 du 28 janv. 2003 (inédit).

[1364] C. Miledi, « Le rôle de la faute dans la responsabilité contractuelle », mémoire de DEA, faculté de droit et des sciences politiques de Tunis, 1996, 1997, p. 84.

[1365] N. Dejean de La Bâtie, Appréciation *in concreto* et appréciation *in abstracto*, LGDJ, 1965, préf. H. Mazeaud ; S. Seyart, « Le bon père de famille », thèse, Paris II, 1985, p. 348.

[1366] *Ibid.*

Code civil auraient aboli la théorie de la prestation des fautes si ce n'était pour appliquer en toute circonstance le critère du bon père de famille ordinaire.

236. L'abandon de la théorie de la prestation des fautes. Il est communément admis que le Code civil français, en adoptant l'article 1137, est censé avoir rompu avec la théorie de la prestation des fautes de l'ancien droit[1367]. D'après celle-ci, la responsabilité du débiteur est engagée selon la gravité de la faute commise. Le débiteur ne répond que de sa faute très légère, légère, ou lourde, en fonction de l'intérêt des deux parties au contrat. Les auteurs de l'ancien droit distinguaient en effet entre trois catégories de fautes correspondant à trois catégories de contrats. Dans les contrats passés dans le seul intérêt du créancier, tel que le dépôt, le débiteur n'est responsable de l'inexécution de son obligation qu'au seul cas où cette inexécution est due à une faute lourde. Dans les contrats passés dans l'intérêt commun du créancier et du débiteur, en revanche, la responsabilité du débiteur est plus grande car, dans ce cas, il répond de toute inexécution due à une faute légère laquelle correspond « au soin ordinaire que les personnes prudentes apportent à leurs affaires ». Elle est encore plus stricte dans les contrats passés dans le seul intérêt du débiteur. En effet, dans cette hypothèse, ce dernier doit réparer le préjudice résultant de toute inexécution due à une faute très légère que ne commettrait un excellent père de famille.

Complexe et difficile à mettre en œuvre, cette distinction est abandonnée par l'article 1137 du Code civil qui établit dans son alinéa 1er le principe selon lequel le débiteur doit faire preuve de la diligence du bon père de famille. Diverses dispositions relatives à des contrats spéciaux font d'ailleurs application de cette règle de principe[1368]. La seule exception qui a pu être relevée concerne le contrat de dépôt[1369]. En effet, l'article 1927 du Code civil dispose que : « le

---

[1367] L'abandon de la méthode est clairement énoncé dans les travaux préparatoires. Voir A. Fenet, Recueil complet des travaux préparatoires du code civil, t. 13, Paris, 1827, p. 321 (Favart, communication officielle au Tribunat, 3 févr. 1804). C'est bien ainsi que cette disposition fut comprise au début du XIXe siècle. Voir Proudhon, Traité des droits usufruit, d'usage, d'habitation et de superficie, t. 3, Dijon, 1824, n° 1509-1510, p. 479-480 et n° 1512, p. 481-483 ; Troplong, Le droit civil expliqué suivant l'ordre du code civil depuis et y compris le titre de la vente. De la vente, t. 1, Paris, 1834, n° 363, p. 577 ; J.-M. Boileux par F.-F. Poncelet, Commentaire sur le code civil, t. 3, art. 1137, p. 502. La doctrine moderne partage aussi ce constat ; H. et L. Mazeaud, A. Tunc, Traité théorique et pratique de la responsabilité civile délictuelle et contractuelle, T. 1, 6e éd., Monchrestien, 1965, n°681-2 ; A. Desrayaud, « École de l'exégèse et interprétations doctrinales de l'article 1137 du Code civil », RTD civ. 1993, p. 536.

[1368] Ainsi, en cas de louage, le preneur doit user de la chose louée en bon père de famille (art. 1728). Le fermier s'expose à voir résilier son bail « s'il ne cultive pas en bon père de famille » (art. 1766). Le preneur, s'il y a bail à cheptel simple, « doit les soins d'un bon père de famille à la conservation du cheptel » (art. 1806). L'emprunteur, dans le contrat de prêt à usage, est tenu « de veiller, en bon père de famille, à la garde et à la conservation de la chose prêtée » (art. 1880).

[1369] N. Dejean De La Bâtie, « Appréciation *in concreto* et appréciation *in abstracto* », thèse précitée n° 81, p. 74 ; P. Jourdain, « Responsabilité fondée sur la faute, notion de faute : contenu commun à toutes les fautes », *op. cit.*, n° 102.

dépositaire doit apporter dans la garde de la chose déposée les mêmes soins qu'il apporte dans la garde des choses qui lui appartiennent ». Il en découle que l'appréciation de la responsabilité du dépositaire s'avère très concrète. Néanmoins, cette règle n'a qu'une portée limitée. L'article 1928 y apporte plusieurs limitations qui multiplient sensiblement les hypothèses de retour au principe de l'appréciation abstraite.

C'est dire qu'en somme, il n'y a aucune différence de nature, ni de degré, ni dans les modes d'appréciation entre la faute contractuelle et son homologue délictuelle. D'ailleurs, il semble que les rédacteurs de l'avant-projet de réforme du Code civil, ainsi que la proposition de loi portant réforme de la responsabilité civile aient largement procédé à ce jumelage de fautes.

237. L'analogie entre la faute délictuelle et l'obligation contractuelle de moyens dans l'avant-projet de réforme du droit des obligations et de la prescription. Si l'avant-projet de réforme du droit des obligations Catala, ainsi que la proposition de loi « Béteille » ont minimisé autant que faire se peut les divergences entre règles de la responsabilité contractuelle et délictuelle, allant jusqu'à prévoir des dispositions communes pour les deux ordres de responsabilité[1370], le fait générateur de la responsabilité extracontractuelle[1371] et contractuelle [1372] a fait, en revanche, l'objet de dispositions distinctes.

En effet, concernant la responsabilité délictuelle, l'avant-projet Catala distingue successivement le fait personnel du « fait des choses », du « fait d'autrui », des « troubles de voisinage » et des « activités dangereuses ». En revanche, le fait générateur de la responsabilité contractuelle ne fait aucunement cette distinction[1373]. Les rédacteurs du projet précisent que le fait générateur de la responsabilité contractuelle est l'inexécution qui s'apprécie en fonction de la portée de l'engagement[1374]. On peut donc conclure hâtivement que la faute contractuelle est évincée du territoire contractuel pour être remplacée, comme le souhaite la thèse dualiste radicale, par un fait générateur particulier qu'est

---

1370 Voir pour l'avant-projet Catala la section première du chapitre 2 relative aux conditions de la responsabilité et intitulée « dispositions communes aux responsabilités ». Concernant la proposition de loi « Béteille », voir la sous-section première de la deuxième section du chapitre 2 intitulée « Des conditions communes aux responsabilités contractuelle et délictuelle ».

1371 Concernant l'avant-projet Catala, voir la section 2 du chapitre 2 intitulée « Dispositions propres à la responsabilité extracontractuelle ». Concernant la proposition de loi « Béteille », voir la sous-section 2 de la deuxième section du chapitre 2 intitulée « Conditions particulières à la responsabilité délictuelle ».

1372 Concernant l'avant-projet Catala, voir la section 3 du chapitre 2 intitulée « Dispositions propres à la responsabilité contractuelle ». À propos de la proposition de loi Béteille, voir la sous-section 3 de la deuxième section du chapitre II intitulée « Conditions particulières à la responsabilité contractuelle ».

1373 G. Viney, « Exposé des motifs de l'avant-projet de réforme du droit des obligations et de la prescription », Rapport soumis au garde des Sceaux le 22 septembre 2005.

1374 L'article 1363 de l'avant-projet dispose que « le créancier d'une obligation issue d'un contrat valablement formé peut, en cas d'inexécution, demander au débiteur réparation de son préjudice sur le fondement des dispositions de la présente section ».

l'inexécution. Que nenni ! Le projet continue, dans l'article 1364[1375], à adopter la distinction entre les obligations de résultat et les obligations de moyens. Si le débiteur d'une obligation de résultat trouve sa responsabilité engagée du seul fait que le résultat n'est pas atteint, le créancier d'une obligation de moyens est tenu de prouver que le débiteur « *n'a pas effectué toutes les diligences nécessaires*[1376] ». La même définition est adoptée par l'article 1149 pour lequel « l'obligation est dite de moyens lorsque le débiteur est seulement tenu d'apporter *les soins et diligences normalement nécessaires* [1377] pour atteindre un certain but, de telle sorte que sa responsabilité est subordonnée à la preuve qu'il a manqué de *prudence ou de diligence*[1378] ». Or il ne faut pas être un grand clerc pour déceler l'analogie avec la faute délictuelle que l'article 1352 de l'avant-projet définit au demeurant comme étant « la violation d'une règle de conduite imposée par une loi ou un règlement ou le manquement au *devoir général de prudence ou de diligence*[1379] ».

La même démarche est adoptée également par la proposition de loi portant réforme du droit de la responsabilité civile. En effet, cette dernière distingue la faute délictuelle définie dans l'article 1386-3 comme étant « la violation d'une loi ou d'un règlement, ou le manquement à une *obligation de prudence ou de diligence*[1380] », de l'inexécution d'une obligation de moyens où le créancier doit prouver, selon l'article 1386-14, que le débiteur « n'a pas effectué *les diligences nécessaires*[1381] ». Or, si, au fond, les deux fautes ont le même contenu et s'apprécient de la même façon, n'était-il pas alors plus opportun d'ériger le fait personnel générateur de responsabilité parmi les dispositions communes des deux responsabilités contractuelle et délictuelle ? La question nous paraît légitime d'autant plus que, sous l'emprise de la règle du non-cumul, la jurisprudence française, contrairement à son homologue tunisienne, censure le recours à la faute délictuelle alors que l'application de la responsabilité contractuelle pour manquement à une obligation de moyens aurait conduit au même résultat que celui qu'avait permis l'article 1382 ou 1383 du Code civil.

[1375] L'article 1364 de l'avant-projet dispose que « Dans le cas où le débiteur s'oblige à procurer un résultat au sens de l'article 1149, l'inexécution est établie du seul fait que le résultat n'est pas atteint, à moins que le débiteur ne justifie d'une cause étrangère au sens de l'article 1349. Dans tous les autres cas, il ne doit réparation que s'il n'a pas effectué toutes les diligences nécessaires ».

[1376] Nous soulignons.

[1377] Nous soulignons.

[1378] Nous soulignons.

[1379] Voir C. Radé, « Brefs propos sur une réforme en demi-teinte », RDC 2007, n° 1, p. 77 ; F. Chabas, « Observations sur le fait personnel et le fait des choses », RDC 2007, n° 1, p. 73 ; S. Whittaker, « La responsabilité pour fait personnel dans l'avant-projet de réforme du droit de la responsabilité : donner voix aux silences du Code civil », RDC 2007, n° 1, p. 89.

[1380] Nous soulignons.

[1381] Nous soulignons.

238. Application incongrue de la règle du non-cumul. Si les deux types de faute civile ont une même substance, s'apprécient de la même manière et engagent en principe la responsabilité du débiteur quel que soit leur degré, d'où provient alors l'idée de l'incompatibilité entre faute contractuelle et faute délictuelle que suggère la formulation même de la règle du non-cumul ? N'y a-t-il pas un hiatus entre l'affirmation de l'identité de nature entre les deux fautes contractuelle et délictuelle et la proclamation de leur incompatibilité lorsqu'elles concourent dans un même rapport juridique ? Le trouble est à son comble quand on observe que les arrêts du 21 janvier 1890[1382], ainsi que celui du 11 janvier 1922[1383], considérés par la doctrine comme fondateurs de la règle du non-cumul en droit français[1384], font recours à la théorie de la prestation des fautes[1385], une théorie dont tout le monde se plaît à affirmer l'abandon par le Code civil, pour justifier l'expulsion de la responsabilité délictuelle. Reprise depuis par la jurisprudence, l'idée de l'opposition entre les deux fautes a été appliquée quasi systématiquement afin de justifier le refoulement de la responsabilité délictuelle chaque fois qu'une faute contractuelle et une faute délictuelle se côtoient dans un même rapport juridique.

239. Origine de la thèse de l'incompatibilité. Labbé, dont la pensée est restée prépondérante en droit français jusqu'à nos jours, semble être l'initiateur de la thèse de l'incompatibilité foncière entre le contrat et l'application de l'article 1382 du Code civil[1386]. En effet, pour lui, la conclusion d'un contrat, mettant deux individus en rapports étroits, crée entre eux de multiples occasions de se nuire qui n'auraient pas existé à défaut de convention. Il est donc légitime que les recours éventuels d'un contractant envers l'autre soient régis exclusivement par les règles de la responsabilité contractuelle et non par les principes de la responsabilité délictuelle. Ainsi écrivait-il sans ambages : « Le contractant est mis par le contrat dans une situation nouvelle, en dehors des prévisions du droit commun, d'après lequel chacun reste chez soi, dans son domaine (...) en l'absence de ce contrat spécial (...) il n'était bien facile de ne pas vous causer un préjudice ; j'ai été bien plus exposé à vous nuire à raison du contact intervenu. Arrière donc l'article 1382, ne m'en parlez pas »[1387]. Et l'auteur de conclure : « Nous croyons fermement que des contractants n'encourent l'un envers l'autre que la responsabilité des fautes qui découlent de leur contrat, que les articles 1382 et suivants se trouvent écartés de leurs rapports mutuels »[1388].

[1382] Req., 21 janv.1890, S. 1890, S., 1, 408 ; D. 1891, 1, 380, note anonyme
[1383] Cass. civ., 11 janv. 1922, D. P. 1922, 1, 16, S. 1924, 1, 105, note Demogue
[1384] Ce qui nous a paru discutable, voir *supra* n°41 et s.
[1385] Voir dans le même sens J. Huet, Responsabilité contractuelle et responsabilité délictuelle. Essai de délimitation entre les deux ordres de responsabilité, n° 55.
[1386] Labbé, S. 1885, 4, 25 ; S., 1886, 2, 97.
[1387] V. Labbé, S. 1885, 4, 26.
[1388] Labbé, S., 1886, 2, 97.

Plusieurs auteurs expriment leurs ralliements aux idées émises par le célèbre arrêtiste[1389]. Pour Ferron[1390], un même fait ne peut constituer, à l'égard d'un même individu, à la fois une faute contractuelle et une faute délictuelle. Et même s'il n'y a aucune différence spécifique à établir entre ces deux catégories de fautes, qu'elles soient de même nature, que l'une et l'autre supposent l'existence d'une obligation antérieure, il n'en reste pas moins vrai que dans un cas, il y a une violation d'une obligation découlant du contrat, dans l'autre d'une règle générale de conduite imposée par la loi. La différence de source interdit donc la cohabitation des deux fautes au sein d'un même rapport. L'une doit nécessairement se substituer à l'autre. Gény reprend pour son compte l'idée de l'incompatibilité entre les deux fautes mais essaye de la justifier autrement. « Par le fait de la convention intervenue », écrit-il, « le principe de la responsabilité se trouve en quelque sorte *nové*[1391]; il est passé du plan délictuel au plan contractuel »[1392]. C'est la responsabilité contractuelle qui régirait seule tous les rapports dont le contrat pourrait être l'occasion tant pour l'appréciation des fautes que pour l'étendue et les conditions de l'indemnité due. Systématisant la règle du non-cumul, M. Edmond-Noël trouve elle aussi que fait personnel et contrat sont antinomiques car « les faits qui donnent naissance à la responsabilité contractuelle ne sont pas les mêmes que ceux qui constituent la faute délictuelle. C'est le contrat qui, rapprochant le créancier du débiteur (...) a instauré ces circonstances de fait sans lesquelles le dommage ne se fût pas produit. Sans le contrat, le radiologue n'aurait pas risqué de brûler son patient et le locataire ne se serait pas penché aussi souvent sur le balcon vermoulu. Le contrat étant une source d'obligations supplémentaires, il est normal que l'on puisse limiter ses engagements »[1393].

240. L'arbre qui cache la forêt. Créant une situation nouvelle qui ne peut être appréciée par l'article 1382 du Code civil, la conclusion d'un contrat aurait, selon la majorité des auteurs, partisans pourtant de l'unité des fautes délictuelles et contractuelles, pour effet nécessaire de refouler la responsabilité délictuelle. Cette nouvelle situation peut, soit alourdir la responsabilité du débiteur en augmentant les actes susceptibles d'engendrer sa responsabilité, soit au contraire l'atténuer en vertu d'une clause relative à la responsabilité ou en vertu

---

[1389] D. Bébet, « Contribution à l'étude de la faute aquilienne ou délictuelle et la faute contractuelle », thèse, Paris, 1899, p. 28 ; Bouvier Bangillon, note sous Cass. civ., 20 janv. 1902, Pand. Franc. 1903, 1, 5 ; Perroud, note S. 1913, 2, 209 ; L. Josserand, note au D. P., 1927, 1, 105 ; A. Brun, « Rapports et domaines des responsabilités contractuelle et délictuelle, thèse précitée », n° 104.

[1390] G. Ferron, notes sous Bordeaux 8 juillet 1909, S. 1911, 2, 30.

[1391] Nous soulignons.

[1392] F. Gény., S., 1928, 1, 355.

[1393] M. Edmond-Noël, « L'option entre la responsabilité contractuelle et la responsabilité délictuelle », thèse précitée, n° 98.

d'un fait générateur spécifique prévu par le législateur lui-même dans certains contrats spéciaux[1394].

Certes, dans les hypothèses où les parties ont modelé conventionnellement l'étendue d'une obligation purement contractuelle[1395], il peut paraître incommode de faire jouer une responsabilité fondée sur la faute délictuelle personnelle. Il en est de même lorsque le législateur a prévu par un texte spécial un fait générateur particulier qui déroge au droit commun. Mais ces hypothèses sont-elles si fréquentes qu'elles légitiment en conséquence une antinomie totale entre le fait délictuel et le contrat ? Une chose est de poser le principe d'une incompatibilité totale. Une autre est d'admettre qu'aucune force de répulsion n'existe entre faute contractuelle et faute délictuelle et que ces deux dernières peuvent cohabiter sauf dans des hypothèses particulières. Il ne s'agit pas d'un simple jeu de mots, mais d'un changement de méthode, voire de perspective. Excessif, le refoulement systématique de l'article 1382 par la conclusion du contrat occulte l'existence de nombreuses situations où la responsabilité délictuelle du débiteur peut être prononcée sur la base d'une faute délictuelle parfaitement analogue à ce que recouvre exactement l'inexécution d'une obligation contractuelle de moyens[1396].

Et si la Cour de cassation française a pu, il y a belle lurette, annoncer que « la responsabilité édictée par les articles 1382 et suivants se confondant, en l'espèce, avec une responsabilité contractuelle dérivant d'un manquement aux obligations assumées envers son client, il importait peu que l'arrêt attaqué se référât aux articles 1382 et suivants, *la référence à ces articles impliquant nécessairement, en l'espèce, une violation de ceux servant de base à la responsabilité contractuelle*[1397] »[1398], une telle formule, présente parfois dans les arrêts autorisant l'option en droit tunisien[1399], est rarissime et dépassée en droit français. Ceci est fort regrettable, car le non-cumul entre les deux ordres de la responsabilité apparaît en fait comme une règle détachée de son fondement logique et détournée de sa raison d'être. Affirmer d'un côté l'identité de principe des fautes contractuelle et délictuelle et de l'autre leur incompatibilité foncière ne paraît guère cohérent. L'option autorisée par le juge tunisien en cas de concours entre faute délictuelle et obligation contractuelle de moyens nous semble plus soutenable. Cette option nous paraît encore envisageable même

[1394] Voir à titre d'exemple Civ. 1re, 11 janv. 1961, Bull. civ. 1961, 1, 23, n°28 ; Civ. 3e, 14 avril 1964, Bull. civ. 1964, III, n°182 ; Poitiers, 29 juin 1983, D. 1984, juri. 61, note G. Daverat.

[1395] Voir *supra* n°150 et s.

[1396] Civ. 3e, 9 juin 1999, Bull. civ. III, n° 130.

[1397] Nous soulignons.

[1398] Civ. 4 mars 1938. G. P. 1939, 1, 400 ; Civ. 9 janv. 1940. D. P. 1940, 1, 49. Note L. P.

[1399] TPI de Sfax 4 juin 1960, jugement n° 18221, RJL, n°7, p. 61 ; Cass. civ. arrêt n° 63103. 97 du 19 fév. 1998, BCC, I, p. 232 ; CA Tunis, arrêt n° 75672 du 25 juin 2002 (inédit) ; Cass. civ. arrêt n° 22273 du 28 janv. 2003 (inédit).

dans les hypothèses où l'inexécution contractuelle se distingue sensiblement de la faute délictuelle.

2. Le particularisme de l'inexécution contractuelle par rapport à la faute délictuelle

Si la notion de faute nous paraît parfaitement concevable en matière contractuelle lorsque l'obligation transgressée est de moyens, se rapprochant ainsi substantiellement de la faute délictuelle, il n'en est pas de même lorsque la preuve de l'inexécution suffit pour déclencher la responsabilité du débiteur. En effet, le système prévu par les articles 1147 du Code civil français et 277 du Code des obligations et des contrats tunisien ne fait intervenir la faute ni dans la condamnation, ni dans l'exonération du débiteur. Ceci induit l'idée selon laquelle la responsabilité contractuelle pour manquement à une obligation de résultat est une responsabilité objective qui se distingue nécessairement de la responsabilité délictuelle subjective fondée sur la faute personnelle.

241. L'indifférence de la faute pour l'établissement de la responsabilité contractuelle pour manquement à une obligation de résultat. Une grande partie des doctrines française[1400] et tunisienne[1401] soutient que la responsabilité contractuelle est fondée sur la faute. Cette dernière consiste à n'avoir point exécuté les obligations contractées par le débiteur. La seule particularité des obligations de résultat, où l'inexécution présume la faute, par rapport aux obligations de moyens, réside dans l'allègement de la tâche probatoire du créancier. Cette doctrine semble donc tenir pour équivalent la faute et l'inexécution. Cette équation est-elle défendable ? Disposant pareillement que

[1400] H., L. Mazeaud et A. Tunc, Traité théorique et pratique de la responsabilité civile délictuelle et contractuelle, T.1, 6e éd., Montchrestien, 1965, n° 662 et s, p. 727 ; H. et L. Mazeaud, J. Mazeaud et F. Chabas, Leçons de droit civil, Obligations, *op. cit.*, n°435 ; B. Starck, H. Roland, L. Boyer, Droit civil. Les obligations, T. 2, Le contrat, *op. cit.* n° 1454 et 1455 ; J. Carbonnier, Droit civil. Les obligations, coll. Thémis droit privé, *op. cit.* p. 293, n° 156 ; Ph. Malinvaud, Droit des obligations, *op. cit.*, n° 83 ; L. Ségur, « La notion de faute en droit civil français », thèse, La pensée universitaire, Aix-en-Provence, 1956 ; B. Fages, Le comportement du contractant, PUAM, 1997, n° 209 ; R. Rodière, « La faute ordinaire dans les contrats », RTD civ. 1954, p. 201 ; P. Esmein, « Le fondement de la responsabilité contractuelle rapprochée de la responsabilité délictuelle », RTD civ. 1933, p. 627 ; « L'obligation et la responsabilité contractuelle », Le droit privé français au milieu du XXe siècle. Études offertes à G. Ripert, t. 2, LGDJ, Paris, 1950, p. 101 ; C. Radé, « L'impossible divorce de la faute et de la responsabilité civile » (1), D. 1998, p. 301 ; P. Jourdain, « Réflexion sur la notion de responsabilité contractuelle », *in* Les métamorphoses de la responsabilité, PUF, coll. Publications de la faculté de droit et des sciences sociales, T. 32, 1998, p.65 ; Ch. Larroumet, « Pour la responsabilité contractuelle », mél Catala 2001, p. 543 ; G Viney, « La responsabilité contractuelle en question », *in* Études offertes à J. Ghestin. Le contrat au début du XXIe siècle, p. 921, n° 22 ; P. Jourdain, « Responsabilité fondée sur la faute, notion de faute : contenu commun à toutes les fautes », J. Cl. civil 2006, Responsabilité civile fasc. 120-10.

[1401] M. Zine, Le contrat, Imprimerie El Wafa, 1997, p. 286 et 289 ; F. Loksaier, « Le fondement de la responsabilité contractuelle du transporteur dans les transports terrestres interne », RJL 1995, n°5, p. 8.

« les dommages et intérêts sont dus soit à raison de l'inexécution... », l'article 277 du Code des obligations et des contrats ainsi que l'article 1147 du Code civil n'évoquent nulle part la faute. Le fait générateur de la responsabilité contractuelle est établi par la constatation objective de l'inobservation d'un résultat promis. La faute, quant à elle, renvoie à l'appréciation du comportement du débiteur par référence à celle du type de comparaison placé dans les mêmes conditions[1402]. Le degré de la gravité d'une faute sera alors nécessairement affecté par la conduite du débiteur. Or une telle circonstance n'aurait aucune incidence sur l'inexécution, qu'elle soit totale, partielle ou tardive. Une inexécution totale peut être la conséquence d'une faute légère, comme une faute lourde pourrait entraîner une inexécution partielle. L'inexécution ne peut donc être confondue avec la faute, mais présume-t-elle la faute ? Il est généralement affirmé par la doctrine subjectiviste[1403] que le créancier qui apporte la preuve de l'inexécution n'a plus à fournir la preuve de la faute, étant donné que la première fait présumer la seconde. L'article 277 du Code des obligations et des contrats et 1147 du Code civil édictent donc, selon les tenants de cette thèse, une présomption de faute. Or cette expression largement utilisée par la doctrine nous paraît frappante. Elle est, du moins, techniquement impropre. En toute rigueur, dans le cadre d'une présomption de faute, l'auteur présumé fautif peut se décharger de sa responsabilité en établissant l'absence de sa faute. Tel n'est pas le cas du débiteur contractuel d'une obligation de résultat. La seule voie qui lui est ouverte est la preuve de la cause étrangère. N'est-ce pas un indice que cette responsabilité n'a rien à voir avec la faute ?

242. L'insuffisance de la preuve de l'absence de la faute pour exonérer le débiteur. La preuve de la cause étrangère, seul moyen permettant au débiteur contractuel de se décharger de sa responsabilité, ne serait pas, selon la thèse subjectiviste, suffisant pour donner à la responsabilité contractuelle une coloration objective. Plusieurs auteurs soutiennent en effet que la preuve de la cause étrangère correspondrait à la preuve de l'absence de la faute. Esmein[1404],

---

[1402] J. Constantinesco, Inexécution et faute contractuelle en droit comparé, Institut de droit européen de l'université de la Sarre, vol. n°5, 1960, p. 229. En faveur de cette interprétation en droit tunisien, voir C. Ben Miled, « Le rôle de la faute dans la responsabilité contractuelle » (en arabe) mémoire de DEA, faculté de droit et des sciences politiques de Tunis, 1997, p. 31 ; M. Bag Bag, « De la possible réception de la notion de clause pénale par le Code des obligations et des contrats », RTD 1998, p. 56 ; A. Trabelsi, « Analyse de l'article 277 du Code des obligations et des contrats » (en arabe), mémoire de DEA, faculté de droit et des sciences politiques de Tunis I, 1998 ; A. Ben Hassana, « La distinction entre les obligations de résultat et les obligations de moyens en droit tunisien » (en arabe), mémoire de DEA, faculté de droit et des sciences politiques de Tunis, 1999, p. 42 ; S. Abid Mnif, « L'obligation de sécurité dans les contrats », mémoire de DEA, faculté de droit de Sfax, 2002, p. 106 et 107 ; S. Abid Bellaj, « La responsabilité contractuelle entre le Code des obligations et des contrats et les principes Unidroit », mémoire de DEA, faculté de droit de Sfax, 2007, p. 97.

[1403] Voir les auteurs cités aux notes 73 et 74.

[1404] P. Esmein, « Le fondement de la responsabilité contractuelle rapprochée de la responsabilité délictuelle », RTD civ. 1933, p. 627, n° 14.

pour qui les articles 1147 et 1137 du Code civil posent la même règle, considère le cas fortuit comme synonyme de l'absence de faute. La même solution est adoptée par Tunc[1405] qui rabaisse la force majeure jusqu'à la limite de la diligence contractuelle.

Ce jumelage de notions nous paraît critiquable. Il est, en effet, difficile d'affirmer que la cause étrangère équivaut à l'absence de faute[1406]. La faute invite encore une fois à porter un jugement subjectif sur le comportement du débiteur. Par la preuve de la cause étrangère, en revanche, le débiteur démontre que l'inexécution, qui ne se rattache pas causalement à son fait soit totalement, soit partiellement, est due à un évènement extérieur ne pouvant être évité ni maîtrisé. Ceci dit, le caractère objectif de la responsabilité contractuelle pour manquement à une obligation de résultat nous semble confirmé tant pour le droit français que pour le droit tunisien. Les tentatives de réintroduction de la faute comme condition de la responsabilité contractuelle ou au niveau de l'exonération sont vaines. La formule expresse des articles 277 du Code des obligations et des contrats et 1147 du Code civil, du moins, l'interdit.

243. La définition de la faute de Planiol et les obligations de résultat. M. Jourdain, tout en concédant que « la faute exprime mal la réalité de l'inexécution »[1407], estime que le débat sur la faute contractuelle est inutile, « car si la faute contractuelle n'ajoute rien, cela ne nuit en rien »[1408]. Et l'auteur de conclure : « Il est sans inconvénient de dire que la faute est une condition de la responsabilité contractuelle si l'on admet conformément à la définition classique de la faute que l'inexécution de l'obligation constitue une faute »[1409]. Mais accepter de réintroduire un atome de faute dans le cadre des obligations contractuelles de résultat ne risque-t-il pas de transformer la physionomie objective de la responsabilité encourue pour inexécution en une responsabilité subjective ?[1410] Si la définition de la faute chère à Planiol a pu unifier la faute délictuelle et le manquement aux obligations de moyens, subjectifs tous les deux par essence, elle nous semble, en revanche, incapable d'éclairer la nature

[1405] A. Tunc, « Force majeure et absence de faute en matière contractuelle », RTD Civ. 1945, p. 235.

[1406] Voir dans le même sens J. Constantinesco, Inexécution et faute contractuelle en droit comparé, *op. cit.* p. 230 ; J. Bellissent, « Contribution à l'analyse de la distinction des obligations de moyens et obligations de résultats : à propos de l'évolution des ordres de responsabilité », thèse précitée, n° 192.

[1407] P. Jourdain, « Réflexion sur la notion de responsabilité contractuelle », *in* Les métamorphoses de la responsabilité, PUF, 1998, p. 65. Voir dans le même sens G Viney, « La responsabilité contractuelle en question », Études offertes à J. Ghestin. Le contrat au début du XXIe siècle, p. 921.

[1408] P. Jourdain, « Réflexion sur la notion de responsabilité contractuelle », *in* Les métamorphoses de la responsabilité, *op. cit. Loc. cit.*

[1409] *Ibid.*

[1410] Nous avons déjà vu que pour certains auteurs, il suffit de prouver l'absence de faute pour repousser la présomption prévue par les articles 1147 du Code civil et 277 du Code des obligations et des contrats.

des obligations de résultat pour la bonne raison que la transgression de ces obligations est étrangère à toute idée de faute. Quitte à céder au poids de la tradition, on ne voit pas comment une définition conçue pour déterminer la faute pourrait servir à identifier des obligations dont le manquement n'a rien à avoir avec la faute.

244. Le véritable apport de Planiol. Faut-il s'empresser de rejeter en bloc la définition de la faute proposée par Planiol[1411] au motif qu'elle ne sert pas à élucider les obligations contractuelles de résultat ? La réponse négative nous semble s'imposer. Une chose est d'admettre son bien-fondé pour définir la faute, qu'elle soit contractuelle ou délictuelle, une autre est de s'en servir pour identifier tous les faits générateurs de responsabilité, qu'ils soient fautifs ou pas. La faute peut être définie comme étant la violation d'une obligation préexistante. Mais toute violation d'une obligation est-elle nécessairement une faute ? La réponse négative nous semble envisageable, car le manquement à une obligation de résultat pourrait tout simplement être considéré comme un fait générateur de responsabilité qui s'apprécie objectivement indépendamment de la conduite de l'auteur du dommage.

Malgré tous les anathèmes dont elle a fait l'objet, nous pensons que la définition de la faute comme un manquement à une obligation préexistante mérite d'être approuvée[1412]. Ainsi, lorsque MM. Mazeaud et Tunc trouvent que la présentation de Planiol « ne va pas au fond des choses et ne donne pas le critère, ni même le principe de la distinction entre le fait fautif et le fait non fautif »[1413], proposant de ce fait de remplacer le critère de l'illicite par le concept de l'écart de conduite, ils demeurent dans la même filiation de l'auteur. Comme Mme Viney et M. Jourdain, on voit difficilement comment le droit pourrait sanctionner une conduite si ce n'est par référence aux règles qu'il établit lui-même : l'écart de conduite est donc forcément la conduite illicite[1414].

On reproche également à la définition de Planiol l'indétermination des obligations légales dont l'article 1382 constituerait la sanction. Loin de s'appuyer sur une norme de comportement préexistante, le juge ne ferait que

---

[1411] M. Planiol, Traité élémentaire de droit civil, *op. cit.*, n°901. Voir dans le même sens pour le même auteur Rev. Crit. 1905, p. 283.

[1412] Voir dans le même sens J. Frossard, « La distinction des obligations de moyens et des obligations de résultat », thèse précitée n° 124 ; P. Stoffel-Munck, L'abus dans le contrat, LGDJ, 2000, préf. R. Bout, n° 419 ; G. Viney et P. Jourdain, Les conditions, *op. cit.* n° 443.

[1413] H., L. Mazeaud et A. Tunc, Traité théorique et pratique de la responsabilité civile délictuelle et contractuelle, T.1, 6e éd., *op. cit.* , n° 395 ; H., L. et J. Mazeaud et F. Chabas, Leçons de droit civil, *op. cit.*, n° 453.

[1414] G. Viney et P. Jourdain, Traité de droit civil. Les conditions, *op. cit.*, n°443. Voir dans le même sens L. Bach, « Réflexions sur le fondement de la responsabilité civile en droit français », RTD civ. 1977, p.17 ; M. Puech, « L'illicéité dans la responsabilité civile extracontractuelle en France », Journées de la société de législation comparée, RIDC, n° spécial 1984, p. 65, spéc. p. 66 ; P. Jourdain, « Responsabilité fondée sur la faute, notion de faute : contenu commun à toutes les fautes », J. Cl. Civ., art. 1382 à 1386, fasc. 120-1, 1995, n° 112.

découvrir cette norme *a posteriori*, pour les besoins de la cause, quand il estime que la conduite du défendeur est blâmable[1415]. Ces critiques ne nous paraissent pas décisives. Le fait que la règle transgressée soit cristallisée avec le procès n'empêche pas de considérer qu'elle préexistait[1416]. « La règle sociale », écrit M. Stoffel-Munck, « n'a pas toujours besoin d'être énoncée pour valoir ». Par sa généralité, la norme de civilité [1417] ou la norme fondamentale de comportement[1418], contenue en germe respectivement dans les articles 82 et 83 du Code des obligations et des contrats et les articles 1382 et 1383 du Code civil, constitue un précepte qui donne au juge le pouvoir de faire évoluer la notion de la faute selon les besoins et les mœurs de la société[1419].

Le véritable apport de la définition de Planiol est de montrer que la faute, bien qu'elle soit délictuelle, sanctionne un manquement à une obligation préexistante souscrite dans l'ordre juridique. Avant lui, les auteurs, majoritairement partisans de la thèse dualiste, réservait cette définition uniquement à la faute contractuelle. La faute délictuelle, quant à elle, était considérée comme une source de l'obligation[1420].

Le Code des obligations et des contrats semble faire la part belle à la thèse de Planiol[1421]. L'article 82 dispose en effet que « tout fait quelconque de l'homme qui, *sans l'autorité de la loi*[1422], cause sciemment et volontairement à autrui le dommage matériel ou moral, oblige son auteur à réparer le dommage résultant de son fait, lorsqu'il est établi que ce fait en est la cause directe ». L'expression « sans autorité de la loi » sous-tend qu'il y ait une transgression d'une règle imposée par l'ordre juridique avec la particularité que cette transgression a été faite avec l'intention de nuire. Mais l'adoption de la théorie de Planiol est encore plus nette dans l'article 83 du Code qui, après avoir rappelé que la faute non intentionnelle engendre elle aussi la responsabilité de son auteur, ajoute que celle-là « consiste, soit à omettre ce qu'on était tenu de faire, soit à faire ce dont on était tenu de s'abstenir ». Cette définition fait

---

1415 F. Gény, « Risques et responsabilité », RTD civ. 1902, p. 816 ; H. et L. Mazeaud, A. Tunc, Traité théorique et pratique de la responsabilité civile délictuelle et contractuelle, *op. cit.*, n°389 ; H., L. Mazeaud, J. Mazeaud et F. Chabas, Leçons de droit civil. Obligations, *op. cit.,* n° 453 ; P. Brun, Responsabilité civile extracontractuelle, *op. cit.* n° 342 ; P. Malaurie, L. Aynès, P. Stoffel-Munck, Les obligations, *op. cit.* n° 51, p. 28.

1416 Ph. Stoffel-Munck, « L'abus dans le contrat », thèse précitée, n° 11.

1417 J. Darbellay, « Théorie générale de l'illicéité », thèse précitée, p. 160.

1418 M. Puech, « L'illicéité dans la responsabilité civile extracontractuelle ».

1419 G. Viney, P. Jourdain, Traité de droit civil. Les conditions, LGDJ, 2006, n° 473.

1420 Labbé, Rev. Crit. 1886, p. 433 ; H. Auvynet, « Faute contractuelle et faute délictuelle », thèse, Paris, 1893, p. 5 ; E. Rouard de Card, « Encore quelques mots sur la distinction entre la responsabilité contractuelle et la responsabilité délictuelle », La France judiciaire, 1894, p. 161.

1421 M. Blel, « Le rôle de la faute dans la responsabilité civile délictuelle et quasi-délictuelle », mémoire de DEA, faculté de droit et des sciences politiques de Tunis, 1990 (en arabe), p. 13 ; L. Mechmoum, « La responsabilité subjective, déclin ou renaissance ? », mémoire de DEA, faculté de droit et des sciences économiques de Sousse, 1997, p. 118.

1422 Nous soulignons.

ressortir que la faute consiste en un manquement à une règle ou un devoir préexistant. Omettre ce qu'on était tenu de faire et faire ce dont était tenu de s'abstenir forme des normes de conduite dont le non-respect constitue une faute. Les articles 1382 et 1383 du Code civil français, même s'ils n'adoptent pas une définition explicite de la faute, invitent à raisonner selon la théorie de Planiol. En prenant parti pour un principe général de responsabilité plutôt que d'une liste de délits civils préétablis, le Code civil permet que la sanction soit prononcée au nom de la violation d'un devoir éventuellement indéterminé. Par conséquent, il nous paraît raisonnable d'admettre avec plusieurs auteurs que s'il est inutile de chercher à en dresser *a priori* un catalogue exhaustif, la faute apparaît comme la violation d'une norme ou d'un devoir qui s'imposait à l'agent[1423].

245. Intersection d'obligations justificative de l'option. La vanité, voire l'impossibilité d'énumérer les obligations dont la violation constitue une faute, n'empêche pas de dégager les principales orientations de la jurisprudence. La bonne foi, la loyauté ou l'honnêteté sont ainsi des impératifs moraux qui rendent fautif l'auteur de mensonges, de manœuvres dolosives ou de rétentions d'informations. Il en est de même du devoir général de prudence qui se traduit par des obligations plus spécifiques de sécurité, de surveillance ou de mise en garde.

Mais prudence, honnêteté, loyauté ne sont pas des normes délictuelles par essence. L'œuvre créatrice des tribunaux fait apparaître l'existence de ces mêmes impératifs dans les rapports contractuels. En effet, à côté des obligations principales qui constituent le cœur du contrat, la jurisprudence, aussi bien française que tunisienne, a développé tout un réseau d'obligations accessoires qui ne font en réalité que formuler, en les ajustant à certains rapports contractuels, des normes de comportement qui s'imposent également entre les particuliers dans les relations extracontractuelles.

Cette reproduction au sein du contrat d'obligations dont l'objet coïncide, au moins en partie, avec celui des obligations délictuelles engendre effectivement un concours de responsabilité. En rompant les frontières qui séparaient les deux ordres de responsabilité, ces obligations font perdre à la règle du non-cumul sa légitimité. L'insertion dans un contrat d'obligations ayant, au moins en partie, le même objet que ces obligations légales préexistantes ne devrait pas enlever par elle-même au contractant la possibilité de solliciter la voie délictuelle.

[1423] Ph. Stoffel-Munck, « L'abus dans le contrat », thèse précitée, n° 117 *adde* dans le même sens R. Savatier, Traité de la responsabilité civile en droit français, tome 1, Les sources de la responsabilité civile, op. cit., n° 5 ; P. Jourdain, Les principes de la responsabilité civile, *op. cit.*, p. 43 , « Responsabilité fondée sur la faute, notion de faute : contenu commun à toutes les fautes », J. Cl. Civ., art. 1382 à 1386, fasc. 120-1, 1995, n°112 ; L. Bach, « Réflexions sur le fondement de la responsabilité civile en droit français », RTD civ. 1977, p.17 ; M. Puech, « L'illicéité dans la responsabilité civile extra contractuelle en France, journées de la société de législation comparée », RIDC, n° spécial 1984, p. 65, spéc. p. 66.

Ceci est vérifiable en premier lieu pour les obligations contractuelles de sécurité qui entrent en concurrence avec le devoir général de ne pas porter atteinte à l'intégrité corporelle d'autrui. La même démonstration pourrait être faite pour les obligations d'information, de conseil et de mise en garde. En effet, ces dernières se manifestent successivement au stade de la formation et à celui de l'exécution du contrat. Et l'on peut légitimement se demander s'il est bien raisonnable de réserver une responsabilité exclusivement contractuelle à une obligation qui pourrait bien trouver son équivalent sur le terrain délictuel.

L'obligation de bonne foi visée respectivement par les articles 1134 alinéa 3 du Code civil et 243 du Code des obligations et des contrats semble d'ailleurs faire partie de ces normes légales qui, si elles s'imposent à des contractants pendant l'exécution, trouvent leur équivalent dans le domaine extracontractuel[1424]. « Le parallélisme des articles 1134, alinéa 3 et 1382 du Code civil », écrit à juste titre M. Stoffel-Munck, « n'est sans doute pas le fruit d'un hasard, mais devait plutôt résulter d'un effet de système »[1425]. Certes, il n'est pas déraisonnable de sanctionner ces obligations par les principes de la responsabilité contractuelle, mais cette dernière pourrait-elle prétendre à l'exclusivité ? Lorsque ces obligations émigrées de la terre délictuelle vers l'espace contractuel sont de moyens, l'analogie entre la faute contractuelle et la faute délictuelle est tellement frappante que la règle du non-cumul peine à trouver ses raisons d'être. Outre l'identité de nature de ces deux obligations, s'adjoint un croisement d'objet entre les deux normes. Lorsque ces obligations accessoires sont plus intenses et qualifiées de résultat, la spécificité de l'inexécution contractuelle par rapport à la faute délictuelle ne fait pas de doute. Néanmoins, cette divergence de nature ne devrait pas cacher une intersection d'objet entre les deux normes contractuelle et délictuelle. Si les deux ordres de responsabilité peuvent prétendre résoudre le même problème, pourquoi permettre qu'une règle en chasse une autre ? Rien ne s'oppose, selon nous, à ce qu'un même intérêt soit défendu par deux actions différentes. Ce sont ces considérations qui ont inspiré, semble-t-il, les rédacteurs de l'article 1341 de l'avant-projet de réforme du Code civil. En effet, même si cet article consacre la règle du non-cumul, il lui apporte une exception très importante au profit des victimes de dommages corporels qui peuvent opter pour le régime qui leur est le plus favorable.

C'est cette zone commune entre la responsabilité contractuelle et la responsabilité délictuelle qui nous semble justificative de la règle de l'option posée par la jurisprudence tunisienne. Cette solution, même si elle est implicite

---

[1424] Ph. Stoffel-Munck, « L'abus dans le contrat », thèse précitée, n° 117 ; F. Rouvière, « Le contenu du contrat », thèse précitée, n° 215.

[1425] Ph. Stoffel-Munck, thèse précitée, n° 117, p. 109. Nous renvoyons également à l'analyse exhaustive et convaincante de l'auteur surtout dans la première partie de sa thèse et particulièrement à la section relative à l'étude de l'article 1134 alinéa 3 face à la dualité des ordres de responsabilité, n° 116, p. 108 et s.

pour les obligations d'information[1426], est déjà explicite pour l'obligation de sécurité. La Cour de cassation tunisienne n'a-t-elle pas déclaré solennellement par son arrêt rendu le 19 février 1998 que « Toute personne a le droit à la sécurité corporelle (...). L'inexécution du contrat engendre la responsabilité de son auteur. Cette responsabilité pourrait être aussi bien contractuelle que délictuelle »[1427] ? La même formule, reproduite à l'identique par la Cour d'appel de Tunis dans son arrêt du 25 juin 2002[1428] a été réaffirmée par la haute juridiction dans son arrêt du 28 janvier 2003[1429]. Une position qui contraste sensiblement avec la jurisprudence française qui affirme sans cesse le principe selon lequel la victime ne peut opter pour la responsabilité délictuelle lorsqu'elle se plaint d'une inexécution contractuelle tout en identifiant pourtant, et aussi paradoxal que cela puisse paraître, cette inexécution à une faute délictuelle, lorsque c'est un tiers au contrat qui en subit les conséquences.

§2 L'inexécution contractuelle constitutive d'une faute délictuelle à l'égard des tiers

246. La qualification de la responsabilité encourue par le débiteur pour une inexécution contractuelle préjudiciable à un tiers reste l'une des questions les plus débattues[1430]. Après quelques hésitations qui ont surtout marqué le droit

---

[1426] CA Tunis arrêt n° 95747 du 4 juin 2003, RJL janv. 2005, p. 137 ; RJL janv. 2005, p. 53 note B. Khaldi.

[1427] Cass. civ. arrêt n° 63103. 97 du 19 février 1998, BCC, I, p. 232.

[1428] CA Tunis, arrêt n° 75672 du 25 juin 2002 (inédit).

[1429] Cass. civ. arrêt n° 22273 du 28 janv. 2003 (inédit).

[1430] Plusieurs études ont été consacrées à cette épineuse question, voir A. Weill, « La relativité des contrats en droit privé français », thèse, Strasbourg, 1938, n° 272 et s. ; S. Calastreng, « La relativité des conventions », thèse, Toulouse, 1939, p. 310 et s. ; J. Huet, « Responsabilité délictuelle et responsabilité contractuelle. Essai d'une délimitation des deux ordres de responsabilité », thèse précitée, p. 611 s. ; M. Bacache Gibeili, « La relativité des conventions et les groupes de contrats », thèse, Paris II, 1994, n° 17 et s. ; R. Wintgen, Étude critique de la notion d'opposabilité, LGDJ, 2004, préf. J. Ghestion. Voir également P. Jourdain, « Réflexion sur la notion de responsabilité contractuelle », *in* Les métamorphoses de la responsabilité, PUF, coll. Publications de la faculté de droit et des sciences sociales, T. 32, 1998, p. 65 ; M. Tchendjou, « La faute extra-contractuelle », GP, 6 avril 2000, p. 3 ; P. Ancel, « Les arrêts de 1988 sur l'action en responsabilité contractuelle dans les groupes de contrats, quinze ans après », *in* Études en l'honneur d'A. Ponsard, Litec 2003, p. 3 ; O. Debat, « Le contrat, source de responsabilité envers les tiers », PA, 2003 n° 190, p. 3 ; C. Ophèle, « Faute délictuelle et faute contractuelle », Resp. civ. et assur. 2003, chron., n° 21 ; J. P. Tosi, « Le manquement contractuel dérelativisé », Mélanges M. Gobert, Economica, 2004, p. 479 et s. ; F. Vetu, « L'inexécution contractuelle et faute délictuelle », RRJ 2005, n° 1, p. 107 ; D. Mazeaud, « Contrat, responsabilité et tiers (du nouveau à l'horizon) », Mélanges Ph. le Tourneau, Dalloz, 2008, p. 745 ; L. Grynbaum, « Responsabilité et contrat : l'union libre. Variations sur la responsabilité contractuelle, le préjudice corporel et les groupes de contrat », Mélanges Ph. le Tourneau, Dalloz, 2008 ; M. Espagnon, « La prévision contractuelle et l'action en responsabilité du tiers contre le contractant (De l'arrêt Lamborghini à l'article 1342 du projet de réforme du droit des obligations et de la prescription », Mélanges Viney, LGDJ, 2008 ; S. Carval, « La faute délictuelle du débiteur

français, les deux systèmes français et tunisien reconnaissent au tiers la possibilité de se targuer d'une faute délictuelle (A) qui pourrait être déduite du seul manquement contractuel (B). Ce panachage systématique entre l'inexécution contractuelle et la faute délictuelle pouvant conduire à un cumul clandestin entre les deux ordres de responsabilité peut paraître excessif (C). Plusieurs voies, trouvant un écho dans l'avant-projet de réforme du Code civil français, appellent à remplacer ce cumul par une option entre la responsabilité contractuelle et la responsabilité délictuelle. Or il n'est pas interdit de se demander si cette solution est adéquate pour résoudre le problème de la responsabilité du débiteur contractuel à l'égard des tiers.

A. La nature délictuelle de l'action du tiers victime d'une inexécution contractuelle en droit français et tunisien

247. Position du problème. Nombreux sont les tiers[1431] qui sont intéressés de près ou de loin à l'exécution correcte du contrat. Nul n'ignore que la livraison d'un bien défectueux peut causer dommage non seulement aux acquéreurs directs, mais également aux contractants indirects, voire à des tiers absolus totalement étrangers au rapport contractuel[1432]. La mauvaise exécution d'une prestation de service, telle que la mauvaise réparation d'un véhicule ou le mauvais conseil, n'échappe pas non plus à ce schéma ; il y a toujours une défaillance contractuelle à l'origine du dommage subi aux tiers.

A priori, on peut penser que toute responsabilité des parties envers les tiers devrait être exclue, principe de la relativité des conventions oblige. C'est ce qu'a d'ailleurs décidé une partie de la jurisprudence française[1433] et tunisienne[1434]. Même si cette solution a jadis reçu l'aval de certains auteurs[1435], elle est actuellement unanimement critiquée par la doctrine. En effet, on s'est rapidement rendu compte que le refus de toute responsabilité des parties envers

---

défaillant : quelques observations sur les pistes ouvertes par l'arrêt de l'Assemblée plénière du 6 octobre 2006 », Études offertes à G. Viney, LGDJ, 2008 ; D. Mazeaud, « À partir d'un petit cas tragique outre-Rhin : Retour sur le désordre de la distinction des ordres de responsabilité », *in* Études offertes à G. Viney, LGDJ, 2008, p. 711.

[1431] Sur la notion de tiers, voir J.-L. Aubert, « À propos d'une distinction renouvelée des parties et des tiers », RTD civ. 1993, p. 283 ; C. Guelfucci-Thibierge, « De l'élargissement de la notion de partie au contrat... à l'élargissement de la portée du principe de l'effet relatif », RTD Civ. 1994 p. 275 ; J. Ghestin, « Nouvelles propositions pour un renouvellement de la distinction des parties et des tiers », RTD civ. 1994, p. 777.

[1432] Voir G. Viney, Introduction à la responsabilité, *op. cit.*, n° 209 et s.

[1433] Civ. 18 nov. 1885, D. 1896, 1, 16 ; Civ. 27 juin 1869, DP 1896, 1, p. 350 ; Req. 25 fév., 1935, S. 195, 1, 129, note Rousseau ; Paris, 28 mars 1936, RTD civ. 1936, obs. R. Demogue ; Civ. 11 mars 1940, GP 1940, 2, 15.

[1434] Cass. civ. arrêt n° 70360 du 2 fév. 2000, BCC 2000, II, p. 189 ; Cass. civ. arrêt n° 8325 du 4 mai. 2005, BCC 2005, II, p. 245 ; RJL janv. 2006, p. 135.

[1435] M. Planiol, note au D. 1896, 1, 81.

les tiers pour manquement à une obligation contractuelle risquait de conduire à des injustices[1436]. Il serait en effet particulièrement absurde de faire bénéficier une personne qui cause un préjudice à autrui d'une immunité totale au motif que le fait dommageable constitue en même temps l'inexécution d'un contrat[1437]. D'ailleurs, le principe de l'effet relatif des contrats ne justifie point cette solution. Son rôle se borne seulement à limiter la force obligatoire du contrat au cercle des parties contractantes. Il n'interdit nullement que les faits contractuels soient pris en compte pour justifier la responsabilité du débiteur récalcitrant. Les doctrines française[1438] et tunisienne[1439] s'accordent sur la nécessité d'abandonner cette lecture trop restrictive de la relativité des conventions. Néanmoins, il ne suffit pas d'affirmer la possibilité d'admettre le principe du recours du tiers contre le débiteur défaillant pour une inexécution contractuelle dommageable, encore faut-il préciser le fondement de ce recours.

248. Application sporadique de la responsabilité contractuelle. Une première solution qui consiste à reconnaître à des non-contractants la qualité de créanciers contractuels a été préconisée par la doctrine[1440]. Le recours des tiers aurait alors une coloration contractuelle. Mais si le but rassemble, les moyens pour y parvenir divergent. Pour certains, l'extension de la responsabilité contractuelle au profit de certains tiers, particulièrement les victimes par ricochet, pourrait se faire par le biais de la stipulation pour autrui[1441]. Or, même si certains appellent aujourd'hui à généraliser ce procédé pour tous les tiers victimes de l'inexécution contractuelle[1442], cette solution, déjà limitée en droit

---

[1436] G. Viney, Introduction à la responsabilité, *op. cit. Loc. cit.*

[1437] R. Wintgen, « Étude critique de la notion d'opposabilité », thèse précitée, n° 90.

[1438] Voir notamment S. Calastreng, « La relativité des conventions », thèse, Toulouse, 1939, p. 310 et s. ; F. Bertrand, « L'opposabilité du contrat aux tiers », thèse, Paris II, 1979, n° 199, p. 315 et s. ; J. Huet, « Responsabilité délictuelle et responsabilité contractuelle. Essai d'une délimitation des deux ordres de responsabilité », thèse précitée, p. 611 et s. ; M. Bacache Gibeili, « La relativité des conventions et les groupes de contrats », thèse précitée, n° 17 et s. ; R. Wintgen, « Étude critique de la notion d'opposabilité », *op. cit. Loc. cit.*

[1439] S. Ben Smail, « Les recours au sein des groupes de contrats », mémoire de DEA, faculté de droit et des sciences politiques de Tunis 1991/1992, p. 24 ; F. Ben Hwidi, « Le contrat de sous-traitance », mémoire de DEA (en arabe), faculté de droit et des sciences politiques de Tunis I, 1995/ 1996, p. 97 ; M. Zine, La théorie générale des obligations. Le contrat, Imprimerie Al Wafa, 1997, n°197 ; L. Harguem, « Le contrat de sous-traitance », mémoire de DEA, faculté des sciences juridiques politiques et sociales, Tunis II, 2002/ 2003, p. 94 ; R. Cabrillac et O. Ben Fadhel, Introduction au droit des affaires, 1re éd. CPU 2006, p. 179, n° 214.

[1440] J. F. Overstake, « La responsabilité du fabricant de produits dangereux » RTD. civ. 1972, p. 518, n° 84 ; B. Teyssié, Les groupes de contrats, LGDJ, 1975, p. 281 n° 562 et s. ; J. Néret, Le sous-contrat, LGDJ, 1979, préf. P. Catala ; J. Huet, « Responsabilité délictuelle et responsabilité contractuelle. Essai d'une délimitation des deux ordres de responsabilité », thèse, Paris II, p. 611 et s.

[1441] Voir *supra* n° 205 et s.

[1442] P. Ancel, « Les arrêts de 1988 sur l'action en responsabilité contractuelle dans les groupes de contrats, quinze ans après », *in* Études en l'honneur d'A. Ponsard, Litec 2003, p. 3 *adde* « Le contrat avec effets protecteurs pour les tiers », RDC 2004 n° 2, p. 471.

tunisien au seul contrat de transport maritime de marchandises[1443], est de plus en plus en déclin en droit français, surtout pour le transport de personnes, puisqu'elle a été supprimée tant pour le transport aérien[1444] que pour le transport maritime[1445], avant d'être abandonnée par la Cour de cassation dans son arrêt du 28 octobre 2003 relatif à la responsabilité de l'agence de voyages[1446].

Le deuxième moyen utilisé pour étendre le cercle des personnes admises à mettre en jeu les principes de la responsabilité contractuelle consiste à accorder au tiers le bénéfice d'une action directe. Sans être totalement ignoré par le droit tunisien[1447], puisque la loi du 7 décembre 1992 sur la protection du consommateur est explicite sur la transmission de la garantie aux propriétaires successifs[1448], le phénomène semble marquer plus le droit français où la théorie de l'action directe a fait couler beaucoup d'encre[1449]. Le procédé reste toutefois

---

[1443] Voir *supra* n° 207.

[1444] Voir l'article 24 de la convention de Varsovie et l'article 2 de la loi du 2 mars 1957 devenu art. L. 322-2, alinéa 2 Code de l'aviation civile. Sur l'unification de la responsabilité du transporteur aérien, voir G. Ripert, « La responsabilité dans le transport aérien », D. 1957, chron., p. 79 ; M. De Juglart, « La loi du 2 mars 1957 », JCP 1957, 1, p. 1362.

[1445] Voir l'article 6 § 6 de la convention de Bruxelles et l'art. 42 de la loi du 18 juin 1966.

[1446] Civ. 1re, 28 oct. 2003, Bull. civ. I, n° 219 ; D. 2004, p. 233, note Ph. Delebecque ; JCP 2004, II, 10006, note G. Lardeur, PA 2004, n° 155, p. 13, note M. Azavant ; PA 2004, n° 255, p. 11, note P. Ancel ; Contrats, conc. consom. 2004, comm.1, obs. L. Leveneur, RTD Civ. 2004 p. 96, obs. P. Jourdain ; JCP 2004, I, 163, n° 13 et s., obs. G. Viney ; Resp. civ. et assur., com. 30, obs. H. Groutel.

[1447] L'article 776 du COC accorde expressément au bailleur une action directe contre le sous-locataire alors qu'aucun lien contractuel ne les unit. De même, l'article 1130 du COC énonce que le mandataire substitué est directement tenu envers le mandant, dans les mêmes conditions que le mandataire.Voir S. Ben Smail, Les recours au sein des groupes de contrats, mémoire de DEA, faculté de droit et des sciences politiques de Tunis, 1991/1992.

[1448] Voir *supra* n°49.

[1449] Voir G. Viney, « L'action en responsabilité entre participants à une chaîne de contrats », mél. D. Holleaux, 1990, p. 399 et s. ; P. Jourdain, « La nature de la responsabilité civile dans les chaînes de contrats après l'arrêt d'Assemblée plénière du 12 juillet 1991 », D. 1992, p. 149 ; C. Larroumet, « L'action de nature nécessairement contractuelle et la responsabilité civile dans les ensembles contractuels », JCP G. 1988, I, 3357 ; « L'effet relatif des contrats et la négation de l'existence d'une action en responsabilité nécessairement contractuelle dans les ensembles contractuels », JCP G. 1991, I, 3531 ; C. Jamin, « Une restauration de l'effet relatif du contrat », D. 1991, p. 257 ; H. Groutel, « Les groupes de contrats : le retour à l'orthodoxie », Resp. civ. et assur. oct. 1991, chron. 23 ; J.-P. Karila, « L'action directe du maître de l'ouvrage à l'encontre du sous-traitant est nécessairement de nature délictuelle », GP. 1992, 1, doctr. P. 18 ; E. Robine, « Le point sur l'action directe dans les chaînes et les groupes de contrats », DMF 1993, p. 533 ; L. Leveneur, « Ombre et lumière sur les actions directes dans les chaînes de contrats. Contrats, conc. consom. 1993, comm. 5 ; P. Ancel, « Les arrêts de 1988 sur l'action en responsabilité contractuelle dans les groupes de contrats, quinze ans après », *in* Études en l'honneur de A. Ponsard, Litec 2003, p. 3 ; C. Lisanti-Kalczynski, « L'action directe dans les chaînes de contrats, plus de dix ans après l'arrêt Besse », JCP G. 2003, I, 102 ; P. Puig, « Faut-il supprimer l'action directe dans les chaînes de contrats ? », *in* Études de droit de la consommation, Dalloz, 2004, p. 913 ; S. Lacour, « Plaidoyer pour la défense du maillon faible : l'avenir de l'action directe dans les chaînes de contrats », P. A. 9 juin 2005, n° 114, p. 7 ; D. Mainguy, Actualité des actions directes dans les chaînes de contrats, *in* Mélanges J. Beguin, Litec, 2005, p. 449 et s.

limité. En effet, en droit français, l'action directe ouverte au sous-acquéreur dans les ventes mobilières[1450] et immobilières[1451], puis au maître de l'ouvrage qui entend mettre en œuvre la responsabilité du fabricant de matériaux[1452] ou celle du sous-traitant[1453], a dû recevoir un coup d'arrêt avec le fameux arrêt Besse[1454] qui a conduit à un partage particulièrement complexe entre les chaînes de contrats qui réalisent le transfert de la propriété d'une chose, meuble ou immeuble, soumises à la responsabilité contractuelle et les autres groupes de contrats qui ne créent pas de rapports contractuels entre les membres extrêmes et qui sont soumis à une action de nature délictuelle.

En droit tunisien, la technique de l'action directe est encore plus limitée, puisque seules les actions en garantie du bien meuble, à l'exclusion des actions en responsabilité contractuelle de droit commun, sont visées par la loi du 7 décembre sur la protection du consommateur. Dans le domaine de la construction, la loi n° 94-9 du 31 janvier 1994 reste muette sur l'admission d'une telle action. En instaurant la responsabilité de « l'architecte, l'ingénieur, l'entrepreneur, le bureau d'études, le bureau de contrôle technique ainsi que toute autre personne *liée au maître d'ouvrage par un contrat de louage d'ouvrage ou de services*[1455] »[1456] pour les dommages touchant à la solidité de l'ouvrage, l'article 1 ne vise que les personnes qui ont contracté directement avec le maître de l'ouvrage. Le promoteur immobilier est lui aussi astreint à une responsabilité décennale, mais cette responsabilité ne joue selon l'alinéa 2 du

---

[1450] Cass. civ., 25 janv. 1820, S. 1820, 1, 213 ; Cass. civ, 17 nov 1908, S. 1914, 1, 443 ; Req., 6 janv. 1920, GP ; 1920, 1, p. 144. Ces arrêts étendent les règles de la garantie des vices cachés aux tiers acquéreurs. Mais la jurisprudence française étend également les règles de la responsabilité contractuelle de droit commun depuis l'arrêt de la première chambre civile du 9 mars 1983, JCP 1984, II, 20295, note P. Courbe.

[1451] L'article 1792 du Code civil précise que la responsabilité du plein droit des constructeurs, telle qu'elle est aménagée par le texte et ceux qui lui font suite (les art. 1792-1 à 1792-6) joue de la même façon « envers le maître ou l'acquéreur de l'ouvrage ». L'article 1646-1 étend cette responsabilité au vendeur d'immeuble à construire en précisant qu' « elle profite aux propriétaires successifs de l'immeuble ».

[1452] Ass. plén., 7 fév. 1986, D. 1986, p. 293, note A. Bénabent ; JCP G 1986, II, 20616, note Ph. Malinvaud ; RTD civ. 1986, p. 364, obs. J. Huet ; p. 594, obs. J. Mestre ; p. 605, obs. P. Rémy ; Defrénois 1986, art. 33825, n° 109, p. 1499, obs. J.-L. Aubert.

[1453] Voir Civ. 1re, 8 mars 1988, JCP G 1988, II, 21070, note P. Jourdain ; RTD civ. 1988, p. 531, obs. P. Rémy ; p. 741, obs. Mestre ; p. 761, obs. Jourdain ; RJ com. 1989, p. 304, note Delebecque.

[1454] Ass. plén., 12 juill. 1991, JCP G 1991, II, 21743, note G. Viney ; JCP E 1991, II, 218, note C. Larroumet ; RJDA 1991, n° 771, p. 583, concl. Mourier et rapp. Leclercq, p. 590 ; Contrats, conc. consom. 1991, comm. n°200, obs. Leveneur ; RTD civ. 1991, p. 750, obs. P. Jourdain ; RTD civ. 1992, p. 90, obs. J. Mestre ; Defrénois 1991, art. 35150, p. 1301, obs. J.-L. Aubert ; D. 1991, 549, note J. Ghestin ; D. 1992, somm. 119, obs. A. Bénabent.

[1455] Nous soulignons.

[1456] L'article 1 de la loi.

même article qu'à l'égard de l'acheteur[1457]. On l'aura compris, la loi n'a traité que les rapports contractuels directs. Elle reste silencieuse sur le recours du sous-acquéreur. On ne trouve également aucune indication sur la nature du recours du maître de l'ouvrage contre le fabricant auprès duquel l'entrepreneur s'est approvisionné de certains matériaux de construction ou de certains éléments d'équipement qu'il incorpore dans l'immeuble édifié. Une partie de la doctrine tunisienne[1458] propose l'application de l'action contractuelle directe dans ces deux hypothèses. Certains sont même favorables à une extension de cette solution au recours du maître de l'ouvrage à l'égard du sous-traitant, hypothèse non réglementée également par la loi[1459]. L'argument présenté est souvent tiré de l'article 241 du Code des obligations et des contrats. En effet, ledit article étend les effets du contrat à l'égard des ayants cause particuliers. Or le sous-acquéreur ou le maître de l'ouvrage pourront avoir cette qualité. Ce fondement proposé suppose que l'action directe soit un accessoire de la chose aliénée, ce qui n'est pas sans rappeler l'explication que présentent les auteurs français favorables à l'extension du rapport contractuel dans les chaînes translatives de propriété[1460]. Or, justement, cette présentation est aujourd'hui en déclin en droit français[1461]. Ceci étant, cette position reste en droit tunisien purement doctrinale, aucun arrêt à notre connaissance n'ayant consacré la théorie de l'action directe dans le domaine de la construction. En effet, la jurisprudence affiche plutôt une certaine faveur à l'application des règles délictuelles.

[1457] L'alinéa 2 de l'article 1 dispose que : « Cette responsabilité s'étend également aux promoteurs immobiliers et à toute personne qui, à titre habituel ou professionnel, vendent après achèvement un ouvrage qu'ils ont construit ou fait construire, et toute autre personne qui, bien qu'agissant en qualité de mandataire du propriétaire de l'ouvrage, accomplit une mission assimilable à celle d'un promoteur immobilier ».

[1458] A. Derbel, La responsabilité du promoteur immobilier et la protection de l'acheteur (en arabe), mémoire de DEA, faculté de droit de Sfax 2001/2002, p. 106 ; R. Cabrillac et O. Ben Fadhel, Introduction au droit des affaires, *op. cit.* p. 181.

[1459] F. Ben Hwidi, Le contrat de sous-traitance, mémoire de DEA (en arabe), faculté de droit et des sciences politiques de Tunis 1995/1996, p. 134. L'auteur plaide pour la généralisation des actions contractuelles dans cette hypothèse *contra* L. Harguem, Le contrat de sous-traitance, mémoire de DEA, faculté des sciences juridiques politiques et sociales, Tunis II, 2002/2003, p. 102.

[1460] Voir *supra* n° 49.

[1461] Voir la critique de ce fondement par C. Lisaznti-Kalczynski, L'action directe dans les chaînes de contrats ? Dix ans après l'arrêt Besse, JCP 2003, I, 102, n°s 18 à 21 ; G. Viney, Introduction à la responsabilité, *op. cit.* n° 189, p. 524. « Il est difficile », écrit l'auteur, « d'admettre qu'une action en responsabilité soit l'accessoire en général. En effet, l'accessoire qui suit le principal notamment en cas de transfert, c'est le bien qui est nécessaire à l'usage de la chose. Or l'acquéreur peut fort bien utiliser la chose sans être investi d'une action en responsabilité contractuelle contre le fabricant et les vendeurs ayant transféré à la chose à celui dont il l'a acquise. Cette action et surtout sa qualification contractuelle ne sont nullement nécessaires à l'usage de la chose ».

249. Le choix de la voie délictuelle. Plusieurs arrêts émanant de la Cour de cassation tunisienne autorisent les tiers victimes d'une inexécution contractuelle à solliciter la voie délictuelle. Ainsi, l'échec d'une césarienne effectuée par un gynécologue occasionnant la stérilité de l'épouse constitue à l'égard de son mari une faute délictuelle lui permettant de demander réparation sur le fondement de l'article 83 du Code des obligations et des contrats[1462]. Pareillement, la noyade d'un enfant dans une piscine appartenant à un hôtel faute d'une surveillance suffisante constitue un fait générateur de responsabilité délictuelle autorisant les parents à demander le dédommagement[1463]. Mais la tendance est encore plus nette dans le transport maritime de marchandises[1464] et, précisément, concernant le recours du destinataire contre l'acconier qui agit pour le compte du transporteur. En effet, si l'on met de côté quelques arrêts isolés qui ont refusé tout recours contre l'acconier[1465], la majorité des arrêts autorisent le destinataire, tiers au contrat de manutention, à solliciter la voie délictuelle. Ainsi, après avoir écarté l'action contractuelle contre l'acconier, la Cour de cassation tunisienne a pu affirmer que ce dernier peut « (...) être actionné sur la base de sa faute personnelle, conformément au droit commun et par application des règles de la responsabilité délictuelle »[1466].

[1462] Cass. civ. arrêt n° 27207 du 31 déc 1992, BCC 1992, I, p. 542.

[1463] Cass. civ. arrêt n° 221. 2004 du 1er avril 2004 (inédit).

[1464] Sur cette question, voir O. Ben Fadhel, L'évolution des règles de la responsabilité en droit maritime tunisien, thèse de doctorat Aix-Marseille, 1980 ; *adde* pour le même auteur note sous Cass. civ., n° 5672 du 3 avril 2001, RTD 2002, p. 125 ; « Facilitation du transport maritime international et du passage portuaire en méditerranée. Aspects de droit tunisien », RTD 2004, p. 4 ; « Le transport multimodal international de marchandises, état de lieux et perspectives d'avenir », RTD 2005, p. 3 ; A. Annabi, « Explication du droit maritime tunisien » (en arabe), RJL mai 1982, p. 61 ; S. Mellouli, La responsabilité du transporteur maritime de marchandises, thèse, CERP Tunis 1993 ; *adde* pour le même auteur, Commentaire de la convention des Nations unies sur le transport de marchandises par mer de 1978 (règles de Hambourg), Pub de l'imprimerie officielle de la république tunisienne, Tunis, 2001 ; « Aspects actuels de la responsabilité du transporteur maritime de marchandises », RTD 2003, p. 6 ; « Le contrat de transport maritime de marchandises à l'épreuve du formalisme », RTD 2004, p. 17 ; M. H. Aouida, « La responsabilité du transporteur maritime, les nouvelles tendances de la jurisprudence », Info juridiques, oct. 2006, p. 6 ; F. Agina, note sous CA de Tunis, arrêt n° 99015 du 18 avril 2004, CA de Sfax arrêt n° 7938 du 15 mars 2004 et CA Tunis, arrêt n° 6646 du 15 mars 2004, RJL janvier 2006, p. 125 et s. ; L. Chemly, « L'évolution du droit positif tunisien sous l'influence des conventions internationales maritimes », RJL nov. 2006, p. 41 ; H. Dammak, « L'étendue de la responsabilité du transporteur maritime dans le temps », RJL nov. 2006, p. 105 ; A. Lassoued, « Actualité règlementaire du droit maritime international », RJL, nov. 2006, p. 81 ; F. Mahjoub, « L'imputabilité de la faute du manutentionnaire et la complexité du contentieux maritime », RJL juill. 2008, p. 17

[1465] Cass. civ. arrêt n° 70360 du 2 fév. 2000, BCC 2000, II, p. 189 ; Cass. civ. arrêt n° 8325 du 4 mai. 2005, BCC 2005, II, p. 245 ; RJL janv. 2006, p. 135. Ces arrêts considèrent que seule la responsabilité contractuelle du transporteur du fait d'autrui est envisageable. Sur l'analyse de cette jurisprudence.

[1466] Cass. civ. arrêt n° 7624 du 17 fév. 2005, RJL janv. 2006, p. 179. Voir déjà et dans le même sens TPI de Tunis, n° 308 du 11 juin 1973, RJL 1974, p 64 ; TPI de Tunis, jugement n° 7081, 29

Une difficulté se présente néanmoins lorsqu'il s'agit de fixer le régime juridique de cette responsabilité. En effet, les règles retenues par le Code des obligations et des contrats et le Code de commerce maritime ne convergent point[1467]. Ainsi, l'action en responsabilité telle qu'elle découle du Code de commerce ou des règles de Hambourg ratifiées par la Tunisie[1468], suppose de la part du chargeur ou du destinataire la formulation de réserves écrites quant à l'état de la marchandise au moment de la livraison, une condition que le Code des obligations et des contrats ne pose pas. De surcroît, le droit maritime retient plus facilement, contrairement au droit commun, l'exonération du débiteur. Par ailleurs, le montant des dommages et intérêts est plafonné en droit maritime par opposition au Code des obligations et des contrats qui consacre le principe de la réparation intégrale[1469].

La responsabilité délictuelle de l'acconier est-elle alors soumise aux règles dérogatoires du droit maritime ou à celle du droit commun ? C'est cette question précise qui s'est posée devant la Cour de cassation tunisienne dans son arrêt du 20 février 1975[1470]. À l'occasion d'un transport de marchandises à destination de la Goulette, il est apparu au moment de la livraison que la cargaison était gravement avariée par la faute de l'acconier. Les juges du fond saisis par le destinataire ont déclaré l'acconier responsable et ont fixé le montant de la réparation sur la base de l'article 107 du Code des obligations et des contrats. Le demandeur au pourvoi contesta cette référence au droit commun et sollicita l'application des limitations du montant des dommages et intérêts prévues par le droit maritime. En se basant sur l'article 170 du Code de commerce maritime, la haute juridiction censura la décision des juges du fond en décidant que dans la mesure où ledit article[1471] assimilait la responsabilité de l'acconier à celle d'un armateur, sa responsabilité pouvait être limitée. *A priori*,

---

décembre 1973, RJL 1975, p. 289 ; TPI de Tunis, jugement n° 5076 du 16 mars 1974, RJL 1975, p. 295 ; TPI de Tunis, jugement n° 8530 du 30 nov 1974, RJL 1975, p. 17 ; Cass. civ. n° 3593 du 19 juin 1980, RTD 1982, p. 89 ; Cass. civ. arrêt n° 8700 du 24 mai 1984, BCC I, p. 340 ; Cass. civ arrêt n° 36471 du 14 déc 1992, Bull. civ. 1992, p. 545 ; Cass. civ. arrêt n° 57513 du 16 avril 1997, BCC 1997, I, p. 192.

1467 S. Mellouli, La responsabilité du transporteur maritime, thèse précitée, p. 177

1468 La convention des Nations unies sur le transport des marchandises par mer du 31 mars 1978 appelée « règles de Hambourg » a été ratifiée par la loi n°80-33 du 28 mai 1980. Elle est entrée en vigueur à partir du 1er novembre 1992.

1469 Sur ces différents aspects, voir S. Mellouli, *op. cit. Loc. cit.*

1470 Cass. civ. arrêt n° 9221 du 20 fév. 1975, BCC 1975 n I, p. 100.

1471 L'article 170 du Code de commerce maritime dispose que : « les qualités de consignataire de navire ou de la cargaison ou de l'acconier peuvent se cumuler. Dans ce cas, les droits, les charges et responsabilité sont ceux de la ou des fonctions effectivement assumées au moment de la survenance du fait susceptible d'entraîner une réclamation ou une action en responsabilité. Ces différentes personnes sont régies, en ce qui concerne les actions dérivant de leurs activités respectives, par les règles de limitation et d'exonération de responsabilité ainsi que de prescription et de compétence établies en faveur de l'armement ou à son encontre par le présent Code ».

la référence à l'article 170 du Code du commerce maritime pourrait être un argument de taille en faveur de l'exclusion des règles de responsabilité délictuelle de droit commun. En effet, l'article 170 alinéa 3 reconnaît à l'acconier le bénéfice du régime de faveur qu'il a accordé au transporteur maritime. Toutefois, le transporteur ne peut bénéficier de ces règles dérogatoires que lorsqu'il est lié au chargeur par les liens du contrat. L'acconier qui entend profiter à son tour de cette faveur doit prouver lui aussi cette condition[1472]. Or, lorsqu'il a simplement la qualité de préposé du transporteur[1473], tout lien contractuel avec le chargeur ou le destinataire fait défaut. Ces derniers peuvent, s'ils arrivent à prouver sa faute délictuelle, se targuer des règles de droit commun[1474]. C'est ce qu'affirme d'ailleurs la Cour de cassation dans ses arrêts les plus récents[1475].

Cette solution désormais constante aurait peut-être l'inconvénient d'inciter les propriétaires de marchandises à agir assez souvent contre le manutentionnaire afin de contourner les limitations de responsabilité dont bénéficie le transporteur. D'ailleurs, c'est pour éviter de telles manœuvres que le législateur français est intervenu par la loi du 18 juin 1966 sur le transport maritime qui prive dans son article 52 le destinataire de toute possibilité d'agir contre l'acconier aussi bien sur le terrain contractuel que délictuel[1476]. Mais cette solution brutale est restée isolée en droit français qui utilise lui aussi la voie délictuelle comme un instrument général de protection des tiers contre les dommages qui se rattachent à l'inexécution du contrat.

250. La théorie de l'opposabilité du contrat, fondement de l'application de la responsabilité délictuelle. À l'appui de cette solution, on invoque souvent la théorie de l'opposabilité du contrat. Destinée à compléter le principe de la relativité des conventions qui se limite à définir les effets du contrat concernant les seules parties contractantes, cette doctrine, systématisée par Calastrang[1477] et reprise par plusieurs auteurs français[1478] et tunisien[1479], présente

---

[1472] Voir dans le même sens S. Mellouli, La responsabilité du transporteur maritime, *op. cit. Loc. cit.*

[1473] Selon l'article 169 du Code de commerce maritime, l'acconier agit pour le compte du transporteur, mais il peut aussi en vertu d'une clause expresse agir soit pour le compte du chargeur, soit pour le compte du destinataire.

[1474] S. Mellouli, *op. cit. Loc. cit.*

[1475] Cass. civ. arrêt n° 7624 du 17 fév. 2005, RJL janv. 2006, p. 179. Voir déjà et dans le même sens TPI de Tunis, n° 308 du 11 juin 1973, RJL 1974, p 64 ; TPI de Tunis, jugement n° 7081, 29 déc. 1973, RJL 1975, p. 289 ; TPI de Tunis, jugement n° 5076 du 16 mars 1974, RJL 1975, p. 295 ; TPI de Tunis, jugement n° 8530 du 30 nov 1974, RJL 1975, p. 17 ; Cass. civ. n° 3593 du 19 juin 1980, RTD 1982, p. 89 ; Cass. civ. arrêt n° 8700 du 24 mai 1984, BCC I, p. 340 ; Cass. civ arrêt n° 36471 du 14 déc. 1992, Bull. civ. 1992, p. 545 ; Cass. civ. arrêt n° 57513 du 16 avr. 1997, BCC 1997, I, p. 192.

[1476] L. Grynbaum, Responsabilité et contrat : l'union libre. Variations sur la responsabilité contractuelle. Le préjudice corporel et les groupes de contrat, *op. cit.*

[1477] S. Calastreng, La relativité des conventions, thèse, Toulouse, 1939, p. 310 et s.

le contrat inexécuté comme un fait qui pourrait engager la responsabilité délictuelle du débiteur défaillant à l'égard des tiers. La notion d'« opposabilité » s'avère donc utile en ce qu'elle permet de comprendre que la règle posée respectivement par les articles 1165 du Code civil et 240 du Code des obligations et des contrats ne doit pas être prise à la lettre[1480], et surtout ne constitue pas un obstacle à la reconnaissance de la responsabilité délictuelle du débiteur défaillant à l'égard des tiers. Mais cette théorie justifie-t-elle l'assimilation totale de l'inexécution contractuelle à une faute délictuelle ?

B. L'effet attractif du contrat inexécuté

251. Dans quelle mesure l'inexécution contractuelle constitue-t-elle une faute délictuelle à l'égard des tiers ? Autrement dit, le tiers victime d'une inexécution contractuelle doit-il apporter la preuve que cette inexécution constitue aussi à son égard une faute délictuelle ? Ou lui suffit-il comme pourrait le faire le créancier contractuel de démontrer que son dommage résulte de l'inexécution du contrat ? La jurisprudence française qui est particulièrement plus fournie que son homologue tunisienne s'oriente après quelques tergiversations (1) vers l'assimilation de l'inexécution contractuelle à une faute délictuelle, ce qui rejoint la position du juge tunisien qui procède lui aussi à cette même assimilation. (2)

1. De la distinction entre inexécution contractuelle et faute délictuelle...

252. Faute délictuelle détachable, faute délictuelle envisageable en elle-même. Certains arrêts de la Cour de cassation française ont clairement affirmé que la violation d'une obligation contractuelle ne constituait pas automatiquement une faute délictuelle à l'égard des tiers[1481]. La jurisprudence exige en effet que ces derniers apportent la preuve d'une faute délictuelle

---

[1478] J. L Goutal, Essai sur le principe de l'effet relatif du contrat, LGDJ, 1981, n° 36 ; J. Duclos, L'opposabilité. Essai d'une théorie générale, LGDJ, 1984, préf. D. Martin, n° 59 ; H. L. et J. Mazeaud, F. Chabas, Leçons de droit civil, *op. cit.*, p. 197 ; P. Brun, Responsabilité civile extractuelle, *op. cit.*, n° 373. Pour la critique de la thèse de l'opposabilité, voir R. Wintgen, Étude critique de la notion d'opposabilité, LGDJ, 2004, préf. J. Ghestion, p. 103.

[1479] M. Zine, La théorie générale des obligations. Le contrat, Imprimerie Al Wafa 1997, n° 197.

[1480] R. Wintgen, *op. cit. Loc. cit.*

[1481] Civ. 1re, 7 nov. 1962, Bull. civ. I, n° 465 ; JCP 1963, éd. G, II, 12910, note P. Esemin ; RTD civ. 1963, p. 332, obs. A. Tunc ; Civ. 2e, 7 fév. 1962, Bull. civ. II, n° 89 ; Civ. 1re, 9 oct. 1962, Bull. civ. I, n° 405; Civ. 1re, 15 déc. 1964, Bull. Civ. I, n° 565 ; Civ. 3e, 3 juill. 1968, JCP 1969, II, 15860, note Soinne ; RTD civ. 1969, p. 776, n° 3, obs. G. Durry ; Civ. 3e , 15 oct. 1970, Bull. civ. III, n° 515; Civ. 3e, 18 avr. 1972, Bull. Civ. III, n° 233 ; Civ. 1re, 23 mai 1978, Bull. civ. I, n° 201; Civ. 1re, 23 mai 1979, Bull. civ. I, n° 201; Civ. 3e, 26 avr. 1983, GP. 1984, 1, 180, note A. Plancqueel ; Civ. 3e, 14 mai 1985, Bull. civ. III, n° 19 ; Civ. 1re, 5 oct. 1983, RTD civ. 1984, p. 504, obs. J. Huet ; Civ. 3e, 17 nov. 1993, Bull. civ. III, n° 146 ; Resp. civ. et assur. 1994. Comm. n° 91 ; RJDA 1994, n° 203 ; Civ. 1re, 11 avr. 1995, RTD civ. 1995, p. 897.

« envisagée en elle-même, indépendamment de tout point de vue contractuel »[1482] ou, d'une manière encore plus restrictive, présente surtout dans le contentieux relatif au contrat de mandat, la preuve d'une « faute détachable »[1483]. Des formules qui sont pour le moins ambiguës. En effet, l'expression de « faute envisagée en elle-même et indépendamment de tout point de vue contractuel » paraît vide de sens car, si l'on vise un manquement du débiteur à son contrat, il est difficile de le caractériser sans aucune référence aux obligations qui lui incombent. Le même reproche pourrait être adressé à l'exigence de faute détachable du contrat[1484]. Dès lors que l'inexécution contractuelle pourrait dans certaines hypothèses coïncider avec la violation d'un devoir extracontractuel[1485], cette exigence peut paraître excessive. Mais au-delà de l'ambiguïté sémantique, il semble que la jurisprudence entendait subordonner le succès de l'action en responsabilité délictuelle à la preuve de la violation par le débiteur d'une règle de portée générale à laquelle celui-ci aurait dû répondre, même s'il n'y avait pas eu de contrat[1486]. Une exigence qui s'est effritée au fil du temps puisque la haute juridiction se contentait assez souvent de s'assurer que les juges du fond avaient bien reproduit la formule « rituelle »[1487] selon laquelle « la faute avait été envisagée en elle-même, en dehors de tout point de vue contractuel », sans imposer qu'ils explicitent en quoi cette faute se distinguait concrètement d'une simple inexécution contractuelle[1488]. Une tendance qui s'accentue de plus en plus avec l'apparition d'un courant favorable à l'assimilation des deux fautes contractuelle et délictuelle.

[1482] Pour des cas où cette exigence a été invoquée pour repousser l'action du tiers, voir, Civ. 1re, 24 nov. 1954, Bull. civ. I, n° 335 ; Civ. 1re, 14 nov. 1958, *ibid.*, n° 427 ; Civ. 1re, 4 avr. 1962, GP. 1963, 2, p. 31 ; Civ. 1re, 7 nov. 1962, Bull. civ. I, n° 465 ; JCP 1963, II, 12987, note P. Esmein ; Civ. 1re, 15 déc. 1964, Bull. civ. I, n° 565 ; Civ. 1re, 21 oct. 1965, *ibid.*, n° 766 ; Civ. 1re, 3 juill. 1968, JCP 1969, II, 15859 ; Civ. 1re, 31 janv. 1969, *ibid.* 1969, II, 15937, note G. Liet-Veaux ; Civ. 3e, 17 oct. 1973, *ibid.* 1973, IV, 388.

[1483] Com. 4 oct. 1988, RTD civ. 1989, p. 86 ; Civ. 1re, 1er fév. 1984, Bull. civ. I, n° 47 ; Com. 22 janv. 1991, RJDA 1991, n° 152; Civ. 1re, 13 oct. 1992, Bull. civ. I, n° 250 ; Resp. civ. et assur. 192. comm. n° 452.

[1484] P. Jourdain, « Faute délictuelle et manquement contractuel : des relations complexes. Illustration à travers les fautes délictuelles de l'entrepreneur et du mandataire », RTD Civ. 1995 p. 895.

[1485] *Ibid.*

[1486] R. Savatier, note *in* DP 1938, 1, p. 76 ; J. Huet, Responsabilité contractuelle et responsabilité délictuelle, Essai de délimitation entre les deux ordres de responsabilité, thèse précitée n° 643 s. ; F. Bertrand, L'opposabilité du contrat aux tiers, thèse précitée, n° 219 s., p. 356 s. ; G. Durry, obs. *in* RTD civ. 1974, p. 814.

[1487] Selon l'expression de G. Viney, note sous Ass. plén., 6 oct. 2006, D. 2006, p. 2825.

[1488] F. Bertrand, thèse précitée, n° 221 à 225

2. …Vers l'assimilation de l'inexécution contractuelle à la faute délictuelle

253. Les hésitations jurisprudentielles avant l'arrêt de l'Assemblée plénière du 6 octobre 2006. Cette attraction des règles contractuelles s'est d'abord dessinée concernant la responsabilité des fabricants vis-à-vis des tiers pour les dommages causés par un vice de la chose. La haute juridiction a, en effet, affirmé à maintes reprises que le fait de commercialiser une chose atteinte d'un vice est une faute susceptible d'engager la responsabilité délictuelle du fabricant à l'égard des tiers[1489].

Plus engagée dans cette voie, la première Chambre civile de la Cour de cassation s'est ouvertement ralliée à l'idée selon laquelle toute inexécution permet aux tiers d'obtenir réparation du préjudice que lui cause cette inexécution[1490]. Déjà dans son arrêt du 15 décembre 1998[1491], elle décide au double visa des articles 1165 et 1382 du Code civil que « les tiers à un contrat sont fondés à invoquer l'exécution défectueuse de celui-ci lorsqu'elle leur a causé un dommage ». Une solution qu'elle confirme d'une manière encore plus éclatante avec son arrêt du 18 juillet 2000[1492]. En l'espèce, il s'agissait d'une clinique psychiatrique qui avait été assignée par le mari d'une patiente à la suite du suicide de celle-ci. Le demandeur mit en jeu la responsabilité de la clinique pour manquement à l'obligation de surveillance. Il demanda réparation, sur le terrain contractuel, du dommage subi par son épouse décédée, et, sur le terrain délictuel, des préjudices par ricochet que sa fille et lui-même avaient subis. Les juges du fond l'ont débouté de toutes ses demandes, le manquement à l'obligation de surveillance n'ayant pas été prouvé, ce qui écartait la responsabilité contractuelle. De même, n'ayant pas été juridiquement un tiers vis-à-vis de la clinique, la responsabilité délictuelle n'a pu être retenue. Sur pourvoi, la première Chambre civile de la Cour de cassation cassa cet arrêt dans toutes ses dispositions. Elle retint d'abord la faute de surveillance à la charge de la clinique autorisant la mise en jeu de la responsabilité contractuelle. L'action délictuelle du mari et de la fille, victimes par ricochet, est également admise car « les tiers à un contrat sont fondés à invoquer l'exécution défectueuse de celui-

[1489] Civ. 3e, 5 déc. 1972, D. 1973, Jur. p. 401, note J. Mazeaud ; Civ. 1re, 27 juin 1978, D. 1978, IR p. 409 ; CA Paris, 25 nov. 1987, D. 1988, IR p. 7.
[1490] Civ. 1re, 15 déc. 1998, Bull. n° 368 ; Civ. 1re, 18 juill. 2000, JCP 2000, II, 10415, rapp. Sargos ; Resp. civ. et assur. 2000, comm. 372 ; D. 2001, p. 2234, note Ph. Delebecque ; CCC 2000, comm. n° 175, obs. L. Leveneur ; JCP 2000, I, 133, obs. G. Viney ; RTD civ 2001, p. 146, obs. P. Jourdain ; D. 2000, inf. rap., p. 217 ; Civ. 1re, 13 fév. 2001, Bull. civ. I, n° 35 ; JCP 2002, p. 1185, note C. Lisanti-kalczynski ; Droit et patrimoine, mai 2001, p. 114, obs. P. Chauvel ; JCP 2001, I, 338, obs. G. Viney; RTD civ. 2001, p. 367, obs. P. Jourdain ; D. 2001, somm., p. 2234, obs. Ph. Delebecque ; Civ. 1re, 18 mai 2004, D. 2005, Somm. p. 194, obs. D. Mazeaud ; RTD civ. 2004, p. 516, obs. P. Jourdain.
[1491] Civ. 1re, 15 déc. 1998, précité.
[1492] Civ. 1re, 18 juill. 2000, précité.

ci lorsqu'elle leur a causé un dommage, *sans avoir à rapporter d'autre preuve*[1493] ». Il s'agit donc là d'une prise de position particulièrement claire en faveur du refus de toute autonomie de la faute délictuelle par rapport à l'inexécution contractuelle. Ceci est d'autant plus vrai que le conseiller Pierre Sargos précisait déjà que la solution qu'il proposait à la Cour de cassation, loin de se limiter aux seules obligations de moyens, « permettrait aussi au tiers d'invoquer le bénéfice de l'obligation de résultat si le contrat y était soumis »[1494]. C'est ce que la première Chambre civile a consacré, toujours dans le domaine médical, dans son arrêt du 13 février 2001[1495]. En effet, tenu d'une obligation de sécurité de résultat en ce qui concerne les produits sanguins qu'il cède, le centre de transfusion sanguine engage sa responsabilité pour manquement à cette obligation aussi bien à l'égard de la victime immédiate qu'à l'égard des tiers victimes d'un dommage par ricochet. Mais si, dans les affaires qui viennent d'être analysées, l'obligation inexécutée touchait à la sécurité des personnes, une obligation qui transcende les deux ordres de responsabilité, il n'en est pas de même dans plusieurs autres arrêts, où prise par l'élan de sa démarche assimilatrice, la première chambre civile permet au tiers de se prévaloir du manquement d'une obligation purement contractuelle pour établir l'existence d'une faute délictuelle[1496].

Cette orientation partagée par la deuxième[1497] et la troisième chambre civile[1498], n'a pas convaincu la Chambre commerciale[1499] qui, refusant d'assimiler un manquement contractuel à une faute délictuelle, exige des tiers la preuve que cette inexécution contractuelle constitue aussi à leur égard une faute délictuelle ou quasi délictuelle.

254. L'abandon de la relativité de la faute contractuelle par l'arrêt de l'Assemblée plénière du 6 octobre 2006[1500]. Il était clair que la définition du

[1493] Nous soulignons.
[1494] P. Sargos, rapport sur Civ. 1re, 18 juillet 2000, J.C.P. 2000. II, 10415.
[1495] Arrêt précité.
[1496] Civ. 1re, 18 mai 2004, précité.
[1497] Civ. 2e, 19 juin 1996, D. 1996, IR p. 187 ; Dalloz Affaires 1996, p. 1028 ; Defrénois 1996, p. 1373, obs. P. Delebecque ; RTD civ. 1997, p. 144, obs. P. Jourdain ; Civ. 2e, 21 mai 1997, D. 1998, Jur. p. 150, note B. Fages ; Civ. 3e, 25 mars 1998, D. 1998, IR p. 106 ; JCP G 1998, I, 144, n° 4 et 5, obs. G. Viney ; 6 janv. 1999, Bull. civ. III, n° 3 ; D. 2000, Jur. p. 426, note C. Asfar ; Resp. civ. et assur. 1999, comm. n° 72.
[1498] Civ. 3e, 5 fév. 1992, D. 1992, IR p. 91 ; RTD civ. 1992, p. 567, obs. P. Jourdain ; Civ. 3e, 24 fév. 1993, RTD civ. 1993, p. 362, obs. P. Jourdain ; Civ. 2e, 17 mai 1995, Resp. civ. et assur. 1995, comm. n° 227 ; RTD civ. 1995, p. 895, obs. P. Jourdain ; Civ. 3e, 4 oct. 1995, Bull. civ. II, n° 230 ; D. 1995, IR p. 223.
[1499] Com. 17 juin 1997, Bull. civ. IV, n° 187 ; JCP 1998, I, 144, obs G. Viney ; RTD Civ. 1998 p. 113, obs. P. Jourdain ; Com. 16 déc. 1997, Resp. civ. et assur. 1998, comm. 98 ; JCP 1998, I, 144, obs. G. Viney ; Com. 8 oct. 2002, Resp. civ. et assur. 2003. comm. 2 ; Defrénois, 2002, p. 863, obs. E. Savaux ; JCP 2003. I. 152, n° 3, obs. G. Viney ; Com. 5 avril 2005, Resp. civ. et assur. 2005, n° 174, obs. H. Groutel ; RDC 2005 n° 3, p. 687, obs. D. Mazeaud ; RTD Civ. 2005 p. 602.
[1500] Ass. plén., 6 oct. 2006, Bull. civ. ass. plén. n° 9.

manquement contractuel constitutif de faute délictuelle à l'égard des tiers, divisant les différentes formations de la haute juridiction, nécessitait l'intervention de l'Assemblée plénière. Effectivement, le 6 octobre 2006, cette dernière a rendu un arrêt qui a fait couler beaucoup d'encre[1501]. En l'espèce, un immeuble avait été donné à bail commercial à une société qui avait confié la location-gérance de son fonds de commerce à un tiers. Celui-ci, imputant au bailleur un défaut d'entretien des locaux, l'a assigné en référé pour obtenir la remise en état des lieux et le paiement d'une indemnité provisionnelle en réparation d'un préjudice d'exploitation. Les juges du fond ayant accueilli la demande, le pourvoi leur reprochait une violation de l'article 1382 du Code civil faute d'avoir caractérisé une faute délictuelle envisagée en elle-même indépendamment de tout point de vue contractuel, ce que les hauts magistrats ont refusé d'avaliser au motif que : « le tiers à un contrat peut invoquer, sur le fondement de la responsabilité délictuelle, un manquement contractuel dès lors que ce manquement lui a causé un dommage ».

Le conflit au sein de la Cour de cassation a été donc résolu en faveur de la position chère à la première chambre civile. Sans équivoque et sans nuance aucune, l'Assemblée plénière affirme le principe de l'identité des fautes contractuelles et délictuelles. En effet, le défaut d'entretien constitue la violation d'une obligation purement contractuelle qui ne profite normalement qu'au locataire, le bailleur n'ayant pas le devoir d'entretien des lieux loués à l'égard

[1501] L'arrêt a été abondamment commenté par la doctrine, voir JCP 2006, II, 10181, avis Gariazzo et note M. Billiau ; D. 2006, p. 2825, note G. Viney ; D. 2006, p. 2933, note D. Houtcieff, Rev. Lamy droit aff. Janv. 2007, n° 671, comm. A. Reygrobellet ; JCP 2007, I, 115, obs. P. Stoffel-Munck ; P. Jacques, « La relativité de la faute contractuelle devant l'assemblée plénière », Rev. Lamy droit aff déc. 2006, p. 70 ; RCA 2006, étude n°17, L. Bloch ; PA, 16 mai 2007 n° 98, p. 16, note V. Depadt-Sebag ; PA, 22 janv. 2007 n° 16, p. 16, note C. Lacroix ; RTD Civ. 2007 p. 123, obs. P. Jourdain ; RTD Civ. 2007 p. 115, obs. J. Mestre et B. Fages ; RDC 2007, n° 2, p. 269, note D. Mazeaud ; RDC 2007, n° 2, p. 279, obs. S. Carval ; RDC 2007 n° 2, p 609, note R. Wintgen ; RDC 2007 n° 2, p. 379, note J. B Seube ; RDC 2007 n° 2, p. 569, obs. Ph. Jacques ; RDC 2007 n° 2, p. 538, obs. P. Ancel ; RDC 2007 n° 2, p. 587, obs. P. Stoffel-Munck, RDC2007 n° 2, p. 593, obs. G Wicker ; RDC 2007 n° 2, p. 556, obs. P. Delebecque ; RDC 2007, n° 2, p. 536, obs. C. Grimaldi ; RLDC janv. 2007, p. 5, note P. Brun. Voir également M. Espagnon, La prévision contractuelle et l'action en responsabilité du tiers contre le contractant (De l'arrêt Lamborghini à l'article 1342 du projet de réforme du droit des obligations et de la prescription, Mél. Viney, LGDJ, 2008 ; S. Carval, La faute délictuelle du débiteur défaillant : quelques observations sur les pistes ouvertes par l'arrêt de l'Assemblée plénière du 6 octobre 2006, Études offertes à G. Viney, LGDJ, 2008 ; B. Moore, « L'arrêt d'assemblée plénière du 6 octobre 2006 : Perspective québécoises », RDC 2007, p. 618 ; C. Popineau-Dehaulion, « Regards comparatistes sur la responsabilité du contractant à l'égard d'un tiers victime de l'inexécution du contrat », RDC 2007, n° 2, p. 622. Même si la troisième chambre civile de la Cour de cassation, dans son arrêt du 22 oct. 2008, semble éprouver une certaine réticence à l'égard de la thèse de l'identité des fautes contractuelle et délictuelle, voir Civ. 3e, 22 oct. 2008, arrêt n° 07-15.583, FS-P+B, D. 2008, p. 2793 ; RTD civ. 2009 p. 121, obs. P. Jourdain, le droit positif français reste largement imprégné par la solution retenue par l'Assemblée plénière dans son arrêt du 6 octobre 2006 précité.

des tiers. Mais cette considération n'a aucune importance aux yeux des magistrats. Que l'inexécution porte sur une obligation qui constitue aussi un devoir général de comportement, ou qu'elle porte sur une obligation strictement contractuelle, que l'obligation transgressée soit de moyens ou de résultat, ceci ne devrait avoir aucune conséquence sur la définition du fait générateur de la responsabilité du débiteur contractuel à l'égard des tiers. Une inexécution contractuelle établit toujours l'existence d'une faute délictuelle à leur égard. Sans utiliser des formules aussi éclatantes, il semble que la jurisprudence tunisienne s'inscrive aussi dans le cadre de cette vague unificatrice des fautes contractuelle et délictuelle.

255. L'assimilation de l'inexécution contractuelle à une faute délictuelle par le juge tunisien. L'atteinte à la sécurité corporelle du contractant suffit à elle seule, selon la Cour de cassation tunisienne, à autoriser les victimes par ricochet à demander réparation sur le fondement de la responsabilité délictuelle. Ainsi, l'échec d'une césarienne[1502] ou la noyade d'un enfant[1503] établissent la responsabilité délictuelle du débiteur contractuel vis-à-vis des victimes indirectes sans que la Cour de cassation exige la preuve « d'une faute délictuelle indépendamment de tout point de vue contractuel », ou « une faute détachable » ; des formules que le juge français utilise parfois pour marquer l'autonomie de la faute délictuelle par rapport à l'inexécution contractuelle[1504]. Ceci laisse présager que la Cour de cassation tunisienne est plutôt partisane du courant jurisprudentiel assimilant les deux types de faute.

Ceci est d'autant plus vrai que cette solution est étendue à des hypothèses où le débiteur a manqué à des obligations strictement contractuelles. Encore une fois, cette tendance s'est surtout dessinée dans le domaine du transport maritime. En effet, on a déjà vu que la Cour de cassation tunisienne autorise le destinataire des marchandises avariées à demander la réparation à l'acconier sur le fondement délictuel[1505]. Or, si dans certains arrêts, anciens il est vrai[1506], elle a subordonné le succès d'une telle action à la preuve d'une faute au sens des articles 82 et 83 du Code des obligations et des contrats, elle se contente, dans sa jurisprudence la plus récente, de constater le manquement du

[1502] Cass. civ. arrêt n° 27207 du 31 déc 1992, précité.

[1503] Cass. civ. arrêt n° 221. 2004 du 1er avril 2004 précité.

[1504] Voir *supra* n° 252.

[1505] Cass. civ. arrêt n° 7624 du 17 fév. 2005, RJL janv. 2006, p. 179. Voir déjà et dans le même sens TPI de Tunis, n° 308 du 11 juin 1973, RJL 1974, p 64 ; TPI de Tunis, jugement n° 7081, 29 décembre 1973, RJL 1975, p. 289 ; TPI de Tunis, jugement n° 5076 du 16 mars 1974, RJL 1975, p. 295 ; TPI de Tunis, jugement n° 8530 du 30 nov. 1974, RJL 1975, p. 17 ; Cass. civ. n° 3593 du 19 juin 1980, RTD 1982, p. 89 ; Cass. civ. arrêt n° 8700 du 24 mai 1984, BCC I, p. 340 ; Cass. civ arrêt n° 36471 du 14 déc 1992, Bull. civ. 1992, p. 545 ; Cass. civ. arrêt n° 57513 du 16 avril 1997, BCC 1997, I, p. 192.

[1506] Cass. civ. n° 3593 du 19 juin 1980, précité. Voir dans le même sens TPI de Tunis, n° 308 du 11 juin 1973, précité ; TPI de Tunis n° 7081, 29 déc. 1973 précité ; TPI de Tunis, n° 5076 du 16 mars 1974, précité.

manutentionnaire de ses obligations découlant du contrat qu'il a conclu avec le transporteur pour déduire sa faute délictuelle à l'égard du destinataire. Ainsi, dans son arrêt du 22 janvier 1998[1507], ainsi que celui du 17 février 2005[1508], la Cour considère que le non-établissement d'un état contradictoire détaillé des marchandises par l'acconier justifie sa responsabilité à l'égard du destinataire. Or, selon les termes exprès de l'article 169 du Code de commerce maritime, cette formalité, incombant au manutentionnaire, « (…) fait foi pour et contre lui *dans ses rapports avec le transporteur maritime*[1509]».

256. Fondement de l'assimilation de l'inexécution contractuelle à une faute délictuelle. Si on prend en considération seulement l'intérêt des tiers victimes, cette solution paraît particulièrement attrayante. Le souci de simplicité qui anime cette jurisprudence allège sensiblement la tâche probatoire du tiers. En effet, son indemnisation sera beaucoup plus aisée que s'il devait apporter la preuve d'une négligence ou d'une imprudence commise par le débiteur au sens des articles 1382 et 1383 du Code civil ou 82 et 83 du Code des obligations et des contrats. Dans la mesure où l'obligation inexécutée est de résultat, il lui suffit de démontrer que le résultat promis par le débiteur n'a pas été obtenu pour établir la faute du débiteur contractuel. Mais, outre ce privilège probatoire, cette unification des faits générateurs des responsabilités contractuelle et délictuelle réalise un alignement du sort des tiers victimes sur celui de la victime contractante. Certes, une divergence de nature persistera en fonction de la qualité de la victime : délictuelle envers les tiers, cette responsabilité reste en revanche contractuelle envers le cocontractant, mais l'action des victimes sera au moins soumise à des conditions de fond identiques[1510].

Ce sont certainement ces avantages qui ont poussé certains auteurs à apporter leur soutien à cette solution si simpliste[1511]. Ainsi, on a invoqué pour justifier cette assimilation l'idée selon laquelle le bon père de famille « ne se rend pas coupable de l'inexécution préjudiciable à un tiers d'obligations qu'il a contractées »[1512]. Autrement dit, le débiteur est obligé à l'égard de tous de respecter les engagements contractuels qu'il n'a pourtant consentis qu'au profit du créancier. L'obligation contractuelle figure, si l'on suit cette logique, parmi les obligations dont la violation est constitutive de faute délictuelle au sens des

---

1507 Cass. civ. arrêt n° 62266 du 22 janv. 1998, BCC 1998, II, p. 249.

1508 Cass. civ. arrêt n° 7624 du 17 fév. 2005, précité.

1509 Nous soulignons.

1510 P. Jourdain, RTD civ. 2001, p. 367.

1511 L. Leveneur, obs. sous Com., 12 mars 1991, Contrats, conc. consom. 1991, n° 135 ; C. Ophèle, « Faute délictuelle et faute contractuelle », Resp. civ. et assur. 2003, chron., n° 21 ; J. P. Tosi, « Le manquement contractuel dérelativisé », Mélanges M. Gobert, Economica 2004, p. 479 et s. ; J. Flour, J.-L. Aubert, Y. Flour et E. Savaux, Le rapport d'obligation, *op. cit.*, n° 183 ; S. Carval, obs. sous l'arrêt de l'Assemblée plénière du 6 octobre 2006, RDC 2007, p. 279; G Wicker, obs. *in* RDC 2007 n° 2, p. 593 ; C. Grimaldi, obs. *in* RDC 2007, n° 2, p. 536.

1512 L. Leveneur, *op. cit. Loc. cit.*

articles 1382 du Code civil et 82 du Code des obligations et des contrats lorsque le dommage est subi par des tiers au contrat[1513].

On a également soutenu que cette solution trouve son appui dans le principe de l'opposabilité du contrat à l'égard des tiers. Justifiant le recours délictuel du tiers contre le débiteur contractuel défaillant, ce principe justifie par là même le jumelage des fautes contractuelle et délictuelle. C'est ainsi que le rapport annuel de la Cour de cassation pour l'année 2000 précise, à propos de l'arrêt de la première chambre civile du 18 juillet 2000[1514], que « la notion d'opposabilité du contrat est le fondement de cette décision simplificatrice ». Un fondement que l'Assemblée plénière dans son arrêt du 6 octobre 2006 n'invoque nulle part. D'ailleurs, l'avocat général Gariazzo n'a guère dissimulé, à juste titre, son scepticisme quant à la pertinence de ce fondement de l'assimilation[1515]. En effet, comme l'a si bien montré récemment l'auteur d'une thèse[1516], si l'opposabilité du contrat permet au tiers de solliciter la voie délictuelle, la question de savoir si le manquement au contrat constitue une faute délictuelle doit être cherchée dans la définition même de la faute délictuelle et non dans la notion d'opposabilité. C'est seulement lorsque l'inexécution du contrat constitue en même temps un fait générateur de responsabilité délictuelle que cette dernière est justifiée. Décider le contraire pourrait, sur l'autel de la logique de l'indemnisation à « tout prix », conduire à des solutions excessives.

C. N'allait-on pas un peu trop loin ?

257. Difficulté d'assimiler une obligation de résultat à une faute délictuelle. Si l'assimilation de la défaillance contractuelle à une faute délictuelle est sujette à caution lorsque l'obligation inexécutée est de moyens, puisque dans cette hypothèse le tiers victime est tenu de rapporter la preuve de la faute du débiteur récalcitrant, que le fondement choisi soit contractuel ou délictuel[1517], un tel raisonnement confine à l'incohérence lorsqu'il s'agit d'un manquement à une obligation contractuelle qualifiée de résultat[1518]. En effet, affirmer que le manquement à une obligation de résultat est en même temps, et nécessairement, fautif est simplement contradictoire dès lors que l'obligation de résultat se définit comme celle qui peut être violée par le débiteur même sans

[1513] P. Jourdain, « Responsabilité fondée sur la faute, notion de faute : contenu commun à toutes les fautes », Jurisclasseur civil 2006, Responsabilité civile fasc. 120-10, n° 47.

[1514] Civ. 1re, 18 juill. 2000, précité.

[1515] Avis de l'avocat général Gariazzo, JCP 2006, II, 1018.

[1516] R. Wintgen, Etude critique de la notion d'opposabilité, *op. cit*.n° 334.

[1517] Sur l'analogie entre la faute délictuelle et les obligations contractuelles de moyens, voir *supra*.

[1518] Voir dans le même sens C. Lisanti-Kalczynski, note sous Civ. 1re, 13 fév. 2001, JCP 2002, p. 118 ; O. Debat, « Le contrat, source de responsabilité envers les tiers », *op. cit.* n° 190 ; P. Ancel, « Les arrêts de 1988 sur l'action en responsabilité contractuelle dans les groupes de contrats, quinze ans après », *op. cit.* n° 22 ; P. Brun, Responsabilité civile extracontractuelle, précité, n°373 ; P. Ancel, obs sous Ass. Plén. 6 oct. 2006, RDC 2007 n° 2, p. 538.

faute de sa part[1519]. D'ailleurs, on peut se demander si cette assimilation ne conduit pas à vider la faute de toute substance. En fait, la non-obtention du résultat suffit, si l'on suit cette logique, à établir la faute alors que cette dernière invite, dans sa définition même, à porter un jugement de valeur sur le comportement du débiteur. En réalité, on glisse insensiblement vers une vraie responsabilité délictuelle objective engagée pourtant sous le visa des articles 1382 du Code civil ou 82 du Code des obligations et des contrats, bastion incontestable d'une responsabilité subjective.

258. « Le beurre et l'argent du beurre »[1520]. Le défaut majeur de la thèse assimilatrice consiste à autoriser la victime à se prévaloir du contrat inexécuté en tant que fait pour établir la faute délictuelle du débiteur, tout en interdisant à celui-ci d'opposer les limitations conventionnelles ou légales qui modèlent son contrat. Autrement dit, le tiers peut panacher, voire cumuler les avantages des deux ordres de responsabilité. Il peut ainsi bénéficier des bienfaits probatoires de l'obligation contractuelle de résultat, son manquement étant suffisant à établir l'existence de la faute délictuelle, et repousser toute clause contractuelle qui peut le gêner puisque ces clauses sont nulles en matière délictuelle. Sa situation serait alors plus avantageuse que le créancier direct astreint, quant à lui, à de telles limitations[1521]. Conscients de l'incohérence de la solution retenue par la jurisprudence, l'avant-projet Catala, tout comme la proposition de loi portant réforme de la responsabilité civile ont préconisé une option entre la voie contractuelle et la voie délictuelle.

D. L'option entre la responsabilité contractuelle et la responsabilité délictuelle dans l'avant-projet de réforme du Code civil et la proposition de loi Béteille

259. Présentée comme la disposition la plus innovante de l'avant-projet de réforme du droit des obligations[1522], l'article 1342[1523], repris par l'article 1386-

[1519] Voir *supra* n°241.

[1520] L'expression de P. Ancel, « Les arrêts de 1988 sur l'action en responsabilité contractuelle dans les groupes de contrats, quinze ans après », *op. cit.* n° 22.

[1521] O. Debat, « Le contrat, source de responsabilité envers les tiers », PA, 2003 n° 190, p. 3 ; G. Viney, note sous Ass. Plén., 6 oct. 2006, D. 2006, p. 2933 ; P. Jourdain, obs. sous Ass. Plén., 6 oct. 2006, RTD Civ. 2007, p. 123.

[1522] Voir G. Viney, « Projet de réforme du droit des obligations : les éléments clés en matière de responsabilité », RLDC, déc. 2005, p. 13 et s. ; Ch. Hécart, « L'article 1342 de l'avant-projet Catala : quelle cohérence? », D. 2006, p. 2268 ; D. Arteil, « L'effet des conventions à l'égard des tiers dans l'avant-projet de réforme du droit des obligations », PA, 15 novembre 2006 n° 228, P. 11 ; L Aynès, « Les effets du contrat à l'égard des tiers (article 1165 à 1172 de l'avant-projet de réforme) », RDC 2006, n° 1, p. 63 ; P. Ancel, « Présentation des solutions de l'avant-projet », RDC 2007, n° 1, p. 19 ; E. Savaux, « Brèves observations sur la responsabilité contractuelle dans l'avant-projet de réforme du droit de la responsabilité », RDC 2007, n° 1, p. 45 ; J. Huet, « Observations sur la distinction entre les responsabilités contractuelle et délictuelle dans l'avant-projet de réforme du droit des obligations », RDC 2007, n°1, p. 31 ; D. Mazeaud, « Contrat,

18 de la proposition de loi portant réforme de la responsabilité civile[1524], autorise le tiers victime de l'inexécution contractuelle à obtenir réparation de son dommage sur le fondement contractuel dans les mêmes conditions et limites que le créancier contractuel (1). Le demandeur pourrait aussi, s'il rapporte la preuve d'un fait générateur particulier, opter pour la responsabilité délictuelle et échapper ainsi à l'emprise du contrat (2). Mais cette option donne-t-elle une réponse satisfaisante à la problématique de la responsabilité du débiteur contractuel vis-à-vis des tiers ? (3)

1. L'option contractuelle

260. Les rédacteurs de l'avant-projet Catala, tout comme la proposition de loi Béteille, ont choisi d'approfondir la voie contractuelle en la généralisant à tous les tiers souffrant de l'inexécution contractuelle (a). Il en découle que les clauses figurant au contrat originaire leur sont particulièrement opposables (b).

a. La généralisation de la voie contractuelle

261. Une nouvelle lecture du principe de l'effet relatif des conventions. Comme il a été exposé précédemment, les recours contractuels des tiers contre le débiteur défaillant sont, aussi bien en droit français que tunisien, seulement ponctuels[1525]. Avec l'article 1342 alinéa 1 de l'avant-projet, et 1386-18 de la proposition de loi Béteille, la nature contractuelle de l'action en responsabilité acquiert le statut de principe. C'est ce qui ressort expressément du commentaire de l'article 1342, alinéa 1er, rédigé par les rédacteurs de l'avant-projet Catala, dans lequel ces derniers précisent que « la solution la plus équilibrée pour régler la question de la nature de l'action en responsabilité exercée par le tiers victime est d'ouvrir par principe une action de nature contractuelle ». La contractualisation du recours des tiers est de taille, puisque désormais tous les tiers sont concernés, qu'ils soient victimes par ricochet, partie ou non à un

---

responsabilité et tiers (du nouveau à l'horizon) », *in* mél. Ph. le Tourneau, p. 745 *adde* pour le même auteur, « À partir d'un petit cas tragique outre-Rhin : retour sur le désordre de la distinction des ordres de responsabilité », Études offertes à G. Viney, LGDJ, 2008, p. 711.

1523 Ledit article dispose que : « Lorsque l'inexécution d'une obligation contractuelle est la cause directe d'un dommage subi par un tiers, celui-ci peut en demander réparation au débiteur sur le fondement des articles 1362 à 1366. Il est alors soumis à toutes les limites et conditions qui s'imposent au créancier pour obtenir réparation de son propre dommage. Il peut également obtenir réparation sur le fondement de la responsabilité extra-contractuelle, mais à charge pour lui de rapporter la preuve de l'un des faits générateurs visés aux articles 1352 à 1362 ».

1524 L'article 1386-18 dispose que : « Lorsque l'inexécution d'une obligation contractuelle est la cause directe d'un dommage subi par un tiers, celui-ci peut en demander réparation au débiteur sur le fondement des dispositions de la présente section. Il est alors soumis à toutes les limites et conditions qui s'imposent au créancier pour obtenir réparation de son propre dommage. Il peut également obtenir réparation sur le fondement des règles de la responsabilité délictuelle, en rapportant la preuve de l'un des faits générateurs mentionnés à la section II du présent chapitre ».

1525 Voir *supra* n° 248.

groupe de contrats ou même des tiers totalement étrangers au rapport contractuel.

Cette solution, que l'on doit aux idées de Mme Viney, repose sur une lecture particulièrement libérale du principe de l'effet relatif du contrat. En effet, commentant en 2004[1526] un arrêt relatif au régime de la responsabilité du débiteur contractuel vis-à-vis des tiers, l'auteur pense que la portée du principe de l'effet relatif doit « être limitée à deux conséquences essentielles. Au moment de la conclusion du contrat, il interdit aux parties de lier les tiers et au moment de l'exécution, il leur réserve le droit d'exiger celle-ci. En revanche, il ne commande nullement le choix du régime de responsabilité à appliquer en cas d'inexécution. Pour définir ce régime, ce sont par conséquent les considérations pratiques qui doivent l'emporter. Or celles-ci commandent, à notre avis, d'imposer l'application du régime contractuel lorsque le fondement unique de l'action réside dans un manquement au contrat »[1527]. D'ailleurs, dans son commentaire sur l'arrêt de l'Assemblée du 6 octobre 2006[1528], l'auteur reprend *in extenso* l'analyse qu'elle a faite en 2004.

En réalité, en dehors d'un texte législatif exprès réduisant le rôle de l'effet relatif des contrats aux deux fonctions voulues par l'auteur, il semble difficile d'écarter ce principe dans la détermination du régime de la responsabilité encourue. On ne doit pas oublier que le tiers est en principe étranger au rapport contractuel ; la nature contractuelle de la responsabilité ne peut donc aller de soi. D'ailleurs, conscient de la particularité de la situation des tiers souffrant de l'inexécution contractuelle, M. Ancel, l'un des initiateurs de l'avant-projet Catala, partisan lui aussi de l'application de la responsabilité contractuelle, propose de recourir à une lecture particulièrement extensive de la stipulation pour autrui pour fonder le recours contractuel des tiers[1529]. L'avant-projet, tout comme la proposition de loi Béteille n'ont pas, bien évidemment, choisi cette voie préférant, sans recourir à aucun subterfuge, classer l'action des tiers, toutes catégories incluses, sous l'orbite contractuelle. Loin de se fonder sur un fondement technique précis, le but du projet est en effet d'imprimer une certaine cohérence au comportement du tiers qui se prévaut d'un manquement contractuel : le contrat inexécuté qui constitue, dans une certaine mesure, le fondement de son action, doit logiquement aussi déterminer le régime de cette action. Plus particulièrement, le débiteur contractuel doit pouvoir opposer à la victime les limites et les conditions qui s'appliquent par ailleurs à son créancier direct.

1526 JCP 2004, I, 163, n° 17.

1527 *Ibid.*

1528 G. Viney, note sous Ass. Plén., 6 oct. 2006, D. 2006, p. 2825.

1529 P. Ancel, « Les arrêts de 1988 sur l'action en responsabilité contractuelle dans les groupes de contrats, quinze ans après », *in* Études en l'honneur de A. Ponsard, Litec 2003, p. 3.

b. L'opposabilité des clauses du contrat originaire à l'égard des tiers

262. Lorsque le tiers choisit l'action contractuelle, il se prévaut de la convention. Il doit dès lors, aux termes de l'article 1386-18 de la proposition de loi Béteille, reprenant l'article1342 alinéa premier de l'avant-projet Catala, en respecter le contenu et subir toutes les limites et conditions qui s'imposent au créancier pour obtenir réparation de son propre dommage. On touche alors du doigt le problème crucial de l'opposabilité des clauses du contrat originaire. En effet, non seulement les auteurs divergent, mais la jurisprudence, aussi bien française que tunisienne, est restée très incertaine et versatile, se dérobant de toute systématisation. Il est intéressant alors d'exposer ce tumulte jurisprudentiel (α) afin de mieux comprendre la solution adoptée par les rédacteurs de l'avant-projet de réforme de Code civil et suggérée dans la proposition de loi portant réforme de la responsabilité civile.

α. Le problème de l'opposabilité des clauses en droit positif français et tunisien

263. Deux solutions envisageables, deux logiques divergentes. La question de l'opposabilité des clauses met en exergue la situation intermédiaire du tiers qui, parce qu'il se prévaut de l'inexécution d'une obligation contractuelle, met en jeu une responsabilité relevant normalement du régime contractuel. Toutefois, étant tiers au contrat, il n'a pas été en mesure de négocier celui-ci et de se protéger contre les clauses susceptibles de compromettre l'exercice de ses droits. Deux solutions, découlant chacune d'une logique distincte, sont dès lors envisageables. En effet, soit on considère que l'action contractuelle directe est un accessoire indissociable du droit transmis, dans ce cas toutes limitations contenues dans le contrat originaire sont opposables obligatoirement aux tiers ; soit en revanche, on considère que la qualité de contractant est purement subjective, qu'on ne peut être liée par des clauses que si l'on a exprimé sa volonté de s'engager. En l'absence d'une telle acceptation, ces clauses restent inopposables.

264. La position de la jurisprudence française. La jurisprudence française est restée écartelée entre ces deux conceptions, sans qu'un fil d'Ariane ait vraiment pu être découvert, proposé et surtout suivi. Alors que les clauses relatives à la responsabilité[1530] ont été aussitôt déclarées opposables au tiers dans le cadre des chaînes translatives de propriété, les clauses dites de différends[1531] n'ont connu ce destin que récemment par l'arrêt du 27 mars

[1530] Civ. 1re, 7 juin 1995, Bull. civ. I, n° 249 ; RTD civ. 1995, obs. P. Jourdain, p. 764 ; CCC 1995, comm. n° 159, obs. L. Leveneur.

[1531] À savoir les clauses attributives de compétence et les clauses compromissoires.

2007[1532]. En effet, après avoir laissé entendre dans l'arrêt Peavy[1533] que les tierces victimes titulaires de l'action directe pouvaient être mises à l'abri de ces clauses en cas « d'ignorance raisonnable de l'existence de cette clause », la Cour de cassation est revenue sur sa jurisprudence pour étendre l'opposabilité de ces clauses même dans le cadre des chaînes de contrats non translatives de propriété[1534]. Dans le cadre du contrat de transport, la question de l'opposabilité des clauses aux tiers est encore plus délicate car même si le législateur est intervenu par des textes spéciaux[1535] pour mettre fin à une jurisprudence qui permettait aux proches de la victime d'échapper à ces clauses en renonçant à la stipulation pour autrui censée incluse dans le contrat de transport de personnes[1536], il n'en va pas de même en matière de transport de marchandises qui a connu une évolution tourmentée.

Classiquement, le recours du destinataire de marchandise insatisfait[1537] est fondé sur la stipulation pour autrui tacite[1538]. Il en découle, conformément à la logique de cette institution, que l'extension des règles contractuelle n'est pas

---

[1532] Voir Civ. 1re, 27 mars 2007, P. A 2007, p. 23, note A. Malan ; D. 2007, p. 2077, note S. Bollé ; Com. 7 mars 2008, RDC 2008, p. 767, obs. G. Viney ; RCA 2008, comm. 170 ; RTD civ. 2008, p. 483, obs. P. Jourdain.

[1533] Civ. 1re, 6 fév. 2001, JCP E 2001, p. 1238, note Mainguy et Seube ; Défrénois 2001, art. 37365, n° 42, obs. Libchaber ; Rev. arb. 2001, p. 765, note Cohen ; Contrats, conc. consom. 2001, p. 1135, note Leveneur ; RTD com. 2001, p. 413, note Loquin ; D. 2001, somm. 1135, obs. P. Delebecque ; Rev. Crit. DIP 2001, p. 522, note Jault-Seseque ; Rev. Arb. 2001, p. 765 note Cohen, la Cour de cassation française s'est prononcée en faveur de l'opposabilité totale des clauses d'arbitrages, aussi bien dans les chaînes homogènes qu'hétérogènes.

[1534] Civ. 1re, 27 mars 2007 précité.

[1535] Plusieurs textes soumettent impérativement toutes les victimes immédiates et par ricochet à un régime unique de responsabilité. Voir en matière de transport aérien l'article 2 de la loi du 2 mars 1957 devenu art. L. 322-2, alinéa 2 du Code de l'aviation civile ; dans le transport maritime de personne, voir art. 42 de la loi du 18 juin 1966. Voir également, pour le transport ferroviaire international, l'article 12 de la Convention additionnelle à la Convention internationale sur le transport de voyageurs et de bagages du 25 fév. 1961.

[1536] Com., 19 juin 1951, D. 1951, Jur. p. 717, note G. Ripert ; Civ. 23 janv. 1959, D. 1959, p. 101, note R. Savatier ; JCP 1959, II, 11002 ; D. 1959, p. 281, note R. Rodière.

[1537] Sur cette question, voir M. Coudevylle-Loquet, « De l'effet relatif des contrats en matière de transport interne de marchandises », RTD com. 1992, p. 751 ; P. Vallastan, « Livraison et adhésion au contrat de transport », LPA 29 avril 1994, p. 11 ; G. de Monteynard, « Réflexions sur une difficulté d'application en matière maritime : l'opposabilité au destinataire d'un transport maritime des clauses de compétence insérées dans le connaissement », Rapport annuel de la Cour de cassation, 2001, p. 291 ; A. Malan, « Le rayonnement de la clause compromissoire et de la clause attributive de juridiction dans les opérations de transport maritime », DMF 2006, p. 3 ; H. Kenfack, « Bref retour sur l'esprit de liberté du commerce international », *in* Mélanges Ph. le Tourneau, Dalloz, 2007, p. 541 ; V. O. Cachard, « La force obligatoire vis-à-vis du destinataire des clauses relatives à la compétence internationale stipulée dans les connaissements », *in* Mélanges en l'honneur de H. Gaudemet-Tallon, Dalloz, 2008, p. 1989 ; C. Legros, « Arbitrage et connaissement », RD transp., sept. 2008, p. 14, spéc. n° 47.

[1538] Civ. 2 déc. 1891, D. 1892, 1, 161, note Sarraut ; Civ. 26 janv. 1915, DP 1916, p. 47 ; Civ. 17 déc. 1945. S. 1946, 1, 80 ; Com. 1er fév. 1955, D. 1955, p. 338, note P. Durand ; JCP 1955, II, 8772, note J. Hemard.

absolue ; les clauses de responsabilité ou les clauses de différends ne peuvent être opposables à la victime que si elle les a acceptées[1539]. Cette jurisprudence a été, toutefois, battue en brèche en matière de transport terrestre de marchandises. En effet, la loi du 6 février 1998, réformant l'article 101 du Code de commerce devenu l'article L. 132-8 précise que « la lettre de voiture est un contrat entre l'expéditeur, le voiturier et le destinataire ». Le destinataire est donc, dès l'origine, traité comme une partie au contrat de transport et, de ce fait, se trouve lié par les clauses de ce contrat même si elles lui sont défavorables et qu'elles ont été consenties seulement par l'expéditeur et le transporteur[1540]. Or, malgré cette réforme, la Cour de cassation continue à affirmer que « le consentement du destinataire au contrat de transport ne s'étend pas à la clause attributive de compétence qui, insérée dans la lettre de voiture, ne fait pas partie de l'économie du contrat et doit être acceptée par lui »[1541], avant de revenir récemment sur sa position pour décider que les clauses figurant dans le contrat originaire s'imposent également au destinataire[1542].

La même hésitation marque encore la jurisprudence relative au transport maritime de marchandises. Alors que la Chambre commerciale s'est farouchement opposée à la transmission automatique des clauses de responsabilité ou des clauses de différends au destinataire[1543], exigeant une acceptation spéciale, distincte de l'adhésion au contrat de transport, la première chambre civile s'est montrée plus libérale en admettant pratiquement sans condition aucune le jeu de ces clauses[1544]. En 2008, et s'inspirant du juge communautaire[1545], les deux chambres civile et commerciale ont rendu le même jour concernant les clauses attributives de compétence[1546] deux arrêts

---

1539 Com. 26 mai 1992, Bull. civ. IV, n° 211 ; Com. 26 mai 1992, Bull. civ. IV, n° 210, Com. 18 oct. 1994, Bull. civ. IV, n° 308, obs. G. Viney ; JCP 1995, I, 3853, n° 1 et 2.

1540 Voir M. Petit, La vocation au tripartisme du contrat de transport, Thèse, Caen, 2005.

1541 Com. 4 janv. 2005, Bull. civ. IV, n° 5 ; JCP 2005. II. 10067, note C. Legros ; D. 2005. 2749, obs. H. Kenfack ; RDC 2005, n°3, p. 756, note P. Delebecque.

1542 Com. 4 mars 2008, n° 07-11.728, FP+B, RTD Civ. 2008 p. 483, obs. P. Jourdain ; RCA 2008, comm. 170, D. 2008, p. 845, obs. X. Delpech.

1543 Com. 26 mai 1992, Bull. civ. IV, n° 210 et 211 ; Com. 18 oct. 1994, JCP 1995, I, 3853, note G. Viney ; Com., 29 nov. 1994, DMF 1995, p. 200, note P. Bonassies ; DMF 1995, p. 218, note Y. Tassel ; Com. 20 juin 1995, Revue de l'arbitrage 1995, p. 622 ; Com. 14 nov. 2000, Revue de l'arbitrage 2001, p. 559, note C. Legros ; CA Rouen, 8 oct 2002, DMF 2003, p. 537, note Y. Tassel ; Com. 25 juin 2002, Bull. civ. IV, n° 1 ; Com. 4 mars 2003, Bull. civ. IV, n° 33; Rev. Crit. DIP, 2003/2, note P. Lagarde ; RDC 2003, n°1, p. 140, obs. P. Delebecque ; RTD com, 2003, p. 421, obs. P. Delebecque ; JCP 2004. II. 10071, note Sinay-Cytermann.

1544 Civ. 1re, 12 juill. 2001, Bull. civ. I, n° 224 ; D. 2001. Somm. 3246, obs. Delebecque ; Civ. 1re, 28 mai 2002, Revue de l'arbitrage 2003, p. 397, note D. Cohen ; LPA 2002, n° 241, p. 16, note C. Legros ; Rev. Crit. DIP 2002, p. 758, note N. Coipel Cordonnier.

1545 CJCE 9 nov. 2000, aff. C-387/98, *Coreck*, D. 2000, IR, p. 298 ; RTD com. 2001, p. 306, obs. P. Delebecque ; Rev. Crit. DIP 2001, p. 359, note F. Bernard-Fertier ; JDI 2001, p. 701, note J.-M. Bischoff.

1546 Civ. 1re, 16 déc. 2008, n° 07-18.834 ; Com. 16 déc. 2008, n° 08-10.460, D. 2009, AJ, p. 89, obs. X. Delpech ; D. 2009, panora. Droit des transports, p. 972, obs. H. Kenfack.

comportant une formulation générale et identique selon laquelle : « (…) une clause attributive de juridiction convenue entre un transporteur et un chargeur et insérée dans un connaissement, produit ses effets à l'égard du tiers porteur du connaissement pour autant que, en l'acquérant, il ait succédé aux droits et obligations du chargeur en vertu du droit national applicable [...] Dans le cas contraire, il convient de vérifier son consentement à la clause, au regard des exigences de l'article 23 du règlement susvisé ». Les deux formations de la Cour de cassation française distinguent, à l'instar du juge communautaire, l'hypothèse où le tiers aurait acquis le connaissement en succédant dans les droits et obligations du chargeur en vertu du droit national applicable ; la clause attributive de juridiction qui y est insérée lui serait opposable, même s'il ne l'a pas acceptée. En revanche, s'il n'a pas succédé dans ces droits, son consentement devra être vérifié conformément à l'article 23 du règlement « Bruxelles I ». Il va sans dire que le destinataire n'a pas, en droit français, la qualité d'un successeur ou d'un ayant droit du transporteur. En effet, il est plutôt considéré comme une partie au contrat de transport ou du moins comme bénéficiaire d'une stipulation pour autrui[1547]. L'opposabilité ou l'inopposabilité des clauses attributives de juridiction se fera alors conformément aux critères posés par le droit communautaire. Or, dans l'appréciation du consentement du destinataire, le juge communautaire fait une large place aux usages[1548]. Il semble alors que cette approche soit beaucoup plus en phase avec celle de la première chambre civile que celle de la chambre commerciale. À cet égard, la première, dans un domaine très proche, celui de la clause compromissoire, fait aussi référence aux usages pour justifier l'opposabilité de ladite clause au destinataire, lequel usage permet d'outrepasser l'exigence d'un consentement de ce dernier[1549]. On aboutit donc au total, peu ou prou, à un alignement sur la position traditionnelle de la première chambre civile. La portée de ces deux arrêts ne doit pas, pour autant, être exagérée. Non seulement les deux formations de la Cour de cassation n'évoquent que la clause attributive de juridiction, le silence est gardé à propos des autres clauses telles que les clauses de responsabilité ou encore les clauses compromissoires, mais aussi on peut se demander si cette solution, prise sous l'influence communautaire, ne serait pas limitée au transport maritime international, laissant la divergence entre les deux chambres intactes concernant le transport interne. Autant dire que « l'affaire étant loin d'être classée »[1550]…

265. Position de la jurisprudence tunisienne. Controversée en droit français, la question de l'opposabilité des clauses insérées dans le contrat

---

[1547] P. Delebecque, RTD com. 2001, p. 306.

[1548] CJCE, 16 mars 1999, *Castalleti*, aff. C.-159/97, Rev. Crit. DIP 1999, p. 559, note Gaudemet-Tallon ; D. 1999, IR, p.100.

[1549] Civ. 1re, 22 nov. 2005, D. 2005, IR, p. 3031 ; D. 2006. Pan. 3026, obs. Clay ; D. 2007. Pan. 111, obs. Kenfack.

[1550] H. Kenfack, obs. au D. 2009, panora. Droit des transports, p. 972.

unissant le chargeur au transporteur à l'égard du destinataire fait l'objet d'un contentieux récurrent en droit tunisien. Le problème s'est posé d'abord concernant les clauses compromissoires. Si on met de côté les arrêts qui, aux dépens de la convention de Hambourg ratifiée par la Tunisie, ont déclaré sur la base de l'article 162 du Code de commerce maritime leur nullité[1551], solution au demeurant critiquable puisque le texte international dûment ratifié jouit aux termes de l'article 32 de la constitution d'une suprématie sur les textes internes, les arrêts qui ont admis la validité de ces clauses ont dû par là même résoudre le problème de l'opposabilité de ces clauses au destinataire de marchandises, tiers au contrat au transport[1552]. Alors que la Cour de cassation dans son arrêt du 4 janvier 2001[1553] s'est montrée hostile à l'idée de l'opposabilité de ces clauses à l'égard du destinataire, exigeant son accord explicite, la Cour d'appel de Tunis dans son arrêt du 15 mars 2004 affirme que le destinataire, impliqué dans l'opération de transport, est présumé avoir accepté cette clause. Cette présomption de connaissance a été également retenue par la Cour d'appel de Sfax dans son arrêt du 15 mars 2004 pour justifier l'opposabilité des clauses relatives à la responsabilité[1554].

Cette jurisprudence émanant des juridictions du fond reste fragile à bien des égards. En adoptant, contrairement à la Cour de cassation, l'opposabilité de ces clauses, les juges semblent être influencés par la théorie de contrat tripartite que le Code de commerce maritime a adopté dans son article 108. Ignoré par la convention de Hambourg, on ne peut qu'être sceptique quant à la solidité de ce fondement. Car même si le législateur n'a pas abrogé expressément le Code de commerce maritime, il n'en reste pas moins vrai que ce dernier n'a plus le droit de cité pour régler le litige relatif au commerce maritime, comme l'a affirmé à maintes reprises la Cour de cassation dans ses arrêts les plus récents[1555]. D'ailleurs, la théorie du contrat tripartite souffre d'une faiblesse majeure. En effet, la présomption de connaissance des clauses figurant au contrat originaire alourdit particulièrement la tâche du destinataire. Il ne faut pas oublier que les intérêts propres au transporteur, chargeur et destinataire sont loin d'être les mêmes. Et, sachant que sur le plan économique, la Tunisie est loin d'être un pays de transporteurs, on peut douter du bien-fondé de la solution émergente défendue par les juges du fond. Un arrêt des chambres réunies de la Cour de

---

[1551] Cass. civ. arrêt n° 39979 du 10 avril 1996, BCC 1996, II, p. 76 ; CA Tunis, arrêt n° 6646 du 15 mars 2004, RJL janvier 2006, p. 125 et s., note F. Agina.

[1552] Cass. civ. arrêt n° 2440 du 4 janv. 2001, BCC 2001, I, p. 149 ; CA de Tunis, arrêt n° 99015 du 18 fév. 2004, RJL 2006, p. 125 et s., note F. Agina.

[1553] Arrêt précité.

[1554] CA de Sfax arrêt n° 7938 du 15 mars 2004, RJL 2006, p. 125, note F. Agina.

[1555] Cass. civ. arrêt n° 2250 du 1er nov. 2000 (inédit) ; Cass. civ. arrêt n° 5672 du 3 avril 2001 (inédit) ; Cass. civ. arrêt n° 5673 du 3 avril 2001 (inédit) ; Cass. civ. arrêt n° 19843 du 13 janvier 2003 (inédit). En faveur de cette solution, S. Mellouli, « Commentaire de la convention sur le transport de marchandises par mer de 1978 », JORT 2001 ; O. Ben Fadhl, note sous Cass. civ. n° 5672 du 3 avril 2001, RTD 2002, p. 124.

cassation serait sans doute le bienvenu pour éclaircir cette question si cruciale. Dans l'attente, un regard sur la solution adoptée par l'avant-projet de réforme du Code civil français peut être riche d'enseignement.

β. La solution adoptée par l'avant-projet de réforme du Code civil français et la proposition de loi portant réforme de la responsabilité civile

266. Une opposabilité inconditionnelle ? Lorsque le tiers victime de l'inexécution contractuelle choisit de fonder sa demande sur le terrain contractuel, il doit, aux termes de l'article 1342 alinéa 1, subir toutes les limites et conditions qui s'imposent au créancier. Le projet, dans le but de sauvegarder la prévisibilité contractuelle, se prononce donc en faveur de l'opposabilité des clauses figurant au contrat originaire sans condition aucune. Reste que cette disposition se révèle difficilement conciliable avec les articles 1382-3[1556] et 1172-1 du projet[1557]. En effet, l'article 1383-3 relatif aux conventions de responsabilité énonce qu'en matière contractuelle, la partie à laquelle est opposée une clause excluant ou limitant la réparation doit avoir pu en prendre connaissance avant la formation du contrat. On peut certes concilier entre les deux articles en réservant la condition de connaissance au seul créancier contractuel direct ; le tiers, quant à lui, se voit appliquer l'article 1342 alinéa 1 qui ne subordonne l'opposabilité à aucune condition. Mais cette solution conduit à traiter moins bien les tiers agissant par la voie contractuelle alors que le but de l'article 1342 est d'aligner le sort du tiers sur celui du contractant.

Plus problématique est la coordination entre l'article 1342 et l'article 1172-2 concernant les contrats interdépendants. En effet, selon ce dernier texte, les clauses figurant au contrat originaire comme les clauses compromissoires, les clauses attributives de compétence et les clauses limitatives ou exclusives de responsabilité sont opposables aux contractants des autres conventions, à condition que ceux-ci en aient eu connaissance lors de leur engagement et qu'ils n'aient pas formulé de réserves. L'article 1172-2 subordonne donc l'opposabilité des clauses à ces deux conditions cumulatives alors que l'article 1342 n'en pose aucune. Il en découle que les clauses de responsabilité sont pleinement opposables aux tiers absolus alors qu'elles devraient être portées à la connaissance des parties aux contrats interdépendants. Or c'est le contraire qui

[1556] L'article 1382-3 dispose que « En matière contractuelle, la partie à laquelle est opposée une clause excluant ou limitant la réparation doit avoir pu en prendre connaissance avant la formation du contrat ».

[1557] L'article 1172-2 dispose que : « Toutefois, certaines clauses figurant dans l'un des contrats de l'ensemble étendent leur effet aux contractants des autres conventions, pourvu que ceux-ci en aient eu connaissance lors de leur engagement et n'aient pas formé de réserves. Il en est ainsi des clauses limitatives ou exclusives de responsabilité, des clauses compromissoires et des clauses d'attribution de compétence ».

aurait pu être plus logique, car le tiers partie à un groupe peut se retourner contre son contractant alors que le tiers absolu ne peut pas le faire.

Ce problème de coordination se pose également avec la proposition de loi Béteille, même si on ne trouve pas dans cette dernière un équivalent à l'article 1172-1 relatif aux ensembles contractuels. Comment, en effet, coordonner entre 1386-18 qui soumet le tiers choisissant l'action contractuelle aux limites et conditions qui s'imposent au créancier pour obtenir réparation de son propre dommage avec l'article 1386-37 qui exige, pour admettre l'opposabilité des clauses relatives à la responsabilité délictuelle, leur acceptation non équivoque par les victimes ? Cette opposition devrait néanmoins être relativisée puisque les rédacteurs de la proposition suggèrent de réformer l'article L. 113-3 du Code de la consommation en exigeant une contrepartie réelle, sérieuse et clairement stipulée pour opposer une clause de responsabilité par un professionnel à un non-professionnel ou à un consommateur[1558]. Si un tiers au contrat a la qualité de consommateur, il semble que l'opposabilité de la clause soit conditionnée par son acceptation ainsi que par la preuve de l'existence d'une contrepartie réelle et sérieuse. Cette solution serait-elle la même si le contractant direct avait la qualité de professionnel alors que le tiers est seulement consommateur ? Autant dire que l'ambiguïté est loin d'être levée.

Cela dit, indépendamment de cette divergence entre la proposition de loi Béteille et l'avant-projet Catala, les deux permettent aux tiers de se placer sur le terrain délictuel ce qui constitue une innovation de taille par rapport aux solutions admises en droit positif.

2. L'option délictuelle

267. L'article 1386-18 de la proposition de loi Béteille, reprenant l'article 1342 de l'avant-projet Catala, permet aux tiers victimes de l'inexécution contractuelle de solliciter la voie délictuelle lorsqu'ils parviennent à prouver une faute délictuelle. Difficile à identifier (b), la différenciation de la faute délictuelle par rapport à l'inexécution contractuelle constitue le pivot du système de l'option proposée par les rédacteurs de l'avant-projet (a).

a. Une option délictuelle tributaire de la preuve d'un fait générateur de responsabilité délictuelle distinct de l'inexécution de l'obligation contractuelle

268. L'accès à la voie délictuelle. En retrait par rapport à la jurisprudence française actuelle sur les chaînes de contrats qui, en application de la règle du

[1558] L'article 3 de la proposition de loi Béteille est rédigé comme suit : « En l'absence de contrepartie réelle, sérieuse et clairement stipulée, un professionnel ne peut exclure ou limiter son obligation de réparer le dommage causé à un professionnel ou consommateur à raison de l'inexécution d'une obligation légale ou contractuelle ».

non-cumul[1559], interdit aux tiers de solliciter la voie délictuelle, l'article 1386-18 de la proposition de loi Béteille, tout comme l'article 1342 de l'avant-projet Catala, n'ont pas voulu enfermer le tiers dans les limites de la voie contractuelle. Le tiers peut ainsi échapper aux contraintes du contrat, mais il doit alors prouver un fait générateur de responsabilité délictuelle.

Cette solution est contraire aux vœux de plusieurs auteurs qui ont suggéré l'extension de l'application de la règle du non-cumul à l'égard des tiers souffrant de l'inexécution contractuelle. Ainsi, et comme on l'a déjà vu, M. Espagnon a développé, dans sa thèse relative à la règle du non-cumul, un plaidoyer très fourni en faveur de l'application de ladite règle à l'égard de tous les tiers cherchant à mettre en œuvre la responsabilité délictuelle du débiteur contractuel[1560]. Madame Viney, dans son article paru en 1995 dans la revue McGill[1561] partageait largement cette position. En effet, l'auteur parle d'un paradoxe dans l'application de la règle du non-cumul en droit français. Alors que ladite règle est appliquée systématiquement dans les rapports contractuels directs, elle brille par son absence à l'égard des tiers souffrant de l'inexécution contractuelle. Et l'auteur de proposer, tout comme M. Espagnon, d'interdire aux tiers l'accès à la voie délictuelle[1562]. Néanmoins, les analyses postérieures de Madame Viney furent beaucoup plus nuancées. Déjà en 2004, l'auteur s'exprimait dans les termes suivants : « (…) si le tiers peut établir, à la charge du débiteur, outre la défaillance contractuelle, un fait générateur de responsabilité extracontractuelle, il n'y a aucune raison, à notre avis, de le priver de l'action destinée à faire reconnaître cette responsabilité »[1563]. Des idées qu'elle a continué à défendre à maintes reprises[1564] et qui ont fini par être cristallisées dans l'article 1342 de l'avant-projet Catala qui a lui-même inspiré la proposition de loi Béteille.

À première vue, la proposition est attrayante par l'équilibre qui en découle : le contractant peut opposer au tiers les limitations prévues en cas de manquement à une obligation contractuelle ; néanmoins, le tiers ne se retrouve pas pour autant enfermé dans un contrat auquel il n'a pas consenti puisque, s'il démontre que le manquement contractuel constitue également à son égard une faute délictuelle, il pourra faire appel aux règles régissant la responsabilité délictuelle. Mais quand au juste l'inexécution contractuelle serait-elle constitutive d'un fait générateur délictuel ? C'est là toute la difficulté que

---

1559 Solution retenue en droit français depuis l'arrêt Lamborghini, Civ. 1re, 9 octobre 1979, D. 1980, IR 222, note C. Larroumet ; R.T.D. civ. 1980, p. 354, obs. Durry, sur l'analyse de cette jurisprudence, voir *supra* n° 49.
1560 M. Espagnon, thèse précitée, deuxième partie.
1561 G. Viney, Pour une interprétation modérée…, art. précité, p. 815.
1562 *Ibid.*
1563 JCP 2004, I, 163, n°17
1564 G. Viney, Exposé de motifs de l'avant-projet de réforme du Code civil *adde* pour le même auteur note sous Ass. Plén. 6 oct. 2006, D. 2006, p. 2825 ; Introduction à la responsabilité, précité, n° 209 et s.

l'article 1342 de l'avant-projet, tout comme l'article 1386-18 n'ont fait que revivifier.

b. Le mystère continue…

269. Il va sans dire que l'article 1342 de l'avant-projet Catala ainsi que l'article 1386-18 de la proposition de loi Béteille rejettent l'assimilation de l'inexécution contractuelle à une faute délictuelle, une assimilation que les auteurs du projet trouvent, à juste titre, excessive[1565]. C'est seulement lorsque le tiers prouve l'existence d'un fait générateur de responsabilité délictuelle que cette dernière pourrait être appliquée. Reste à savoir dans quels cas l'inexécution d'un contrat génère-t-elle une faute délictuelle ? La réponse à donner à cette question cruciale n'est pas une œuvre facile. En effet, il n'est pas exagéré d'affirmer que, malgré les différentes propositions doctrinales, l'énigme qui entoure cette notion reste encore à l'ordre du jour.

270. Distinction selon que l'obligation est stipulée dans l'intérêt du seul créancier ou dans l'intérêt d'autres personnes[1566]. Pour certains auteurs, l'identification du fait générateur de responsabilité à l'égard des tiers passe peu ou prou à travers l'examen de l'étendue de l'obligation transgressée. Si cette dernière n'est souscrite qu'au profit du seul contractant, telle que l'obligation de non-concurrence, le tiers ne peut se contenter d'invoquer son manquement pour justifier la responsabilité délictuelle du débiteur récalcitrant. Si, en raison de son objet, l'obligation dépasse le seul enjeu contractuel, elle serait susceptible d'intéresser tous les tiers dès lors qu'ils ont eu à souffrir de sa transgression. Tel est le cas d'une obligation de sécurité des personnes. Inappliquée par la jurisprudence[1567], cette distinction imprécise et évanescente ne semble pas non plus correspondre à l'intention des rédacteurs du projet. Différencier le traitement des tiers selon qu'ils sont ou non intéressés par l'exécution du contrat nous paraît un peu chancelante. On peut même se demander si au moment de la réalisation du dommage, tout tiers ne devient pas un tiers intéressé à la bonne exécution du contrat.

271. Distinction entre les obligations strictement contractuelles et les obligations qui traduisent la violation d'un devoir de portée générale qui s'impose à tous. Pour apprécier dans quels cas une faute contractuelle pourrait

---

[1565] Voir G. Viney, Exposé de motifs.

[1566] Cette distinction a été suggérée par une note explicative de M. Conseiller Assié, publiée au Bulletin d'information de la Cour de cassation BICC n° 651, p. 40. Elle est appuyée par S. Carval, voir S. Carval, obs. sous l'arrêt de l'Assemblée plénière du 6 octobre 2006, RDC 2007, p. 279.

[1567] Civ. 2e , 25 janv. 2007, Bull. civ. II, n° 20 ; D. 2007. AJ. 443, obs. I. Gallmeister ; RTD civ. 2007, p. 362, obs. P. Jourdain ; JCP 2007, II, 10035, note C. Radé et I. 185, obs. P. Stoffel-Munck ; Com. 6 mars 2007, Bull civ. IV, n° 84 ; D. 2007. AJ. 1078, obs. E. Chevrier; JCP 2007, I, 185, obs. P. Stoffel-Munck ; Civ. 2e, 10 mai 2007, Bull. civ. II, n° 126 ; D. 2007. AJ, p. 1502 ; JCP 2007, I, 185, obs. P. Stoffel-Munck ; Civ. 1re, 15 mai 2007, n° 05-16.926, Bull. civ. I, n° 193 ; D. 2007, AJ, p. 1594 ; JCP 2007, I, 185, obs. P. Stoffel-Munck ; Civ. 3e, 4 juill. 2007, n° 06-15.776, D. 2007, AJ, p. 2102

constituer en même temps un manquement délictuel, une partie de la doctrine, particulièrement autorisée[1568], propose de distinguer les obligations typiquement contractuelles des autres obligations qui, même si elles sont greffées au contrat, trouvent leurs équivalents sur le terrain délictuel, tels que l'obligation de sécurité, d'information ou de mise en garde. Seules ces dernières peuvent être présentées à l'appui d'une demande en réparation émanant d'un tiers. Le manquement à une obligation caractéristique du contrat ne serait pas, en revanche, suffisant pour engager la responsabilité délictuelle du débiteur contractuel. Créant un « plus contractuel » par rapport aux normes délictuelles puisqu'elles ne sont dues qu'au cocontractant qui a payé pour les avoir, ces obligations ne peuvent déborder le cadre contractuel qui leur a donné naissance.

Il va sans dire que cette proposition doctrinale paraît beaucoup plus restrictive, dans la définition du fait générateur délictuel, que celle qui distingue entre les tiers intéressés et les tiers non intéressés par l'exécution du contrat. Ainsi, à titre d'exemple, l'inexécution d'une obligation d'entretenir les lieux, obligation caractéristique du contrat de bail, serait suffisante selon les tenants de cette thèse pour établir la responsabilité délictuelle du débiteur contractuel parce que les tiers sont intéressés à la bonne exécution du contrat de bail[1569]. Plus objective, la distinction entre les obligations qui constituent le noyau dur du contrat et les obligations mixtes empêche les tiers de se prévaloir de l'inexécution de l'obligation d'entretenir les lieux, obligation caractérisant le contrat de bail.

272. Comment lire l'article 1386-18 de la proposition de loi Béteille ? Alors que dans son *Introduction à la responsabilité* de 1995[1570], ainsi que dans plusieurs notes d'arrêts[1571], Madame Viney soutenait particulièrement la distinction entre les obligations purement contractuelles et les devoirs de portée générale, l'auteur trouve dans ses écrits les plus récents la même distinction « fuyante et difficile à cerner »[1572]. Et l'éminent professeur de proposer, comme le fait d'ailleurs l'article 1386-18, lui-même inspiré largement par l'article 1342 de l'avant-projet Catala, la généralisation de l'action contractuelle au profit de tous les tiers victimes tout en leur permettant de se placer sur le terrain délictuel s'ils sont en mesure de démontrer un fait générateur de responsabilité délictuelle

[1568] P. Jourdain , RTD civ. 1992, p. 567 ; RTD civ. 1993, p. 362 ; RTD civ. 1995, p. 895 ; RTD civ. 1998, p. 113 ; RTD civ. 2001, p. 367 ; RTD civ. 2007, p. 115 ; D. Mazeaud, RDC 2005 n° 3, p. 687 ; *adde* pour le même auteur, Contrat, responsabilité et tiers (du nouveau à l'horizon), *in* Mélanges Ph. le Tourneau, Dalloz 2007, p. 745.

[1569] S. Carval, obs. sous l'arrêt de l'Assemblée plénière du 6 octobre 2006, RDC 2007, p. 279 *adde* pour le même auteur, « La faute délictuelle du débiteur défaillant : quelques observations sur les pistes ouvertes par l'arrêt de l'Assemblée plénière du 6 octobre 2006 », Études offertes à G. Viney, LGDJ, 2008.

[1570] G. Viney, Introduction à la responsabilité, *op. cit.*, n° 215.

[1571] Voir notamment G. Viney, obs. sous Com. 8 oct. 2002, JCP 2002, I, 152.

[1572] G. Viney, note sous Ass. Plén., 6 oct. 2006, D. 2006, p. 2825 *adde* Introduction à la responsabilité, *op. cit.*, n° 209 et s.

indépendant du manquement contractuel. Mais quand justement l'inexécution du contrat constitue-t-elle une faute à l'égard des tiers ? L'auteur, pas plus que l'article 1386-18 ne donnent aucune précision. Sachant que les rédacteurs de l'avant-projet s'opposent fermement à toute assimilation de l'inexécution contractuelle à une faute délictuelle, ne faut-il pas pourtant, pour identifier le fait générateur de responsabilité délictuelle, réintroduire cette distinction que l'on trouve « fuyante et difficile à cerner » ?[1573] La réponse positive n'est pas à écarter, une lecture attentive de l'article 1386-18 le laisse du moins entendre. En effet, ledit article est composé de deux alinéas. Le premier d'entre eux parle de « l'inexécution d'une obligation contractuelle », qui « est la cause directe d'un dommage subi par un tiers », alors que le second invoque « l'un des faits générateurs visés aux articles mentionnés à la section II du présent chapitre ». Qu'est-ce qu'alors « l'inexécution d'une obligation contractuelle, cause directe du dommage » opposée à un « fait générateur » de responsabilité délictuelle ? La réponse serait difficile à fournir, si on n'envisage pas la mise en œuvre de la distinction opposant les « obligations purement contractuelles » aux « devoirs de portée générale »[1574]. En effet, si c'est une « obligation purement contractuelle » qui a été inexécutée, le tiers ne peut obtenir réparation que sur le terrain de la responsabilité contractuelle et son action obéira alors au régime de responsabilité prévu par les parties. Si, en revanche, l'inexécution constitue, en même temps, un « fait générateur » de responsabilité délictuelle, c'est-à-dire lorsque l'obligation transgressée trouve son équivalent sur le terrain délictuel, le tiers pourra se prévaloir de ce régime de responsabilité.

3. L'option est-elle la bonne solution ?

273. Il est notoire que toute approche comparatiste donne l'occasion à chacun des ordres juridiques concernés de préciser sa position et, le cas échéant, de mesurer ses lacunes. Mais au-delà de cet intérêt inhérent à toute comparaison, la confrontation laisse espérer la découverte d'une solution acceptable pour les deux systèmes juridiques étudiés. Les analyses précédentes ont mis en lumière un rapprochement mais également des divergences entre l'approche française et l'approche tunisienne. À s'en tenir à la position actuellement retenue en droit français suite à l'arrêt de l'Assemblée plénière du 6 octobre 2006, tout manquement contractuel est une faute délictuelle. Cette équation contraste largement avec la position restrictive adoptée par la jurisprudence lorsque la faute délictuelle rencontre le schéma de la faute contractuelle dans un rapport contractuel direct. Partant, le fondement théorique de la règle du non-cumul se fragilise sensiblement, car de deux choses l'une, soit on considère que les deux types de fautes sont différents aussi bien dans les

---

[1573] Voir dans le même sens Ch. Hécart, L'article 1342 de l'avant-projet Catala : quelle cohérence ?, D. 2006, p. 2268 ; R. Wintgen, note sous Ass. Plén. 6 oct. 2006, RDC 2007 n° 2, p. 609.

[1574] Ch. Hécart, L'article 1342 de l'avant-projet Catala : quelle cohérence ?, *op. cit. Loc. cit.*

rapports contractuels directs que dans les rapports contractuels indirects, soit on admet la possibilité de leur recoupement dans les deux hypothèses. Les tentatives sporadiques de contractualisation de certains recours se sont retournées contre les tiers, car ces derniers sont vite tombés dans le piège de l'interdiction de l'option et se sont trouvés obligés d'adhérer à un statut contractuel qui n'a pas forcément reçu leur aval.

La solution actuellement retenue par la jurisprudence tunisienne concernant le recours du tiers souffrant de l'inexécution contractuelle paraît plus en conformité avec sa position libérale rapprochant les fautes contractuelles et délictuelles dans le cadre des rapports contractuels directs. Néanmoins, prise intrinsèquement, l'assimilation totale des fautes, qui rejoint la position actuelle de la jurisprudence française, peut paraître excessive car elle pourrait conduire à un cumul clandestin de responsabilités[1575]. L'expérience française, quoique peu cohérente puisqu'elle alterne de manière incompréhensible assimilation et distinction des fautes selon que la victime est une créancière contractuelle ou une tierce personne, a mis en relief les inconvénients d'une approche « victimiologiste ». À trop vouloir indemniser les victimes, on a fini, en fait, par abuser des notions les plus élémentaires jusqu'à les faire éclater. Les deux systèmes s'appliquant, sous le charme des articles 1382 du Code civil et 82 du Code des obligations et des contrats, la responsabilité délictuelle devrait sans doute être mesurée. Cet équilibrage pourrait-il être réalisé par le biais de la règle de l'option comme le préconisent les articles 1342 de l'avant-projet Catala et 1386-18 de la proposition de loi Béteille ?

274. L'opportunité de cette solution en droit tunisien. Commençons d'abord par le droit tunisien. On peut penser que ce dernier, puisqu'il applique la règle de l'option dans les rapports contractuels directs, pourrait sans écueil, transposer cette solution pour résoudre le problème de la responsabilité du débiteur contractuel à l'égard des tiers[1576]. On songe particulièrement aux rares hypothèses où le législateur[1577] a adopté la théorie de l'action directe pour assurer la transmission de l'action en garantie dans les ventes successives[1578]. Mais même dans cette hypothèse, il serait peu probable que le juge tunisien applique la responsabilité délictuelle, puisque le pivot du système de l'option qu'il a adopté dans les rapports contractuels directs réside dans la distinction entre les obligations purement contractuelles et les obligations mixtes. Or nul n'ignore que la garantie des vices cachés constitue une obligation caractéristique du contrat de vente. Il est certes difficile d'être totalement affirmatif tant que la loi sur la protection du consommateur n'a pas encore subi l'épreuve du contentieux et reste de ce fait incertaine sur de nombreux points, mais il semble que le juge appliquera, s'il adopte les conditions qu'il a posées

---

[1575] Voir *supra* n° 257.

[1576] S. Jerbi, L'interprétation du contrat, CPU, 1997, p. 179.

[1577] L'article 17 de la loi du 7 décembre 1992 sur la protection du consommateur.

[1578] S. Jerbi, *op. cit. Loc. cit.*

pour l'admission de l'option dans les rapports contractuels directs, la responsabilité contractuelle. Ces mêmes conditions lui permettront, en revanche, d'accorder à la victime la possibilité de choisir entre la voie contractuelle et la voie délictuelle lorsque le tiers souffre de l'inexécution de l'obligation de sécurité ou d'information. Toutefois, cette vision pourrait être purement spéculative, car, mis à part l'action directe consacrée d'une manière limitée dans la loi du 7 décembre 1992 sur la protection du consommateur, le juge tunisien, plus séduit que son homologue français par la responsabilité délictuelle, n'applique la responsabilité contractuelle pour sanctionner une inexécution contractuelle dommageable aux tiers que dans des hypothèses rarissimes. Or on ne peut réellement déplacer le débat vers le terrain de l'option que lorsque les deux ordres de responsabilité, aussi bien contractuelle que délictuelle, se trouvent potentiellement applicables.

275. L'opportunité de cette solution en droit français. La place accordée à la responsabilité contractuelle en droit français, paraît, quoiqu'elle jouisse d'un statut exceptionnel, beaucoup plus importante. L'atténuation de la règle du non-cumul dans ce cas semble nécessaire afin que les tiers ne se trouvent pas piégés par le régime contractuel qui peut paraître parfois moins favorable que le régime délictuel. L'autorisation de l'option ne doit toutefois pas être fondée sur l'assimilation totale de l'inexécution contractuelle à un délit. Si le contractant peut choisir entre les deux actions, c'est parce que leurs conditions respectives sont réunies, et non parce que l'inexécution contractuelle constitue en elle-même une faute délictuelle. Telle est la solution actuellement défendue par plusieurs systèmes comparés tels que le droit anglais[1579], le droit québécois[1580] ou le droit belge[1581]. Et il est particulièrement intéressant de remarquer que dans ces différents systèmes le pivot de la règle de l'option repose sur la distinction entre les obligations purement contractuelles et les obligations mixtes. En

---

[1579] C. Popineau-Dehaullon, Regards comparatistes sur la responsabilité du contractant à l'égard d'un tiers, victime de l'inexécution du contrat, RDC 2007, n° 2, p. 622.

[1580] B. Moore, « L'arrêt de l'Assemblée plénière du 6 octobre 2006 : perspectives québécoises », RDC 2007 n° 2, p 618.

[1581] V. Quickenborne, Réflexions sur le dommage purement contractuel, RCJB, 1988, p. 344 ; L. Cornélis, Principes du droit belge de la responsabilité extracontractuelle, L'acte illicite, Bruylant, 1991, p. 130 ; J. Fagnart, « La responsabilité extracontractuelle du prestataire de services », *in* Les prestations de services et le consommateur, 1991, p. 107-146 ; P. Rigaux, Les groupes de contrats : jurisprudences belge et française, JT 1993, p. 471 ; X. Dieux, « Les chaînes et groupes de contrats en droit belge, pour un retour aux sources », *in* Les obligations en droit français et en droit belge, convergences et divergences, Bruylant, Dalloz, 1994, p. 127 ; D. Philippe, Le devoir de conseil et la responsabilité quasi délictuelle, JLMB, 1994, p. 39-40 ; P. Wéry, « Questions actuelles du droit de la responsabilité aquilienne », *in* Droit de la responsabilité, CUP, 1996, p. 23 *adde* pour le même auteur, Les rapports entre responsabilité aquilienne et responsabilité contractuelle, à la lumière de la jurisprudence récente, R.G.D.C., 1998, 2, p. 81 ; G. Peeters, « La problématique du concours de la responsabilité contractuelle et extracontractuelle », Iuvis, sept. 2000, p.1141 ; B. Dubuisson, Traité théorique et pratique. Responsabilité contractuelle et responsabilité extracontractuelle, v. 1, éd. Kluwer, 2003, p. 17.

réalité, cette distinction n'est pas aussi fuyante ou imprécise que le pense Madame Viney. Les tiers ne peuvent, en effet, se prévaloir directement de la violation d'une obligation purement contractuelle, ni revendiquer à leur avantage le profit que le cocontractant devait retirer de l'exécution du contrat.

Il faut entendre par obligations contractuelles les obligations qui tendent uniquement à assurer l'utilité ou l'efficacité de l'échange économique qui est au centre de la convention. Ainsi, on ne concevrait pas qu'un tiers au contrat de vente puisse se prétendre lésé par le simple fait que le débiteur aurait manqué à son obligation de livrer la chose ou de payer le prix. Une responsabilité délictuelle ne pourrait être admise dans pareille hypothèse que lorsque la victime prouve que le débiteur a violé un devoir général de prudence s'imposant à tous. Faut-il pour autant que la faute soit « détachable » du contrat pour légitimer l'application de la responsabilité délictuelle ?[1582] La réponse négative nous semble s'imposer, tant cette condition paraît fortement ambiguë. Il faut plutôt examiner la nature de l'obligation contractuelle pour savoir si elle ne déborde pas du champ contractuel tel que nous l'avons défini. Il se peut, en fait, que l'obligation contractuelle violée coïncide avec celle d'un devoir qui s'impose à tous. Ainsi, on ne voit pas pourquoi la violation d'une obligation dont l'objet est de protéger le cocontractant d'une atteinte à son intégrité physique ou à ses biens ne pourrait pas donner naissance à une responsabilité délictuelle à l'égard des tiers. Toute personne a droit au respect de son intégrité physique et de ses biens. Ces obligations, qu'elles soient expressément prévues dans le contrat, ou qu'elles s'en déduisent implicitement, ont un caractère mixte[1583], en ce sens qu'elles n'épuisent pas leur signification dans le contrat, par opposition aux obligations « purement contractuelles ».

La même analyse vaut également pour les obligations d'information. On sait que la bonne foi oblige chaque partie contractante à une information claire, complète et loyale non seulement pendant la négociation du contrat, mais aussi durant son exécution. L'information ainsi délivrée est sans doute principalement destinée au cocontractant, mais elle peut aussi, dans certaines circonstances, soit concerner directement, soit influencer les tiers qui peuvent légitimement croire en son exactitude. Si le tiers subit un préjudice à la suite d'une information erronée fournie par un contractant, il disposera d'un recours fondé sur la responsabilité délictuelle contre celui qui est l'origine de cette information, même si celle-ci ne lui était pas directement destinée[1584]. Le professionnel réputé expert dans l'art qu'il pratique ne peut pour autant méconnaitre les intérêts d'autrui. Il ne peut ignorer qu'un mauvais conseil peut non seulement

[1582] Sur les arrêts qui exigent cette condition, voir *supra* n°248 et s.

[1583] Cette terminologie utilisée par les juristes belges nous semble pertinente et significative. Elle montre que ces obligations peuvent trouver leurs défenses aussi bien sur le terrain contractuel que délictuel.

[1584] Voir dans le même sens P. Jourdain, RTD Civ. 1995, p. 895 ; RTD civ. 1998, p. 113 ; RTD civ. 2001, p. 367.

entraîner un préjudice pour le bénéficiaire de ses services, mais aussi pour tout tiers qui pourrait être affecté par le conseil donné. Les attentes du tiers sont d'autant plus légitimes lorsque le professionnel avec lequel il n'a pas contracté savait ou ne pouvait pas ignorer que le conseil donné pourrait avoir des répercussions préjudiciables pour celui-ci. L'inexécution de l'obligation de conseil constituera dans ce cas une faute délictuelle[1585].

Intégrée dans le cadre de la problématique relative au rapport entre responsabilité contractuelle et responsabilité délictuelle, la distinction entre les obligations purement contractuelles et les obligations mixtes permet d'entretenir un équilibrage entre les deux ordres riverains de responsabilité. Néanmoins, accorder à un tiers victime de l'inexécution contractuelle une option entre les deux ordres de responsabilité bâtie sur la distinction entre les obligations purement contractuelles et les obligations mixtes le protège-t-il suffisamment ? Nous songeons particulièrement à l'hypothèse où le contrat originaire contient une clause qui touche à une obligation purement contractuelle, telle que les clauses de responsabilité ou les clauses à différend. Précisément, dans cette hypothèse, la victime ne peut solliciter que la voie contractuelle. L'option délictuelle, quant à elle, n'est en réalité qu'un simple mirage, puisqu'il serait extrêmement difficile de prouver, en présence d'une inexécution portant sur une obligation caractéristique du contrat, l'existence d'un fait générateur de responsabilité délictuelle. Or l'appel à la voie contractuelle conduirait, si l'on adopte le principe de l'opposabilité des clauses aux tiers, à une impasse. Pour Madame Viney, cette solution est inéluctable car « la protection du contrat est à ce prix »[1586]. Un prix qui nous paraît cependant trop cher à payer. D'ailleurs, on a déjà vu que l'avant-projet Catala et la proposition de loi Béteille hésitent encore entre l'opposabilité inconditionnelle et l'opposabilité commandée par l'acceptation de ces clauses. Or admettre l'opposabilité des clauses contenues dans le contrat initial à un tiers qui ne les a pas acceptées au moment de la conclusion du contrat paraît singulièrement inconvenant[1587].

276. À une situation particulière une réponse propre. Après réflexion, il nous semble que la solution à donner à la problématique du recours du tiers contre le débiteur contractuel, aussi bien pour le droit français que pour le droit tunisien, doit tenir compte de la situation intermédiaire du tiers qui, parce qu'il se prévaut de l'inexécution d'une obligation contractuelle, met en jeu une responsabilité relevant naturellement du régime contractuel, mais, parce qu'il est tiers au contrat, n'a pas été en mesure de négocier celui-ci et de se prémunir contre les clauses susceptibles de compromettre l'exercice de ses droits.

[1585] P. Jourdain, La responsabilité professionnelle et les ordres de responsabilité civile, PA 11 juill. 2001, n° 137, p. 63.

[1586] G. Viney, note sous Ass. Plén. 6 oct. 2006, précitée.

[1587] Contre l'opposabilité des exceptions à la victime, M. Bacache-Gibeili, La relativité des conventions et les groupes de contrats, préf. Y. Lequette, LGDJ, 1996, t. 268, n°334 ; C. Jamin, La notion d'action directe, préf. J. Ghestin, LGDJ, 1991, n° 215.

L'erreur est de vouloir à tout prix le considérer comme totalement étranger au contrat ou de l'associer intégralement à la charte contractuelle. Reste l'argument désarmant selon lequel le tiers qui se prévaut de l'inexécution contractuelle ne peut échapper aux clauses du contrat, car ce serait bénéficier « du beurre et de l'argent du beurre »[1588]. Or cet argument, aussi séduisant soit-il, nous paraît de peu de poids comparé aux inconvénients qu'il pourrait produire. La meilleure solution serait peut-être d'inventer un nouveau système détaché des clivages classiques de la responsabilité contractuelle et délictuelle ou de compléter, comme le suggère l'article 3[1589] de la proposition de loi Béteille, la distinction entre les obligations contractuelles et les obligations mixtes par une autre, non moins importante, qui prenne en considération la qualité du tiers qui se prévaut de l'inexécution. Seulement entre professionnels, ces clauses restent opposables. En revanche, le consommateur profane doit sans équivoque montrer son adhésion au statut contractuel modelé par les parties au contrat[1590]. Et cette inopposabilité à l'égard du consommateur devrait jouer, pensons-nous, même si le rapport contractuel initial unit deux professionnels.

Conclusion de la section première

277. Absence d'antinomie totale entre le fait personnel délictuel et l'inexécution du contrat. Existe-t-il une antinomie totale entre le fait personnel délictuel et l'inexécution du contrat ? La réponse positive, depuis le temps des dualistes classiques jusqu'à nos jours, a été présentée comme une évidence. Une réalité incontestable qui donne à la règle du non-cumul un fondement logique irréprochable. Pourtant, cette idée d'incompatibilité entre la faute délictuelle et l'inexécution contractuelle est plutôt affirmée que démontrée. En comparant le manquement aux obligations contractuelles de moyens et la faute délictuelle personnelle, on s'aperçoit rapidement qu'entre eux, il n'y a aucune différence de nature ; la substance est en réalité la même. C'est toujours une négligence, une imprudence que ne commettrait pas un bon père de famille. Or, si les deux types de faute civile ont le même contenu, s'apprécient de la même manière et engagent en principe la responsabilité du débiteur quel que soit leur degré, la thèse de l'incompatibilité qui fonde l'interdiction de l'option serait-elle encore défendable ? La jurisprudence tunisienne refusant de censurer la victime qui sollicite les articles 82 et 83 du Code des obligations et des contrats en présence d'un contrat comportant une obligation de moyens nous paraît plus pragmatique

---

[1588] P. Ancel, Les arrêts de 1988 sur l'action en responsabilité contractuelle dans les groupes de contrats, quinze ans après, *op. cit.* n°22.

[1589] L'article 3 dispose qu'« en l'absence de contrepartie réelle, sérieuse et clairement stipulée, un professionnel ne peut exclure ou limiter son obligation de réparer le dommage causé à un non-professionnel ou consommateur à raison de l'inexécution d'une obligation légale ou contractuelle ».

[1590] Voir en faveur de cette solution S. Lacour, Plaidoyer pour la défense du maillon faible : l'avenir de l'action directe dans les chaînes de contrats, PA 9 juin 2005, n° 114.

et plus équitable que son homologue française sanctionnant ce même recours alors que la responsabilité du débiteur peut être prononcée sur la base d'une faute délictuelle parfaitement analogue à ce que recouvre concrètement l'inexécution d'une obligation contractuelle de moyens.

D'ailleurs, même si cette identité de nature fait défaut lorsque l'obligation contractuelle méconnue est de résultat, cette dernière étant par définition indépendante de toute idée de faute, la thèse de l'incompatibilité entre le fait personnel délictuel et l'inexécution contractuelle nous paraît également excessive. En effet, à côté des obligations principales qui constituent le noyau dur du contrat, la responsabilité contractuelle sanctionne également des obligations accessoires qui peuvent trouver leur équivalent sur le terrain délictuel. Cette propagation au sein du contrat d'obligations dont l'objet se recoupe, tout au moins en partie, avec celui des obligations délictuelles engendre inévitablement un concours de responsabilités. Et c'est cette zone commune entre la responsabilité contractuelle et la responsabilité délictuelle qui, tout en justifiant la règle de l'option posée récemment par la jurisprudence tunisienne, ôte au principe français du non-cumul l'une de ses plus fortes raisons d'être.

278. La distinction entre les obligations mixtes et les obligations purement contractuelles et la responsabilité du débiteur contractuel à l'égard des tiers. La distinction entre les obligations purement contractuelles et les obligations mixtes pourrait-elle servir de pivot pour l'application de la règle de l'option préconisée par certaines voies autorisées pour résoudre l'épineuse problématique de la responsabilité du débiteur contractuel défaillant à l'égard des tiers ? Même si la règle de l'option entre la responsabilité contractuelle et la responsabilité délictuelle appliquée à la lumière de cette distinction pourrait atténuer le cumul d'actions résultant du principe de l'assimilation de l'inexécution contractuelle à une faute délictuelle, principe largement consacré par les juges français et tunisien, la réponse négative nous semble s'imposer. En effet, en appliquant cette distinction, l'option délictuelle ne serait ouverte que pour les obligations accessoires, car seules ces dernières trouvent leurs équivalents sur le terrain délictuel. L'option contractuelle, ouverte pour les obligations purement contractuelles, comporte, quant à elle, le risque d'opposer au tiers des clauses qu'il n'a pas acceptées au moment de la conclusion de son contrat. Or cette solution nous paraît inadmissible lorsque le tiers victime de l'inexécution contractuelle est un simple profane. Pour résoudre le problème de la responsabilité du débiteur contractuel à l'égard des tiers, il faut certainement, pensons-nous, à côté de la distinction entre les obligations purement contractuelles et les obligations mixtes, prendre en considération la qualité du tiers qui se prévaut de l'inexécution. Si entre professionnels, ces clauses produisent leur plein effet, le non-professionnel ou le consommateur profane doit, sans équivoque, exprimer son consentement au statut contractuel façonné par les parties au contrat.

Cela dit, et si l'on met de côte la problématique de la responsabilité du débiteur contractuel à l'égard des tiers, la distinction entre les obligations purement contractuelles et les obligations mixtes pourrait servir de pivot pour l'application de la règle de l'option que nous suggérons dans les rapports contractuels directs. On objectera que les autres faits générateurs de la responsabilité civile délictuelle tels que la responsabilité délictuelle du fait des choses ou la responsabilité du fait d'autrui ne peuvent pas, même si l'on adopte cette distinction, recevoir application entre contractants car ces faits générateurs de responsabilité sont par essence incompatibles avec l'existence d'un contrat. Or cette objection ne nous paraît pas également décisive.

Section 2 : La responsabilité délictuelle du fait des choses et le contrat

279. Plusieurs contrats nécessitent l'intervention d'une chose afin que le débiteur puisse exécuter ses obligations contractuelles. Il arrive également que la convention elle-même porte sur la jouissance ou le transfert de propriété d'un objet. Prouvant que son dommage se rapporte causalement au fait de la chose, la victime peut-elle mettre en jeu la responsabilité de son contractant sur le fondement de la responsabilité délictuelle du fait des choses ? Sous l'emprise de la règle du non-cumul, le droit français apporte une solution qui se démarque sensiblement du droit tunisien (§1). Mais, au-delà de cette divergence constatée, on peut se demander s'il est possible de reconnaître, dans les deux systèmes, un principe général de responsabilité délictuelle du fait des choses applicable, sous certaines conditions, en matière contractuelle (§2).

§1. Une divergence constatée entre le droit français et le droit tunisien

280. L'exposé des deux solutions française et tunisienne (A) permet de mettre en exergue les fondements avancés dans chaque système afin de justifier l'application ou la mise à l'écart de la responsabilité délictuelle du fait des choses entre contractants (B).

A. L'exposé des deux solutions

281. La jurisprudence française, après quelques hésitations, interdit formellement la mise en œuvre de l'article 1384 alinéa premier du Code civil en présence d'une convention (1) et ce contrairement à son homologue tunisienne qui se montre, dans ses arrêts les plus récents, plus réceptive à l'idée d'appliquer les règles de la responsabilité délictuelle du fait des choses au cours de l'exécution du contrat (2).

1. La position de la jurisprudence française

282. L'application initiale de l'article 1384 alinéa 1 entre contractants. La question de l'application de l'article 1384 alinéa premier dans les rapports entre cocontractants n'a pas été promptement résolue dans un sens négatif. L. Josserand, adepte pourtant de la thèse de l'incompatibilité entre responsabilité délictuelle et responsabilité contractuelle[1591], avait aussitôt préconisé l'application des règles de la responsabilité de plein droit du gardien de la chose dans les relations contractuelles[1592]. R. Demogue, partisan lui aussi de l'interdiction de l'option entre les deux ordres de la responsabilité civile, tend à permettre à la victime d'invoquer les règles de l'article 1384, malgré l'existence d'un contrat préalable entre le demandeur et le défendeur au procès en indemnité[1593].

La jurisprudence elle-même n'hésitait pas à faire jouer ledit article entre contractants. Comment oublier que le fameux arrêt Teffaine[1594], proclamant l'avènement de la responsabilité délictuelle du fait des choses, concernait le contrat de travail ? En effet, avant l'introduction d'un régime spécial pour les accidents du travail, et selon cette jurisprudence, le patron encourait envers ses ouvriers une responsabilité délictuelle en cas d'accident causé par le matériel dont il avait la garde. Cette solution était aussi retenue lorsque la loi sur les accidents du travail n'était pas applicable. Ainsi, dans son arrêt du 27 février 1929[1595], la Cour de cassation a appliqué l'article 1384 du Code civil à un accident survenu au Sénégal car « la loi, pour l'application de la présomption qu'elle édicte, ne distingue pas suivant que la victime est un tiers ou une personne liée avec le gardien de la chose par un contrat ».

La même solution a pu parfois être retenue concernant le contrat de transport. En fait, avant la proclamation de l'obligation de sécurité dans ledit contrat en 1911[1596], certains arrêts n'ont pas manqué, après la découverte de l'article 1384 alinéa 1er et de la présomption qu'il édicte, d'en faire bénéficier les voyageurs transportés en vertu d'un contrat de transport[1597].

1591 Notes sous Cass., 14 déc. 1926, DP 1927, 1, 105.

1592 L. Josserand, De la responsabilité du fait des choses, 1897 p. 113. L'auteur écrit : « la distinction traditionnelle entre responsabilités contractuelle et délictuelle ne fournit pas un cadre adapté à la délimitation du domaine de la responsabilité de plein droit encourue par le gardien de la chose vis-à-vis des personnes auxquelles cette chose a causé un dommage. Si ce régime aggravé mérite d'exister, c'est parce que l'usage des choses crée des risques particuliers. Or ces risques existent dans les rapports contractuels comme ailleurs ». *Adde* pour le même auteur, note sous Lyon, 25 avril 1899, D. 1904, 2, 257.

1593 R. Demogue, Traité des obligations en général, I, Les sources des obligations, T.V, éd. Rousseau, 1925, n° 1244, p. 588.

1594 Cass. civ., 16 juin 1896, D. P 1897, 1, 433 note R. Saleilles.

1595 Cass. civ., 27 fév. 1929, D. 1929, 1, 129, note G. Ripert.

1596 Cass. civ., 21 nov. 1911, S. 1912, 1, p. 73, note C. Lyon-Caen.

1597 Paris, 9 nov. 1909, D. 1911, 2, 357, 1re espèce. Voir dans le même sens Pau, 2 fév 1910, D. 1911, 2, 357. Cette solution est loin toutefois d'être unanime. En effet, si le spécialiste des

On citera encore pêle-mêle plusieurs décisions qui ont admis l'application des articles 1384 et suivants dans les contrats les plus divers. Ainsi, la responsabilité délictuelle du fait des choses a été appliquée dans le contrat de bail car « l'existence d'un contrat de louage entre la victime du dommage et le gardien de la chose dommageable ne fait pas obstacle à l'application de l'article 1384 »[1598]. De même, le propriétaire d'attractions foraines a été déclaré responsable sur la base de l'article 1384 alinéa 1er envers les clients victimes d'un accident survenu au cours du fonctionnement de ses appareils[1599]. L'hôtelier, pour sa part, répond de l'accident provoqué par l'ascenseur dont il a la garde envers ses clients[1600]. La même solution a pu également être retenue concernant la présomption édictée par l'article 1385 du Code civil relative à la responsabilité du fait des animaux. À maintes reprises, ledit article est appliqué entre contractants, car « le propriétaire est responsable du dommage causé par un animal non seulement aux tiers, mais encore aux personnes qui sont mis à son service »[1601]. D'où provient alors l'idée de rejeter l'application des règles de la responsabilité délictuelle du fait des choses entre contractants ?

283. L'endurcissement de la responsabilité du gardien de la chose dommageable et le refus d'appliquer la responsabilité délictuelle du fait des choses entre contractants. Nul n'ignore que la responsabilité délictuelle du fait des choses proclamée dans l'arrêt Teffaine en 1896[1602] n'a vraiment pu s'imposer avec la rigueur qu'on connaît aujourd'hui qu'en 1930 avec l'arrêt Jand'heur[1603]. Abandonnant le vice comme condition d'application de l'article 1384 alinéa 1er, la jurisprudence se contente de la preuve du simple fait de la chose pour déclencher la responsabilité du gardien. Ce dernier se voit d'ailleurs

---

transports qu'était Perraud Graud déclarait qu'il n'était pas concevable que d'autres principes outre les règles délictuelles fussent appliqués (voir le Code des transports, 2e éd., 1889, T.3, n° 4), ce règne, malgré les 34 arrêts cités par l'auteur, reste agité. Plusieurs arrêts ont retenu l'application des règles de la responsabilité contractuelle. Sur l'étude de ces tergiversations jurisprudentielles avant le revirement de 1911, voir les nombreux arrêts cités par R. Rodière dans son article, « Le régime légal de l'obligation de sécurité due par les transporteurs à leurs voyageurs », JCP 1952, I, 997.

[1598] La Cour de Riom, 25 mai 1903, D. P. 1904, 2, 257, note L. Josserand. Voir dans le même sens Lyon, 12 déc. 1902, D. 1907, 1, 177 ; Req. 3 juin 1904, D., 1907, I, 177, note L. Josserand.

[1599] Paris, 5 avr. 1913, DP., 1914, 2, 313 ; Rouen, 17 mai 1924, D., 1927, 2, 25 ; Chambéry, 4 fév. 1952. J. C. P. 1952, II, 25.

[1600] Req. 6 mars 1928, S., 1928, I, 225, note Hugneney.

[1601] Cass. civ. 9 mars 1886, S. 1886, I, 244 ; Cass. civ. 11 mai 1902, S. 1902, I, 309 ; Req 2 juill 1902, D.P 1902, 1, 431 ; Req. 23 juill 1902, S. 1902, 1, 448 ; D. P. 1902, p. 431 ; Cass. civ 28 nov 1904, D. P 1905, 1, 253 ; Cass. civ. 25 juin 1914, S. 1916-1917, I, 15 ; Req 1er déc. 1914, D.P 1916, 1, 192 ; Lyon 21 oct. 1922, D. P 1924, 2, 51, note H. Lalou ; Paris 22 oct. 1941, D.C 1942, J. 20, note H. Lalou.

[1602] Cass. civ., 16 juin 1896, D. P 1897, 1, 433 note R. Saleilles.

[1603] Avec l'arrêt Jand'heur rendu par les chambres réunies le 13 fév. 1930, les juges écartent explicitement le vice de la chose comme fondement de la responsabilité délictuelle du fait des choses, mettant un terme aux ambiguïtés nées de l'arrêt Teffaine, voir Ch. réunies 13 fév. 1930, DP 1930, I, 57, note G. Ripert ; S. 1930, 1, 121.

imposer une lourde responsabilité depuis que les juges ne se suffisent plus de la preuve de l'absence de la faute et exigent la preuve de la cause étrangère pour repousser la présomption de responsabilité qui lui incombe.

Les vertus secourables de l'article 1384, alinéa 1er, pour les victimes s'affirment ainsi de plus en plus. L'ordre contractuel avait tout à craindre de l'essor de cette nouvelle responsabilité objective. La règle du non-cumul était alors le moyen adéquat pour en réguler l'application. En effet, aussi étrange que cette affirmation puisse paraître, elle constitue la seule explication cohérente de l'évolution jurisprudentielle. Cette idée fut consacrée de manière on ne peut plus claire dans le contrat médical. Admise initialement pour faire échapper la responsabilité médicale à la règle de la solidarité des prescriptions entre responsabilité civile et pénale[1604], la contractualisation de la relation entre le médecin et son patient a eu comme conséquence directe de mettre la responsabilité médicale à l'écart d'une responsabilité de plein droit qui pèse sur tout gardien de chose dommageable[1605]. Cela a été déjà clairement perçu en 1932[1606] par Nast qui, redoutant que « les victimes de fautes médicales aient songé, pour éviter la charge de la preuve de la faute, à faire appel à la présomption de responsabilité définitivement consacrée par l'arrêt des Chambres réunies du 13 février 1930, quand le traitement médical comportait l'utilisation des choses inanimées, et notamment d'appareils de radiothérapie », approuve l'application de la règle du non-cumul dans le domaine médical[1607]. Or, même si nous pensons que la présomption de l'article 1384 alinéa 1er du Code civil est effectivement inadaptée à la responsabilité médicale, ceci se justifie moins par le caractère contractuel que par la nature de l'activité médicale elle-même[1608]. D'ailleurs, l'évolution postérieure de la responsabilité médicale en droit français, dégageant cette dernière des amarres contractuelles pour la fusionner dans un régime transcendant les clivages classiques de la responsabilité civile contractuelle et délictuelle[1609], confirme cette idée.

Or cette explication perdue de vue lors de la proclamation de l'interdiction de l'option entre les ordres de responsabilité civile, et comme par l'effet d'une

---

1604 Civ. 20 avril 1936, D. 1936, p. 8, note L. Josserand.

1605 Req 15 juin 1937, J. C. P 1937, II, 413, note R. D ; GP 1937, 2, 411 ; Cass. civ. 1er fév. 1937, S., 1937, 1, 361, note Morel ; Civ 27 juin 1939, JCP 1940, 2, 1438 ; Civ. 27 mai 1940, D. C 1941, 1, 53, note Nast, D. H. 1940, p. 129 ; S. 1940, 1, 73, note Morel ; Cass. Civ. 6 mars 1945, D. 1945, p. 217 ; Civ. 1re 30 oct. 1962, D. 1963, p. 57 note Esmein, p. 57 ; JCP 1962, II, 12924, note R. Savatier, G.P 1963, 1, 95 ; RTD civ. 1963, p. 329, obs. A. Tunc ; Civ 1re 12 mai 1964, G. P. 1964, 2, 267 ; Civ. 1re 16 nov. 1965, D. 1966, p. 61 ; JCP 1965, p. 163 ; Civ. 1re, 3 oct 1967, JCP 1967, IV, 149 ; Bordeaux, 10 déc. 1992, GP 1994, somm. p. 349.

1606 Nast, note sous CA Aix-en-Provence, 16 juillet 1931.

1607 Nast, note sous Civ.7 mai 1940, D. C 1941, 1, 53.

1608 Rien n'interdit de reconnaître la possibilité d'appliquer la responsabilité délictuelle du fait des choses entre contractants tout en réservant un sort particulier à certains contrats spéciaux tels que le contrat médical. Voir *infra* n° 313 et s.

1609 Voir C. Radé, La réforme de la responsabilité médicale après la loi du 4 mars 2002 relative aux droits des malades et à la qualité du système de santé, RCA mai 2002, chron. 7.

contagion virale, la règle du non-cumul, moyen de protéger le contrat contre l'invasion destructive de la responsabilité délictuelle du fait des choses, atteint progressivement tous les contrats nécessitant l'utilisation ou la livraison d'une chose pour leur exécution, sans distinction aucune. Le phénomène s'observe surtout avec le développement spectaculaire des obligations de sécurité dans une foule innombrable de contrats. Qu'elle soit de résultat, comme elle a été conçue initialement[1610], ou de moyens, comme elle l'est devenue assez souvent, l'obligation de sécurité paralyse la mise en œuvre de la responsabilité délictuelle du fait des choses[1611]. La victime est assez souvent privée des bienfaits de l'article 1384. Elle est également privée de la présomption de l'article 1385 du Code civil lorsque l'exécution d'un contrat nécessite l'intervention d'un animal[1612]. Le locataire blessé suite à l'effondrement de l'immeuble qu'il occupe n'échappe pas lui aussi à cette proscription et doit suivre exclusivement les règles de la responsabilité contractuelle à l'exclusion de l'article 1386[1613]. Telle n'est pas la position de la jurisprudence tunisienne qui, même si elle a découvert tardivement les avantages probatoires de la responsabilité du fait des choses, n'a pas entendu priver les contractants des vertus de ce texte.

2. La position de la jurisprudence tunisienne

284. L'article 96 du COC et la jurisprudence tunisienne : la découverte du trésor caché. Après avoir sombré dans les méandres de la responsabilité subjective, la responsabilité délictuelle du fait des choses objet de l'article 96 du

[1610] Elle a été exclue des contrats de transports bien que la Jurisprudence, invoquant l'obligation du transporteur de rendre le voyageur sain et sauf à destination, aboutisse à un résultat identique à celui de la présomption de l'article 1384.

[1611] Civ. 1re, 7 déc. 1955, JCP 1956, II, 9246, note P. Esmein ; Civ. 1re, 9 janv. 1957, JCP 1957 II 9915 note R. Rodière ; Civ. 1re, 30 oct. 1962, D. 1963, p. 57, note Esmein, JCP 1962, II, 12924, note R. Savatier, GP. 1963, 1, 95 ; RTD civ. 1963, p. 329, obs. A. Tunc ; Com. 14 déc. 1964, Bull. civ. IV, n° 554, p. 492 ; Com. 6 janv. 1965, Bull. civ. IV n° 11, p. 10 ; Civ. 9 mars 1970, Bull. civ. I, n° 67, p. 71, obs. G. Durry, RTD civ. 1971, p. 139 ; Civ. 1re, 3 oct. 1972, Bull. civ. I, n° 191 ; Civ. 1re, 15 nov. 1972, JCP 1972, IV, 301 ; Civ. 3e, 21 nov. 1972, Bull. civ., n° 623, p. 45 ; Civ. 3e, 26 fév. 1974, Bull. civ III, n° 86, p. 66 ; Civ. 1re, 31 janv. 1968, Bull. civ. II, n° 45, p. 35 ; Civ. 2e, 15 déc. 1986, D. 1987, p. 221, note C. Larroumet ; Civ. 2e, 26 mai 1992, Bull. civ. II, , n° 154, p. 75 ; Civ. 1re, 24 nov. 1993, JCP 1994, D. 1995, p. 440, note C. Radé ; Civ. 3e, 8 juillet 1998, Bull. civ. IV, n° 159 ; Civ. 3e, 14 mai 1997 JCP 1997, IV, 1414, obs. P. Jourdain, RTD civ. 1998, p. 111 ; Civ. 3e, 10 nov. 1998, D. 1999, Somm. Comm., p. 260, obs. P. Jourdain ; Civ. 3e, 5 juin 2002, Bull. civ. III, n° 130 ; Civ. 1re, 19 mars 2002, Resp. civ. et assur., juin 2002, com. 188 ; Civ. 2e, 23 oct. 2003, B. II, n° 330, JCP 2004, II, 10187, note I. Tricot-Charmard ; Civ. 1re, 8 fév. 2005, D. 2005, p. 2508, note C. Corgas-Bernard.

[1612] CA Paris, 25 mars 1954, J. C. P. 1954, II, 8094, note R. Rodière, D. 1954, p. 295 ; *adde* dans le même sens CA Lyon, 1er avril 1922, D. P. 1924, 2, 51, note H. Lalou ; Trib. civ. Lyon, 26 mai 1954, 2, 227.

[1613] CA Poitiers, 5 déc. 1933, D. H. 1934, p. 61 ; CA Lyon, 1er juin 1961, GP. 1961, 1, p. 220; Trib. Civ. Lyon, 4e ch. 5 fév. 1951, J. C. P. 1951, II, 6579, note R. R.

COC[1614] a connu un élan remarquable depuis les arrêts des chambres réunies du 16 mars 1995[1615]. En effet, alors qu'un courant jurisprudentiel dominant considérait que l'article 96 constituait une application particulière des articles 82 et 83 du COC[1616], la plus haute juridiction décida de lui reconnaître un caractère objectif et surtout autonome par rapport à la responsabilité du fait personnel.

Nul n'ignore aujourd'hui que la Cour de cassation a abandonné la distinction entre le fait de la chose et le fait de l'homme, une distinction qui la poussait auparavant à limiter le domaine d'application de la responsabilité du fait des choses au seul cas où la chose avait été l'instrument du dommage en dehors de toute intervention de l'homme[1617]. Désormais, l'intervention causale de la chose dans la réalisation du dommage suffit pour déclencher la mise en œuvre de la présomption de l'article 96[1618]. Mais l'évolution la plus importante concerne surtout le fondement même de la responsabilité délictuelle du fait des choses. En effet, d'une simple présomption de faute[1619], on est passé à une présomption

---

[1614] L'article 96 est l'équivalent de l'article 1384 alinéa 1er du Code civil français. L'influence de la jurisprudence française qui inventait cette responsabilité en 1896 est évidente. Mais à l'époque de la promulgation du Code des obligations et des contrats en 1906, son régime était loin d'être élaboré. Il faut attendre de nombreuses années, puisque son aboutissement intervient seulement par l'arrêt Jand'heur en 1936. Le COC est, écrit Ph. le Tourneau, « plus moderne que le Code civil, en prévoyant une responsabilité générale du fait des choses qui lui a été soufflée par la jurisprudence française ». Voir Ph. le Tourneau, « De la modernité du chapitre du Code des obligations et des contrats portant sur la responsabilité délictuelle », *in* Livre du centenaire du Code des obligations et des contrats, CPU, 2006, p. 432. Néanmoins, il semble que la jurisprudence tunisienne a longtemps négligé ce texte et ce jusqu'au revirement de 1995.

[1615] Cass. civ. ch. réunies n° 45822 du 16 mars 1995, RJL 1996, *in* RJL, n° 5 et s., note M. Moncef Ezzine ; RTD 1995, p. 243 et s. ; Cass. civ. ch. réunies n° 28564 du 16 mars 1995, RJL 1996, n°6, p. 73 et s. ; Cass. civ. ch. réunies n° 42349 du 16 mars 1995, RJL 1996, n° 6, p. 7 et s., note N. Brahmi ; Cass. civ. ch. réunies n° 44851 du 16 mars 1995, *in* Rec. des ch. réunies de la Cour de cassation 1994, 1995, p. 14 *adde* N. Ben Ammou, « L'évolution récente de la jurisprudence en matière de responsabilité civile », RTD 1996, p. 2.

[1616] Cass. civ. arrêt n° 7773 du 28 avril 1971, BCC 1971, p. 63. La Cour affirmait que « la responsabilité découlant de l'article 96 est la même responsabilité découlant de l'article 83, la seule différence entre les deux ordres de responsabilité concerne la charge de la preuve ». Voir dans le même sens, Cass. civ. arrêt n° 9846 du 4 juin 1973, BCC 1973, I, p. 68 ; RTD 1975, p. 131, note critique de S. Bouraoui.

[1617] Cass. civ. arrêt n° 5345 du 3 mars 1982, BCC 1982, II, p. 279 ; RTD 1986, p. 31, note A. Jellouli ; Cass. civ. arrêt n° 12891 du 29 déc. 1985, BCC 1985, II, p. 352 ; Cass. civ. arrêt n° 16688 du 5 mars 1987, BCC 1987, I, p. 312. Derrière cette distinction entre le fait de la chose et le fait de l'homme, la jurisprudence a voulu consacrer la théorie du fait autonome de la chose. Or cette théorie conduit à marginaliser l'application de la responsabilité délictuelle du fait des choses, puisque cette dernière disparaîtrait là ou elle aurait été la plus utile.

[1618] Cass. civ. ch. réunies, n° 42309 du 16 mars 1996, précité ; Cass. civ. ch. réunies, n° 28564 du 16 mars 1996, précité ; Cass. civ. arrêt n° 6251. 2002 du 2 mai 2002, inédit ; Cass. civ. arrêt n° 15953. 2002 du 10 mai 2002, inédit ; Cass. civ. arrêt n° 16474. 2002 du 21 juin 2002, inédit.

[1619] La jurisprudence a d'abord décidé que la présomption édictée par l'article 96 du COC tombait devant la preuve de l'absence de faute. Voir à titre d'exemple, Cass. civ. arrêt n° 2451 du 24 oct. 1980 ; RJL 1981, n°1, p. 87.

de responsabilité. Le gardien des choses inanimées se voit assumer une lourde responsabilité objective. Pour s'en exonérer, il doit rapporter la preuve de deux conditions cumulatives, faire tout ce qui était nécessaire pour empêcher le dommage et établir qu'à l'origine du préjudice figurait une cause étrangère.[1620].

On est loin donc de l'image chaotique dessinée par les arrêts antérieurs à 1995. Plus déterminés que jamais à drainer l'article 96 dans l'orbite d'une responsabilité objective et rigoureuse, les juges ont encore franchi le pas et refusé l'idée du partage de responsabilité[1621]. « Cendrillon a trouvé sa paire de chaussures »[1622], pourrait se féliciter M. Jerbi. L'assouplissement des conditions d'application de la responsabilité délictuelle du fait des choses conjugué avec une rigueur dans l'admission de l'exonération du gardien ont donné à l'article 96 tout son éclat et son succès. D'ailleurs, il n'est pas exagéré d'affirmer que ledit article « (…) est devenu la disposition du Code des obligations et des contrats la plus spectaculaire »[1623]. Mais, victime de son succès[1624] et suite à l'adoption de la loi du 15 août 2005 qui a expressément soustrait le régime des accidents de la circulation au droit commun[1625], il est possible de se demander si l'article 96 serait désormais mis aux oubliettes pour devenir un souvenir lointain d'un passé jurisprudentiel glorieux. Ce destin nous paraît toutefois peu probable. En effet, la reconnaissance du droit de l'option entre les actions contractuelles et délictuelles donnerait un nouvel élan à l'article 96 qui pourrait devenir un texte « salvateur »[1626], une « planche de salut »[1627] pour les victimes d'atteintes corporelles. Tel est du moins le vœu de la majorité de la doctrine tunisienne[1628].

1620 Cass. civ. Cass. civ. ch. réunies, n° 45822 du 16 mars 1995, précité.

1621 Cass. civ. ch. réunies, arrêt n° 4210 1751 du 30 mai 2002, RTD 2004, p. 267, note M. Gazouani (en arabe).

1622 S. Jerbi, « La responsabilité délictuelle dans le COC : les sources et les ressources », *op. cit.*, p. 470.

1623 Ph. le Tourneau, « De la modernité du chapitre du Code des obligations et des contrats portant sur la responsabilité délictuelle », *in* Livre du centenaire du Code des obligations et des contrats, CPU, 2006, p. 432.

1624 En effet, la facilité avec laquelle les victimes pouvaient mettre en œuvre leur droit à la réparation suite à cette jurisprudence, conjuguée avec le principe de la réparation intégrale, constitue la vraie raison qui a poussé le législateur à intervenir avec la loi du 15 août 2005. Voulant protéger les compagnies d'assurance qui soutenaient que le poids économique de l'indemnisation était devenu lourd à supporter, le législateur a soustrait les accidents de la circulation du droit commun pour soumettre, malencontreusement, la réparation à des barèmes préétablis. Sur cette loi, voir *supra* n° 79.

1625 L'article 121 de la loi précitée.

1626 S. Jerbi, « La responsabilité délictuelle dans le COC : les sources et les ressources », *op. cit.*, p. 468.

1627 *Ibid.*

1628 Voir M. Tahari, L'application de l'article 96 entre contractants, mémoire de DEA, faculté de droit de Sousse 1999/2000 ; A. Ladhar, L'indemnisation de l'aléa thérapeutique, mémoire de DEA, faculté de droit de Sfax, 2001/2002 ; S. Jerbi, « La responsabilité délictuelle dans le COC : les sources et les ressources », *op. cit. Loc. cit. Adde* pour le même auteur, « La jurisprudence et la

285. Déjà des prémices... En posant la règle de l'option entre la responsabilité contractuelle et la responsabilité délictuelle, l'arrêt des chambres réunies du 16 mars 1995 prend le soin de rappeler que l'éventail des règles qui s'offrent à la victime comporte, outre la responsabilité délictuelle du fait personnel et la responsabilité contractuelle, les règles de la responsabilité délictuelle du fait des choses[1629]. Dans ce contexte, il serait souhaitable que les juges tirent tout le suc de cette solution novatrice. Ceci est d'autant plus vrai que la jurisprudence tunisienne fait un usage modéré de la théorie du forçage du contrat et particulièrement celle de l'obligation de sécurité[1630]. Sans être totalement ignorée en droit tunisien, puisque le législateur l'a consacrée dans la quasi-totalité des contrats de transports[1631], la jurisprudence n'a pas exagéré la portée de cette obligation dans les contrats. Mis à part les arrêts qui ont confirmé son existence dans le contrat de transport terrestre interne des personnes[1632], et d'une manière moins abondante dans le contrat d'hôtellerie[1633] ou de spectacle[1634], l'obligation de sécurité est loin de connaître l'expansion phénoménale qu'elle a rencontrée dans le droit français même si elle connaît

---

responsabilité médicale, la fin de l'arythmie paroxystique ? », *in* Études à la mémoire de Christian Lapoyade-Deschamps, Presses universitaires de Bordeaux, 2004.

1629 Cass. civ. arrêt des Chambres réunies n° 42389 du 16 mars 1995 précité.

1630 Voir S. Abid Mnif, « L'obligation de sécurité dans les contrats », mémoire de DEA, faculté de droit de Sfax, 2002/2003.

1631 Pour le transport terrestre interne de personnes, voir l'article 653 du Code de commerce qui dispose que « le transporteur des personnes est tenu de conduire le voyageur sain et sauf ». Pour le transport maritime interne des personnes, voir les articles 150 et s. du Code de commerce maritime. Lorsque le transport est international, c'est la convention de Bruxelles de 1961 qui s'applique. La Tunisie a ratifié cette convention en vertu de la loi n°74-10 du 11 mai 1974.

1632 Voir Cass. civ. arrêt n° 7793 du 29 avril 1971, BCC 1971, I, p. 64 ; Cass. civ. arrêt n° 9260 du 19 avril 1973, BCC 1973, I, p. 92 ; Cass. civ. arrêt n° 1012 du 6 avril 1978, BCC 1978, I, p. 167 ; Cass. civ. arrêt n° 1791 du 19 avril 1979, BCC 1979, I, p. 200 ; Cass. civ. arrêt n° 4458 du 1er avril 1980, BCC 1980, I, p. 85 ; Cass. civ. arrêt n° 3987 du 18 juin 1981, BCC 1981, II, p. 206 ; Cass. civ. arrêt n° 4686 du 30 juin 1982, BCC 1982, III, p. 1188 ; Cass. civ. arrêt n° 10461 du 1 nov. 1984, BCC 1984, II, p. 200 ; Cass. civ. arrêt n° 17 janv. 1985, RJL mai 1986, p. 43 ; Cass. civ. arrêt n° 19022 du 18 janv. 1989, BCC 1989, I, p. 34 ; Cass. civ. arrêt n° 23022 du 13 avril 1989, BCC 1989, I, p. 175 ; Cass. civ. arrêt n° 23067 du 6 juill. 1989, BCC 1989, I, p. 338 ; Cass. civ. arrêt n° 19506 du 13 nov. 1990, RJL sept. 1992, p. 101 ; Cass. civ. arrêt n° 55364 du 4 déc. 1996, BCC 1996, II, p. 66. Pour une étude détaillée de cette jurisprudence, voir F. Boughattas, « L'obligation de sécurité dans le contrat de transport terrestre », mémoire de DEA, faculté de droit et des sciences économiques et politiques de Sousse 1993/1994 ; F. Loksaier, « Le fondement de la responsabilité contractuelle du transporteur dans les transports terrestres internes », RJL mai 1995, p. 5 ; A. Mastouri, « La responsabilité du transporteur terrestre », RJL oct. 2006, p. 229 et s. (en arabe).

1633 Cass. civ. arrêt n° 10578 du 7 nov. 1974, BCC 1974, II, p. 118 ; TPI de Tunis, jugement n°11802 du 1er mars 1976, inédit, cité par S. Jerbi, L'interprétation du contrat, CPU, 1999, préface de M. Larbi Hachem, p. 446 ; Trib. Cantonal de Sfax, jugement n° 16810 du 15 mars 1985, inédit, cité par S. Jerbi, *op. cit.*, p. 447.

1634 TPI de Tunis, jugement du 16 janv. 1954, RTD 1954, p. 406.

actuellement un certain succès en matière médicale[1635]. Modérée, l'utilisation de la théorie de forçage se singularise en droit tunisien par rapport au droit français par la possibilité que laissent les juges aux plaideurs de solliciter la voie délictuelle concurrente. Et même si le droit de l'option entre l'obligation de sécurité et les règles de la responsabilité délictuelle n'a été affirmé postérieurement à l'arrêt du 16 mars 1995 que concernant l'article 82 du COC[1636], rien n'empêche d'appliquer le même raisonnement pour autoriser l'application de l'article 96 du COC.

Illustrissime, à cet égard, est le contentieux en matière de contrat de transport. En effet, la reconnaissance de l'obligation de sécurité dans ledit contrat n'a pas empêché l'application de la responsabilité délictuelle du fait des choses pendant le transport proprement dit. Les chutes des victimes au cours des opérations de montée[1637] ou de descente[1638] justifient, selon la haute juridiction, l'application de la responsabilité délictuelle du fait des choses. La comparaison avec la jurisprudence Valverde s'impose naturellement. Alors que les juges français sont préoccupés par la détermination d'une définition stricte de l'espace contractuel, excluant de ce fait les accidents de gare, désormais placés sous le giron délictuel, l'approche tunisienne diffère d'une simple délimitation du champ contractuel pour épouser une logique optionnelle. En effet, l'application de l'article 96 du COC est admise pour les montées et les descentes dans le train, des phases qui font partie intégrante de l'opération de transport. La doctrine ne s'accorde-t-elle pas à considérer que cette dernière commence « au moment où le voyageur prend contact avec le véhicule et cesse quand il en est

---

1635 CA de Tunis arrêt n° 34413/ 34412 du 1er mai 1997, inédit ; CA de Tunis, arrêt n° 48788 du 29 avril 1998, RTD 1999, p. 201 ; Cass. civ. arrêt n° 69567. 98 du 26 oct. 1999, inédit ; Cass. civ. arrêt n° 2002. 29551 du 3 déc. 2002, inédit ; Cass. civ. arrêt n° 34841. 2002 du 2 mai 2003, inédit; Cass. civ. arrêt n° 36624. 2002 du 25 juin 2003, inédit ; Cass. civ. arrêt n° 38338. 2003 du 27 juin 2003, inédit.

1636 Voir pour le contrat de transport Cass. civ. n° 29391. 2003 du 28 janvier 2004, inédit « attendu que la victime d'un accident de circulation transportée en tant que voyageur peut choisir entre une action contractuelle fondée sur l'article 653 du Code de commerce et une action délictuelle au sens de l'article 83 du Code des obligations et des contrats ». Voir pour le contrat médical, Cass. civ. arrêt n° 63103. 97 du 19 février 1998, BCC, I, p. 232 ; CA Tunis, arrêt n° 75672 du 25 juin 2002, inédit ; Cass. civ. arrêt n° 22273 du 28 janv. 2003, inédit.

1637 Cass. civ. arrêt n° 17678. 2002 du 24 juin 2002 (inédit). Chute d'une victime alors qu'elle tentait de monter dans le train. La Cour applique l'article 96 du COC.

1638 Cass. civ. arrêt n° 77102 du 10 avril 2000, BCC 2000, I, p. 242. En l'espèce, il s'agissait d'une chute d'une passagère au cours de l'exécution du contrat de transport. La victime n'a pas achevé l'opération de la descente. Le passage du portillon de sortie n'a pas encore eu lieu, mais cela n'a pas empêché la Cour de cassation d'appliquer l'article 96 du COC. Il s'agit d'une application stricte de l'espace contractuel qui laisse un large champ d'application à l'article 96. *Contra.* Cass. civ. arrêt n° 10624 du 17 janv. 1985, BCC 1985, I, p. 190. Dans cet arrêt, la Cour de cassation tunisienne affirme que, pendant la descente du véhicule, le transporteur est tenu envers le voyageur d'une obligation de sécurité résultat. Le fondement délictuel ne peut être sollicité.

sorti »[1639] ? D'ailleurs, cette jurisprudence se démarque de la formule utilisée par l'article 655 du Code de commerce qui semble élargir le domaine de l'obligation contractuelle de sécurité[1640]. Ledit article dispose à cet égard que « le transporteur est, à partir de la prise en charge du voyageur, responsable des dommages corporels (…) survenus à celui-ci ». Cette formule est sensiblement différente de la version arabe. En effet, celle-ci parle de deux périodes : la prise en charge du voyageur par le transport et la période du transport. Il s'agit de deux périodes qui, *a priori*, ne sont pas les mêmes. La période du transport commence à partir du moment où le voyageur entre en contact avec le véhicule et y prend place. Elle se termine lorsque ce même voyageur rompt tout contact avec le véhicule. La prise en charge est plus longue. Elle peut commencer dès que le voyageur met les pieds dans l'enceinte du transporteur. Elle s'achève lorsqu'il la quitte. Mais quelle que soit la conception retenue par le législateur, il est clair que les opérations de descente ou de montée entrent dans l'orbite de la responsabilité contractuelle. Or accepter la mise en œuvre de l'article 96 du COC pour réparer les atteintes à la sécurité corporelle du voyageur alors qu'on dispose déjà de la possibilité d'agir sur le terrain contractuel ne constitue-t-il pas une mise en œuvre de la règle de l'option ? La jurisprudence relative aux chutes dans les bains maures paraît bien de la même veine. Si certains arrêts avalisent l'application de la thèse contractuelle en acceptant d'indemniser les victimes sur la base d'un manquement à une obligation de sécurité[1641], d'autres plus récents ont accepté également la mise en œuvre de l'article 96 du COC et la lourde présomption de responsabilité qu'il édicte[1642]. L'hôtelier soumis en

---

[1639] R. Rodière et B. Mercadal, Droit des transports terrestres et aériens, 4e éd., précis Dalloz, n° 354.

[1640] L'article 655 du Code du commerce dispose que « le transporteur est, à partir de la prise en charge du voyageur, responsable des dommages corporels (…) survenus à celui-ci ». Cette formule se démarque sensiblement de la version arabe. En effet, celle-ci parle de deux périodes : la prise en charge du voyageur par le transport et la période de transport. Il s'agit de deux périodes qui, a priori, ne sont pas les mêmes. La période du transport commence à partir du moment où le voyageur entre en contact avec le véhicule et y prend place. Elle se termine lorsque ce même voyageur rompt tout contact avec le véhicule. La prise en charge est plus longue. Elle peut commencer dés que voyageur met les pieds dans les enceintes du transporteur. Elle s'achève lorsqu'il la quitte. Mais quelle que soit la conception retenue par le législateur, il est clair que les opérations de descente ou de montée entrent dans l'orbite de la responsabilité contractuelle.

[1641] Voir pour une chute dans un bain maure appartenant à un hôtel, TPI de Tunis, jugement n° 11802 du 1er mars 1976 (inédit) « attendu que l'article 243 oblige non seulement à ce qui y est exprimé, mais encore à toutes les suites que la loi, l'usage ou l'équité donnent à l'obligation d'après sa nature. Attendu que l'hôtelier est tenu d'une obligation de sécurité. La survenance de l'accident lui-même constitue une présomption de faute. La charge de la preuve n'incombe pas au demandeur. Pour s'exonérer le débiteur doit prouver qu'il fait les mesures nécessaires pour empêcher la réalisation du préjudice, la force majeure, le fait du tiers ou de la victime ». Il faut remarquer que tout en utilisant le terme présomption de faute, le tribunal applique le régime de l'obligation de résultat puisque seule la cause étrangère exonère le débiteur.

[1642] Cass. civ. arrêt n° 72084 du 9 juin 1999, inédit ; Cass. civ. arrêt n° 6725. 2002 du 6 juin 2002, inédit ; TPI de Sfax, jugement n° 31190 du 25 mars 2002, inédit.

1974 à une simple obligation de sécurité de moyens pour la mort de l'un de ses clients asphyxié dans sa chambre suite à une fuite de gaz, se voit appliquer le régime de la responsabilité délictuelle du fait des choses pour la noyade d'un enfant dans une piscine[1643]. Le centre de loisirs organisant une course de voitures n'échappe pas non plus à l'emprise de l'article 96, malgré le contrat le liant avec les participants[1644]. On est donc loin de l'idée, chère à la jurisprudence française, de l'incompatibilité entre la responsabilité délictuelle du fait des choses et le contrat. Il est ainsi impossible de dire que la jurisprudence tunisienne ne fait pas preuve de prudence et de retenue.

286. ...Mais aussi des réticences. Alors que les juges ont, à maintes reprises, affirmé le droit de l'option en matière médicale entre l'obligation contractuelle de moyens et l'article 82 du Code des obligations et des contrats lorsque le patient souffre d'une atteinte à sa sécurité corporelle[1645], ou d'un défaut d'information[1646], on ne trouve guère d'arrêts qui ont affirmé explicitement l'option entre la responsabilité contractuelle et l'article 96 du COC lorsque l'atteinte à la sécurité était due à une chose utilisée ou livrée par le médecin. Préférant recourir à l'obligation de sécurité de résultat[1647] et parfois à la responsabilité contractuelle du fait des choses[1648], la responsabilité médicale est devenue, en droit tunisien, un véritable « laboratoire juridique »[1649] surtout

---

[1643] Cass. civ. arrêt n° 221. 2004 du 1er avr. 2004, inédit.

[1644] Cass. civ. arrêt n° 27227.2003 du 5 sept. 2003, inédit.

[1645] Cass. civ. arrêt n° 63103. 97 du 19 fév. 1998, BCC, I, p. 232 ; CA Tunis, arrêt n° 75672 du 25 juin 2002, inédit ; Cass. civ. arrêt n° 22273 du 28 janv. 2003, inédit.

[1646] CA de Sfax le 31 janv. 2002, n° 4046, inédit ; CA de Tunis arrêt n° 95747 du 4 juin 2003, RJL janv. 2005, p. 137.

[1647] CA de Tunis arrêt n° 34413/34412 du 1er mai 1997, inédit ; CA de Tunis, arrêt n° 48788 du 29 avril 1998, RTD 1999, p. 201 ; Cass. civ. arrêt n° 69567. 98 du 26 oct. 1999, inédit ; Cass. civ. arrêt n° 2002. 29551 du 3 déc. 2002, inédit ; Cass. civ. arrêt n° 34841. 2002 du 2 mai 2003, inédit; Cass. civ. arrêt n° 36624. 2002 du 25 juin 2003, inédit ; Cass. civ. arrêt n° 38338. 2003 du 27 juin 2003, inédit.

[1648] TPI Tunis, jugement n°8553/9 du 14 juin 1995, inédit ; Cass. civ. arrêt n° 63103. 97 du 19 février 1998, BCC, I, p. 232.

[1649] Sur cette question, voir K. Karroubi, La responsabilité pénale des médecins, Revue du barreau 1989, p. 70 (en arabe) ; T. Abid, La responsabilité médicale, RJL mars 1989, p. 7 (en arabe) ; A. Seguir Khadi, La responsabilité civile du médecin dans le cadre de sa faute professionnelle, RJL oct. 1993, p. 127 (en arabe) ; T. Montassir, La responsabilité pénale des médecins, RJL juin 1994, p. 7 (en arabe) ; F. Loksaier, La faute simple en tant que fondement de la responsabilité civile médicale, RJL, mars 1996, p. 8 ; H. Kssibi, Les droits des patients, RJL oct. 1996, p. 105 (en arabe) ; M. S. Ben Hassine, La responsabilité médicale en droit tunisien, RJL mars 1996, p. 17 ; N. Ben Salah, Problème déontologique et médicolégaux posés par un nouveau mode d'exercice de la médecine « à distance » ou télémédecine, RJL sept. 1998, p. 10 ; Y. Kwader, Le consentement du patient et son influence sur la responsabilité civile du médecin, RJL oct. 1998, p. 47 (en arabe) ; F. Belknani, La faute dans la responsabilité civile du médecin, Études juridiques, 2003, p. 207 ; S. Jerbi, La jurisprudence et la responsabilité médicale, la fin de l'arythmie paroxystique ?, *in* Études à la mémoire de Christian Lapoyade-Deschamps, Presses universitaires de Bordeaux 2004 ; B. Khaldi, L'information sur les risques médicaux : que peut faire le juge avec le Code de déontologie médicale ?, RJL, janv. 2005, p. 53 ; N. Brahmi Zouaoui, L'évolution

avec l'émergence de la brûlante problématique de l'aléa thérapeutique[1650]. Nous aurons l'occasion de traiter ultérieurement les techniques utilisées par le juge tunisien pour renforcer la responsabilité médicale, des techniques qui rejoignent dans une large mesure la position de la jurisprudence française avant l'adoption de la loi du 4 mars 2002 relative aux droits des malades et à la qualité du système de santé[1651]. Mais retenons à ce stade de l'analyse qu'aucune décision, à notre connaissance, n'a pris le soin d'affirmer expressément l'application de la responsabilité délictuelle du fait des choses dans le contrat médical. Faut-il s'en étonner ? Même si nous pensons que l'application de la responsabilité délictuelle du fait des choses en matière médicale est effectivement difficilement soutenable[1652], le sentiment qui se dégage de l'exposé de ces solutions est que l'affirmation de l'option entre la responsabilité contractuelle et l'article 96 du COC manque tout simplement en droit tunisien d'un cadre de raisonnement. Quasi instinctivement appliquée, la règle annoncée est encore en gestation[1653]. L'examen de la jurisprudence met en évidence qu'elle n'utilise pas un raisonnement déductif partant de principes clairs pour conclure à des solutions cohérentes. Souvent, ce raisonnement est pratique et chaque solution se veut adaptée au problème posé. Trouver un fondement permettant de justifier l'option entre la responsabilité contractuelle et la responsabilité délictuelle du fait des choses nous paraît plus que nécessaire si on veut réellement systématiser ladite règle.

B. Les fondements avancés

287. Sentiment de compassion envers les victimes. Mais est-ce suffisant ? Laissant en suspens plusieurs questions, l'application de l'article 96 du COC au cours de l'exécution du contrat semble émaner simplement d'un sentiment de compassion envers les victimes. Tant que les vertus secourables de la responsabilité délictuelle du fait des choses sont désormais confirmées, il convient de les faire bénéficier à toute victime, qu'elle soit contractante ou non. D'ailleurs, c'est en constatant avec regret que le régime favorable de la responsabilité délictuelle du fait des choses ne profite qu'aux tiers qu'une partie de la doctrine française appelle, elle aussi, à assouplir la règle du non-cumul[1654] ou, d'une manière plus catégorique, à délictualiser totalement l'obligation de

de la responsabilité du médecin, RTD 2005, p. 5 ; H. Ben Slima, note sous CA de Tunis, n° 26426 du 3 juillet 1996, RJL janv. 2005, p. 93 ; A. Khaldi, Les responsabilités d'ordre privé existant en matière d'exercice de la médecine, *in* La responsabilité médicale, CPU, 2006, p. 57 ; A. Bourourou A, La jurisprudence civile de la responsabilité médicale (en arabe), *in* La responsabilité médicale, CPU, 2006, p. 127 ; F. Mimouni, L'information du malade, Info juridiques, nov. 2006, p. 6.

1650 A. Ladhar, L'aléa thérapeutique, mémoire de DEA, faculté de droit de Sfax 2001/2002.

1651 Voir *infra* n° 299 et n° 315.

1652 Voir *infra* n° 314.

1653 Voir *supra*. Section 2 ch. 1, première partie.

1654 G. Viney, Pour une interprétation modérée du refus de l'option, *op. cit.*

sécurité[1655]. Bien que l'interprétation théologique de la règle de droit nous paraisse parfaitement envisageable, cela ne devrait pas amener le juriste à « verser dans le sentimentalisme »[1656]. Ce serait fuir la réalité que de prétendre que l'application de la responsabilité délictuelle du fait des choses entre contractants ne pose pas effectivement des difficultés sérieuses, du moins sur un plan purement technique.

288. L'incompatibilité entre la présomption de responsabilité délictuelle du fait des choses et le contrat : obstacle majeur à l'application de la théorie de l'option. Plusieurs fondements ont été avancés en droit français pour justifier l'exclusion de l'article 1384 alinéa 1er entre contractants[1657]. L'exécution du contrat amène la victime à participer à l'usage de la chose et opère même, dans certains cas, le transfert de la garde. La présomption de responsabilité risque ainsi de bouleverser l'équilibre contractuel et la répartition des risques entre les parties.

289. La participation de la victime à l'usage de la chose. Destinée à régir des situations où sont en présence des tiers, la responsabilité délictuelle du fait des choses n'est pas du tout adaptée aux relations issues d'un contrat. En effet, s'il est compréhensible qu'un utilisateur d'une chose, créant de sa propre initiative les risques, soit soumis au régime rigoureux qu'édicte l'article 1384 alinéa 1er, il n'en est pas de même dans le cadre conventionnel. Dans cette hypothèse, la victime consent à faire de la chose un instrument d'exécution de l'activité projetée. Non seulement elle a accepté le risque émanant de cette chose[1658], mais aussi et surtout elle participe à son usage[1659]. Tel est le cas par exemple dans le cadre des activités de loisirs où l'usager peut commettre des imprudences, voire même changer la destination de la chose pour satisfaire son plaisir[1660].

290. Le transfert de la garde de la chose. La difficulté majeure d'appliquer le régime de la présomption de l'article 1384 alinéa 1er apparaît surtout lorsque le contrat porte sur une chose. Dans ce cas, la responsabilité délictuelle ne sera

---

[1655] P. Rémy, La « responsabilité contractuelle » : histoire d'un faux concept, op. cit. n° 32 ; L. Leturmy, La responsabilité délictuelle du contractant, *op. cit.*, p. 839 ; C. Lapoyade-Deschamps, Le mythe de la responsabilité contractuelle en droit français, *op. cit.* p. 177.

[1656] Ph. Jacques, Regards sur l'article 1135, Nouvelle bibliothèque de thèses, Dalloz, 2005, préf. F. Chabas, n° 416, p. 885.

[1657] Sur la systématisation de ces fondements, voir G. Lardennois, De l'application de l'article 1384 § 1 en matière contractuelle, thèse, Nancy, éd. Domat Montchrestien, Paris, 1935 ; B. Lebrun, La responsabilité civile du gardien de la chose dommageable, cocontractant de la victime, thèse, Paris, 1944 ; B. Goldman, La détermination du gardien responsable du fait des choses inanimées, éd. Sirey, 1947, préf. P. Roubier ; E. N. Martine, L'option entre la responsabilité contractuelle et la responsabilité délictuelle, thèse précitée, p. 71 et s. ; M. Espagnon, La règle du non-cumul, thèse précitée n°96 et s.

[1658] J. Honorat, L'acceptation des risques, LGDJ, 1965.

[1659] G. Ripert, D. P. 1928, 1, 145.

[1660] *Ibid.*

généralement d'aucun secours pour le contractant victime. En effet, ce dernier apparaîtra, le plus souvent, comme le gardien de la chose qui lui a été remise. Ainsi, le vendeur transmettra la garde à l'acheteur, le propriétaire au locataire, à l'emprunteur… Conséquemment, ce seront eux qui deviendront les gardiens. Non seulement ils ne peuvent pas demander réparation à leurs contractants, mais aussi ils deviennent responsables vis-à-vis des tiers.

291. Bouleversement de l'équilibre contractuel et de la répartition des risques entre les parties. Lorsqu'une chose intervient dans l'exécution du contrat, ce dernier prévoit lequel des contractants supportera la charge des risques qu'elle fait courir. Or cette répartition diverge assez souvent de celle opérée par la responsabilité délictuelle qui, intervenant entre des tiers, se soucie de faire supporter la charge des risques à celui qui est le plus qualifié à en prévoir la survenance et donc à s'assurer[1661]. Véritable machine à faire sauter la convention, la responsabilité délictuelle du fait des choses ne doit pas s'immiscer dans les rapports contractuels. En effet, il ne faut pas que l'intervention d'une chose dans l'exécution du contrat entraîne systématiquement l'existence d'une responsabilité aggravée car c'est le contenu du contrat qui va permettre de déterminer si le débiteur est responsable du simple fait de l'inexécution ou s'il faut prouver sa faute[1662]. Il s'agit donc d'une solution plus nuancée incompatible avec les présomptions de la responsabilité délictuelle. L'application de la responsabilité délictuelle de plein droit conduit à des résultats particulièrement inconvenants lorsque le débiteur, assumant, en raison de l'aléa pesant sur son activité, une obligation de moyens, emploie des choses pour exécuter son engagement. L'exemple du médecin est à ce titre particulièrement illustrant. Appelé fréquemment à utiliser des instruments dans l'exercice de son art, il serait lourd de conséquences de le rendre systématiquement responsable des dommages subis par son patient[1663].

Esthétiquement attirants, les arguments déployés par les pourvoyeurs de la règle du non-cumul pour repousser l'application de la responsabilité délictuelle du fait des choses ne forcent pas pourtant l'adhésion. En effet, l'évolution du machinisme, les difficultés accrues de prouver la faute en présence d'un fait de la chose ou encore la possibilité de prendre une assurance pour couvrir la réparation des dommages causés par la chose, sont autant de circonstances justifiant l'aggravation de la responsabilité du débiteur aussi bien dans le domaine contractuel qu'extracontractuel[1664], au point qu'on peut réellement se demander s'il ne serait pas loisible de reconnaître l'existence d'un principe général de responsabilité délictuelle du fait des choses applicable en matière contractuelle.

[1661] M. Espagnon, La règle du non-cumul, thèse précitée, n° 98.

[1662] *Op. cit. Loc. cit.*

[1663] Voir *infra* n° 314.

[1664] G. Viney, Introduction à la responsabilité, *op. cit.*, n° 220.

§2. Pour la reconnaissance d'un principe général de responsabilité délictuelle du fait des choses applicable en matière contractuelle

292. Loin d'être incompatible avec l'existence d'un rapport contractuel, la mise en œuvre de la responsabilité délictuelle du fait des choses semble s'accommoder aussi bien avec les contrats mettant en œuvre des choses pour leur exécution (A), qu'avec les contrats impliquant la remise ou la livraison d'une chose (B).

A. La compatibilité de la responsabilité délictuelle du fait des choses avec les contrats mettant en œuvre une chose pour son exécution

293. L'analogie entre la situation du débiteur contractuel utilisant une chose et le gardien (1), ainsi que la fragilité des échappatoires créées en vue de combler l'absence de l'application de la responsabilité délictuelle du fait des choses (2) mettent en exergue les mérites de l'option entre la responsabilité contractuelle et la responsabilité délictuelle (3). Un principe qui ne se contredit pas avec la possibilité de prévoir des exceptions destinées à régir certaines situations particulières (4).

1. L'analogie entre la situation du débiteur contractuel utilisant une chose et le gardien

294. Nombreux sont les contrats dans lesquels le débiteur, pour exécuter son obligation contractuelle, a à se servir d'une chose qui peut être l'occasion d'un dommage pour le créancier. Tel est le cas du transporteur qui utilise des engins ou des véhicules divers pour effectuer un déplacement. C'est le cas également du médecin qui manipule un dispositif pour examiner son patient, du chirurgien qui utilise un instrument pour l'opérer, du propriétaire d'attractions foraines qui met à la disposition de sa clientèle une armée d'appareils. Ces débiteurs se trouvent en droit français à l'abri de la responsabilité délictuelle du fait des choses. En effet, comme on vient de l'exposer, l'incompatibilité entre la présomption de l'article 1384 alinéa 1er et le contrat est, selon les partisans de la non-option, l'expression de l'antinomie entre la situation du débiteur contractuel et celle du gardien. Si ce dernier, créant de sa propre initiative un risque, voit sa responsabilité nécessairement alourdie, il n'en est pas de même dans le cadre contractuel où la victime, participant à l'usage de la chose mise en œuvre pour l'exécution du contrat, consent à la réalisation du risque. On devine, sans mal, combien l'explication est artificielle. En effet, l'analogie entre la situation du débiteur contractuel et celle du gardien, solution qui se dégage au demeurant à partir des arrêts dans lesquels la jurisprudence tunisienne a accepté l'application de l'article 96 du Code des obligations contractuelles, loin de paraître saugrenue, se défend pour plusieurs raisons. En effet, non seulement l'acceptation des risques ne fait pas obstacle à l'application de la responsabilité délictuelle du fait des choses entre contractants (a), mais aussi la participation à l'usage de la chose ne nous paraît pas suffisante pour écarter la responsabilité délictuelle du fait des choses (b).

a. L'acceptation des risques ne fait pas obstacle à l'application de la responsabilité délictuelle du fait des choses entre contractants

295. L'utilisation de la théorie de l'acceptation des risques par les partisans de l'interdiction de l'option entre la responsabilité contractuelle et la responsabilité délictuelle. Appliquée initialement dans le transport bénévole de personnes[1665] et dans les accidents causés dans l'exercice d'un sport[1666], la théorie de l'acceptation des risques a été opposée à la victime afin de lui refuser le bénéfice du régime de la responsabilité délictuelle du fait de choses sans pour autant la priver de la faculté d'obtenir réparation sur la base de la responsabilité délictuelle du fait personnel[1667]. Repris pour le compte des partisans de la règle du non-cumul, l'acceptation des risques était présentée comme le fondement même de l'exclusion de l'article 1384 alinéa 1er dans les rapports contractuels[1668]. Prenant prétexte que les contractants, en souscrivant leur accord, savaient que l'exécution du contrat nécessitait l'emploi de certaines choses, appareil ou machine, on a pu prétendre qu'ils en avaient accepté les risques. La responsabilité délictuelle du fait des choses deviendrait ainsi lettre morte en matière contractuelle.

296. Le recul de la théorie de l'acceptation des risques. Faut-il dire que cet argument ne nous convainc pas ? Peut-on conclure à une acceptation des risques à partir d'une simple attitude des contractants consentants à l'emploi des choses alors qu'ils ne sont pas censés en connaître les inconvénients ?[1669] Artificielle et divinatoire, ladite théorie s'induit seulement d'une présomption gratuite d'intention. D'ailleurs taxé de ce vice originaire, son domaine est, en

[1665] Civ., 27 mai 1938, DP 1928, 1, 145, note G. Ripert ; S. 1928, I, 353, note F. Gény.

[1666] L'acceptation des risques a été invoquée comme fondement à l'exclusion du régime de la responsabilité délictuelle du fait des choses concernant les accidents subis par des participants à un concours hippique, voir Civ. 2e, 2 juin 1976, JCP 1977, II, 18585 ; Civ. 2e, 8 nov. 1976, II, 18759, note A. Bénabent ; Civ. 2e, 5 juin 1985, Bull. civ. II, n° 114 ; JCP 1987, II, 20744, note E. Agostini Voir la même solution concernant les participants à une course automobile Civ. 2e, 20 mai 1978, IV, p. 221.

[1667] J. Honorat, L'idée de l'acceptation des risques sans la responsabilité civile, LGDJ, 1969, n°132 et s.

[1668] G. Ripert, note sous Civ. 27 mars 1928, DP 1928, 1, 147 ; E. N. Martine, L'option entre la responsabilité contractuelle et la responsabilité délictuelle, thèse précitée, p. 57.

[1669] Voir dans le même sens G. Lardennois, De l'application de l'article 1384 § 1 en matière contractuelle, thèse précitée, p. 144.

matière délictuelle, de plus en plus réduit. N'ayant désormais aucune incidence en matière de transport gratuit de personnes[1670], elle se trouve aujourd'hui en perte de vitesse dans le domaine du sport, son terrain d'élection. Limitée aux seuls risques normalement prévisibles[1671] lors de la compétition sportive elle-même à l'exclusion des entraînements[1672] et des activités purement ludiques[1673], son existence est de plus en plus contestée par la doctrine qui appelle, à juste titre, à son abandon[1674].

Ce constat, qui n'est pas sans rappeler la position des juges tunisiens refusant de paralyser la mise en œuvre de la responsabilité délictuelle du fait des choses par le biais de l'acceptation des risques et dans le domaine délictuel[1675], et dans le domaine contractuel[1676], met sérieusement en doute le bien-fondé de l'un des arguments soutenus par les partisans de l'éviction de la présomption de responsabilité dans le domaine contractuel et ce quand bien même il y a eu participation exclusive à l'usage d'une chose.

b. La participation à l'usage de la chose ne suffit pas à écarter la responsabilité délictuelle du fait des choses

297. Participation à l'usage de la chose et qualité de gardien. La participation à l'usage de la chose suffit-elle à attribuer à la victime la qualité de gardien, la privant ainsi de la faculté d'invoquer la responsabilité délictuelle du

[1670] Ch. Mixte, 20 déc. 1968, D. 1969, p. 37, concl. Schmelk ; Civ. 15 nov. 1972, D. 1973, p. 533, note F. Chabas, *adde* J.-Ch. Metiner, « Les responsabilités encourues par les plaisanciers du fait des dommages dont seraient victimes les personnes embarquées », PA 4 août 1995, p. 15.

[1671] Civ. 2e, 8 mars 1995, Bull. civ. II, n° 83 ; JCP 1995, II, 22499, note J. Gardach ; Resp. civ. et assur. 1995. comm. n° 228 ; RTD civ. 1995 p. 904, obs. P. Jourdain.

[1672] Civ. 2e, 5 juin 1985, JCP 1987, II, 20744, note E. Agostini.

[1673] Après avoir écarté l'application de l'article 1385 du Code civil en dehors de toute compétition sportive, voir Civ. 2e, 15 avr. 1999, Bull. civ., II, n°76 ; JCP 2000, II, 10317, note D. Antoine ; JCP 2000, I, 197, obs. G. Viney ; RCA juill.-août 1999, chron. n°16 par H. Groutel ; RTD civ. 1999, p. 633, obs. P. Jourdain ; *adde* dans le même sens CA Douai, 3e ch. 16 déc. 1999, JCP 2000, II, 10420, note C. Giardin, la Cour de cassation est revenue sur sa position en refusant tout effet à l'acceptation des risques en cas de participation de la victime à une jeu ou à une activité pédagogique. Voir Civ. 2e, 28 mars 2002, Bull. civ. II, n° 671 ; D. 2002, p. 3237, note D. Zerouki ; Resp. civ. et assur., 2002, comm. n° 191 ; RTD civ. 2002, p. 520, obs. P. Joudain ; Civ. 2e, 4 juill. 2002, Bull. civ. II, n° 158 ; D. 2003, p. 519, note E. Cordelier et somm. p. 461, obs. P. Jourdain ; Resp. civ. et assur. 2002, comm. n° 324, obs. H. Groutel ; Civ. 2e, 8 fév. 2006, Resp. civ. et assur. 2006, comm. n° 130.

[1674] S. Hocquet-Berg, Vers la suppression de l'acceptation des risques en matière sportive, RCA sept. 2002, chron., n° 15 ; M-L. Cicile-Delfosse note sous Civ. 2e, 28 mars et 4 juillet 2002, PA déc. 2002 n° 258, p. 8 , G. Viney et P. Jourdain, Traité de droit civil. Les conditions de la responsabilité, *op. cit.* n° 643, p. 701.

[1675] TPI de Tunis, jugement n° 138 du 5 mars 1973, RTD 1973, p. 178, Cass. civ. arrêt n° 24050. 2003 du 18 avril 2003 (inédit).

[1676] Cass. civ. arrêt n° 72084 du 9 juin 1999, inédit ; Cass. civ. arrêt n° 6725. 2002 du 6 juin 2002, inédit ; TPI de Sfax, jugement n° 31190 du 25 mars 2002, inédit ; Cass. civ. arrêt n° 27227.2003 du 5 sept. 2003, inédit ; Cass. civ. arrêt n° 221. 2004 du 1er avril 2004, inédit.

fait des choses ? Tel est l'argument majeur déployé par les partisans de l'interdiction de l'option entre la responsabilité contractuelle et la responsabilité délictuelle[1677]. Ainsi, l'élève qui prend des leçons d'équitation, le client d'un manège de balançoires acquièrent sur la chose mise à leur disposition par le débiteur un véritable pouvoir de direction. On peut même craindre, parfois, que l'usager commette des imprudences ou change la destination de la chose...

Cette affirmation ne laisse pourtant pas d'étonner. Bien souvent, le contractant se servant d'une chose inhabituelle n'est pas à même d'apprécier les risques qu'il peut encourir. Faut-il rappeler que la qualité de gardien suppose un pouvoir d'usage, de contrôle et de direction ? Ce pouvoir n'est certainement pas entre les mains du simple participant contractuel qui, faisant confiance à son débiteur, généralement un professionnel, se borne à utiliser la chose. Serait-il alors juste de faire supporter au créancier les risques de l'utilisation d'une chose mise à sa disposition ? On est plutôt enclin à répondre par la négative et à mettre ces risques à la charge du débiteur. D'ailleurs, même dans les contrats impliquant la remise d'une chose par l'une des parties à l'autre, tels que la vente ou l'échange, le bail ou le prêt, le transfert de garde est interprété restrictivement[1678]. Il est vrai que la jurisprudence est encore incertaine et versatile[1679], mais il convient de rappeler qu'elle ne se contente pas de constater l'existence d'un titre contractuel portant sur la chose instrument du dommage, pour en déduire le transfert automatique de la garde de celle-ci au cocontractant. Lorsque la victime se borne à utiliser une chose qui est mise à sa disposition, le principe même du transfert de la garde doit être écarté, car pour avoir la qualité du gardien, il faut qu'elle ait reçu des droits suffisamment étendus lui permettant d'exercer un réel pouvoir de maîtrise sur la chose. En d'autres termes, elle doit avoir reçu la possibilité de prévenir elle-même le dommage que la chose est susceptible de causer, ce qui est en l'occurrence difficilement envisageable. Quand le débiteur contractuel utilise une chose pour l'exécution de son obligation, sa position vis-à-vis de la chose n'est pas manifestement distincte de celle qui, en matière délictuelle détermine la garde[1680]. Tout comme le gardien délictuel, il a, en effet, bel et bien « l'usage, la direction et le contrôle » de la chose. Et c'est cette analogie qui met à mal l'idée selon laquelle la responsabilité délictuelle du fait des choses est incompatible avec l'existence d'un contrat.

[1677] E. N. Martine, L'option entre la responsabilité contractuelle et la responsabilité délictuelle, thèse précitée, p. 71 et s. ; *adde* dans le même sens F. Leduc, « La spécificité de la responsabilité contractuelle du fait des choses », D. 1996, p. 167, pour qui le débiteur qui met en œuvre une chose dans l'exécution du contrat perd la qualité du gardien.
[1678] Voir *infra* n° 324 et s.
[1679] Sur l'examen de cette jurisprudence, voir *infra* n° 324 et s.
[1680] G. Viney et P. Jourdain, Les conditions de la responsabilité, op. cit., n° 741.

Reste l'argument selon lequel, en utilisant la chose, la victime peut commettre des imprudences qui sont à l'origine du dommage[1681], et qu'il serait dès lors inéquitable de faire peser la charge entière de la réparation au débiteur. Là encore, la démonstration repose sur une argumentation circulaire et ne pourrait convaincre. On peut en effet se demander s'il ne s'agit pas d'un amalgame entre deux phases, pourtant distinctes dans tout contentieux relatif à la responsabilité en général, celle de l'établissement du fait générateur et celle de l'exonération. Si la victime a commis une faute dans l'utilisation de la chose, cela intervient soit pour exonérer le débiteur, si cette faute forme une cause étrangère non imputable, soit pour tempérer la responsabilité du débiteur si elle n'acquiert pas les caractéristiques de la force majeure, mais nullement pour empêcher la réunion des conditions d'application de la responsabilité délictuelle du fait des choses même entre contractants.

C'est ce qu'affirme d'ailleurs sans ambages l'arrêt de la Cour de cassation tunisienne du 5 septembre 2003[1682]. Au pourvoi reprochant aux juges du fond de retenir la responsabilité d'un propriétaire d'un centre de loisirs qui a organisé une course de voitures alors que la victime utilisant l'engin a commis une faute en excédant de vitesse, la Cour prend le soin d'affirmer que la faute de la victime n'intervient qu'au stade de l'exonération. N'ayant pas, en l'espèce, réuni les conditions de la cause étrangère, elle ne libère point l'organisateur gardien de sa responsabilité. Au-delà d'une simple compassion envers les victimes, l'application récente et croissante de l'article 96 du COC par les juges tunisiens trouverait ainsi des fondements logiques rendant cette jurisprudence « quasi instinctive » solide et cohérente. Car pourquoi chercher en fait à interdire la responsabilité délictuelle du fait des choses à accéder dans le contrat si le débiteur contractuel dispose des mêmes prérogatives qu'un gardien ? La question est légitime d'autant plus que les techniques qu'on a essayé d'inventer, surtout en droit français, pour combler l'absence forcée de l'article 1384 alinéa 1er sont nettement insuffisantes.

2. L'insuffisance des échappatoires créées

298. Clone imparfait de la responsabilité délictuelle du fait des choses, la responsabilité contractuelle du fait des choses ne peut suppléer l'absence de l'application de la présomption de responsabilité édictée par les articles 1384 alinéa 1er du Code civil et 96 du Code des obligations et des contrats (a). Il en est de même pour l'obligation contractuelle de sécurité qui, éloignée de sa forme originelle, a subi des mutations profondes l'empêchant d'assurer le niveau de protection que joue la responsabilité délictuelle du fait des choses (b).

[1681] E. N. Martine, *op. cit. Loc. cit.*

[1682] Cass. civ. arrêt n° 27227.2003 du 5 sept. 2003 (inédit).

a La responsabilité contractuelle du fait des choses : clone imparfait de la responsabilité délictuelle du fait des choses

299. Une tentative sans lendemain. Le débiteur contractuel est responsable « non seulement par sa faute, mais encore par le fait des choses qu'il met en œuvre pour l'exécution de son obligation contractuelle »[1683]. Affirmée explicitement par l'arrêt du 7 janvier 1995[1684], la création de la responsabilité contractuelle du fait des choses répond en droit français à deux impératifs. En effet, non seulement la haute juridiction a essayé d'atténuer le grief d'injustice que la doctrine adressait avec insistance à l'obligation contractuelle de sécurité lorsqu'elle n'est que de moyens, privant, en raison de la règle du non-cumul, la victime de la possibilité d'invoquer l'article 1384 alinéa 1er du Code civil, mais aussi et surtout le principe de l'interdiction de l'option est formellement respecté puisque ce nouveau fait générateur, et ce même s'il est analogue à celui qui régit la responsabilité délictuelle du gardien, reste de nature contractuelle[1685].

Sans utiliser des formules aussi éclatantes, la jurisprudence tunisienne a fait recours à ce procédé dans le cadre de la responsabilité médicale. Ainsi, on peut lire dans le jugement du tribunal de première instance du Tunis du 14 juin 1995[1686] que « la mauvaise utilisation des instruments dangereux (...) engage la responsabilité contractuelle de la clinique pour l'inexécution du contrat qui la lie avec le patient ». En l'espèce, souffrant d'une tumeur au niveau de la gorge, le patient a dû subir des séances de radiothérapie qui se sont compliquées d'une cécité. Considérant que la clinique est la gardienne du matériel, origine du dommage, le tribunal condamne cette dernière à payer des dommages et intérêts sur le terrain contractuel. Et c'est en cette qualité qu'elle a été condamnée

---

[1683] Civ. 1re, 15 janv. 1995, Bull. civ. I, n° 43 ; D. 1995, p. 350, note P. Jourdain ; Resp. civ. et assur. 1995. comm.123 et chron. H. Groutel, n° 16 ; D. 1996, Somm. p. 15, obs. G. Paisant ; JCP 1995, I, 3853, n° 9 et s. obs. G. Viney ; RTD Civ. 1995 p. 631, obs. P. Jourdain *adde* G. Viney et P. Sargos, « La responsabilité contractuelle du fait des choses. Débat autour de l'arrêt de la première chambre civile de la Cour de cassation du 17 janvier 1995 », *in* La responsabilité du fait des choses. Réflexions autour d'un centenaire, Economica 1997, p. 87 ; F. Leduc, « La spécificité de la responsabilité contractuelle du fait des choses », D. 1996, p. 164.

[1684] La Cour de cassation française a déjà admis en 1979 qu'un entrepreneur devait répondre, sur le fondement des principes de la responsabilité contractuelle, du dommage causé au maître de l'ouvrage par le fait de son matériel exactement dans les conditions qui auraient été requises pour fonder la responsabilité délictuelle du gardien d'une chose vis-à-vis d'une victime à laquelle il n'aurait pas été lié par contrat. Voir Civ. 3e, 27 fév. 1979, Bull. civ. III, n°50. Mais cet arrêt est resté isolé et le principe de la responsabilité contractuelle n'a été explicitement réaffirmé qu'avec l'arrêt du 15 janvier 1995 précité.

[1685] G. Viney et P. Sargos, « La responsabilité contractuelle du fait des choses. Débat autour de l'arrêt de la première chambre civile de la Cour de cassation du 17 janvier 1995 », *in* La responsabilité du fait des choses, Réflexions autour d'un centenaire, Economica 1997, p. 87 ; Ph. Rémy, Histoire d'un faux concept, *op. cit.* n° 37.

[1686] TPI Tunis, jugement n°8553/9 du 14 juin 1995, inédit.

également par la Cour de cassation dans son arrêt du 19 février 1998[1687]. L'application par le juge tunisien du concept de la responsabilité contractuelle du fait des choses, que certains auteurs appuient en appelant à sa généralisation dans le domaine médical[1688], peut de prime abord surprendre. Dès lors que la Cour de cassation consacre la règle de l'option entre la responsabilité contractuelle et la responsabilité délictuelle, pourquoi utiliser un procédé créé en droit français pour pallier les inconvénients engendrés par l'interdiction de faire recours à la responsabilité délictuelle du fait des choses ? Pourtant, à bien réfléchir, la référence faite par les juges tunisiens au fait contractuel de la chose montre leur malaise, voire leurs réticences, à appliquer l'article 96 du COC dans le domaine médical même si la nécessité d'objectivisation paraît de plus en plus pressante[1689]. D'ailleurs, en dehors de cette consécration ponctuelle, voire isolée, dans le contrat médical, la jurisprudence tunisienne, préférant appliquer la responsabilité délictuelle du gardien, ne fait guère recours à ce procédé.

Le constat d'abandon[1690] s'observe également en droit français malgré « la formule choc »[1691] utilisée par la Cour de cassation. Devant la multiplication des affaires où la Cour de cassation s'abstenait de réutiliser la notion alors que les faits d'espèce s'y apprêtaient[1692], on n'hésite plus à affirmer que l'arrêt du 17 janvier 1995 n'a été qu'un incident de parcours. La responsabilité contractuelle du fait des choses n'a pas pu réellement s'imposer comme étant un principe général parallèle à celui existant en matière délictuelle. Faut-il pourtant le regretter ?

300. Avantages illusoires. Certains éminents auteurs[1693] réprouvent l'abandon de cette piste par la jurisprudence. L'affirmation d'un principe général de responsabilité contractuelle du fait des choses aurait pu, selon eux, uniformiser la situation des victimes, qu'elles soient ou non unies avec le responsable par un contrat. Mais cet avantage est-il réel ? Incontestablement, pour qu'il en soit ainsi, il faut que la responsabilité contractuelle du fait des choses épouse la structure de la responsabilité délictuelle du fait des choses, du moins concernant le fait générateur de responsabilité. Or, même si la formule utilisée par l'arrêt du 15 janvier 1995, laissant entendre que le fait de la chose utilisée par le débiteur pour l'exécution de ses obligations contractuelles

---

1687 Cass. civ. arrêt n° 63103. 97 du 19 février 1998, BCC, I, p. 232.

1688 S. Jerbi, « La jurisprudence et la responsabilité médicale, la fin de l'arythmie paroxystique ? », *op. cit.*

1689 Voir *infra* n° 315.

1690 P. Jourdain, Responsabilité contractuelle du fait des choses : la Cour de cassation aurait-elle des regrets ? RTD Civ. 1996 p. 632 ; G. Viney, « La responsabilité contractuelle du fait des choses : un avenir incertain », JCP 1996, I, 3944, n°6 et s.

1691 Expression de G. Viney, *op. cit. Loc. cit.*

1692 Civ. 1re, 21 fév. 1995, Resp. civ. et assur., 1995. comm. 129 ; Civ. 1re, 14 mars 1995, Bull. civ. I, n° 128.

1693 G. Viney « La responsabilité contractuelle du fait des choses : un avenir incertain », *op. cit.* ; D. Mazeaud, « Le régime de l'obligation de sécurité », GP 1997, 2, p. 1208.

suffisait à déclencher le régime objectif de responsabilité, incitait à être songeur[1694], ceci est loin d'être l'intention de la Cour de cassation. Ce qu'on pensait être le décalque de la responsabilité délictuelle fondée sur l'article 1384 alinéa 1er n'est en réalité qu'une institution différente. En effet, si l'on met de côté l'interprétation qui limitait le domaine de cette nouvelle forme de responsabilité aux seules choses dangereuses[1695], on se rend rapidement compte que la notion de fait de chose mise en avant par l'arrêt du 17 janvier 1995 vise non pas le fait causal de la chose, mais désigne seulement le vice ou le défaut de la chose[1696]. L'unification souhaitée entre la situation du co- contractant et celle des tiers est loin donc d'être réalisée. Dès lors, la création de ce nouveau fait générateur de responsabilité ne peut apporter une protection pour les victimes capables de suppléer l'éviction de la responsabilité délictuelle du fait des choses. En effet, même si la victime est dispensée de la preuve de la faute, il n'en reste pas moins vrai que la preuve du défaut ou du vice est loin d'être une tâche aisée. Faut-il rappeler que cette restriction a été abandonnée en matière délictuelle depuis l'arrêt Jand'heur en 1930 ?

C'est dire que la responsabilité contractuelle du fait des choses ne permet pas de chasser l'injustice qui résulte de la mise en œuvre de la règle du non-cumul. De telles réflexions en suscitent d'autres. S'il est nécessaire, comme le soutient une partie de la doctrine[1697], d'appliquer entre contractants comme entre tiers le même régime objectif de réparation, pourquoi copier la responsabilité délictuelle du fait des choses au lieu d'admettre tout simplement son applicabilité entre contractants ? N'est-il pas plus simple, pour éviter cette redondance inutile des faits générateurs, d'autoriser la victime à solliciter la responsabilité délictuelle du fait des choses, même si ceci doit conduire à une relecture de la règle du non-cumul ? La réponse positive nous paraît soutenable surtout lorsque l'obligation transgressée est une obligation de sécurité, car cette dernière a subi des mutilations profondes l'empêchant elle aussi de suppléer l'absence de l'application de l'article 1384 alinéa 1er du Code civil.

b. Le travestissement de l'obligation contractuelle de sécurité

301. La naissance de l'obligation contractuelle de sécurité et de la responsabilité délictuelle du fait des choses : contexte historique. L'étude du rapport entretenu entre la responsabilité délictuelle du fait des choses et l'obligation contractuelle de sécurité ne peut être élucidée qu'à la lumière d'une

---

1694 P. Jourdain, note sous Civ. 1re, 15 janv. 1995, D. 1995, p. 350 ; G. Viney, note sous Civ. 1re, 15 janv. 1995, JCP 1995, I, 3858.

1695 F. Leduc, « La spécificité de la responsabilité contractuelle du fait des choses », D. 1996, n° 7, p. 167.

1696 G. Viney, La responsabilité contractuelle du fait des choses : un avenir incertain, JCP, 1996, I, 3944.

1697 P. Jourdain, note sous Civ. 1re, 15 janv. 1995, D. 1995, p. 350 ; G. Viney, note sous Civ. 1re, 15 janv. 1995, JCP 1995, I, 3858.

investigation historique qui met en exergue les raisons de la naissance simultanée de ces deux procédés. En effet, face à l'ampleur des accidents corporels, en particulier les accidents du travail et les accidents de transport, la doctrine se préoccupait de lutter contre le caractère inique de l'attribution du fardeau de la preuve à la victime. Mais si la fin rassemblait, les moyens pour y parvenir divisaient. À cet égard, deux solutions étaient envisageables : soit on modernisait la responsabilité délictuelle comme le préconisait Saleilles, père fondateur de la théorie du risque[1698] ; soit on plaçait la réparation sous l'égide du contrat[1699] comme le prônaient Sauzet[1700] et Sainctelette[1701]. Avec l'arrêt Teffaine[1702], « c'est l'article 1384 qui a incontestablement gagné la première manche »[1703]. La Cour de cassation semblait vouloir placer la réparation des dommages corporels sur le terrain délictuel et ce à l'exclusion de toute intrusion des règles contractuelles. Pourtant, l'article 1384 n'est pas complètement parvenu à s'imposer[1704]. Comme on l'a déjà vu, une relative lenteur dans l'assouplissement de la mise en œuvre de la responsabilité délictuelle du fait des choses explique que celle-ci s'est figée un temps. La jurisprudence, démentant les espérances que les partisans de la responsabilité objective avaient fondées sur l'arrêt Teffaine, permettait au propriétaire d'une chose inanimée de s'exonérer en prouvant seulement l'absence de faute[1705]. Plusieurs Cours d'appel refusèrent de se soumettre à la décision de la Chambre des requêtes[1706].

[1698] R. Saleilles, Étude de la théorie générale des obligations, la seconde rédaction du projet du Code civil pour l'empire d'Allemagne, Paris, 1895 ; note sous Cass. civ., 16 juin 1896, D. P 1897, 1, 433 ; voir également dans la même filiation que Saleilles, L. Josserand, De la responsabilité du fait des choses inanimées, 1897.

[1699] L'idée qu'une obligation de sécurité des personnes puisse être contractuelle fut annoncée par l'avocat parisien Vavasseur. Elle a été développée dans le contrat de travail par M. Sauzet. Cette même idée a été proposée pour les dommages causés aux usagers des chemins de fer, voir H. Verne de Bachelard, De la responsabilité des chemins de fer en matière de transport, thèse, Lyon, 1883, p. 151. Reprise et développée par Ch. Sainctelette, ce dernier proposa une véritable garantie contractuelle de sécurité en matière d'accidents de travail et de transport. Pour l'étude de l'évolution historique de l'obligation de sécurité, voir J.-L. Halperin, « La naissance de l'obligation de sécurité », GP. 1997, doctr., p. 1176 ; C. Bloch, L'obligation contractuelle de sécurité, faculté de droit et de science politique d'Aix Marseille, Institut d'études juridiques, 2004, préface Roger Bout, p. 12.

[1700] M. Sauzet, De la responsabilité des patrons vis-à-vis des ouvriers dans les accidents industriels, Rev. Crit. 1883, p. 596.

[1701] Ch. Sainctelette, De la responsabilité et de la garantie, Bruxelles, Paris 1884.

[1702] Cass. civ., 16 juin 1896, D. P 1897, 1, 433 note R. Saleilles.

[1703] Expression de G. Viney, Rapport de synthèse, colloque Chambéry du 15 novembre 1996, G. P 1997, 2, 1212.

[1704] J. Garnier, « De l'arrêt Teffaine aux arrêts Jand'heur », *in* La responsabilité du fait des choses, Réflexions autour d'un centenaire, Economica, 1997, p. 25.

[1705] Req. 30 mars 1897, D. 1897, 1, p. 433, note R. Saleilles, l'arrêt semble abandonner la théorie du risque pour s'en tenir à une présomption de faute.

[1706] Voir Cocat, Le fondement de la responsabilité du voiturier en matière de transport de personne, thèse, Paris 1922, p. 14 et 15.

Il fallut attendre l'arrêt Jand'heur, en 1930,[1707] pour que l'article 1384 s'impose vraiment, mais entre-temps, l'obligation contractuelle de sécurité était née[1708]. Aussitôt proclamée, ladite obligation, présentant toutes les stigmates d'une obligation de résultat[1709], barrait la route à l'application des règles de la responsabilité délictuelle[1710]. Mais loin de chercher à protéger l'intangibilité du contrat[1711], ni même à sauvegarder le principe de la distinction entre la responsabilité contractuelle et la responsabilité délictuelle[1712], l'interdiction de l'option visait plutôt à assurer une protection meilleure des victimes de dommages corporels à une époque où la responsabilité délictuelle semblait insuffisante.

Ceci étant, l'affirmation de la règle du non-cumul dans le domaine des accidents corporels nous paraît correspondre à un objectif tout à fait différent de celui qui a animé sa proclamation dans certains contrats spéciaux tel le contrat de mandat. Cela nous paraît fondamental, car généralement cet objectif qu'est la protection des victimes est perdu de vue ou sacrifié en appliquant dogmatiquement la règle du non-cumul. En effet, qu'elle soit de résultat comme elle a été conçue originellement ou de moyens comme elle l'est devenue assez souvent, l'obligation contractuelle de sécurité prive la victime de la possibilité d'invoquer la responsabilité délictuelle du fait des choses. Or, si l'impact de cette interdiction est atténué lorsque l'obligation de sécurité est de résultat, il n'en va pas de même lorsqu'elle est simplement de moyens.

302. Le rapprochement entre l'obligation contractuelle de sécurité de résultat et la responsabilité délictuelle du gardien. Lorsque l'exécution du contrat suppose l'utilisation d'une chose, l'obligation de sécurité qualifiée de résultat reste en mesure de garantir à la victime une protection comparable à celle qui lui aurait été assurée par la mise en œuvre de l'article 1384 alinéa 1er. En effet, dans les deux cas, la victime est dispensée de prouver la faute de son débiteur qui se trouve dans l'obligation de rapporter la preuve de la cause

---

[1707] Avec l'arrêt Jand'heur rendu par les chambres réunies le 13 fév. 1930, les juges écartent explicitement le vice de la chose comme fondement de la responsabilité délictuelle du fait des choses, mettant un terme aux ambiguïtés nées de l'arrêt Teffaine, voir Ch. réunies 13 fév. 1930, DP 1930, I, 57, note G. Ripert ; S. 1930, 1, 121 ; *adde* J. Garnier, « De l'arrêt Teffaine aux arrêts Jand'heur », *op. cit. loc. cit.*

[1708] Cass. civ., 21 nov. 1911, S. 1912, 1, p. 73, note C. Lyon-Caen ; D. P 1913, 1, p. 249, note L. Sarrut.

[1709] En 1911, la distinction entre les obligations de moyens et les obligations de résultat, systématisée par R. Demogue en 1924, n'est pas encore connue. Néanmoins, on s'accorde aujourd'hui à considérer que l'obligation de sécurité émergée dans le contrat de transport est une obligation de résultat car seule la cause étrangère libère le débiteur.

[1710] Cass. civ., 21 nov. 1913, S. 1913, 1, p. 177, note C. Lyon-Caen.

[1711] Au contraire, l'obligation de sécurité altère la volonté des parties.

[1712] Argument classiquement présenté au soutien de la règle du non-cumul, voir *supra* section 1, chapitre 1 de la première partie.

étrangère pour pouvoir se libérer[1713]. La rigueur dont fait preuve la Cour de cassation française concernant l'obligation de sécurité incombant au transporteur[1714], au voyagiste[1715], à certains exploitants d'activités ludiques[1716], voire à l'employeur[1717] et ce avant que l'obligation de sécurité ne quitte la sphère contractuelle[1718], ne se dément pas.

En droit tunisien, la jurisprudence fait preuve elle aussi de cette même rigueur dans l'application du régime de l'obligation contractuelle de sécurité de résultat[1719]. Mais, contrairement à la jurisprudence française, la Cour de cassation tunisienne accepte la mise en œuvre parallèle de l'article 96 du COC.

1713 Voir dans le même sens R. Rodière, « Voyageurs, Veillez sur nous », D. 1971, chron. 45 ; H., L, J. Mazeaud et F. Chabas, Leçons de droit civil, *op. cit.* N°556-2 ; G. Viney et P. Jourdain, Traité de droit civil. Les conditions de la responsabilité, *op. cit.*, n° 742.

1714 Civ. 1re, 15 mars 1965, D. 1965, p. 448 ; JCP 1965, II, 14221, note P. Durant ; Civ. 1re, 15 juill. 1975, JCP 1976, II, 18418, note R. Rodière ; Civ. 1re, 27 avr. 1976, JCP 1976, II, 18477, note R. Rodière.

1715 Civ. 1re, 2 nov. 2005 , n° 03-14.862, FP+B, Bull. civ. I, n° 401, D. 2006, p. 1016, note J.-Y. Maréchal ; JCP 2006, II, 10018, note M. Poumarède ; Civ. 1re, 13 déc. 2005, n° 03-17.897, F-P+B, Bull. civ. I, n° 504 ; RTD Civ. 2006 p. 329, obs. P. Jourdain. Par ces arrêts, la Cour de cassation confirme sa volonté non seulement de faire de la responsabilité des agences de voyages et autres prestataires relevant de la loi n° 92-645 du 13 juillet 1992 une véritable responsabilité du fait d'autrui mais encore de lui attribuer un caractère objectif, et cela quelle que soit l'obligation transgressée par le prestataire auquel l'agence a fait appel pour l'exécution du contrat.

1716 L'exploitant d'un manège d'autos tamponneuses assume une obligation de sécurité de résultat, voir Civ. 1re, 13 nov. 1974, JCP 1976, II, 18344 ; D. 1975, somm. p.16 ; Civ. 1re, 12 fév. 1975, p. 512, note Ph. le Tourneau ; JCP 1975, II, 18179, note G. Viney ; Civ. 1re, 17 juin 1975, IV, p. 259 ; D. 1975, IR, p. 216. La même solution s'applique à l'exploitant d'un toboggan aquatique, voir Civ.1re, 28 oct. 1991, Bull. civ. I, n° 289 ; Contrats-concurrence-consommation, 1992, n° 51, obs L. Leveneur ; Resp. civ. et assur. 1992, comm. n° 82 et chron. H. Groutel n° 8 ; RTD civ. 1992, p. 397, obs. P. Jourdain. Il en va de même également pour l'exploitant d'un bob-luge, voir Civ. 1re, 17 mars 1993, Bull. civ. I, n°119 ; D. 1995, Somm. p. 66, obs. J. Mouly ; pour le moniteur et l'organisateur d'un vol en parapente, voir Civ. 1re 21 oct 1997, Bull. civ., I, n° 287 ; D. 1999, somm. Comm., p. 85, note A. Lacabarats ; D. 1998, J. 271, note P. Brun ; G. P. 1999, 1, J., p. 236, note J. Mouly ; J.C.P.G., 1998, II, 10103, note V. Varet.

1717 Après avoir consacré une simple obligation de moyens à la charge de l'employeur, voir Soc. 11 oct. 1994, Bull. civ. IV, n° 269 ; D. 1995, p. 440, note C. Radé ; RTD civ. 1995, p. 890 ; Soc., 28 oct. 1997, D. 1998, p. 219, note C. Radé, la Cour de cassation a consacré une obligation de sécurité de résultat dans le contentieux de l'amiante : Soc. 21 fév. 2002, n° 834, 837, 838, 842, 844, 845, tous P+B+R+I, JCP 2002, II, 10053, concl. A. Benmaklouf, RTD civ. 2002, p. 310, obs. P. Jourdain ; GP 5-7 mai 2002, note S. Petit ; D. 2002, p. 2696, note X. Pretot ; R. Vatinet, « En marge de l'amiante ; l'obligation de sécurité du salarié, Dr. Soc. 2002, p. 533 ; JCP 2002, I, 186, n° 23 à 27, obs. G. Viney.

1718 Soc., 29 juin 2005, Dr. soc. 2005, p. 971, chron. J. Savatier ; Soc., 5 mars 2008 , arrêt n° 429 FS P+B+R, RDC oct. 2008 n° 4, p. 1267, note C. Radé. L'obligation de sécurité du chef d'entreprise s'est détachée de l'article 1147 du Code civil pour être fondée uniquement sur les dispositions du Code du travail, en l'occurrence l'article L. 4121-1.

1719 Voir concernant l'obligation de sécurité du transporteur Cass. civ. arrêt n° 9260 du 19 avril 1973, B. CC 1973, I, p. 92 ; Cass. civ. arrêt n° 3990 du 18 juin 1981, BCC 1981, II, p. 209 ; Cass. civ. arrêt n° 6271 du 6 août 1981, BCC 1981, III, p. 68 ; Cass. civ. arrêt n° 55364 du 4 déc. 1996, BCC 1996, II, p. 66.

Techniquement, cette solution est loin d'être inenvisageable. Au contraire, c'est le non-cumul qui devient incompréhensible car si le débiteur peut aussi bien présenter la qualité de gardien tout comme celle d'un contractant, on ne voit pas pour quelle raison la victime serait obligée de ne suivre que la voie contractuelle. Cette option nous paraît d'autant plus nécessaire depuis que l'obligation de sécurité, originairement de résultat, a épousé d'autres formes qui l'éloignent sensiblement de sa rigueur initiale.

303. L'altération de l'aspect protecteur de l'obligation de sécurité. Si l'obligation de sécurité de résultat a permis de garantir les contractants contre les risques causés par l'utilisation des choses, il n'en reste pas moins vrai qu'elle ne s'applique pas à tous les contrats comportant l'intervention d'une chose. Mutée assez souvent en une simple obligation de moyens[1720], elle est devenue, conjuguée avec la règle du non-cumul, un véritable obstacle à la réparation[1721]. Privée des bienfaits de la responsabilité délictuelle du fait des choses, la victime est obligée de rapporter la preuve de la faute de son débiteur, même si son dommage a été causé par le fait d'une chose. Ceci ne peut, insidieusement, que conduire à des inégalités choquantes entre les victimes.

[1720] L'organisateur d'une manifestation sportive assume une obligation de sécurité mais qui est simplement de moyens. Voir Civ. 1re, 12 juin 1990, Bull. civ., I, n°167 ; JCP 1990, II, 21510, note P. Collomb ; Civ. 1re 15 juill. 1999, bull. civ., I, n° 329 et 330 ; D. 2000, p. 287, note J. Mouly ; Resp. civ. et assur. 2000, comm. n° 93 ; Civ. 1re, 7 mars 2000, Resp. civ. et assur. 2000, comm. n° 194 ; Civ. 1re, 30 juin 2004, Resp. civ. et assur. 2004, comm. n° 295 ; Civ. 1re, 25 janv. 2005, Bull. civ. I, n° 46 ; Resp. civ. et assur. 2005, comm. n° 80, obs. S. Hocquet-Berg. De même, l'enseignement d'un sport et l'organisation de stages d'activités sportives incluent une obligation de sécurité de moyens. Voir pour un moniteur de ski, Civ. 1re, 9 fév. 1994, Bull. civ. I, n° 61 ; JCP 1994, II, 22313, note D. Veaux. Pour un moniteur de gymnastique, Civ. 1re, 21 nov. 1995, Bull. civ. I, n° 424 ; Resp. civ. et assur., 1996, comm. n° 28 ; RJDA 1996, n° 60. L'exploitant d'un site touristique naturel n'assume lui aussi qu'une simple obligation de moyens, voir Civ. 1re, 17 juin 1997, Bull. civ. I, n° 202 ; Resp. civ. et assur. 1997, comm. n° 291. Même solution pour l'organisateur d'un spectacle, voir Civ. 1re, 11 fév. 1975, JCP 18179, note G. Viney ; Civ. 1re, 29 nov. 1989, Bull. civ., I, n° 371 ; JCP 1990, IV, 32. Plus généralement les exploitants d'établissements accueillant une clientèle dans leur enceinte assument uniquement une simple obligation de moyens quant à la sécurité de leurs clients. Voir pour un restaurant, Civ. 1re, 26 nov. 1991, RCA. 1992, comm. n° 60 ; Civ. 1re, 21 fév. 1995, Resp. civ. et assur. 1995, comm. n° 129 ; Civ. 1re, 14 mars 1995, Bull. civ. I, n° 129 ; Ca de Paris, 17 janv. 2005, D. 2005, IR, p. 388. Pour un hôtel, voir Civ. 1re, 19 juill. 1983, Bull. civ., I, n° 211 ; RTD civ. 1984, p. 729, obs. J. Huet ; Civ. 1re, 29 janv. 1985, GP 1985, I, p. 264 ; Civ. 1re, 22 mai 1991, Bull. civ., I, n° 163 ; RTD civ. 1991, p. 757, obs. P. Jourdain ; civ. 1re, 8 fév. 2005, Bull. civ. I, n°76, D. 2005, p. 2058, note C. Corgas-Berneard ; Resp. civ. et assur. 2005, comm. n°132. Pour une discothèque, voir Civ. 1re, 10 juin 1986, Bull. civ. I, n° 164. Pour une laverie automatique, voir Civ. 1re, 16 nov. 1976, JCP 1977, IV, p. 13, D. 1977, IR, p. 87. Ces exemples sont indiqués à titre indicatif, pour une présentation exhaustive des activités incluant une simple obligation de moyens. Voir G. Viney et P. Jourdain, Les conditions de la responsabilité, *op. cit.*, n° 552, p. 543 et s.

[1721] P. Jourdain, « L'obligation de sécurité. À propos de quelques arrêts récents », GP 1993, doct., p. 1171 ; *adde* pour le même auteur, « Le fondement de l'obligation de sécurité », GP 1997, doc., p. 1196 ; H. Groutel, « L'impérialisme de l'obligation de sécurité », RCA, n° spécial hors-série déc. 1998, p. 126.

Alors que les tierces personnes bénéficient de la possibilité de se placer sur le terrain délictuel, les contractants, prétendus être pourtant créanciers de l'obligation de sécurité, s'en trouvent privés. Or, à maintes reprises, la qualité du contractant est simplement fortuite. L'arrêt de la Cour de cassation du 24 novembre 1993[1722] en offre un exemple très illustratif. En l'espèce, une personne construit elle-même un bateau. Pour le placer sur sa quille, elle s'adresse à une entreprise de manutention laquelle envoie sur les lieux un camion-grue conduit par l'un de ses préposés. Le propriétaire du bateau assistait à la manœuvre. Au cours de celle-ci, la quille bascule, à la suite de la rupture d'un étai qui s'est dessoudé, et blesse le propriétaire. Ce dernier assigna l'entreprise sur le fondement de l'article 1384 alinéa 1er du Code civil. Sa demande fut rejetée au motif que celle-ci ne pouvait être fondée sur la responsabilité délictuelle. La victime n'est créancière que d'une obligation de sécurité de moyens. Or, si elle avait été un tiers, assistant dans les mêmes conditions à la manœuvre effectuée par le débiteur et subissant un préjudice corporel, elle aurait pu être indemnisée sur le fondement de la responsabilité délictuelle. « Cadeau empoisonné »[1723], l'obligation de sécurité est aujourd'hui, en droit français, détournée de sa fonction originaire. Sombre constat, si l'on ajoute, par ailleurs, que sa bifurcation en deux catégories, obligation de moyens et obligation de résultat, met à mal la prévisibilité juridique. Les hésitations sur la qualification à retenir[1724], la fragilité des critères retenus pour exclure l'obligation de résultat, tels que l'aléa ou le rôle actif du créancier[1725], ont de quoi donner le tournis et en laisser plus d'un désorienté. Ceci ne peut évidemment qu'accentuer l'inégalité entre les victimes dans leur détresse. Chanceux sont les créanciers qui ont vu leur procès se dérouler pendant l'apogée de l'obligation de résultat ; malheureux sont ceux qui ont vu, pour les mêmes faits, leurs demandes d'indemnisation jugées après le retour en force des obligations de moyens. Ne cessant de grossir, cette dernière ne fait qu'ôter à l'obligation de sécurité l'une de ses plus fortes raisons d'être. Conséquemment,

---

[1722] Voir H. Groutel, « L'impérialisme de l'obligation de sécurité », Resp. civ. et assur., Février 1994, chron. n° 6.

[1723] D. Mazeaud, Le régime de l'obligation de sécurité, GP 1997, doc., p. 1201.

[1724] Ainsi, par exemple, concernant l'exploitant d'un remonte-pente, la Cour de cassation a retenu d'abord la qualification de l'obligation de moyens (Civ. 7 fév. 1949, JCP 1949, II, 4959, note R. Rodière ; D. 1949.377, note F. Derrida ; Civ. 1re, 8 oct. 1963, Bull. civ. I, n° 420), puis de résultat (Civ. 1re, 8 oct 1968, D. 1969.157, note J. Mazeaud ; GP. 1968, 2, 361, note W. Rabinotvitch ; RTD civ. 1969, p. 345, obs. G. Durry), avant de revenir à la qualification de l'obligation de moyens (Civ. 1re, 4 nov. 1992, Bull. civ. I, n° 277 ; D. 1994, p. 45, note P. Brun ; RTD civ. 1993, p. 364, obs. P. Jourdain). Les mêmes hésitations s'observent concernant l'obligation de sécurité mise à la charge des exploitants de parcs zoologiques. D'abord de résultat (Civ. 1re, 31 janv. 1973, JCP 1973, II, 17450, note B. Starck), elle est aujourd'hui de moyens. Voir Civ. 1re, 30 mars 1994, Bull. civ. I, n° 134, Resp. civ. et assur. 1994, comm. n° 204.

[1725] Sur l'exposé critique de ces deux critères, voir supra (section 2 du chapitre 2 de la première partie relative aux différences de régimes entre responsabilité contractuelle et responsabilité délictuelle).

elle ne peut combler l'absence de l'application de la responsabilité délictuelle du fait des choses. Mais cette perte de rigueur est loin de concerner uniquement la catégorie des obligations de sécurité de moyens, elle frappe également les nouvelles obligations de résultat limitées désormais selon la jurisprudence française récente à l'absence de défaut ou de vice de la chose utilisée dans l'exécution du contrat.

304. Le nouveau visage de l'obligation de sécurité de résultat : une obligation sécurité limitée aux choses défectueuses. Classiquement, le débiteur d'une obligation de sécurité de résultat risque de voir sa responsabilité contractuelle engagée dès lors que la victime arrive à prouver que « (…) par son activité ou par les choses qu'il a mises à la disposition de la victime ou par le fait des personnes dont il doit répondre, le défendeur a causé un dommage corporel »[1726]. Le manquement à une obligation de sécurité de résultat engendre donc une responsabilité causale qui ne cède que devant la preuve de la cause étrangère. Et cette rigueur permet, comme on l'a déjà vu précédemment, d'éviter que les solutions soient différentes selon que s'applique l'article 1384 alinéa 1er ou l'article 1147 du Code civil français, équivalents respectifs des articles 96 et 277 du Code des obligations et des contrats. Or, actuellement, on assiste à l'avènement d'une nouvelle catégorie des obligations de sécurité dites de résultat. Des obligations qui ne se suffisent pas de la simple preuve du fait causal pour établir la responsabilité du débiteur mais qui obligent le créancier à prouver le défaut de la chose origine du dommage subi.

305. Application dans le contrat médical. Née dans le cadre de la responsabilité du fait des produits défectueux[1727], cette nouvelle définition a fait ses premières apparitions dans les prestations de services et plus particulièrement dans le contrat médical. En effet, dans son arrêt du 9 novembre 1999[1728], la Cour de cassation française a amorcé cette orientation en décidant que « s'il est exact que le contrat formé entre le patient et le médecin met à la charge de ce dernier, sans préjudice de son recours en garantie, une obligation de sécurité de résultat en ce qui concerne les matériels qu'il utilise pour l'exécution d'un acte médical d'investigation et de soin, encore faut-il que le patient démontre qu'ils sont à l'origine de son dommage ; que la Cour d'appel a constaté que la table d'examen dont la patiente avait pris l'initiative de

---

[1726] Y. Lambert-Faivre, « Fondement et régime de l'obligation de sécurité », D. 1994, chron., p. 84.

[1727] Sur cette notion, voir L. Leveneur, « Le défaut », PA, déc. 1998 n 155, p. 28 ; S. Taylor, L'harmonisation communautaire de la responsabilité du fait des produits défectueux, LGDJ, 1999, préf. G. Viney, p. 210 ; J. S. Borghetti, La responsabilité du fait des produits, LGDJ, 2004, préf. G. Viney, n° 88.

[1728] Civ. 1re, 9 nov. 1999, Bull. civ., I, n° 300 ; D. 2000, p. 117, note P. Jourdain ; JCP 2000, II, 10251, note Ph. Brun et I, 243, n° 26, obs. G. Viney ; Resp. civ. et assur. 2000, comm. n° 61 ; Défrenois 2000, p. 251, obs. D. Mazeaud ; PA oct. 2000 n° 214, p. 23, note Y. Dagorne-Labbe ; PA avril 2000 n° 71, p. 46, note E. Imbert ; DP, fév. 2000, n° 79, n° 2496, obs. F. Chabas.

descendre sans l'autorisation du médecin *ne présentait aucune anomalie*[1729] ; que c'est par une appréciation souveraine tirée de ces constatations que la cour d'appel (…) a retenu que le matériel n'était pas à l'origine du dommage ».

Indubitablement, l'arrêt constitue une avancée considérable dans le domaine de la responsabilité médicale où règne le dogme de l'obligation de moyens. En effet, si on laisse de côté l'obligation de sécurité de résultat qui fut mise à la charge d'un chirurgien-dentiste pris en tant que fournisseur de prothèse[1730], solution confirmée par plusieurs arrêts postérieurs[1731], c'était semble-t-il la première fois que la Cour de cassation déclarait un médecin prestataire de services tenu d'une obligation de résultat en ce qui concerne le matériel utilisé. Faut-il voir dans cet arrêt une résurgence de la jurisprudence dite des cerceaux ?[1732] La formule employée par l'arrêt diffère à première vue de celle retenue par l'arrêt du 17 janvier 1995. D'une part, les juges ne visent que les « matériels » utilisés, ce qui est plus restrictif que les « choses » mises en œuvre dans l'exécution du contrat[1733]. D'autre part, la Cour a évité soigneusement de parler du « fait des choses » préférant recourir à l'obligation de résultat.

Est-ce à dire pourtant que cette nouvelle obligation présente l'anatomie de l'obligation de sécurité de résultat classique comme celle qui incombe par exemple aux transporteurs ? C'est fort douteux. Contrairement à cette obligation de sécurité, celle admise par l'arrêt est soumise à des règles spécifiques que ne connaissent pas, en principe, les obligations de résultat. Loin de se suffire de la preuve du fait causal, les juges exigent la preuve d'un défaut ou d'une anomalie du matériel utilisé. Ainsi que l'observe M. Mazeaud, « ce nouveau cas de responsabilité médicale objective n'est pas dénué d'une dose de... subjectivité »[1734]. En effet, l'avantage conféré aux victimes par une telle obligation ne doit pas être surestimé. Sans doute sont-elles dispensées de la démonstration d'une faute du médecin, néanmoins, elles doivent prouver que le dommage procède d'un défaut, ce qui est en la matière souvent bien difficile à établir. D'ailleurs, dans cet arrêt fondateur ainsi que dans les arrêts qui l'ont

---

[1729] Nous soulignons.

[1730] Civ. 1re, 22 nov. 1994, Bull. civ. I, n° 340 ; Resp. civ. et assur. 1995, comm. n° 23 ; RTD civ. 1995, p. 375, obs. P. Jourdain.

[1731] Ainsi, une obligation de sécurité de résultat incombe à la clinique qui fournit des médicaments. Voir Civ. 1re, 7 nov. 2000, Bull. civ. I, n° 279 ; RCA 2001 comm. n° 50 ; CCC 2001, comm. n° 4, obs. L. Leveneur ; D. 2001, p. 2236, obs. D. Mazeaud et p. 3085, obs. J. Penneau ; Defrénois, fév. 2001 n° 4, p. 268, obs. E. Savaux ; JCP 2001, I, 340, n° 23, obs. G. Viney ; RTD civ. 2001, p. 151, obs. P. Jourdain.

[1732] Civ. 1re, 15 janv. 1995, arrêt précité.

[1733] P. Jourdain, note sous Civ. 1re, 9 nov. 1999, D. 2000, p. 117 *contra.* E. Imbert, note sous Civ. 1re, 9 nov. 1999 précitée p. 46 ; F. Chabas, obs. sur Civ. 1re 9 nov. 1999, DP, précitée *adde* Ph. Malinvaud, Droit des obligations, *op. cit.*, p. 436, n°613. Ces auteurs pensent que la jurisprudence dite de la table est une application de la jurisprudence des cerceaux.

[1734] D. Mazeaud, note sous Civ. 1re, 9 nov. 1999, précitée.

confirmé[1735], les victimes ont toujours été déboutées de leurs actions faute d'avoir prouvé un défaut ou une anomalie à l'origine du dommage.

306. Fait actif de la chose, défectuosité de la chose : Quelle différence ? Pour certains auteurs[1736], l'exigence de la défectuosité de la chose utilisée dans l'exécution du contrat serait le pendant de l'exigence d'un fait actif de la chose imposé pour l'application de l'article 1384, alinéa 1er du Code civil. Ainsi peut-on lire sous la plume de Mme Bacache : « (...) la défectuosité de la chose, de même que l'anormalité de sa position ou de son comportement rendent prévisible la réalisation du dommage dont se plaint la victime. *On aboutit de la sorte à une harmonisation de la réparation des dommages causés par une chose quelle que soit la nature de la responsabilité encourue*[1737] »[1738]. D'ailleurs, l'identité de la solution admise dans l'arrêt du 1er novembre 1999 avec celle qui aurait pu être retenue sur le fondement de l'article 1384, alinéa 1er du Code civil est flagrante. En effet, même si la voie délictuelle était ouverte, les juges auraient débouté la victime de sa demande. La table étant une chose inerte, la victime est dans l'obligation de prouver l'anormalité de sa position[1739]. Cette identité, on peut l'observer dans le contentieux relatif aux chutes dans les établissements accueillant une clientèle dans leur enceinte telles que la chute dans les grands magasins ouverts au public[1740] ou dans le hall d'accueil d'un centre médical[1741]. L'application de la responsabilité délictuelle du fait des choses, par préférence à l'obligation contractuelle de sécurité, n'aurait pas changé substantiellement la solution du litige car la victime doit prouver la position anormale du sol ou de l'escalier[1742].

[1735] Civ. 1re, 4 fév. 2003, Bull. civ. I, n° 40 ; Civ. 1re, 22 novembre 2007, FS-P+B, n° 05-20.974 (décision en ligne) ; G P, 05 fév. 2008 n 36, p. 17, Avis de l'Avocat général, Alain Legoux ; D. 2008, p. 816, note M. Bacache-Gibeili.

[1736] P. Jourdain, note sous Civ. 1re, 1er nov. 1999, D. 2000, p. 117 précité ; M. Bacache-Gibeili, note sous Civ. 1re 22 nov. 2007, précité.

[1737] Nous soulignons.

[1738] M. Bacache, *op. cit. Loc. cit.*

[1739] Civ. 2e, 11 janv. 1995, Bull. civ. II, n° 18 ; Resp. civ. et assur. 1995. comm. 86 ; Civ. 2e, 7 mai 2002, Bull. civ. II, n° 92 ; Resp. civ. et assur. 2002. comm.250 ; Civ. 1re, 9 juill. 2002, Bull. civ. I, n° 188 ; Resp. civ. et assur. 2002. comm. 326 ; Civ. 2e, 11 juill. 2002, Bull. civ. II, n° 175 ; Resp. civ. et assur. 2002. comm. 326 ; *adde*, sur ces trois arrêts, D. 2003 p. 461, obs. P. Jourdain ; Civ. 2e, 24 fév. 2005, pourvoi n° 03-18.135, FP-P+B+R+I et pourvoi n° 03-13.536, FP-P+B+R+I, D. 2005.1395, note N. Damas, Resp. civ. et assur. 2005, comm. 121, obs. H. Groutel ; RTD Civ. 2005 p. 407, obs. P. Jourdain.

[1740] Civ. 2e, 16 mai 1984, Bull. civ. II, n° 86 ; RTD civ., 1985, p. 585, obs. J. Huet ; Civ. 2e, 24 janv. 1985, Bull. civ. II, n° 21, RTD civ. 1986.115, obs. J. Huet ; Civ. 2e, 28 mai 1986, Bull. civ. II, n° 85. Voir également pour une chute dans les locaux d'une boucherie, la Cour de cassation écarte l'application de l'article 1384 alinéa 1er du Code civil au motif que le sol n'était pas anormalement glissant et que celui-ci n'avait pas joué un rôle actif dans la réalisation de l'accident (Civ. 1re, 29 mai 1996, RTD civ. 1997, n°1, p. 140, obs. P. Jourdain).

[1741] Civ. 2e 10 janv. 1990, RTD civ. 1990, n°3, p. 481, note P. Jourdain.

[1742] En revanche, pour les chutes dans les escalators, la Cour retient l'application de la responsabilité délictuelle du fait des choses sans rechercher si la cause de la chute se trouve dans

Est-ce à dire pourtant qu'il est possible de tenir la condition de défectuosité et l'exigence de fait actif pour équivalent ? Même si nous pensons que le maintien de l'exigence du fait actif reste nécessaire pour atténuer l'excès auquel peut conduire l'application de la responsabilité délictuelle du fait des choses[1743], il semble que le jumelage entre ces deux conditions soit difficilement soutenable. Prenons l'exemple d'un accident survenu dans une auto-tamponneuse. Il est clair que prouver le fait actif de la chose utilisée dans l'exécution du contrat serait, pour la victime, beaucoup plus aisé que la preuve de la défectuosité du matériel mis par le professionnel à la disposition de sa clientèle. Même si les deux conditions peuvent parfois donner lieu à des solutions identiques et écarter la responsabilité du débiteur, il n'en reste pas moins vrai que la condition de défectuosité est beaucoup plus restrictive que la preuve d'un fait actif de la chose. Dès lors, l'alignement des deux régimes contractuel et délictuel n'est que limité. Et encore une fois, cette nouvelle forme d'obligation de sécurité limitée à l'absence de défaut est loin de pouvoir pallier l'éviction de la responsabilité délictuelle du fait des choses.

Dans ce contexte, on comprend parfaitement le vœu de certains auteurs de voir les juges, sinon retenir une présomption de défectuosité[1744], du moins assouplir cette condition[1745] afin de ne pas pénaliser les victimes contractantes. Or ceci est loin de correspondre à la volonté de la jurisprudence qui retient une conception rigoureuse du défaut[1746]. Il serait dès lors plus sage, contrairement aux souhaits de certaines voies[1747], de ne pas généraliser cette solution à tous les

---

un dysfonctionnement ou une anomalie de l'escalator, ce dernier étant une chose en mouvement, voir Civ. 2e, 1er fév. 1973, JCP 19784, II, 17810, note N. Dejean de La Bâtie ; Civ. 2e, 29 mars 2001, Bull. civ. II, n° 68 ; Resp. civ. et assur. 2001. chron.14 par H. Groutel ; RTD Civ. 2001 p. 598, obs. P. Jourdain *contra,* CA de Paris, 25 avr. 2000, et la note critique de F. Chabas, GP. 22 avr. 2001.

1743 Voir *infra* n° 312.

1744 S. Hocquet-Berg, Obligation de moyens ou obligation de résultat. À propos de la responsabilité civile du médecin, thèse, Paris Val-De-Marne 1995, p. 349, n° 619.

1745 P. Jourdain, obs. sur Civ. 1re, 22 nov. 1994, RTD civ. 1995, p. 375.

1746 Après avoir montré un certain penchement vers une définition élargie et souple du défaut (Civ. 1re, 3 mars 1998, JCP E 1998, p. 1102, note J. Revel ; D. 1999, Jur. p. 39, note G. Pignarre et P. Brun), la jurisprudence se montre plus rigoureuse dans l'appréciation de cette condition. Voir Civ. 1re, 5 avr. 2005, Bull. civ. I, n° 173 ; D. 2005, Jur. p. 2256, note A. Gorny ; JCP 2005, II, 10085, note L. Grymbaum et J.-M. Job ; Resp. civ. et assur. 2005, comm. n° 189, obs. C. Radé ; Dr. et patrimoine 2005, n° 140, p. 104, obs. F. Chabas ; RDC, mars 2006, p. 55, obs. P. Jacques ; RTD civ. 2005, p. 607, obs. P. Jourdain ; Civ. 1re, 24 janv. 2006, n° 03-19. 534, D. 2006, Jur. p. 1273, note L. Neyret ; Resp. civ. et assur. 2006, comm. n° 91, obs. C. Radé ; RTD civ. 2006, p. 325, obs. P. Jourdain.

1747 Voir en faveur de cette solution dans le cadre du contrat de transport, R. Nerac-Croisier, Soliloque sur la responsabilité du transporteur de personnes, D. 1995, p. 35. Voir également l'appui de cette voie dans le cadre des activités sportives et ludiques, Ph. Brun, note sous Civ. 1re, 4 nov. 1992, D. 1994, p. 45.

contrats nécessitant l'intervention d'une chose pour leur exécution[1748]. En effet, nous préférons voir dans l'émergence de cette nouvelle forme de l'obligation de sécurité de résultat dans le domaine médical l'expression de la particularité de ce contrat. La jurisprudence a choisi la prudence dans l'inoculation de la dose d'objectivisation dans le foyer même de la responsabilité subjective. D'ailleurs, même ces pas prudents restent actuellement doublement menacés en droit français, non seulement par la loi du 4 mars 2002[1749], mais également par la jurisprudence communautaire et notamment par l'arrêt de la Cour de justice des communautés européennes du 10 mai 2001[1750] ainsi que celui du 25 avril 2002[1751].

307. Menace de l'intérieur, menace de l'extérieur. Conformément aux vœux maintes fois formulés, le législateur français est intervenu avec la loi du 4 mars 2002 relative aux droits des malades et à la qualité du système de santé afin d'uniformiser les règles de la responsabilité applicables à l'activité médicale, qu'elle soit privée ou hospitalière, que la relation unissant le médecin avec son patient soit contractuelle ou pas. L'article L. 1142, 1, alinéa 1er du Code de la santé publique dispose désormais que « hors le cas ou leur responsabilité est encourue en raison d'un défaut d'un produit de santé, les professionnels de santé mentionnés à la quatrième partie du présent Code, ainsi que tout établissement, service ou organisme dans lesquels sont réalisés des actes individuels de prévention, de diagnostic ou de soins ne sont responsables des conséquences dommageables d'actes de prévention, de diagnostic ou de soins qu'en cas de faute ».

[1748] Voir surtout, en faveur de la généralisation de solution, la thèse de E. Bramat, L'obligation de sécurité, produits et services mis sur le marché, précitée.

[1749] Sur cette loi, voir C. Radé, La réforme de la responsabilité médicale après la loi du 4 mars 2002 relative aux droits des malades et à la qualité du système de santé, RCA mai 2002, chron. 7.

[1750] CJCE 10 mai 2001, JCP, Cahiers de droit de l'Entreprise, 2002, p 21 ; RTD Civ. 2001 p. 988, obs. J. Raynard ; D. 2001 p. 3065, note P. Kayser.

[1751] Cet arrêt a donné lieu à une littérature juridique abondante. Voir G. Viney, « L'interprétation par la CJCE de la Directive du 25 juillet 1985 sur la responsabilité du fait des produits défectueux », JCP 2002, I, 177 ; J. P. Pizzio, « La responsabilité du producteur pour les produits défectueux doit être identique pour l'ensemble des États membres », D. 2002, p. 2935 ; J. Calais Auloy, « Menace européenne sur la jurisprudence française concernant l'obligation de sécurité du vendeur professionnel » (CJCE, 25 avril 2002), D. 2002, p. 2458 ; P. Oudot, « Le piège communautaire de la responsabilité du fait des produits défectueux », Lamy droit civil du 1er janv. 2003, n° 111 ; C. Rondey, « Responsabilité du fait des produits défectueux : la France à nouveau condamnée », D. 2002, p. 1670 ; A. Corny, « Une révolution inaperçue (À propos des arrêts de la C.J.C.E. du 25 avril 2002) », PA 9 mai 2003, n° 93, p. 4 ; D. Mazeaud, « Rapports entre le régime mis en place par la directive du 25 juillet 1985 sur la responsabilité des produits défectueux et les autres régimes de responsabilité », D. 2003, p. 463 ; T. Riehm, « Produits défectueux : quel avenir pour les droits communs ? (1), L'influence communautaire sur les droits français et allemand », Dalloz, 2007 p. 2749 ; A. Gosselin-Gorand, « Les enjeux de l'harmonisation totale des législations des États membres sur la responsabilité du fait des produits défectueux imposée par la directive du 25 juillet 1985 (À propos de l'arrêt de la C.J.C.E. du 25 avril 2002) », Petites affiches, 18 décembre 2002 n° 252, p. 4.

À la lumière de cette disposition, il est clair que l'obligation de moyens garde son statut privilégié, atténuée toutefois par certaines exceptions dont le domaine se trouve réduit en comparaison des solutions dégagées jusque-là par la jurisprudence. En effet, la loi semble réserver l'hypothèse d'une responsabilité sans faute en matière d'infections nosocomiales. Elle a toutefois cantonné ce principe aux seuls établissements, à l'exclusion des médecins exerçant à titre libéral au sein de leur cabinet et ce contrairement à la jurisprudence qui les a soumis à une obligation de sécurité de résultat. La deuxième exception, qui attire particulièrement notre attention, concerne les dommages causés par les produits de santé. Or, si cette notion vise sans difficulté les produits fournis aux malades par les professionnels de santé, la loi reste muette concernant les produits utilisés dans l'exécution du contrat médical. Doit-on alors sonner le glas de l'obligation de sécurité créée par les juges dans cette hypothèse ? Une telle solution, conduisant sans doute à une dégradation de la situation des victimes par rapport à la jurisprudence antérieure, pourrait être évitée, comme le soutiennent des voies autorisées[1752], par l'adoption d'une interprétation extensive de l'expression « responsabilité encourue en raison d'un défaut d'un produit de santé ». Entendue largement, elle permet d'y englober non seulement les produits fournis aux malades par les professionnels de santé, mais également le matériel utilisé par ces derniers pour l'exécution de leurs obligations.

Pouvant par une interprétation extensive être maintenue même après l'adoption de la loi du 4 mars 2002, l'obligation de sécurité de résultat peut-elle encore résister à la loi du 19 mai 1998 relative à la responsabilité du fait des produits défectueux telle qu'interprétée par la Cour de justice de l'Union européenne ? La question se pose en raison d'un arrêt rendu par ladite Cour le 25 avril 2002[1753] aux termes duquel seuls subsistent, au bénéfice des victimes, les régimes de droit commun ayant un fondement distinct de celui sur lequel repose la directive du 25 juillet 1985 transposée en droit français par la loi du 19 mai 1998. Or, ayant comme fait générateur le défaut, l'obligation de sécurité inventée par la jurisprudence semble reposer sur le même fondement que la directive. La deuxième menace communautaire provient de l'arrêt du 10 mai 2001 qui a accrédité l'idée selon laquelle un prestataire de service est soumis à la loi sur les produits défectueux.

Pourtant, l'obligation de sécurité de résultat relative au matériel utilisé par le médecin pourrait avoir des chances de survie pour la bonne raison que les prestataires de services qui utilisent des produits défectueux pour l'exécution de leur contrat ne relèvent pas du domaine d'application de la loi du 19 mai 1998. Certes, la Cour de justice de l'Union européenne dans son arrêt du 10 mai 2001

[1752] G. Viney et P. Jourdain, Les conditions de la responsabilité, *op. cit.*, p. 468 ; M. Bacache, note sous Civ. 1re, 22 nov. 2007, précitée.

[1753] Arrêt précité.

semble s'opposer à une telle interprétation en estimant qu'« un produit défectueux est mis en circulation lorsqu'il est utilisé à l'occasion d'une prestation de service concrète, de nature médicale consistant à préparer un organe humain en vue de sa transplantation et que le dommage causé à celui-ci est consécutif à cette préparation ». Néanmoins, la question préjudicielle posée en l'espèce à la Cour consistait seulement à savoir si un producteur qui utilise lui-même son produit à l'occasion d'une prestation de service le met en circulation au sens de la directive. Plus particulièrement, elle était de savoir si un liquide de rinçage défectueux fabriqué par la pharmacie d'un hôpital et utilisé par le même groupe hospitalier en vue de la préparation d'une transplantation rénale est mis en circulation. La question précise posée à la Cour, ainsi que la motivation très circonstanciée de l'arrêt évitent d'étendre sa portée au-delà des circonstances de l'espèce[1754].

La sauvegarde de l'obligation de sécurité relative aux matériels utilisés dans l'exécution de la prestation médicale nous paraît nécessaire afin de ne pas perdre les acquis de la jurisprudence en la matière. Néanmoins, ce maintien devrait être renforcé par une interprétation souple de la notion de défaut pour ne pas alourdir la tâche probatoire incombant aux victimes. Et surtout, cette restriction du contenu de l'obligation de sécurité doit être cantonnée au contrat médical qui s'accommode peu, à vrai dire, d'une responsabilité délictuelle du fait des choses. Or une telle incompatibilité est loin d'être de principe pour tous les autres contrats nécessitant l'intervention d'une chose pour leur exécution. Bien au contraire, outre la fragilité des arguments déployés pour justifier l'éviction de la responsabilité délictuelle du fait des choses dans ces hypothèses, l'option entre la responsabilité contractuelle et la responsabilité délictuelle présente plusieurs mérites.

3. Les mérites de l'option entre la responsabilité contractuelle et la responsabilité délictuelle

308. La faveur que donne la jurisprudence tunisienne au cocontractant victime d'un dommage corporel en admettant l'option entre la responsabilité contractuelle et la responsabilité délictuelle du gardien, solution au demeurant proposée par l'avant-projet de réforme du Code civil dans son article 1341,[1755]

[1754] M. Bacache-Gibeili, note précitée.

[1755] Après avoir posé la règle de l'interdiction de l'option entre la responsabilité contractuelle et la responsabilité extracontractuelle, l'article 1341 dispose que « Toutefois, lorsque cette inexécution provoque un dommage corporel, le co-contractant peut, pour obtenir réparation de ce dommage, opter en faveur des règles qui lui sont plus favorables ». Sur cette question, voir E. Savaux, « Brèves observations sur la responsabilité contractuelle dans l'avant-projet de réforme du droit de la responsabilité », RDC 2007, n° 1, p. 45 ; J. Huet, « Observations sur la distinction entre les responsabilités contractuelle et délictuelle dans l'avant-projet de réforme du droit des obligations », RDC 2007, n° 1, p. 31 ; P. Ancel, « Présentation des solutions de l'avant-projet des solutions de l'avant-projet », RDC 2007, n° 1, p. 19.

ainsi que par l'article 1386-18 de la proposition de loi « Béteille », nous paraît opportune, que l'obligation de sécurité méconnue soit de moyens ou de résultat.

309. L'option entre l'obligation de sécurité de résultat et la responsabilité délictuelle du fait des choses. À première vue, l'avantage pratique de cette option peut paraître limité. Les conditions d'obtention des dommages et intérêts se rapprochent sensiblement. Toutefois, l'interdiction de l'option peut conduire, à la lumière de la position de la jurisprudence française qui s'abstient d'exercer son pouvoir de rectification des requêtes mal fondées[1756], à une véritable tyrannie procédurale. Si, malencontreusement, le plaideur invoque un fondement jugé erroné, il sera obligé de refaire son procès. Solution que nous trouvons peu commode, la règle du non-cumul devenant dans ce contexte simplement un moyen dilatoire qui ne fait que retarder le prononcé du jugement. Dès lors que le principe de la responsabilité est établi par la preuve du fait causal dommageable, peu importe si la personne responsable apparaît comme un débiteur contractuel ou comme un gardien délictuel. La solution contraire ne peut que conduire à un allongement inutile de procédure.[1757]

Par ailleurs, contrairement à la thèse de la dé-contractualisation totale de l'obligation contractuelle de sécurité[1758], l'option entre la responsabilité contractuelle et la responsabilité délictuelle permet de préserver les acquis de certaines obligations de sécurité de résultat qui, dans leurs formes classiques, arrivent à assurer une protection efficace pour les victimes, devançant parfois la responsabilité délictuelle du fait des choses. Même si les obligations de sécurité de résultat sont devenues minoritaires par rapport à celles qualifiées de moyens, elles conservent une fonction indemnitaire non négligeable dans l'édifice jurisprudentiel aussi bien français que tunisien. Si l'on cherche une manifestation concrète et récente de ce que la reconnaissance d'une obligation

---

[1756] Voir *supra, s*ection 1 du deuxième chapitre de la première partie relative à l'office du juge.

[1757] D'ailleurs, comme on l'a déjà vu précédemment s'il s'agit d'un dommage corporel, les effets de la responsabilité ne différeront pas sensiblement d'un régime à l'autre : la réparation est le plus souvent intégrale et les clauses restrictives sont en général écartées pour les dommages corporels. Voir *supra*, section 1 du chapitre 2 de la première partie relative à l'étude de l'office du juge.

[1758] La plupart des auteurs, qu'ils soient dualistes radicaux ou monistes modérés, appellent à l'éviction de l'obligation de sécurité de la sphère contractuelle. Voir, pour les tenants de la première thèse, Ph. Rémy, La responsabilité contractuelle, histoire d'un faux concept, *op. cit.* ; Ph. Remy, « La responsabilité contractuelle, histoire d'un faux concept », *op. cit.*, p. 333 ; « Critique du système français de responsabilité civile », *op. cit*, p. 47 ; L. Leturmy, « La responsabilité délictuelle du contractant », *op. cit.*, p 839 ; C. Lapoyade Deschamps, « Le mythe de la responsabilité contractuelle », *op. cit.*, p. 175. Voir parmi les tenants de la responsabilité contractuelle dans sa fonction réparatrice mais qui appellent à une décontractualisation totale de l'obligation de sécurité, P. Jourdain, « Le fondement de l'obligation de sécurité », *op. cit.* p. 1197 *adde* « Réflexion sur la notion de responsabilité contractuelle », *op. cit.* p. 68 ; *contra* Et pour une dé-contractualisation modérée, E. Savaux, « La fin de la responsabilité contractuelle ? », *op. cit.*, p. 25 ; Ph. Brun, note sous Civ. 1re, 21oct. 1997, D. 1998, p. 271. L. Boy, note sous Cour d'appel de Paris, 15 janv. 1999, JCP 1999, II, 10068.

de sécurité de résultat peut offrir des avantages réels qui dépassent la mise en œuvre de la responsabilité délictuelle du gardien, on la trouvera certainement dans le contentieux relatif aux agressions commises contre un passager par un tiers dans les trains où la Cour de cassation française admet que le transporteur est responsable au titre de son obligation de sécurité de résultat[1759]. Il va sans dire que l'article 1384, alinéa 1er ne permettait pas de faire droit à cette demande en raison de l'absence de tout fait dommageable d'une chose. Cette rigueur n'est d'ailleurs pas sans rappeler celle de la jurisprudence tunisienne qui, après quelques tergiversations[1760], considère que le fait d'un tiers n'exonère point le transporteur terrestre de personnes de son obligation de sécurité[1761].

310. La nature de l'obligation de sécurité. L'avantage probatoire que l'obligation de sécurité de résultat peut offrir aux victimes ne suffit pas selon certains à certifier sa nature contractuelle. En effet, nombreux sont les auteurs qui contestent aujourd'hui la nature contractuelle de l'obligation de sécurité. Parmi les divers arguments présentés, on a fait notamment valoir que son débiteur ne l'a pas voulu[1762]. Or le fait que l'obligation de sécurité n'a pas la volonté pour source suffit-il réellement pour exclure sa contractualisation ? Nous sommes enclins à répondre par la négative ; les obligations légales qui s'imposent aux contractants indépendamment de leur consentement sont de plus en plus abondantes. Soutenir que seules les obligations voulues par les parties sont sanctionnées par la responsabilité contractuelle conduit à avoir une vision bien vieillie du contrat[1763]. La reconstruction du contenu du contrat par le juge ne peut se faire uniquement en fonction de l'autonomie de la volonté, mais en fonction de l'attente légitime ou raisonnable du créancier victime de l'inexécution du contrat[1764]. N'est-il pas évident que la personne transportée en vertu du contrat peut légitimement attendre du débiteur qu'il la déplace en préservant son intégrité physique ?

1759 Civ. 1re, 12 déc. 2000, D. 2001, p. 1650, p. C. Paulin ; Civ. 1re, 3 juill. 2002, n° 1119 FP-P+B+R+I, D. 2002, p. 2631, note J.-P. Gridel ; Resp. civ. et assur. 2002, comm. 323, obs. H. Groutel ; GP. 1er déc. 2002, concl. J. Sainte-Rose, note F. Chabas ; RTD Civ. 2002, p. 821, obs. P. Jourdain ; Civ. 1re, 21 nov. 2006, P+B, pourvoi n° 05-10.783, D. 2008, note I. Gallmeister ; RDC avril 2007 n°2, p. 392, obs. Ph. Delebecque.

1760 Dans son arrêt du 6 avril 1978, BCC1978, I, p. 167, la Cour de cassation a considéré que le fait du tiers n'est pas exonératoire, puis elle est revenue sur sa position en jugeant que ce fait est constitutif de force majeure exonératoire. Voir Cass. Cass. civ. arrêt n° 4686 du 30 juin. 1982, BCC 1982, III, p. 118.

1761 Cass. civ. arrêt n° 55364 du 4 déc. 1996, BCC 1996, II, p. 66.

1762 L. Josserand, Le contrat dirigé, DH 1933, chron., p. 89 et s. ; *adde* pour le même auteur, « L'essor du concept contractuel », *in* mél. F. Gény 1977, p. 333.

1763 Voir dans le même sens, Ph. Jacques, Regards sur l'article 1135 du Code civil, thèse précitée, p. 413 ; *adde* Ph. Delebecque, Des clauses allégeant les obligations dans les contrats, thèse Aix-Marseille, 1981, p. 313.

1764 Y. M. Laithier, Étude comparative des sanctions de l'inexécution du contrat, thèse précitée, n° 68.

Certains auteurs développent d'autres arguments, encore plus pointus. C'est ainsi qu'on a pu observer que le créancier de cette prétendue obligation ne l'invoque qu'à compter de son inexécution[1765]. Les juges examinent d'abord le comportement du contractant pour décider ensuite s'il a ou non contrevenu à une obligation. Le résultat vient d'abord, le raisonnement ensuite. Ce qui fait naître cette obligation est loin d'être le contrat lui-même mais le dommage. D'autres ajoutent que l'inapplicabilité des autres sanctions de l'inexécution du contrat à l'obligation de sécurité, telles que l'exception d'inexécution ou la résolution, constitue un faisceau d'indices montrant que cette obligation n'a rien de contractuel[1766]. Pourtant, rien ne semble exclure que le créancier de l'obligation de sécurité puisse s'en prévaloir avant la survenance du dommage. Supposons, par exemple, qu'après avoir conclu un contrat de transport, et avant le règlement du prix, le voyageur constate que le conducteur est en état d'ébriété ou que le véhicule est mal entretenu, ne pourra-t-il pas se prévaloir de l'exception d'inexécution ?[1767] Allant plus loin et supposons qu'il a réglé le prix, ne sera-t-il pas en mesure de se prévaloir de la résolution du contrat ? [1768]

En droit tunisien, l'article 761 du Code des obligations et des contrats répond par l'affirmative. Le locataire peut ainsi, dans le contrat de bail, demander la résolution du contrat lorsque « le vice de la chose louée est de nature à compromettre sérieusement la santé ou la vie de ceux qui y habitent ». Rien, en théorie au moins, n'empêche de mettre en œuvre une sanction, autre que la réparation, pour non-respect de l'obligation de sécurité. Il serait peut-être excessif de nier le caractère contractuel de l'obligation de sécurité et soutenir qu'elle est toujours « hors contrat »[1769], que « les bras cassés et les morts d'hommes, les tragédies sont de la compétence des articles 1382 et suivants »[1770].

Que l'exigence de sécurité puisse être servie par un devoir, on ne peut le contester, ce serait spécieux. Pour autant, on ne voit pas pour quelle raison seul le devoir pourrait avoir cette vocation[1771]. La généralité de cette obligation ne serait pas à elle seule incompatible avec la notion du contrat. Pour certifier la nature contractuelle d'une exigence, faut-il nécessairement s'assurer qu'elle n'est pas, par ailleurs, déjà prise en considération par un devoir ? Nous ne le pensons pas. Au-delà de ces querelles, il nous semble que le fait que

---

1765 C. Lapoyade Deschamps, le mythe de la responsabilité contractuelle, *op. cit.* p. 180 ; C. Radé, note sous Soc. 11 oct. 1994, D. 1995, p. 441.

1766 P. Gorsser, Les remèdes à l'inexécution du contrat : essai de classification, thèse précitée, p. 692.

1767 Voir Ph. Jacques, Regards sur l'article 1135 du Code civil, *op. cit. Loc. cit.*

1768 *Ibid.*

1769 P. Jourdain, « Le fondement de l'obligation de sécurité », *op. cit.* p. 1198.

1770 J. Carbonnier, Droit civil. Les obligations, *op. cit.*, p. 293.

1771 Voir dans le même sens E. Savaux, « La fin de la responsabilité contractuelle ? », *op. cit.*, p. 25 ; Ph. Brun, note sous Civ. 1re, 21 oct. 1997, D. 1998, p. 271. L. Boy, note sous Cour d'appel de Paris, 15 janv. 1999, JCP 1999, II, 10068 ; *adde* Ph. Jacques, *op. cit. loc. cit.*

l'obligation de sécurité puisse être prise en charge par la responsabilité délictuelle à côté de la responsabilité contractuelle montre qu'elle transcende les deux ordres de responsabilité[1772]. Cette transcendance, fruit de l'intersection d'objet entre les deux normes contractuelle et délictuelle mettant à mal aussi bien la règle du non-cumul que la thèse de la dé-contractualisation, constitue la justification même de l'option entre la responsabilité contractuelle et la responsabilité délictuelle, une option qui paraît plus que nécessaire lorsque l'obligation de sécurité est simplement de moyens.

311. Éponger les obligations de sécurité de moyens. Autoriser les victimes d'une atteinte à la sécurité à solliciter les règles de la responsabilité délictuelle du fait des choses permet d'éponger le grief d'injustice que la doctrine adresse à juste titre aux obligations de sécurité qui ne sont que de moyens. Les victimes pourraient ainsi bénéficier du régime plus favorable de la responsabilité délictuelle du fait des choses, ce qui ferait disparaître les différences de traitement injustifiables entre les victimes de faits identiques que fait naître l'obligation de sécurité lorsqu'elle est de moyens.

Certains pensent que cette option, même si elle est en mesure d'étouffer les inconvénients pratiques de la qualification contractuelle, aurait pour inconvénient d'encourager la contractualisation à outrance des obligations de sécurité[1773]. Cette affirmation ne laisse pas d'étonner. En effet, les victimes ont tout intérêt à invoquer le régime objectif de la responsabilité délictuelle du fait des choses ce qui conduirait, pensons-nous, à un usage modéré de l'obligation de sécurité, ne laissant subsister que celles qui sont de résultat et présentant un lien suffisamment étroit avec l'exécution du contrat. C'est ce que d'ailleurs l'admission de l'option a eu comme conséquence en droit positif tunisien. L'obligation de sécurité, sans être méconnue, est modérément utilisée et la catégorie des obligations de sécurité de moyens est quasiment ignorée, du moins dans la jurisprudence la plus récente, au profit d'une application ascendante de l'article 96 du Code des obligations et des contrats.

312. Pour le maintien de la distinction entre les choses inertes et les choses en mouvement. Certains auteurs, tout en approuvant l'option entre la responsabilité délictuelle du fait des choses et l'obligation de sécurité de moyens autorisée par l'article 1341 alinéa 2 de l'avant-projet de réforme du Code civil en cas de dommage corporel, restent sceptiques quant aux conséquences qui en découlent. Ainsi que l'observe M. Huet, « (…) dans le champ d'application traditionnel de l'obligation de sécurité de moyens, on risque d'avoir des surprises : dira-t-on que l'organisateur de promenades équestres est "gardien" des chevaux montés par ses clients ? Dira-t-on que l'exploitant d'une piscine est "gardien" de son installation, voire de l'eau où

[1772] Y. Lambert-Faivre, Le fondement et le régime de l'obligation de sécurité, art. précité.
[1773] C. Bloch, L'obligation contractuelle de sécurité, thèse précitée, p. 141.

vient à se noyer un nageur, etc. ? »[1774] Et l'auteur de conclure : « on peut redouter les conséquences : peut-être demain les chevaux vont-ils être au chômage, et les piscines vont-elles fermer... »[1775]. Qu'il nous soit permis de ne pas être en accord avec cette doctrine. En effet, l'un des fondements possibles de la responsabilité du fait des choses est le risque-profit. Or l'utilisation d'une chose pour l'exécution d'un contrat est l'un des cas les plus courants d'usage d'une chose en vue d'un profit. Il en découle que le débiteur qui utilise une chose pour l'exécution de son contrat devrait assumer les risques que cette chose fait courir à la personne du créancier. Déclarer l'organisateur de promenades équestres gardien des chevaux montés ou déclarer l'exploitant d'une piscine « gardien » de son installation n'a rien d'antinomique. De surcroît, considérer le débiteur contractuel comme un gardien ne veut pas dire que sa responsabilité soit mise en œuvre automatiquement. Nul n'ignore que la responsabilité objective, même si son régime est attrayant pour les victimes, est loin d'être l'équivalent d'une indemnisation automatique. Tout contentieux de responsabilité se déroule, du moins sur le plan théorique, en deux phases. C'est à la victime d'établir le principe même de la responsabilité par la preuve de la réunion des conditions requises pour l'application du régime concerné. Et c'est au responsable, s'il veut repousser ou atténuer sa responsabilité, de prouver la faute de la victime qui peut soit l'exonérer si elle acquiert les conditions de la cause étrangère, soit l'atténuer comme on l'a déjà vu précédemment. L'organisateur de promenades équestres peut, même s'il a la qualité d'un gardien délictuel, repousser sa responsabilité en prouvant la faute de la victime, rompant ainsi le lien causal entre le fait du cheval et l'accident subi. La crainte d'une responsabilité excessive ne nous paraît donc pas être un argument de poids en vue d'interdire l'application de la responsabilité délictuelle du fait des choses entre contractants.

Mais il y a plus : au niveau de l'établissement du principe même de la responsabilité, nous pensons que la rigueur de la responsabilité délictuelle du fait des choses, que certains trouvent excessive, pourrait être tempérée par le maintien de la distinction entre les choses inertes et les choses en mouvement. En effet, on ne peut se contenter d'un simple contact entre la chose inerte et la victime pour décider qu'elle a été « l'instrument du dommage ». La preuve de la noyade dans une piscine ne suffit pas à elle seule, évidemment, pour engager la responsabilité de l'exploitant. La piscine étant une chose inerte, le demandeur de la réparation doit au moins prouver le caractère anormal de sa position. Une exigence de causalité adéquate à travers l'anormalité du comportement ou de la position de la chose nous paraît nécessaire pour tenir la stricte responsabilité

[1774] J. Huet, « Observations sur la distinction entre les responsabilités contractuelle et délictuelle dans l'avant-projet de réforme du droit des obligations », RDC 2007, n° 1, p. 31.
[1775] *Ibid.*

délictuelle du fait des choses dans des limites logiques[1776]. On ne peut d'ailleurs qu'approuver le retour à l'orthodoxie juridique dont a fait preuve la Cour de cassation française en réaffirmant, après quelques hésitations[1777], l'exigence d'une anomalie pour caractériser le rôle actif des choses immobiles[1778]. C'est en tenant compte de cette condition que les juges tunisiens peuvent maintenir, dans ses justes limites, l'application de la responsabilité délictuelle du gardien. Or, même si la jurisprudence tunisienne réserve la présomption de causalité aux seules choses en mouvement en exigeant pour les choses inertes la preuve de leur caractère anormal, ce qui apparaît surtout dans le contentieux relatif aux chutes dans les bains maures où la responsabilité délictuelle de l'exploitant a été retenue parce qu'il n'avait pas utilisé pour un parterre glissant des produits antidérapants[1779], elle n'a pas toujours fait preuve de cette même rigueur. Retient particulièrement notre attention l'arrêt de la Cour de cassation du 1er avril 2004[1780] qui a engagé la responsabilité de l'exploitant d'une piscine pour la noyade d'un enfant sans exiger la preuve de l'anormalité de la chose. C'est comme si le simple contact de la chose avec la victime suffisait pour présumer la responsabilité du gardien, ce qui est manifestement excessif.

En somme, l'application de la responsabilité délictuelle du fait des choses entre contractants, conséquence immédiate de l'admission de l'option entre l'ordre contractuel et l'ordre délictuel, nous semble techniquement possible. L'incompatibilité de principe entre la responsabilité délictuelle du gardien et le contrat apparaît comme une simple affirmation qui ne résiste pas à l'examen critique. La crainte d'une responsabilité démesurée ou excessive du débiteur contractuel ne nous paraît pas non plus fondée. Ceci est d'autant plus vrai que le système de l'option que nous proposons n'interdit nullement de réserver un sort particulier à certaines situations particulières.

4. Possibilité de prévoir des exceptions

313. Se méfier d'une science sans nuances. La compatibilité de principe entre l'application de la responsabilité délictuelle du fait des choses et le contrat ne peut, pensons-nous, être absolue et sans dérogation aucune. Il est bien évident que la responsabilité délictuelle du fait des choses, tout comme

---

[1776] P. Jourdain, obs sur Civ. 2e, 7 mai 2002 ; Civ. 1re, 9 juill. 2002 ; Civ. 2e, 11 juill. 2002 ; Dalloz 2003 p. 461.
[1777] Civ. 2e, 29 avr. 1998, Bull. civ. II, n° 142 ; Resp. civ. et assur. 1998 comm. 222 ; RTD civ. 1998 p. 913, obs. P. Jourdain ; Civ. 2^e^, 15 juin 2000, Bull. civ. II, n° 103 ; Resp. civ. et assur. 2000 comm.292, obs. H. Groutel ; RTD Civ. 2000 p. 849 ; Civ. 2^e^, 25 oct. 2001, FS-P+B, Bull. civ. II, n° 162 ; D. 2002, Jur. p. 1450, note C. Prat ; RTD Civ. 2002 p. 108.
[1778] Civ 2e, 18 sept. 2003, arrêt n° 1263, FS-P+B, Bull. civ. II, n° 287 ; D. 2004, Jur. 25, note N. Damas ; Resp. civ. et assur. 2003. comm. 286, obs. H. Groutel ; JCP 2004.I.101, n° 18 et les obs. G. Viney ; PA 15 juin 2004 n° 119, p. 19, note G. Bouché ; Répertoire du notariat Defrénois, 15 juill. 2004 n° 13, p. 1002, obs. R. Libchaber ; RTD Civ. 2004 p. 108, obs. P. Jourdain.
[1779] Cass. civ. arrêt n° 72084 du 9 juin 1999, inédit.
[1780] Cass. civ. arrêt n° 221. 2004 du 1er avril 2004, inédit.

d'ailleurs la responsabilité délictuelle du fait personnel, ne peut recevoir application d'une manière illimitée. Ce serait aller à l'encontre de la volonté du législateur que de permettre le jeu de la responsabilité délictuelle entre parties contractantes dans les cas où la loi soumet la responsabilité contractuelle à un régime particulier, clairement distinct de celui de la responsabilité délictuelle. Même les systèmes qui admettent l'option entre la responsabilité contractuelle et la responsabilité délictuelle ne vont pas jusqu'à consacrer une solution aussi radicale. Tel est le cas de l'article 131 du Code civil libanais qui, après avoir énoncé un principe général de responsabilité objective du fait des choses pesant sur le gardien de la chose, précise que « la préexistence d'un rapport contractuel entre le gardien et la victime ne fait pas obstacle au fonctionnement de la responsabilité du fait des choses *sauf disposition contraire dans la loi*[1781] ». Mais qu'en est-il lorsque la réparation d'un dommage survenu à l'occasion de l'exécution d'un contrat n'a pas été soumise par la loi à un régime particulier ? Faut-il considérer que l'existence même des articles réglementant la responsabilité contractuelle implique une volonté du législateur de soustraire les conséquences de l'inexécution contractuelle aux règles délictuelles ? Telle est la position de plusieurs auteurs français[1782] qui considèrent que la responsabilité contractuelle est une responsabilité d'exception, ayant un régime de responsabilité destiné, lorsque les conditions de son application sont réunies, à se substituer à celui de la responsabilité délictuelle. L'adage *specilia generalibus derogant* veut que la responsabilité contractuelle déroge à la responsabilité délictuelle faisant ainsi obstacle à l'application des articles 1382 et 1384 du Code civil entre contractants.

Cette conception large de l'adage[1783] conduisant à considérer comme une action spéciale toute action reposant sur une règle d'un degré de généralité inférieur à celle qui donne naissance à l'autre action, qualifiée en conséquence d'action générale, nous paraît excessive. Au regard d'une telle définition, le domaine de la spécialité se trouve très vaste. Constituent ainsi une règle spéciale non seulement la responsabilité contractuelle par rapport à la responsabilité délictuelle, mais également la responsabilité délictuelle du fait des choses par rapport à l'article 1382[1784]. Or nul n'ignore que cette interprétation a été rejetée par la jurisprudence. En effet, l'option entre la responsabilité délictuelle du fait personnel et la responsabilité du fait des choses est en principe admise lorsque les conditions imposées pour la mise en jeu des deux régimes de responsabilité sont effectivement réunies[1785].

1781 Nous soulignons.

1782 A. Jeammeaud, Des oppositions de normes en droit privé interne, thèse, Lyon III, 1975, p. 360 ; Ph. Le Tourneau *et alii*, *op. cit.* p. 96, n° 265.

1783 R. Gassin, Lois spéciales et droit commun, D. 1961, chron, p. 91.

1784 *Ibid.*

1785 Sur cette question, voir G. Viney et P. Jourdain, Les conditions de la responsabilité, *op. cit.*, n° 709.

Il serait souhaitable, dès lors, d'adopter une conception encore plus stricte de la spécialité. Pour qu'une action puisse recevoir la qualification d'une action spéciale par rapport à une action générale, il faut, au moins, que les actions en présence visent la même situation juridique[1786]. La norme de l'article 1384, alinéa 1er du Code civil ne serait pas dans cette conception une règle spéciale au regard de l'article 1382 du Code civil, car celle-ci vise précisément la question de la réparation du dommage causé par le fait de l'homme. Or il est manifeste que le fait d'une chose inanimée ne constitue pas un cas particulier du fait de l'homme.

La même remarque vaut également concernant la responsabilité délictuelle et la responsabilité contractuelle. En effet, l'inexécution du débiteur de ses obligations contractuelles ne se ramène pas nécessairement à son fait personnel. Le recours à l'article 1147 peut englober cette hypothèse, mais peut concerner aussi les cas où cette inexécution provient du fait des choses sous sa garde ou des tiers substituts[1787]. C'est dire que les actions contractuelles et délictuelles ne se rattachent pas nécessairement à la même hypothèse légale pour qu'on puisse en déduire un rapport de spécialité. Le recours au critère de spécialité pour aménager les rapports entre la responsabilité contractuelle et la responsabilité délictuelle, méthode ignorée par la jurisprudence tunisienne qui préfère y voir deux institutions parallèles, nous paraît une voie périlleuse. En effet, cette manière de procéder ne se caractérise ni par sa précision, ni par sa rigueur. Elle exige que l'on définisse les conditions que doit remplir une action pour présenter un caractère de spécialité à l'égard d'une autre action. Or, faute d'une telle définition, elle ne peut être exempte d'un certain arbitraire et source de solutions contradictoires entre elles-mêmes. Mais rejeter le critère de la spécialité comme méthode pour départager la responsabilité délictuelle, et particulièrement celle du fait des choses, et la responsabilité contractuelle ne veut pas dire que l'option entre ces deux dernières peut être admise sans limite. La réponse nuancée apportée par l'article 77 du Livre 6 du Code civil néerlandais nous paraît particulièrement intéressante. En effet, affirmant que « le manquement dans l'exécution de l'obligation qui résulte de l'emploi d'une chose impropre à cet usage est imputable au débiteur, à moins que ce soit déraisonnable eu égard au contenu et à la portée de l'acte juridique dont résulte l'obligation généralement admise et des circonstances de l'espèce », cette disposition nous semble concilier deux exigences. D'une part, elle ne condamne pas de principe l'applicabilité de la responsabilité délictuelle du fait des choses entre contractants ; d'autre part, elle permet de prendre en considération la nécessité de mettre certaines activités à l'abri de cette intervention. En effet, il peut arriver que, pour des raisons spécifiques tenant notamment aux

---

[1786] En faveur de cette conception, voir F. Bussy-Dunod, Le concours d'actions en justice entre les mêmes parties, LGDJ, 1988, n° 577.

[1787] *Ibid.*

particularités de l'activité exercée, il soit plus loisible d'appliquer un régime différent de celui prévu par la responsabilité délictuelle du fait des choses, comme c'est le cas par exemple pour la responsabilité médicale.

314. L'article 96 du COC et le contrat médical : le sens de la réticence de la jurisprudence. Ainsi, se comprend aisément l'hostilité des juges tunisiens, ouverts pourtant à mettre en œuvre l'article 96 du Code des obligations et des contrats entre contractants, à étendre cette solution à la responsabilité du médecin. Certains auteurs ne manquent pas toutefois d'exprimer leurs souhaits de voir la jurisprudence réussir en matière médicale, à travers la responsabilité délictuelle du fait des choses, « une belle construction objective fondée sur la garantie »[1788]. Même si nous partageons le souci de cette doctrine d'apporter une dose d'objectivisation à la responsabilité médicale, surtout pour les matériels et outils utilisés par le médecin dans l'exercice de son art, nous pensons que la mise en œuvre de l'article 96 du Code des obligations et des contrats est inadaptée à la responsabilité médicale. En effet, il paraît excessif de décider que tout dommage causé par l'intermédiaire d'une chose devrait être réparé par le médecin[1789]. Si une telle solution est adoptée, on empiètera dangereusement dans le domaine de l'obligation de moyens justifiée par l'imperfection de la science médicale et l'irréductible aléa qui caractérise l'activité médicale. D'ailleurs, sur un plan purement technique, l'application de la responsabilité délictuelle du fait des choses n'est pas exempte de difficultés. Lorsque le médecin cause un dommage à son patient à l'aide de l'instrument qu'il utilise, tel un bistouri ou un scalpel, il est difficile de distinguer le fait de la chose, du fait de l'homme. L'utilisation normale d'un bistouri électrique, par exemple, ne peut, en cas d'échec de l'intervention, justifier la responsabilité objective du médecin. N'a-t-on pas écrit, à juste titre, que « l'outil prolonge la main surtout lorsqu'elle est celle de l'artiste » [1790] et que « ses écarts ne sont que les fruits des tremblements de cette main, des errements de la pensée qui la dirige » ?[1791] Dans ce contexte, le risque est grand de voir la victime confrontée à un inévitable et inutile contentieux.

315. Le recours à l'obligation contractuelle de sécurité de résultat dans le contrat médical. On ne peut, dès lors, qu'approuver l'orientation du juge tunisien vers l'alourdissement de la responsabilité médicale à travers le recours à l'obligation de sécurité de résultat. Inaugurée par l'arrêt de la Cour d'appel de Tunis du 29 avril 1998 qui déclare que le médecin « ne doit pas exposer le

---

[1788] S. Jerbi, « La jurisprudence et la responsabilité médicale, la fin de l'arythmie paroxystique ? », *in* Études à la mémoire de Christian Lapoyade-Deschamps, Presses universitaires de Bordeaux, 2004, *op. cit. Loc. cit* ; voir dans le même sens A. Ladhar, L'aléa thérapeutique, *op. cit.* p. 122.

[1789] Voir S. Hocquet-Berg, Obligation de moyens ou obligation de résultat. À propos de la responsabilité civile du médecin, thèse précitée, n° 538.

[1790] G. Méméteau, Le droit médical, Litec, 1985, n° 613.

[1791] *Ibid.*

malade à aucun danger lié à l'utilisation du matériel médical et d'appareils ou aux médicaments prescrits, qu'il est tenu de ne pas lui transférer une autre maladie suite à une transfusion sanguine », cette tendance est confirmée par plusieurs autres arrêts[1792]. Sans remettre en cause le principe de l'obligation de moyens pour les soins prodigués par le médecin et, plus généralement, pour tout ce qui relève de l'art médical, principe qui risque fortement d'être menacé par l'application de l'article 96 du COC, on arrive par le biais de l'obligation de sécurité à objectiviser la responsabilité médicale. Mais quel est le critère de cette obligation ? Quelles sont les limites de son domaine d'application ? On regrettera que la solution proposée par les juges tunisiens ne lève pas ces ambiguïtés. En ce qui nous concerne, et afin de prescrire cette obligation dans ses justes limites, nous pensons que la proposition faite par une partie de la doctrine française, avant la réforme du droit de la responsabilité médicale, visant à limiter le domaine de l'obligation de sécurité aux dommages iatrogènes qui ne sont pas en rapport avec l'évolution normale ou prévisible de la maladie, est particulièrement intéressante[1793]. En effet, selon cette doctrine, l'irréductible aléa qui marque la prestation médicale et qui reste lié autant aux imperfections et incertitudes de la science qu'aux mystères du corps humain justifie le maintien de l'obligation de moyens pour les soins prodigués par le médecin et, plus généralement, pour tout ce qui relève de l'art médical. En revanche, constitue une atteinte à la sécurité du patient tout dommage qui est sans rapport avec son mal initial et qui s'ajoute à celui-ci. Répondre de la sécurité des choses qu'on utilise n'est alors que la mise en œuvre particulière de ce droit à ne pas subir de mal supplémentaire sans lien avec les causes de sa consultation médicale.[1794] Faut-il dire que cette obligation devrait recevoir la qualification de l'obligation de résultat ? Telle est la position de la jurisprudence tunisienne qui, après quelques tergiversations[1795], semble appliquer le régime de l'obligation de sécurité de résultat incombant au transporteur[1796], une solution que nous

[1792] Cass. civ. arrêt n° 69567. 98 du 26 oct. 1999, inédit ; TPI de l'Ariana, jugement n° 17327 du 31 avril 2004, inédit ; Cass. civ. arrêt n° 7234. 2004 du 12 avril 2005, inédit ; Cass. civ. arrêt n° 4138.2005 du 15 août 2005, Rev. Juridique mars 2007, p. 35.

[1793] S. Hocquet-Berg, Obligation de moyens ou obligation de résultat. À propos de la responsabilité civile du médecin, thèse précitée ; G. Viney et P. Jourdain, « L'indemnisation des accidents médicaux : que peut faire la Cour de cassation ? », JCP 1997, I, 4016.

[1794] S. Hocquet-Berg, *op. cit. Loc. cit.* ; G. Viney et P. Jourdain, *op. cit. Loc. cit.* ; Voir aussi en faveur de cette position en droit tunisien S. Abid. Mnif, L'obligation de sécurité dans les contrats, *op. cit.* p. 34.

[1795] Voir, à titre d'exemple, l'amalgame entre le régime de l'obligation de moyens et de l'obligation de résultat, Cour d'appel de Tunis du 14 mai 1997, arrêt n° 34413 du 14 mai 1997, inédit. Selon la Cour, « l'obligation de sécurité de la clinique est de moyens car le résultat espéré par le créancier est aléatoire », mais elle ajoute que les articles 277 et 282 ne permettent l'exonération que lorsque le débiteur prouve la cause étrangère.

[1796] Voir Cass. civ. arrêt n° 69567. 98 du 26 oct. 1999, inédit ; TPI de l'Ariana, jugement n°17327 du 31 avril 2004, inédit ; Cass. civ. arrêt n° 7234. 2004 du 12 avril 2005, inédit ; Cass. civ. arrêt n° 4138.2005 du 15 août 2005, Rev. Juridique mars 2007, p. 35.

approuvons entièrement. En effet, la preuve de défaut de sécurité à laquelle s'attache particulièrement la jurisprudence française[1797] nous semble sévère pour les victimes. L'exigence de la survenance d'un dommage iatrogène constitue déjà une limite suffisante et acceptable à l'obligation de sécurité incombant au médecin, nul besoin d'alourdir davantage la tâche du patient.

S'orienter vers l'application du régime contractuel pour sanctionner les atteintes à la sécurité du patient lorsque le médecin utilise des choses dans l'exercice de ses obligations est un choix qui se défend aisément. Ce n'est pas parce que la jurisprudence a accepté l'option entre la responsabilité contractuelle et la responsabilité délictuelle et a autorisé la mise en œuvre de la responsabilité délictuelle du débiteur contractuel, pris en sa qualité de gardien, qu'elle est obligée de transposer cette solution au contrat médical[1798]. En droit, comme dans les autres sciences qu'elles soient exactes ou humaines, tout principe suppose une exception, chaque règle nécessite une atténuation. De même, il ne suffit pas d'observer que quelques contrats s'accommodent mal avec l'application de l'article 1384 alinéa 1er pour y voir l'expression d'une incompatibilité absolue entre la responsabilité délictuelle du fait des choses et le contrat, comme le soutiennent les adeptes de la règle du non-cumul en droit français. Lorsque la chose est utilisée dans l'exécution des obligations contractuelles, rien n'empêche, pensons-nous, d'autoriser le recours à la responsabilité délictuelle du fait des choses. Mais en est-il de même lorsque les choses sont livrées au créancier en exécution du contrat ?

B L'adaptation de la responsabilité délictuelle du fait des choses avec les contrats impliquant la remise d'une chose

316. Soutenir la possibilité de faire appel à la responsabilité délictuelle du fait des choses lorsque le débiteur livre une chose à son créancier pour exécuter ses obligations contractuelles peut relever d'une gageure. En effet, deux obstacles techniques au soutien de la règle du non-cumul ont été classiquement présentés pour interdire l'accès à la voie délictuelle. D'une part, le législateur a prévu par des textes spéciaux un système de garantie contractuelle qui s'accommode mal avec l'application de la responsabilité délictuelle du fait des choses. D'autre part, le transfert de garde qui découle de la conclusion de ces contrats empêche le créancier devenu gardien d'invoquer la présomption édictée respectivement par les articles 1384 alinéa 1er du Code civil et 96 du Code des obligations et des contrats. Un examen attentif de ces deux arguments majeurs permet, toutefois, d'émettre des réserves. Non seulement la prise en charge de la réparation par le mécanisme de la garantie ne s'oppose nullement à l'application

[1797] Voir *supra* n° 305.

[1798] Voir en faveur de cette solution, A. Ladhar, L'indemnisation de l'aléa thérapeutique, *op. cit. Loc. cit.*

de la responsabilité délictuelle du fait des choses (1), mais aussi et surtout une restriction dans l'admission du transfert de garde permettrait à la présomption de la responsabilité incombant au débiteur contractuel de retrouver son empire (2).

1. La prise en charge de la réparation par le mécanisme de la garantie ne s'oppose pas à l'admission de la responsabilité délictuelle du fait des choses

317. La garantie des vices cachés dans les contrats emportant livraison d'une chose. Nombreux sont les contrats qui impliquent la remise d'une chose par une partie à l'autre. Ces contrats peuvent être translatifs de propriété, comme la vente. Ils peuvent aussi transmettre un simple droit d'usage sur la chose tels que le bail ou le prêt. Or il n'est pas rare qu'après avoir reçu livraison de la chose, le contractant subisse un dommage du fait de celle-ci. Il peut en effet prétendre ne pas pouvoir retirer l'utilité économique qu'il était en droit d'attendre, comme il peut établir que la chose livrée lui a causé un préjudice corporel ou matériel[1799]. Loin de prévoir un système général obligeant le débiteur à réparer les dommages résultant des choses livrées en exécution du contrat, le législateur, aussi bien français que tunisien, s'est contenté d'instituer dans certains contrats spéciaux le mécanisme de la garantie des vices cachés. Ce mécanisme qui diffère d'un contrat à un autre devrait selon plusieurs auteurs faire échec à l'application des règles de la responsabilité de droit commun, qu'elle soit contractuelle ou délictuelle[1800].

318. L'exemple type : le contrat de vente. Institution séculaire, la garantie des vices cachés permet, aussi bien en droit français[1801] que tunisien[1802], à l'acquéreur insatisfait de mettre en jeu la garantie du vendeur s'il arrive à prouver la gravité, la clandestinité et l'antériorité du vice par rapport à l'apparition du dommage. À côté de ces conditions de fond, les deux systèmes

---

[1799] G. Viney et P. Jourdain, Les conditions de la responsabilité, *op. cit.* n° 746 et s.

[1800] J. Van Ryn, « L'option entre la responsabilité contractuelle et la responsabilité délictuelle », thèse précitée, n° 220 ; G. Lardennois, « De l'application de l'article 1384 alinéa 1er en matière contractuelle », thèse précitée, p. 66 ; E. N. Martine, « L'option entre la responsabilité contractuelle et la responsabilité délictuelle », thèse précitée, p. 79.

[1801] Selon l'article 1641 du Code civil français, le vendeur « est tenu de la garantie à raison des défauts cachés de la chose vendue qui la rendent impropre à l'usage auquel on la destine, ou qui diminuent tellement cet usage, que l'acheteur ne l'aurait pas acquise, ou n'en aurait donné qu'un moindre prix, s'il les avait connus ».

[1802] L'article 647 du Code des obligations et des contrats dispose que : « le vendeur garantit les vices de la chose qui en diminuent sensiblement la valeur ou la rendent impropre à l'usage auquel elle est destinée d'après sa nature ou d'après le contrat. Les défauts qui diminuent légèrement la valeur ou la jouissance, et ceux tolérés par l'usage, ne donnent pas ouverture à la garantie. Le vendeur garantit également l'existence des qualités par lui déclarées, ou qui ont été stipulées par l'acheteur ».

soumettent le succès d'une telle action au respect des brefs délais qui sont de deux ans en droit français[1803] et de trente jours à partir de la livraison pour les meubles et un an pour les immeubles en droit tunisien. Régime particulièrement rigoureux, surtout avec le recul de l'action contractuelle de droit commun pour défaut de conformité[1804], la garantie des vices cachés couvre-t-elle seulement les dommages causés à la chose, c'est-à-dire la diminution de valeur de celle-ci, ou permet-elle également au créancier de demander le dédommagement de l'intégralité de son préjudice, y compris les dommages causés à sa personne ou à ses autres biens ? En droit tunisien, la garantie des vices cachés est assurée par l'action rédhibitoire[1805] et parfois par l'action estimatoire[1806]. Une action en dommages et intérêts n'est accordée qu'à titre exceptionnel et dans des cas limitativement prévus par le législateur à l'encontre du vendeur de mauvaise foi[1807] ou du vendeur professionnel[1808]. En dehors de ces hypothèses, les dommages causés par la chose, tels que l'atteinte à la sécurité corporelle de l'acquéreur ou à ses biens, sont soumis à une obligation de sécurité autonome prévue par l'article 10 de la loi sur la protection du consommateur[1809]. Cette solution paraît particulièrement avantageuse pour le créancier. Non seulement la réparation n'est pas soumise à la preuve de la bonne ou mauvaise foi du

---

[1803] L'ordonnance n°2005-136 du 17 février 2005 « relative à la garantie de la conformité du bien au contrat due par le vendeur au consommateur », modifiant l'article 1648 a fixé ce délai à deux ans.

[1804] La jurisprudence française a montré dans les années quatre-vingt un véritable engouement pour l'action en responsabilité de droit commun pour éluder le bref délai qui caractérise l'action en garantie des vices cachés. Ainsi faisait-elle assez souvent recours au droit commun non seulement dans le cas de non-conformité pure et simple due par exemple à une différence entre la chose livrée et celle qui avait été promise, mais aussi dans des hypothèses de non-conformité imputable à un défaut entendu au sens étroit. Toutefois, cette tendance a dû recevoir un coup d'arrêt important depuis que la première chambre civile a décidé en 1993 que « les défauts qui rendent la chose impropre à sa destination normale constituent les vices définis par l'article 1641 du Code civil qui était donc l'unique fondement possible de l'action exercée ». Et pour restituer à l'action en garantie des vices cachés toute sa portée, la haute juridiction propose de distinguer l'atteinte aux qualités normales ou l'impropriété à la destination normale de la chose, domaine spécifique de l'action en garantie, de l'atteinte aux qualités spécialement convenues, sanctionnée par le droit commun. Ainsi, le défaut d'utilité que l'acheteur est en droit d'attendre de la chose acquise est soumis au bref délai de l'action en garantie des vices cachés, tandis que la non-conformité de la chose aux spécifications contractuelles est sanctionnée par le droit commun. Voir Civ. 1re, 27 oct. 1993, Bull. civ. I, n° 305. Sur la critique de cette évolution, voir G. Viney et P. Jourdain, Les conditions de la responsabilité, *op. cit.*, n 740, p. 833. En droit tunisien, le domaine de l'action en responsabilité de droit commun pour défaut de conformité est encore plus réduit, puisque l'atteinte aux qualités spécialement convenues par les parties est sanctionnée par la garantie des vices cachés et ce selon l'article 647 alinéa 2 du Code des obligations et des contrats. Sur cette question, voir N. Ben Ammou, Les contrats spéciaux, La vente et l'échange, *op. cit* p. 239.

[1805] L'article 655 du Code des obligations et des contrats.

[1806] Voir les articles 659, 663 et 666 du Code des obligations et des contrats.

[1807] L'article 655, I du Code des obligations et des contrats.

[1808] L'article 6555, I du Code des obligations et des contrats.

[1809] L'article 10 de la loi du 7 décembre 1992 relative à la protection du consommateur.

vendeur, mais aussi et surtout la victime se trouve libérée de la nécessité de prouver un défaut ou un vice au sens de la théorie de la garantie des vices cachés. Le fait générateur de la responsabilité se trouve dès lors particulièrement élargi.

En droit français, la garantie des vices cachés ne concernait dans le Code civil, qui a repris la tradition romaine, que certains dommages, principalement la diminution de l'utilité de la chose viciée à l'exclusion des dommages causés par la chose. Toutefois, l'évolution jurisprudentielle a modifié sensiblement cette figure originelle pour faire entrer dans le moule de la garantie tous les dommages, qu'ils soient causés à la chose ou par la chose[1810], y compris, jusqu'à une époque récente, les atteintes à la sécurité corporelle[1811]. En effet, pour cette jurisprudence, le défaut qui rend la chose dangereuse pour la sécurité n'est pas distinct de celui qui la rend la chose impropre à l'usage auquel on la destine. Majoritairement, la doctrine critique la prise en charge de la garantie d'une fonction sécuritaire[1812], car solliciter les règles de la garantie pour demander la réparation des dommages corporels oblige les victimes à rapporter la preuve d'un vice, son antériorité et sa gravité, dans les brefs délais qui caractérisent cette action.

319. L'autonomie de l'obligation de sécurité dans le contrat de vente[1813]. Solution législative en droit tunisien, le détachement de l'obligation de sécurité par rapport aux règles de la garantie a été, en droit français, d'origine jurisprudentielle. Sous l'influence de la directive communautaire du 25 juillet 1985 sur la responsabilité du fait des produits défectueux, plusieurs arrêts de la Cour de cassation[1814] ont explicitement détaché l'obligation de sécurité du « carcan »[1815] de la garantie. Mais ce détachement implique-t-il l'application des règles de la responsabilité contractuelle de droit commun ? S'inspirant encore une fois de la directive communautaire qui impose aux fabricants une responsabilité identique à l'égard de toutes les victimes, la Cour de cassation française pose le principe selon lequel l'obligation de répondre aux dommages

---

1810 Com., 4 juin 1985, Bull. civ. IV, n°181, JCP 1985, IV, p. 287 ; Civ. 1re, 3 juill. 1985, Bull. civ. I, n°211, D. 1985 n IR, p. 482.

1811 J. Calais-Auloy, « Ne mélangeons plus conformité et sécurité », D. 1993, p. 130.

1812 J. Calais-Auloy, *op. cit. Loc. cit.* ; P. Jourdain, « Les actions des acquéreurs insatisfaits ou victimes de dommages », GP 1994, 2, doctr., p. 826 ; *adde* pour le même auteur, obs. sur Civ. 1re, 20 mars 1989, RTD civ. 1989, p. 756.

1813 D. Arlie, « L'obligation de sécurité du vendeur professionnel », RJDA 1996, p. 409 ; B. Gross, « Propos dubitatifs sur l'obligation de sécurité pesant sur le vendeur professionnel du fait des produits vendus », D. Aff. 1996, p. 677 ; P. Oudot, « L'obligation de sécurité et la responsabilité du distributeur », Contrats, conc, consom, 2003, chron., n° 8.

1814 Civ. 1re, 20 mars 1989, D. 1989, p. 381, note Ph. Malaurie ; RTD civ. 1989, p. 756, obs. P. Jourdain ; Civ. 1re, 22 janv. 1991, Bull. civ. I, n° 30 ; RTD Civ. 1991 p. 539, obs. P. Jourdain ; Civ. 1re, 11 juin 1991, Bull. civ. I, n° 201 ; RTD civ. 1992, p. 114, obs. P. Jourdain ; Civ. 1re, 7 janv. 1993, Bull. civ. I, n°44, D. 1994, somm., p. 248, obs. O. Tournafond ; RTD civ. 1993, p. 592, obs. P. Jourdain.

1815 Expression de M. Jourdain, « Les actions des acquéreurs insatisfaits… », *op. cit.* p. 826.

causés par le défaut de sécurité de produit doit bénéficier tant à l'acheteur qu'aux tiers[1816]. La double référence aux articles 1147 et 1384 du Code civil faite surtout dans l'arrêt du 28 avril 1998[1817] démontre la volonté des juges d'unifier en la matière le régime de la responsabilité contractuelle et celui de la responsabilité délictuelle. Cette méthode qui visait à réduire les effets néfastes de l'application dogmatique du principe de la distinction entre les deux ordres de responsabilité et de son corollaire, le principe du non-cumul, posait toutefois des difficultés sérieuses d'interprétation. En effet, on ne pouvait plus savoir si la responsabilité du débiteur était une responsabilité mixte ou bien une responsabilité contractuelle à l'égard du contractant et délictuelle envers les tiers. L'ambiguïté quant au fondement de cette responsabilité uniforme devrait néanmoins être levée depuis l'adoption de la loi du 19 mai 1998 relative à la responsabilité du fait des produits défectueux[1818] qui dispose expressément dans son article 1386-1 du Code civil que « le producteur est responsable du dommage causé par un défaut de son produit, qu'il soit ou non lié par un contrat avec la victime ». Or cette loi qui réglemente précisément les seules atteintes à la sécurité va de nouveau bouleverser les données du problème.

320. Un pas en avant, deux pas en arrière. Nul n'ignore que le législateur français ne s'est résigné à se soumettre à ses obligations communautaires de transposer la directive européenne du 25 juillet 1985 relative à la responsabilité du fait des produits défectueux qu'après avoir laissé expressément aux victimes la possibilité d'invoquer, à côté du régime spécial découlant de la loi du 19 mai 1998, les règles de la responsabilité contractuelle et extracontractuelle[1819]. En effet, ladite loi présente au moins deux inconvénients par rapport au droit

---

[1816] Civ. 1re, 15 janv. 1995, Bull. civ. I, n° 43 ; D. 1995, p. 350, note P. Jourdain ; Resp. civ. et assur. 1995. comm.123 et chron. H. Groutel, n° 16 ; D. 1996, Somm. p. 15, obs. G. Paisant ; JCP 1995, I, 3853, n° 9 et s. obs. G. Viney ; RTD Civ. 1995 p. 631, obs. P. Jourdain ; Civ. 1re, 28 avr. 1998, Bull. civ. I, n°158 ; JCP, 1998, II, 10088, rapp. P. Sargos ; RTD civ., 1998, p. 684, obs. P. Jourdain ; JCP, 1998, I, 185, nos 19 et s., obs. G. Viney.

[1817] Précité.

[1818] Sur cette loi, voir G. Raymond, « Premières vues sur la loi n° 98-389 du 19 mai 1998 relative à la responsabilité des produits défectueux », Contrats, conc. consom., juin 1998, chron. 7 ; Y. Dagorne-Labbé, « La loi du 19 mai 1998 relative à la responsabilité du fait des produits défectueux », Defrénois, 1998, art. 36888, p. 1265 ; J. Ghestin, Le nouveau titre IV bis du livre III du Code civil « De la responsabilité du fait des produits défectueux », JCP G 1998, I, 148 ; P. Jourdain, « Aperçu rapide sur la loi n° 98-389 du 19 mai 1998 relative à la responsabilité du fait des produits défectueux », JCP E 1998, n° 22 ; C. Larroumet, « La responsabilité du fait des produits défectueux », D. 1998, chron. 311 ; G. Raymond, « La loi du 19 mai 1998 relative à la responsabilité des produits défectueux », Contrats conc. consom. 1998, chron. n° 7 ; Y. Testu et J. H. Moitry, « La responsabilité du fait des produits défectueux », D. Affaires 1998, suppl. au n° 25 ; G. Viney, « L'introduction en droit français de la directive européenne du 25 juillet 1985 relative à la responsabilité du fait des produits défectueux », D. 1998 chron. p. 291 ; *adde* S. Taylor, L'harmonisation communautaire de la responsabilité du fait des produits défectueux, LGDJ, 1999, préf. G. Viney ; J. S. Borghetti, La responsabilité du fait des produits, LGDJ, 2004, préf. G. Viney.

[1819] L'article 1386-18 du Code civil.

commun. D'une part, elle admet l'exonération pour le risque de développement[1820]. Or une telle cause, dans la tradition française, n'exonère pas le producteur de sa responsabilité objective puisque le défaut du produit, même indécelable, ne peut être une force majeure à défaut d'extériorité. D'autre part, l'action en réparation se prescrit dans un délai de trois ans à partir de la connaissance, par la victime du dommage, du défaut et de l'identité du producteur[1821] et s'éteint à l'expiration d'un délai de dix ans après la mise en circulation du produit[1822] ; de tels délais n'existent pas dans le système construit par la jurisprudence française.

Ces inconvénients ont pu paraître peu graves au moment de la promulgation de la loi vu son caractère optionnel. On sait toutefois que cette option a été largement vidée de sa substance par la Cour de justice de l'Union européenne qui, le même jour où elle condamnait la France pour avoir engagé la responsabilité des distributeurs et fournisseurs dans les mêmes conditions que celles des producteurs, alors que la directive ne retenait leurs responsabilités qu'à titre subsidiaire, s'est prononcée, dans un arrêt rendu sur renvoi d'une juridiction espagnole en interprétation préjudicielle, en faveur d'une interprétation restrictive de l'article 13 de la directive relatif à l'option laissée à la victime entre le droit commun national et la nouvelle responsabilité qu'elle réglemente[1823]. Loin de laisser à la victime la possibilité de choisir le fondement qui lui convient, la Cour considère que la possibilité de solliciter le droit commun ne vaut que dans la mesure où le texte invoqué repose sur un

---

[1820] L'article 1386-11 du Code civil.

[1821] L'article 1386-17 du Code civil.

[1822] L'art. 1386-16 du Code civil.

[1823] CJCE 25 avr. 2002, Commission des Communautés européennes c/ France, D. 2002, p. 1670 obs. C. Rondey ; D. 2002, juris 2462, obs. C. Larroumet ; Contrats, conc. consom. 2002. comm.117, obs. G. Raymond ; CJCE 25 avr. 2002, Maria Victoria Gonzales Sanchez c/ Medicina Asturiana SA, inédit, RTD Civ. 2002 p. 523, obs. P. Jourdain ; RDC déc. 2003, p 107, obs. Ph. Brun ; RTD Civ. 2002 p. 868, obs. J. Raynard ; *adde* A. Gosselin-Gorand, « Les enjeux de l'harmonisation totale des législations des États membres sur la responsabilité du fait des produits défectueux imposée par la directive du 25 juillet 1985 » (À propos de l'arrêt de la CJCE du 25 avril 2002), Petites affiches, 18 décembre 2002 n° 252, p. 4 ; G. Viney, « L'interprétation par la CJCE de la Directive du 25 juillet 1985 sur la responsabilité du fait des produits défectueux », JCP 2002, I, 177 ; J. P. Pizzio, « La responsabilité du producteur pour les produits défectueux doit être identique pour l'ensemble des États membres », D. 2002, p. 2935 ; C. Larroumet, « Les transpositions française et espagnole de la directive sur les produits défectueux devant la CJCE », D. 2002, p. 2462 ; J. Calais-Auloy, « Menace européenne sur la jurisprudence française concernant l'obligation de sécurité du vendeur professionnel (CJCE, 25 avril 2002) », D. 2002, p. 2458 ; A. Corny, « Une révolution inaperçue (À propos des arrêts de la C.J.C.E. du 25 avril 2002) », PA 9 mai 2003, n° 93, p. 4 ; D. Mazeaud, « Rapports entre le régime mis en place par la directive du 25 juillet 1985 sur la responsabilité des produits défectueux et les autres régimes de responsabilité », D. 2003, p. 463 ; T. Riehm, « Produits défectueux : quel avenir pour les droits communs ? L'influence communautaire sur les droits français et allemand », Dalloz, 2007, p. 2749 ; J. Calais-Auloy, « Existe-t-il en droit français plusieurs régimes de responsabilité du fait des produits ? »; *in* Études offertes à G. Viney, LGDJ, 2008.

fondement différent de celui de la directive. Or, si l'on s'en tient au droit français, cet arrêt sonne nécessairement le glas de l'obligation de sécurité que la Cour de cassation avait calqué sur le modèle communautaire. Ceci ne peut évidemment que provoquer fatalement la disparition de l'option que l'article 1386-18 du Code civil offrait aux victimes entre l'action en indemnisation fondée sur les textes issus de la loi du 19 mai 1998 et l'action en responsabilité pour défaut de sécurité que la Cour de cassation a minutieusement dégagée des règles de la garantie et étendue au profit des tiers. Il va sans dire que l'interprétation adoptée par les juges communautaires qui conduit forcément à une baisse de niveau de protection des victimes, est contraire à l'article 13 de la directive qui ne distingue nullement entre les fondements susceptibles d'être invoqués et ceux qui ne le sont pas. Face au naufrage de l'obligation prétorienne de sécurité, la question est alors de savoir s'il ne convient pas de trouver des substituts sur le terrain du droit commun capable de concurrencer efficacement la loi du 19 mai 1998 et la directive du 25 juillet 1985.

La Cour de justice de l'Union européenne, dans les motifs de son arrêt du 25 avril 2002, admet que la garantie légale des vices cachés repose sur un fondement différent de celui de la directive de 1985 et qu'elle est donc utilisable par les acheteurs lésés. La solution serait, si l'on suit la piste suggérée par les juges communautaires, de réincarcérer l'obligation de sécurité dans la geôle de la garantie des vices cachés.

Ce retour à la case de départ ne serait, selon nous, qu'un remède peu satisfaisant car, même si on concède que la garantie puisse être étendue au défaut de sécurité, ce qui est fort critiquable, il n'en reste pas moins vrai que cette solution conduirait à nouveau à appliquer pour les atteintes à la sécurité corporelle un régime peu adapté soumis à des délais stricts pour les victimes. Et c'est peu dire, cette solution aurait l'inconvénient majeur de réintroduire une discrimination entre les victimes selon qu'elles sont contractantes ou tierces. Or l'un des objectifs majeurs de la directive communautaire était justement de traiter uniformément les victimes, quel que soit le rapport juridique qu'elles entretiennent avec le producteur. Quitte à voir un tiers demander la réparation de son préjudice corporel en sollicitant les règles de la garantie des vices cachés, solution *a priori* difficilement envisageable car on ne voit pas comment le défaut dans la garantie qui est une notion purement contractuelle s'appréciant essentiellement en fonction de la volonté des parties pourrait servir à définir le défaut de sécurité légitimement attendu par toute personne, la solution communautaire semble être réservée aux seuls contractants. Les tierces victimes ne peuvent, si elles veulent opter pour le droit commun, que solliciter la faute comme fondement de leur réparation, comme l'autorise encore l'arrêt du 25 avril 2002.

Autant dire que le mélange entre la garantie et la sécurité ne peut qu'engendrer des solutions incongrues. Les règles contractuelles de la garantie doivent être réservées aux seules atteintes à la chose à l'exclusion des dommages causés par la chose. Cette solution vaut également pour le contrat de bail, même si la physionomie de la garantie paraît différente et plus avantageuse pour la victime que celles prévues dans le contrat de vente.

321. Particularité de la garantie dans le contrat de bail. À la différence du principe qui préside au contrat de vente, la garantie pesant sur le bailleur ne se limite pas en droit français à la restitution du prix du loyer. Elle couvre, aux termes de l'article 1721 du Code civil, l'entier préjudice subi par le preneur du fait des vices ou du défaut de la chose louée. Outre l'absence de l'exigence d'agir dans un bref délai, cette réparation n'est pas subordonnée à la preuve de la mauvaise foi du bailleur. Le juge n'a dès lors pas eu besoin d'établir une présomption de mauvaise foi comme dans la vente, la bonne foi du bailleur ne l'exonère pas de sa responsabilité.

Cette souplesse explique l'absorption, pendant longtemps, de l'obligation de sécurité par les règles de la garantie. Ainsi la Chambre sociale française a-t-elle affirmé, dans un arrêt du 29 mars 1957, que la garantie du bailleur, « de par la généralité des termes de l'article 1721 s'étend aux pertes résultant de dommages corporels »[1824]. L'application de la règle du non-cumul s'explique dans ce contexte aisément. Le locataire qui a subi un dommage du fait de la chose louée ne peut fonder son action contre son bailleur sur le fondement de l'article 1384, alinéa 1er car ce dernier est tenu de garantir tous les dommages dus aux vices et aux défauts de la chose louée[1825].

Pourtant, dans son arrêt du 2 décembre 1998, la Cour de cassation semble confirmer l'existence d'une obligation de sécurité autonome du bailleur, que le juge qualifie de moyens[1826]. Or affirmer que le bailleur est tenu d'une simple obligation de moyens engendre deux inconvénients majeurs. Si, par hypothèse, le dommage est dû à un vice, la victime, privée des bienfaits des règles de la garantie, est obligée de rapporter la preuve de la faute du bailleur. Une telle preuve est encore exigée lorsque le dommage ne peut être rattaché à un vice de la chose puisque l'obligation de sécurité de moyens barre la route à l'application de la responsabilité délictuelle du fait des choses.

On comprend alors le choix effectué par la Cour de cassation dans son arrêt du 1er avril 2009[1827] de replacer la réparation des dommages corporels dans le giron de la garantie des vices cachés. Même si cette solution, qui ne concerne au demeurant que les accidents d'ascenseur, paraît plus avantageuse que la reconnaissance d'une simple obligation de sécurité de moyens, le principe

---

[1824] Soc. 29 mars 1957, GP. 1957, 2, 59 (infiltrations de fumée) *adde* Civ. 5 janv. 1938, DH. 1938.97, GP. 1938, 1, 300 (mauvais état d'entretien d'un escalier intérieur) ; Civ. 1re, 4 fév. 1957, GP. 1957, 2, 33 (rupture de la barre d'appui d'une fenêtre).

[1825] Riom, 27 mars 1937, GP 1937, I, 887.

[1826] Civ. 2e, 2 déc. 1998, non publié au Bulletin ; RCA. 1999, n°34 ; RTD civ. 1999, p. 407, obs. P. Jourdain.

[1827] Civ. 3e, 1er avr. 2009, pourvoi n° 08-10.070, FP-P+B, D. 2009, p. 1083, note G. Forest et D. Chenu ; RTD Civ. 2009 p. 539, obs. P. Jourdain.

même de recourir aux règles de la garantie pour indemniser les atteintes à la sécurité nous semble regrettable. En effet, la garantie ne peut être mise en œuvre que lorsque l'origine du dommage se trouve dans le vice de la chose louée. N'était-il pas plus opportun, comme le soutenait M. Jourdain[1828], de détacher la sécurité de la garantie comme le faisaient les juges dans le contrat de vente avant l'intervention communautaire, surtout que le contrat du bail échappe à l'emprise de la loi relative aux produits défectueux ? Ceci nécessite bien évidemment de distinguer les dommages causés à la chose objet de l'obligation de garantie et les atteintes causées par la chose qui seront régies par le droit commun de la responsabilité.

Cette solution nous paraît également opportune pour le droit tunisien où la garantie du bailleur, même si elle s'impose indépendamment de la bonne ou mauvaise foi du bailleur[1829] et est due jusqu'à « l'expiration du contrat de louage »[1830], subordonne la réparation à la preuve de la bonne foi du bailleur ou à sa qualité de professionnel[1831]. D'ailleurs, lorsque le vice « est de nature à compromettre sérieusement la santé ou la vie de ceux qui y habitent »[1832], la seule sanction prévue par l'article 761 du Code des obligations et des contrats est la résolution du contrat de bail. Une sanction qui empêche, selon la Cour de cassation dans son arrêt du 30 septembre 1999[1833], de demander les dommages et intérêts. Or cette solution nous semble également regrettable. En effet, demander la résolution d'un contrat n'a jamais été, aux termes de l'article 273 du Code des obligations et des contrats, un motif pour rejeter l'action en réparation. Un principe rappelé d'ailleurs, à maintes reprises, par la haute juridiction, notamment dans son arrêt du 7 avril 2005[1834]. La réparation des dommages qui atteignent non pas la chose louée, mais les dommages causés par elle, ne devrait pas, pensons-nous, être soumise aux règles de la garantie. C'est le droit commun, avec ses deux piliers contractuel et délictuel, qui devrait retrouver son empire.

En somme, dans tous les cas où le législateur aussi bien français que tunisien organise par une réglementation spéciale les règles de la garantie, il serait nécessaire d'établir une distinction entre les dommages causés à la chose et les dommages causés par la chose. Les premiers relèvent naturellement du domaine de la garantie, qui devrait leur être appliquée, à l'exclusion de la responsabilité de droit commun, qu'elle soit contractuelle ou délictuelle. En revanche, les dommages causés par la chose devraient échapper complètement

---

1828 P. Jourdain, obs. précitées.

1829 L'article 747 du Code des obligations et des contrats : « (…) cette garantie est due de plein droit quand même elle n'aurait pas été stipulée. La bonne foi n'empêche pas cette obligation ».

1830 L'article 757 du Code des obligations et des contrats.

1831 L'article 759 du Code des obligations et des contrats.

1832 L'article 761 du Code des obligations et des contrats.

1833 Cass. Civ. arrêt n° 66848 du 30 sept. 1999, Bull. civ., 1999, 2e partie, p. 78.

1834 Cass. civ. arrêt n° 5644 du 20 avr. 2005, Bull. civ. 2005, II, p. 41.

au régime particulier des garanties légales pour être soumis au droit commun. Peut-on appliquer pour ces dommages les règles de la responsabilité délictuelle du fait des choses ? Une telle alternative pose une difficulté majeure même pour le droit tunisien qui autorise l'option. Plusieurs auteurs soutiennent en effet que la livraison de la chose engendre le transfert de la garde. Une justification qui nous paraît également sujette à discussion.

2. Pour une admission restrictive du transfert de la garde

322. La consolidation du lien entre la garde et la propriété lorsque les contrats portant la livraison d'une chose ne sont pas translatifs de propriété (a), ainsi que l'affinement de la distinction entre garde de structure et garde de comportement lorsque le contrat engendre le transfert de propriété (b) nous paraissent deux moyens techniques permettant aux contractants de solliciter la mise en œuvre de la responsabilité délictuelle du fait des choses.

a. La consolidation du lien entre la garde et la propriété pour les contrats non translatifs de propriété

323. Nul n'ignore que la responsabilité délictuelle du fait des choses incombe à celui qui en a la garde. Est gardien, depuis le triomphe de la théorie de la garde matérielle dans l'arrêt Franck 2[1835], celui qui, au moment de la réalisation du dommage, exerçait en toute indépendance un « pouvoir d'usage de direction et de contrôle sur la chose ». Or les contrats portant la livraison d'une chose ont très souvent pour effet de transférer la garde et, par suite, le transfert de la responsabilité qui en est le corollaire. Il en découle que le propriétaire cesse d'être responsable sur la base des articles 1384, alinéa 1er du Code civil français ou 96 du Code des obligations et des contrats. La jurisprudence l'a reconnu en ce qui concerne la responsabilité à l'égard des tiers. *A fortiori*, il devrait en être de même pour la responsabilité envers le co-contractant. Ainsi, l'emprunteur, le locataire devenus eux-mêmes gardiens de la chose livrée ne peuvent demander l'application de la responsabilité délictuelle du fait des choses. Mais la conclusion d'un contrat engendre-t-elle systématiquement ce transfert de garde ?

324. Diversité des critères. A-t-on besoin de « ce luxe de nuances »[1836]? L'examen de la jurisprudence laisse l'observateur perplexe. En effet, même s'il est communément admis qu'il ne suffit pas de constater l'existence d'un titre contractuel portant sur la chose instrument du dommage, pour en déduire le transfert automatique de la garde de celle-ci au co-contractant qui doit avoir

[1835] Ch. Réunies, 2 déc. 1941, DC 1942, p. 25, note G. Ripert ; S. 1941, 1, p. 217, note H. Mazeaud.
[1836] Expression de G. Viney et P. Jourdain, Les conditions de la responsabilité, *op. cit.*, n° 690-1.

reçu des droits suffisamment étendus lui permettant d'exercer un réel pouvoir de maîtrise sur la chose, la jurisprudence reste hésitante en la matière. Pour admettre ou refuser le transfert de la garde elle fait intervenir plusieurs critères sans qu'un fil d'Ariane ait vraiment pu être découvert, proposé et surtout suivi. Dans le contrat de prêt à usage, par exemple, l'emprunteur, sauf s'il se place sous l'autorité du prêteur dans l'usage de la chose ou s'il n'a pas reçu les informations nécessaires à la maitrise du potentiel dommageable de la chose, est considéré comme gardien. Ainsi, « la garde du chariot mis à la disposition de la clientèle est transférée au client, à partir du moment où il commence à s'en servir »[1837]. Ce n'est pourtant pas ce que décide la jurisprudence concernant la garde de l'objet offert à la vente, même si le client l'a déjà placé dans son chariot ou son sac[1838]. Partant, on est gardien du chariot, mais non des marchandises qui s'y trouvent. « Comprenne qui pourra »[1839] !

Dans le contrat de bail, il est classiquement admis que la garde est transmise au locataire[1840]. Le bailleur peut toutefois demeurer gardien lorsqu'il continue à exercer un pouvoir de contrôle et de direction sur la chose louée. C'est le cas par exemple en matière de location d'immeuble où le locataire n'est pas responsable des conséquences d'une inondation provoquée par des tuyauteries auxquelles il n'a pas accès, car il n'a sur elles aucun pouvoir de surveillance et de contrôle[1841]. Il n'en va pas de même pour le loueur d'un quad avec un accompagnateur qui demeure gardien de la chose louée[1842]. La location d'une voiture avec mise à disposition d'un chauffeur n'ôte pas également au locataire la qualité de gardien[1843]. Mais cette solution n'est pas systématique car il convient de rechercher qui du locataire ou du bailleur est le commettant du chauffeur. On imagine sans mal les interminables discussions sur la détermination de la personne qui devrait endosser cette qualité lorsque le chauffeur est simultanément le préposé du loueur et du locataire.

Mais la liste des distinctions est loin d'être close. La jurisprudence, hésitante en la matière pour admettre ou refuser le transfert de la garde, fait intervenir

---

[1837] Civ. 2e, 6 avr. 1987, D. 1987, IR, p. 113 ; Civ. 2e, 14 janv. 1999, Bull. civ. II, n° 13 ; JCP 2000, II, 10245, note R. Reifegerste ; RCA 1999, comm. n° 94 ; RTD civ. 1999, p. 630, obs. P. Jourdain.

[1838] Civ. 2e, 16 mai 1984, RTD civ. 1984, p. 585, obs. J. Huet ; Civ. 2e, 28 fév. 1996, Bull. civ. II, n° 52 ; Resp. civ. et assur. 199, comm. 162 et chron . 20, par H. Groutel ; RTD Civ. 1996 p. 631, obs. P. Jourdain.

[1839] R. Reifegerste, note précitée.

[1840] Civ. 2e, 18 juin 1975, Bull. civ. II, n° 190 ; R.T.D. civ. 1976, p. 146, obs. G. Durry ; Civ. 2e, 5 déc. 1984, Bull. civ. II, n° 187, GP. 1985, 1, pan. jur., p. 78 ; Civ. 2e, 20 avril 2000, Resp. civ. et assur. 2000, n° 219. Voir plus récemment Civ. 2e, 10 nov. 2009, n° 08-20.273 FS-P+B, RTD civ. 2010 p. 114, obs. P. Jourdain. [1841] Civ. 3e, 12 juin 1969, Bull. civ. III, n° 473 ; R.T.D. Civ. 1970, p. 361, obs. G. Durry.

[1841] Civ. 3e, 12 juin 1969, Bull. civ. III, n° 473 ; R.T.D. Civ. 1970, p. 361, obs. G. Durry.

[1842] Civ. 2e, 10 nov. 2009, n° 08-20.273 FS-P+B, RTD civ. 2010, p. 114, obs. P. Jourdain.

[1843] Civ. 2e, 19 oct. 2006, n° 05-14.338, FS-P+B, Bull. civ. II, n° 275 ; JCP 2007, I, 115, obs. Ph. Stoffel-Munck; RTD Civ. 2007 p. 133, obs. P. Jourdain.

différents autres critères. Ainsi, certains arrêts font état de l'intérêt que le propriétaire conservait à l'usage de la chose par un tiers[1844]. Un critère qu'elle essaye de raffiner en faisant recours à un autre, dégagé dans des hypothèses d'accidents d'échelle, celui de l'initiative de l'usage de l'échelle. Ainsi, une personne qui monte spontanément sur une échelle pour montrer au propriétaire comment peindre un mur en devient gardien[1845], tandis que le propriétaire qui invite l'utilisateur à se servir de l'échelle en reste le gardien[1846] !

325. Faire peser la charge de la réparation sur le propriétaire. Face à l'instabilité des formules et à l'imprécision des critères employés, l'interprète est bien en mal de conclure. Trop de nuances tue la nuance ! Cette manière d'appréhender le transfert de garde due en grande partie à l'option théorique en faveur de la garde matérielle est doublement critiquable. En effet, chercher qui au moment du fait dommageable exerçait en toute indépendance un « pouvoir d'usage de direction et de contrôle sur la chose » nuit considérablement aux victimes qui, même si après une bataille juridique elles arrivent à déterminer la personne qui a la qualité de gardien, peuvent se trouver face à des personnes non assurées. Cela conduit, bon an mal an, à rattacher la responsabilité du fait des choses à l'idée de la faute ou à tout le moins à la décaler de l'idée du risque, laquelle inciterait à faire peser la charge de la réparation sur le propriétaire de la chose.

On peut donc suggérer, comme le soutiennent Mme Viney et M. Jourdain, de faire l'économie de toutes ces subtilités et d'attribuer la garde au propriétaire, le mieux placé d'ailleurs pour contracter une assurance, sauf éventuellement dans les hypothèses où la chose a été livrée à un professionnel qui l'utilise pour l'exercice de la profession[1847]. Cette manière de désigner le gardien éviterait ainsi, en même temps que des ambiguïtés regrettables, les nombreux écueils que réserve l'application d'une théorie dont l'apparente élégance ne saurait dissimuler les faiblesses. La consolidation du lien entre la propriété et la garde permet surtout au cocontractant victime de se dégager de la qualité de gardien pour retrouver la possibilité de demander l'application de la responsabilité délictuelle du fait des choses. D'ailleurs, il est significatif de constater que le droit libanais, favorable à l'admission de l'option entre la responsabilité contractuelle et la responsabilité délictuelle, consacre par là même la théorie de la garde juridique[1848].

[1844] Civ. 2e, 7 mai 2002, D. 2003 p. 463, note P. Jourdain.
[1845] Civ. 2e, 10 juin 1998, Bull. civ. II, n° 180 ; JCP 1999, II, 10042, note F. Mandin.
[1846] Civ. 2e, 11 fév. 1999, Resp. civ. et assur. 1999. comm.95, obs. H. Groutel.
[1847] G. Viney et P. Jourdain, Les conditions de la responsabilité, *op. cit.*, n° 690-1. Voir aussi en faveur de cette solution J. B. Laydu, note sous Civ. 2e, 10 avr. 2008, PA, 4 juill. 2008 n° 134, p. 19.
[1848] F. Nammour, R. Cabrillac, S. Cabrillac, Droit des obligations, Droit français, Droit libanais, Perspectives européennes et internationales, Bruylant, LGDJ, 2006, p. 197.

En droit tunisien, et si l'on veut vraiment donner de l'ampleur à la règle de l'option récemment émergente, il convient de faire un choix en faveur de la garde juridique. Déjà, et même si la théorie de la garde matérielle[1849] ainsi que l'admission du transfert de la garde par la conclusion de certains contrats[1850] ne sont pas totalement ignorés par les juges, on constate une certaine inclinaison jurisprudentielle pour l'adoption de la garde juridique[1851]. La consolidation du lien entre la garde et la propriété mérite d'être confirmée explicitement dans notre droit positif. Mais cette consolidation, nécessaire dans les contrats non translatifs de propriété, ne se contredit pas avec le besoin d'admettre la distinction entre la garde de structure et la garde de comportement pour les contrats translatifs de propriété, sauf que cette distinction, vu les faiblesses dont elle souffre actuellement, mérite certains aménagements.

b. L'affinement de la distinction entre la garde de structure et la garde du comportement pour les contrats translatifs de propriété

Plaider pour la reviviscence de la distinction entre la garde de structure et la garde de comportement, une théorie qui n'a pas fait bonne presse dans la doctrine, nécessite certainement une justification (β). Mais avant de montrer l'utilité de ce recours, il convient d'exposer les linéaments de cette distinction (α).

α. Exposé de la théorie de la distinction entre la garde de structure et la garde de comportement[1852]

326. L'objectif initial de la théorie : accentuer la liaison entre la garde et la propriété. La distinction entre la garde de structure et la garde de comportement que l'on doit à la thèse de Goldman[1853] part d'une idée simple. L'auteur remarque en effet que l'article 1384, alinéa 1er comporte à la fois une présomption de faute dans l'usage de la chose et une garantie des vices de celle-

---

[1849] Cass. civ. arrêt n° 9334 du 14 mai 1984, BCC, I ; p. 337 ; Cass. civ. arrêt n° 57513 du 16 avr. 1997, BCC, II, p. 192.

[1850] Cass. civ. arrêt n° 57513 du 16 avr. 1997, BCC 1997, I, p. 192 ; Cass. civ. arrêt n° 15665.2002 du 19 juin 2002, inédit.

[1851] Cass. civ. arrêt n° 7284 du 23 fév. 1970, p. 195 ; Cass.civ. arrêt n° 16463 du 14 juin 2002, BCC 2002, I, p. 197.

[1852] Sur cette théorie, voir B. Goldman, « La détermination du gardien responsable du fait des choses inanimées », éd. Sirey, 1947, préf. P. Roubier ; Ph. Meynier, « La garde et son déplacement », thèse, Paris, 1950 ; F. Dreyfus, « La garde de la structure dans la responsabilité du fait des choses inanimées », thèse, Paris 1980 ; P. Dupichot, « La garde de la structure et la garde du comportement dans la responsabilité civile », thèse, Paris XII, 1984 ; A. Tunc, « Garde du comportement et garde de la structure dans la responsabilité du fait des choses inanimées », JCP 1957, I, 1384, et du même auteur, « La détermination du gardien dans la responsabilité du fait des choses inanimées », JCP, 1960, I, 1592 ; B. Goldman, « Garde de la structure et garde du comportement », *in* Mélanges Roubier, Dalloz-Sirey, Paris, 1961.

[1853] B. Goldman, « La détermination du gardien responsable du fait des choses inanimées », thèse précitée.

ci. Or, s'il est admissible de faire peser sur la personne qui possède au moment du dommage l'usage, la direction et le contrôle de la chose, il n'en est pas de même pour la garantie des vices cachés qui doit demeurer en tout état de cause à la charge du propriétaire, seul en mesure d'assurer un contrôle technique de la structure de l'objet. La distinction qu'il propose alors permettrait d'alléger la responsabilité du détenteur-gardien, en endossant sur le propriétaire de la chose la responsabilité de certains dommages causés par celle-ci, et à propos desquels aucune faute du détenteur ne peut être sérieusement présumée. Plus précisément, la théorie visait à exonérer le gardien non propriétaire en reportant la charge de la responsabilité sur le propriétaire ce qui permettrait d'accentuer la tendance vers une liaison de plus en plus étroite entre la garde et la propriété. Aussitôt lancée, l'idée n'a pas manqué de rallier plusieurs adeptes[1854], avant de recevoir l'aval de la jurisprudence qui, après quelques hésitations[1855], a ainsi compris et utilisé la nouvelle distinction[1856].

327. Inutilité de ce subterfuge pour consolider le lien entre la garde et la propriété. La mise en œuvre de la dissociation entre garde de structure et garde de comportement peut être génératrice de difficultés non négligeables pour les victimes. En effet, en cas d'incertitude sur la cause du dommage, on a fait remarquer, à juste titre, que la victime serait déboutée de son action lorsque le tribunal serait dans l'impossibilité de se faire une opinion sur l'origine du dommage – structure ou comportement. Le palliatif à cet inconvénient consistant à condamner *in solidum* les deux gardiens possibles conduit à un but opposé à celui recherché puisque précisément la distinction des deux gardes vise à décharger le détenteur au détriment du propriétaire[1857]. Or, si l'on veut réellement consolider le lien entre la propriété et la garde, la référence à la distinction entre garde de structure et garde de comportement paraît inutile puisqu'il suffit tout simplement d'observer que la garde n'a pas été transférée à l'utilisateur et qu'elle reste à la charge du propriétaire parce que c'est lui qui est en principe le mieux placé pour prendre d'avance l'assurance destinée à couvrir

[1854] H., L. et J. Mazeaud, Traité t. II, 6e éd., n°1160-2 et s. ; A. Tunc, Garde de comportement et garde de la structure dans la responsabilité du fait des choses inanimées, JCP 1957, I, 1384 ; *adde* La détermination du gardien dans la responsabilité du fait des choses inanimées, JCP, 1960, I, 1592.

[1855] Civ. 2e, 11 juin 1953, D. 1954, p. 21, note R. Rodière, JCP 1953, II, 7825, note A. Weill. Cet arrêt a nettement condamné la distinction des deux gardes. Le locataire d'une automobile est responsable de tous les dommages causés par celle-ci, y compris ceux qui proviennent d'un vice de la chose.

[1856] Civ. 2e, 5 janv. 1956, D. 1957, p. 261, note R. Rodière, RTD civ. 1956, p. 340, obs. H. et L. Mazeaud ; Civ. 2e, 10 juin 1960, D. 1960, p. 609, note R. Rodière ; JCP 1960, II, 11814, note Esmein ; Paris, 23 juin 1958, JCP 1959, II, 11082, note R. Savatier ; Civ. 2e, 13 fév. 1964, RTD civ. 1964, p. 558 ; Rennes, 20 fév. 1968, GP 1968, 2, 110 ; Grenoble, 1er avril 1968, JCP 1969, II, 15752 ; Civ. 3e, 12 juin 1969, Bull. civ. III, n° 473 ; Rennes, 19 déc. 1972, D. 1973, p. 650 ; Lyon, 9 juill. 1974, GP 1975, 1, p. 203.

[1857] G. Viney, note sur Paris 7e ch. B, 5 déc. 1975, JCP 1976, II, 18479 ; G. Viney et P. Jourdain, Les conditions de la responsabilité, *op. cit.*, n° 693.

les conséquences de l'usage de ses biens[1858]. D'ailleurs, plusieurs arrêts récents déclarent le propriétaire gardien malgré le transfert de la chose à un utilisateur sans emprunter le détour de la distinction entre garde de structure et garde de comportement[1859]. Une tendance qui mérite d'être approuvée, mais cela devrait-il conduire à un abandon total de la distinction chère à Goldman ?

328. L'objectif inattendu : rompre le lien entre la garde et la propriété. Alors que son initiateur cherchait à renforcer la présomption de garde attachée à la propriété, la jurisprudence en a fait un tout autre usage. Plusieurs décisions ont admis, à l'occasion de dommages subis par le propriétaire lui-même ou l'un de ses proches, que le gardien de la structure peut être condamné à réparer le préjudice, dès lors que l'accident est dû à une cause qui ne peut être imputée à l'usage qui a été fait de la chose[1860]. Cette manière d'appliquer la distinction n'a pas manqué d'influencer la jurisprudence tunisienne. Dans un premier arrêt inédit du 17 juillet 1989, la Cour d'appel de Sfax[1861] a considéré que le fabricant de bouteilles de boissons gazeuses reste responsable, en tant que gardien de la structure, pour les dommages causés à la victime suite à l'éclatement de la bouteille, le comportement de la victime étant irréprochable. La même solution a été retenue par la Cour de cassation dans son arrêt du 12 janvier 1999[1862] à l'égard du fabricant de bouteilles de gaz suite à une explosion qui a causé des brûlures graves à la victime.

Dans ces hypothèses, ce n'est plus la responsabilité du propriétaire qui va être cherché, puisque ce dernier est devenu lui-même victime de la chose dommageable et ne peut dès lors agir contre lui-même. La dissociation des deux gardes lui ôtant la qualité du gardien va lui permettre de retrouver le bénéfice de la responsabilité objective en agissant à l'encontre du gardien de la structure. La même solution pourrait également faciliter le recours de ses proches, tels que les membres de sa famille, voire ses amis. La théorie dualiste de la garde permet à ces victimes d'agir, non pas contre le propriétaire actuel du produit, mais contre le gardien de la structure, sur le fondement de la responsabilité délictuelle du fait des choses.

[1858] *Ibid.*

[1859] Civ. 2e, 12 oct. 2000, RTD civ. 2001, p. 372, obs. P. Jourdain ; Civ. 2e, 5 oct. 2006, pourvoi n° 04-18.775, F-D, RCA 2006. comm. 368 ; RTD Civ. 2007, p. 132, obs. P. Jourdain.

[1860] CA de Poitiers, 20 déc. 1969, GP 1970, 2, p. 13 ; Civ. 2e, 5 juin 1971, Bull. civ. II, n°204 ; Civ. 1re, 12 nov. 1975 et Paris 7e ch. B, 5 déc. 1975, JCP 1976, II, 18479, obs. G. Viney ; CA Lyon, 29 sept. 1976, D. 1977, IR, p. 439, obs. C. Larroumet ; Civ. 2e, 14 déc. 1981, GP 1982, I, panor., p. 150, obs. F. Chabas ; Civ. 1re, 2 fév. 1982, D. 1982, IR, p. 330 ; Civ. 2e, 4 juin 1984, GP 1984, 2, p. 634, note F. Chabas. Considérée comme gardien au sens de l'arrêt Franck, la victime ne peut agir en responsabilité contre elle-même. La conception dualiste de la garde lui permet, au contraire, de retrouver le bénéfice de la responsabilité objective à l'encontre du fabricant en sa qualité de gardien de la structure.

[1861] CA de Sfax, arrêt n° 1427 du 17 juill. 1989 (inédit).

[1862] Cass. civ. arrêt n° 59218 du 12 janv. 1999 (inédit).

L'utilisation de la distinction entre garde de structure et garde de comportement à des fins qui lui sont, *a priori*, étranges, peut de prime abord paraître saugrenue. Néanmoins, cette utilisation pourrait se justifier en droit tunisien par la nécessité d'uniformiser le régime de responsabilité applicable aux produits défectueux. En effet, l'article 10 de la loi du 17 décembre 1992 relative à la protection du consommateur édicte une responsabilité objective à la charge du fournisseur pour manquement à une obligation de sécurité de résultat, mais ne fait bénéficier cette obligation qu'au profit du consommateur, défini par l'article 2 comme celui qui « achète le produit ». Or, le terme « acheter » évoque évidemment l'existence d'un lien contractuel entre le consommateur et le professionnel, ce qui exclut, a priori, toute personne ayant la qualité de tiers du bénéfice de l'obligation de sécurité. L'application stricte de l'article 10 pourrait conduire à une disparité sensible entre les victimes selon qu'elles ont la qualité de contractant ou de tiers[1863]. Bénéficiant dans la première hypothèse d'une obligation de sécurité de résultat[1864], elles seraient, si l'on applique le principe de transfert de la garde avec la propriété, obligées de rapporter la preuve de la faute du fabricant lorsqu'elles n'ont que la qualité de tiers. Il va sans dire que cette inégalité de traitement choque la logique et l'équité. Ce sont d'ailleurs les mêmes justifications qui ont poussé la jurisprudence française à utiliser la distinction de Goldman avant de décider d'aligner la situation des tiers sur celle des contractants en leur faisant bénéficier du régime de l'obligation de sécurité de résultat. Une jurisprudence qui fut cristallisée par l'article 1386-1 nouveau du Code civil qui prévoit précisément à la charge du fabricant une responsabilité stricte profitant uniformément à toutes les victimes du défaut de sécurité d'un produit, indépendamment de leur qualité de contractant ou de tiers. Plusieurs auteurs pensent alors que cette nouvelle donnée conjuguée avec les faiblesses dont a souffert la théorie de la distinction entre la garde de structure et la garde de comportement montre son inutilité et justifie son élimination[1865].

329. Des lacunes et des incertitudes. La dissociation entre la garde de la structure et la garde de comportement pose des difficultés non négligeables dans sa mise en œuvre pratique. En effet, en choisissant de cantonner l'application de la distinction aux « choses dotées de dynamisme propre capable de se manifester dangereusement »[1866], notion au demeurant difficile à cerner, la

[1863] Sauf si la jurisprudence utilise l'article 3 de la même loi pour étendre l'obligation de sécurité au profit des tiers.

[1864] Voir les articles 2 et 10 de la loi du 17 décembre relative à la protection du consommateur, JORT du 15 déc. 1992, p. 1571.

[1865] Voir G. Viney et P. Jourdain, *op. cit.* n°701 ; Ph. Brun, La responsabilité civile extracontractuelle, *op. cit.*, n° 437 ; Y. Buffelan-Lanore, Droit civil. Les obligations, *op. cit*, n° 1279; J. Flour, J.-L. Aubert, E. Savaux, Les obligations. Le fait juridique, *op. cit.*, n° 279.

[1866] Une chose est dotée d'un dynamisme propre lorsque le préjudice résulte d'une explosion de produits liquides ou gazeux contenus dans des récipients fermés. Ainsi en est-il pour les tubes d'air liquide (Com., 30 juin 1953, JCP 1953, II, 7811, note Savatier), des bouteilles d'oxygène

jurisprudence a été amenée à adopter des solutions qui sont peu cohérentes entre elles-mêmes. On trouve ainsi des arrêts qui ont accepté de mettre en œuvre la distinction à des choses manifestement dénuées de dynamisme propre[1867] comme on peut trouver aussi des arrêts qui ont refusé de l'appliquer à des choses potentiellement dangereuses[1868]. Mais, outre la nécessité de prouver que la chose est dotée d'un dynamisme propre, la victime est contrainte de prouver que le dommage est dû à un vice de fabrication de la chose et non à une mauvaise manutention. Or cela ramène souvent à rechercher qui a commis une faute, effaçant ainsi tout intérêt au recours à la responsabilité délictuelle du fait des choses. Ces lacunes, parce qu'elles rendent les conditions d'application de la théorie de la garde incertaine, sont souvent présentées comme des raisons supplémentaires justifiant l'éviction de la théorie de la distinction entre garde de structure et garde de comportement même lorsqu'elle a été retenue pour faciliter le recours du propriétaire de la chose dommageable ou de l'un de ses proches. Cependant, ces incertitudes, aussi sérieuses soient-elles, ne nous paraissent pas incorrigibles.

330. Des lacunes corrigibles. Commençons d'abord par la difficulté de déterminer les choses dont la garde est susceptible de fractionnement. On peut se demander s'il n'est pas loisible d'abandonner le critère actuellement retenu par la jurisprudence française et qui essaye, vainement d'ailleurs, de limiter la distinction aux seules choses dotées d'un dynamisme propre, puisque une chose même apparemment anodine et structurellement inerte peut être source de dommage. Plusieurs arrêts témoignent déjà que l'absence de « dynamisme propre » de la chose ne constitue pas véritablement un obstacle à l'application de la théorie de la division de la garde[1869]. Il serait dès lors plus intelligible

---

liquide (Civ. 2e, 10 juin 1960, Civ. 2e, 5 janv. 1956, D. 1957, p. 261, note R. Rodière, RTD civ. 1956, p. 340, obs. H. et L. Mazeaud; Civ. 2e, 10 juin 1960, D. 1960, p. 609, note R. Rodière ; JCP 1960, II, 11814, note P. Esmein), ou de bouteilles de chlore dont l'explosion a provoqué l'intoxication de plusieurs personnes (Civ. 1re, 4 déc. 1973 : Bull. civ. I, n° 337 ; GP. 1974, 1, p. 444, note Plancqueel ; RTD civ. 1974, p. 816, obs. Durry). Il en est de même pour l'explosion de bouteilles de bière (CA Poitiers, 20 déc. 1969 : GP. 1970, 1, p. 13 ; Civ. 2e, 5 juin 1971, Bull. civ. II, n° 204 ; RTD civ. 1972, p. 139, obs. Durry) ainsi que pour l'explosion d'une pile électrique (voir CA Paris, 5 déc. 1975, JCP G 1976, II, 18479, note G. Viney).

[1867] Civ. 2e, 1er juill. 1976, D. 1976, IR, p. 276 ; Civ. 2e, 6 avril 1987 ; GP 1987, I, pan. 140 ; Civ. 2e, 23 sept. 2004, RCA. 2004, comm. n° 317 (application de la distinction au plateau d'un échafaudage)

[1868] Civ. 2e, 20 nov. 2003, Bull. civ. II, n° 355 ; D. 2003, p. 2902, concl. R. Kessous, note L. Grynbaum ; D. 2004, somm. 1344, obs. D. Mazeaud ; JCP 2004, II, 10004, note B. Daille-Duclos ; Resp. civ. et assur. 2004, chron. n°5, note C. Radé ; Droit et patrimoine 2004, n° 3437, obs. F. Chabas ; RTD civ. 2004, p. 103, obs. P. Jourdain qui refuse d'appliquer cette distinction aux cigarettes dont la consommation a provoqué le décès d'un fumeur.

[1869] Civ. 2e, 1er juill. 1976, D. 1976, IR, p. 276 ; Civ. 2e, 6 avr. 1987 ; GP 1987, I, pan. 140 ; Civ. 2e, 23 sept. 2004, RCA. 2004, comm. n° 317 (application de la distinction au plateau d'un échafaudage).

d'abandonner, comme l'a suggéré un auteur[1870], le critère tiré de la nature des choses en se contentant de faire recours au processus de causalité. Cette manière de procéder permettrait, en effet, d'inverser les données du problème au bénéfice d'une simplification dans la mise en œuvre de la théorie de la dualité de la garde. À cet égard, il n'est pas inconvenant de penser à faire bénéficier les victimes d'une présomption de causalité structurelle[1871]. Adoptée déjà dans plusieurs arrêts de la Cour de cassation française[1872] ainsi que dans l'arrêt de la Cour de cassation tunisienne du 12 janvier 1999[1873] à l'encontre du fabricant, une telle présomption permettrait de désigner ce dernier comme responsable lorsque la cause du dommage est indéterminée et sans que la victime ait à prouver que le maniement de la chose n'est pas la cause du dommage. Et c'est au fabricant, maître de la structure de la chose, d'établir que le dommage est lié à une utilisation défectueuse de la part de la victime.

Le domaine de cette présomption doit-il se limiter au seul fabricant ? Même si la jurisprudence tend majoritairement à accorder le principe de la garde de la structure au fabricant[1874], on trouve quelques arrêts, en droit français, qui sont favorables à l'attribution de cette charge au vendeur professionnel[1875]. On touche alors du doigt une autre difficulté souvent mise en avant par la doctrine qui considère que l'alternative ouverte par la distinction dans l'attribution de la garde devient ainsi sensiblement compliquée puisque chaque intervenant dans le processus de fabrication ou de commercialisation de la chose va essayer de se décharger sur l'autre, le propriétaire sur le distributeur, celui-ci sur le fabricant…

Cette remarque devrait toutefois être relativisée à la lumière de l'évolution qu'a connue le droit français suite à l'interprétation qu'impose désormais la jurisprudence communautaire. En effet, considérant que la directive européenne sur les produits défectueux canalise la responsabilité sur le seul producteur, la Cour de justice des communautés européennes a condamné la France pour avoir assimilé les vendeurs intermédiaires aux fabricants et producteurs[1876]. Une

---

[1870] A. M. Romani, Le transfert contractuel de la chose dans la responsabilité du fait des choses inanimées, thèse, Nice, 1984, n°439.

[1871] Voir en faveur de cette solution, M. Bacache Gibeili, Droit civil, les obligations, *op. cit.* n° 220,

[1872] Civ. 2e, 20 juill. 1981, JCP 1982, II, 19848, note F. Chabas ; RTD civ. 1982, p. 423, obs. G. Durry ; Civ. 2e, 4 juin 1984, GP 1984, 2, p. 634, note F. Chabas ; Civ. 2e, 14 avril 1988, GP 1988, II, somm. 321.

[1873] Cass. civ. arrêt n° 59218 du 12 janv. 1999, précité.

[1874] CA de Poitiers, 20 déc. 1969, GP 1970, 2, p. 13 ; Civ. 2e, 5 juin 1971, Bull. civ. II, n°204 ; Civ. 1re, 12 nov. 1975 et Paris 7e ch. B, 5 déc. 1975, JCP 1976, II, 18479, obs. G. Viney ; CA Lyon, 29 sept. 1976, D. 1977, IR, p. 439, obs. C. Larroumet ; Civ. 2e, 14 déc. 1981, GP 1982, I, panor., p. 150, obs. F. Chabas ; Civ. 1re, 2 fév. 1982, D. 1982, IR, p. 330 ; Civ. 2e, 4 juin 1984, GP 1984, 2, p. 634, note F. Chabas.

[1875] Civ. 2e, 3 oct. 1979 et 14 nov. 1979, D. 1980, p. 325, note C. Larroumet.

[1876] CJCE 25 avr. 2002, Commission des Communautés européennes c/ France, précité.

interprétation qu'elle a maintenue dans son arrêt du 10 janvier 2006[1877] qui a jugé que la faute est le seul fondement juridique possible pour attaquer ces vendeurs. La Cour de cassation française dans ses arrêts les plus récents semble d'ailleurs s'incliner devant cette interprétation[1878]. Seul le fabricant est tenu, du moins à titre principal, d'indemniser les victimes de dommages corporels.

En droit tunisien, où les interprétations communautaires font évidemment défaut, rien n'empêche d'imposer la présomption de causalité structurelle pareillement au fabricant et au vendeur. Le vendeur professionnel s'est déjà vu imposer une présomption de connaissance de vice en matière de garantie des vices cachés, au même titre qu'un vendeur fabricant[1879], pourquoi ne pas étendre cette possibilité pour les atteintes à la sécurité corporelle ? Évidemment, le choix doit être laissé à la victime d'actionner soit le vendeur, soit le fabricant, considéré chacun comme gardien de la structure. Cette solution, pensons-nous, permettrait de temporiser les objections avancées pour souligner l'inopportunité du maintien de la distinction garde de la structure et garde du comportement. Inutile lorsqu'elle est, comme l'envisage son initiateur, destinée à renforcer le lien entre la propriété et la garde, elle conserve son utilité lorsque la victime se trouve elle-même propriétaire de la chose dommageable et privée de ce fait de la présomption de responsabilité attachée à la garde et ce aussi bien en droit français que tunisien.

β. L'utilité du recours à la distinction entre la garde de structure et la garde de comportement

331. L'utilité en droit tunisien : atténuer la rigueur du principe de la canalisation de la responsabilité sur le fournisseur. Contrairement au droit français qui, avant la condamnation communautaire, optait pour une responsabilité solidaire de tous les intervenants dans la chaîne de production et de commercialisation du produit, le droit tunisien consacre, dans l'article 10 de la loi relative à la protection du consommateur, la responsabilité du fournisseur final « à moins que ce dernier ne montre l'identité de celui qui lui a fourni le produit ». La canalisation de la responsabilité pour défaut de sécurité du produit sur le fournisseur final apparaît, à première vue, comme une facilité de procédure en faveur de la victime. En effet, elle va lui permettre d'éviter les inconvénients d'une action contre un défendeur géographiquement éloigné, alors que le dernier fournisseur est généralement plus accessible.

[1877] CJCE 10 janv. 2006, *Skov Aeg c/ Bilka Lavprisvarehus AS et autres*, aff. C-402/03, D. 2006, p. 671 et 1259, obs. C. Nourissat ; RTD Civ. 2006 p. 333, obs. P. Jourdain ; RTD civ. 2006, p. 265, obs. P. Remy-Corlay ; RTD com. 2006, p. 515, obs. M. Luby.

[1878] Civ. 1re, 15 mai 2007, AGF c/ La Redoute, n° 05-17.947, FS-P+B, D. 2007. 1593, obs. I. Gallmeister ; JCP G 2007, I, 125, n° 8, obs. Ph. Stoffel-Munck ; Revue des contrats, 01 oct. 2007 n 4, p. 1147, note J-S Borghetti ; RTD civ. 2007, p. 580, obs. P. Jourdain.

[1879] Cass. civ. arrêt du 22 avr. 1973, BCC 1973, I, p. 58 ; Cass. civ. arrêt n° 28352 du 16 janv. 1991, BCC 1991, p. 169.

Malgré ces avantages, la canalisation de la responsabilité sur le fournisseur final reste particulièrement inconvenante. La victime ne peut pas en effet choisir entre les différents intervenants dans la chaîne de production et de commercialisation celui qui est le mieux placé financièrement pour assurer son indemnisation[1880]. Il est regrettable que le législateur ait opté pour ce choix, au lieu de consacrer une responsabilité solidaire de toute personne qui a mis sur le marché un produit défectueux, d'autant plus que l'article 2 de la même loi a adopté une définition particulièrement large du fournisseur englobant : « le fabricant, le distributeur, l'importateur, l'exportateur et tout autre intervenant dans la chaîne de production et les réseaux de distribution ou de commercialisation ». Là, précisément, l'application de la théorie de la garde de structure et garde de comportement s'avère utile. Elle permettra aux tierces victimes tout comme aux parties contractantes de demander au fabricant, en tant que gardien de la structure, la réparation du préjudice.

L'arrêt du 12 janvier 1999[1881] est à ce titre plus que probant. En l'espèce, une personne a acquis auprès d'un vendeur une bouteille de gaz qui a explosé dès que se femme a commencé son utilisation. Cette dernière a subi des dommages corporels graves. Le mari, contractant direct du vendeur, ainsi que sa femme, tierce victime, ont intenté une action contre le fabricant sur la base de l'article 96 du Code des obligations et des contrats. Une action qui fut accueillie par la Cour de cassation tunisienne pour les deux victimes. Cet arrêt retient particulièrement l'attention pour deux raisons au moins. En effet, non seulement la responsabilité délictuelle du fait des choses a été accueillie alors que la garde a été transférée aux victimes, ce qui constitue une consécration éclatante de la théorie de dissociation des gardes, mais aussi elle a été retenue à l'encontre du fabricant du produit défectueux, ce qui mérite, pensons-nous, entière approbation.

En droit français, et même si la théorie des deux gardes est généralement désapprouvée par la doctrine, nous pensons qu'elle peut encore jouer un rôle non négligeable dans le maintien du niveau de protection qu'offrait la loi française avant la condamnation communautaire.

332. L'utilité en droit français : un canot de sauvetage face au naufrage de l'obligation prétorienne de sécurité. L'application de la distinction entre la garde de structure et la garde de comportement à des fabricants qui n'ont plus la propriété ni la détention de la chose après l'avoir vendue, a pu paraître inutile avec l'avènement de la loi sur la responsabilité du fait des produits défectueux qui a prévu un régime objectif d'indemnisation profitant pareillement aux

[1880] R. Belaid, La responsabilité civile du fabricant envers le consommateur, mémoire de DEA, faculté de droit et des sciences politiques de Tunis, 2002/2003, p. 65 ; M. Farhat, La responsabilité civile du fait des produits défectueux, mémoire de DEA, faculté de droit et des sciences politiques de Tunis 2002/2003, p. 70 ; C. Abdennadher, La responsabilité du fait des produits défectueux, faculté de droit de Sfax 2004/2005, p. 125.

[1881] Cass. civ. arrêt n° 59218 du 12 janv. 1999, précité.

contractants et aux tiers[1882]. Néanmoins, en admettant l'exonération pour le risque de développement[1883] et en limitant doublement les délais de prescription à 10 ans à partir de la mise en circulation et à 3 ans à compter de la date à laquelle la victime aurait dû avoir connaissance du dommage, la loi paraît en retrait par rapport au droit commun qui ne connaît pas de telles restrictions. C'est pourquoi le législateur, conformément à l'article 13 de la directive, a donné aux victimes la possibilité de se prévaloir du droit commun. On pensait donc que la victime contractante disposait d'une option entre la responsabilité pour manquement à l'obligation prétorienne de sécurité et l'action en responsabilité pour manquement à l'obligation légale créée par l'article 1386-1 du Code civil. Lorsqu'elle était tierce, la victime pouvait choisir entre une action fondée sur la garde de la structure du produit à l'origine du dommage, une action pour manquement à l'obligation prétorienne de sécurité, puisque initialement contractuelle, la jurisprudence a fini par l'étendre aux tiers, et une action fondée sur la responsabilité du fait du produit défectueux organisée par la loi[1884].

Cet équilibre voulu par le législateur français a toutefois été brisé par l'interprétation qu'a donnée la Cour de justice de l'Union européenne au principe de l'option contenu dans l'article 13 de la directive[1885]. En effet, tous

---

[1882] G. Viney et P. Jourdain, *op. cit.* n° 701 ; Ph. Brun, La responsabilité civile extracontractuelle, *op. cit.*, n° 437 ; Y. Buffelan-Lanore, Droit civil. Les obligations, précité, n° 1279 ; J. Flour, J.-L. Aubert, E. Savaux, Les obligations. Le fait juridique, *op. cit.*, n° 279.

[1883] Ch. Larroumet, « La notion de risque de développement », Risque du XXIe siècle, *in* Dalloz, coll. « Clés pour le siècle » 2000, n° 1626 ; J. Calais-Auloy, « Le risque de développement : une exonération contestable », *in* Mélanges M. Cabrillac, Litec, 1999, p. 81 ; P. Oudot, Le risque de développement, contribution au maintien du droit à réparation, thèse, Dijon, 2001.

[1884] G. Raymond, « La responsabilité civile du fait des produits défectueux, *in* Sécurité des consommateurs et responsabilité du fait des produits défectueux », PUF, 1998, p. 53 ; J. Revel, « La coexistence du droit commun et de la loi relative à la responsabilité du fait des produits défectueux », RTD com. 1999, p. 317.

[1885] CJCE 25 avr. 2002, Maria Victoria Gonzales Sanchez c/ Medicina Asturiana SA, inédit, RTD Civ. 2002 p. 523, obs. P. Jourdain ; RDC déc. 2003 n 1, p 107, obs. Ph. Brun ; RTD Civ. 2002 p. 868, obs. J. Raynard ; *adde* A. Gosselin-Gorand, « Les enjeux de l'harmonisation totale des législations des États membres sur la responsabilité du fait des produits défectueux imposée par la directive du 25 juillet 1985 » (À propos de l'arrêt de la CJCE du 25 avril 2002), Petites affiches, 18 décembre 2002 n° 252, p. 4 ; G. Viney, « L'interprétation par la CJCE de la Directive du 25 juillet 1985 sur la responsabilité du fait des produits défectueux », JCP 2002, I, 177 ; J. P. Pizzio, « La responsabilité du producteur pour les produits défectueux doit être identique pour l'ensemble des États membres », D. 2002, p. 2935 ; C. Larroumet, « Les transpositions française et espagnole de la directive sur les produits défectueux devant la CJCE », D. 2002, p. 2462 ; J. Calais-Auloy, « Menace européenne sur la jurisprudence française concernant l'obligation de sécurité du vendeur professionnel (CJCE, 25 avril 2002) », D. 2002, p. 2458 ; A. Corny, « Une révolution inaperçue (À propos des arrêts de la CJCE du 25 avril 2002) », PA 9 mai 2003, n° 93, p. 4 ; D. Mazeaud, « Rapports entre le régime mis en place par la directive du 25 juillet 1985 sur la responsabilité des produits défectueux et les autres régimes de responsabilité », D. 2003, p. 463 ; T. Riehm, « Produits défectueux : quel avenir pour les droits communs ? L'influence communautaire sur les droits français et allemand », Dalloz, 2007, p. 2749.

ces fondements ne sont plus mis à la libre disposition des victimes, encore faut-il qu'ils soient différents de celui prévu par la directive. Autrement dit, la Cour de justice de l'Union européenne crée, de sa propre initiative, une distinction entre « les régimes de responsabilité reposant sur des fondements différents de celui de la directive », qu'elle laisse à la disposition des victimes, et « ceux qui reposent sur le même fondement » dont elle estime qu'ils n'ont pas le droit de cité.

En France, les arrêts de la Cour de justice devraient avoir pour conséquence immédiate de condamner la construction jurisprudentielle de l'obligation de sécurité élaborée à partir des articles 1147 et 1384, alinéa 1er, du Code civil interprétés à la lumière de la directive non alors transposée[1886]. Or la disparition de ce système jurisprudentiel se traduirait par une diminution de la protection des victimes qui avaient intérêt à se placer sur le terrain du droit commun afin d'échapper à l'exonération pour risque de développement. Largement critiquée au regard du droit communautaire qui dans ses évolutions les plus récentes a intégré dans son ordre juridique l'objectif de recherche d'un niveau plus élevé de protection des consommateurs[1887], cette solution marquerait un surprenant et anachronique recul du droit à indemnisation des victimes de dommages corporels. Peut-on trouver des remèdes ou inventer des artifices pour éviter cette conséquence aussi inattendue qu'inopportune ? Les juges européens proposent déjà des palliatifs, puisqu'ils autorisent le recours à la garantie des vices cachés et à la faute considérés au demeurant comme distincts du fondement adopté par la directive. Piètres substituts ! Le premier fondement, quoiqu'objectif, encercle la réparation dans des conditions restrictives[1888] ; le deuxième conduit à la reviviscence de la responsabilité subjective dans un domaine où l'objectivisation de la responsabilité paraît plus que nécessaire.

La responsabilité du fabricant en tant que gardien de la structure constitue-t-elle un fondement différent de celui de la directive qui échappe conséquemment à l'emprise de la condamnation communautaire ? La réponse à cette question passe nécessairement par la détermination de ce qu'on entend par fondement de la demande. Pour certains[1889], cette notion vise les faits générateurs de la responsabilité et plus précisément les éléments constitutifs à établir par la victime. D'autres soutiennent que le fondement de la demande exprime le régime de responsabilité, responsabilité pour faute ou responsabilité

[1886] Civ. 1re, 28 avr. 1998, JCP éd. G 1998, II, n° 10088, rapp. P. Sargos.

[1887] Voir l'art. 153 du Traité CE. Sur le décalage de cette solution par rapport aux évolutions du droit communautaire, voir J. P. Pizzio, « La responsabilité du producteur pour les produits défectueux doit être identique pour l'ensemble des États membres », *op. cit. Loc. cit.*

[1888] Voir *supr* n° 320.

[1889] T. Riehm, « Produits défectueux : quel avenir pour les droits communs ? (1) L'influence communautaire sur les droits français et allemand », *op. cit.* n° 24.

objective[1890]. Or tout fondement exprimant une responsabilité objective, telle la responsabilité basée sur la garde, devrait être rejeté parce qu'il ne repose pas sur un fondement différent de celui du régime de la responsabilité du fait des produits défectueux[1891]. Cette position nous paraît doublement critiquable. D'abord, la Cour de justice de l'Union européenne n'a pas paru aussi restrictive puisqu'elle autorise elle-même le recours à la garantie des vices cachés qui est un fondement objectif. Sur un plan purement processuel, ensuite, le fondement de la demande, se distinguant de sa cause[1892], vise tout simplement le texte sur lequel repose la prétention. Ayant un fondement distinct de l'obligation de sécurité prévue par la directive, la distinction entre la garde de structure et la garde de comportement aurait, semble-t-il, des chances de survie face à cet iceberg communautaire. Loin d'être privée d'intérêt, cette distinction retrouverait au contraire une certaine verdeur devant l'éclipse de l'obligation prétorienne de sécurité[1893]. Elle aurait au moins l'avantage d'éviter aux victimes l'exonération pour risque de développement et le double écueil des délais de prescriptions. Mais ce palliatif serait-il réservé uniquement aux tiers victimes comme l'a admis traditionnellement la jurisprudence ou peut-il profiter également aux acquéreurs du produit ? Tout passe par la révision de la règle du non-cumul. Peut-être que la mutilation qu'a subie l'obligation de sécurité dans le contrat de vente serait un argument supplémentaire pour convaincre la jurisprudence d'accepter le principe de l'intervention de la responsabilité délictuelle du fait des choses dans le contrat.

Conclusion de la deuxième section

La mise en œuvre de la responsabilité délictuelle du fait des choses pour sanctionner des obligations qui peuvent trouver leurs traductions aussi bien sur le terrain contractuel que délictuel telle l'obligation de sécurité[1894] nous paraît techniquement envisageable. L'incompatibilité de principe entre la responsabilité délictuelle du gardien et le contrat, souvent mise en avant par les

---

[1890] A. Gosselin-Gorand, « Les enjeux de l'harmonisation totale des législations des États membres sur la responsabilité du fait des produits défectueux imposée par la directive du 25 juillet 1985 (À propos de l'arrêt de la CJCE du 25 avril 2002) », *op. cit.*, n° 17.

[1891] Voir dans le même sens A. Corny, « Une révolution inaperçue (À propos des arrêts de la CJCE du 25 avril 2002) », *op. cit.* n° 93 ; Ph. Brun, La responsabilité civile extracontractuelle, *op. cit.*, n° 437.

[1892] Sur la différence entre cause et fondement, voir *supra* (section 1 chapitre 2 de la première partie).

[1893] Voir en faveur de cette solution J. Raynard, obs. sous CJCE 25 avr. 2002, Maria Victoria Gonzales Sanchez c/ Medicina Asturiana SA , RTD Civ. 2002 p. 868 ; M. Bacache-Gibeili, les obligations, La responsabilité, *op. cit.*, n° 218.

[1894] On n'a pas invoqué au cours de nos analyses les autres obligations accessoires telles que l'obligation d'information, de mise en garde ou de loyauté, pour la bonne raison que ces obligations ne nécessitent pas une chose pour leur exécution, contrairement à l'obligation de sécurité où le problème se pose avec beaucoup d'acuité.

partisans de la règle du non-cumul en droit français, semble comme une simple affirmation qui ne résiste pas à l'examen critique.

333. L'analogie entre la situation de débiteur contractuel utilisant une chose et le gardien délictuel de la chose. Lorsque le débiteur utilise des choses dans l'exécution de ses obligations contractuelles, il apparaît comme un gardien délictuel disposant sur la chose d'un pouvoir d'usage, de contrôle et de direction. Ces prérogatives ne peuvent être transférées à la victime qui, faisant confiance à son débiteur, généralement un professionnel, se borne à utiliser la chose. Toutes les explications avancées en vue d'objectiver la responsabilité du gardien en matière délictuelle se rencontrent également en matière contractuelle. L'industrialisation croissante des activités économiques, le profit que tire le débiteur de l'usage de la chose, les difficultés accrues de prouver la faute, sans parler de la possibilité de prendre une assurance pour couvrir la réparation des dommages causés par la chose, sont autant de circonstances légitimant l'alourdissement de la responsabilité du débiteur aussi bien dans le domaine contractuel qu'extracontractuel. Cette analogie, fragilisant les assises théoriques de la règle du non-cumul, justifie en revanche l'application ascendante et récente de l'article 96 du Code des obligations et des contrats par les juges tunisiens, même si cette jurisprudence a pu paraître « quasi instinctive », faute de présenter les arguments théoriques qui l'appuient. Car pourquoi chercher à interdire la responsabilité délictuelle du fait des choses d'accéder dans le contrat si l'analogie entre le débiteur contractuel qui utilise des choses dans l'exécution de ses obligations contractuelles et le gardien délictuel est si frappante ?

334. L'adaptation de la responsabilité délictuelle du fait des choses avec les contrats impliquant la remise d'une chose. Lorsque le débiteur livre une chose en exécution de ses obligations, on a souvent invoqué un argument supplémentaire selon lequel le mécanisme de garantie prévu par le législateur dans certains contrats spéciaux risque d'être bafoué par l'application de la présomption de responsabilité pesant sur le gardien. Or, même si ce régime dérogatoire se justifie pour les dommages causés à la chose comme il a été conçu initialement, il n'en va pas de même pour les dommages causés par la chose aux personnes et aux biens où le droit commun devrait reprendre son empire. Mais là encore l'application de la responsabilité délictuelle du fait des choses bute sur un obstacle de taille. En effet, la qualité de gardien étant endossée par la victime, la mise en œuvre des articles 1384, alinéa 1re du Code civil et 96 du Code des obligations et des contrats peut paraître techniquement impossible. En réalité, derrière ce problème s'en profile un autre, celui de la conception que l'on doit se faire de la garde. Or, malgré l'option théorique en faveur de la théorie de la garde matérielle, la jurisprudence se montre de plus en plus hésitante et essaye parfois de consolider le lien entre la garde et la propriété. Pourquoi ne pas alors franchir le pas et déclarer le propriétaire gardien de la chose, même s'il la livre en exécution de ses obligations contractuelles ? Une telle conception qui permettrait d'éviter les écueils nombreux que réserve l'application de la théorie de la garde matérielle favoriserait la mise en œuvre de la responsabilité délictuelle du fait des choses, du moins pour les contrats non translatifs de propriété. En droit tunisien, si les juges veulent vraiment donner à l'option entre la responsabilité contractuelle et l'article 96 du Code des obligations et des contrats toute son ampleur, il convient d'adopter solennellement cette théorie qui commence déjà à charmer la Cour de cassation.

335. L'affinement de la distinction entre la garde de structure et la garde de comportement. Si la consolidation du lien entre la garde et la propriété dans les contrats non translatifs de propriété peut effectivement résoudre le problème de l'application de la responsabilité délictuelle du fait des choses entre contractants, il n'en va pas de même lorsque le contrat engendre un transfert de propriété. Nous songeons particulièrement au contrat de vente. Devenu propriétaire de la chose dommageable, l'acquéreur ne peut mettre en œuvre la responsabilité délictuelle du vendeur pour la chose défectueuse qu'il a fournie. Les lois spéciales qui ont essayé de résoudre l'épineuse problématique de la responsabilité du fait des produits défectueux, aussi bien en droit tunisien que français, présentent de sérieuses imperfections. Le premier, en effet, reste attaché à la conception contractuelle de l'obligation de sécurité qu'il fait peser uniquement sur le fournisseur à l'exclusion des fabricants et autres distributeurs. Le second voit la belle construction édifiée par ses juges s'écrouler au nom de l'harmonisation communautaire. En effet, même si la loi sur les produits défectueux profite pareillement aux contractants et aux tiers en droit français, elle incombe désormais uniquement aux fabricants, à l'exclusion des fournisseurs, et autorise l'exonération pour le risque de développement. La faculté de se référer au droit commun a été sensiblement réduite par la jurisprudence communautaire qui a écarté toute possibilité de solliciter l'obligation de sécurité si minutieusement élaborée par la jurisprudence. Le recours à la distinction entre garde de structure et garde de comportement, ne serait-ce que temporairement, permettrait au droit français de maintenir le niveau de protection des victimes et contribuerait, en droit tunisien, à aligner la situation des tierces victimes sur celle des contractants. Il n'a pas toujours été de bon ton de l'écrire, mais les raisons et les raisonnements changent parfois... On aurait aimé que les victimes des produits défectueux bénéficient, par une loi spéciale, d'un régime objectif et uniforme de responsabilité qui atteint tous les intervenants dans la chaîne de production et de commercialisation des produits. Qui pourrait dans cette hypothèse se priver du luxe de se voir transporté sain et sauf par un paquebot aussi somptueux ? Mais vu la défaillance grave de l'arsenal juridique récemment édifié, aussi bien en droit français que tunisien, peut-on refuser de prendre les quelques canots de sauvetage que le droit commun de la responsabilité, avec ses règles parfois séculaires, met encore à notre disposition ? Rejeter cette solution, c'est réserver aux victimes le sort des passagers du Titanic qui, croyant faire un beau voyage et rassurés de la solidité infaillible du navire, ont été, faute de canots de sauvetage suffisants, piteusement ramassés dans les eaux glaciales de la déception.

Section 3 : La responsabilité délictuelle du fait d'autrui et le contrat

336. Tout comme la responsabilité du fait des choses, la responsabilité délictuelle du fait d'autrui peut-elle jouer entre contractants ? La réponse à cette question nécessite l'examen de la structure de la responsabilité du fait d'autrui dans les deux ordres de la responsabilité contractuelle et délictuelle, aussi bien en droit tunisien que français. En effet, ces deux derniers ont la faiblesse d'être lacunaires, chacun selon une étiologie qui lui est particulière. Si le premier souffre de l'absence d'un principe de responsabilité délictuelle du fait d'autrui, le deuxième méconnaît ce principe sur le terrain contractuel (§1). Par une libre interprétation scientifique, les jurisprudences française et tunisienne sont parvenues à suppléer cette carence. Si cette œuvre créatrice s'est soldée par une uniformisation de la responsabilité du commettant du fait de son préposé, le contentieux relatif au placement contractuel des mineurs, empêchant la mise en œuvre de la responsabilité délictuelle du fait d'autrui lorsque la garde est d'origine conventionnelle, est sujet à critique et nécessite un profond remaniement (§2).

§1 Les deux pièces manquantes du puzzle dans les deux systèmes juridiques français et tunisien

337. L'absence d'un principe de responsabilité délictuelle du fait d'autrui en droit tunisien (A), ainsi que l'absence d'un principe de responsabilité contractuelle du fait d'autrui en droit français (B), n'ont pas empêché les juges dans les deux systèmes d'emprunter la pièce manquante soit à l'ordre délictuel pour la jurisprudence française, soit à l'ordre contractuel pour les juges tunisiens. Cette tendance qui s'est particulièrement dessinée concernant la responsabilité du commettant du fait de son préposé montre que, loin d'exister un divorce total entre la responsabilité contractuelle et la responsabilité délictuelle dans ce domaine, les chemins des deux ordres de responsabilité se croisent assez souvent.

A. L'absence d'un principe de responsabilité délictuelle du fait d'autrui en droit tunisien et la tentative d'application de l'article 245 du Code des obligations et des contrats relatif à la responsabilité contractuelle du fait d'autrui dans le domaine délictuel

338. L'opposition entre la responsabilité contractuelle et la responsabilité délictuelle du fait d'autrui en droit tunisien. Contrairement au Code civil français qui ne contient aucune disposition générale réglementant la responsabilité contractuelle du fait d'autrui, le législateur tunisien a explicitement consacré la responsabilité du débiteur pour le fait des personnes dont il se sert pour exécuter son obligation dans l'article 245 du Code des obligations et des contrats[1895]. Cette consécration expresse, confirmée au demeurant dans l'article 845 relatif au contrat de louage d'ouvrage[1896], épargne le juriste tunisien des discussions doctrinales qu'a connues le droit français concernant l'existence même de cette responsabilité[1897]. Utilisant une formule large qui englobe tous les tiers que le débiteur introduit volontairement dans l'exécution du contrat, qu'ils soient préposés ou non, l'article 245 a pu être appliqué par la jurisprudence à maintes reprises[1898], notamment dans les domaines bancaire[1899] et maritime[1900], même si les juges éprouvent encore quelques réticences à le mettre en œuvre dans le domaine médical[1901].

[1895] Sur cette question voir B. Rahwi, La responsabilité contractuelle du fait d'autrui, mémoire de DEA, faculté de droit et des sciences politiques de Tunis I, 1996/1997.

[1896] Voir Cass. Civ. arrêt n° 4057 du 12 oct. 1981, inédit. La Cour se fonde sur l'article 845 du COC pour déclarer un mécanicien responsable de la réparation défectueuse du véhicule par son préposé. Le demandeur au pourvoi invoquait l'article 843 du COC qui confirme la responsabilité personnelle des travailleurs pour leurs fautes délictuelles. La Cour précise que le domaine de l'irresponsabilité du commettant concerne uniquement sa responsabilité délictuelle. Quant à la responsabilité contractuelle, elle peut être engagée en vertu de l'article 845 du COC.

[1897] Voir *infra* n° 348.

[1898] Cass. Civ. arrêt du 20 déc. 1993, BCC 1993, partie civile, p. 386. L'entreprise demeure responsable du fait de son préposé indélicat qui se contente d'encaisser le prix sans délivrer la marchandise convenue.

[1899] Cass. Civ. arrêt n° 7302. 2006 du 20 nov. 2006, inédit. La banque est responsable contractuellement sur la base de l'article 245 du COC pour le détournement de fonds effectué par le directeur d'agence.

[1900] Ainsi l'entreprise de manutention est responsable du fait de ses salariés. Voir Cass. Civ. arrêt n° 7086 du 13 janvier 1983, BCC 1983, 1re partie, p. 130. De même l'acconier peut, en vertu de l'article 169 du Code de commerce maritime, être le préposé du transporteur et déclencher la responsabilité contractuelle du fait d'autrui de ce dernier sur la base de l'article 245 du COC. Voir Cass. Civ. arrêt n° 1407 du 24 mai 1979, inédit ; Cass. civ. arrêt n° 6071 du 9 mars 2005, RJL janv. 2006, p. 135.

[1901] En faveur de l'application de la responsabilité de la clinique du fait des médecins qui y exercent, voir CA de Tunis, arrêt n° 48788 du 29 avril 1998, RTD 1999, p. 201 ; CA de Sfax du 22 juin 2006 arrêt n° 16182, inédit ; *Contra* et en faveur de l'irresponsabilité de la clinique du fait

La généralité des termes utilisés par l'article 245 contraste en revanche avec les textes délictuels qui se singularisent en droit tunisien non seulement par leur caractère restrictif, mais aussi et surtout par l'absence de toute réglementation concernant la responsabilité délictuelle du commettant du fait de son préposé[1902]. Certes, le projet préliminaire[1903], puis l'avant-projet[1904], soumis par la suite à la commission de codification, avaient proposé des cas de responsabilité délictuelle du fait d'autrui inspirés de ceux édictés par l'article 1384 du Code civil français. Néanmoins, ces dispositions n'ont pas été retenues sans que l'on ait pu connaître les motifs précis de cette mise à l'écart.

Cette solution s'explique, selon certains auteurs[1905], par l'influence du droit musulman. Invoquant un verset du Coran d'après lequel « *Wâ lâ taziru wâziratun wizr ukhra* »[1906], qui signifie en substance que nulle âme ne portera le fardeau d'une autre, on a pu soutenir que l'islam était imprégné par un certain individualisme réfractaire à toute idée de prise en charge de la dette d'autrui. Une justification qui est toutefois rejetée, à juste titre, par la quasi-totalité des auteurs. Ainsi, pour M. Zine, le verset coranique invoqué est conçu en termes trop généraux pour qu'on puisse affirmer avec certitude qu'il concerne la responsabilité du fait d'autrui[1907]. Pour M. Cabrillac, ce précepte se réfère uniquement à une question de culpabilité à l'exclusion de toute idée de réparation[1908]. Pour le jurisconsulte musulman qu'est M. S. Mahmassani, ce verset est essentiellement venu pour faire échec aux théories ante-islamiques qui, confondant l'individu avec sa tribu, en viennent à substituer à la responsabilité individuelle une responsabilité tribale[1909]. D'ailleurs, il est symptomatique de constater que la plupart des législations arabo-musulmanes ont adopté le principe général de responsabilité du fait d'autrui applicable aussi

---

des médecins, voir CA de Tunis, arrêt du 4 juin 2003, RJL janv. 2005, p. 137 ; CC arrêt n° 8807.2006 du 1 janv. 2007, inédit.

1902 T. Lakdhar, « Une importante omission dans le Code des obligations et des contrats », Revue de jurisprudence tunisienne, 1949, p. 22 (en arabe) ; C. Samarane, « De la responsabilité du fait d'autrui en droit tunisien », RTD 1956, n° 1, p. 11 ; E. de Lagrange, « La responsabilité du commettant du fait de ses préposés et l'article 267 du Code de la route », RTD 1966-1967, p. 9 ; E. Delagrange, note sous Civ. 12 juin 1968, RTD 1969, 1970, p. 2 ; M. M. Hamzaoui, « La responsabilité du commettant du fait de ses préposés et spécialement en droit civil », RJL 1977, n°4, p. 7 ; M. Zine, note sous Cass. civ. 1er juill. 1976, RTD 1978, p. 99 ; M. Belhaj Hassine, La responsabilité du commettant du fait de son préposé en droit tunisien, mémoire de DEA (en arabe), faculté de droit et des sciences politiques I, Tunis, 1980.

1903 Art. 101 de l'avant-projet.

1904 Art. 80 du projet préliminaire.

1905 Voir T. Lakdhar, « Une importante omission dans le Code des obligations et des contrats », *op. cit.* p. 22 (en arabe) ; C. Samarane, « De la responsabilité du fait d'autrui en droit tunisien », *op. cit.*, p. 11.

1906 Coran, S. 17 V. 16.

1907 M. Zine, note sous Cass. civ. 1er juill. 1976, RTD 1978, p. 99.

1908 M. Cabrillac, note sous Tunis, 13 déc. 1960, RTD 1962, p. 113.

1909 Voir M. S. Mahmassani, Théorie générale des obligations et des contrats en droit musulman, Beyrouth, 1972, V. 1, p. 219 et s.

bien en matière contractuelle et délictuelle, sans qu'on ait pu leur opposer une objection quelconque tirée des préceptes du droit musulman[1910]. Telle n'est pas, malheureusement, la solution retenue en droit tunisien.

Dépourvu d'un texte de portée générale équivalent à l'article 1384, alinéa 1er du Code civil, un texte sur lequel la jurisprudence française a pu se baser afin d'élargir les hypothèses de responsabilité délictuelle du fait d'autrui[1911], le Code des obligations et des contrats s'est contenté de consacrer quelques hypothèses exceptionnelles de responsabilité délictuelle du fait d'autrui. En effet, dès sa promulgation par le décret Beylical du 15 décembre 1906, le Code n'avance qu'un seul cas de responsabilité du fait d'autrui, à l'encontre des parents et gardiens des insensés et autres infirmes d'esprit, placés sous leur surveillance. Trente ans plus tard, le législateur tunisien procède à une modification de l'article 93, y fait entrer la responsabilité présumée des pères et mères et des artisans, mais reste obstinément muet sur la responsabilité des commettants du fait de leur préposé. La réforme du 9 novembre 1995[1912] qui a modifié l'article 93 et introduit l'article 93 bis ne change pas substantiellement cette image puisque la responsabilité délictuelle du commettant du fait de son préposé brille encore par son absence en droit tunisien. Or c'est peu de dire que cette solution ne convainc point. Dans une société qui avance en civilisation, le commettant ne peut rester étranger aux conséquences des actes délictueux accomplis par son préposé. Le besoin d'une telle responsabilité est tellement indéniable qu'il est inutile de s'y appesantir. En effet, elle introduit dans les relations sociales un élément de sécurité indispensable aux victimes, à une époque où la grande majorité des individus est composée de salariés incapables d'assumer par eux-mêmes la réparation des dommages causés dans leur activité professionnelle. Ceci est d'autant plus regrettable que la charge de l'indemnisation peut être supportée sans grande gêne par les commettants grâce au développement de l'assurance. D'ailleurs, les litiges portés devant les tribunaux n'ont pas tardé à mettre en évidence la carence de la loi dans ce domaine.

339. L'interchangeabilité des fondements contractuels et délictuels dans la jurisprudence. Application de la responsabilité du fait d'autrui dans le domaine des accidents de la circulation. Fort sensibles aux problèmes qu'éprouvent les victimes à mettre en œuvre leurs droits à la réparation, les juges ont essayé de combler l'absence de la responsabilité du commettant du fait de son préposé en faisant recours à l'article 245 du Code des obligations et des contrats relatif à la responsabilité contractuelle du fait d'autrui. L'arrêt de la Cour d'appel du Tunis du 13 décembre 1962 inaugure cette tendance. En l'espèce, le chauffeur s'empare de la voiture de son employeur et tue accidentellement deux personnes. En se basant sur la condamnation pénale, les

[1910] Voir articles 174 du Code égyptien, 175 du Code syrien, 127 du Code libanais, 85 du Code marocain, 136 du Code algérien et 177 du Code libyen.
[1911] Voir *infra* n° 361.
[1912] Loi n° 95-95 du 9 nov. 1995.

héritiers de l'une des deux victimes intentent une action en réparation. Le Tribunal de première instance de Tunis leur donne raison en condamnant civilement l'employeur, propriétaire du véhicule. Celui-ci interjette appel en invoquant l'inexistence en matière délictuelle d'un principe général de responsabilité du commettant du fait de ses préposés, ce que la Cour d'appel réfute catégoriquement[1913]. En effet, dans un arrêt très scrupuleusement motivé, elle affirme : « Attendu que rien, ni dans le texte ni dans sa place dans le Code ne permet d'en limiter les effets aux seules obligations de nature contractuelle (...) Que se faire aboutirait à restreindre le sens de l'expression obligation telle que définie à l'article 1er du Code : "les obligations dérivent des conventions et autres déclarations de volonté, des quasi-contrats, des délits et des quasi-délits". Que l'expression "le débiteur" vise aussi bien le débiteur tenu d'une obligation contractuelle que le débiteur de l'obligation de nature non contractuelle de ne pas causer à autrui aucun dommage moral ou matériel (article 83 du Code des obligations). Que le propriétaire d'un véhicule est tenu dans la conduite de celui-ci de l'obligation de ne causer aucun dommage, que lorsqu'il délègue cette conduite à un tiers, il se sert de ce tiers pour exécuter cette obligation, et est tenu de fait de la faute de ce tiers. Qu'il convient de noter que, dans l'esprit du législateur de 1906, la matière des obligations forme un tout quelle que soit leur nature (...) Qu'il convient donc pour la Cour de retenir qu'en vertu de l'article 245 du COC, tout commettant est civilement responsable de son préposé aussi bien quand son obligation est d'ordre contractuel que quand elle est d'ordre délictuel. »

Que l'on adhère à cette solution[1914] ou qu'on la considère au contraire comme byzantine[1915], le caractère novateur de cette analyse audacieuse force l'admiration. Considérant que le terme obligation utilisé dans l'article 245 du Code des obligations et des contrats concerne aussi bien les obligations contractuelles que délictuelles, la Cour parvient à établir la responsabilité du commettant du fait de son préposé aussi bien sur le terrain contractuel que délictuel. Cette transcendance des deux ordres de responsabilité a été, néanmoins, rapidement condamnée par la Cour de cassation qui considère qu'il est impossible de procéder par analogie pour élargir la liste de personnes délictuellement responsables du fait d'autrui prévue par l'article 93 du Code et des obligations et des contrats[1916] et que « l'article 245 ne concerne que les obligations contractuelles »[1917].

[1913] Cour d'appel du Tunis 13 déc. 1960, RTD 1962, p. 113, note M. Cabrillac.

[1914] M. Zine, note sous Cass. civ. 1er juill. 1976, RTD 1978, p. 101.

[1915] M. Cabrillac, *op. cit. Loc. cit.*

[1916] Crim n° 235 du 23 janv. 1961, BCC 1961, p. 97. Un berger travaillant pour le compte d'autrui en a tué un autre. Les juges du fond ont déclaré les employeurs responsables sur le plan civil par analogie à la responsabilité parentale. La Cour de cassation refoule l'interprétation analogique et considère que la formule de l'article 93 est limitative.

[1917] Cass. Civ. arrêt n° 1396 du 20 déc. 1962, BCC 1962, p. 117.

340. Intervention législative ponctuelle. L'injustice qui découle de l'application de cette solution a poussé le législateur à intervenir dans un domaine particulier qui est celui des accidents de la circulation. Seules les victimes de la voie publique bénéficient désormais des bienfaits de la responsabilité du commettant du fait d'autrui[1918]. Cette consécration ponctuelle, qui au demeurant a été appliquée restrictivement par la Cour de cassation[1919], ne saurait convaincre. Comment et pour quelle raison le risque de l'activité du commettant n'existe-t-il que sur les voies publiques ? Les activités économiques sont tellement diversifiées qu'on peut légitimement se demander les raisons de cette discrimination entre les victimes de la route et les autres.

341. Résurgence de la responsabilité délictuelle du fait d'autrui dans d'autres domaines. Abandonner dans le domaine des accidents de la voie publique la jurisprudence de la Cour d'appel du 13 décembre 1960 n'a pas manqué de rejaillir dans d'autres domaines. L'arrêt du 1er juillet 1976 retient particulièrement notre attention[1920]. En l'espèce, à l'occasion de travaux exécutés dans une demeure privée, les préposés d'un entrepreneur ont causé des dommages matériels à une maison voisine. Le propriétaire de cette dernière assigna l'entrepreneur en réparation. Fondant leurs décisions sur l'article 845 du Code des obligations et des contrats, aux termes duquel « le locateur d'ouvrage répond du fait et de la faute des personnes qu'il se substitue, qu'il emploie ou dont il se fait assister comme de son propre fait ou de sa faute », le Tribunal de première instance statuant en premier et en dernier ressort lui donna gain de cause. De par sa place dans le Code, ledit article n'a été prévu que pour régir les relations du locateur d'ouvrage avec son cocontractant. Or, en l'espèce, la victime est un tiers au contrat ; son action devrait avoir un fondement délictuel. En retenant la responsabilité de l'entrepreneur à l'égard d'un tiers par application de l'article 845, l'arrêt est venu briser une jurisprudence particulièrement défavorable à la reconnaissance du principe de la responsabilité délictuelle du commettant du fait de son préposé[1921].

Loin d'être isolée, cette solution a été particulièrement confirmée dans le domaine maritime[1922]. L'arrêt du 12 mars 1984[1923] est à ce titre plus qu'illustratif. Suite à la destruction de sa marchandise par les préposés de la

---

[1918] Voir l'article 117 du Code de la route qui dispose que : « nonobstant les cas de responsabilité civile prévue par le Code des obligations et des contrats, le commettant garantit les dommages causés par son préposé pendant l'accomplissement de son travail ».

[1919] Ainsi, quand l'accident survient dans un garage, la responsabilité du commettant ne peut être engagée, Cass. civ. arrêt n° 5731 du 12 juin 1968, BCC 1968, I, p. 107 ; de même, l'accident causé au cours de déchargement du camion ne constitue pas un accident au sens du Code de la route, voir Cass. pén. n° 8025 du 7 juin 1971, RJL 1972, p. 547.

[1920] Cass. civ. 1er juill. 1976, RTD 1978, p. 99, note M. Zine.

[1921] M. Zine, *op. cit. Loc. cit.*

[1922] Cass. civ. arrêt n° 9428 du 12 mars 1984, BCC 1984, I, p. 335 ; Cass. civ. arrêt n° 8700 du 24 mai 1984, BCC I, p. 340 ; Cass. Civ. arrêt n° 14056 du 17 fév. 1987, BCC, I, 1987, p. 335.

[1923] Cass. civ. arrêt n° 9428 du 12 mars 1984, précité.

société tunisienne de la manutention, la victime intente une action en dommages et intérêts sur la base de l'article 245 du Code des obligations et des contrats. Cette action est accueillie favorablement par la Cour de cassation, malgré l'absence de tout rapport contractuel entre l'acconier et le destinataire de marchandise[1924]. Le demandeur au pourvoi n'a pas d'ailleurs manqué de soulever l'inapplication de l'article 245 du COC dans le domaine délictuel, ce qui ne convainc guère la haute juridiction pour qui « l'article 245 s'applique non seulement en matière contractuelle, mais aussi en matière délictuelle ». Cette application qu'elle a avalisée également dans l'arrêt du 24 mai 1984[1925] pour des faits d'espèce similaires se justifie, au dire de la Cour de cassation, par des considérations d'équité[1926].

Même si ces arrêts ne proposent pas une démonstration juridique à l'instar de celle avancée par la Cour d'appel de Tunis dans son arrêt du 13 décembre 1960, cette jurisprudence traduit la sensibilité de nos hauts magistrats à la nécessité d'adapter notre droit de la responsabilité civile aux impératifs de l'évolution économique et sociale. Il serait spécieux, néanmoins, de prétendre que le recours à l'article 245 du Code des obligations et des contrats est exempt de difficultés. Si l'on met à côté l'argument selon lequel le contexte de l'article 245 s'oppose à son application dans le domaine délictuel, puisque les articles qui le précèdent comme ceux qui le suivent n'ont de sens que placés dans le cadre de la responsabilité contractuelle[1927], d'autres difficultés surgiront et nécessiteront beaucoup d'efforts jurisprudentiels pour les surmonter.

342. L'abus de fonction en droit tunisien. Contrairement au droit français où les juges, faute d'un texte réglementant la responsabilité contractuelle du fait d'autrui, ont fait recours à l'article 1384 alinéa 5, transposant ainsi l'abus de fonction du préposé libératoire en matière contractuelle[1928], le silence de l'article 245 du COC sur la condition du rattachement du fait dommageable à l'exercice des fonctions risque, en droit tunisien, de n'apporter aucune limite rationnelle à la responsabilité délictuelle du commettant[1929]. L'arrêt de la Cour d'appel de Tunis a d'ailleurs rapidement confirmé les doutes de certains auteurs[1930]. Rappelons qu'en l'espèce, le chauffeur, préposé, s'est emparé de la voiture à l'insu de son commettant. Or, tout en affirmant que « (…) c'est par un abus de fonction et à raison des facilités résultant pour lui desdites fonctions qu'Achour (le préposé) a pu disposer de la camionnette de l'appelant », la Cour

[1924] Aucun contrat ne lie l'acconier, supposé être lui-même le préposé du transporteur sauf stipulation contractuelle expresse, et le destinataire de marchandises.

[1925] Cass. civ. arrêt n° 8700 du 24 mai 1984, précité Cass. Civ. arrêt n° 14056 du 17 fév. 1987, BCC, I, 1987, p. 335.

[1926] Cass. Civ. arrêt n° 14056 du 17 fév. 1987, précité.

[1927] M. Cabrillac, note sous Tunis 13 déc. 1960, RTD 1962, p. 125.

[1928] Voir *infra* n° 356 et s.

[1929] M. Cabrillac, *op. cit. Loc. cit.*

[1930] *Ibid.*

d'appel retient la responsabilité de l'employeur au motif qu'« il existe un lien de causalité et de connexité entre le fait dommageable et l'exercice de la fonction ». Le lien était, selon les juges, constitué par le fait que le préposé avait utilisé pour son usage personnel une camionnette dont il avait les clefs de contact en raison de son activité professionnelle. Il va sans dire que c'est une solution excessivement favorable à la victime[1931]. Il ne faudrait pas, tout de même, comme l'a si bien écrit M. Cabrillac, que « l'exclusion de la responsabilité du commettant par le législateur de 1906 se traduise en définitive par un système exagérément sévère pour lui »[1932].

Rapidement condamnée par la Cour de cassation dans son arrêt du 20 décembre 1962[1933] pour qui le vol du véhicule constitue un abus de fonction exonératoire, la condition du rattachement du fait dommageable à l'exercice des fonctions fait sa première apparition en droit tunisien avant d'être confirmée explicitement dans le Code de la route dans l'article 267[1934] remplacé par l'article 117[1935]. Même si la formule selon laquelle « le commettant garantit les dommages causés par son préposé *pendant l'accomplissement de son travail*[1936] »[1937] paraît concise et insuffisante, il semble que le législateur admette largement les possibilités d'exonération pour abus de fonction. Il ne suffit pas, en effet, à la lecture de cet article que l'accident survienne à l'occasion de l'exercice des fonctions, ou qu'il soit facilité par celles-ci, encore faut-il que ce fait dommageable advienne « pendant l'accomplissement du travail ». Il est évident, à la lumière de cette condition, que le préposé qui s'empare de la voiture du commettant assume une responsabilité personnelle exclusive de celle du commettant. Telle n'est pourtant pas la solution adoptée par l'arrêt des chambres réunies de la Cour de cassation du 15 mai 1997[1938].

343. L'arrêt des chambres réunies du 15 mai 1997 : le vol du véhicule n'est pas un abus de fonction exonératoire. En l'espèce, un enfant s'est emparé de la voiture de son père, tuant accidentellement une victime. Les héritiers de cette dernière intentent une action en réparation à l'encontre du propriétaire du véhicule ainsi qu'à son assureur. Dans un premier arrêt de

---

1931 *Ibid.*

1932 *Ibid.*

1933 Cass. Civ. arrêt n° 1396 du 20 déc. 1962, précité.

1934 L'article 267 du Code de la route dispose que « le commettant répond des dommages causés par son préposé lorsque celui-ci agit dans l'exercice de ses fonctions ». Sur cette disposition, voir E. de Lagrange, La responsabilité du commettant du fait de ses préposés et l'article 267 du Code de la route, RTD 1966-1967, p. 9

1935 L'article 117 qui a remplacé l'article 267 dispose que : « nonobstant les cas de responsabilité civile prévue par le Code des obligations et des contrats, le commettant garantit les dommages causés par son préposé pendant l'accomplissement de son travail ».

1936 Nous soulignons.

1937 L'article 117 du Code de la route précité.

1938 Chambre réunies, arrêt du 15 mai 1997, Rec. des arrêts des Chambres réunies 1996/ 1997 p. 28.

cassation, les hauts magistrats ont refusé l'appel en garantie de l'assureur au motif que le vol du véhicule fait bénéficier ce dernier des exclusions de la garantie. La Cour de renvoi considère quant à elle que l'assureur reste, au terme de l'article 4 du décret du 30 janvier 1960[1939], tenu de la garantie malgré le vol du véhicule, ce que la plus haute formation de la Cour de cassation a solennellement confirmé. En effet, « l'intérêt du responsable civil exige de ne pas le priver de la garantie de son assureur pour toute obligation de réparation du fait d'autrui qu'il assume en application du droit commun ». Et même si les faits d'espèce concernent l'hypothèse d'un vol commis par l'enfant du responsable civil, la Cour précise que cette solution s'applique également lorsque la responsabilité civile de l'assuré est engagée pour fait de son préposé qui s'empare du véhicule.

Loin de s'inscrire dans la logique que suggère la formule de l'article 117 du Code de la route qui écarte évidemment le principe de la responsabilité civile du commettant lorsque le préposé utilise le véhicule à son insu, la haute juridiction semble privilégier la logique assurantielle qui essaye de restreindre autant que faire se peut les exclusions de la garantie de l'assureur. Il faut dire que la conciliation entre l'article 117 du Code de la route qui ne retient la responsabilité du commettant que pour les dommages causés par son préposé pendant l'accomplissement de son travail et l'article 4 du décret du 30 janvier 1961 qui écarte les exclusions de la garantie lorsque le véhicule de l'assuré est volé, n'est pas aisée. Toutefois, la solution retenue par la plus haute formation de la Cour de cassation nous paraît discutable. Car même si l'article 4 du décret précité écarte le principe des exclusions de la garantie lorsque le véhicule de l'assuré est volé, une solution particulière aurait pu être adoptée lorsque la personne qui usurpe du véhicule a la qualité de préposé comme l'exige l'article 117 du Code de la route. D'ailleurs, la nécessité de protéger l'intérêt du répondant civil, fondement choisi par la Cour pour justifier le maintien de la garantie de l'assureur malgré le vol du véhicule, semble fragile. Car, avant de chercher la protection du répondant civil, encore faut-il s'assurer qu'il a, bel et bien, en application des règles de droit commun, cette qualité. Dans ce contexte, on ne peut que se féliciter de la disparition de cette exception aux exclusions de la garantie en cas de vol du véhicule dans l'article 118 nouveau du Code de l'assurance[1940]. Il est d'ailleurs fort probable que, suite à la réforme de cet article, les juges se retourneront désormais vers l'application de l'article 117 du Code de la route.

344. L'abus de fonction exonératoire : quelle conception retenir ? Il est clair que ni la définition de l'abus de fonction retenue par le législateur, élargissant les possibilités d'exonération du commettant, ni celle appliquée par la jurisprudence, excessivement favorable aux victimes, ne nous paraissent

---

[1939] Décret n°61-80 du 30 janvier 1960, JORT 1961, p. 210.
[1940] L'article 118 de la loi du 15 août 2005 précité.

satisfaisantes. Et il est légitime de se demander s'il ne serait pas loisible de s'inspirer des dernières évolutions de la jurisprudence française qui, après plusieurs tergiversations[1941], est quasiment parvenue à se stabiliser grâce à l'intervention de l'Assemblée plénière dans son arrêt du 19 mai1988[1942]. Longtemps tiraillée entre le critère objectif de rattachement du fait dommageable à la fonction cher à la chambre criminelle pour qui la réalisation du fait dommageable pendant les heures et sur les lieux fixés par l'employeur pour l'exécution du travail, avec les moyens fournis par celui-ci, suffit pour déclencher la responsabilité du commettant alors même que le préposé avait manifestement agi dans son intérêt personnel, et le critère subjectif retenu par les chambres civiles qui ont tendance à exclure la responsabilité du commettant chaque fois que le préposé a agi dans un intérêt personnel, il semble que les triples conditions posées par la haute juridiction française arrivent à apaiser le conflit entre les deux chambres ennemies[1943]. Désormais, pour s'exonérer, le commettant doit prouver cumulativement le dépassement objectif des fonctions, l'absence de l'autorisation et le but étranger aux attributions.

Ceci étant, même si cette jurisprudence signe le triomphe des éléments de rattachement objectifs et réduit sensiblement les possibilités d'exonération pour abus de fonction, il n'en reste pas moins vrai qu'elle s'éloigne sensiblement de la solution retenue par l'arrêt des chambres réunies de la Cour de cassation tunisienne du 15 mai 1997[1944] excessivement favorable aux victimes, autorisées à s'adresser au commettant même lorsque l'employé, usurpant le véhicule de son employeur en dehors des lieux et du temps du travail, est manifestement sorti du cadre normal de la mission qui lui avait été confiée.

Cet excès suffit-il à condamner le recours à l'article 245 du COC en matière délictuelle au motif que ce dernier est muet sur la condition du rattachement du fait dommageable aux fonctions ? Nous ne le pensons pas. Non seulement cette définition laxiste a été appliquée dans le domaine des accidents de la circulation, malgré d'ailleurs l'existence d'un texte restrictif, mais aussi et surtout les juges appliquent cette condition dans le domaine contractuel sans que l'article 245 du COC l'exige expressément.

345. L'application de l'abus de fonction exonératoire dans le domaine contractuel. L'arrêt de la Cour de cassation du 20 novembre 2006[1945] concernant le détournement de fonds par un directeur d'agence qui a promis des placements avantageux au client de la banque illustre bien cette tendance. En l'espèce, le débat entre les parties aux litiges s'est focalisé sur la question de

---

[1941] Sur l'exposé de cette jurisprudence, voir *infra* n° 357.

[1942] Ass. Plén., 19 mai 1988, Bull. civ. ass. Plén., n°5, D. 1988, p. 513, note C. Larroumet. Sur l'évolution de cette jurisprudence, voir G. Viney et P. Jourdain, Les conditions de la responsabilité, *op. cit.* n° 800 et s.

[1943] Voir *infra* n° 357.

[1944] Arrêt précité.

[1945] Cass. Civ. arrêt n° 7302. 2006 du 20 nov. 2006 précité.

savoir si le préposé avait agi ou non dans les limites de sa fonction. La Cour aurait pu esquiver le débat en décidant que l'abus de fonction n'est pas exonératoire en matière contractuelle. Elle a préféré au contraire chercher des critères de rattachement du fait dommageable à l'exercice des fonctions. Constatant que le détournement de fonds déposés a été accompli pendant les heures et sur les lieux fixés par l'employeur, la Cour déclare la banque responsable du fait de son préposé.

Cette définition pourrait, si le phénomène de l'application de l'article 245 à l'égard des tiers au contrat se confirme, être appliquée en matière délictuelle, certifiant ainsi l'existence d'une communauté entre la responsabilité contractuelle et la responsabilité délictuelle du commettant du fait de son préposé. En effet, même si l'emplacement ainsi que les formules utilisées par l'article 245 montrent à l'évidence que la disposition en question se rapporte aux effets des obligations contractuelles, ceci nous paraît insuffisant pour condamner la jurisprudence initiée par la Cour d'appel de Tunis du 13 décembre 1960. Le faire serait méconnaître que les précédents jurisprudentiels les plus célèbres ne traduisent pas nécessairement une interprétation littérale fidèle au texte. Faut-il rappeler que l'article 1384 alinéa 1er du Code civil français, pour ne citer que cet exemple, a servi de plateforme à une construction juridique des plus talentueuses que les rédacteurs de ce texte n'avaient assurément pas envisagée ? La transposition d'un fait générateur écrit pour la responsabilité contractuelle pour combler une faille dans les textes délictuels, ne serait-ce que provisoirement en attendant une réforme législative, ne nous paraît ni saugrenue, ni même byzantine[1946].

346. L'application de l'article 245 du COC dans le domaine délictuel et la problématique de l'option. Le débarquement de l'article 245 du COC sur la terre délictuelle donne-t-il à la victime tierce au contrat la possibilité de choisir entre le régime contractuel et le régime délictuel ? La question ne s'est pas encore posée devant les juges. Sans pouvoir être affirmative, nous ne pensons pas que cette tendance jurisprudentielle, comme le soutiennent certains auteurs[1947], peut se rattacher au courant jurisprudentiel accordant à la victime le choix entre la voie contractuelle et la voie délictuelle. Pour qu'il en soit ainsi, il faut que les deux ordres de responsabilité soient potentiellement applicables. Or, même si les juges autorisent à recourir à l'article 245 pour engager la responsabilité délictuelle du commettant du fait de son préposé, il est peu probable que la Cour de cassation aille jusqu'à permettre à un tiers au contrat de solliciter le régime contractuel dans sa globalité. Seule la responsabilité délictuelle serait vraisemblablement retenue. En effet, on a déjà vu qu'elle associe exceptionnellement le tiers au contrat au bénéfice de la responsabilité

[1946] Telle est la position de M. Cabrillac, note sous CA de Tunis du 13 déc. 1960, précité.
[1947] I. Ben Rejeb, L'option en matière de responsabilité, *op. cit.* p. 89.

contractuelle[1948]. Il s'agit, selon nous, seulement d'une politique jurisprudentielle qui, visant à combler une lacune grave qui singularise le droit de la responsabilité civile tunisien, essaye d'emprunter ce fait générateur de responsabilité à un texte écrit pour la responsabilité contractuelle.

En droit français, en revanche, les données du problème sont inverses. L'existence de la responsabilité délictuelle du commettant du fait de son préposé étant explicitement prévue par l'article 1384 alinéa 5, la question s'est posée de savoir si l'existence d'un rapport contractuel pourrait bloquer la mise en œuvre de cette disposition.

B. L'absence d'un principe de responsabilité contractuelle du fait d'autrui en droit français et la transposition de l'article 1384 alinéa 5 dans le domaine contractuel

347. La responsabilité contractuelle du fait d'autrui existe-t-elle malgré l'absence d'une disposition explicite dans le Code civil ? (1) Cette question reste encore au centre d'un débat doctrinal qui est loin d'être clos[1949], surtout que la jurisprudence, contrairement à sa position classique, n'hésite pas à appliquer l'article 1384 alinéa 5 à des situations contractuelles (2).

1. Existe-t-il une responsabilité contractuelle du fait d'autrui ?

348. La responsabilité du fait d'autrui, dont la définition est de plus en plus ardue en droit français, depuis les deux coups de tonnerre donnés respectivement par l'arrêt Costedoat[1950] immunisant le préposé qui agit dans les limites de sa fonction de toute responsabilité et l'arrêt Levert[1951] qui s'est

---

[1948] Voir *supra* n° 248.

[1949] R. Renaud, De la responsabilité contractuelle du fait d'autrui, thèse, Paris, 1923 ; D. De Gary, La responsabilité contractuelle du fait d'autrui, thèse, Toulouse, 1961 ; G. Baumet, La responsabilité contractuelle du fait d'autrui, Nice, 1974 ; J. Huet, Responsabilité contractuelle et responsabilité délictuelle, essai de délimitation entre les deux ordres de responsabilité, thèse, Paris II, 1978, n° 62 à 66 ; D. Arteil, L'exécution du contrat par un non-contractant, LGDJ, université de Poitiers, faculté de droit et des sciences sociales, 2006 ; *adde* E. Bécqué, « De la responsabilité contractuelle du fait d'autrui en matière contractuelle », RTD civ. 1914, p. 251 et s. ; R. Rodière, « Y a-t-il une responsabilité contractuelle du fait d'autrui ? », DH 1952, p. 79 ; D. Rebut, « De la responsabilité contractuelle du fait d'autrui et de son caractère autonome », RRJ 1996, n° 2, p. 39 ; G. Viney, « Existe-t-il une responsabilité contractuelle du fait d'autrui ? », RCA, hors-série 2000, p. 31.

[1950] Ass. plén. 25 fév. 2000, Bull. Ass. plén. n° 2 ; JCP 2000, II, 10295, concl. R. Kessous et note M. Billiau ; D. 2000 p. 673, note P. Brun ; Resp. civ. et assur. 2000, chron. 11, H. Groutel ; JCP 2000, 1, 241, n° 16 et s., obs. G. Viney, RTD Civ. 2000 p. 582, obs. P. Jourdain ; GP 2000 n° 237, p. 36 , note F. Rinaldi.

[1951] Civ. 2e , 10 mai 2001, JCP G 2001, II, 10613, note J. Mouly ; JCP G 2002, I, 124, n° 20, obs. G. Viney ; D. 2001, jurispr. p. 2851, rapp. P. Guerder et note O. Tournafond ; D. 2002, somm.

contenté du simple fait causal de l'enfant pour déclencher la responsabilité parentale, se trouve aujourd'hui à la croisée des chemins[1952]. Si l'on met de côté le débat concernant la conception même qu'il faut désormais assigner à la responsabilité du fait d'autrui[1953], son application dans le domaine contractuel souffre en droit français d'un problème existentialiste.

349. La responsabilité contractuelle du fait d'autrui, une responsabilité longtemps méconnue en droit français. Contrairement à l'article 1384 du Code civil qui énumère, non pas limitativement mais d'une manière énonciative depuis l'arrêt Blieck[1954], plusieurs cas de responsabilité du fait d'autrui, les

---

p. 1315, obs. D. Mazeaud ; Defrénois 2001, art. 37423, p. 1275, note E. Savaux ; RTD civ. 2001, p. 601, obs. P. Jourdain. Les père et mère font désormais figure de garants des risques de dommages nés de l'activité de leurs enfants en tant que titulaires de l'autorité parentale. Leur responsabilité n'est plus indirecte et le fait dommageable du mineur n'est qu'un simple élément causal de la responsabilité parentale ; *adde* dans le même sens Ass. plén., 13 déc. 2002 : JCP G 2003, II, 10010, note A. Hervio-Lelong ; D. 2003, jurispr. p. 231, note P. Jourdain ; GP. 7-8 mars 2003, p. 52, note F. Chabas ; Petites affiches, 18 avr. 2003, p. 16, note J.-B. Laydu ; H. Groutel, Responsabilités du fait d'autrui : l'inexorable progression, Resp. civ. et assur. 2003, chron. n° 4. Cette jurisprudence semble actuellement limitée à la responsabilité parentale ; la Cour de cassation a refusé de l'étendre aux associations sportives et exige la preuve d'une faute pour déclencher la responsabilité de ces dernières. Voir Civ. 2e, 20 nov. 2003, Le Gouiec c/ CPAM d'Ille-et-Vilaine, arrêt n° 1621 FP-P+B+R+I, D. 2004, Jur.300, note G. Bouché ; JCP G 2004, II, 10017, note J. Mouly ; JCP G 2004, I, 163, obs. G. Viney ; JCP E 2004, p. 476, note C. Castets-Renard ; RTD civ. 2004, p. 106, obs. P. Jourdain ; Ass. plén., 29 juin 2007, n° 06-18.141, F+B+R+I, D. 2007,p. 2408, note J. François ; p. 2346, Pan. Droit du sport; RLDC 2007. 2690, chron. M. Mekki ; D. 2007. pan. 2903, obs. Ph. Brun ; JCP 2007. II. 10150, note J.-M. Marmayou, JCP E oct. 2007, p. 2198, note C. Radé; RTD civ. 2007 p. 782, obs. P. Jourdain.

[1952] Sur ces évolutions, voir J. Julien, La responsabilité civile du fait d'autrui, ruptures et continuités, thèse, Toulouse I, 1999, p. 19 ; Ph. Brun, « L'évolution des régimes particuliers de responsabilité du fait d'autrui », *in* La responsabilité du fait d'autrui. Actualité et évolution, Resp. civ. et assur. 2000, hors-série, p. 10 ; P. Jourdain, « La responsabilité du fait d'autrui, à la recherche de ses fondements », *in* Études à la mémoire de C. Lapoyade-Deschamps, Presses universitaires de Bordeaux 2003, p. 67 ; M. Poumarède, « L'avènement de la responsabilité civile du fait d'autrui », *in* Mélanges Ph. le Tourneau, D. 2008, p. 839 ; S. Prigent, « La responsabilité du fait d'autrui, essai d'une théorie », RRJ 2008, n°2, p. 953 ; J. Mouly, « Peut-il exister une véritable responsabilité civile du fait d'autrui ? », RCA 2008, étude 10.

[1953] Classiquement, la responsabilité du répondant civil du fait d'autrui doit être engagée sous les mêmes conditions et selon les mêmes limites que celle de l'auteur du dommage. Le répondant est ainsi responsable aux côtés d'autrui : sa responsabilité est accessoire : elle se superpose à celle d'autrui – sans s'y substituer. De plus, le répondant n'assume, en principe, la charge de l'indemnité que de façon provisoire puisqu'il a la possibilité de se retourner ensuite contre l'auteur, afin d'être remboursé des sommes versées. Néanmoins, et depuis peu, il semble que la jurisprudence cherche à attribuer de nouvelles fonctions à la responsabilité du fait d'autrui, en immunisant, avec la jurisprudence Costedoat, l'auteur du dommage d'une part, et en accentuant, avec l'arrêt Levert, la garantie accordée à la victime en la dispensant d'apporter la faute de l'enfant pour engager la responsabilité de ses parents.

[1954] Ass. plénière, 29 mars 1991, JCP 1991, II, 21673, concl. D.H. Dontenwille, note J. Ghestin ; D. 1991, p. 324, note C. Larroumet ; *adde* G. Viney, D. 1991 Chron. 157 ; Resp. civ. et assur. 1991 comm. 128 et chron. H. Groutel, n° 9 ; Defrénois, 30 juin 1991 n° 12, P. 729, note J.- L. Aubert ; RTD civ. 1991, p. 541, obs. P. Jourdain.

textes généraux de la responsabilité contractuelle, c'est-à-dire les articles 1146 à 1155 du Code civil, ne contiennent aucune disposition faisant allusion à la responsabilité que le débiteur peut encourir pour l'inexécution du contrat matériellement imputable à un tiers. Seuls quelques textes particuliers imposent à certains débiteurs de répondre, envers leurs créanciers, des dommages causés par des personnes qu'ils se sont substituées dans l'exécution de leurs obligations. Ainsi, par exemple, l'article 1797 du Code civil prévoit que l'entrepreneur répond du fait des personnes qu'il emploie. De même, l'article 1245 charge le débiteur d'un corps certain des dégradations ou détériorations survenues, par le fait des personnes dont il doit répondre. Une solution confirmée dans les articles 1735 et 1953 concernant respectivement le locataire et l'hôtelier. On peut également citer l'article 1994 qui dispose que le mandataire répond, dans certaines conditions, de celui qu'il se substitue dans la gestion. Certaines lois spéciales reprennent ces solutions. Ainsi, l'agence de voyage est tenue pour garante de la bonne exécution des contrats passés par les prestataires de services auxquels elle recourt[1955]. Il reste, cependant, à savoir si ces textes ne constituent que des solutions particulières qui devraient être appliquées restrictivement ou si, au contraire, ces dispositions diverses, qui ne cessent de se multiplier, révèlent l'émergence d'une règle de portée plus générale.

350. Interprétation, interprétation analogique. Bien que la question soit d'une importance capitale, elle n'a été invoquée, vraisemblablement, pour la première fois qu'en 1914 par E. Bécqué[1956]. S'appuyant sur l'article 1148 du Code civil suivant lequel le débiteur empêché doit prouver que l'inexécution de son obligation a été causée par un cas fortuit ou de force majeure, l'auteur arrive à démontrer l'existence d'un principe de responsabilité contractuelle du fait d'autrui en droit français. En effet, introduit volontairement dans l'exécution de l'obligation, le fait des tiers ne peut pas réunir la condition de l'extériorité à l'activité du débiteur lui permettant de se prévaloir de la cause étrangère exonératoire. L'auteur conclut que la responsabilité contractuelle du fait d'autrui, loin d'être une exception aux principes généraux, se présente comme une application du droit commun.

351. Interprétation *a contrario*. Cette présentation analogique a été vigoureusement contestée par le doyen Rodière[1957] pour qui, sauf textes

[1955] Le régime de la responsabilité applicable aux agences de voyage va au-delà d'une simple responsabilité contractuelle du fait d'autrui et devient une véritable garantie du fait d'autrui. Sur cette question, voir A. Batteur, « De la responsabilité des agences de voyages organisés. Vers un cas autonome de responsabilité contractuelle du fait d'autrui ? », JCP éd. E., 1992.1.13 I ; J.-Y. Maréchal, « La responsabilité des agences de voyages : *dura lex, sed lex !* », D. 2006 p. 1016 ; L. Bloch, « La responsabilité des agents de voyages après la loi du 22 juillet 2009 : voyage aux confluents du droit commun, du droit spécial et du droit très spécial », RCA fév. 2010, étude 2.

[1956] E Bécqué, « De la responsabilité du fait d'autrui en matière contractuelle. Contribution à l'étude du droit comparé des obligations », RTD civ. 1914, p. 251.

[1957] R. Rodière, « Y a-t-il une responsabilité contractuelle du fait d'autrui ? », D. 1952, chr. p. 79.

particuliers, la responsabilité contractuelle du fait d'autrui n'existe pas. L'inexécution du contrat, lorsque celle-ci est directement imputable au fait d'un auxiliaire, d'un préposé ou d'un substitut n'engage la responsabilité du débiteur que s'il est prouvé que la défaillance de l'auteur direct a été provoquée par une faute de choix, de surveillance ou de direction qui lui serait personnellement imputable.

352. Reconnaissance jurisprudentielle d'un principe général de responsabilité contractuelle du fait d'autrui. La jurisprudence a apporté un démenti à cette deuxième présentation. En effet, les juges n'hésitent pas à condamner le débiteur à des dommages et intérêts pour une inexécution matériellement imputable au fait d'un auxiliaire, d'un préposé ou d'un substitut, et ce même en l'absence d'un texte imposant cette solution. Consacrée d'abord dans le contrat médical[1958], puis étendue au contrat d'entreprise[1959] et au contrat de transport[1960], l'extension de la responsabilité contractuelle du fait d'autrui au-delà des types contractuels pour lesquels une disposition particulière l'impose expressément est désormais acquise.

353. Inutilité de la responsabilité contractuelle du fait d'autrui. La transposition en matière contractuelle d'un mécanisme de responsabilité du fait d'autrui est pourtant contestée récemment par une partie de la doctrine pour qui ce nouveau fait générateur de responsabilité est simplement inutile[1961]. En effet, l'inexécution de ses obligations contractuelles suffit, dans cette conception, à exposer le débiteur à une demande de dommages et intérêts contractuels, que cette défaillance lui soit personnellement imputable ou qu'elle résulte du fait d'autrui. Le seul moyen d'échapper à cette obligation serait de prouver une cause étrangère. Or le fait des personnes qu'il a introduites dans l'exécution de son contrat ne lui est pas étranger. Il est inutile alors de faire recours à un

---

[1958] Civ. 1re, 18 oct. 1960, JCP 1 960, II, 1 1846, note R. Savatier ; RTD civ. 1960, p. 120 obs. A. Tunc; *adde* Civ. 1re, 4 juin 1991 ; Bull. civ. II, n° 185 ; JCP 1991, II, 21730, note J. Savatier ; RTD Civ. 1992 p. 123, obs. P. Jourdain ; GP. 1992, 2, 503, note F. Chabas ; Civ. 1re, 26 mai 1999 : Bull. civ. 1999, I, n° 175 ; JCP G, II, 10112, rapp. P. Sargos ; JCP G 1999, I, 199, n° 18, obs. G. Viney ; D. 1999, p. 719, note E. Savatier ; RTD civ. 1999, p. 634, obs. P. Jourdain ; Civ. 1re, 9 avr. 2002, Bull. civ. I, n° 114 ; Resp. civ. et assur. 2002 chron. 13 par C. Radé ; RTD Civ. 2002 p. 516, obs. P. Jourdain ; Droit et patrimoine juill.-août 2002, n° 3113, obs. F. Chabas ; GP, fév. 2003 n° 56, p. 32, somm. comm. par F. Chabas.

[1959] Com. 17 janv. 1961, Bull. civ. III, n° 37 ; Civ. 1re, 9 avr. 1962, Bull. civ. I, n°2 05.

[1960] Civ. 1re, 29 mai 1963, GP 1963, 2, p. 290.

[1961] Voir D. Tallon, « L'inexécution du contrat : pour une autre présentation », RTD civ. 1994, p. 223, n° 17 ; Ph. Rémy, « Critique du système français de la responsabilité civile », 1996, p. 31 et s., spéc. P. 46 et « La responsabilité contractuelle : histoire d'un faux concept », RTD civ. 1996, p. 323 et s., spéc. n° 33 et s. ; D. Rebut, « De la responsabilité du fait d'autrui et de son caractère autonome », RRJ. 1996, p. 409 ; Ch. Lapoyade Deschamps, « Le mythe de la responsabilité contractuelle en droit français », *in* Failure of contracts, p. 175 ; H. Aubry, L'influence du droit communautaire sur le droit français des contrats, thèse, Paris IX, 2000, n° 92 ; M. Faure-Abbad, Le fait générateur de la responsabilité contractuelle, thèse, Poitiers, 2002, n° 330 et s. ; E. Berry, Le fait d'autrui, thèse, Poitiers, 2003, n° 149 et s.

mécanisme de responsabilité contractuelle du fait d'autrui. En réalité, le débiteur ne devient pas obligé par le fait d'autrui, il reste obligé malgré le fait d'autrui[1962]. L'explication rejoint, à cet égard, largement la thèse de Bécqué à qui l'on doit pourtant l'introduction de cette institution dans le vocabulaire juridique français.

354. Critique. Pour séduisant que soit le raisonnement, il ne nous semble pas convaincant. En effet, cette analyse basée sur la cause étrangère, en laquelle certains ont vu l'explication de la responsabilité du débiteur pour le fait des personnes qu'il introduit dans l'exécution du contrat, ne vaut que pour l'obligation de résultat. Si, au contraire, le débiteur n'est tenu que d'une simple obligation de prudence et de diligence, nul n'ignore qu'il peut s'exonérer en prouvant qu'il n'a commis aucune faute. Pourquoi, dans ce dernier cas, serait-il tenu quand même des fautes de ses auxiliaires ?[1963] Il est évident que dans cette hypothèse, aucune interprétation de la force majeure ne peut être satisfaisante. D'ailleurs, le principal grief adressé à la thèse de Bécqué est le fait qu'elle soit insuffisante à expliquer la responsabilité prononcée à l'encontre du débiteur d'une obligation de moyens en présence, certes, d'une faute du préposé ou substitut, mais en l'absence de toute faute de sa part[1964]. Le concept de la responsabilité contractuelle du fait d'autrui est loin donc d'être inutile. Cette qualification présente non seulement l'avantage de rendre compte des circonstances dans lesquelles la défaillance contractuelle est intervenue, marquant ainsi l'originalité de l'exécution du contrat par un non-contractant[1965], mais aussi et surtout, elle permet d'expliquer la prise en charge du débiteur de toute inexécution matériellement imputable à un tiers qu'il introduit dans l'exécution du contrat, que l'obligation contractée soit de résultat ou de moyens. Ainsi conçue, la responsabilité contractuelle pour le fait d'autrui aurait pour objet d'assurer le respect des prévisions des parties, en empêchant le débiteur de s'éclipser derrière son exécutant pour ne pas répondre à l'insatisfaction de son créancier. Comme l'écrit Mme Viney, « le principe de la force obligatoire des contrats implique que le créancier puisse compter fermement sur l'exécution et que l'intervention éventuelle du préposé qui n'est, à ses yeux, qu'un représentant ou un instrument du débiteur n'altère en rien cette relation de confiance »[1966].

[1962] E. Berry, *op. cit. Loc. cit.*

[1963] On songe particulièrement à la jurisprudence appliquant la responsabilité contractuelle du fait d'autrui dans le domaine médical, domaine privilégié de l'obligation de moyens.

[1964] D. Tardieu-Naudet, « L'incidence sur la responsabilité du débiteur de la faute caractérisée du préposé », RRJ 1979-1980, p. 99 ; *adde* pour le même auteur, note sous Com., 17 nov. 1981, J.C.P. 1982, II, 1981.

[1965] G. Viney, « La responsabilité contractuelle en question, » p. 943, n° 24 ; *adde* pour le même auteur, « Existe-t-il une responsabilité contractuelle du fait d'autrui ? » RCA, hors-série 2000, p. 31.

[1966] G. Viney, « Existe-t-il une responsabilité contractuelle du fait d'autrui ? », *op. cit. Loc. cit.* Voir déjà en faveur de ce fondement D. De Gary, La responsabilité contractuelle du fait d'autrui,

Mais reconnaître l'existence de la responsabilité contractuelle du fait d'autrui implique-t-il l'existence d'un divorce total entre les règles contractuelles et les règles délictuelles ? À première vue, la réponse devrait être positive. Les personnes dont on doit répondre constituent une catégorie nettement plus nombreuse et plus variée en matière de conventions. En effet, le débiteur doit répondre de toutes les personnes dont il se sert pour exécuter son obligation : aides, auxiliaires, substituts. La responsabilité pour autrui est plus large en matière contractuelle qu'en matière délictuelle car il est possible que la personne dont le débiteur est responsable ne soit pas son préposé[1967]. Cependant, parmi les applications de la responsabilité contractuelle du fait d'autrui, il en est une dont la physionomie se rapproche beaucoup de l'hypothèse spécialement visée par l'article 1384 alinéa 5 du Code civil. Il s'agit de la responsabilité contractuelle du fait des préposés. Ce type de responsabilité dévoile en fait l'existence d'une zone commune entre les deux ordres de responsabilité[1968]. Et c'est ce qui explique que les juges appliquent assez souvent l'article 1384 aliéna 5 en matière contractuelle sans que la haute juridiction leur impose le respect de la règle du non-cumul.

2. L'application de l'article 1384 alinéa 5 dans le domaine contractuel

355. Contrairement à sa position classique fermement établie condamnant tout recours à la responsabilité délictuelle en présence d'un rapport contractuel, la jurisprudence française applique assez souvent l'article 1384 alinéa 5 relatif à la responsabilité civile délictuelle du préposé alors que la victime est liée avec le commettant par un contrat. Tel fut le cas des entreprises de gardiennage ou de nettoyage dont les préposés avaient commis des vols ou causé des incendies dans les locaux qui leur avaient été confiés.[1969] Loin d'être isolée, cette solution

---

thèse, Toulouse, 1961 ; G. Baumet, La responsabilité contractuelle du fait d'autrui, thèse, Nice, 1977 ; J. Huet, Responsabilité contractuelle et responsabilité délictuelle, essai de délimitation entre les deux ordres de responsabilité, thèse, Paris II, 1978, n° 62 à 66. L'objet de notre thèse ne nous permet pas d'aborder un examen exhaustif de tous les fondements proposés. Sur cette question, voir D. De Gary, La responsabilité contractuelle du fait d'autrui, thèse précitée qui expose les différentes théories telles que la théorie de risque, la théorie de la garantie tacite, la théorie de la représentation…

[1967] La Cour d'appel d'Angers du 27 mai 1941, DA 1942, p. 25 a souligné l'autonomie qui affecte sur ce point la responsabilité contractuelle par rapport à la responsabilité délictuelle en affirmant « qu'en matière contractuelle, ceux dont on doit répondre sont non seulement les préposés et les mandataires, mais encore ceux que l'on a introduits volontairement dans l'exécution ». Voir dans le même sens, la CA Grenoble, 15 janv. 1993, D. 1994, jurisp., p. 239, note M. C. Lebreton.

[1968] G. Viney, La responsabilité contractuelle en question, *op. cit. Loc. cit.*

[1969] Civ. 2e, 3 mars 1977, D. 1977. 501, note C. Larroumet ; GP. 1977. 2573, note Viatte ; Ass. plén., 15 nov. 1985, J.C.P. 1986, II, 20568, note G. Viney ; RTD civ. 1986, p. 128, obs. J. Huet ; D. 1986, I.R., p. 117, note Pradel ; D. 1986, p. 81, note Aubert ; Crim., 23 juin 1988, Bull. crim., n° 289 ; J.C.P. 1988, éd. G., IV., 310 et 311 ; D. 1988, IR, 236 ; RCA. 1988, chron. n° 3, par H.

a été appliquée également dans les hypothèses de détournement de fonds ou de marchandises remises au préposé indélicat[1970]...

356. Conséquence du fondement délictuel : une cause d'exonération supplémentaire imméritée pour le débiteur contractuel. Considérer le débiteur contractuel comme un commettant responsable délictuellement du fait de son préposé, c'est lui donner la possibilité de s'exonérer pour abus de fonction commis par ce dernier. C'est ce que la jurisprudence a consacré d'une manière plus qu'éclatante dans l'arrêt Eurorga[1971]. En l'espèce, il s'agissait d'un préposé d'une société chargée de protéger une usine qui y avait volontairement mis le feu. Il est clair que l'entreprise de gardiennage a failli à son obligation de protection de l'usine. Le commettant devrait, si l'on applique le régime contractuel, prendre en charge les conséquences de l'inexécution de son obligation contractuelle, sauf à établir que les caractères de la force majeure sont réunis ; ce qui n'est pas le cas faute « d'extériorité » du fait du préposé. Dans ces conditions, l'abus de fonction n'aurait pas dû jouer. Or, en l'espèce, les juges relèvent que le préposé a agi « à des fins contraires à ses attributions » et a donc commis un abus de fonction exonératoire.

La transposition en matière contractuelle de l'exonération par l'abus de fonction est majoritairement critiquée par la doctrine[1972]. Le commettant est un débiteur défaillant qui ne peut opposer le fait de son préposé à son cocontractant dès lors qu'il l'a volontairement introduit dans l'exécution de son obligation. Loin d'être fondée sur l'autorité qu'il peut exercer sur son préposé, comme c'est le cas en matière délictuelle, la responsabilité du débiteur est plutôt fondée sur

---

Groutel ; RTD civ. 1989, p. 94, obs. P. Jourdain ; Civ. 2e, 17 mars 1993, Bull. civ., II, n° 117, p. 61.

[1970] Voir Civ. 2e, 7 déc. 1983, D. 1984, p. 170 obs. C. Larroumet ; RTD Civ. 1984, p. 749, obs. G. Durry (vendeur d'automobile détournant le paiement en espèces reçu d'un client ; commettant tenu responsable) ; Paris, 29 oct. 1984, D. 1985, p. 288, note Aubert (clerc de notaire encaissant pour son propre compte des fonds remis par le client de l'étude, notaire tenu responsable) ; Civ. 2e, 21 oct. 1987, D. 1987. I.R. 226 (détournements de fonds par un employé de banque) ; Civ. 1re, 11 janv. 1989, JCP 1989, II, 21326 (1re espèce), note C. Larroumet (prestations d'assurance-vie et invalidité détournées par un agent général, action contractuelle de la victime soumise à la prescription biennale) ; Paris, 10 oct. 1989 (2 arrêts), RCA 1990, n° 52 (détournement commis par le cadre d'une banque ; banque responsable) ; Civ. 2e, 19 janv. 1994, Bull. civ. 1994, II, p. 18, 19, n° 34 (le directeur de banque qui refuse de restituer au client les fonds que celui-ci lui avait remis, banque déclarée responsable) ; même solution retenue par la Cour de cassation dans plusieurs arrêts Civ. 2e, 8 juin 1995, D. 1995, p. 104-105 ; Civ. 2e, 29 mai 1996, JCP éd. G, 1996, 1628-1637.

[1971] Ass. plén., 15 nov. 1985, J.C.P. 1986, 20568, note G. Viney ; RTD civ. 1986, p. 128, obs. J. Huet ; D. 1986, I.R., p. 117, note Pradel ; D. 1986, p. 81, note Aubert.

[1972] G. Baumet, La responsabilité contractuelle du fait d'autrui, thèse, Nice, 1974, et la chronique de Y. Lambert-Faivre, L'abus de fonction, D. 1986, chron. 143 ; S. Euzen, « La distinction des responsabilités contractuelle et délictuelle à l'épreuve de l'abus de fonction », PA, 30 mai 1997 n° 65, p. 4 ; J. Djoudi, « La responsabilité du commettant-contractant : une hybridation difficile », D. 1999 p. 677 ; M. Faure-Abbad, Le fait générateur de la responsabilité contractuelle, thèse, Poitiers, 2002, n° 330 et s. ; E. Berry, Le fait d'autrui, thèse, Poitiers, 2003, n° 149 et s.

l'engagement contractuel qui le lie à la « victime ». Quand les juges exonèrent le débiteur-commettant des dommages et intérêts réclamés par son créancier en raison de l'abus de fonction de son préposé, ils infiltrent, dans le régime du contrat, une cause d'exonération de trop qui ne fait qu'affaiblir l'obligation contractuelle. En dispensant le débiteur d'assumer un risque qu'il assure normalement, puisque c'est lui qui a le choix des moyens d'exécution, l'exonération pour abus de fonction risque ainsi de porter atteinte au principe de la force obligatoire du contrat. Contractualiser la responsabilité du débiteur défaillant paraît alors plus que nécessaire afin d'écarter ce moyen d'exonération propre à la responsabilité délictuelle[1973]. Est-ce à dire que la notion d'abus de fonctions susceptible d'écarter la responsabilité du commettant mérite réellement une définition différente en matière contractuelle et délictuelle ? L'autonomie de la responsabilité contractuelle du fait d'autrui dans ce domaine est-elle véritablement nécessaire ?

357. Absence de divergence fondamentale entre la responsabilité délictuelle ou contractuelle du commettant du fait de son préposé. Il est clair que l'exonération du débiteur contractuel pour abus de fonction retirerait toute fiabilité au contrat. Exonérer les entreprises de déménagement pour le vol des meubles de leurs clients par leurs préposés, écarter la responsabilité des banques pour les malhonnêtetés commises par leurs employés au détriment des déposants… est manifestement inacceptable. Néanmoins, loin d'être le fruit de la nature délictuelle de la responsabilité encourue, il semble que ces hypothèses d'irresponsabilité reflètent en réalité une définition peu appropriée de l'abus de fonction que la jurisprudence, elle-même, a déjà révisée. En effet, nul n'ignore que la jurisprudence a longtemps été divisée entre l'adoption du critère subjectif et le critère objectif de l'abus de fonction. Si ce dernier critère cher à la chambre criminelle réduit les possibilités d'exonération puisque la réalisation du fait dommageable pendant les heures et sur les lieux fixés par l'employeur pour l'exécution du travail, avec les moyens fournis par celui-ci, suffit pour déclencher la responsabilité du commettant[1974], il n'en est pas de même pour le critère subjectif, adopté par les chambres civiles[1975] et spécialement par l'arrêt

[1973] C'est ce qu'a décidé la jurisprudence concernant un cambriolage commis par un préposé chargé de la sécurité de plusieurs entrepôts. Le moyen faisait valoir la possibilité d'exonération par abus de fonction, ce que la Cour de cassation a refusé d'appliquer en décidant que la société de gardiennage « était contractuellement tenue de garantir (…) son client dont elle s'était engagée à assurer la surveillance et le gardiennage des locaux, des conséquences d'un dommage causé par la faute du préposé qu'elle s'était substitué… ». Civ. 1re, 18 janv. 1989, JCP 1989, éd. G., II, 21326, 2e esp., note Ch. Larroumet ; RTD civ 1989, p. 330, obs. P. Jourdain.

[1974] Voir notamment, Crim., 21 nov. 1971, D. 1973, p. 21, note C. Larroumet ; Crim, 18 fév. 1975, D. 1975, IR, p. 66 ; Crim., 10 mai 1976, IR, p. 182 ; Crim., 18 nov. 1976, D. 1977, IR, p. 29 ; JCP 1977, II, 18617 ; Crim., 21 déc. 1976, D. 1977, IR, p. 52 ; Crim, 23 fév. 1977, D. 1977, II, 18617, IV, p. 106 ; Crim., 22 avr. 1977, D. 1977, IR, p. 348.

[1975] Civ. 2e, 15 déc. 1975, D. 1976, IR, p. 86 ; Civ. 2e, 7 juill. 1976, JCP 1976, IV, p. 296 ; Civ. 2e, 8 nov. 1976, D. 1977, IR, p. 107.

Eurorga[1976]. Il suffit, en application de ce critère, que le préposé ait « agi de façon délibérée (…) à des fins étrangères à ses attributions » pour que la responsabilité du commettant se trouve écartée. La Cour de cassation admet ainsi qu'une pure et simple disposition d'esprit du préposé suffit à caractériser un abus de fonction exonératoire, même si l'acte a été commis dans l'exercice des fonctions, ce qui était justement le cas en l'espèce puisque le feu avait été allumé par le préposé au cours d'une ronde de surveillance destinée à détecter et à prévenir les risques d'incendie. Même si on fait abstraction de l'aspect contractuel du litige, l'exonération du commettant paraît tout à fait inacceptable sur le terrain de l'article 1384 alinéa 5[1977]. C'est ce que l'Assemblée plénière dans son arrêt du 19 mai 1988[1978] a pu éviter en affirmant que « le commettant ne s'exonère de sa responsabilité que si son préposé a agi hors des fonctions auxquelles il était employé, sans autorisation et à des fins étrangères à ses attributions ». Désormais, le commettant ne peut s'exonérer que s'il apporte une triple preuve : celle du dépassement objectif des fonctions ; celle de l'absence d'autorisation ; celle du but étranger aux attributions. Le critère subjectif de l'abus de fonction, tiré de l'intention du préposé de ne pas servir l'intérêt de son employeur, a donc cédé la place à d'autres éléments de rattachement objectifs ce qui restreint considérablement les possibilités d'exonération du commettant. En effet, ce dernier peut être ainsi condamné même pour un acte du préposé commis dans son intérêt personnel, dès lors que le fait dommageable s'est réalisé pendant les heures et sur les lieux fixés par le commettant, avec les moyens fournis par celui-ci.

Cette sévérité à l'égard des commettants, réduisant la possibilité d'exonération à une peau de chagrin, ne s'est pas démentie depuis, aussi bien dans le domaine extracontractuel[1979] que contractuel[1980]. Or cette conception étroite de l'abus de fonction favorable aux victimes, adoptée au demeurant par

---

[1976] Arrêt précité.

[1977] G. Viney, note sous Ass. plén., 15 nov. 1985, J.C.P. 1986, II, 20568.

[1978] Ass. Plén., 19 mai 1988, Bull. civ. Ass. Plén, n°5, D. 1988, p. 513, note C. Larroumet.

[1979] Voir cependant Civ. 2e, 3 juin 2004, RTD Civ. 2004 p. 742, obs. P. Jourdain refusant d'admettre la responsabilité du commettant pour un acte du préposé qui avait été incontestablement commis dans l'exercice de ses fonctions. Cet arrêt fut largement critiqué par la doctrine.

[1980] Civ. 2e, 22 mai 1995, Bull. civ. II, n° 154 ; RJDA 1995, n° 1189 ; obs. G. Viney, JCP 1995, I, 3893, n° 12; RTD civ. 1996, p. 181, obs. P. Jourdain (vol de bijoux commis par l'employé d'une société chargée de l'entretien des locaux ; commettant condamné) ; Crim. 16 fév. 1999, RTD Civ. 1999 p. 409, obs. P. Jourdain (Deux préposés d'une entreprise de gardiennage avaient dérobé diverses marchandises dans les locaux de l'entreprise qu'ils étaient chargés de surveiller ; commettant condamné). Voir cependant Civ. 2e, 3 juin 2004, Resp. civ. et assur. 2004, comm. 250, obs. H. Groutel ; RTD Civ. 2004 p. 742, obs. P. Jourdain refusant d'admettre la responsabilité du commettant pour un acte du préposé qui avait été incontestablement commis dans l'exercice de ses fonctions. Cet arrêt fut largement critiqué par la doctrine.

l'article 1386-10 de la proposition de loi Béteille[1981], met à mal le besoin d'une définition autonome en matière contractuelle. Comme l'a si bien écrit Madame Viney, « la responsabilité du commettant pour le fait des préposés a pour fonction, qu'elle soit contractuelle ou délictuelle, de faire assumer par l'entreprise les risques qu'elle crée par son activité. Il n'y a donc aucune raison de distinguer entre les deux régimes qui doivent être identiques »[1982]. D'ailleurs, le débiteur contractuel et le tiers-auteur de l'inexécution coïncident le plus souvent avec les notions de commettant et de préposé, telles qu'elles sont comprises dans le cadre de l'article 1384 alinéa 5 du Code civil. Contrairement à ce que soutiennent plusieurs auteurs[1983], la jurisprudence qui applique cet article dans le domaine contractuel, loin d'être condamnable, nous paraît parfaitement justifiable. Transcendant les deux ordres de responsabilité, il serait plus que préférable que la responsabilité du commettant du fait de son préposé soit soumise à des conditions de fond identiques. Rien ne justifie en fait un traitement différentiel selon que la responsabilité encourue soit contractuelle ou délictuelle. De même, le préposé qui agit sans excéder les limites de sa mission doit pouvoir bénéficier de la jurisprudence Costedoat, sans que cela soit limité au régime de la responsabilité délictuelle.

358. Exposé de la jurisprudence Costedoat. La responsabilité du commettant du fait de son préposé se superpose habituellement à la responsabilité personnelle du préposé. Ce schéma classique, consacré en droit tunisien dans l'article 245 du Code des obligations et des contrats[1984], ne semble pas être aujourd'hui de mise en droit français depuis le fameux arrêt Costedoat[1985] qui a posé le principe de l'immunité du préposé, confirmant ainsi une jurisprudence déjà initiée par la chambre commerciale dans son arrêt du 12 octobre 1993[1986]. En l'espèce, les propriétaires de rizières avaient chargé une société spécialisée de procéder à des épandages d'herbicides sur leurs parcelles.

[1981] L'article 1386-10 dispose que « le commettant est responsable des dommages causés par son préposé, à moins qu'il prouve que le préposé a agi hors des fonctions auxquelles il était employé, sans autorisation et à des fins étrangères à ses attributions, ou qu'il établisse que la victime ne pouvait légitimement croire que le préposé agissait pour le compte du commettant ».

[1982] G. Viney, « La responsabilité contractuelle en question », art. précité, p. 943.

[1983] G. Baumet, La responsabilité contractuelle du fait d'autrui, Nice, 1974, et la chronique d'Y. Lambert-Faivre, L'abus de fonction, D. 1986, chron. 143 ; S. Euzen, « La distinction des responsabilités contractuelle et délictuelle à l'épreuve de l'abus de fonction », PA, 30 mai 1997, n° 65, p. 4 ; J. Djoudi, « La responsabilité du commettant-contractant : une hybridation difficile », D. 1999 p. 677 ; M. Faure-Abbad, Le fait générateur de la responsabilité contractuelle, thèse, Poitiers, 2002, n° 330 et s. ; E. Berry, Le fait d'autrui, thèse, Poitiers, 2003, n° 149 et s.

[1984] Puisque ce texte a été appliqué dans le domaine délictuel par la jurisprudence, il est possible d'envisager cette solution en matière délictuelle.

[1985] Ass. plén. 25 fév. 2000, Bull. Ass. plén. n° 2 ; JCP 2000, II, 10295, concl. R. Kessous et note M. Billiau ; D. 2000 p. 673, note P. Brun ; Resp. civ. et assur. 2000, chron. 11, H. Groutel ; JCP 2000, I, 241, n° 16 et s., obs. G. Viney ; GP 2000 n° 237, p. 36 , note F. Rinaldi ; RTD civ. 2000 p. 582, obs. P. Jourdain.

[1986] Com. 12 oct. 1993, Bull. civ. IV, n° 338 ; RTD civ. 1994, p. 111, obs. P. Jourdain.

Les opérations furent effectuées par hélicoptère et, sous l'effet du vent, une propriété voisine fut atteinte par les produits toxiques qui y endommagèrent des végétaux. Les juges du fond avaient fait droit à l'action en réparation du propriétaire, dirigée tant contre la société chargée de l'épandage sur le fondement de l'article 1384, alinéa 5 du Code civil, que contre son préposé en vertu de l'article 1382. La Cour de cassation censure, au double visa des articles 1382 et 1384, alinéa 5 du Code civil, la décision de la Cour d'appel de Nîmes et annonce que « n'engage pas sa responsabilité à l'égard des tiers le préposé qui agit sans excéder les limites de la mission qui lui a été impartie par son commettant ».

Cette immunité, de plus de plus en déclin, puisque non seulement elle ne signifie pas une irresponsabilité selon la Cour de cassation dans son arrêt du 12 juillet 2007[1987], mais aussi elle se trouve écartée lorsque le préposé a commis une faute intentionnelle[1988] ou une faute pénale, qu'elle soit intentionnelle [1989]ou non[1990], a été vigoureusement critiquée par une partie de la doctrine[1991]. En effet, on s'est inquiété de ce qu'une telle solution prive la victime d'une chance supplémentaire d'être indemnisée surtout lorsque le commettant n'est pas assuré ou l'est insuffisamment. Cette conséquence inopportune pourrait toutefois être réduite, comme le préconise l'article 1359-1 de l'avant-projet de réforme du Code civil, par l'instauration d'une responsabilité subsidiaire du préposé, amenée à jouer en cas d'insolvabilité du commettant. Le préposé qui agit dans les limites de sa fonction disposerait en quelque sorte du bénéfice de la discussion obligeant la victime à poursuivre en premier lieu le commettant et son assureur ; seule l'impossibilité d'obtenir leur condamnation lui permettrait de rechercher la responsabilité du préposé[1992]. En effet, même si les critiques adressées au principe de l'immunité sont sérieuses, elles ne nous paraissent pas décisives. Il serait peut-être juste que le préposé, qui se met au service d'autrui

---

[1987] Civ. 1re, 12 juill. 2007, Gourrion et autre c/ Mathieu, n° 06-12.624 et 06-13.790, FP+B, Bull. civ. I, n° 270 ; JCP 2007, II, 10162, note S. Hocquet-Berg ; D. 2007, p. 2908, note S. Porchy-Simon et obs. J. Penneau D. 2008, p. 506 ; RCA 2007. comm. 334, obs. H. Groutel ; JCP 2008, I, 125, obs. Ph. Stoffel-Munck ; RTD Civ. 2008, p. 109, obs. P. Jourdain. Dans cet arrêt, la première chambre civile adopte une position inédite selon laquelle le principe de l'immunité du préposé, n'emportant pas son irresponsabilité, ne fait pas obstacle à l'exercice du recours subrogatoire de l'assureur du commettant à l'encontre de l'assureur de responsabilité du préposé. L'arrêt est largement critiqué par la doctrine, pour son ambiguïté.

[1988] Civ. 2e, 21 sept. 2004, Bull. civ. II, n° 402 ; RCA 2005. comm. 2

[1989]Ass. plén. 14 déc. 2001, GP, 26 fév. 2002 n° 57, P. 29, Conclusions de M. Gouttes, premier avocat général ; D. 2002, Jur. p. 1230, note J. Julien, Somm. p. 1317, obs. D. Mazeaud et p. 2117, obs. B. Thuillier ; JCP 2002, II, 10026, note M. Billiau ; RTD civ. 2002, p. 109, obs. P. Jourdain.

[1990] Crim. 28 mars 2006, Etienne R., n° 05-82.975, F-P+F, Bull. crim. n° 91 ; JCP 2006. II. 10188, note J. Mouly ; RCA 2006. comm. 289, RTD Civ. 2007 p. 135, obs. P. Jourdain ; Civ. 2e, 21 fév. 2008, PA, 16 juill. 2008, n° 142, p. 22, note F. Julienne ; JCP 2008, I 186, obs. Ph. Stoffel-Munck ; D. 2008 p. 2125, note J. Baptiste Laydu.

[1991] Voir notamment P. Brun, D. 2000 p. 673.

[1992] P. Jourdain, obs. sur Ass. Plén. 25, fév. 2000, RTD civ. 2000 p. 582.

et agit pour le compte et dans l'intérêt d'un commettant, ne puisse voir sa responsabilité retenue lorsqu'il est resté dans ses fonctions[1993]. Mais le préposé perd-il le bénéfice de l'immunité que lui accorde la jurisprudence Costedoat lorsque la responsabilité de son commettant est engagée sur le fondement contractuel ?

359. L'application de la jurisprudence Costedoat dans le domaine contractuel. La question de l'immunité du préposé sur le terrain contractuel s'est posée avec beaucoup d'acuité dans le domaine médical[1994]. En effet, aussitôt que la jurisprudence a reconnu l'application de la responsabilité contractuelle des cliniques du fait du médecin qui y exerce ses fonctions[1995] et a subordonné expressément cette responsabilité à la condition que le médecin soit un salarié préposé[1996], elle a été amenée à préciser si ce dernier bénéficie de la jurisprudence Costedoat.

L'arrêt émanant de la première chambre civile de la Cour de cassation du 9 avril 2002[1997] illustre bien cette problématique. En l'espèce, un patient avait subi un dommage causé par la faute d'un médecin salarié de la clinique où il s'était fait soigner. Il avait obtenu la condamnation *in solidum* de la clinique et du médecin. La première était contractuellement tenue à la réparation tandis que le second, faute de contrat l'unissant au patient, l'était délictuellement. Le médecin demandait à être garanti de sa condamnation par la clinique qui de son côté entendait être elle-même garantie par son médecin salarié. C'est la clinique qui obtint gain de cause. Invoquant les articles 1382 et 1384, alinéa 5, le médecin reprochait aux juges du fond de ne pas appliquer la jurisprudence Costedoat. Or la haute juridiction répondit qu'« il ne peut être reproché à l'arrêt attaqué d'avoir condamné un médecin salarié d'une clinique à garantir celle-ci des condamnations prononcées à son encontre à la suite d'une faute commise

---

1993 G. Viney, obs. sur Ass. Plén. 25 fév. 2000, JCP 2000, I, 241, n° 16 et s. ; P. Jourdain, *op. cit. Loc. cit.*

1994 Voir S. Picasso, « La responsabilité contractuelle du fait d'autrui dans la jurisprudence récente en particulier dans le domaine du droit médical », GP 06 mai 2004 n° 127, p. 2.

1995 Civ.1re., 4 juin 1991, Bull. civ. 1991, I, n° 185 ; RTD civ. 1992, p. 123; JCP 1991, II, 21730, note J. Savatier ; GP 1992, 2, jur. P. 503. Avant cette date, la jurisprudence refusait la responsabilité contractuelle des cliniques et autres établissements hospitaliers privés pour les fautes commises par les médecins qui exercent en leur sein.

1996 Civ. 1re, 26 mai 1999, Bull. civ. 1999, I, n° 175 ; JCP G, II, 10112, rapp. P. Sargos ; JCP G 1999, I, 199, n° 18, obs. G. Viney ; D. 1999, p. 719, note E. Savatier ; RTD civ. 1999, p. 634, obs. P. Jourdain. Voir déjà en faveur de la reconnaissance de la qualité du préposé au médecin, Crim., 5 mars 1992 : Bull. crim. n° 101 ; JCP G 1993, II, 22013, note F. Chabas ; Resp. civ. et assur. 1992. comm. 302 ; RTD civ. 1993 p. 137, obs. P. Jourdain. Avant cette date, la jurisprudence refuse de reconnaitre la qualité du préposé au médecin. Voir Req. 30 nov. 1938, DP 1939, 1, 49, note R. Savatier ; Paris, 20 avr. 1953, JCP 1953, II, 7663, note R. Savatier ; TGI Evreux, 21 déc. 1979, D. 1981.185, note Penneau.

1997 Civ. 1re, 9 avr. 2002, Bull. civ. I, n° 114 ; Resp. civ. et assur. 2002 chron. 13 par C. Radé ; RTD Civ. 2002 p. 516, obs. P. Jourdain ; Droit et patrimoine juill.-août 2002, n° 3113, obs. F. Chabas ; GP fév. 2003 n° 56, p. 32, somm. comm. par F. Chabas.

par ce praticien lors d'une intervention chirurgicale pratiquée dans cet établissement, *dès lors que la cour d'appel, qui a retenu la responsabilité contractuelle de la clinique, ne s'est pas fondée sur l'article 1384, alinéa 5 du Code civil*[1998], ayant seulement retenu, en même temps que la responsabilité contractuelle de cet établissement de santé, la responsabilité délictuelle du fait personnel du praticien, sur le fondement de la faute médicale qu'il avait commise ».

À lire cet attendu, il semble que le principe de l'immunité du préposé est sans application chaque fois que le répondant est contractuellement responsable. Cette interprétation, due en grande partie à la formulation maladroite de l'arrêt, peut paraître excessive. En effet, il est peu probable que la Cour de cassation ait voulu consacrer une limitation aussi large et infondée au principe de l'immunité posé par la jurisprudence Costedoat[1999]. L'on voit mal en quoi le caractère délictuel ou contractuel de la responsabilité d'un employeur attrait par la victime en qualité soit de commettant soit de débiteur contractuel pourrait avoir une quelconque emprise sur les conditions du fond de la responsabilité encourue[2000]. Il est plus vraisemblable que les juges ont entendu se conformer au précédent Battaglia[2001] qui a engagé la responsabilité personnelle de la sage-femme exerçant son activité au sein et pour le compte d'une clinique au motif que cette dernière bénéficiait d'une indépendance professionnelle. C'est ce même principe qui a poussé la haute juridiction à mettre à l'écart la jurisprudence Costedoat dans le domaine médical et non pas le caractère contractuel de la responsabilité de la clinique. L'arrêt du 13 novembre 2002[2002] vint d'ailleurs confirmer cette analyse. En effet, la responsabilité d'une clinique était engagée par les ayants droit de la victime décédée à la suite d'un accident anesthésique sur le fondement délictuel de l'article 1384, alinéa 5. Sur pourvoi de la clinique à laquelle les juges du fond avaient refusé le droit d'appeler le médecin en garantie, la Cour de cassation jugeait que « si l'établissement de santé peut être déclaré civilement responsable des fautes commises par un praticien salarié à l'occasion d'actes médicaux d'investigation et de soins pratiqués sur un patient, ce principe ne fait pas obstacle au recours de l'établissement de santé et de son assureur, *en raison de l'indépendance intangible dont bénéficie le médecin, même salarié, dans l'exercice de son art*[2003] ».

1998 Nous soulignons.

1999 P. Jourdain, obs. sur Civ. 1re, 9 avr. 2002, précitée.

2000 M. Asselain, « Responsabilité des professionnels de santé salariés : changement de solution », RCA mars 2005, étude n° 6.

2001 Civ. 1re, 30 oct. 1995 : Bull. civ. 1995, I, n° 383 ; JCP 1996, I 3944, obs. G. Viney ; RTD civ. 1996, p. 636.

2002 Civ. 1re, 13 nov. 2002 ; Bull. civ. 2002, I, n° 263 ; JCP G 2002, IV, 1007; JCP G 2003, II, 10096, note M. Billiau ; D. 2003, jurisp. p. 580, note S. Deis-Beauquesne ; D. 2003, somm. comm. p. 459 et obs. P. Jourdain ; JCP 2003, I, 152, obs. G. Viney.

2003 Nous soulignons.

Il est donc clair que le principe de l'indépendance professionnelle constitue l'unique argument avancé à l'appui de l'exclusion des médecins salariés du bénéfice de l'immunité. Or cette explication nous paraît difficilement soutenable. La Cour de cassation a, elle-même, déjà admis que cette indépendance professionnelle du médecin n'était pas « incompatible avec l'état de subordination qui résulte d'un contrat de louage de services le liant à un tiers »[2004]. Le médecin salarié, comme n'importe quel préposé et malgré sa relative liberté, se trouve placé sous la dépendance de son employeur. Il se heurte, comme on l'a souligné, à juste titre, « (…) comme les autres membres du personnel, aux contraintes matérielles qui lui sont imposées (locaux, appareils, charge de travail...) »[2005]. Les professionnels de la santé sont, du moins sur le plan juridique, des préposés comme les autres.

C'est cette solution qu'a finalement retenue la Cour de cassation dans ses arrêts rendus le 19 novembre 2004[2006] en faisant bénéficier aussi bien la sage-femme que le médecin de la jurisprudence Costedoat. Il est symptomatique toutefois de constater que la haute juridiction se réfère de façon identique dans les deux espèces aux articles 1382 et 1384, alinéa 5 du Code civil. Signe avant-coureur de sa volonté de limiter cette immunité à l'hypothèse où la responsabilité du commettant est recherchée sur le terrain délictuel ?[2007] Nous ne le pensons pas. Il est tout à fait illogique que le préposé perde le bénéfice de l'immunité pour la seule et unique raison que son commettant est poursuivi sur le terrain de la responsabilité contractuelle. Il ne faut pas oublier que la Cour de cassation applique assez fréquemment l'article 1384 alinéa 5 à des situations contractuelles sans qu'une différence substantielle de régime ne soit réellement perçue. Quel que soit le fondement de la responsabilité, la justification de l'immunité du préposé demeure identique : celui qui agit au service, sous l'autorité et dans l'intérêt d'autrui a le même besoin de protection, que la responsabilité du commettant soit contractuelle ou délictuelle[2008]. Loin de dévoiler l'intention de la haute juridiction de réserver le bénéfice de l'immunité du préposé au seul domaine délictuel, cet arrêt montre encore une fois que la responsabilité du commettant du fait de son préposé ne semble pas appeler de façon évidente une définition différente dans les deux ordres de responsabilité. Et c'est ce besoin d'unifier la responsabilité du commettant du fait de son

---

[2004] Crim., 5 mars 1992 : Bull. crim. n° 101 ; JCP G 1993, II, 22013, note F. Chabas ; Resp. civ. et assur. 1992. comm. 302 ; RTD civ. 1993 p. 137, obs. P. Jourdain.

[2005] G. Viney, note sous civ. 1re, 13 nov. 2002, précitée.

[2006] Civ. 1re, 9 nov. 2004, 2 arrêts, PA 2004 n° 255, p. 11, note J.-F. Barbiéri ; JCP G 2005, II, 10020, rapp. D. Duval-Arnould, note S. Porchy-Simon ; D. 2005, p. 253 note F. Chabas ; GP 2005 n° 11, p 16, note N. Bangoura ; Resp. civ. et assur. 2004, comm. 364 ; M. Asselain, Responsabilité des professionnels de santé salariés : changement de solution, RCA mars 2005, étude n° 6 ; JCP 2005, I, 132, obs. G. Viney ; PA, février 2006 n° 38, p. 3, note, E. Revaux et G. Guerlin.

[2007] E. Revaux et G. Guerlin, note sous Civ. 1re, 9 nov. 2004, précitée.

[2008] G. Viney, note sous civ. 1re, 13 nov. 2002, précitée.

préposé quant à son principe mais aussi quant à son étendue qui justifie l'application de l'article 1384 alinéa 5 à des situations contractuelles. Contrairement à plusieurs voix qui appellent à la mise à l'écart de cet article dans le domaine contractuel, nous pensons que sa mise en œuvre ne conduit pas nécessairement à des solutions substantiellement différentes de celle qui découle de l'application de la responsabilité contractuelle. Ceci explique que la règle du non-cumul ne soit pas respectée par la jurisprudence qui tient pourtant à l'appliquer, dans un autre contentieux concernant la responsabilité des personnes qui accueillent des mineurs ou des handicapés mentaux en vertu d'un placement contractuel.

§ 2. La mise à l'écart de la responsabilité délictuelle du fait d'autrui en présence d'un placement contractuel d'un mineur

360. Contrairement à la jurisprudence relative à la responsabilité du commettant du fait de son préposé qui a mis en relief l'interchangeabilité des fondements contractuels et délictuels aussi bien en droit français que tunisien, la responsabilité délictuelle du fait d'autrui a été écartée en présence d'un placement contractuel d'un mineur dans les deux systèmes juridiques. Si l'inapplication de la jurisprudence Blieck en droit français se justifie par la mise en œuvre de la règle du non-cumul (1), les raisons de la mise à l'écart de l'article 93 du Code des obligations et des contrats (2) sont encore plus profondes. Elles tiennent au caractère restrictif de la liste des personnes civilement responsables du fait d'autrui.

A. L'inapplicabilité de la jurisprudence Blieck en droit français

361. L'abandon du caractère énumératif des cas de responsabilité du fait d'autrui de l'article 1384 alinéa 1er du Code civil français. Contrairement à la jurisprudence tunisienne pour qui la liste des personnes responsables du fait d'autrui prévue par l'article 93 du Code des obligations et des contrats est limitative[2009], la Cour de cassation française, et sans aller jusqu'à poser un principe général de responsabilité du fait d'autrui comparable à celui qui existe dans la responsabilité du fait des choses, considère depuis l'arrêt Blieck[2010] que l'énumération des cas de responsabilité pour autrui figurant aux alinéas 4 et suivants de l'article 1384 est simplement énonciative. Les faits qui ont donné

[2009] Cass. civ. arrêt n° 1396 du 20 déc. 1962, B. C. C. 1963, I, p. 67.
[2010] Ass. plénière, 29 mars 1991, JCP 1991, II, 21673, concl. D.H. Dontenwille, note J. Ghestin ; D. 1991, p. 324, note C. Larroumet ; *adde* G. Viney, D. 1991 Chron. 157 ; Resp. civ. et assur. 1991 comm. 128 et chron. H. Groutel, n° 9 ; Defrénois, 30 juin 1991 n° 12, P. 729, note J.-L. Aubert ; RTD civ. 1991, p. 541, obs. P. Jourdain.

lieu à cette fameuse décision sont désormais connus. Un handicapé mental, placé dans un centre d'aide pour le travail, avait mis le feu à une forêt dont les propriétaires demandèrent à l'association gérant le centre réparation de leur dommage. La Cour de cassation approuve la Cour d'appel d'avoir retenu la responsabilité de l'association privée gérant le centre, sur le fondement de l'article 1384 alinéa 1er, au motif que cette dernière avait accepté la charge d'organiser et de contrôler, à titre permanent, le mode de vie de cet handicapé.

Même si la portée exacte de l'arrêt reste encore assez difficile à cerner[2011], il est clair que le juge a déverrouillé la liste des cas prévus par le Code civil. La référence faite dans l'arrêt à « l'organisation » et au « contrôle du mode de vie » de la personne prise en charge laisse entendre qu'il est désormais possible d'étendre le modèle de la responsabilité parentale à d'autres personnes ayant reçu pour mission de contrôler le mode de vie de l'auteur direct du dommage. Certes, la responsabilité du fait des enfants mineurs incombe en principe aux parents ; néanmoins, il peut arriver pour plusieurs raisons que ce pouvoir échappe aux père et mère. En effet, l'enfant peut, à la demande de ses parents, être scolarisé sous le régime de l'internat dans un centre pédagogique ou médico-pédagogique. « Dangereux » ou « en danger », le mineur peut également être placé dans un centre spécialisé. Peuvent également être soumis à l'autorité d'un tiers certains majeurs atteints d'un handicap mental qui les empêche d'organiser et de contrôler leur propre mode de vie. Ces derniers peuvent dès lors être placés sous un régime de protection ou confiés à des cliniques ou à des centres spécialisés.

À première vue, la brèche ouverte par l'arrêt Blieck laisse entendre que toutes ces personnes qui organisent et contrôlent le mode de vie d'autrui, qu'il s'agisse de mineurs ou d'handicapés mentaux, relèvent du domaine de l'article 1384 alinéa 1er. Que nenni ! Refusant de reconnaître l'existence d'un principe général selon lequel on est responsable du fait des personnes dont on assume « la garde », la jurisprudence s'est lancée dans une construction dont les lignes directrices sont des plus complexes.

362. Le cas des mineurs : seule la garde d'origine légale ou judiciaire des pouvoirs justifie l'application de l'article 1384 alinéa 1er. Lorsque l'enfant mineur est confié à un tiers, la responsabilité de ce dernier sur la base de l'article 1384 alinéa 1er est loin d'être systématique. En effet, selon la jurisprudence, seule la garde juridique du mineur peut déclencher la mise en œuvre de la responsabilité délictuelle du fait d'autrui. Le pouvoir de garde peut

---

[2011] G. Viney, « Vers un élargissement de la catégorie des personnes dont on doit répondre : la porte entrouverte sur une nouvelle interprétation de l'article 1384, alinéa premier », D. 1991, chron. p. 157 ; P. Jourdain, « Existe-t-il un principe général de responsabilité du fait d'autrui ? », RCA 2000, hors-série p. 5 ; M. Poumarède, « L'avènement de la responsabilité civile du fait d'autrui », *in* Mélanges Ph. le Tourneau, D. 2008, p. 839 ; S. Prigent, « La responsabilité du fait d'autrui, essai d'une théorie », RRJ 2008, n° 2, p. 953 ; J. Mouly, « Peut-il exister une véritable responsabilité civile du fait d'autrui ? », RCA 2008, étude 10.

résulter de la loi. Il en est ainsi des tuteurs qui reçoivent la charge de gérer le mode de vie de leur pupille[2012]. Il peut également trouver sa source dans une décision judiciaire ordonnant le placement d'un mineur dans des associations en vertu d'une mesure d'assistance éducative. Chargées de la mission d'organiser à titre permanent le mode de vie des personnes qui leur sont confiées, ces associations acquièrent juridiquement la qualité d'un répondant civil du fait d'autrui[2013].

En revanche, lorsque l'origine des pouvoirs du tiers sur l'enfant résulte de la seule volonté parentale, l'article 1384 alinéa 1er est écarté. Échappent ainsi à la responsabilité délictuelle du fait d'autrui les gardiens de fait tels que les membres de la famille ou amis auxquels un enfant a été confié, même de façon durable, mais sans intervention judiciaire[2014]. La même solution est retenue lorsque l'enfant est confié à une personne physique ou morale en vertu d'une convention. La haute juridiction refuse en effet d'engager la responsabilité des centres, associations ou établissements investis de la mission d'organiser et de contrôler le mode de vie du mineur sur la base d'un simple contrat. L'origine conventionnelle de la garde empêche ainsi la mise en œuvre de la responsabilité délictuelle du fait d'autrui sur le fondement de l'article 1384 alinéa 1er. Cette solution est consacrée de manière on ne peut plus explicite dans l'arrêt du 18 mai 2004 émanant de la chambre criminelle de la Cour de cassation[2015]. En l'espèce, deux mineurs handicapés avaient été confiés par leurs parents à un établissement spécialisé pour y être scolarisés en régime d'internat ou de semi-internat. Ces mineurs ayant commis des agissements délictueux pour lesquels ils furent condamnés pénalement, les juges du second degré ont déclaré l'association gérant l'établissement civilement responsable des dommages causés. L'arrêt de la Cour d'appel est cassé. Sans le support d'une décision

---

[2012] Crim. 28 mars 2000, Bull. crim. 2000, n°140 ; PA 16 juin 2000, note A.-M. Galliou-Scanvion ; JCP 2000, I, 241, n° 10 et s. obs. G. Viney ; RTD civ. 2000 p. 586 obs. P. Jourdain. Alors que la solution semble acquise concernant le tuteur légal du mineur qui acquiert la qualité d'un répondant civil du fait de ce dernier, la jurisprudence semble écarter cette solution concernant le tuteur d'un incapable majeur, ce qui est fort critiquable. Sur cette question, voir les observations critiques de M. Jourdain sur Civ. 2e, 25 fév. 1998, RTD civ. 1998, p. 345.

[2013] Crim. 10 oct. 1996, D. 1997 p. 309, note M. Huyette ; JCP 1997, II, 22833, note F. Chabas ; Civ. 2e, 9 déc. 1999, PA 23 mars 2000 n° 59, p. 20, note M.-C. Meyzeaud-Garaud ; RTD civ. 2000 p. 338, obs. P. Jourdain. La responsabilité civile d'un service éducatif à qui un mineur est confié par décision judiciaire ne cesse pas à l'occasion d'un accueil régulier de ce mineur dans sa famille. Voir Civ. 2e, 6 juin 2002, Bull. civ. 2002, II, n° 120 ; RTD civ. 2002, p. 825, obs. P. Jourdain ; JCP G 2003, II, 10068, note A. Gouttenoire et N. Roget ; *adde*, Civ. 2e, 7 mai 2003, Resp. civ. et assur. 2003, comm. 243 ; Civ. 2e, 7 oct. 2004, Resp. civ. et assur. 2004, comm. 363 ; Crim., 8 janv. 2008, Resp. civ. et assur. mars 2008, comm. 8.

[2014] Civ. 2e, 18 sept. 1996, Bull. civ. II, n° 217 ; Resp. civ. et assur. 1997.comm. 379 ; RTD civ. 1997, p. 436, obs. P. Jourdain ; Crim., 8 fév. 2005, n° 03-87.447, ; JCP G 2005, II, 10049, note M.-F. Steinlé-Feuerbach ; Resp. civ. et assur. 2005, comm. 118 ; JCP G 2005, I 149, obs. G. Viney.

[2015] Crim. 18 mai 2004, Bull. crim. 2004, n° 123 ; Resp. civ. et assur. 2004. comm. 249 ; RTD civ. 2005, p. 140, obs. P. Jourdain.

judiciaire confiant à titre permanent la garde d'un mineur à un établissement, un contrat ne saurait avoir pour effet de mettre à la charge d'un tiers la responsabilité de l'article 1384 alinéa 1er. La même solution devrait *a fortiori* s'étendre à toutes personnes accueillant des enfants sur la base d'un contrat pour des périodes de courtes durées, telles que les colonies de vacances[2016], les nourrices ou les assistantes maternelles. Exclues du domaine d'application de la responsabilité délictuelle du fait d'autrui, ces personnes ne répondent donc du fait du mineur qu'elles sont chargées de surveiller que sur la base d'une faute personnelle.

363. L'incertitude sur l'application du critère de l'origine des pouvoirs pour les incapables majeurs. L'examen de la jurisprudence relative aux incapables majeurs ne permet pas d'affirmer que la responsabilité pour autrui repose inéluctablement dans ce domaine sur les pouvoirs juridiques d'origine légale ou judiciaire. En effet, dans son arrêt du 25 février 1998[2017], la deuxième chambre civile de la Cour de cassation a laissé entendre qu'une association pouvait être responsable d'un majeur handicapé qui lui était contractuellement confié pendant la journée en ne repoussant cette responsabilité que parce que l'action dommageable s'était produite à un moment où le majeur n'était plus sous son autorité. *A contrario*, on peut penser que si l'auteur du dommage s'était trouvé, au moment de l'infraction, sous l'autorité effective de l'association, la responsabilité de celle-ci aurait pu être engagée sur le fondement de l'article 1384 alinéa 1er. Une origine contractuelle des pouvoirs sur l'incapable majeur pourrait dès lors fonder une responsabilité pour autrui.

Cette solution déduite implicitement reste néanmoins versatile et incertaine. Non seulement, l'interprétation *a contrario* de la jurisprudence reste toujours fragile faute d'une décision affirmant explicitement la responsabilité des centres accueillant les handicapés majeurs sur une base contractuelle, mais on peut se demander s'il serait justifié de concevoir différemment les pouvoirs de contrôle et d'organisation du mode de vie selon que l'auteur du dommage est un mineur ou un incapable majeur. On avoue qu'on a du mal à bien comprendre la logique d'un tel système. Plus qu'un paradoxe, cette solution qui confine à l'incohérence est due en grande partie à l'adoption du critère de l'origine légale, judiciaire ou contractuelle des pouvoirs de garde. C'est à la jurisprudence limitant l'application de l'article 1384 alinéa 1er aux seuls détenteurs de pouvoirs d'origine légale ou judiciaire qu'il faut alors s'en prendre. En effet, même si la distinction entre la garde d'origine légale ou judiciaire et la garde d'origine contractuelle est soutenue par des voies autorisées[2018], on peut se demander si elle est réellement pertinente.

[2016] Crim. 29 oct. 2002, Bull. crim. 2002, n°197.

[2017] Civ. 2e, 25 fév. 1998, Bull. civ. II, n° 62 ; RTD civ. 1998, p. 388, obs. P. Jourdain.

[2018] C. Radé, Droit à réparation – Responsabilité du fait d'autrui – Principe général, Juris-Classeur Responsabilité civile et Assurances, mai 2005, Fasc. 140. Voir dans le même sens L. Perdrix, La garde d'autrui, thèse, Paris I, 2006, n° 561 et s.

364. Exclusion injustifiée de l'article 1384 alinéa 1er en présence d'un placement d'origine conventionnelle. Lorsque l'enfant a été confié à un établissement en vertu d'une convention, la jurisprudence condamne assez souvent les parents après avoir considéré que la cohabitation n'a pas été rompue[2019]. En effet, nul n'ignore que cette condition, même si elle figure encore formellement dans l'article 1384 alinéa 4 du Code civil, a perdu de facto toute consistance[2020]. Adoptant une conception abstraite, les juges considèrent que cette condition est satisfaite même lorsque l'enfant ne vit plus effectivement avec ses parents, du moment qu'aucune mesure judiciaire de placement de ce dernier n'a été prononcée[2021]. Par conséquent, la cohabitation est maintenue lorsque l'enfant est confié à un tiers par la seule volonté parentale, sur la base d'un contrat, et la responsabilité des père et mère est engagée sur le fondement de l'article 1384 alinéa 4. Mais si cette conception édulcorée de la cohabitation permet assez souvent de maintenir la responsabilité des parents du fait de leurs enfants[2022], on ne voit pas en quoi elle permet d'expliquer la mise à l'écart de la responsabilité du tiers chargé conventionnellement de contrôler le mode de vie de l'enfant[2023]. Que les parents restent responsables parce qu'ils disposent de l'autorité parentale sur laquelle leur responsabilité est fondée[2024] ne devrait pas évincer automatiquement celle des tiers qui disposent sur le mineur des

---

[2019] Ainsi il a été jugé que ne met pas fin à la cohabitation avec les père et mère, le fait, pour ceux-ci, d'avoir confié l'enfant à un établissement scolaire (voir Civ. 2e, 20 avr. 2000 ; Bull. civ. II, n° 66), ou à un institut médico-pédagogique (voir Civ. 2e, 9 mars 2000, Bull. civ. II, n°44), y compris sous le régime de l'internat (voir Crim. 18 mai 2004, Bull. crim. n° 123 ; Resp. civ. et assur. 2004, comm. 249) ou à un centre de vacances (Crim. 29 oct. 2002, Bull. crim. n° 197).

[2020] Voir Civ. 2e, 19 fév. 1997, Bull. civ. II, n° 55, RTD civ. 1997, p. 670, obs. P. Jourdain ; Civ. 2e, 20 janv. 2000, Bull. civ. II, n° 14 ; RTD Civ. 2000, p. 340, obs. P. Jourdain ; JCP G 2000, II, 10374, note A. Gouttenoire ; Civ. 2e16 nov. 2000, Bull. civ. II, n° 69 ; Resp. civ. et assur. 2001.comm. 37 ; 29 mars 2001, Resp. civ. et assur. 2001.comm.177, obs. H. G ; JCP G 2001, I, 338, obs. G. Viney ; RTD civ. 2001 p. 603, obs. P. Jourdain ; Crim. 29 oct. 2002, Bull. crim. n° 197, RTD civ. 2003, p. 101; Crim., 8 fév. 2005, JCP G 2005, II, 10049, note M.-F. Steinlé-Feuerbach.

[2021] Civ. 2e, 6 juin 2002, 3 arrêts, D. 2002, p. 2750, note M. Huyette.

[2022] L'article 1386-7 de la proposition de loi Béteille n'exige plus la condition de cohabitation pour déclencher la responsabilité des parents et se suffit de l'exercice de l'autorité parentale.

[2023] Voir P. Jourdain, obs. sur Crim. 18 mai 2004, RTD civ. 2005, p. 140.

[2024] La garde du mineur incombe légalement en principe aux parents en vertu des dispositions de l'article 371-1 du Code civil. Les parents doivent s'assurer de la sécurité, de la santé et de la moralité de l'enfant ainsi que pourvoir à son éducation. Ils disposent ainsi largement du pouvoir d'organiser, de contrôler et de diriger le mode de vie de leur enfant mineur. En tant que gardiens « naturels », même si le terme de garde est désormais obsolète depuis son éviction de l'alinéa 4 de l'article 1384 du Code civil par la loi n° 2002-305 du 4 mars 2002, ils sont les responsables désignés des faits dommageables causés par leur enfant. Lorsqu'elle est exercée dans ce cadre, la garde du mineur n'apparaît pas de manière directe, elle se fond dans l'exercice global de l'autorité parentale. Voir C. Radé, La responsabilité civile des père et mère. De l'autorité parentale à la responsabilité parentale dans l'autorité parentale en question, Presses universitaires du Septentrion, Villeneuve d'Ascq, 2003, p. 81 s.

pouvoirs qui sont parfois plus réels que ceux conservés par les parents[2025]. Il est d'ailleurs symptomatique de constater que si, à maintes reprises, le pourvoi en cassation reproche aux juges de fond l'application de l'article 1384 alinéa 1er aux associations prenant en charge l'enfant, la haute juridiction répond sur la base de l'alinéa 4 du même article que la cohabitation n'avait pas cessé avec les parents qui exerçaient l'autorité parentale[2026]. Est-il logique d'écarter la responsabilité d'un tiers chargé de la garde de l'enfant en invoquant celle des parents à travers la persistance d'une cohabitation ? Cette solution ne peut se comprendre, selon nous, que si l'on admet que les deux responsabilités du fait d'autrui fondées sur les alinéas 1 et 4 de l'article 1384 s'appliquent alternativement et non cumulativement, ce qui est fort discutable.

En effet, dès avant l'arrêt Blieck, la Cour de cassation pose comme principe que les différents cas de responsabilité du fait d'autrui sont alternatifs et non cumulatifs, retenant ainsi une application hiérarchisée des responsabilités en concours. Ainsi, le régime de la responsabilité parentale est évincé par celui de la responsabilité du commettant[2027] ou de l'artisan[2028]. En imposant aux seuls père et mère l'obligation de répondre des dommages causés par l'enfant alors qu'ils avaient confié contractuellement celui-ci à une tierce personne, la haute juridiction semble persévérer dans la même voie. La responsabilité parentale exclut celle des tiers qui ont la charge effective d'organiser et de contrôler le mode de vie du mineur[2029].

On devine sans mal combien cette solution est arbitraire[2030]. En effet, le caractère alternatif des responsabilités a pour conséquence d'établir une hiérarchie entre les diverses responsabilités fondées sur l'article 1384 du Code civil. La responsabilité parentale apparaît de la sorte comme une responsabilité

2025 La garde s'exerce de la même façon dans la responsabilité des parents, elle implique également un pouvoir de surveillance et de direction de l'existence de l'enfant. Mais tandis que la garde au sein de la famille close est rattachée à l'autorité parentale, elle est totalement détachée d'elle lorsque la famille est éclatée et que le mineur est placé. Voir F. Alt-Maes, La garde, fondement de la responsabilité du fait du mineur, JCP G 1998, I, 154.

2026 Voir, à titre d'exemple, Crim. 18 mai 2004, Bull. crim. 2004, n° 123 ; Resp. civ. et assur. 2004. comm. 249 ; RTD civ. 2005, p. 140, obs. P. Jourdain *adde* E. Leverbe, Le civilement responsable du fait du mineur (À propos de deux arrêts de la Cour de cassation : Cass. crim., 18 mai 2004 et Cass. 2e civ., 7 oct. 2004), Resp. civ. et assur. fév. 2005, étude n° 4.

2027 Civ. 2e, 18 mars 1981, Bull. civ. II, n° 69.

2028 Crim. 2 oct. 1985, Bull. Crim., n° 294.

2029 Crim. 18 mai 2004, RTD civ. 2005, p. 149, obs. P. Jourdain ; Crim. 8 fév. 2005, JCP 2005, II, 10049, note M.-F. Steinlé-Feuerbach ; Resp. civ. et assur. 2005, Com. 118, JCP G 2005, I, 149, obs. G. Viney.

2030 F. Alt-Maes, « L'hébergement chez ses parents du mineur placé : un conflit de responsabilités ? », note sous Crim., 26 mars 1997 et 25 mars 1998, PA 1999, n° 198, p. 14 ; F. Leduc, « Les rapports entre les différentes responsabilité pour autrui », *in* La responsabilité du fait d'autrui. Actualité et évolutions, Resp. civ. et assur. Nov. 2000, n° spécial hors-série, p. 18 ; C. Hugon, « La responsabilité civile délictuelle des services chargés d'une mesure d'assistance éducative », Droit de la famille, oct. 2004, étude 25 ; G. Viney et P. Jourdain, Les conditions de la responsabilité, *op. cit.* n° 789-27.

principale, les autres lui sont subsidiaires. Or, à supposer même que l'application du régime de la responsabilité des père et mère soit antinomique avec celle d'un autre régime de responsabilité pour autrui, ce qui est peu vérifiable[2031], on ne voit pas franchement au nom de quoi c'est ce régime qui devrait s'éclipser au profit d'un autre. La cohérence des étagements de responsabilité effectués par le juge reste plus que mystérieuse. Qu'en sera-t-il lorsque la responsabilité d'un tiers chargé de contrôler l'enfant entrera en concours non seulement avec celle des parents mais aussi avec celle d'un employeur ou celle d'un club sportif ? Laquelle l'emportera ? Nous sommes plutôt enclins à penser que la pluralité de responsables devrait permettre aux victimes d'invoquer le bénéfice de l'obligation *in solidum* et de réclamer à l'un quelconque des responsables une réparation intégrale de leur dommage. La victime devrait être en mesure de rechercher la responsabilité solidaire des parents sur le fondement de l'article 1384 et du tiers qui organise et contrôle le mode de vie du mineur même sur une simple base contractuelle sur le fondement de l'alinéa premier.

Cette solution qui nous semble plus réaliste, puisqu'il n'est ni si rare ni si étonnant que des parents et un tiers exercent concurremment le contrôle du mineur et contribuent à l'organisation de son mode de vie, présente au moins deux avantages. En effet, cette possibilité de cumuler le bénéfice des deux alinéas augmenterait incontestablement les chances de réparation pour les victimes. Les parents ne sont pas nécessairement assurés contrairement aux tiers qui assument contractuellement la garde d'un enfant et qui sont généralement des professionnels. Et surtout, cette solution aurait un effet libérateur sur l'alinéa premier et permettrait d'accueillir la responsabilité des tiers ayant été investis sans l'intervention du juge et sur une base conventionnelle de la charge d'organiser et de contrôler le mode de vie du mineur. Nul besoin d'établir une distinction tout à fait illogique entre la garde d'origine légale et la garde d'origine contractuelle. C'est ce que propose d'ailleurs l'avant-projet Catala dans son article 1356 qui retient la responsabilité de toute personne chargée, par décision judiciaire ou administrative ou par convention, de régler le mode de vie de l'enfant, une responsabilité qui peut se cumuler avec celle des parents ou des tuteurs[2032]. C'est précisément ce schéma que la Cour de cassation fait voler en éclats en écartant l'application de l'article 1384 alinéa 1er lorsque le placement de l'enfant est d'origine contractuelle et en mettant en œuvre la règle du non-

---

[2031] Les différents régimes de responsabilité du fait d'autrui sont des régimes objectifs. Sur cette question, voir G. Viney et P. Jourdain, *op. cit.*, n° 788-7.

[2032] L'article 1356 de l'avant-projet dispose que : « Sont responsables des dommages causés par un enfant mineur :
- ses père et mère en tant qu'ils exercent l'autorité parentale ;
- le tuteur en cas de décès de ceux-ci ;
- la personne physique ou morale chargée par décision judiciaire ou administrative ou par convention, de régler le mode de vie du mineur. Cette responsabilité peut se cumuler avec celle des parents ou du tuteur ».

cumul lorsque le dommage est causé par un pensionnaire à un autre pensionnaire du même établissement.

365. La règle du non-cumul entre la responsabilité contractuelle et la responsabilité délictuelle frappe encore ! La question du fondement de la responsabilité des centres accueillant des mineurs en cas de dommages causés par ces derniers à d'autres pensionnaires résidant dans le même établissement est loin d'être réglée. En effet, la prise en considération des conditions de placement du mineur jointe à la règle du non-cumul a donné lieu à une jurisprudence plus que complexe.

Tranchant pour la première fois la question du fondement et du régime de la responsabilité des foyers en cas de dommages causés entre pensionnaires placés tous les deux en vertu d'une décision de justice, la Cour d'appel de Pau[2033] a écarté l'application de la jurisprudence Blieck au motif « qu'il s'est constitué un contrat entre le foyer et les parents du fait du placement de la mineure ». L'obligation de sécurité de moyens incombant à l'établissement chasse ainsi la responsabilité délictuelle du fait d'autrui. Si la victime était, en revanche, une tierce personne extérieure à l'établissement, elle aurait pu actionner le centre en sa qualité de répondant du civil du mineur sous sa garde. La doctrine, dans son ensemble, fut critique[2034]. On reprochait aux juges palois d'appliquer la règle du non-cumul alors que l'existence même du contrat faisait défaut. En effet, le placement d'un enfant par le juge en vertu d'une mesure d'assistance éducative apparaît immédiatement incompatible avec l'existence d'un contrat[2035]. Faute d'une convention liant la victime avec l'établissement, l'article 1384 alinéa 1er devrait recevoir application.

Avec l'arrêt du 20 janvier 2000[2036] émanant de la deuxième chambre civile de la Cour de cassation, c'est désormais chose faite. Selon la haute juridiction, la mesure d'assistance éducative décidée par le juge n'a rien de conventionnel ; il en découle que le principe du non-cumul des responsabilités n'était donc pas en cause. Comme un tiers, la victime pensionnaire du centre était fondée à se prévaloir de l'article 1384 alinéa 1er. On l'aura compris, l'arrêt ne règle qu'une hypothèse particulière où la victime ainsi que le responsable sont tous les deux mineurs placés en vertu d'une décision de justice. L'application de l'article 1384 alinéa 1er n'a donc été autorisée que parce que la victime, même si elle est pensionnaire du centre, n'a pas la qualité de contractant.

On peut penser que si la victime avait été placée dans l'établissement par ses parents sur une base purement contractuelle, elle ne pourrait bénéficier des bienfaits de la responsabilité délictuelle du fait d'autrui. C'est ce que la

---

2033 CA Pau, 12 mars 1997, PA 25 juin 1999, n°126, p. 29, note N. Calatayud.
2034 *Ibid.*
2035 *Ibid.*
2036 Civ. 2e, 20 janv. 2000, D. 2000, p. 571, note M. Huyette ; JCP 2000, I, 241, obs. G. Viney ; Resp. civ. et assur. 2000, comm. 111, obs. P. Vaillier ; DP 2000, n° 2547, obs. F. Chabas ; RTD civ. 2000, p. 588, obs. P. Jourdain.

jurisprudence ultérieure n'a pas manqué de confirmer. L'arrêt du 24 mai 2006 émanant de la deuxième chambre civile de la Cour de cassation[2037] attire particulièrement notre attention. En l'espèce, un mineur confié par ses parents à un institut médico-pédagogique fut blessé au bras par un autre mineur placé dans les mêmes conditions au même institut. Constatant que l'association s'était vue confier la mission d'organiser, de diriger et de contrôler le mode de vie du mineur, les juges de fond condamnaient cette dernière *in solidum* avec son assureur à réparer les dommages subis par la victime sur le fondement de l'article 1384 alinéa 1er du Code civil. Cet arrêt a été cassé pour un double motif : d'une part, la responsabilité de l'association ne pouvait être retenue du chef de la situation personnelle de la victime, mais exclusivement au regard des conditions de placement du mineur ayant commis le fait dommageable ; d'autre part, il ressortait des propres constatations de la Cour d'appel que le mineur auteur du dommage n'ayant pas été confié à l'association par décision de justice, la responsabilité de cette dernière ne pouvait être recherchée que sur le fondement contractuel.

La motivation de l'arrêt frappe par son ambiguïté. En quoi les conditions de placement de l'auteur du dommage peuvent-elles justifier l'application de la responsabilité contractuelle de l'association ? En effet, si l'on tient aux principes posés par la jurisprudence qui limite la mise en œuvre de l'article 1384 alinéa 1er aux seules hypothèses de garde juridique[2038], la responsabilité de l'association devrait tout simplement être mise à l'écart puisque le mineur auteur du dommage n'avait pas été confié à l'association par décision de justice. Seuls les parents qui cohabitent juridiquement avec leur enfant, même s'ils le confient contractuellement à un tiers, assument la responsabilité de son fait dommageable. Contrairement à ce qu'affirme la Cour, c'est bien la situation personnelle de la victime, liée à l'association par un contrat, qui explique, sans pour autant légitimer, l'application exclusive des règles contractuelles. L'arrêt constitue donc une application des plus classiques de la règle du non-cumul[2039].

La nature contractuelle de l'action de la victime placée volontairement par ses parents est confirmée par la Cour de cassation dans son arrêt du 13 juillet 2006[2040]. En l'espèce, un enfant placé dans une institution spécialisée sur la base d'un contrat a été blessé par un boomerang lancé par un autre interne. Encore une fois, l'arrêt qui retient la responsabilité de l'association sur le fondement de l'article 1384 alinéa 1er est cassé, au motif que la responsabilité de l'association

---

[2037] Civ. 2e, 24 mai 2006, pourvoi n° 04-17495, Bull. civ. II, n° 136, Resp. civ. et assur. 2006, comm. 217, RTD civ. 2006, p. 779, obs. P. Jourdain, RDC 1er avril 2007 n° 2, p. 286, obs. J. S. borghetti ; Rev. Lamy 2006, n° 32, note A. Vignon-Barrault.

[2038] Voir *supra* n° 362.

[2039] Voir dans le même sens les observations de M. Jourdain, RTD civ. 2006, p. 779.

[2040] Civ. 2e, 13 juill. 2006, n° 05-16.045, non pub. Au Bull. ; JCP G 2006, II, 10169, note M. Brusorio ; JCP 2007, I, 115, n° 11 obs. Ph. Stoffel-Munck.

ne peut être recherchée que sur le fondement de l'article 1147 du Code civil, l'enfant ayant été confié à l'institution par ses représentants légaux.

On perçoit ainsi que la mise en œuvre de l'article 1384 alinéa 1er est doublement limitée selon les juges. Il ne suffit pas en fait que l'origine du placement de l'enfant soit judiciaire mais encore faut-il que la victime soit un tiers à l'établissement. Voyons les différentes hypothèses qui peuvent découler de l'application conjointe de ces deux conditions.

La première hypothèse, la plus simple, concerne le cas où la victime et l'auteur du dommage ont été tous les deux confiés à l'association à la suite d'une décision de justice. Dans ce cas, et en vertu de la solution issue de l'arrêt du 20 janvier 2000[2041], l'article 1384 alinéa 1er s'applique aux associations. Non seulement ces dernières ont la qualité d'un répondant civil puisqu'elles prennent en charge le mineur responsable en vertu d'une décision de justice, mais également la victime peut solliciter l'article 1384 alinéa 1er, aucune objection tirée de la règle du non-cumul ne peut lui être opposée, puisqu'elle n'est pas placée dans le centre sur une base contractuelle.

Prenons maintenant l'hypothèse inverse qui a donné lieu aux deux arrêts du 24 mai 2006 et du 13 juillet 2006. Elle touche le cas où la victime et l'auteur du dommage ont été tous les deux confiés à l'association sur la base d'un contrat. Dans ce cas, seule la responsabilité contractuelle de l'association est envisageable. En effet, cette dernière n'a pas la qualité de répondant civil puisque l'auteur du dommage lui a été confié conventionnellement, et vis-à-vis de la victime elle n'assume qu'une obligation contractuelle de sécurité.

Supposons maintenant que la victime a été confiée à l'association en vertu d'un contrat et que l'auteur du dommage a, lui, été confié à l'association à la suite d'une décision de justice. Dans ce cas de figure, l'association a certes la qualité d'un répondant civil du fait du mineur auteur du dommage qui lui a été judiciairement confié, mais elle se trouve à l'abri de l'article 1384 alinéa 1er car la victime est son cocontractant. Tout se passe comme si l'existence d'un rapport contractuel à l'origine du placement de la victime neutralisait les conditions de placement de l'auteur du dommage. En effet, on a vu que l'arrêt du 20 janvier 2000 n'a autorisé la victime pensionnaire à solliciter l'article 1384 alinéa 1er que parce qu'elle n'avait pas la qualité de contractant. Il en découle une disparité de traitement injustifiée entre les victimes placées en vertu d'un contrat, contraintes de prouver la faute de l'association débitrice d'une simple obligation de sécurité de moyens, et les tiers victimes totalement étrangers à l'établissement ou placés en vertu d'une décision de justice qui bénéficient de la responsabilité de plein droit de l'article 1384 alinéa 1er.

Les choses se compliquent davantage lorsqu'on essaie d'appliquer les critères posés par la jurisprudence à l'hypothèse où la victime a été confiée à

[2041] Civ. 2e, 20 janv. 2000 précité.

l'association à la suite d'une décision de justice et l'auteur du dommage a, lui, été confié à l'association en vertu d'un contrat. Dans ce cas, la victime est privée de deux répondants du fait d'autrui. En fait, elle ne peut demander la réparation aux parents puisque la garde de l'enfant auteur du dommage est transférée en vertu d'une décision de justice à l'association. Elle ne peut également demander la réparation au centre car ce dernier ne répond pas du fait des mineurs qui lui sont confiés contractuellement. Seule la responsabilité délictuelle sur la base de l'article 1382 du Code civil est envisageable.

On pourrait bien multiplier les hypothèses et continuer cette insolite promenade juridique. On ne ferait qu'augmenter les occasions de s'étonner[2042]. Mais brisons-la ! Il est peu de dire que cette jurisprudence, presque insaisissable, risque de conduire à un juridisme excessif. Pléthorique, elle plonge l'interprète dans des abîmes de perplexité. La prise en compte des conditions de placement du mineur, jointe à la règle du non-cumul, rend juridiquement complexe le problème de l'indemnisation des dommages causés par un pensionnaire à un autre pensionnaire du même établissement. Cette variabilité du fondement et du régime de responsabilité est-elle justifiable alors même que les mineurs sont vraisemblablement tous traités de la même manière une fois admis dans l'établissement, indépendamment de l'origine de leur placement ? Il est fort douteux que les associations qui reçoivent des mineurs changent manifestement leur manière de les prendre en charge selon qu'ils leur ont été confiés en vertu d'une décision de justice ou conventionnellement[2043]. Or, si tous ces mineurs sont traités pareillement par ces établissements, il devient malaisé d'expliquer le bien-fondé d'un traitement différencié sur le plan de la réparation[2044].

366. Proposition. Il semble que la jurisprudence relative aux établissements prenant en charge les mineurs ou les handicapés mentaux mérite un profond remaniement. Tout d'abord, il convient d'abandonner la première condition qui limite l'application de l'article 1384 alinéa 1er aux seules hypothèses de placement judiciaire. Si ces établissements assument la charge d'organiser et de contrôler le mode de vie de cette population fragile, elle doit être en mesure de réparer les dommages que cette dernière peut causer[2045]. Peu importe qu'ils aient pris en charge l'auteur du dommage en vertu d'une décision de justice ou conventionnellement[2046]. Loin d'être fondamental, ce mode de prise en charge

---

2042 Voir les différentes hypothèses auscultées par J. S. Borghetti, note sous Civ. 2e, 24 mai 2006, précitée.

2043 Voir dans le même sens J. S. Borghetti *op. cit. Loc. cit.*

2044 *Ibid.*

2045 Rien n'empêche de rendre l'assurance obligatoire dans ce domaine.

2046 C'est cette solution que consacre l'article 1386-7 de la proposition de loi Béteille qui rend responsable du fait d'un enfant mineur « (...) 3. Les personnes physiques ou morales chargées par décision judiciaire ou administrative ou par *convention* (nous soulignons), de régler son mode de vie ». La même solution est adoptée par la proposition dans son article 1386-8 concernant les incapables majeurs.

nous paraît purement contingent. Bien évidemment, et comme on l'a déjà exposé, l'acquisition de la qualité d'un répondant civil devrait s'accompagner par l'abandon du principe de la responsabilité alternative afin d'admettre la possibilité d'engager la responsabilité de ces établissements à côté de celle des parents.

Néanmoins, il ne suffit pas d'enrayer cette condition relative à l'origine du placement, encore faut-il abandonner l'application de la règle du non-cumul dans ce domaine afin de permettre aux victimes contractantes de bénéficier elles aussi des bienfaits de la responsabilité délictuelle du fait d'autrui. Non seulement le contentieux concerne assez souvent le manquement de ces établissements à une obligation de sécurité, une obligation qui transcende la responsabilité civile contractuelle et délictuelle et qui justifie de ce fait une option entre les deux ordres, mais aussi rien n'empêche, pensons-nous, que la responsabilité de ces établissements soit fondée soit sur leur qualité de débiteur contractuel d'une obligation de sécurité vis-à-vis de la victime, soit sur leur qualité de « gardien » de l'auteur du dommage. Rien encore une fois ne justifie que la première source de responsabilité éclipse ou chasse la seconde.

En droit tunisien, les établissements accueillant les mineurs se trouvent eux aussi à l'abri de la responsabilité délictuelle du fait d'autrui lorsque l'origine du placement est contractuelle, mais l'explication de cette solution tient à des motifs propres au droit tunisien.

B. L'inapplication de l'article 93 du Code des obligations et des contrats en droit tunisien

367. Récemment remaniées[2047], la responsabilité des parents du fait de leur enfant mineur[2048] ainsi que la responsabilité de toute personne qui cohabite avec les malades et les handicapés mentaux en droit tunisien se distinguent du droit français sur plusieurs niveaux. Non seulement, la responsabilité reste subjective puisque la victime ne bénéficie que d'une présomption de faute alors qu'en droit français cette responsabilité est objective depuis l'arrêt Bertrand[2049]. Mais aussi et surtout, il ne faut pas perdre de vue qu'il s'agit seulement des hypothèses exceptionnelles dans lesquelles le législateur accorde à certaines personnes la qualité d'un répondant civil du fait d'autrui. C'est à la lumière de cette donnée fondamentale qu'il convient de lire l'article 93 du Code des

[2047] Loi n° 95-95 du 9 novembre 1995.

[2048] Lors de la promulgation du Code des obligations et des contrats, le législateur n'a prévu la responsabilité des parents que pour le fait de leurs enfants handicapés mentaux. La responsabilité des parents du fait de leurs enfants mineurs n'a été réglementée pour la première fois qu'en 1937 avant de subir une refonte profonde avec la réforme de 1995. Sur cette réforme, voir K. Ben Maatoug, La responsabilité des parents du fait de leurs enfants mineurs, mémoire de DEA, faculté de droit et des sciences politiques de Tunis 1995/1996 ; K. Negra, L'enfant et la responsabilité délictuelle, *in* Centenaire du Code des obligations et des contrats, CPU, 2006, p. 426.

[2049] Civ. 2e , 19 fév. 1997, JCP 1997, II, 22848, comm. R. Kessous, note G. Viney.

obligations et des contrats fixant la liste des personnes qui peuvent être déclarées responsables du fait de l'enfant mineur ou du fait d'un handicapé mental pour savoir si l'existence d'un contrat origine du placement de l'enfant altère ou non la nature de la responsabilité encourue.

368. L'application de la responsabilité de toute personne qui cohabite avec l'handicapé mental même sur une base contractuelle. La responsabilité du fait de l'handicapé mental incombe, selon l'article 93 du Code des obligations et des contrats, non seulement à ses parents mais aussi à toute personne cohabitant avec ce dernier[2050]. Cette responsabilité, ajoute l'article 93, incombe également à « toute personne qui par contrat s'est engagée à surveiller et à protéger les malades cités ». Implicite, et pas encore confirmé en droit français[2051], il semble que le placement contractuel des personnes handicapées ne s'oppose pas, en droit tunisien, à l'application de la responsabilité délictuelle du fait d'autrui. Mais qu'en est-il lorsque la victime et le responsable sont placés tous les deux conventionnellement dans le même centre ? Alors que pour les juges français, l'existence d'un contrat devrait paralyser l'application de l'article 1384 alinéa 1er du Code civil, la règle de l'option entre la responsabilité contractuelle et la responsabilité délictuelle, récemment édifiée par la jurisprudence tunisienne, devrait autoriser la victime à solliciter soit la responsabilité contractuelle pour manquement à une obligation de sécurité, soit l'article 93 du Code des obligations et des contrats. Simple et équitable, ce système ne bénéficie pas, malheureusement, aux victimes du fait d'un enfant mineur qui ne présente aucun handicap mental. En effet, le droit tunisien souffre dans ce domaine d'une lacune grave puisque la responsabilité n'incombe qu'à une liste de personnes bien déterminée. Et c'est là où réside tout le problème.

369. L'impossibilité d'étendre le mécanisme de la responsabilité des parents à d'autres personnes que celles énumérées par la loi. Ajouté par la loi du 9 novembre 1995, l'article 93 bis du Code des obligations et des contrats énumère la liste des personnes susceptibles d'assumer la réparation du fait dommageable de l'enfant mineur. Il s'agit premièrement des parents qui sont responsables solidairement lorsque le mariage est en cours. Le même article ajoute « en cas de partition des attributions de la tutelle, les dispositions de cet article s'appliquent à celui qui en a la garde ». Que signifie « la partition des attributions de la tutelle » en droit tunisien ? La compréhension de cette disposition ne peut se faire qu'en faisant recours au Code de statut personnel qui distingue l'institution de la tutelle de celle de la garde. En effet, cette dernière

---

[2050] L'article 93 du COC modifié par la loi n°95-95 du 9 novembre 1995 dispose que « toute personne doit garantir le préjudice résultant des malades et des handicapés mentaux qui cohabitent avec elle, même majeurs, sauf preuve de l'une des conditions suivantes :
- Qu'elle les a pourvus de la surveillance acquise ;
- Qu'elle ignorait l'état grave de la victime ;
- Que l'accident est survenu suite à une faute de la victime ».

[2051] Voir *supra* n° 363.

consiste, selon l'article 54 du Code de statut personnel, « à élever l'enfant et à assurer sa protection dans sa demeure ». Cette garde peut donc être assumée par n'importe quelle personne, qu'elle soit l'une de ses parents ou autres. Quant à la tutelle, elle apparaît en droit tunisien comme une prérogative appartenant au père. La mère, depuis la réforme du 18 février 1981[2052] qui a modifié l'article 154 du Code de statut personnel, n'a cette qualité qu'en cas de décès ou d'incapacité du père. La réforme du 12 juillet 1993[2053] n'a pas substantiellement changé cette image, même si la mère coopère désormais « pour la conduite des affaires de la famille, la bonne éducation des enfants ainsi que la gestion des affaires de ces derniers y compris l'enseignement, les voyages et les transactions financières »[2054]. Il en découle que, même si au cours du mariage, la mère assume solidairement avec le père la responsabilité du fait de son enfant mineur, il n'en reste pas moins vrai qu'elle n'a pas la qualité de tutrice légale[2055]. En cas de divorce, en revanche, la mère à laquelle la garde est confiée peut disposer des prérogatives de la tutelle « en ce qui concerne les voyages de l'enfant, ses études et la gestion de ses comptes financiers » [2056]. Dans ce cas, elle assume la responsabilité de l'enfant mineur, tout comme le père qui répond du fait dommageable de son enfant mineur si la garde lui a été confiée. On comprend alors qu'il ne suffit pas en droit tunisien d'être le gardien de l'enfant pour assumer sa responsabilité, encore faut-il bénéficier des attributions de la tutelle. Une tierce personne à laquelle la garde est confiée ne peut être déclarée responsable que si le juge lui accorde la possibilité de disposer des prérogatives de la tutelle[2057] ou si elle s'engage par contrat passé devant le notaire et homologué par le juge cantonal à prendre en charge l'enfant, ce qui constitue l'hypothèse de la tutelle officieuse. En effet, le tuteur officieux est, au terme de l'article 2 de la loi n° 27 du 4 mars 1958[2058], civilement responsable des actes du pupille dans les mêmes conditions que les père et mère. Mais là encore la responsabilité du tuteur reste problématique en droit tunisien, le contraste de l'article 2 précité avec l'article 93 du Code des obligations et des contrats est plus qu'éclatant. En effet, alors que le premier semble étendre la responsabilité du tuteur même lorsque les parents sont en vie, et même si le mariage n'est pas dissout, l'article 93 limite cette responsabilité « en cas de décès des parents ou de leur perte de la capacité ».

[2052] Loi n° 81-7 du 18 fév. 1981 portant modifications de certains articles du Code de statut personne, JORT 20 fév. 1981, p. 2

[2053] JORT 20 juill. 1993, p. 1003.

[2054] L'article 154 du Code de statut personnel a été maintenu.

[2055] Voir K. Ben Maatoug, *op. cit.*

[2056] L'article 67 du Code de statut personnel.

[2057] Même si, sur le plan juridique, rien n'empêche qu'un tiers se voit attribuer les prérogatives de la tutelle dès lors que la garde de l'enfant lui a été confiée, la jurisprudence, du moins celle qui est publiée, n'a jamais eu l'occasion de se prononcer sur la question.

[2058] Loi n° 27 du 4 mars 1958 relative à la tutelle public, tutelle officieuse et à l'adoption, JORT n° 19 du 7 mars 1958, p. 306.

La liste des personnes susceptibles d'engager la responsabilité du fait de l'enfant mineur est donc loin d'être exhaustive[2059]. Il ne suffit pas de contrôler l'enfant ou d'être son gardien pour assumer sa responsabilité. Même la mère n'acquiert la qualité du civilement responsable qu'en cas de partition des attributions de la tutelle par une décision de justice. *A fortiori*, il en est de même pour le tiers qui garde l'enfant. Quant à la responsabilité du tuteur, elle ne joue qu'en cas de décès des parents ou de perte de leurs capacités. La responsabilité du fait des enfants mineurs fondée sur l'article 93 du Code des obligations et des contrats ne peut concerner d'autres personnes que celles énumérées par le législateur. En droit français, même si la jurisprudence a refusé par principe d'étendre l'article 1384 alinéa 4 à d'autres personnes assumant le contrôle de mode de vie de l'enfant, cela n'a pas empêché les juges de faire recours à l'article 1384 alinéa 1er. Or, justement, l'absence d'un tel principe en droit tunisien est lourde de conséquences pour les victimes. Ainsi, un enfant scolarisé conventionnellement sous le régime de l'internat dans un centre pédagogique ou médico-pédagogique par ses parents n'engage pas la responsabilité de ces établissements, ni d'ailleurs celle des parents puisque le législateur continue à exiger la cohabitation comme condition d'application de la responsabilité parentale. Mais il y a plus, même les enfants placés par le juge dans des établissements sociaux ou éducatifs n'engagent pas tous la responsabilité de ces centres. En effet, concernant les établissements privés, la loi est simplement muette. Quant au tuteur public, l'article premier de la loi du 4 mars 1958 semble limiter sa responsabilité aux seuls enfants abandonnés[2060] qui peuvent être placés soit par le délégué à la protection de l'enfance[2061] soit par le juge de la famille[2062]. L'enfant délinquant placé par le juge dans un établissement public ou privé ou dans des centres médicaux ou médico-éducatifs, comme l'autorise

---

[2059] *Contra.* K. Negra, *op. cit.*

[2060] L'article premier de la loi dispose que « Le tuteur public de *l'enfant trouvé ou abandonné* (nous soulignons) par ses parents est
1. l'administrateur de l'hôpital, la pouponnière, l'hospice, le directeur du centre de rééducation ou du centre l'accueil d'enfants, dans les cas où l'enfant a été confié à l'un de ces établissements ;
2. Le gouverneur dans les autres cas ».

[2061] L'article 45 du Code de la protection de l'enfance dispose que : « le délégué à la protection de l'enfance peut prendre provisoirement, dans les cas de vagabondage et de négligence, les mesures d'urgence visant à placer l'enfant dans un centre d'accueil, dans un établissement hospitalier, dans une famille, dans un organisme ou établissement social ou éducatif approprié et ce conformément aux règles en vigueur. Le délégué à la protection de l'enfance prend ces mesures à la suite d'une autorisation judiciaire urgente livrée conformément aux dispositions de l'article 35 de ce Code ».

[2062] L'article 59 du Code de la protection de l'enfance dispose que « l'enfant en situation difficile telle que définie par l'article 20 du Code peut être placé par le juge de famille sous le régime de tutelle ou confié à une famille d'accueil ou à une institution sociale ou éducative spécialisée ou placé dans un centre de formation ou un établissement scolaire ».

l'article 99 du Code de la protection de l'enfance[2063], n'engage ni la responsabilité du tuteur public, ni *a fortiori* celle des établissements privés[2064]. En effet, en l'absence d'un texte prévoyant explicitement leurs responsabilités et vu le caractère restrictif de la liste de l'article 93 du Code des obligations et des contrats, il est difficile de trouver un fondement juridique à cette responsabilité, que la victime du fait dommageable causé par l'enfant soit une tierce personne ou un autre pensionnaire du même établissement. L'absence même du principe de la responsabilité, qu'elle soit contractuelle ou délictuelle du fait d'autrui, paralyse la mise en œuvre de la règle de l'option récemment adoptée par la jurisprudence. Solution regrettable quand on sait que les arguments qu'on a souvent avancés pour justifier l'absence d'un principe général de responsabilité délictuelle du fait d'autrui ne sont ni pertinents, ni décisifs. Une refonte du Code des obligations et des contrats afin de doter la responsabilité délictuelle d'un texte analogue à l'article 1384 alinéa 1er du droit français serait certainement la bienvenue.

Conclusion de la troisième section

L'existence d'un contrat s'oppose-t-elle à l'application de la responsabilité délictuelle du fait d'autrui ? En droit français, la jurisprudence offre deux réponses contradictoires. Si l'article 1384 alinéa 5 relatif à la responsabilité du commettant est assez souvent appliqué dans le domaine contractuel sans que la haute juridiction ne juge inopportune la mise à l'écart de la règle du non-cumul, il n'en est pas de même concernant la responsabilité des centres accueillant conventionnellement des mineurs pour les dommages causés par ces derniers à d'autres pensionnaires résidents dans le même établissement où les victimes sont privées des bienfaits de l'article 1384 alinéa 1er.

370. Absence de divergence fondamentale entre la responsabilité délictuelle et la responsabilité contractuelle du commettant du fait de son préposé. Permettant de soumettre la responsabilité du commettant du fait de son préposé à des conditions de fond identiques, la première solution, contrairement à la majorité des auteurs, nous paraît défendable. Les qualités du débiteur contractuel et du tiers-auteur de l'inexécution coïncident le plus souvent respectivement avec les notions de commettant et de préposé, telles qu'elles sont comprises dans le cadre de l'article 1384 alinéa 5 du Code civil. Dès lors, rien ne justifie un traitement différentiel de la responsabilité encourue selon que la victime est tiers ou contractant du commettant. De même, l'argument tiré de l'atteinte à l'équilibre contractuel qu'une transposition d'un

[2063] L'article 99 du Code de la protection de l'enfance dispose que le juge peut décider « le placement de l'enfant dans un établissement public ou privé destiné à l'éducation et à la formation professionnelle habilité, le placement de l'enfant dans un centre médical ou médico-éducatif habilité, le placement de l'enfant dans un centre de rééducation ».

[2064] K. Ben Maatoug, La responsabilité des parents du fait de leur enfant mineur, *op. cit.*, p. 4.

fait générateur propre à la responsabilité délictuelle pourrait causer a pu être surmonté par la jurisprudence en adoptant une conception étroite de l'abus de fonction réduisant l'exonération à une peau de chagrin.

371. La mise à l'écart injustifiée de l'article 1384 alinéa 1er en présence d'un placement conventionnel d'un mineur. Cette souplesse dans le maniement du rapport entre la responsabilité délictuelle du fait d'autrui et le contrat ne s'inscrit pas, malencontreusement, dans le cadre d'une révision globale de la manière dont est appliquée la règle du non-cumul. D'ailleurs, cette dernière a rapidement ressuscité dans le contentieux opposant les victimes pensionnaires de centres accueillant des mineurs sur une base conventionnelle par le fait d'autres mineurs résidant dans le même centre. En effet, la prise en considération des conditions de placement du mineur qui subordonnent l'application de l'article 1384 alinéa 1er à l'existence d'une décision de justice jointe à la règle du non-cumul a donné lieu à une jurisprudence âprement complexe et difficilement justifiable. Si ces établissements assument la charge d'organiser et de contrôler le mode de vie des mineurs, ils doivent être en mesure de réparer les dommages que ces derniers peuvent causer soit mutuellement, soit à l'égard des tiers et quel que soit le mode de prise en charge légal ou conventionnel.

372. Absence d'un principe de responsabilité délictuelle du fait d'autrui en droit tunisien. En droit tunisien, même si la jurisprudence consacre la règle de l'option entre la responsabilité contractuelle et la responsabilité délictuelle, ce système se trouve simplement bloqué lorsqu'il s'agit de la responsabilité du fait d'autrui, puisque cette dernière est soit inexistante dans le domaine délictuel, soit restrictivement consacrée dans l'article 93 relatif à la responsabilité parentale. En effet, ce n'est pas l'existence du contrat qui empêcherait l'application de l'article 93 aux centres accueillant des mineurs dangereux ou en danger, c'est le fait qu'il n'existe pas un texte équivalent à l'article 1384 alinéa 1er sur lequel la jurisprudence pourrait se baser pour déverrouiller la liste des personnes restrictivement prévues par le législateur. En effet, la tendance d'importer l'article 245 du Code des obligations et des contrats à la responsabilité délictuelle ne concerne que la responsabilité du commettant du fait de son préposé. D'ailleurs, la transposition de ce texte, propre à la responsabilité contractuelle, ne s'inscrit guère dans la logique optionnelle inaugurée par l'arrêt des chambres réunies du 16 mars 1995[2065] puisqu'il s'agit seulement de combler un fait générateur de responsabilité défaillant en matière délictuelle, même si cette jurisprudence est parvenue à aligner le sort des victimes, qu'elles soient tierces ou contractantes du commettant.

[2065] Sur cet arrêt fondateur de la règle de l'option en droit tunisien, voir *supra* n° 78.

Conclusion du deuxième chapitre

373. Muraille autour du contrat. Deux groupes sanguins peuvent être compatibles même si leurs rhésus sont différents. Cette compatibilité, autorisant un échange réciproque d'un groupe à un autre, montre que la différence peut cacher parfois une convergence. La muraille bâtie autour du contrat par la règle du non-cumul française laisse entendre qu'entre faits générateurs contractuels et délictuels existe une antinomie irréversible. Regardée de loin, cette affirmation pleine d'aplomb paraît logique. Comment un esprit cartésien, ordonné, soucieux de préserver l'équilibre contractuel peut-il accepter la mise en œuvre de la responsabilité délictuelle du fait personnel, celle du fait des choses ou du fait d'autrui pour sanctionner un manquement contractuel ? Le repli du contrat sur soi-même, fruit de cette logique mathématique, est pourtant une méthode gravement trompeuse. En perpétuelle évolution, l'osmose des textes délictuels et contractuels est malencontreusement occultée. Ce rapprochement quasi instinctivement pressenti par la jurisprudence concernant la responsabilité du commettant du fait de son préposé où les juges n'ont pas hésité à recourir à l'article 1384 alinéa 5 pour condamner le débiteur contractuel est, en revanche, amplement ignoré concernant les autres faits générateurs de responsabilités contractuelle et délictuelle. Ainsi quand, dans une formule devenue désormais rituelle, le juge affirme que « les articles 1382 et suivants sont sans application lorsqu'il s'agit d'une faute commise dans l'exécution d'une obligation résultant d'un contrat »[2066], il laisse entendre qu'il y a un divorce total entre la faute contractuelle et la faute délictuelle. De même, quand il s'oppose à l'application de l'article 1384 alinéa 1er entre contractants, il présume que la qualité du débiteur contractuel est foncièrement antinomique avec la qualité d'un gardien délictuel. Et c'est un raisonnement similaire, opposant la qualité d'un répondant civil à celle d'un débiteur contractuel, qui a poussé la jurisprudence à refuser l'application de la responsabilité délictuelle du fait d'autrui dans le contrat.

374. Recoupement des faits générateurs contractuels et délictuels. Cette idée d'incompatibilité nous a paru exagérée. À bien des égards, les faits générateurs de la responsabilité contractuelle et délictuelle ne cessent de se rapprocher. Dans ce contexte, la règle du non-cumul apparaît comme une règle affranchie de son fondement logique et détachée de sa raison d'être. En quoi l'équilibre contractuel est-il menacé si, au lieu de sanctionner contractuellement le manquement à une obligation de moyens, on fait recours à l'article 1382 du Code civil ? L'idée de l'incompatibilité laisse entendre qu'il s'agit de deux faits générateurs fondamentalement distincts. Or, en dehors des hypothèses

---

[2066] Formule amplement utilisée par la jurisprudence française depuis l'arrêt considéré comme énonciateur de la règle du non-cumul. Voir Req., 21 janv.1890, S. 1890, S., 1, 408 ; D. 1891, 1, 380, note anonyme ; Cass. civ., 11 janv. 1922, D. P. 1922, 1, 16, S. 1924, 1, 105, note Demogue ; GP. 1922, 1, 34.

exceptionnelles dans lesquelles le législateur prévoit, pour certains contrats spéciaux, un fait générateur particulier qui déroge au droit commun, nous pensons qu'entre faute délictuelle et inexécution d'une obligation de moyens, il n'y a aucune différence de nature. La substance est en réalité toujours la même, c'est toujours une négligence, une imprudence que ne commettrait pas un bon père de famille. Quoique la jurisprudence tunisienne ne le dise pas expressément, l'option entre la faute délictuelle et l'obligation contractuelle de moyens, solution qui nous paraît parfaitement soutenable, semble justifiée par cette identité des faits générateurs contractuels et délictuels.

Ce rapprochement des faits générateurs apparaît encore plus nettement lorsque l'obligation contractuelle méconnue est une obligation mixte qui trouve son expression aussi bien sur le terrain contractuel que délictuel, ce qui peut être le cas pour l'obligation de sécurité, d'information ou de bonne foi. Dans ce cas, même si l'obligation méconnue est de résultat, ce qui l'affranchit sensiblement de la faute délictuelle, une option justifiée par la communauté d'objet entre les obligations contractuelles et délictuelles devrait être autorisée pour les victimes. Et, encore une fois, c'est cette zone commune entre la responsabilité contractuelle et la responsabilité délictuelle qui nous semble justificative de la règle de l'option posée par la jurisprudence tunisienne.

375. Responsabilité délictuelle du fait des choses et contrat. La règle de l'option nous paraît d'une utilité incontestable lorsque le débiteur se sert ou livre une chose pour l'exécution de son contrat. On répliquera qu'il ne suffit pas qu'il existe une communauté d'intérêts pris en charge par les deux ordres de responsabilité pour qu'une option puisse être mise à la disposition des plaideurs et qu'il est techniquement impossible de mettre en œuvre la responsabilité délictuelle du fait des choses entre contractants. L'exécution du contrat amène, en effet, la victime à participer à l'usage de la chose et opère même, dans certains cas, le transfert de la garde. La présomption de responsabilité édictée par l'article 1384 alinéa 1er risque ainsi de bouleverser l'équilibre contractuel et la répartition des risques entre les parties. Pourtant, quand le débiteur contractuel utilise une chose pour l'exécution de son obligation, sa position vis-à-vis de la chose n'est pas manifestement distincte de celle qui, en matière délictuelle, détermine la garde. Tout comme le gardien délictuel, il a, en effet, bel et bien « l'usage, la direction et le contrôle » de la chose. Et c'est cette analogie qui, tout en rendant intelligible l'application ascendante de l'article 96 du Code des obligations et des contrats entre contractants par le juge tunisien, met à mal l'idée selon laquelle la présomption de responsabilité édictée par l'article 1384 alinéa 1er est incompatible avec l'existence d'un contrat.

Cette application de la responsabilité délictuelle du fait des choses nous paraît encore possible lorsque le débiteur livre une chose pour l'exécution de son contrat. Si, effectivement, seules les règles de la garantie contractuelle doivent être sollicitées pour réparer les dommages causés à la chose objet du contrat, il n'en est pas de même pour les dommages causés aux biens ou à la personne de la victime par la chose où l'application de la responsabilité délictuelle nous semble techniquement possible. La consolidation du lien entre la garde et la propriété lorsque les contrats comportant la livraison d'une chose ne sont pas translatifs de propriété, ainsi que l'affinement de la distinction entre garde de structure et garde de comportement lorsque le contrat engendre le transfert de propriété permettrait aux articles 1384 alinéa 1er du Code civil et 96 du Code des obligations et des contrats de régir les relations entre contractants. Utile, surtout concernant le contrat de vente aussi bien en droit français que tunisien, l'application de la responsabilité délictuelle du fait des choses permettrait au premier de retrouver le niveau de protection qu'il offrait aux victimes de produits défectueux avant la condamnation communautaire de l'obligation prétorienne de sécurité. En droit tunisien, cette application, favorisée par la règle de l'option posée par la jurisprudence, permettrait d'atténuer la rigueur du principe de la canalisation de la responsabilité sur le fournisseur inopportunément consacrée par l'article 10 de la loi sur la protection du consommateur.

376. Responsabilité délictuelle du fait d'autrui et contrat. Lorsque le chemin de la responsabilité délictuelle du fait d'autrui rencontre celui du contrat, la position de la jurisprudence française est contradictoire. Alors qu'elle accepte la mise en œuvre de l'article 1384 alinéa 5 en matière contractuelle, concernant la responsabilité du commettant du fait de son préposé, attestant encore une fois un recoupement des faits générateurs contractuels et délictuels, elle refuse d'appliquer l'article 1384 alinéa 1er à l'égard des associations accueillant des mineurs pour les dommages que ces derniers causent à d'autres mineurs résidant dans le même centre. Cette solution nous paraît regrettable. Non seulement l'obligation méconnue est une obligation de sécurité qui transcende les deux ordres de responsabilité, et qui devrait de ce fait ouvrir une option entre la responsabilité contractuelle et la responsabilité délictuelle. Mais aussi et surtout, cette option est techniquement possible dès lors qu'une même personne, sans aucun paradoxe, peut cumuler la qualité d'un débiteur contractuel et celle d'un répondant civil sur le terrain délictuel.

Malheureusement, cette solution ne pourrait pas être transposée en droit tunisien malgré l'adoption par la jurisprudence de la thèse de l'option. En effet, contre vents et marées, le législateur reste encore particulièrement réticent à l'égard de la responsabilité délictuelle du fait d'autrui et se contente d'une liste restrictive de personnes civilement responsables du fait d'autrui. Une réforme du Code des obligations et des contrats dotant la responsabilité du fait d'autrui d'un texte équivalent à l'article 1384 alinéa 1er serait certainement en droit tunisien la bienvenue.

Conclusion de la deuxième partie

377. Déclin de la présentation classique. Soutenues par les dualistes classiques, les exceptions à la règle du non-cumul française justifiant l'application de la responsabilité délictuelle lorsque l'inexécution du contrat est dolosive ou pénalement répréhensible sont actuellement en déclin. Ceci n'a fait en réalité que renforcer le statut privilégié de la règle du non-cumul, d'autant plus que l'option entre la voie délictuelle et la voie contractuelle *via* la stipulation pour autrui est elle aussi en décadence. Seule une option, d'ailleurs seulement apparente, entre le recours subrogatoire délictuel et le recours personnel contractuel a survécu à l'invasion de la règle du non-cumul. À vrai dire, le fondement théorique de ces dérogations est plus que fragile, ce qui a affaibli leurs justifications et a facilité par là même leurs amenuisements.

378. La justification de l'option. Le système de l'option que nous proposons ne se justifie ni par le degré de la gravité de la faute, ni par le détour de la subrogation ou celui de la stipulation pour autrui. Il trouve sa défense dans le recoupement ascendant des faits générateurs contractuels et délictuels. En effet, l'osmose des textes délictuels et contractuels dément incessamment l'idée selon laquelle il y a une incompatibilité de principe entre la responsabilité délictuelle et le contrat. Dans ce contexte, l'image d'un contrat qui doit toujours surveiller ses frontières pour ne pas être perturbé par une visite délictuelle pouvant mettre en péril son équilibre paraît bien vieillie et ne correspond plus à la réalité des choses.

De même, affirmer sporadiquement la possibilité de choisir entre les deux ordres de responsabilité, comme le fait la jurisprudence tunisienne, sans préciser le fondement et les limites de cette intervention nous paraît une voie périlleuse. En quête d'une justification rationnelle, la règle de l'option appliquée instinctivement par les juges tunisiens pourrait également s'expliquer par ce recoupement de faits générateurs contractuels et délictuels.

Théoriquement envisageable, l'option entre la responsabilité contractuelle et la responsabilité délictuelle nous semble également techniquement possible, non seulement lorsque la responsabilité est encourue pour faute prouvée mais également et surtout lorsque la victime cherche à mettre en œuvre la responsabilité délictuelle du fait des choses ou la responsabilité délictuelle du fait d'autrui.

379. Les limites. Mais plaider en faveur de l'option entre la responsabilité contractuelle et la responsabilité délictuelle ne veut pas dire que la responsabilité délictuelle pourrait recevoir application en toutes circonstances sans nuance aucune. Les obligations purement contractuelles méritent certainement, lorsqu'il paraît déraisonnable eu égard au contenu de la convention de mettre en œuvre les règles de la responsabilité délictuelle, qu'elles soient mises à l'abri de la responsabilité délictuelle. D'ailleurs, lorsque le contrat comporte une clause limitative de responsabilité portant sur ce type d'obligation, l'exclusion de la responsabilité délictuelle peut également être envisageable. De même, lorsque la loi prévoit pour certains contrats spéciaux un fait générateur particulier qui rehausse ou rabaisse le niveau de la faute requise pour engager la responsabilité du débiteur, la règle de l'option autorisant la mise en œuvre des règles délictuelles devrait être écartée. Néanmoins, ces hypothèses, loin d'être nombreuses, sont seulement exceptionnelles, ce qui ne remet pas en cause le recoupement ascendant des faits générateurs de responsabilités contractuelle et délictuelle justificatif de l'option.

Conclusion générale

Il est extrêmement difficile pour un juriste de clore un sujet qui l'a préoccupé pendant de longues années. Il n'est pas non plus aisé de prétendre avoir trouvé une solution définitive à une problématique dont les concepts clefs sont en perpétuelle évolution. Si nous sommes contraints à effectuer cette formalité, c'est seulement avec l'assurance que notre conclusion sera seulement provisoire. Loin de prétendre avoir découvert le secret de l'énigme qui entoure la problématique de l'option en droit français et tunisien, notre ambition est seulement de relancer le débat sur une question qu'on prétendait classique et sur laquelle tout est supposé avoir été dit et redit. Moins qu'une réponse, notre thèse propose une autre façon de poser la question afin de mieux travailler à sa solution.

380. Opposition de principe entre le droit français et le droit tunisien. La confrontation entre le droit français et le droit tunisien, comme toute démarche comparatiste, donne l'occasion à chacun des ordres juridiques concernés de préciser sa position et, le cas échéant, de mesurer ses lacunes. Constatant, dès les premières analyses, une opposition de principe entre le droit français qui s'attache profondément à la règle du non-cumul et le droit tunisien qui s'oriente vers une solution inverse, notre premier réflexe a été de vouloir comprendre les causes de cette divergence. En effet, à l'image du Code civil français, le Code des obligations et des contrats consacre le principe de la distinction entre la responsabilité contractuelle et la responsabilité délictuelle. Et même sur le fond, une certaine proximité s'observe entre les deux corps de règles dans les deux systèmes juridiques. Si ces derniers consacrent une solution divergente quant au rapport entretenu entre les deux ordres de responsabilité, ceci est loin d'être le fruit d'une différence de structure. Elle reflète seulement une différence de méthode.

Conçu d'une manière étanche, le principe de la distinction s'oppose en droit français, depuis les dualistes classiques jusqu'à nos jours, à l'admission de l'option. Même le compromis de A. Brun, qui ne voit entre la responsabilité contractuelle et la responsabilité délictuelle aucune différence de nature ou de fonction mais seulement des différences accessoires de régimes, n'a pas changé substantiellement la manière dont est abordée la question de l'option.

Visiblement, cette manière d'appréhender la distinction sépare profondément la jurisprudence française de son homologue tunisienne. En effet, l'interchangeabilité des deux ordres de responsabilité civile affirmée concernant la responsabilité du commettant du fait de son préposé, l'indemnisation du dommage moral dans le cadre de la responsabilité contractuelle à travers l'analogie par rapport à la responsabilité délictuelle, ainsi que la transposition de la définition de la force majeure contractuelle dans le domaine délictuel, ont rapidement montré que le principe de la distinction est en droit tunisien simplement perméable. Ces signes précurseurs ont été rapidement confirmés par l'adoption de la théorie de l'option dans l'arrêt des chambres réunies du 16 mars 1995 qui autorise la victime d'un accident de circulation à choisir entre les différents fondements délictuels et contractuels que la loi a mis à sa disposition. Et même si l'article 121 de la loi de 5 août 2005 a donné un coup d'arrêt brutal à cette jurisprudence audacieuse en annonçant le caractère exclusif de la loi, la jurisprudence a continué à appliquer le système de l'option dans plusieurs autres domaines. En effet, la découverte tardive des trésors cachés de l'article 96 du Code des obligations et des contrats relatif à la responsabilité délictuelle du fait des choses n'a pas empêché la jurisprudence tunisienne, contrairement à son homologue française, de mettre en œuvre cette disposition entre contractants alors surtout que les juges ont fait un usage modéré de la théorie du forçage du contrat. Cette jurisprudence naissante favorable à l'option, brouillée parfois par certains arrêts qui se contentent de l'existence d'un contrat pour exclure la mise en œuvre de la responsabilité délictuelle même si le rapport entre le dommage et le contrat est seulement lointain, manque en droit tunisien d'un cadre de raisonnement. La règle de l'option est simplement annoncée sans être réellement justifiée. Dans ce contexte, il est difficile de se départir d'une impression d'improvisation. Face à cette divergence de méthode qui sépare le droit français du droit tunisien, peut-on trouver une solution commode pour les deux systèmes juridiques ? Même s'il est souvent difficile de juger de l'efficacité d'une règle juridique, et même si ce qui vaut pour un système donné ne vaut pas nécessairement pour un autre, il n'en reste pas moins vrai que la confrontation de la règle de l'option tunisienne avec celle de la non-option française laisse espérer la découverte d'une solution acceptable pour les deux systèmes juridiques étudiés.

381. Pour le principe de l'option entre la responsabilité contractuelle et la responsabilité délictuelle. Il est clair que l'existence de deux blocs de dispositions réglementant respectivement la responsabilité contractuelle et la responsabilité délictuelle aussi bien en droit français que tunisien ne justifie point que l'on donne à la distinction des deux ordres de responsabilité un caractère absolu ou étanche. Ni dans sa conception théorique, ni dans sa mise en œuvre pratique, cette dernière ne semble être incompatible avec la reconnaissance du principe de l'option. On s'est alors retourné volontiers vers le contrat pour savoir s'il était réellement perturbé par l'intervention des règles délictuelles. Ce faisant, l'argument souvent tiré de la menace que l'application de la responsabilité délictuelle fait subir au contrat nous a paru exagérément soutenu par les partisans du non-cumul. Le recoupement ascendant des faits générateurs, créant incessamment, aussi bien en droit français que tunisien, une zone commune entre les deux ordres de responsabilité, semble être la justification même de la règle de l'option entre les deux ordres de responsabilité que nous proposons. Loin de devoir être fondée sur la gravité de la faute, ou emprunter des détours artificiels tels que la stipulation pour autrui ou la subrogation, l'intervention délictuelle dans le contrat justificative de l'option est légitimée, pensons-nous, par l'existence de ce cordon qui réunit les deux voisins riverains.

Ce recoupement des faits générateurs de responsabilité est en premier lieu le fruit de l'identité de nature entre la faute délictuelle et la faute contractuelle. En effet, lorsque l'obligation contractuelle transgressée est simplement de moyens, ces deux types de faute civile, présentant la même physionomie et la même substance, s'apprécient de la même manière, et engagent en principe la responsabilité du débiteur quel que soit leur degré. Dans ce contexte, l'autorisation de l'option n'aurait rien de révolutionnaire. À maintes reprises, les faits fautifs générateurs de responsabilité délictuelle pour fait personnel servent à identifier un manquement à une obligation contractuelle de moyens. Ce rapprochement atteint sa forme la plus aboutie lorsque l'obligation violée est une obligation mixte qui trouve sa justification aussi bien sur le terrain contractuel que délictuel, telle que l'obligation de sécurité, d'information ou de bonne foi. Dans cette hypothèse, même si l'obligation méconnue est de résultat, ce qui l'affranchit substantiellement de son jumelage avec la faute délictuelle, une option justifiée par la communauté d'objet entre les obligations contractuelles et délictuelles pourrait être envisagée aussi bien en droit français que tunisien. Déjà, la jurisprudence tunisienne, à l'instar de plusieurs autres systèmes comparés tels que le droit belge ou suisse, semble s'orienter dans cette voie.

La règle de l'option que nous suggérons ne se limite pas toutefois au choix entre la responsabilité délictuelle du fait personnel et la responsabilité contractuelle. Elle autorise les victimes à solliciter les règles de la responsabilité délictuelle du fait des choses, ainsi que celle du fait d'autrui. En effet, les arguments déployés au soutien de l'idée de l'incompatibilité de principe entre les règles de la responsabilité délictuelle du fait des choses et le contrat sont loin d'être déterminants. Ni la participation de la victime à l'usage de la chose, ni la théorie de l'acceptation des risques, ni le bouleversement de l'équilibre contractuel que l'intervention de la responsabilité délictuelle du fait des choses risque de causer ne nous paraissent décisifs pour justifier la mise à l'écart des articles 1384 alinéa 1er du Code civil français et 96 du Code des obligations et des contrats entre contractants. Quand le débiteur contractuel utilise une chose dans l'exécution de ses obligations contractuelles, il dispose vis-à-vis de cette chose des mêmes prérogatives qu'un gardien délictuel. Les mêmes arguments déployés pour aggraver la responsabilité de ce dernier militent en faveur de l'aggravation de la responsabilité du premier.

Quand le débiteur livre une chose en exécution de ses obligations, on a souvent trouvé dans l'existence d'un mécanisme de garantie prévu par le législateur dans certains contrats spéciaux un motif complémentaire pour mettre à l'écart la responsabilité délictuelle du fait des choses. Or, si cet argument est pertinent concernant les dommages causés à la chose, il n'en est pas de même pour les dommages causés par la chose aux personnes et aux biens où la mise en œuvre des articles 96 du Code des obligations et des contrats et 1384 alinéa 1er du Code civil pourrait être envisageable.

Ce recoupement des faits générateurs s'observe également dans le cadre de la responsabilité du fait d'autrui. Et là, la jurisprudence française, contrairement à sa position classique favorable au non-cumul, n'a pas hésité à recourir à l'article 1384 alinéa 5 relatif à la responsabilité délictuelle du commettant du fait de son préposé pour condamner le débiteur contractuel attestant, quasi instinctivement, l'existence d'une définition commune de l'abus de fonction exonératoire aux deux ordres de la responsabilité. Il en découle que les conditions de la responsabilité contractuelle du commettant du fait de ses préposés ne diffèrent point de celles qui sont retenues pour rechercher sa responsabilité sur le fondement de l'article 1384 alinéa 5. Et c'est clairement ce qui explique que la règle du non-cumul des responsabilités contractuelles et délictuelles ne soit, à juste titre, retenue ni par le juge civil, ni par le juge pénal. Malheureusement, cette démarche ne s'inscrit pas dans le cadre d'une révision générale de la manière dont est appliquée la règle du non-cumul. Amplement appliquée dans le contentieux relatif à la responsabilité des centres accueillant conventionnellement des mineurs pour les dommages causés par ces derniers à d'autres pensionnaires résidant dans le même établissement, l'interdiction de l'option conduit à priver les victimes des bienfaits de l'article 1384 alinéa 1er. Or cette solution nous paraît contestable. En effet, non seulement l'obligation transgressée par les centres est une obligation de sécurité qui transcende les deux ordres de responsabilité, mais aussi et surtout rien n'empêche ces associations de cumuler la qualité d'un débiteur contractuel et celle d'un répondant civil sur le terrain délictuel donnant à la victime la possibilité de choisir l'ordre de responsabilité qui lui convient.

En droit tunisien, la règle de l'option ne peut, malheureusement, s'appliquer lorsqu'il s'agit de la responsabilité du fait d'autrui. En effet, même si le législateur a pris le soin de réglementer la responsabilité contractuelle du fait d'autrui, cette dernière est soit totalement absente dans le domaine délictuel, soit restrictivement consacrée dans le cadre de l'article 93 relatif à la responsabilité parentale. Dans ce contexte, ce n'est pas l'existence d'une relation contractuelle entre les victimes et les centres accueillant les mineurs qui paralyserait la mise en œuvre de l'article 93 du Code des obligations et des contrats, c'est l'absence d'un texte de portée générale, analogue à l'article 1384 alinéa 1er, qui empêcherait les juges d'élargir la liste des personnes responsables sur le terrain délictuel. Si, dans ce cadre, le droit français est appelé à revoir la manière dont est appliquée la règle du non-cumul, le législateur devrait, plus profondément, réviser le Code des obligations et des contrats afin de combler cette lacune qui singularise le droit de la responsabilité civile tunisien.

382. Les limites de l'option. La possibilité de l'option entre la responsabilité contractuelle et la responsabilité délictuelle que nous proposons est loin d'être illimitée. La politique des extrêmes pourrait bien être aussi la politique du pire. Il y a effectivement des situations où il est nécessaire de protéger le contrat contre les perturbations que ne manquerait pas de causer l'application systématique des règles délictuelles. C'est la leçon qu'on peut d'ailleurs tirer de l'expérience française soucieuse, au nom du principe du non-cumul, de préserver l'équilibre contractuel. Nous songeons en premier lieu aux hypothèses où la loi soumet expressément le débiteur à un régime de responsabilité moins rigoureux ou plus rigoureux que celui de l'article 1382 du Code civil ou 82 et 83 du Code des obligations et des contrats. C'est ce qu'enseigne la jurisprudence qui a inauguré le non-cumul en droit français dans le contrat de mandat à travers les arrêts 1896, 1922 et 1927 dont la portée ne doit pas être surestimée. Les obligations purement contractuelles méritent d'être mises à l'abri de la responsabilité délictuelle lorsqu'il paraît déraisonnable, vu la particularité de certains contrats, d'appliquer les règles délictuelles. On ne peut, comme le décide la jurisprudence française, faire recours aux articles 1382 et suivants pour sanctionner un manquement à une obligation de garantie des vices cachés ou à une obligation d'entretenir les lieux. C'est dans ce cadre qu'on pourrait d'ailleurs placer les arrêts tunisiens qui ont refusé d'appliquer les règles de la responsabilité délictuelle dans le contrat de bail. C'est cette donnée qui explique également la réticence des juges tunisiens à appliquer l'article 96 du Code des obligations et des contrats dans le cadre du contrat médical. Le risque est grand de voir l'obligation de soins du médecin qui n'est que de moyens absorbée par le régime objectif de la responsabilité délictuelle du fait des choses. La même restriction à la possibilité de l'option pourrait être apportée lorsque le contrat comporte valablement une clause limitative de responsabilité portant sur une obligation typiquement contractuelle. C'est d'ailleurs ce que décide à juste titre la jurisprudence française. En effet, la possibilité d'admettre l'option dans cette hypothèse, comme le souhaite une partie de la doctrine tunisienne, nous paraît heurter de front le principe de la force obligatoire des contrats. Loin d'être nombreuses, ces exceptions ne permettent pas toutefois de remettre en cause la possibilité de l'option chaque fois que les règles délictuelles ne touchent en rien l'équilibre contractuel tel qu'aménagé par le législateur ou voulu par les parties. Une telle manière de concevoir le rapport entre la responsabilité contractuelle et la responsabilité délictuelle montre qu'une option modérée est parfaitement possible et crée moins de difficultés que le système excessivement rigide du non-cumul tel qu'il est appliqué par la jurisprudence française.

383. La particularité de la problématique de la responsabilité du débiteur contractuel défaillant à l'égard des tiers. Cette manière de concevoir la règle de l'option ne concerne, selon nous, que les rapports contractuels directs. En effet, nombreuses sont les études qui ont essayé d'intégrer la problématique de la responsabilité du débiteur contractuel défaillant à l'égard des tiers dans le cadre de la règle du non-cumul. Et l'on a même vu certains auteurs proposer d'interdire à ces tiers l'accès à la voie délictuelle avant de changer de position et de proposer de leur offrir une option entre la voie contractuelle et la voie délictuelle. Or les deux solutions nous paraissent insuffisantes. Interdire, à l'instar de la jurisprudence relative à l'action directe, aux tiers de solliciter la voie délictuelle paraît contestable. Rien ne permet, pensons-nous, d'enfermer les tiers dans une action contractuelle qu'ils n'ont pas acceptée pour les déposséder de l'action délictuelle, action à laquelle ils auraient normalement droit. De même, une option bâtie sur la distinction entre les obligations purement contractuelles et les obligations mixtes ne peut protéger les tiers victimes de l'inexécution contractuelle que partiellement. L'option délictuelle peut, certes, lorsque l'obligation méconnue est une obligation mixte qui trouve son expression aussi bien sur le terrain contractuel que délictuel, constituer une échappatoire réelle pour les victimes, leur permettant d'atteindre le véritable responsable sans être contraints d'être soumis à une action exclusivement contractuelle. Néanmoins, la situation des tiers victimes de l'inexécution contractuelle serait particulièrement fragilisée lorsque le contrat originaire contient une clause qui touche à une obligation purement contractuelle, telle que les clauses de responsabilité ou les clauses à différend. Précisément, dans cette hypothèse, et si l'on suit les principes que nous avons proposés pour appliquer la règle de l'option dans les rapports contractuels directs, la victime ne peut solliciter que la voie contractuelle. Or cette voie conduirait elle aussi à une impasse lorsque le contrat comporte une clause relative à la responsabilité. Si cette solution semble acceptable dans le cadre des rapports contractuels directs où les parties au contrat ont eu la possibilité de négocier les clauses du contrat, il n'en est pas de même concernant le tiers victime de l'inexécution contractuelle, souvent étranger au rapport contractuel initial. Une acceptation non équivoque semble plus que nécessaire pour avaliser le principe de l'opposabilité de telles clauses. L'option délictuelle, quant à elle, n'est en réalité qu'un simple mirage, puisqu'il serait extrêmement difficile de prouver, en présence d'une inexécution portant sur une obligation caractéristique du contrat, l'existence d'un fait générateur de responsabilité délictuelle. La situation particulière de ces tiers mérite certainement une solution particulière qui se dégage des clivages classiques du droit de la responsabilité ou invite du moins à compléter la distinction entre les obligations contractuelles et les obligations mixtes par une autre, non moins importante, qui prend en considération la qualité du tiers qui se prévaut de l'inexécution. Seulement, entre professionnels, ces clauses restent opposables.

En revanche, le consommateur profane doit sans équivoque montrer son adhésion au statut contractuel modelé par les parties au contrat.

384. Pour une mise en œuvre procédurale souple. Sur le plan procédural, la règle de l'option que nous suggérons nécessite une mise en œuvre contentieuse souple de la distinction entre la responsabilité contractuelle et la responsabilité délictuelle. Or il n'est pas exagéré d'affirmer que, malgré la réforme du Code de procédure civile, le droit français reste peu enclin à concrétiser une conception plus active de l'office du juge. La lecture restrictive de l'article 12 du Code de procédure civile limitant l'obligation faite au juge de relever les moyens de pur droit adéquats aux seuls faits allégués devrait, pensons-nous, être révisée. Une première solution peut en effet être envisagée : il s'agit d'abandonner la notion des moyens de pur droit. Dans ce cas, le juge serait obligé de soulever tous les moyens y compris ceux considérés comme mélangés de fait et droit tels que le passage de la responsabilité délictuelle à la responsabilité contractuelle et vice versa. Cette perspective devrait être évidemment accompagnée par une définition extensive de la notion des faits dans le débat. Une deuxième solution reste encore possible, si on continue à soutenir que le juge ne dispose que d'une simple faculté de requalification, elle consiste à utiliser le plus fréquemment possible l'opportunité offerte par l'article 12 du nouveau Code de procédure civile. À maintes reprises, la qualification retenue n'a aucune incidence quant au principe de l'indemnisation. Et même si le passage de la responsabilité délictuelle à la responsabilité contractuelle implique parfois des différences de régime, il nous semble que le principe du contradictoire, principe qu'on est tenu de respecter en toute circonstance, permettrait aux parties au litige de discuter tous les éléments de droit inhérents au régime de responsabilité invoqué par le juge. C'est cette garantie que doit consacrer la jurisprudence tunisienne qui, malgré l'absence d'un texte équivalent à l'article 12 du Code de procédure civile français lui donnant explicitement le pouvoir de substituer au fondement erroné le fondement approprié, s'est montrée favorable à une intervention plus énergétique de l'office du juge.

Ainsi conçue, peut-on espérer un jour voir les deux juges français et tunisien changer de méthode ? Peut-on voir le premier abandonner son approche cartésienne dans l'application de la distinction entre les deux ordres de responsabilité et réciproquement le deuxième appliquer la règle de l'option dans le cadre d'un système adepte d'un principe solide pour que l'option rime avec la prévisibilité ? Il faudra, sans aucun doute, beaucoup d'attention, de patience et de bon sens avant d'en arriver là !

POSITIONS DE THÈSE

Pour une option modérée qui trouve sa justification profonde dans le recoupement des faits générateurs contractuels et délictuels.

1. Ce recoupement, déjà consacré par la jurisprudence concernant la responsabilité du commettant du fait de son préposé, trouve sa forme la plus aboutie lorsque l'obligation transgressée est une obligation mixte qui transcende les deux ordres de responsabilité contractuelle et délictuelle.
2. La règle de l'option permet aux règles délictuelles du fait personnel, du fait des choses et du fait d'autrui de régir l'inexécution du contrat.
3. L'option entre la responsabilité contractuelle et la responsabilité délictuelle est cependant exclue lorsque l'inexécution du contrat porte sur une obligation contractuelle qui constitue le noyau dur du contrat s'il paraît déraisonnable, eu égard à l'économie du contrat, de faire intervenir les règles délictuelles, ou lorsque le législateur prévoit pour un contrat spécial un régime de responsabilité dérogatoire aux règles de droit commun ou lorsque les parties insèrent dans leurs contrats une clause qui porte sur une obligation purement contractuelle.
4. Pour une mise en œuvre contentieuse souple dans l'application de la distinction entre les deux ordres de responsabilité qui passe par une relecture de l'office du juge.
5. La problématique de la responsabilité du débiteur contractuel défaillant à l'égard des tiers ne devrait pas être traitée à travers les principes qui régissent la règle de l'option dans les rapports contractuels directs. La distinction entre les obligations purement contractuelles et les obligations mixtes devrait être complétée par la prise en considération de la qualité du tiers qui se prévaut de l'inexécution. Seules entre professionnels, les clauses de responsabilité peuvent être opposables. En revanche, le consommateur profane doit sans équivoque montrer son adhésion au statut contractuel modelé par les parties au contrat.

BIBLIOGRAPHIE

I. Les ouvrages généraux

1. Les ouvrages généraux en langue française

Accarias C.
Précis de droit romain, 4e éd., Paris, L. Cotillon, F. Pichon, 1891.

Aubry C. et Rau C.
Droit civil français, T. VI-2, Responsabilité délictuelle, par N. Dejean de la Batie, 8e éd., Litec, 1989.
Cours de droit civil français d'après la méthode de Zachariae, Obligations en général. Diverses espèces d'obligations. Contrats en général, 4e éd., 1871 ; 6e éd. par Bartin, éd. Techniques, 1942.

Baccache-Gibeili M.
Les obligations. La responsabilité civile extracontractuelle, Economica, 2007.

Baudouin J.-L et Deslauriers P.
La responsabilité civile, 6e éd., Yvon Blais, 2003.

Baudry-Lacantinerie et Barde L.
Traité théorique et pratique. Droit civil. Les obligations, tome 1, Paris, 1897.

Bénabent A.
Droit civil. Les obligations, 12e éd., Montchrestien, 2010.

Bendjouya G.
Procédure civile, Presses universitaires de Grenoble, 2001.

Bolard G.
Droit et pratique de la procédure civile, Dalloz Action, 2005-2006.

Bonnecase J.
Supplément au traité théorique et pratique de droit civil de Baudry-Lacantinerie, tome 1, Sirey, 1924.
Supplément au traité théorique et pratique de droit civil de Baudry-Lacantinerie, tome II, Sirey, 1925.

Bouillenne R.
La responsabilité civile extra-contractuelle devant l'évolution du droit, Bruxelles : Émile Bruylant, Paris : LGDJ, 1947.

Brun Ph.
Responsabilité civile extracontractuelle, 2e éd., Litec, 2009.

Buffelan-Lanore Y.
Les obligations, 10e éd., Sirey, 2010.
Cabrillac R.
Droit des obligations, 9e éd., Dalloz, 2010.
Cabrillac R. et Ben Fadhel O.
Introduction au droit des affaires, CPU, Tunis, 2005.
Cadiet L.
Droit judiciaire privé, 5e éd., Litec, 2009.
Carbonnier J.
Droit civil. Les obligations, 23e éd., PUF, Coll. Thémis, 2004.
Chehata Ch.
Études de droit musulman, PUF, 1971, p. 15 et s.
Études de droit musulman. 2) La notion de la responsabilité contractuelle, PUF, Paris, 1973.
Essai d'une théorie générale de l'obligation en droit musulman, Dalloz, 2005.
Colin A. et Capitant H.
Traité de droit civil. Obligations, théorie générale, droits réels principaux, tome II, 9e éd., refondu par Julliot De la Morandière L., Dalloz, 1959.
Constantinesco J.
Traité de droit comparé. La méthode comparative, tome II, 1974.
Cornelis L.
Principes du droit belge de la responsabilité extra-contractuelle, volume 1, Bruylant, 1999.
Couchez G.
Procédure civile, 16e éd., Sirey, 2010.
Croze H., Morel C., Fradin O.
Procédure civile, manuel pédagogique et pratique, Litec-Lexis Nexis, 2008.
Dalcq R.
Traité de la responsabilité. Les causes de la responsabilité, 2e éd., Ferdinand Larcier, Bruxelles, 1967.
Julliot de la Morandière L.
Cours élémentaire du droit civil français de A. Colin et H. Capitant, 10e éd., 1948.
De Page H.
Traité élémentaire de droit civil, tome II, éd. Bruylant, 1964.
Dekkers R.
Précis de droit civil, éd. Bruylant, 1971.
Delebecque Ph. et Pansier F. J.
Droit des obligations, responsabilité civile, délit et quasi-délit, 4e éd., Litec, 2008.

Demogue R.
Traité des obligations en général. Sources des obligations, tome I, Rousseau, 1923.
Traité des obligations en général. Des sources des obligations (suite), tome II, Rousseau, 1923.
Traité des obligations en général. Sources des obligations (suite et fin), tome V, Rousseau, 1925.
Traité des obligations en général. Effets des obligations, tome VI, Rousseau, 1931.
Demolombe C.
Cours de Code Napoléon. Traité des engagements qui se forment sans convention, 2e éd. Durand, 1871.
Cours de Code Napoléon. Traité des contrats ou des conventions en général, tome VIII, 3e éd., Paris, 1877.
Deshenaux H., Tercier P.
La responsabilité civile, 2e éd., Berne, 1982.
Domat.
Les lois civiles dans leurs ordres naturels, 1re partie, livre 3, titre 5.
Dubuisson B.
Responsabilités, traité théorique et pratique. Responsabilité contractuelle et responsabilité extracontractuelle, volume 1, éd. Kluwer, 2003.
Duranton A.
Cours de droit civil français suivant le Code civil, tome X, 2e éd., Alex Gobelet, 1834.
Engel P.
Traité des obligations en droit suisse. Dispositions générales du Code des obligations, 2e éd., Berne, 1997.
Fabre-Magnan M.
Droit des obligations. 2 – Responsabilité civile et quasi-contrats, PUF, 2010.
Fenet P-A.
Recueil complet des travaux préparatoires du Code civil, tome XIII, Paris, 1827.
Ferrand F.
Droit privé allemand, 1re éd., précis Dalloz, 1997.
Flour A., Aubert J.-L., Flour Y., Savaux E.
Droit civil. Les obligations. Le fait juridique, quasi-contrat, 13e éd., Dalloz, 2009.
Gazzaniga J.-L.
Introduction historique au droit des obligations, PUF, 1992.
Ghestin J., Jamin C., Billau M.
Traité de droit civil. Les effets du contrat, 3e éd., LGDJ, 2001.

Girard P.-F.
Manuel élémentaire de droit romain, 8e éd., Dalloz, 2003.
Glasson et Tissier.
Traité théorique et pratique d'organisation judiciaire, de compétence et de procédures civiles, tome V, 3e éd., Sirey, 1936.
Guinchard S.
Droit et pratique de la procédure civile, 6e éd., Dalloz, 2009.
Guinchard S. et Buisson J.
Procédure pénale, 6e éd., Litec /Lexis Nexis, 2010.
Gutmann D.
Droit international privé, 6e éd., Dalloz, 2009.
Hachem M. L.
Leçons de droit international privé, Livre II : Les conflits de lois, CPU, 1997.
Héron J.
Droit judiciaire privé, 4e éd., Monchrestien, 2010.
Huc T.
Commentaire théorique et pratique du Code civil. Des contrats, tome VII, 1894.
Huet J.
Traité de droit civil. Les principaux contrats spéciaux, Paris, LGDJ, 2e éd., 2001.
Josserand L.
Cours de droit civil positif français, tome I, 2e éd., Paris, Sirey, 1932.
Cours de droit civil positif français, tome II, 3e éd., Paris, Sirey, 1938.
Jourdain P.
Les principes de la responsabilité civile, 8e éd., Dalloz, 2010.
Lalou H. et Azard P.
Traité pratique de la responsabilité civile, 6e éd, Dalloz, 1962.
Lapoyade Deschamps C.
Droit des obligations, Paris, Ellipses, 1998.
Larombière L.
Théorie et pratique des obligations ou commentaire des titres III et IV du Code civil, tome I, tome III, articles 1101 à 1225, 2e éd., 1885.
Larroumet C.
Droit civil. Les obligations. Le contrat, les effets, 6e éd., 2007.
Laurent F.
Principes de droit civil français, tome XX, 3e éd., Bruylant Marescq, 1878.
Le Tourneau Ph. ***et alii***
Droit de la responsabilité et des contrats, 8e éd., Dalloz, 2010.
Légier C.
Droit civil. Les obligations, 19e éd., Dalloz, 2008.

Linden A.-M.
La responsabilité civile délictuelle, 4e éd., Y. Blais, 1988.
Malaurie Ph., Aynes L. et Stoffel-Munck P.
Les obligations, 3e éd., Defrénois, 2009.
Malinvaud Ph.
Droit des obligations, 11e éd., Litec, 2010.
Malinvaud Ph. et Jestaz Ph.
Droit de la promotion immobilière, 8e éd., Dalloz, 2009.
Marcadé V.
Explication théorique et pratique du Code civil, tome IV, 7e éd. augmentée, Delamotte et fils, 1873.
Marty G., Raynaud P.
Les obligations. Les sources, tome I, 2e éd., Sirey, Paris, 1988.
Mayer P., Heuzé V.
Droit international privé, 10e éd., Montchrestien, 2010.
Mazeaud H, L et Tunc A.
Traité théorique et pratique de la responsabilité civile, tome I, 6e éd., Monchrestien, 1965.
Traité théorique et pratique de la responsabilité civile délictuelle et contractuelle, tome II, 6e éd., Montchrestien, 1970.
Mazeaud H., L., J. et Chabas F.
Leçons de droit civil. Obligations, théorie générale, tome II, 9e éd., Monchrestien, 1998.
Mezghani A.
Droit international privé. États nouveaux et relations privées internationales, Cérès Productions, 1991.
Commentaires du Code de droit international privé, CPU, 1999.
Milliot L.
Introduction à l'étude de droit musulman, Sirey, 1953.
Nadeau A.
Traité de droit civil du Québec. La responsabilité délictuelle et quasi délictuelle, 1949.
Nammour F., Cabrillac R. et Cabrillac S.
Droit des obligations. Droit français, droit libanais, perspectives européennes et internationales, Bruylant, LGDJ, Delta, 2006.
Pirson R.
Droit belge de la responsabilité, Dalloz, 1964.
Planiol M. et Ripert G.
Traité pratique de droit civil français, tome VII, Obligations (2e partie) par P. Esmein, LGDJ, 1954.
Planiol M.
Traité élémentaire de droit civil, tome I , 1re éd., 1897.
Traité élémentaire de droit civil, tome II, 6e éd., LGDJ, 1912.

Porshy-Simon S.
Droit civil. Les obligations, 6e éd., Dalloz, 2010.
Pothier R.-J.
Œuvres de Pothier. Traité des obligations, Paris, Siffrein éditeur, 1821.
Traité des obligations. De la prestation des fautes, tome II, 1761, éd. Brugnet, 1848.
Radé Ch.
La responsabilité civile contractuelle. Les quasi-contrats, Grenoble, PUG, coll. Le droit en plus, 2001.
Ripert G. et Boulanger J.
Traité de droit civil d'après le traité de Planiol. Obligations, contrat, responsabilité, droits réels, biens, propriété, tome II, Paris, LGDJ, 1957.
Saleilles R.
Théorie générale de l'obligation, 3e éd., 1914.
Savatier R.
Traité de la responsabilité civile en droit français. Conséquences et aspects divers de la responsabilité, tome II, 2e éd., LGDJ, 1951.
Traité de la responsabilité civile en droit français, administratif, procédural. Les sources de la responsabilité civile, tome I, 2e éd., Paris, LGDJ, 1956.
Sériaux A.
Droit des obligations, 2e éd., Paris, PUF, Coll. Droit fondamental, 1998.
Solus H., Perrot R.
Droit judiciaire privé, tome III, Sirey, 1991.
Starck B., Roland H., Boyer L.
Droit civil. Les obligations, Responsabilité délictuelle, tome I, , 5e éd., Paris, Litec, 1996.
Droit civil. Les obligations, Le contrat, tome II, 6e éd., Paris, Litec, 1998.
Droit civil. Les obligations, Régime général, tome III, 6e éd, Paris, Litec, 1999.
Tancelin M. A.
Théorie du droit des obligations, Les presses de l'université, Laval, 1975.
Terré F., Simler Ph., Lequette Y.
Précis de droit civil. Les obligations, 10e éd., Paris, 2009.
Terre F. et Lequette Y.
Les grands arrêts de la jurisprudence civile, 12e éd., 2008.
Thaller.
Annales de droit commercial, tome I, 1886.
Toullier C.-B.
Le droit civil français suivant l'ordre du Code, tome I, Paris, Renouard, 5e éd., 1830.
Troplong R.
Le droit civil expliqué suivant l'ordre du Code civil depuis et y compris le titre de la vente. De la vente, tome I, Paris, 1834.

Villey M.
Le droit romain, 10e éd., PUF, coll. Que sais-je ?, 2002.
Viney G. et Jourdain P.
Traité de droit civil. Les conditions de la responsabilité, 3e éd., Paris, LGDJ, 2006.
Traité de droit civil. Les effets de la responsabilité, 2e éd., Paris, LGDJ, 2001.
Viney G.
Traité de droit civil. Introduction à la responsabilité, 3e éd., Paris, LGDJ, 2008.
Voirin P. et Goubeaux G.
Droit civil : Personnes - Famille - Incapacité - Biens - Obligations - Sûretés, tome I, 32e éd,. LGDJ, Lextenso, 2009.
Witz C.
Droit privé allemand, Litec, 1992.

2. Les ouvrages généraux en langue arabe (traduction personnelle)

Ben Ammou N.
Les contrats spéciaux. La vente et l'échange, CPU, 2007.
Mahmassani M. S.
Théorie générale des obligations et des contrats en droit musulman, volume 1, Beyrouth, 1972.
Zahili W.
La théorie de la garantie. Les règles de la responsabilité civile et pénale en droit musulman, Dar il Fikr, Damas, 1982.
Zine M.
La théorie générale des obligations. Le contrat, CPU, 1997.

II. Thèses, mémoires et monographies

1. Thèses, monographies en langue française

Abdel Razzak A.W.
Le concours des responsabilités contractuelles et délictuelles en droit français et suisse, thèse, Genève, 1963.
Abdennadher C.
La responsabilité du fait des produits défectueux, mémoire de DEA, faculté de droit de Sfax, 2004-2005.
Abid Bellaaj S.
La responsabilité contractuelle entre le Code des obligations et des contrats et les principes Unidroit, mémoire de DEA, faculté de droit de Sfax, 2006-2007.

Abid Mnif S.
L'obligation de sécurité dans les contrats, mémoire de DEA, faculté de droit de Sfax, 2002-2003.
Al Jondi A.
Le juge et les clauses exonératoires et limitatives de responsabilité, Paris, 1979.
Amiot M.
Exposé sur la faute contractuelle et la charge de la preuve en droit français, thèse, Paris, 1945.
Antonmattei J.
Contribution à l'étude de la force majeure, thèse, Montpellier, LGDJ, 1992, préf. de B. Teyssié.
Arteil D.
L'exécution du contrat par un non-contractant, université de Poitiers, faculté de droit et des sciences sociales, LGDJ, 2006, préf. de R. N. Schüz.
Aubin J.
Responsabilité contractuelle et responsabilité délictuelle, thèse, Bordeaux, 1897.
Aubry H.
L'influence du droit communautaire sur le droit français du contrat, thèse, Paris IX, 2000.
Auvynet H.
Théorie des fautes en droit romain, fautes contractuelle et délictuelle en droit français, thèse, Paris, 1893.
Azard A.
L'immutabilité de la demande en droit judiciaire français, thèse, Paris, 1936.
Babert G.
Le système de Planiol, bilan d'un moment doctrinal, thèse, Poitiers, 2002.
Bacache-Gibeili M.
La relativité des conventions et les groupes de contrats, LGDJ, 1996, préf. d'Y.Lequette.
Balestriero V.
La stipulation pour autrui tacite, thèse, Nancy, 1994.
Boskovic O.
La réparation du préjudice en droit international privé, LGDJ, 2003, préf. de P. Lagarde.
Baumet G.
La responsabilité contractuelle du fait d'autrui, Nice, 1974.
Bébet D.
Contribution à l'étude de la faute aquilienne ou délictuelle et la faute contractuelle, Paris, 1899.

Bécqué J.
La protection de la victime d'un dommage corporel et de ses proches dans le cadre contractuel, thèse, Montpellier, 1943.
Belaid R.
La responsabilité civile du fabricant envers le consommateur, mémoire de DEA, faculté de droit et des sciences politiques de Tunis, 2002-2003.
Bellisent J.
Contribution à l'analyse de la distinction des obligations de moyens et des obligations de résultat, LGDJ, 2001, préf. de R. Cabrillac.
Ben Abdallah M. H.
L'office du juge en procédure civile tunisienne, thèse, Dijon, 1992.
Ben Achour S.
Aux sources du droit moderne tunisien : la législation tunisienne en période coloniale, thèse, faculté de droit et des sciences politiques de Tunis, 1996.
Ben Ammou N.
Le pouvoir de contrôle de la Cour de cassation, thèse, faculté de droit et des sciences politiques de Tunis, 1996.
Ben Fadhel O.
L'évolution des règles de la responsabilité en droit maritime tunisien, thèse, Aix-Marseille, 1980.
Ben Rjeb I.
L'option en matière de responsabilité, mémoire de DEA, faculté de droit et des sciences politiques de Tunis, 1988.
Ben Smail S.
Les recours au sein des groupes de contrats, mémoire de DEA, faculté de droit et des sciences politiques de Tunis, 1991-1992, p. 24.
Ben yahia N.S.
L'évolution des concepts des obligations de moyens et d'obligation de résultat, thèse, Lille, 1990.
Berry E.
Le fait d'autrui, thèse, Poitiers, 2003.
Bertrand F.
L'opposabilité du contrat aux tiers, thèse, Paris II, 1979.
Bloch C.
L'obligation contractuelle de sécurité, faculté de droit et de science politique d'Aix-Marseille, Institut d'études juridiques, 2004, préf. de R. Bout.
Bonfils Ph.
L'action civile. Essai sur la nature juridique d'une institution, PUAM, 2000, préf. de S. Cimamonti, n° 335.
Borghetti J. S.
La responsabilité du fait des produits, LGDJ, 2004, préf. de G. Viney.

Boughattas F.
L'obligation de sécurité dans le contrat de transport terrestre, mémoire de DEA, faculté de droit et des sciences économiques et politiques de Sousse, 1993-1994.

Bourel P.
Les conflits de lois en matière d'obligations extracontractuelles, LGDJ, 1961.

Bramat E.
L'obligation de sécurité (produits et services mis sur le marché), thèse, Montpellier, 2000.

Brochen Y.
La notion de la cause juridique dans les actions en responsabilité civile. Ses applications pratiques, thèse, Lille, 1933.

Brouillonet P.
Des contrats comportant une dette de sécurité, thèse, Montpellier, 1934.

Brun A.
Rapports et domaines des responsabilités contractuelle et délictuelle, Sirey, 1931, préf. de L. Josserand.

Brun Ph.
Les présomptions dans le droit de la responsabilité civile, thèse, Grenoble, 1993.

Bruschi M.
La prescription en droit de la responsabilité civile, Economica, 1997, préf. d'A. Sériaux.

Bussy-Dunaud F.
Le concours d'actions en justice entre les mêmes parties, LGDJ, 1988, préf. de J. Ghestin.

Calastreng S.
La relativité des conventions, thèse, Toulouse, 1939.

Carval S.
La construction de la responsabilité civile : controverses doctrinales, PUF, 2001.

Chabas F.
L'influence de la pluralité des causes sur le droit à réparation, LGDJ, 1967, préf. de H. Mazeaud.

Chaffai M.
La demeure du débiteur dans l'exécution du contrat, thèse, faculté de droit et des sciences politiques et économiques de Tunis, 1984.

Chapuis O.
Responsabilité et devoirs accessoires découlant d'un contrat, thèse, Collection Neuchâteloise, 2005.

Chartier Y.
La réparation du préjudice dans la responsabilité civile, Paris, Dalloz, 1983.
Chenevier A.
Responsabilité contractuelle et responsabilité délictuelle, thèse, Nancy, 1899.
Cocat J.
Le fondement de la responsabilité du voiturier en matière de transport de personne, thèse, Paris, 1922.
Constantinesco J.
Inexécution et faute contractuelle en droit comparé, Institut de droit européen de l'université de la Sarre, vol. n° 5, 1960.
Cordier P.
L'obligation de sécurité de la personne du créancier, thèse, Paris, 1946.
Cornu G.
Étude comparée de la responsabilité délictuelle en droit privé et en droit public, thèse, 1949.
Coste J.
De l'intervention de la responsabilité délictuelle dans le domaine de la responsabilité contractuelle, Montpellier, 1951.
Courtiau M-N.
Responsabilité contractuelle et inexécution, thèse, Paris I, 2001.
Croze H.
Recherches sur la qualification en droit processuel, thèse, Lyon, 1981.
Darbellay J.
Théorie générale de l'illicéité, thèse, Fribourg, 1955.
De Bachelard H. V.
De la responsabilité des chemins de fer en matière de transport, thèse, Lyon, 1883.
De Gary D.
La responsabilité contractuelle du fait d'autrui, thèse, Toulouse, 1961.
Dejean de La Bâtie N.
Appréciation *in concreto* et appréciation *in abstracto*, LGDJ, 1965, préf. de H. Mazeaud.
Delebecque Ph.
Des clauses allégeant les obligations dans les contrats, thèse, Aix-Marseille, 1981.
Deliyannis D.
La notion d'acte illicite considérée en sa qualité d'élément de la faute délictuelle, thèse, Paris, 1952.
Douch M.
La notion de quasi-contrat en droit français, Economica, 1998, préf. d'A. Sériaux.

Dreyfus F.
La garde de la structure dans la responsabilité du fait des choses inanimées, thèse, Paris, 1980.
Duclos J.
L'opposabilité. Essai d'une théorie générale, LGDJ, 1984, préf. de D. Martin.
Dupichot J.
Des préjudices réfléchis nés de l'atteinte à la vie ou à l'intégrité corporelle, LGDJ, 1969, préf. de J. Flour.
Dupichot P.
La garde de la structure et la garde du comportement dans la responsabilité civile, thèse, Paris XII, 1984.
Durry G.
La distinction entre la responsabilité contractuelle et la responsabilité délictuelle, Cours McGill, 1986.
Eberhard S.
Les sanctions de l'inexécution du contrat et les principes UNIDROIT, Centre du droit de l'entreprise de l'université de Lausanne, 2005.
Espagnon M.
La règle du non-cumul des responsabilités en droit civil français, thèse, Paris I, 1980.
Eudier F.
Ordre public substantiel et office du juge, thèse, Rouen, 1994.
Fages B.
Le comportement du contractant, PUAM, 1997.
Falchi M.
Des obligations de sécurité, étude jurisprudentielle, thèse, Nice, 1971.
Fallon M.
Les accidents de la consommation et le droit, Bruylant, 1982.
Faure-Abbad M.
Le fait générateur de la responsabilité contractuelle. Contribution à la théorie de l'inexécution du contrat, LGDJ, 2003, préf. de P. Rémy.
Fiechter-Boulvard F.
La transmission de l'engagement contractuel dans les contrats en chaine, thèse, Grenoble, 1992.
Flattet G.
Les contrats pour le compte d'autrui, thèse, Paris, 1950.
Forget L.
Les conflits de lois en matière d'accidents de la circulation routière, Dalloz, 1973.
Fourati Kamoun M.
La place de la responsabilité civile dans les relations individuelles entre employeurs et salariés, mémoire de DEA, faculté de droit de Sfax, 1996-1997.

François M.-J.
Les opérations juridiques triangulaires attributives (stipulation pour autrui et délégation de créance), thèse, Paris II, 1994.
Fromageot H.
De la faute comme source de la responsabilité en droit privé, thèse, 1891.
Frossard J.
La distinction des obligations de moyens et des obligations de résultat, LGDJ, 1965, préf. de R. Nerson.
Ghafourian A.
Faute lourde, faute inexcusable et dol en droit français, thèse, Paris II, 1977.
Ghazouani A.
De la règle « le criminel tient le civil en l'état », mémoire de DEA, faculté de droit et des sciences politiques de Tunis, 1988-1989.
Gilli J.P.
La cause juridique de la demande en justice, thèse, Paris,1962.
Goldman B.
La détermination du gardien responsable du fait des choses inanimées, éd. Sirey, 1947, préf. de P. Roubier.
Goutal J. L.
Essai sur le principe de l'effet relatif du contrat, LGDJ, 1981.
Grandmoulin J.
La nature délictuelle de responsabilité pour violation d'une obligation contractuelle, thèse, Rennes, 1892.
Grosser P.
Les remèdes à l'inexécution du contrat. Essai de classification, thèse, Paris, I, 2000.
Guendet J.
La faute contractuelle et ses effets. Étude de l'article 99, alinéa 3 du Code des obligations, Staempfli, 1970.
Harguem L.
Le contrat de sous-traitance, mémoire de DEA, faculté des sciences juridiques politiques et sociales, Tunis II, 2002-2003.
Hauser T.
Objectivisme et subjectivisme dans l'acte juridique, thèse, Paris, 1971.
Hocquet-Berg S.
Obligation de moyens ou obligation de résultat. À propos de la responsabilité civile du médecin, thèse, Paris Val-de-Marne, 1995.
Honorat J.
L'acceptation des risques, LGDJ, 1965.
Hontebeyerie A.
Le fondement de l'obligation solidaire en droit privé, Economica, 2004.

Huet J.
Responsabilité contractuelle et délictuelle. Essai de délimitation des deux ordres de responsabilité, thèse, Paris, 1978.
Jacques P.
Regards sur l'article 1135 du Code civil, Dalloz, 2005, préf. F. Chabas.
Janville T.
La qualification juridique des faits, thèse, Paris II, 2002.
Jeammeaud A.
Des oppositions de normes en droit privé interne, thèse, Lyon III, 1975.
Jebri R.
Le jugement pénal d'acquittement, mémoire de DEA, faculté de droit de Tunis, 1999-2000.
Jouini S.
Le principe de double juridiction en matière pénale, mémoire de DEA, faculté de droit de Tunis, 2000-2001.
Julien J.
La responsabilité civile du fait d'autrui, ruptures et continuités, thèse, Toulouse I, 1999.
Khouildi A.
La responsabilité du fait des choses inanimées en droit tunisien, université de droit et des sciences d'Aix-Marseille, 1990, p. 9.
Ladhar A.
L'indemnisation de l'aléa thérapeutique, mémoire de DEA, faculté de droit de Sfax, 2001-2002.
Laithier Y. M.
Étude comparative des sanctions de l'inexécution du contrat, LGDJ, 2004, préf. H. Muir Watt.
Lambert-Faivre Y.
Le dommage par ricochet, thèse, Lyon, 1959.
Lardennois G.
De l'application de l'article 1384 § 1 en matière contractuelle, thèse, Nancy, éd. Domat Montchrestien, Paris, 1935.
Larroumet C.
Les opérations juridiques à trois personnes en droit privé, thèse, Bordeaux, 1968.
Laude A.
La reconnaissance par le juge de l'existence d'un contrat, PUAM, 1992.
Laurent P.
L'enchevêtrement des actions de l'acheteur à l'état du bien vendu, thèse, Nantes, dactyl. 1998.
Leborgne F.
L'action en responsabilité dans les groupes de contrats. Études de droit interne et de droit international privé, thèse, Rennes, 1995.

Lebrun B.
La responsabilité civile du gardien de la chose dommageable, cocontractant de la victime, thèse, Paris, 1944.
Legal A.
De la négligence et de l'imprudence comme source de responsabilité civile délictuelle, thèse, Paris, 1922.
Leroy M.
Contribution à l'étude des obligations du professionnel : le devoir de répondre des risques créés et de maîtrise professionnelle, thèse, Toulouse, 1999.
Loussaief M.
Le droit pénal et la protection des contractants lors de l'exécution du contrat civil, mémoire de DEA, faculté de droit et des sciences politiques, Tunis, 1995-1996.
Loussouran Y.
La convention de La Haye sur la loi applicable à la responsabilité du fait des produits, Clunet, 1974.
Martine E. N.
L'option entre la responsabilité contractuelle et la responsabilité délictuelle, LGDJ, 1957.
Mazouni Z.
Le principe de la neutralité du juge civil dans le droit tunisien, mémoire de DEA, faculté de droit et des sciences politiques de Tunis, 1980-1981.
Mechmoum L.
La responsabilité subjective, déclin ou renaissance ?, mémoire de DEA, faculté de droit et des sciences économiques de Sousse, 1997, p. 118.
Meigné M.
Responsabilité et contrat, essai d'une délimitation des responsabilités contractuelle et délictuelle, Lille, 1924.
Mellouli S.
La responsabilité du transporteur maritime de marchandise, thèse, CERP, Tunis, 1993. Commentaire de la convention sur le transport de marchandises par mer de 1978, JORT, 2001.
Messoudi S.
Le jugement pénal de condamnation, mémoire de DEA, faculté de droit de Tunis, 1998-1999.
Meynier Ph.
La garde et son déplacement, thèse, Paris, 1950.
Mignot M.
Les obligations solidaires et les obligations in solidum en droit privé français, Dalloz, 2002, préf. E. Loquin.

Mioco M.
La sécurité de la personne physique et la responsabilité contractuelle, thèse, Paris, 1938.
Mograbi N.
La mise en demeure, thèse, Paris II, 1976.
Motulsky H.
Principes d'une réalisation méthodique du droit privé, Sirey, 1948.
Muller M.
L'inexécution pénalement répréhensible du contrat, thèse, Paris II, 1976.
Muzuaghi A. S.
Le déclin des clauses d'exonération de responsabilité sous l'influence de l'ordre public nouveau, LGDJ, 1981.
Nana G-J.
La réparation des dommages causés par les vices d'une chose, Paris, LGDJ, 1982.
Normand J.
L'office du juge dans ses rapports avec le litige, LGDJ, 1965.
Oudot P.
Le risque de développement, contribution au maintien du droit à réparation, thèse, Dijon, 2001.
Pellerin J.
Les clauses relatives à la répartition des risques financiers entre contractants, thèse, Paris II, 1977.
Petit M.
La vocation au tripartisme du contrat de transport, thèse, Caen, 2005.
Pirovano A.
Faute civile et faute pénale, LGDJ, 1966, préf. P. Bonassies.
Pommier J.-C.
Principe d'autonomie et loi du contrat en droit international privé, Economica, 1992, préf. Y. Lousseran.
Pradel X.
Le préjudice dans le droit civil de la responsabilité, LGDJ, 2004, préf. J.-L. Baudouin.
Prieur E.
La substitution de motifs par la Cour de cassation, Economica, 1986, préf. A. Joly.
Puech M.
L'illicéité dans la responsabilité civile extracontractuelle, LGDJ, 1973.
Rabut A.
De la notion de faute en droit privé, thèse, Paris, 1946.
Radé C.
Droit du travail et responsabilité civile. La contribution de la responsabilité civile à l'élaboration du statut du travailleur salarié, LGDJ, 1997, préf. J. Hauser.

La responsabilité civile des père et mère. De l'autorité parentale à la responsabilité parentale dans l'autorité parentale en question, Presse universitaire du Septentrion, Villeneuve-d'Ascq, 2003.

Rebai A.
Le domaine de la prescription civile en matière contractuelle, mémoire de DEA, faculté de droit et des sciences politiques de Tunis, 1982-1983.

Renaud R.
De la responsabilité contractuelle du fait d'autrui, thèse, Paris, 1923.

Rodière R.
Définition et domaine de la responsabilité contractuelle, Paris, Pedone, 1982.

Romani A. M.
Le transfert contractuel de la chose dans la responsabilité du fait des choses inanimées, thèse, Nice, 1985.

Roussel F.
Que reste-t-il du principe du non-cumul des responsabilités ?, mémoire, Bordeaux 1990-1991.

Rouvière F.
Le contenu du contrat. Essai sur la notion d'inexécution, PUAM, 2005, préf. C. Atias.

Roux J. M.
Le rôle créateur de la stipulation pour autrui, Institut d'études judiciaires, PUAM, 2001, préf. J. Mestre.

Saidane A.
La solidarité passive, mémoire de DEA, faculté de droit et des sciences politiques de Tunis, 1976.

Sainctelette Ch.
De la responsabilité et de la garantie, thèse, Bruxelles, Paris 1884.

Sakrani R.
Les sources doctrinales du Code des obligations tunisien. Étude sur la théorie générale des obligations, thèse, faculté de droit et des sciences politiques de Tunis, Paris II, 2003.

Saleilles R.
Étude de la théorie générale des obligations. La seconde rédaction du projet du Code civil pour l'empire d'Allemagne, Paris, 1895.

Santillana D.
Avant-propos sur l'avant-projet du Code civil et commercial tunisien, Tunis imprimerie générale J. Picard et Cie,1899.

Ségur L.
La notion de faute contractuelle en droit civil français, étude jurisprudentielle, thèse, Bordeaux, 1954.

Seyart S.
Le bon père de famille, thèse, Paris II, 1985, p. 348.

Soinne B.
La responsabilité des architectes et entrepreneurs après la réception des travaux, LGDJ, 1969.
Souleau I.
La prévisibilité du dommage contractuel, thèse, Paris II, 1979.
Stoffel-munck Ph.
L'abus dans le contrat. Essai d'une théorie, LGDJ, 2000, préf. Roger Bout.
Tarbouriech E.
De la responsabilité contractuelle et délictuelle en droit romain, thèse, Besançon, 1880.
Taylor S.
L'harmonisation communautaire de la responsabilité du fait des produits défectueux : études comparative du droit anglais et du droit français, thèse, LGDJ, 1999.
Tchendjou M.
Les applications contemporaines de la stipulation pour autrui, thèse, Paris I, 1995
Tellier V.
De l'obligation civile dans les rapports avec les situations d'impunité, thèse, Tours, 2000.
Teyssié B.
Les groupes de contrats, LGDJ, 1975, préf. J.-M. Mousseran.
Toubiana A.
Le domaine de la loi du contrat en droit international privé, Dalloz, 1972, préf. H. Battifol.
Van Ryn J.
Responsabilité aquilienne et contrats en droit positif, thèse, Bruxelles, Paris, Sirey, 1932.
Verne de Bachelard H.
De la responsabilité des chemins de fer en matière de transport, thèse, Lyon, 1883.
Vignon-Barrault A.
Intention et responsabilité civile, PUAM, 2004, préf. D. Mazeaud.
Weill A.
La relativité des contrats en droit privé français, thèse, Strasbourg, 1938.
Wester-Ouisse V.
Convention et juridiction pénale, thèse, Nantes, 1999.
Wingten R.
Étude critique de la notion d'opposabilité, les effets du contrat à l'égard des tiers en droit français et allemand, LGDJ, 2002, préface J. Ghestin.
Zens A.
De la responsabilité du voiturier à raison des accidents de personne, thèse, Paris, 1896.

2. Thèses, mémoires, monographies en langue arabe (traduction personnelle)

Ahmadi A.
Le juge et la preuve, thèse faculté de droit et des sciences politiques de Tunis, 1990.

Al Houar Achour S.
La responsabilité civile du médecin pour son fait personnel, mémoire de DEA, faculté de droit et des sciences économiques et politiques de Sousse, 1992-1993.

Amri A.
Le rite malékite et le Code des obligations et des contrats, mémoire de DEA, Institut supérieur de théologie, 2003-2004.

Ayari S.
L'unité des fautes civiles et pénales, mémoire de DEA, faculté de droit et des sciences politiques de Tunis, 1974-1975.

Battikh O.
La responsabilité civile en droit musulman et en droit positif, thèse, Institut supérieur de théologie, 1987.

Bejaoui Y.
La réparation du dommage né d'une infraction, mémoire de DEA, faculté de droit de Tunis, 1997-1998.

Belhaj Hassine M.
La responsabilité du commettant du fait de son préposé en droit tunisien, mémoire de DEA, faculté de droit et des sciences politiques I, Tunis, 1980.

Ben Ali Nfissi M.
L'exécution forcée de l'obligation de faire, mémoire de DEA, faculté de droit et des sciences politiques de Tunis I, 1989.

Ben Hassanna A.
La consécration de la distinction entre les obligations de moyens et les obligations de résultat en droit tunisien, mémoire de DEA, faculté de droit et des sciences politiques de Tunis, 1999-2000.

Ben Hwidi F.
Le contrat de sous-traitance, mémoire de DEA, faculté de droit et des sciences politiques de Tunis I, 1995-1996.

Ben Maatoug K.
La responsabilité des parents du fait de leur enfant mineur, mémoire de DEA, faculté de droit et des sciences politiques de Tunis, 1995-1996.

Ben Miled C.
Le rôle de la faute dans la responsabilité contractuelle, mémoire de DEA, faculté de droit et des sciences politiques de Tunis I, 1997.

Blel M.
Le rôle de la faute dans la responsabilité civile délictuelle et quasi-délictuelle, mémoire de DEA, faculté de droit et des sciences politiques de Tunis, 1990.
Briki, C.
La prévisibilité du dommage contractuel, mémoire de DEA, faculté de droit et des sciences politiques de Tunis, 2004-2005.
Derbel A.
La responsabilité du promoteur immobilier et la protection de l'acheteur, mémoire de DEA, faculté de droit de Sfax, 2001-2002.
Elluch Mallek S.
L'autorité de la chose jugée au pénal sur le civil, thèse, faculté de droit et des sciences politiques de Tunis, 2003-2004.
Elluch Mnif M.
La stipulation pour autrui, mémoire de DEA, faculté de droit de Sfax, 1998-1999.
Farhat M.
La responsabilité civile du fait des produits défectueux, mémoire de DEA, faculté de droit et des sciences politiques de Tunis, 2002-2003.
Jerbi S.
L'interprétation du contrat, thèse, CPU, 1999.
Khammar L.
La victime et l'action pénale, mémoire de DEA, faculté de droit de Tunis, 1999-2000.
Mazouni Z.
Le principe de la neutralité du juge civil dans le droit tunisien, mémoire de DEA, faculté de droit et des sciences politiques de Tunis, 1980-1981.
Rahwi B.
La responsabilité contractuelle du fait d'autrui, mémoire de DEA, faculté de droit et des sciences politiques de Tunis I, 1996-1997.
Taleb Ali H.
Le décès en droit civil, thèse, faculté de droit et des sciences politiques de Tunis, 2005-2006.
Tayachi A.
L'influence du degré de la faute sur la réparation, mémoire de DEA, faculté de droit et des sciences politiques de Tunis, 2000-2001.
Trabelsi A.
Analyse de l'article 277 du Code des obligations et des contrats, mémoire de DEA, faculté de droit et des sciences politiques de Tunis I, 1998.

III. Articles, chroniques, rapports, conclusions, notes et observations

1. Articles, chroniques, rapports, conclusions, notes et observations en langue française

Agostini E.

Note sous Civ. 2e, 5 juin 1985, JCP 1987, II, 20 744

Allix D.

Réflexions sur la mise en demeure, JCP. 1977, I, 2844

Mise en demeure, Juris-classeur 2003, fasc. 21

Alt-Maes F.

L'information médicale du patient, au cœur de la distinction entre responsable délictuelle et responsable contractuelle, RDSS, 1994, p. 381

L'hébergement chez ses parents du mineur placé : un conflit de responsabilités ?, note sous Crim., 26 mars 1997 et 25 mars 1998, PA 1999 n° 198, p. 14

La garde, fondement de la responsabilité du fait du mineur, JCP 1998, I, 154

Alves C.-M.

L'unification de la prescription médicale à l'épreuve de la prescription quadriennale, PA, 14 sept. 2004 n° 184, p. 3

Amrani-Mekki S.

Obs. sur Ass. plén., 7 juill. 2006, JCP 2006, I, 183

Liberté, simplicité, efficacité, la nouvelle devise de la prescription ?, JCP 2008, I, 160

Ancel P.

La responsabilité contractuelle, *in* les concepts français à l'heure des principes du droit européen des contrats, Dalloz, 2003, p. 243

Les arrêts de 1998 sur l'action en responsabilité contractuelle dans les groupes de contrats, quinze ans après. Études en l'honneur de A. Ponsard, Litec 2003, p. 3

Note sous Civ. 1re, 28 oct. 2003, PA 2004, n° 255, p. 11

Le contrat avec effets protecteurs pour les tiers, RDC 2004 n° 2, p. 471

Obs. sur Ass. Plén. 6 oct. 2006, RDC 2007 n° 2, p. 538

Antoine D.

Note sous Civ. 2e, 15 avr. 1999, JCP 2000, II, 10 317

Archer F.

La responsabilité civile du propriétaire-bailleur pour le trouble de voisinage causé par son locataire, Defrénois, 30 mai 2001 n° 10, p. 607

Aribi I.
L'article 273 du Code des obligations et des contrats et l'option entre l'action en exécution et l'action en résolution, RTD 1999, p. 137
Arlie D.
L'obligation de sécurité du vendeur professionnel, RJDA 1996, p. 409
Arteil D.
L'effet des conventions à l'égard des tiers dans l'avant-projet de réforme du droit des obligations, PA, 15 novembre 2006 n° 228, p. 11
Asfar C.
Note sous Civ. 3e, 6 janv. 1999, D. 2000, Jur. p. 426
Asselain M.
Responsabilité des professionnels de santé salariés : changement de solution, RCA mars 2005, étude n° 6
Aubert J. L.
Note sous Ass. plén., 15 nov. 1985, D. 1986, p. 81
Note sous Paris, 29 oct. 1984, D. 1985, p. 288
Note sous Ass. plén., 12 juill. 1991, Défenois 1991, art. n° 35150
À propos d'une distinction renouvelée des parties et des tiers, RTD civ. 1993, p. 263.
La distinction du fait et du droit dans le pourvoi en cassation, D. 2006, p. 1115
Aubry J.
Le domaine de la loi d'autonomie en droit international privé, JDI 1996, p. 465
Aynès L.
Les effets du contrat à l'égard des tiers (article 1165 à 1172 de l'avant-projet de réforme), RDC 2006, n° 1, p. 63
Azard P.
Renouveau ou déclin de la responsabilité contractuelle, *in* mélange Bissonnette, p. 1
Azavant M.
Note sous Civ. 1re, 28 oct. 2003, PA 2004, n° 155, p. 13
Bacache-Gibeili M.
Note sous Civ. 1re, 22 nov. 2007, D. 2008, p. 816
Bach L.
Réflexions sur le fondement de la responsabilité civile en droit français, RTD civ. 1977, p. 17
Bag-Bag M.
De la possible réception de la notion de clause pénale par le Code des obligations et des contrats, RTD 1998, p. 56
Singulier résultat d'une conjugaison des sources, RTD 2000, p. 21
Bangoura N.
Note sous Civ. 1re, 9 nov. 2004, GP 2005 n° 11, p 16,

Baptiste Laydu J.
Note sous Civ. 2e, 21 fév. 2008, D. 2008, p. 2125
Barbiéri J.-F.
Note sous Civ. 1re, 9 nov. 2004, 2 arrêts, PA 2004 n° 255, p. 11
Batteur A.
De la responsabilité des agences de voyages organisés. Vers un cas autonome de responsabilité contractuelle du fait d'autrui ?, J.C.P. éd. E., 1992.1.13 I
Baudouin J-L.
L'affaire Wabasso : un débat entre la théorie et la pratique ?, Revue de McGill 1982, n° 4, p. 812
Baurreis J.
Le nouveau droit de la prescription, RIDC, 2002, n° 4, p. 1023
Le rôle de l'action directe contractuelle dans les chaînes internationales de contrats, Rev. Crit. DIP 2000, p. 331
Beaugendre S.
Note sous Civ. 3e 30 janv. 2002, P. A 13 sept. 2002, n° 284, p. 3
Bécqué E.
De la responsabilité du fait d'autrui en matière contractuelle, Contribution l'étude du droit comparé des obligations, RTD Civ. 1914, p. 251.
Beignier B.
Note sous Civ. 2e, 18 mars 2004, D. 2004, p. 2324
Belknani F.
Code des obligations et des contrats et la codification, in Livre du centenaire du Code civil, CPU, 2006, p. 5
La faute dans la responsabilité civile du médecin, Études juridiques, 2003, p. 207
Bellamy M.
Le pouvoir de commandement du juge, ou le nouvel esprit du procès, JCP 1973, I, 2522
Ben Aicha N.
Quelques précisions sur la signification actuelle de la lex delicti en droit tunisien, Études juridiques, 2000, n° 7, p. 34
Ben Ammou N.
L'évolution récente de la jurisprudence en matière de responsabilité civile, RTD 1996, p. 17.
Note sous Cass. civ., chambres réunies, n°35 350, 29 fév. 1996, RTD 1996, p. 273
L'avant-propos de l'avant-projet de Code civil et commercial tunisien (commentaire d'un indigène décolonisé sur l'œuvre d'un orientaliste faisant fonction de législateur), CPU, 2006, p. 65
Ben Fadhel O.
Note sous Cass. civ., n° 5672 du 3 avr. 2001, RTD 2002, p. 125

Facilitation du transport maritime international et du passage portuaire en Méditerranée. Aspects de droit tunisien, RTD 2004, p. 4.
Le transport multimodal international de marchandises. État des lieux et perspectives d'avenir, RTD 2005, p. 3

Bénabent A.
Note sous Civ. 2e, 8 nov. 1976, II, 18 759
Les moyens soulevés en secret par le juge, JCP 1977, n° 2849.
Note sous Civ. 1re, 29 nov. 1978, D. 1979, p. 381
Note sous CE arrêt du 12 oct. 1979, D. 79, p. 606
Note sous Ass. plén., 7 fév. 1986, D. 1986, p. 293
Note sous Com. 27 oct. 1992, D. 1992, p. 505
Le chaos du droit de la prescription extinctive, in mél. Boyer, Toulouse, 1996, p. 125

Benmaklouf A.
Conclusions sur Soc. 21 fév. 2002, n° 834, 837, 838, 842, 844, 845, JCP 2002, II, 10 053

Berly J. M.
La responsabilité du maître de l'ouvrage en raison des troubles anormaux de voisinage, Constr.-Urb. janv. 2000, Chron° 1.
Le recours du maître de l'ouvrage condamné en qualité de vendeur sur le fondement de la théorie des troubles de voisinage, Constr. Urb., oct. 2001, Chr. n° 19

Bernard-Fertier F.
Note sous CJCE 9 nov. 2000, Rev. crit. DIP 2001, p. 359

Bertin Ph.
Les nouvelles règles de la prescription de l'action civile, Gaz. Pal. 1985, 2, doct. P. 507

Besson.
Note sous Req. 23 nov. 1927, D. 1928, 1, 121.

Bigot de la Touanne S.
Obs. sur Civ. 3e, 21 mai 2008, D. 2008, p.1550

Billiau M.
Note sous Ass. Plén. 25 fév. 2000, JCP 2000, II, 10 295
Note sous Ass. plén. 14 déc. 2001, JCP 2002, II, 10 026
Note sous Civ. 1re, 13 nov. 2002 JCP G 2003, II, 10 096
Note sous Ass. plén., 6 oct. 2006, JCP 2006, II, 10 181

Bischoff J.-M.
Obs sur CJCE 17 juin 1992, JDI 1993, p. 469.
Note sous CJCE 9 nov. 2000, JDI 2001, p. 701

Blanc E.
Une année d'application de la nouvelle procédure civile, Bilan jurisprudentiel, JCP 1973, I, 1258.
Principes généraux de la novelle procédure civile, JCP 1973, I, 2559

Bloch L.
La responsabilité des agents de voyages après la loi du 22 juillet 2009 : voyage au confluent du droit commun, du droit spécial et du droit très spécial, RCA fév. 2010, étude 2
Blondel P.
Le juge et le droit, *in* Le nouveau Code de procédure civile, vingt ans après. Actes de colloque des 11 et 12 décembre 1997, La documentation française, 1998, p. 106
Bolard G.
Note sous Civ. 1re, 22 avr. 1997, JCP 1997, II, 22 944
Les écritures qualificatives, JCP G 2000, I, 214
Bollé S.
Note sous Civ. 1re, 27 mars 2007, D. 2007, p. 2077
Bonassies P.
Note sous Com., 29 nov. 1994, DMF 1995, p. 200
Bongils P.
Consécration de la dualité des fautes civile et pénale non intentionnelles, D. 2004, p. 721.
Bonnard J.
Note sous Civ. 1re, 10 fév. 1993, D. 1993, p. 605
Bonnet E.
Responsabilité délictuelle et contrat, Rev. Crit 1912, p. 418
Boré J.
Le recours entre coobligés in solidum, JCP 1967, I, 2126
La causalité partielle en noir et blanc ou les deux visages de l'obligation in solidum, JCP 1971, I, 2369
La rédaction des conclusions en prévision du pourvoi en cassation, Gaz. Pal. 1974, 2, doctr., p. 803
Borghetti J. S.
Obs. sur Civ. 2e, 24 mai 2006, RDC 01 avril 2007 n° 2, p. 286
Obs. sur Civ. 1re, 15 mai 2007, RDC 01 oct. 2007 n° 4, p. 1147
La responsabilité du fait des choses, un régime qui a fait son temps, RTD civ. 2010, p. 1
Bories S.
Obs. sur CA de Montpellier, 20 janv. 1992, JCP G. 1993, II, 22 125
Boubli B.
Note sous Civ. 1re, 4 nov. 1971, JCP 1972, II, 17 070
Bouché G.
Note sous Civ. 2e, 20 nov. 2003, D. 2004, Jur. 300
Note sous Civ 2e, 18 sept. 2003, PA 15 juin 2004 n° 119, p. 19
Bouillane de Lacoste O.
L'application des règles de droit civil en cas de relaxe du prévenu, GP 1987, doctr., p. 397

Bouloc B.
Note sous Crim 9 janv. 1973, JCP 1974, II, 17 675
Bourel P.
Note sous Chambéry, 14 déc. 1965, Rev. Crit. DIP 1964, p. 111.
Civ. 1re, 15 déc. 1969, Rev. Crit. DIP 1971, p. 512
Du rattachement de quelques délits spéciaux en droit international privé, RCADI 1989, II, 255
Bout R.
La convention d'assistance, *in* mél. Kayser, 1979, T. 1, p. 157
Boy L.
Note sous Cour d'appel de Paris, 15 janv. 1999, JCP 1999, II, 10 068.
Bravo L. F.
Rapports entre contrats et obligations délictuelles, RCADI 1975, vol. 146, p. 383
Brèthe De La Gressaye J.
Note sous Soc., 27 nov. 1958, J. C. P. G. 1959, II, 11 143
Breton A.
Note sous Cass. Civ. Arrêt du 20 mai 1936, S. 1937, 1, 321
Brière de l'isle G.
La faute intentionnelle (à propos de l'assurance de la responsabilité civile professionnelle), D. 1973, p. 259.
La faute dolosive, tentative de clarification, D. 1980, chron., p. 133.
La faute intentionnelle ou cent fois sur le métier…, D. 1993, p. 75
Brun Ph.
Note sous Civ. 1re, 4 nov. 1992, D 1994, p. 45
Note sous Civ. 1re, 21 oct. 1997, D. 1998, p. 271
Note sous Civ. 1re, 9 nov. 1999, JCP 2000, II, 10 251
L'évolution des régimes particuliers de responsabilité du fait d'autrui, Resp. civ. et assur. nov. 2000, hors série, p. 10
Note sous Ass. Plén. 25 fév. 2000, D. 2000, p. 673
Note sous Ass. Plén 6 oct. 2006, RDC janv. 2007, p. 5
De l'intemporalité du principe de la responsabilité du fait des choses et de quelques autres considérations sur ses prétendues répercussions négatives en droit des obligations, RTD civ. 2010, p. 487
Brunet J.-P.
Observations critiques sur l'obligation *in solidum* en responsabilité délictuelle, GP 1965, 2, doct., p. 75
Brusorio M.
Note sous Civ. 2e, 13 juill. 2006, JCP 2007, II, 10 169
Cabrillac M.
Note sous Cour d'appel de Tunis 13 déc. 1960, RTD 1962, p. 113

Cachard O.
La force obligatoire vis-à-vis du destinataire des clauses relatives à la compétence internationale stipulée dans les connaissements, *in* Mélanges en l'honneur de H. Gaudemet-Tallon, Dalloz, 2008, p. 1989
Calais Auloy J.
Ne mélangeons plus conformité et sécurité, D. 1993, p. 130
Menace européenne sur la jurisprudence française concernant l'obligation de sécurité du vendeur professionnel, D. 2002, p. 2458
Le risque de développement : une exonération contestable, *in* Mélanges M. Cabrillac, Litec, 1999, p. 81
Existe-t-il en droit français plusieurs régimes de responsabilité du fait des produits ?, *in* Études offertes à G. Viney, LGDJ, 2008, p. 201
Calatayud N.
Note sous CA Pau 12 mars 1997, PA 25 juin 1999, n° 126, p. 29
Camproux M.-P.
La loi du 5 juillet 1985 et son caractère exclusif, D. 1994, chron., p. 109
Capoulade P.
Obs. sur Civ. 3e, 21 juill. 1999, RD imm., p. 685,
Carval S.
Obs. sur Civ. 3e, 22 juin 2005, R D C, 2006 n° 3, p. 833
Obs. sur Ass. Plén. 6 oct. 2006, RDC 2007, n° 2, p. 279
La faute délictuelle du débiteur défaillant : quelques observations sur les pistes ouvertes par l'arrêt de l'Assemblée plénière du 6 octobre 2006, Études offertes à G. Viney, LGDJ, 2008, p. 229
Cassin R.
Remarques sur l'interprétation jurisprudentielle de l'article 470-1 du Code de procédure pénale, Mélanges Larguier, PUG, 1993, p. 149
Castets-Renard C.
Note sous Civ. 2e, 20 nov. 2003, JCP E 2004, p. 476
Chabas F.
Remarques sur l'obligation in solidum, RTD civ. 1967, p. 310
Note sous Civ. 15 nov. 1972, D. 1973, p. 533
Obs. sur Civ. 2e, 27 oct. 1982, GP 1984, Pan. 60
Note sur Civ. 2e, 3 fév. 1983, JCP 1984, II, 20 270
Obs sur Civ. 1re, 11 mars 1986, GP 1986, 2, somm. p. 333
Note sous Civ. 1re, 4 juin 1991, GP. 1992, 2 , 503
Note sous Crim., 5 mars 1992, JCP G 1993, II, 22 013
Note sous Crim. 10 oct. 1996, JCP 1997, II, 22 833
Obs. sur Civ. 1re, 26 mai 1999, Droit et patrimoine juill-août 2002, n° 3113
Obs. sur Civ. 2e, 20 janv. 2000, DP 2000, n° 2547
Obs. sur Civ. 3e, 27 juin 2001, Droit et patrimoine, mai 2002, n° 104
Obs. sur Civ. 1re, 9 avr. 2002, Droit et patrimoine juill- août 2002, n°3113
Note sous Ass. plén., 13 déc. 2002, Gaz. Pal. 7-8 mars 2003, p. 52

Obs. sur Civ. 2e, 20 nov. 2003, Droit et patrimoine 2004, n° 3437
Note sous Civ. 1re, 9 nov. 2004, D. 2005, p. 253
Obs. sur Civ. 1re, 5 avr. 2005, Droit et patrimoine 2005, n° 140, p. 104
Observations sur le fait personnel et le fait des choses, RDC 2007, n° 1, p. 73

Chapuis C.
Les règles de la bonne foi entre contrat et délit, *in* Pacte, convention, contrat. Mélange en l'honneur du professeur Bruno Schmidlin, Bâle, Francfort-sur-le-Main, 1998, p. 227

Chapuis C.et Werro F.
La responsabilité civile à la croisée des chemins, R. D. S., 2003, II, p. 237

Charfeddine M. K.
Esquisse sur la méthode normative retenue dans l'élaboration du Code tunisien des obligations et des contrats, RIDC, 1996, n° 2, p. 422

Chauveau P.
Note sous Civ. 1re, 3 juin 1970, D. 1971, p. 373
Note sous Civ. 2e, 4 juin 1973, D. 1973, p. 673

Chauvel P.
Obs. sur Civ. 1re, 13 fév. 2001, Droit et patrimoine, mai 2001, p. 114

Chazal J. P.
Théorie de la cause et justice contractuelle. À propos de l'arrêt Chronopost, JCP 1998, I, 152

Chemly L.
L'évolution du droit positif tunisien sous l'influence des conventions internationales maritimes, RJL nov. 2006, p. 41

Chevrier E.
Obs. sur Com. 6 mars 2007, D. 2007. AJ. 1078.

Cicile-Delfosse M-L.
Note sous Civ. 2e, 28 mars et 4 juill. 2002, PA déc. 2002 n° 258, p. 8

Cohen D.
Note sous Civ. 1re, 28 mai 2002, Revue de l'arbitrage 2003, p. 397

Coipel Cordonnier N.
Note sous Civ. 1re, 28 mai 2002, Rev. crit. DIP 2002, p. 758

Collomb P.
Note sous Civ. 1re, 12 juin 1990, JCP 1990, II, 21 510

Commaret D. N.
La loi du 10 juillet 2000 et sa mise en œuvre par la chambre criminelle de la Cour de cassation, G. P. 12-13 avril 2002, p. 3

Conte P.
Note sous Crim. 4 janv. 1995, RCA 1996, n° 4,

Cordelier E.
Note sous Civ. 2e, 4 juill. 2002, D. 2003, p. 519

Corgas-Berneard C.
Note sous Civ. 1re, 8 fév. 2005, D. 2005, p. 2058
Cornelis L.
Note sous Civ. 1re (Bel), 11 avr. 1986, RCJB 1990, p. 79
Corneloup S.
Transformation de la Convention de Rome sur la loi applicable aux obligations contractuelles. Le futur règlement communautaire « Rome I », Aperçu rapide, JCP 2008, p. 320
Cornu G.
Le problème du cumul de la responsabilité contractuelle et de la responsabilité délictuelle, Études de droit contemporain, Rapport du 6e Congrès de droit comparé, 1962, p. 239 et s.
Corny A.
Une révolution inaperçue (À propos des arrêts de la C.J.C.E. du 25 avril 2002), PA 9 mai 2003, n° 93, p. 4
Coudevylle-Loquet M.
De l'effet relatif des contrats en matière de transport interne de marchandises, RTD com. 1992, p. 751
Courbe. P.
Note sous Civ. 1re, 9 mars 1983, JCP 1984, II, 20 295
Courtieu G.
Note sous Civ. 3e, 21 juill. 1999, RCA 2000, chron. 6.
Crépau P. A.
Réflexions sur le fondement juridique de la responsabilité civile du transporteur de personnes, Mc. Gill 1960, p. 225.
L'affaire Wabasso sous les feux du droit comparé, Rev. Mc Gill 1982, n° 4, p. 789.
L'indemnisation de la victime par ricochet d'un accident mortel résultant de l'inexécution d'un devoir contractuel, Rev. McGill 1981, n° 3, p. 567
Czachorski W.
Le problème du cumul de la responsabilité contractuelle et délictuelle, 6e congrès international de droit comparé, Hambourg, 1962, Centre inter-universitaire de droit comparé, établissement Émile Bruylant.
Dagorne-Labbé Y.
Note sous Civ. 1re, 15 janv. 1991, D. 1992, p. 242
La loi du 19 mai 1998 relative à la responsabilité du fait des produits défectueux, Defrénois 1998, art. 36 888, p. 1265
Note sous Civ. 1re, 9 nov. 1999, PA oct. 2000 n° 214, p. 23
Daille-Duclos B.
Note sous Civ. 2e, 20 nov. 2003, JCP 2004, II, 10 004
Damas N.
Note sous Civ. 2e, 24 févr. 2005, D. 2005, p. 1395

Dammak H.
L'étendue de la responsabilité du transporteur maritime dans le temps, RJL nov. 2006, p. 105
Dargent L.
La réforme de la prescription en matière civile, D. 2008, p. 1332
Daverat G.
Note sous CA Poitiers 29 juin 1983, D. 1984, p. 61
De Juglart M.
La loi du 2 mars 1957, JCP 1957, 1, 1362.
Note sous Crim. 17 mai 1966, JCP 1966, II, 14 703
De la Massue H.
De l'absence de novation dans la résolution de l'obligation contractuelle, RTD. civ. 1932, p. 377
De Lagrange E.
La responsabilité du commettant du fait de ses préposés et l'article 267 du Code de la route, RTD 1966-1967, p. 9
De Lescure P.
Responsabilité des constructeurs : quelle responsabilité contractuelle de droit commun en cas de dommage à l'ouvrage ?, RDI 2007, p. 307.
De Monteynard G.
Réflexions sur une difficulté d'application en matière maritime : l'opposabilité au destinataire d'un transport maritime des clauses de compétence insérées dans le connaissement, Rapport annuel de la Cour de cassation, 2001, p. 291
De ville A.
Les responsabilités contractuelles et délictuelles et leurs rapports, RGAR 1932, p. 1044
Debat O.
Le contrat, source de responsabilité envers les tiers, PA, 2003 n° 190, p. 3
Defferrard F.
Une analyse de l'obligation de sécurité à l'épreuve de la cause étrangère, D. 1999, chr. p. 364
Deis-Beauquesne S.
Note sous Civ. 1re, 13 nov. 2002, D. 2003, jurisp. p. 580
Dejean de La Bâtie N.
Note sous Civ. 2e, 1er févr. 1973, JCP 19784, II, 17 810
Note sous Civ. 2e, 24 mai 1978, JCP 1979, II, 19 237
Delebecque P.
Les clauses de responsabilité, *in* Les principales clauses des contrats conclus entre professionnels, PUAM, 1990, p. 177.
Obs. Sur Cour d'appel de Paris, 8e ch. A, 15 sept. 1992, D. 1993, p. 98
Obs. sur Civ. 2e, 19 juin 1996, Defrénois 1996, p. 1373

La dispersion des obligations de sécurité dans les contrats spéciaux, Gaz. Pal. 1997, doctr., p. 1184 et s.
Que reste-t-il du principe de validité des clauses de responsabilité ? DA 1997, p. 235
Note sous Civ. 1re, 18 déc. 1996, D. 1997, somm., p. 289
Obs. Sur CJCE 9 nov. 2000, RTD com. 2001, p. 306
Note sous Civ. 1re, 18 juill. 2000, D. 2001, p. 2234
Note sous Civ. 1re, 30 janv. 2001, D. 2002, somm. p. 1320
Note sous Civ. 1re, 13 fév. 2001, D. 2001, somm., p. 2234.
Obs. sur Civ. 1re, 12 juill. 2001, D. 2001. Somm. 3246
Note sous CA Rouen, 8 oct. 2002, RDC 2003, n° 1, p. 140
Obs. sur Civ. 1re, 28 oct. 2003, D. 2004, p. 233
Obs. sur Com. 4 janv. 2005, RDC 2005, n° 3, p. 756
Obs. sur Ass. Plén. 6 oct. 2006, RDC 2007 n° 2, p. 556
Obs. sur Civ. 1re, 21 nov. 2006, RDC avril 2007 n° 2, p. 392

Delebecque Ph. et Mazeaud D.
Les clauses de responsabilité : clauses de non-responsabilité, clauses limitatives de réparation, clauses pénales, *in* Les sanctions de l'inexécution des obligations contractuelles. Étude de droit comparé sous la direction de M. Fontaine et G. Viney, éd. Bruylant et LGDJ, 2001, p. 361

Delmotte P.
Note sous Com. 4 oct. 2005, RJDA janv. 2006

Delpech X.
Obs sur Com. 4 mars 2008, D. 2008, p. 845

Demichel A.
Le droit pénal en marche arrière, D. 1995, p. 213

Demogue R.
Note sous 11 janv. 1922, S. 1924, 1, 105
De la responsabilité du vendeur à raison des inconvénients de la chose, RTD civ. 1923, p. 645
Note sous Civ. 6 déc. 1932, RTD civ. 1933, p. 109, obs. ;

Depadt-Sebag V.
Note sous Ass. Plén. 6 oct. 2006, PA, 16 mai 2007 n° 98, p. 16

Derrida F.
Note sous Civ. 7 fév. 1949, D. 1949, p. 377

Desideri J. P.
Le fondement juridique de la demande dans le procès civil, P. A 2000, n° 111, p. 5

Desnoyer C.
L'article 4-1 du Code de procédure pénale, la loi du 10 juillet 2000 et les ambitions du législateur : l'esprit contrarié par la lettre, D. 2002, p. 979

Desrayaud A.
École de l'exégèse et interprétations doctrinales de l'article 1137 du Code civil, RTD civ. 1993, p. 536
Dieux X.
Le contrat instrument et objet du dirigisme, *in* Les obligations contractuelles, éd. Jeune Barreau, 1994
Les chaînes et groupes de contrats en droit belge, pour un retour aux sources, *in* Les obligations en droit français et en droit belge, convergences et divergences, Bruylant, Dalloz, 1994, p. 127
Djoudi J.
La responsabilité du commettant-contractant : une hybridation difficile, D. 1999 p. 677
Dorsner-Dolivet A.
Que devient le principe de l'identité des fautes civile et pénale après la loi du 10 juillet 2000?, R. R. J 2002-1, p. 199
Dufour O.
Prescription civile, une vraie révolution est en préparation, PA 2008, n° 80, p. 4
Dumas J.P.
La responsabilité de l'hôtelier, D. 1974, chron. p. 104.
Duquesne F.
Note sous Com., 8 fév. 1994, P. A. 1996, n° 33, p. 14
Durand P.
Note sous Com. 1er fév. 1955, D. 1955, p. 338
Durant I., Verheyden-Jeanmart N.
Les dommages et intérêts accordés au titre de la réparation d'un dommage contractuel, in Étude de droit comparé, sous la direction de M. Fontaine et G. Viney, Bruylant, LGDJ, 2001, p. 308
Durry G.
Obs. Sur Civ. 1re, 8 oct. 1968, RTD civ. 1969, p. 345
Obs. sur Civ. 3e, 12 juin 1969, RTD. civ. 1970, p. 361
Obs. sur Ch. Mixte 20 déc. 1968, RTD civ. 1969, p. 333
Obs. sur Civ. 2e, 1 juill. 1970, RTD civ. 1971, p. 376
Obs. sur Civ. 1re, 27 juill. 1970, RTD. civ. 1971, p. 163
Obs. sur Civ. 2e, 5 juin 1971, RTD civ. 1972, p. 139
Obs. Sur Civ. 1re, 20 oct. 1971, RTD civ. 1972, p. 608
Obs. sur Civ 3e, 20 fév. 1973, R.T.D. civ. 1974, p. 609
Obs. sur Civ. 1re, 4 déc. 1973, RTD civ. 1974, p. 816
Obs. sur Civ. 2e, 18 juin 1975, R.T.D. civ. 1976, p. 146
Obs. sur Civ. 3e, 11 juin 1976, RTD civ. 1977, p. 136
Obs. sur CA Paris, 2 déc. 1977, R.T.D. civ. 1978, p. 882
Obs. sur Civ. 1re, 9 oct. 1979, R.T.D. civ. 1980, p. 354
Obs. sur Civ. 1re, 24 fév. 1981, D. 1981, p. 560

Obs. sur Civ. 1re, 11 mai 1982, RTD civ. 1983, p. 145
Obs. sur Civ. 2e, 27 oct. 1982, RTD civ. 1984, p. 318
Obs. sur Civ. 2e, 7 déc. 1983, R.T.D. Civ. 1984, p. 749
Responsabilité délictuelle et responsabilité contractuelle : dualité ou unité ?, RCA, hors-série 2001, p. 20 et s

Duval-Arnoul D.
Rapport sur Civ. 1re, 9 nov. 2004, JCP G 2005, II, 10 020

Esmein P.
Les clauses de non-responsabilité, RTD civ. 1926, p. 313.
Le fondement de la responsabilité contractuelle rapprochée de la responsabilité délictuelle, RTD civ. 1933, p. 627.
Trois problèmes de responsabilité civile, RTD civ. 1934, p. 317.
L'obligation et la responsabilité contractuelle, in Le droit privé français au milieu du XXe siècle, in Mélanges Ripert, II, 1950, p. 101.
Note sous Civ. 2e, 12 fév. 1955, D. 1956, p. 17
Note sous Civ. 2e, 13 mai 1955, JCP 1956, II, 9246
La chute dans l'escalier, JCP 1956-I-1321
Note sous Civ. 2e, 10 juin 1960, JCP 1960, II, 11 814
Note sous Cass. civ. 10 oct. 1960, JCP 1961, II, 11 980
Transporteurs, veillez sur nous, D. 1962, chron., p. 1.
Note sous Civ. 1re, 30 oct. 1962, D. 1963, p. 57
Note sous Civ. 1re, 7 nov. 1962. JCP G. 1963, II, 12 987
Note sous Soc., 14 fév. 1963, JCP G 1964, II, 13 611

Espagnon M.
Note sous Civ. 2e, 8 juin 1979, D. 1980, p. 583
Rapports entre responsabilité délictuelle et contractuelle. Généralités. Domaine des responsabilités délictuelle et contractuelle entre contractants, Juris-Classeur 2002, fasc. 16-10.
La prévision contractuelle et l'action en responsabilité du tiers contre le contractant (De l'arrêt Lamborghini à l'article 1342 du projet de réforme du droit des obligations et de la prescription), Mél. Viney, LGDJ 2008, p. 377

Euzen S.
La distinction des responsabilités civiles contractuelle et délictuelle à l'épreuve l'abus de fonctions, PA 1997, n° 65, p. 84.

Fages B.
Note sous Civ. 2e, 21 mai 1997, D. 1998, Jur. p. 150

Fagnart J.
La responsabilité extracontractuelle du prestataire de service, *in* Les prestations de services et le consommateur, 1991, p. 107

Faure-Abbad M.
La présentation de l'inexécution contractuelle dans l'avant-projet Catala, D. 2007, chron., p. 165

Fauvarque-Cosson B.et François J.

Commentaires de la loi du 17 juin 2008 portant réforme de la prescription en matière civile, D. 2008, p. 2511

Ferron G.

Note sous Bordeaux, 8 juill. 1909, S. 1911, II, 233

Forest G. et Chenu D.

Note sous Civ. 3e, 1er avr. 2009, D. 2009, p. 1083

Fortis E.

Note sous Civ.1re, 28 oct. 1991, D. 1992, somm. comm. p. 271

Note sous Civ. 1re, 4 nov. 1992, D. 1994, somm. comm., p. 15

Fossereau J., Voulet J.

Pourvoi en cassation, les arrêts de la Cour de cassation, effet, interprétation, J.-Cl. Procédure civile 1992, n° 103.

François J.

Note sous Ass. plén., 29 juin 2007, D. 2007, p. 2408

Frison-Roche A-M.

Note sous Civ. 2e, 4 nov. 1988, D. 1989, p. 609

Froment J.-L.

L'action civile devant le juge pénal en matière d'homicide et de blessures involontaires depuis le loi du 8 juillet 1983 relative à la protection des victimes, GP 1986, 1, doctr., p. 40

Frossereau J.

Le clair-obscur de la responsabilité des constructeurs, D. 1977, chron., p. 28

Galliou- Scanvion A.- M.

Note sous Civ. 2e, 9 déc. 1999, D. 2000, p. 713

Gallmeister I.

Obs. sur Civ. 3e, 20 déc. 2006, D. 2007. 148

Obs. sur Civ. 1re, 15 mai 2007, D. 2007. 1593

Gandolfi G.

La responsabilité contractuelle dans le projet « Pavesan » d'un Code européen des contrats, *in* Mélanges J.-P. Sortais, Bruylant, 2002.

Gardach J.

Note sous Civ. 2e, 8 mars 1995, II, 22 499

Gariazzo.

Avis sur Ass. plén., 6 oct. 2006, JCP 2006, II, 10 181

Garnier J.

De l'arrêt Teffaine aux arrêts Jand'heur, *in* La responsabilité du fait des choses, Réflexions autour d'un centenaire, Economica, 1997, p. 25

Gassin R.

Lois spéciales et droit commun, D. 1961, chron, p. 91

Gaudemet H.

Note sous CJCE 17 juin 1992, Rev. Crit. DIP 1992, p. 730

Gauvin F.
Note sous Civ. 1re, 10 mars 1998, P. A. 2 oct. 1998, p. 23
Gavin-Milan-Oosterlynck E.
Pour une durée décennale de la responsabilité du constructeur, RDI 2006, p. 259
Obs. sur Civ. 3e, 20 déc. 2006, RD imm 2007 p. 145
Gay J-L.
Recherches sur les origines de la responsabilité contractuelle. Mélange G. Le Bras, tome II, 1199
Gazzaniga J.-L.
Note sur l'histoire de la faute, *in* La fin de la faute ? Droits, 1987, p. 17.
Les métamorphoses historiques de la responsabilité, *in* 6e journée R. Savatier, PUF, 1997, p. 3
Gentili C.
Note sous Civ. 3e, 27 juin 2001, P. A, 25 février 2002 n° 40, p. 14
Gény F.
Risques et responsabilité, RTD civ. 1902, p. 816
Ghestin J.
La faute intentionnelle du notaire dans l'exécution de ses obligations contractuelles et l'assurance de responsabilité, D. 1974, chron., p. 31
La distinction entre les parties et les tiers au contrat, JCP G. 1992, I, 3628
Le nouveau titre IV bis du livre III du Code civil « de la responsabilité du fait des produits défectueux, JCP G 1998, I, 148
Giardin C.
Note sous CA Douai, 3e ch. 16 déc. 1999, JCP 2000, II, 10 420
Glansdorff F.
Actions et recours contre l'entrepreneur en matière de troubles de voisinage (à propos de deux innovations de la Cour de Cassation de France), *in* Mélanges Ph. Gerard, Bruylant 2002, p. 64
Glenn P.
De la cause de l'action et de la compétence internationale, Rev. McGill 1982, n° 4, p. 793
Goldman B.
Garde de la structure et garde de comportement, Mélanges P. Roubier, Dalloz-Sirey, 1961, tome II, p. 51.
Gorny A.
Note sous Civ. 1re, 5 avr. 2005, D. 2005, Jur. p. 2256
Gosselin-Gorand A.
Les enjeux de l'harmonisation totale des législations des États membres sur la responsabilité du fait des produits défectueux imposée par la directive du 25 juillet 1985 (À propos de l'arrêt de la C.J.C.E. du 25 avril 2002), PA, 18 déc. 2002 n° 252, p. 4

Gosselin-Gorand A.
Les enjeux de l'harmonisation totale des législations des États membres sur la responsabilité du fait des produits défectueux imposée par la directive du 25 juillet 1985, (À propos de l'arrêt de la C.J.C.E. du 25 avril 2002), PA 18 décembre 2002 n° 252, p. 4
Gouttenoire A.
Note sous Civ. 2e, 20 janv. 2000, JCP G 2000, II, 10 374
Gouttenoire A. et Roget N.
Note sous Civ. 2e, 6 juin 2002, JCP G 2003, II, 10068
Gouttes M.
Conclusions sur Ass. plén. 14 déc. 2001, Gaz. Pal, 26 fév. 2002 n° 57, p. 29
Gridel J.-P.
Note sous Civ. 1re, 3 juill. 2002, D. 2002, p. 2631
Grimaldi C.
Obs. sur Ass. Plén. 6 oct. 2006, RDC 2007, n° 2, p. 536
Groslière J.-C.
Note sous Civ. 2e, 7 février 1985, D. 1986, somm., p. 17
Gross B.
Propos dubitatifs sur l'obligation de sécurité pesant sur le vendeur professionnel du fait des produits vendus, D. Aff. 1996, p. 677
Groutel H.
Note sous Crim., 23 juin 1988, RCA. 1988, chron. n° 3
Les groupes de contrats : le retour à l'orthodoxie, Resp. civ. et assur. oct. 1991, chron. 23.
Note sous Civ.1re, 28 oct. 1991, Resp. civ. et assur. 1992, chron. 8
De quelques méfaits de la convention d'assistance, Resp. civ. et assur, avr. 1993, chron. 11.
Note sous Civ. 1re, 24 nov. 1993, R. C. A. 1993, chron. n° 6
L'impérialisme de l'obligation de sécurité, RCA 1994, chron. 6.
Obligation de sécurité et responsabilité du fait des choses, enfin !, RCA 1995, chron. 16.
Note sous Civ. 2e, 28 fév. 1996, chron. 20
Vers un chambardement de l'obligation de sécurité dans les contrats ?, *in* Le droit des assurances et de la responsabilité civile. 10 ans de jurisprudence commentée, 1988-1998, RCA hors-série, n° 85, p. 125.
Travaux immobiliers et troubles de voisinage : une jurisprudence troublante, Resp. civ. et assur. 1999, chron. n° 23
Civ. 2e, 15 avr. 1999, RCA juill.-août 1999, chron. 16
Note sous Ass. plén. 25 fév. 2000, Resp. civ. et assur. 2000, chron. 11
Note sous Civ. 2e, 29 mars 2001, Resp. civ. et assur. 2001 chron. 14
Responsabilités du fait d'autrui : l'inexorable progression, Resp. civ. et assur. 2003, chron. n° 4.

Grynbaum L.

Note sous CA Paris 17 ch. A, 11 juin 2001, Resp. civ. et assur. 2001, comm. 279

Note sous Civ. 3e, 28 nov. 2001, Resp. civ. et assur. 2002, n° 143

Note sous Civ. 2e, 20 nov. 2003, D. 2003, p. 2902

Responsabilité et contrat : l'union libre. Variations sur la responsabilité contractuelle, le préjudice corporel et les groupes de contrat, *in* mélanges Ph. le Tourneau, Dalloz 2008, p. 409

Grymbaum L. et Job J.-M.

Note sous Civ. 1re, 5 avr. 2005, JCP 2005, II, 10 085

Guelfucci-Thieberge C.

De l'élargissement de la notion de partie au contrat… à l'élargissement de la portée du principe de l'effet relatif, RTD civ. 1994, p. 275

Guerder P.

Rapport sur Civ. 2e, 10 mai 2001, D. 2001, jurispr. p. 2851

Guinchard S.

L'ambition d'une justice rénovée, D. 1999, chron., p. 65

Haanapel P.P.C.

La responsabilité civile du manufacturier en droit comparé, Mc Gill 1980, n° 3, p. 364

La relation entre les responsabilités civiles contractuelle et délictuelle : l'arrêt Wassabo en droit québécois et en droit comparé, RIDC 1982, p. 103.

Hachem M. L.

Note sous Cass. Tun., 8 juin 1970, RTD 1975, p. 219

Halperin J-L.

La naissance de l'obligation de sécurité, Gaz Pal., 1997, doctr., p. 1176.

Harchaud-Ramu M.

Le transfert des garanties dans le crédit-bail mobilier, RTD civ. 1978, p. 209

Hassler T.

Le point sur l'obligation de sécurité, PA 1997, n° 19, p. 17.

Hauksson-Tresh N.

La détermination par le juge du mode de réparation, PA 1998, n° 54, p. 4

Hébraud P.

Rôle respectif de la volonté et des éléments objectifs dans les actes juridiques, *in* Mélanges Maury, tome II, p. 462 et s.

Rapport au Ve colloque des instituts d'Études judiciaires. La logique judiciaire, PUF, 1969, p. 23

Rapport de synthèse, Journées Études Avoués, GP 1975, 2, doct. p. 540

Hécart Ch.

L'article 1342 de l'avant-projet Catala : quelle cohérence?, D. 2006, p. 2268

Hemard J.
Note sous Com. 1er, fév. 1955, JCP 1955, II, 8772
Henriot J.
Note sur la date et le sens du mot responsabilité. Archives de philosophie du droit, 1977, p.59
Héron J.
Note sous Civ. 2e, 14 fév. 1985, JCP 1988, II, 20 130
Hervio-Lelong A.
Note sous Ass. plén., 13 déc. 2002, JCP G 2003, II, 10010
Herzog P. E.
Le début de la « révolution » des conflits de lois aux États-Unis et les principes fondamentaux de la proposition « Rome II ». Y a-t-il un « parallélisme inconscient », *in* Vers de nouveaux équilibres entre ordres juridiques, Dalloz 2008, p. 71
Heuzé H.
La notion de contrat en droit international privé, TCF DIP 1995-1998, p. 320
La volonté en droit international privé, Droits, 1998, p. 113
Note sous Civ. 1re, 5 janv. 1999, Rev. Crit. DIP 1999, p. 519
Hocquet-Berg S.
Remarques sur la prétendue convention d'assistance, Gaz. Pal. 1996, doctr., p. 32
Vers la suppression de l'acceptation des risques en matière sportive, RCA sept. 2002, chron., n° 15
Note sous Civ. 1re, 12 juill. 2007, JCP 2007, II, 10162
Houtcieff D.
Note sous Ass. Plén. 6 oct. 2006, D. 2006, p. 2933
Le régime des clauses limitatives de responsabilité est-il satisfaisant ?, RDC 2008 n° 3, p. 1020
Huet J.
L'obligation *in solidum* et le jeu de la solidarité dans la responsabilité des constructeurs, RDI 1983, p. 11.
Obs. sur Civ. 1re, 19 juill. 1983, RTD civ. 1984, p. 729
Obs sur Civ. 1re, 15 mai 1984, RTD civ. 1985, p. 389
Obs. sur Civ. 2e, 16 mai 1984, RTD civ. 1985, p. 585
Obs. Sur Ass. plén., 15 nov. 1985, RTD civ. 1986, p. 12.
Obs. sur Civ. 1re , 11 mars 1986, RTD civ. 1986, p. 767
Obs. sur Civ. 1re, 18 fév. 1986, RTD civ. 1986, p. 770
Observations sur la distinction entre les responsabilités contractuelle et délictuelle dans l'avant-projet de réforme du droit des obligations, RDC 2007, n° 1, p. 31

Hugon C.
La responsabilité civile délictuelle des services chargés d'une mesure d'assistance éducative, Droit de la famille, oct. 2004, étude 25
Huyette M.
Crim. 10 oct. 1996, D. 1997 p. 309
Note sous Civ. 2e, 20 janv. 2000, D. 2000, p. 571
Note sous Civ. 2e 6 juin 2002, 3 arrêts, D. 2002, p. 2750
Imbert E.
Note sous Civ. 1re, 9 nov. 1999, PA avril 2000 n° 71, p. 46,
Izorche M. L.
Propositions méthodologiques pour la comparaison, RIDC 2001, p. 289
Jacquemet M.
Quelques remarques à propos de l'étude M. Deville sur les responsabilités contractuelles et délictuelles, RGAR 1933, p. 17
Jacques Ph.
La relativité de la faute contractuelle devant l'assemblée plénière, Rev. Lamy droit aff déc. 2006, p. 70
Obs. sur Civ. 1re, 5 avr. 2005, RDC, mars 2006, p. 55.
Obs. Sur Ass. Plén., 6 oct. 2006, RDC 2007 n° 2, p. 569
Jaluzot B.
Méthodologie du droit comparé. Bilan et prospective, RIDC 2005, n° 1, p. 29
Jambu-Merlin R.
Dol et faute lourde, D. 1955, chron., p. 89.
Jamin C.
Une restauration et l'effet relatif du contrat (à propos de l'arrêt de l'assemblée plénière du 12 juillet 1991, Besse), D. 1991, chr., p. 257
Note sous Civ. 3e, 30 oct. 1991, JCP G 1992, I, 3570
Jerbi S.
La jurisprudence et la responsabilité médicale, la fin de l'arythmie paroxystique ?, *in* Études à la mémoire de Christian Lapoyade-deschamps, Presse universitaire de Bordeaux, 2004, p. 209
La responsabilité délictuelle dans le Code des obligations et des contrats : les sources et les ressources, *in* Livre du centenaire du Code des obligations et des contrats, CPU, 2006, p. 449.
Tristes regards sur une triste loi, *in* Mélanges G. Viney 2008, p. 535
Jobin P.G.
Wabasso : un arrêt tristement célèbre, Rev McGill 1982, n° 4, p. 813.
Josserand L.
De la responsabilité du fait des choses animées, D.1897, p. 1113.
Note sous Agen, 17 mars 1897, D. 1900, 2, 289
Note sous Cour de Riom, 25 mai 1903, D. P. 1904, 2, 257
Note sous Req., 3 juin 1904, D., 1907, I, 177

Le transport bénévole et la responsabilité des accidents d'automobile, D. H 1926, chron., p. 21.
Note sous Cass. civ., 14 déc. 1926, D. P 1927, 1, p. 105
La doctrine contre la jurisprudence, DH 1931, chron. p. 69
La personne humaine dans le commerce juridique, D. H. 1932, p. 1
Le contrat dirigé, D.H., chron. 1933, p. 89
Note sous Civ., 24 mai 1933, D. 1933, p. 137
L'essor moderne du concept contractuel, Études F. Gény, 1934, tome II, p. 333
Note sous Civ., 20 avril 1936, D. 1936, p. 8
Note sous Civ., 20 mai 1936, D. 1937, I, p. 89

Jourdain P.

Note sous Civ. 2e, 27 oct. 1982, JCP G 1984, II, 20152
Note sous Com., 17 fév. 1987, D. 1987, p. 543
Note sous Civ. 1re, 8 mars 1988, JCP G 1988, II, 21070
Note sous Civ. 1re, 21 juin 1988, JCP G 1988, II, 21125
Obs. sur Crim., 23 juin 1988, RTD civ. 1989, p. 94
Obs. sur Civ. 1re, 7 mars 1989, RTD 1989, p. 548
Civ. 1re, 20 mars 1989, RTD civ. 1989, p. 756.
Obs. sur Civ. 2e, 10 janv. 1990, RTD civ. 1990, p. 481
Civ. 1re, 22 janv. 1991 RTD Civ. 1991 p. 539
La nature de la responsabilité civile dans les chaînes de contrats après l'arrêt d'Assemblée plénière du 12 juillet 1991, D 1992, p. 149.
Obs. sur Civ. 1re, 22 mai 1991, RTD civ. 1992, p. 757
Obs. sur Civ. 1re, 4 juin 1991, RTD Civ. 1992 p. 123
Obs. Sur Civ.1re, 28 oct. 1991, RTD civ. 1992, p. 397
Obs. sur Civ. 3e, 5 fév. 1992, RTD civ. 1992, p. 567
Obs. sur Crim., 5 mars 1992, RTD civ. 1993 p. 137
Obs. sur Civ. 1re, 4 nov. 1992, RTD. civ. 1993, p. 364
Obs. sur Civ. 1re, 7 janv. 1993, RTD civ. 1993, p. 592
Obs. sur Civ. 1re, 27 janv. 1993, RTD civ. 1993, p. 584
Obs. sur Civ. 3e, 24 fév. 1993, RTD civ. 1993, p. 362
Obs. sur Civ. 1re, 9 juin 1993, RTD civ. 1993, p. 828
L'obligation de sécurité (À propos de quelques arrêts récents), Gaz. Pal., sept. 1993, doc. p. 1171.
Les actions des acquéreurs insatisfaits ou victimes de dommages, GP 1994, 2, doctr., p. 826
Obs. sur Civ. 2e, 26 janv. 1994, RTD civ. 1994, p. 864
Obs. sur Civ. 1re, 6 avr. 1994, RTD civ. 1994, p. 866
Obs. sur Soc., 11 oct. 1994, RTD. civ. 1995, p. 890
Civ. 1re, 22 nov. 1994, RTD civ. 1995, p. 375
Note sous Civ. 1re, 15 janv. 1995, D. 1995, p. 350
Obs sur Civ. 1re, 15 janv. 1995, RTD Civ. 1995 p. 631

Obs. sur Civ. 2e, 17 mai 1995, RTD civ. 1995, p. 895
Obs. sur Civ. 2e, 22 mai 1995, RTD civ. 1996, p. 181
Obs. sur Civ. 1re, 30 oct. 1995, RTD civ. 1996, p. 636.
Responsabilité contractuelle du fait des choses : la Cour de cassation aurait-elle des regrets ? RTD civ. 1996 p. 632
Civ. 2e, 28 fév. 1996, RTD Civ. 1996 p. 631
Obs. sur Crim. 20 mars 1996, RTD civ. 1996, p. 912
Obs. sur Civ. 1re, 2 avr. 1996, RTD. civ. 1996, p. 917
Obs. sur Civ. 1re, 29 mai 1996, RTD civ. 1997, p. 140
Obs. sur Com., 28 mai 1996, RTD civ. 1997, p. 920
Obs. sur Civ. 1re, 29 mai 1996, RTD civ. 1997, p. 140
Obs. sur Civ. 2e, 19 juin 1996, RTD civ. 1997, p. 144
Obs. sur Civ. 2e, 18 sept. 1996, RTD civ. 1997, p. 436
Obs. sur Civ. 1re, 17 déc. 1996, RTD civ. 1997, p. 432
Obs. sur Com., 28 mai 1996, RTD civ. 1997, p. 921
Le fondement de l'obligation de sécurité, G. P. 1997-2-1996
Réflexion sur la notion de responsabilité contractuelle, *in* Les métamorphoses de la responsabilité, Poitiers, PUF, 1998, p. 68.
Une loi pour rien ? À propos de la loi du 19 mai 1998 relative à la responsabilité du fait des produits défectueux, RCA 1998, n° 7, p. 4.
La responsabilité du fait d'autrui en matière médicale, PA 1999, n° 189, p. 29-Réflexion sur la notion de responsabilité contractuelle, in Les métamorphoses de la responsabilité, 6e journées René Savatier, PUF, 1998, p. 65.
Commentaire de la loi n° 98-389 du 19 mai 1998 sur la responsabilité du fait des produits défectueux, JCP éd. E, 1998, p. 1204.
Aperçu rapide de la loi n° 98-389 du 19 mai relative à la responsabilité fait des produits défectueux, JCP éd. E, 1998, Actualités, p. 821.
Obs. sur Com. 17 juin 1997, RTD Civ. 1998, p. 113
Obs. sur Civ. 3e, 14 mai 1997, R.T.D. civ. 1998, 1, p. 111
Obs. sur Civ. 1re, 28 avril 1998, RTD civ. 1998, p. 684
Obs. sur Civ. 2e, 29 avril 1998, RTD civ. 1998, p. 913
Obs. sur Civ 3e 8 juillet 1998, RTD. civ. 1998, p. 909.
Obs. sur Civ. 2e, 2 déc 1998, R. T. D. civ. 1999, p. 407
Obs. sur Civ. 2e, 14 janv. 1999, RTD civ. 1999, p. 630
Obs. sur Crim. 16 fév. 1999, RTD civ. 1999 p. 409
Obs. sur Civ. 2e, 15 avr. 1999, RTD civ. 1999, p. 633
Obs. sur Civ. 1re, 26 mai 1999, RTD civ. 1999, p. 634
Obs. sur Civ. 1re, 15 juill. 1999, RTD civ. 1999, p. 844
Obs. sur Civ. 3e, 21 juill. 1999, RTD civ. 2000, p. 120
Existe-t-il un principe général de responsabilité du fait d'autrui ?, *in* Responsabilité du fait d'autrui, Actes du colloque organisé par l'Université du Montréal le 2 juin 2000, RCA hors-série, 2000, p. 5.

Note sous Civ. 1re, 9 nov. 1999, D. 2000, p. 117
Obs. sur Civ. 2e, 9 déc. 1999, RTD civ. 2000, p. 338.
Obs. sur Civ. 2e, 20 janv. 2000, RTD Civ. 2000, p. 340
Obs. sur Ass. plén., 25 fév. 2000, RTD civ. 2000, p. 582
Obs. sur Crim., 28 mars 2000, RTD civ. 2000, p. 586
Les dommages-intérêts alloués par le juge, *in* Les sanctions de l'inexécution des obligations contractuelles, Bruxelles, Bruylant, Bibl. de la faculté de droit de l'Université catholique de Louvain, 2001, p. 263.
La nouvelle définition des délits non intentionnels par la loi du 10 juillet 2000, RSC 2001, p. 748
Obs. sur Civ. 2e, 12 oct. 2000, RTD civ. 2001, p. 372
Obs. sur Civ. 1re, 7 nov. 2000, RTD civ. 2001, p. 151
Obs. sur Civ. 2e16 nov. 2000, RTD civ. 2001, p. 60
Obs. sur Civ. 1re, 30 janv. 2001, RTD Civ. 2001 p. 376
Obs. sur Civ. 1 re, 13 fév. 2001, RTD civ. 2001, p. 367
Obs. sur Civ. 2e, 29 mars 2001, RTD Civ. 2001, p. 598
Obs. sur Civ. 2e, 10 mai 2001, RTD civ. 2001, p. 601
Obs. sur Civ. 3e, 27 juin 2001, RTD civ. 2001, p. 887
La responsabilité professionnelle et les ordres de responsabilité civile, PA 11 juill. 2001, n° 137, p. 63
Obs. sur Civ. 1re, 16 oct. 2001, RTD civ. 2002, p. 107
Obs. sur Civ. 3e, 28 nov. 2001, RTD civ 2002, p. 104
Obs. sur Ass. plén. 14 déc. 2001, RTD civ. 2002, p. 109
Obs. sur Soc., 21 fév. 2002, RTD civ. 2002, p. 310
Obs. sur Civ. 2e, 28 mars 2002, RTD civ. 2002, p. 520
Obs. sur Civ. 1re, 9 avr. 2002, RTD Civ. 2002, p. 516
Obs. sur Civ. 2e, 6 juin 2002, RTD civ. 2002, p. 82
Obs. sur CJCE, 25 avr. 2002, RTD Civ. 2002, p. 523
Obs. sur Civ. 1re, 3 juill. 2002, RTD Civ. 2002, p. 821
Existe-t-il un principe général de responsabilité du fait d'autrui ?, RCA 2000, hors série p. 5
La responsabilité du fait d'autrui, à la recherche de ses fondements, *in* Études à la mémoire de C. Lapoyade-Deschamps, Presses universitaires Bordeaux, 2003, p. 67
La date de naissance de la créance d'indemnisation, PA 9 nov. 2004, n° 224, p. 49
Obs. sur Civ. 2e, 20 nov. 2003, RTD civ. 2004, p. 106
Obs. sur Civ 2e, 18 sept. 2003, RTD Civ. 2004, p. 108
Obs. sur Com., 24 sept. 2003, RTD. civ. 2004, p. 94
Obs. sur Civ. 1re, 28 oct. 2003, RTD Civ. 2004 p. 96
Obs. sur Civ. 2e, 20 nov. 2003, RTD civ. 2004, p. 103
Obs. sur Civ. 2e, 18 déc. 2003, RTD civ. 2004, p. 294
Obs. sur Crim., 18 mai 2004, RTD civ. 2005, p. 140

Obs. sur Civ. 2e, 24 fév. 2005, RTD Civ. 2005, p. 407
Obs. sur Civ. 1re, 5 avr. 2005, RTD civ. 2005, p. 607
Obs. sur Com., 5 avr. 2005, RTD Civ. 2005, p. 602
Obs. sur Civ. 1re, 13 déc. 2005, RTD Civ. 2006, p. 329
Responsabilité fondée sur la faute, notion de faute : contenu commun à toutes les fautes, J. Cl civil 2006, Responsabilité civile fasc. 120-10
Obs. sur CJCE, 10 janv. 2006, RTD civ. 2006, p. 333
Obs. sur Civ. 1re, 24 janv. 2006, RTD civ. 2006, p. 325
Obs. sur Crim., 28 mars 2006, RTD Civ. 2007, p. 135
Obs. sur Civ. 2e, 5 oct. 2006, RTD Civ. 2007, p. 132
Obs. sur Ass. Plén., 6 oct. 2006, RTD Civ. 2007 p. 123
Obs. sur Civ. 2 e, 19 oct. 2006, RTD Civ. 2007, p. 133
Obs. sur Civ. 2e, 25 janv. 2007, RTD civ. 2007, p. 362
Obs. sur Civ. 1re, 15 mai 2007, RTD civ. 2007, p. 580
Obs. sur Ass. plén., 29 juin 2007, RTD civ. 2007 p. 782
Obs. sur Ch. Mixte, 7 juill. 2007, RTD civ. 2007, p. 787
Obs. sur Civ. 1re, 12 juill. 2007, RTD Civ. 2008, p. 109
Obs. sur Com., 4 mars 2008, RTD civ. 2008, p. 483
Obs. sur Civ. 3e, 21 mai 2008, RTD Civ. 2008, p. 496
Obs. sur Civ. 3e, 22 oct. 2008, RTD civ. 2009 p. 121
Obs. sur Civ. 3e, 1er avr. 2009, RTD Civ. 2009, p. 539
Obs. sur Civ. 2e, 10 nov. 2009, RTD civ. 2010, p. 114

Julienne F.

Note sous Civ. 2e, 21 fév. 2008, PA, 16 juillet 2008 n° 142, p. 22

Karila J.-P.

Garanties légales et responsabilité de droit commun des locateurs d'ouvrages immobiliers après la réception de l'ouvrage, D. 1990, chron., p. 307
L'action directe du maître de l'ouvrage à l'encontre du sous-traitant est nécessairement de nature délictuelle, Gaz. Pal. 1992, 1, doctr. p. 18
Note sous Civ. 3e, 27 juin 2001, D. 2001 p. 2935
Note sous Civ. 3e, 28 nov. 2001, D. 2002, p. 1442
Vers l'uniformisation de tous les délais et actions des différentes responsabilités des constructeurs d'ouvrage immobiliers, JCP N 2004, p. 1160 et s.
Extension du domaine de la prescription abrégée de dix ans aux manquements contractuels non directement liés à des désordres à l'ouvrage. Commentaire de l'arrêt précité du 16 mars 2005, D. 2005, p. 2198
Note sous Civ. 3e, 22 juin 2005, D. 2006, p. 40
Bilan des différentes prescriptions des actions dirigées contre les constructeurs d'ouvrages, RLDC avr. 2007, p. 17

Kayser P.

Note sur CJCE, 10 mai 2001, D. 2001 p. 3065

Kenfack H.
Obs. sur Com., 4 janv. 2005, D. 2005. 2749
Bref retour sur l'esprit de liberté du commerce international, *in* Mélanges Ph. le Tourneau, Dalloz, 2007, p. 541
Kessous R.
Conclusion sur Ass. plén., 25 fév. 2000, JCP 2000, II, 10295
Conclusions sur Civ. 2e, 20 nov. 2003, D. 2003, p. 2902
Knapp V.
La codification du droit civil dans les pays socialistes européens, Rev. int. de droit comp. 1979, p. 740
Labbé
Note sous Cour supérieure de justice de Luxembourg, 27 nov. 1884 ; Cour d'appel de Liège, 18 juin 1885 ; Trib. Civ de Bruxelles, 28 avril 1885, S. 1885, 4, 25
Cass. civ. 15 mars 1876, S. 1876, 1, 337
Lacabarats A.
Note sous Civ. 2e, 18 déc. 1995, D. 1997, somm. comm., p. 188
Note Sous Civ. 1re, 21 oct. 1997, D. 1999, somm. comm., p. 85
Lacombe J.
La responsabilité de l'exploitant d'un magasin à l'égard de ses clients, RTD Civ. 1963, p. 242
Lacour S.
Plaidoyer pour la défense du maillon faible : l'avenir de l'action directe dans les chaînes de contrats, PA 9 juin 2005, n° 114, p. 7
Lacroix C.
Note sous Ass. Plén., 6 oct. 2006, PA 22 janv. 2007 n° 16, p. 16
Lagarde P.
Le nouveau droit international privé des contrats après l'entrée en vigueur de la Convention de Rome du 19 juin 1980, Rev. Crit DIP, 1991, p. 287.
Note sous Civ., 6 avr. 1994, Rev. Crit. DIP 1994, p 650
Note sous Civ. 1re, 7 mars 2000, Rev. Crit. DIP 2001, p. 101
Remarques sur la proposition de règlement de la Commission européenne sur la loi applicable aux obligations contractuelles (Rome I), Rev. Crit. DIP 2006, p. 331
Lagarde X.
Remarques sur l'actualité de la mise en demeure, JCP 1996, I, 3974
Lalou H.
Note sous Lyon 21 oct. 1922, D. P 1924, 2, 51.
1382 contre 1165 du Code civil ou la responsabilité délictuelle des tiers à l'égard des contractants et d'un contractant à l'égard des tiers, DH 1928, p. 69.
Contrats comportant pour l'une des parties l'obligation de rendre le contractant sain et sauf, DH 1931, p. 37

Déclaratif ou attributif ?, DH 1938, p. 69.
La gamme des fautes, DH 1940, chron. P. 17
Note sous Paris, 22 oct. 1941, D.C 1942, J. 20
Note sous Req., 23 oct. 1945, DC 1946, J. 213
Note sous Civ., 29 nov. 1948, D. 1949, p. 117

Lambert-Faivre Y.
L'abus de fonction, D. 1986, p. 143
Fondement et régime de l'obligation de sécurité, D. 1994, chr., p. 81 et s.

Lambert-Pieri M.-Cl.
La responsabilité envers les voisins du fait de la construction, RDI 1980, p. 367

Lapoyade-Deschamps C.
Responsabilité contractuelle ou délictuelle ? (Plaidoyer pour un retour aux sources), RCA oct. 1992, chron. 33
L'obligation de sécurité du garagiste réparateur, RCA 1993, chron., n°35
Le mythe de la responsabilité contractuelle en droit français, *in* Failure of contracts, Oxford, Français Rose ed., 1997, p. 175

Lardeur G.
Note sous Civ. 1re, 28 oct. 2003, JCP 2004, II, 10006

Larroumet C.
Note sous Civ. 3e, 2 mars 1976, D. 1976, p. 545
Note sous Civ. 2e, 3 mars 1977, D. 1977, p. 501
Obs. sur CA Lyon, 29 sept. 1976, D. 1977, IR, p. 439
Note sous Civ. 2e, 3 oct. 1979 et 14 nov. 1979, D. 1980, p. 325
L'intervention de la responsabilité délictuelle dans le domaine de la responsabilité contractuelle en droit français à la lumière des expériences étrangères, Rev. McGill 1981, p. 839
Obs sur Civ. 2e, 7 déc. 1983, D. 1984, p. 170
Note sous Civ. 2e, 15 déc. 1986, D. 1987, p. 221
Note sous Ass. Plén., 19 mai 1988, D. 1988, p. 513
L'action de nature nécessairement contractuelle et la responsabilité civile dans les ensembles contractuels , JCP G. 1988, I, 3357
Note sous Civ. 1re, 21 juin 1988, D. 1989, p. 5
Note sous Civ. 1re, 11 janv. 1989, J.C.P. 1989, II, 21326
L'effet relatif des contrats et la négation de l'existence d'une action en responsabilité nécessairement contractuelle dans les ensembles contractuels, JCP G. 1991, I, 3531
Note sous CJCE, 17 juin 1992, JCP 1992, II, 21927
Obligation essentielle et clause limitative de responsabilité, D. 1997, chron. p. 145.
La responsabilité du fait des produits défectueux, D. 1998, chron. 311
La notion de risque de développement. Risque du XXIe siècle, Dalloz, coll. Clés pour le siècle, 2000, p. 1626

Pour la responsabilité contractuelle, *in* Mélanges Catala, 2001, p. 543
Obs. sur CJCE, 25 avr. 2002, D. 2002, p. 2462
Les transpositions française et espagnole de la directive sur les produits défectueux devant la CJCE, D. 2002, p. 2462

Laydu J.-B.
Note sous Ass. plén., 13 déc. 2002, PA. 18 avr. 2003, p. 16
Note sous Civ. 2e, 10 avr. 2008, PA 4 juill. 2008, n° 134, p. 19

le Tourneau Ph.
Note sous Civ. 1re, 12 fév. 1975, D. 1975, p. 512
De la modernité du chapitre du Code des obligations et des contrats portant sur la responsabilité délictuelle, *in* Livre du centenaire du Code des obligations et des contrats, CPU, 2006, p. 432.
Brefs propos critiques sur la responsabilité contractuelle dans l'avant-projet de réforme du droit de la responsabilité, D. 2007, p. 2180

Leclerc F.
Les chaînes de contrats en droit international privé, JDI, 1995, p. 267

Leduc F.
La spécificité de la responsabilité contractuelle du fait des choses, D. 1996, chron., p. 165
Régime et réparation, Juris-classeur 1996, fasc. 201, n° 5
Note sous Crim., 20 oct. 1997, RCA 1998, p. 6
Les rapports entre les différentes responsabilités pour autrui, *in* La responsabilité du fait d'autrui. Actualité et évolutions,RCA. nov. 2000, n° spécial hors-série, p. 18

Lefèbvre A.-F.
Responsabilité délictuelle et responsabilité contractuelle, Revue critique, 1886, p. 485

Légier G.
Le règlement « Rome II » sur la loi applicable aux obligations non contractuelles, JCP 2007, I, 207

Legros C.
Arbitrage et connaissement, RD transp., sept. 2008, p. 14

Legros C.
Note sous Com., 14 nov. 2000, Revue de l'arbitrage 2001, p. 559
Note sous Civ. 1re, 28 mai 2002, PA 2002, n° 241, p. 16
Note sous Com., 4 janv. 2005, JCP 2005, II, 10067

Leguay D.
Note sous Civ. 3e, 21 juill. 1999, RD imm. 2000, p. 75

Leroy J.
Obs. sur Civ. 1re, 4 nov. 1992, Gaz. Pal. 1993, 2, p. 436

Leroye A.-M.
La réforme de la prescription civile, RTD civ. 2008, p. 563

Leturmy L.

La responsabilité délictuelle du contractant, RTD civ. 1998, p. 839

Levano Y.

La prescription extinctive en droit allemand après la réforme du droit des obligations, RID comp. 2004, p. 947

Leveneur L.

Ombre et lumière sur les actions directes dans les chaînes de contrats, CCC 1993, comm. 5

Le forçage du contrat, *in* Que reste-t-il de l'intangibilité du contrat ?, Colloque organisé par la faculté de droit de Chambéry, DP mars 1998, n° 58, p. 69

Le défaut, PA, déc 1998, n° 155, p. 28

Comm. sur Civ. 1re, 18 juill. 2000, CCC 2000, comm. n° 175

Comm. sur Civ. 1re, 19 mars 2002, C. C. C 2002, comm. n° 106

Comm. sur Com., 9 juill. 2002, C. C. C 2002, comm n° 172

La réforme de la prescription : trois petits tours au parlement et quelques questions, CCC 2008, n° 8/9, p. 13

Leverbe E.

Le civilement responsable du fait du mineur (À propos de deux arrêts de la Cour de cassation : Cass. crim., 18 mai 2004 et Cass. 2e civ., 7 oct. 2004), RCA fév. 2005, étude n°4

Libchaber R.

Demeure et mise en demeure en droit français, *in* Les sanctions de l'inexécution des obligations contractuelles, Études de droit comparé, Bruylant, LGDJ, 2001, p. 113

Obs sur Civ. 3e, 28 nov. 2001, Defrénois 2002 n° 37486, p. 255

Obs. sur Civ 2e, 18 sept. 2003, Répertoire du notariat Defrénois, 15 juill. 2004 n° 13, p. 1002

Liet-Veaux G.

Note sous Civ. 1re, 9 oct. 1962, D. 1963, p. 1

Note sous Civ. 3e, 31 janv. 1969, JCP 1969, II, 15937

Lièvremont C.

Note sous Civ. 1re, 28 nov. 2000, JCP. éd. G. 2002, II, 10010, p. 134

Note sous Civ. 1re, 16 oct. 2001, JCP G. 2002, II, 10194, note C. Lièvremont

Lindon R.

Note sous Soc., 27 nov. 1958, D. 1959, J., p. 20

Conclusion sur Civ. 1re, 1er juill 1969, JCP 1969, 16091

Notes sous Ch. Mixte, 26 mars 1971, JCP 1971, II, 16762

Lisanti-Kalacznski C.

Note sous Civ. 1re, 13 fév. 2001, JCP 2002, II, 10033

L'action directe dans les chaînes de contrats ? Plus de dix ans après l'arrêt Besse, JCP 2003, doc. p. 61.

Note sous Civ. 1re, 31 mai 2007, D 2007, p. 2784

Loksaier F.

Le fondement de la responsabilité contractuelle du transporteur dans les transports terrestres internes, RJL 1995, n° 5, p. 8

La faute simple en tant que fondement de la responsabilité civile médicale, RJL, mars 1996, p. 8

Luby M.

Note sous CJCE, 10 janv. 2006, RTD civ. 2006, p. 333

Lyon Caen Ch.

Note sous Cass. civ., 21 nov. 1911, S. 1912, 1, 73

Note sous Cass. civ., 27 janv. 1913, S. 1913, I, 177

Note sous Cass. civ., 21 avr. 1913, S. 1914, I, 5

Mahjoub F.

L'imputabilité de la faute du manutentionnaire et la complexité du contentieux maritime, RJL juill. 2008, p. 17

Mainguy D.

Note sous Civ. 3e, 28 nov. 2001, JCP G. 2002, II, 10037

Actualité des actions directes dans les chaînes de contrats, *in* Mélanges J. Beguin, Litec, 2005, p. 449 s.

Malan A.

Le rayonnement de la clause compromissoire et de la clause attributive de juridiction dans les opérations de transport maritime, DMF, 2006, p. 3

Note sous Civ. 1re, 27 mars 2007, P. A 2007, p. 23

Malaurie P.

Note sous Soc., 18 mars 1956, D. 1956, p. 517

Note sous Civ. 1re, 7 mars 1989, D. 1991, p. 2

Note sous Civ. 1re, 20 mars 1989, D. 1989, p. 381

Malinvaud Ph.

La responsabilité civile du fabricant en droit français, GP 1973, 2, doc. p. 463

Obs. sur Civ. 3e, 21 juill. 1999, RD imm. 1999, p. 656

Note sous Civ. 3e, 24 mars 1999, RDI 1999, p. 412

Note sous Civ. 3e, 27 juin 2001, JCP 2001, II, 10626

Les dommages aux voisins dus aux opérations de construction, RDI 2001, p. 479.

La responsabilité du maître de l'ouvrage à l'égard des voisins, RDI 2002, p. 492

Obs. sur Civ. 3e, 16 oct. 2002, RDI janvier/février 2003, p. 92

Note sous Civ. 3e, 16 oct. 2002, D. 2003, p. 300

Responsabilité des constructeurs : généralisation de la prescription décennale, D. 2003, p. 300

Obs. sur Civ. 3e , 22 juin 2005, RDI 2005, p. 338

Vers un nouveau régime prétorien de la responsabilité des constructeurs pour troubles du voisinage, RD imm. 2006, p. 251
Obs. sur Civ.3e, 27 mai 2006, RDI 2006, p. 311
Obs. sur Ass. plén., 7 juill. 2006, RDI. 2006, p. 500
Obs. sur Civ. 3e, 20 déc. 2006, RD imm. 2007, p. 170
Obs. sur Civ. 3e, 26 sept. 2007, RDI 2007, p. 523
Prescription et responsabilité des constructeurs après la réforme du 17 juin 2008, RDI 2008, p. 368

Malinvaud Ph. et Boubli B.
Obs. Sur Civ. 3e, 5 janv. 1983, RDI 1983, p. 233
Obs. sur Civ. 3e, 17 déc. 1997, RD imm. 1998, p. 266

Mandin F.
Note sous Civ. 2e, 10 juin 1998, JCP 1999, II, 10042

Maréchal J.-Y.
La responsabilité des agences de voyages : *dura lex, sed lex* !, D. 2006 p. 1016
Note sous Civ. 1re, 2 nov. 2005, D. 2006, p. 1016

Marmayou J.-M.
Note sous Ass. plén., 29 juin 2007, JCP 2007, II, 10150

Martin R.
Le fait et le droit ou les parties et le juge, JCP 1974, I, 2025.
Sur la notion de moyen, JCP 1976, I, 2768
Note sous Civ. 2e, 27 oct. 1982, D. 1984, p. 292
Le juge devant la prétention, D. 1987, chron. 3
Un autre procès possible ou est-il interdit de rêver ?, RTD civ. 1994, p. 557.
Le juge a-t-il l'obligation de qualifier ou de requalifier ?, D. 1994, ch. p. 308.
Le relevé d'office par le juge d'un moyen de droit, une question mal posée, D. 2005, p. 1444.
Le relevé d'office d'un moyen de droit, suite et fin, D. 2006, p. 2201

Mascala C.
Accidents de gare : « le déraillement » de l'obligation de sécurité, D. 1991, Chr., p. 80 et s.

Mazeaud D.
Les clauses limitatives de réparation, *in* Les obligations en droit français et en droit belge : convergences et divergences, Bruylant et Dalloz, 1994, p. 155
Le régime de l'obligation de sécurité, GP 1997, 2, p. 1208
Obs. sur Civ. 1re, 9 nov. 1999, Défrenois 2000, p. 251
Obs. sur Civ. 1re, 7 nov. 2000, D. 2001, p. 2236
Civ. 2e, 10 mai 2001, D. 2002, somm. p. 1315

Rapports entre le régime mis en place par la directive du 25 juillet 1985 sur la responsabilité des produits défectueux et les autres régimes de responsabilité, D. 2003, p. 463
Obs. sur Civ. 2e, 20 nov. 2003, D. 2004, somm. 1344
Obs. sur Com., 5 avr. 2005, RDC 2005 n° 3, p. 687
Note sous Ass. Plén., 6 oct. 2006, RDC 2007, n° 2, p. 269
Contrat, responsabilité et tiers (du nouveau à l'horizon), in Mélanges Ph. le Tourneau, Dalloz, 2008, p. 745
À partir d'un petit cas tragique outre-Rhin : Retour sur le désordre de la distinction des ordres de responsabilité, *in* Études offertes à G. Viney, LGDJ, 2008, p. 711

Mazeaud H.
Note sous Cass. civ., 6 avr. 1927, D. 1927, 1, 201
Responsabilité contractuelle et responsabilité délictuelle, RTD civ. 1929, p. 551.
De la distinction des jugements déclaratifs et constitutifs de droit, RTD civ. 1929, p. 17.
Essai de classification des obligations : obligations contractuelles et extra-contractuelles : obligations déterminées et obligations générales de prudence, RTD civ. 1936, p. 1.
Note sous Ch. Réunies, 2 déc. 1941, S. 1941, 1, p. 217

Mazeaud J.
Note sous Civ. 1re, 8 oct 1968, D. 1969, p. 157
Note sous Civ. 1re, 4 fév. 1969, DS 1969, p. 601
Note sous Civ. 3e, 5 déc. 1972, D. 1973, p. 401
Note sous Civ. 3e, 18 déc. 1972 D. 1973, p. 272

Mazeaud L.
Obligations *in solidum* et solidarité entre codébiteurs délictuels, Rev. Crit. 1930, p. 147

Mekki M.
Note sous Ch. mixte, 6 juill. 2007, JCP 2007, II, 10175

Mellouli S.
Commentaire de la convention des Nations unies sur le transport de marchandises par mer de 1978 (règles de Hambourg), Pub de l'imprimerie officielle de la république tunisienne, Tunis 2001.
Aspects actuels de la responsabilité du transporteur maritime de marchandises, RTD 2003, p. 6.
Le contrat de transport maritime de marchandises à l'épreuve du formalisme, RTD 2004, p. 17

Merle R.
La distinction entre le droit de se constituer partie civile et le droit d'obtenir réparation du dommage causé par l'infraction, *in* Mélanges A. Vitu, 1989, p. 397

Mestre J.
Obs. sur Soc., 21 juill. 1986, RTD civ. 1987, p. 534
Mestre J et Fages B.
Obs. sur Civ. 1re, 26 fév. 2002, RTD civ. 2002, p. 809
Metiner J.-Ch.
Les responsabilités encourues par les plaisanciers du fait des dommages dont seraient victimes les personnes embarquées, PA 4 août 1995, p. 15
Meurisse R.
Le déclin de l'obligation *in solidum*, D. 1962, I, p. 242
Dommages et intérêts compensatoires, dommages-intérêts moratoires et mise en demeure, JCP 1947, I, 667
Mevoungou Nsana R.
Le préjudice causé par un ouvrage immobilier : réparation en nature ou par équivalent, RTD civ. 1995, p. 733
Meyzeaud-Garaud M.-C.
Note sous Civ. 2e, 9 déc. 1999, PA 23 mars 2000 n° 59, p. 20
Mezghani A.
Note sous TPI de Tunis, 30 avril 1981, RTD 1981, p. 423
Meziou K.
Note CA de Tunis n° 86249 du 25 déc. 1982, RTD 1984, p. 816
Mignot M.
Aperçu critique de l'avant-projet de la loi sur la prescription, RRJ 2007, n° 4, p. 169.
La proposition de la loi portant réforme de la prescription en matière civile : une nouvelle application du droit de ne pas payer ses dettes ?, PA 2008, n° 41, p. 6
Construction, troubles de voisinage et obligation *in solidum*, RDI 2008, p. 408
Miguet J.
Réflexions sur le pouvoir des parties de lier le juge par les qualifications et points de droit, *in* Mélanges Hébraud, p. 567
Mimin.
Note sous Civ. 1re, 2 août 1950, D. 1951, p. 581
Mimouni F.
L'information du malade, Info juridiques, nov. 2006, p. 6
Moderne F.
Dommages aux tiers et action en garantie du maître de l'ouvrage contre les constructeurs (mesure d'une divergence entre le droit public et le droit privé), Études offertes au prof. Ph. Malinvaud, Lexis Nexis, Litec 2007, p. 453
Montero F.
Les clauses limitatives ou exonérations de responsabilité, Rapport belge, *in* Les obligations en droit français et en droit belge : convergences et divergences, Bruylant et Dalloz, 1994, p. 597.

Moore B.
L'arrêt d'assemblée plénière du 6 octobre 2006 : perspectives québécoises, RDC 2007, p. 618
Moreau A., Brotons M.
Les principales modifications apportées par la loi du 17 juin 2008 portant réforme de la prescription en matière civile, P. A. 2008, n° 153, p. 17
Moret L.
Le contrat d'hôtellerie, RTD civ. 1973, p. 663
Motulsky H.
La cause de la demande dans la délimitation de l'office du juge, D.1964, p. 235.
Pour une délimitation plus précise de l'autorité de la chose jugée en matière civile, D. 1964, chron., p. 1.
Prolégomènes pour un futur code de procédure civile, D. 1972, chron. XVII
Mouly J.
Note sous Civ. 1re, 17 mars 1993, D. 1995, somm. comm. p. 66
Note sous Civ. 2e, 8 mars 1995, D. 1998, somm. comm. p. 43
Note sous Civ. 1re, 1er juill. 1995, D. 1997, somm. comm. p. 191
Note sous Civ. 1re, 10 mars 1998, D. 1998, p. 505
Note sous Civ. 1re, 21 oct. 1997, G. P. 1999, 1, J., p. 236
Note sous Civ. 1re, 15 juill. 1999, D. 2000, p. 287
Note sous Civ. 1re, 1er déc. 1999 (deux espèces), D. 2000, p. 287
Note sous Civ. 2e, 10 mai 2001, JCP G 2001, II, 10613
Réflexions sur la transmission des clauses de compétence dans les chaînes de contrats translatifs, D. 2002, chron. 2744
Note sous Civ. 2e, 20 nov. 2003, JCP G 2004, II, 10017
Note sous Crim., 28 mars 2006, JCP 2006, II, 10188
Peut-il exister une véritable responsabilité civile du fait d'autrui ?, RCA 2008, étude 10
Muir Watt H.
Note sous Civ. 1re, 14 janv. 1997, JCP G 1997, II, 22903
Muller M.
Note sous Crim., 17 mai 1966, D. 1966, p. 471
Negra K.
L'enfant et la responsabilité délictuelle, *in* Centenaire du Code des obligations et des contrats, CPU, 2006, p. 426
Nerac-Croisier R.
Soliloque sur la responsabilité du transporteur de personnes, D. 1995, p. 35
Neyret L.
Note sous Civ. 1re, 24 janv. 2006, n° 03-19. 534, D. 2006, Jur. p. 1273
Nguyen Thanh-Bourgeais D.
Contribution à l'étude de la faute contractuelle : la faute dolosive et sa place actuelle dans la gamme des fautes, RTD civ. 1973, p. 496

La faute dolosive et sa place actuelle dans la gamme des fautes, RTD civ. 1974, p. 496

Niboyet M.-L.

Note sous Trib. Civ. Mulhouse, 2 mai 1950, Rev. Crit. DIP 1951, p. 153

Normand J.

Le juge et le fondement du litige, *in* Mélanges Pierre Hébraud, p. 524

Obs. sur TGI Paris, 19 déc. 1972, RTD civ 1974, p. 449

Obs. sur Civ. 2e, 10 oct. 1973, RTD civ. 1974, p. 652

Obs. sur Civ. 1re, 29 nov. 1978, RTD civ. 1979, p. 423

Obs. sur Civ. 2e, 27 oct. 1982, RTD 1983, p. 378

Obs. sur Civ. 1re, 19 mars 1985, JCP 1985, IV, 197

Obs. sur Civ. 2e, 4 nov. 1988, RTD civ 1991, p 152

Obs. sur Civ. 2^e^, 8 juin 1995, RTD civ. 1995, p. 869

Nourissat C.

Note sous CJCE, 10 janv. 2006, D. 2006, p. 1259

Nourissat C., Treppoz E.

Quelques observations sur l'avant-projet de la proposition du Conseil sur la loi applicable aux obligations non contractuelles « Rome II », JDI 2003, p. 7

Nuttens J. D.

La loi Fauchon du 10 juillet 2000 ou la fin de la confusion de la faute civile et de la faute pénale d'imprudence, GP 5 oct. 2000 n° 279, p. 7

Nuville L.

Les intérêts en matière de responsabilité civile, GP 6 mars 1937, p. 1345

Ophèle C.

La responsabilité contractuelle dans la jurisprudence de la chambre criminelle, *in* Mélanges en l'honneur de Jean Stoufflet, LGDJ, 2001, p. 263

Faute délictuelle et faute contractuelle, RCA 2003, chron., n° 21

Oudot P.

L'obligation de sécurité et la responsabilité du distributeur, CCC, 2003, chron., n° 8

Overstake J. F.

La responsabilité du fabricant de produits dangereux, RTD civ. 1972, p. 518,

Pagès de Varenne M.-L.

Note sous Civ. 3e, 20 déc. 2006, Constr.-urb. 2007, comm. n° 30

Paisant G. et Brun Ph.

Note sous Civ. 1re, 1er juill. 1995, JCP éd. G. 1996, II, 22620

Paisant G.

Obs. sur Civ. 1re, 15 janv. 1995, D. 1996, somm. p. 15

L'obligation de sécurité et le droit de la consommation, GP1997, doctr., p. 1189 et s.

Paulin C.
Note sous Civ. 1re, 12 déc. 2000, D. 2001, p. 1650
Pech Le Gac S.
Note sous Civ. 1re, 15 juill. 1999, D. 2000, p. 283
Peeters G.
La problématique du concours de la responsabilité contractuelle et extracontractuelle, Iuvis, sept. 2000, p.1141
Penneau J.
Obs. sur Civ. 1re, 12 juill. 2007, D. 2008, p. 506
Penneau J.
Note sous TGI Évreux, 21 déc. 1979, D. 1981, p. 185
Obs. sur Civ. 1re, 7 nov. 2000, D. 2001, p. 3085
Perard M. J.
La mise en demeure et les dommages et intérêts compensatoires, JCP 1945, I, 464
Périnet-Marquet H.
Obs. sur Civ. 3e, 27 juin 2001, Défrenois 2002, p. 64
Remarques sur l'extension du champ d'intervention de la théorie des troubles du voisinage, RD imm. 2005, p. 161
Obs. Civ. 3e, 21 mai 2008, Defrénois 2009, n° 1, art. 38879-8., p. 87
Perrot R.
Obs. sur Cass. civ., 4 mars 1971, RTD civ. 1976, p. 293
Philippe D.
Le devoir de conseil et la responsabilité quasi délictuelle, JLMB, 1994, p. 39
Picasso S.
La responsabilité contractuelle du fait d'autrui dans la jurisprudence récente en particulier dans le domaine du droit médical, GP 6 mai 2004 n° 127, p. 2
Pignarre G. et Brun P.
Note sous Civ. 1re, 3 mars 1998, D. 1999, Jur. p. 39
Pineau J.
À propos de l'affaire Marier, Rev. McGill 1981, n° 3, p. 560
Piotet P.
L'article 55 du Code civil et l'unification des responsabilités contractuelles et délictuelles, *in* Responsabilité civile et assurance, Études en l'honneur de Baptiste Rusconi, Lausanne 2000, p. 267
Pizzio J. P.
La responsabilité du producteur pour les produits défectueux doit être identique pour l'ensemble des États membres, D. 2002, p. 2935
Plancqueel A.
Obligation de moyens, obligation de résultat (Essai d'une classification des obligations contractuelles en fonction de la charge de la preuve en cas d'inexécution), RTD civ. 1972, p. 334

Planiol M.
Note sous Civ., 11 janv. 1892, DP 1892, 1, p. 257
Note sous Paris, 8 février 1896, D. 1896, 2, p. 457
Du fondement de la responsabilité, Rev. Crit. 1905, p. 277
Note sous Paris, 17 janvier 1905, D. 1907, 2, 97
Popineau-Dehaulion C.
Regards comparatistes sur la responsabilité du contractant à l'égard d'un tiers victime de l'inexécution du contrat, RDC 2007, n° 2, p. 622.
Popineau-Dehaullon C.
Regards comparatistes sur la responsabilité du contractant à l'égard d'un tiers, victime de l'inexécution du contrat, RDC 2007, n° 2, p. 622
Popovic A.
Tendances récentes du droit de la responsabilité civile au Québec, *in* Les métamorphoses de la responsabilité, 6e journée René Savatier, Poitiers 15 et 16 mai 1997, p. 129
Porchy-Simon S.
Note sous Civ. 1re, 12 juill. 2007, D. 2007, p. 2908
Porchy-Simon S.
Note sous Civ. 1re, 9 nov. 2004, JCP G 2005, II, 10020,
Poumarède M.
Note sous Civ. 1re, 2 nov. 2005, JCP 2006, II, 10018
L'avènement de la responsabilité civile du fait d'autrui, *in* Mélanges Ph. le Tourneau, D. 2008, p. 839
Pradel J.
De la véritable portée de la loi du 10 juillet 2000 sur la définition des délits intentionnels, D. 2000, n° 29
Prat C.
Note sous Civ. 2e, 25 oct. 2001, D. 2002, Jur. p. 1450
Pretot X.
Note sous Soc. 21 fév. 2002, D. 2002, p. 2696
Prévault J.
Note sous TGI Dinan, 24 sept. 1968, D. 1969, p. 404
Prieur S.
Note sous CA Paris, 9 fév.1968, JCP 1968, II, 15653
Note sous Civ. 1re, 4 fév. 1969, JCP 1969, II, 16030
Prigent S.
La responsabilité du fait d'autrui, essai d'une théorie, RRJ 2008, n° 2, p. 953
Puech M.
L'illicéité dans la responsabilité civile extracontractuelle en France. Journées de la société de législation comparée, RIDC, n° spécial 1984, p. 65

Puig P.
Faut-il supprimer l'action directe dans les chaînes de contrats ?, Études de droit de la consommation, Dalloz, 2004, p. 918
Quénaudon.
Note sous Civ. 1re, 18 janv. 1989, JCP 1989, II, 21568
Quickenborne V.
Réflexions sur le dommage purement contractuel, note sous Cass., 24 oct. 2985, RCJB 1988, p. 344
Rabinotvitch W.
Note sous Civ. 1re, 8 oct 1968, Gaz. Pal. 1968, 2, 361
Rabreau A.
Note sous Civ. 3e, 28 nov. 2001, D. 2002, p. 3299
Radé C.
Note sous Soc., 11 oct. 1994, D. 1995, p. 440
Note sous Soc., 28 oct. 1997, D. 1998, p. 219
L'impossible divorce de la faute et de la responsabilité civile (1), D. 1998, p. 301
Droit à répartition. Conditions de la responsabilité contractuelle. Dommage, Juris-Classeur, 8, 1999
Note sous Civ. 1re, 9 avr. 2002, RCA. 2002 chron. 13
La réforme de la responsabilité médicale après la loi du 4 mars 2002 relative aux droits des malades et à la qualité du système de santé, RCA mai 2002, chron. 7
Civ. 1re, 9 avr. 2002, RCA 2002 chron. 13
Note sous Civ. 2e, 20 nov. 2003, RCA 2004, chron. n° 5
Civ. 1re, 5 avr. 2005, RCA 2005, comm. n° 189.
Droit à réparation – Responsabilité du fait d'autrui – Principe général, Juris-Classeur Responsabilité civile et Assurances, mai 2005, Fasc. 140
Dijon, 7 oct. 2003, RCA 2004, n° 3
Civ. 1re, 24 janv. 2006, RCA 2006, comm. n° 91
Note sous Ass. plén., 29 juin 2007, JCP E oct. 2007, p. 2198
Brefs propos sur une réforme en demi-teinte, RDC 2007, n° 1, p. 77
Note sous Civ. 2e, 25 janv. 2007, JCP 2007, II, 10035
Note sous Soc., 5 mars 2008, RDC oct. 2008 n° 4, p. 1267
Raffi R.
Note sous Civ.3e, 27 mai 2006, RDI 2006, p. 311
Raymond G.
La loi du 19 mai 1998 relative à la responsabilité des produits défectueux, Contrats conc. consom. 1998, chron. n° 7
Premières vues sur la loi n° 98-389 du 19 mai 1998 relative à la responsabilité des produits défectueux, Contrats, conc. consom., juin 1998, chron. 7

La responsabilité civile du fait des produits défectueux, *in* Sécurité des consommateurs et responsabilité du fait des produits défectueux, PUF, 1998, p. 53
Premières vues sur la loi n° 98-389 du 19 mai 1998 relative à la responsabilité des produits défectueux, Contrats, conc. consom., juin 1998, chron. 7
Obs. sur CJCE, 25 avril 2002, CCC 2002, comm. 117

Raynard J.
Obs. sur CJCE, 10 mai 2001, RTD Civ. 2001 p. 988
Obs. sur CJCE, 25 avril 2002, RTD civ. 2002, p. 868

Raynaud P.
La nature de l'obligation des coauteurs d'un dommage, obligation *in solidum* ou solidarité ? *in* Mélanges J. Vincent, 1981, p. 317
L'obligation pour le juge de respecter le principe de la contradiction et les vicissitudes de l'article 16, *in* Mélanges P. Hébraud, p. 715

Reboul-Maupin N.
Constructeurs et troubles anormaux de voisinage : Regards critiques sur la position jurisprudentielle en droit privé, PA 2007 n° 214, p. 3.

Rebut D.
De la responsabilité contractuelle du fait d'autrui et de son caractère autonome, RRJ 1996, p. 409 et s.

Reifegerste R.
Note sur Civ. 2e, 14 janv. 1999, JCP 2000, II, 10245
Note sous Ch mixte, 6 sept. 2002, JCP G. 2002, II, 1073

Rémy P.
Obs. sur Civ. 1re, 8 mars 1988, RTD civ. 1988, p. 531
Civ. 1re, 5 avr. 1993, Rev. Gén. Ass. Terr. 1993, p. 651.
Nouveaux développements de la responsabilité civile, RGAT 1995, p. 529.
Critique du système français de responsabilité civile, Droit et cultures, n° 31, 1996, n° 1, p. 31 et s.
La responsabilité contractuelle : histoire d'un faux concept, RTD civ. 1997, p. 323 et s.
Observations sur le cumul de la résolution et des dommages et intérêts en cas d'inexécution du contrat, *in* Mélanges offerts à Pierre Couvrat, Paris, PUF, Publications de la faculté de droit et des sciences sociales de Poitiers, t. 39, 2001, p. 121 et s.

Rémy-Corlay P.
Note sous CJCE, 10 janv. 2006, RTD civ. 2006, p. 265

Revaux E.et Guerlin G.
Note sous Civ. 1re, 9 nov. 2004, PA, février 2006 n° 38, p. 3

Revel J.
Note sous Civ. 1re, 3 mars 1998, JCP E 1998, p. 1102

La coexistence du droit commun et de la loi relative à la responsabilité du fait des produits défectueux, RTD com. 1999, p. 317

Reygrobellet A.

Comm. sur Ass. plén., 6 oct. 2006, Rev. Lamy dr. aff. Janv. 2007, n° 671

Riehm T.

Produits défectueux : quel avenir pour les droits communs ? (1) L'influence communautaire sur les droits français et allemand, Dalloz, 2007 p. 2749

Rigaux P.

À propos du concours de responsabilité, J.L.M.B. 1988, p. 319

Les groupes de contrats : jurisprudence belge et française, JT 1993, p. 471

Rinaldi F.

Note sous Ass. plén., 25 fév. 2000, GP 2000 n° 237, p. 36

Ripert G.

Note sous Cass. civ., 27 fév. 1929, D. 1929; 1, 129

Note sous Ch. réunies, 13 fév. 1930, DP 1930, I, 57

Note sous Ch. réunies, 2 déc. 1941, DC 1942, p. 25

La responsabilité dans le transport aérien, D. 1957, chron., p. 79

Rivera P.

Vers un transfert des risques inhérents à l'acte de construire ?, GP 16 mai 2000 n° 137, p. 2

Robino P.

Les conventions d'irresponsabilité dans la jurisprudence contemporaine, RTD civ. 1951, p. 1

Roca C.

De la dissociation entre la réparation et la répression de l'action civile exercée devant les juridictions répressives, D. 1991, chron., p. 85

Nouvelle définition de l'infraction non intentionnelle : une réforme qui en cache une autre plus importante, PA, n° 214, 26 oct. 2000, p. 4

Rodière R.

Note sous Req., 13 nov. 1945, JCP 1946, II, 3040

Note sous Civ., 6 mai 1946, JCP 1946, II, 3236

Note sous Crim., 12 déc. 1946, JCP 1947, II, 3621

Note sous Civ., 7 fév. 1949, JCP 1949, II, 4959

Études sur la dualité des régimes de responsabilité, JCP 1950, I, 861 et 868

Le régime légal de l'obligation de sécurité due par les transporteurs à leurs voyageurs, JCP 1952, I, 997

Y a-t-il une responsabilité contractuelle du fait d'autrui ?, DH 1952, p. 79

Note sous Civ. 2e, 11 juin 1953, D. 1954, p. 21

Une notion menacée : la faute ordinaire dans les contrats, RTD civ. 1954, p. 20

Note sous Com., 16 fév.1954, D. 1954, p. 334

Note sous Paris, 25 mars 1954, J. C. P. 1954, II, 8094

Note sous Civ. 2e, 17 déc. 1954, D. 1955, p. 269

Note sous CA de Paris, 10 juin 1955, D. 1955, p. 582
Note sous Civ. 2e, 5 janv. 1956, D. 1957, p. 261
Note sous Civ. 2e, 10 juin 1960, D. 1960, p. 609
Note sous Civ. 1re, 17 mai 1961, JCP G 1961, II, 12217 bis
Note sous Com., 25 mars 1963, D. 1964, p. 17
Note sous CA Rouen, 6 nov. 1970, D. 1971, p. 274
Voyageurs, Veillez sur nous, D. 1971, chron. 45
Note sous Civ. 1re, 11 oct. 1972, JCP 1973, II, 17325
Note sous TGI Paris, 19 déc. 1972, JCP 1974, n°17618
Note sous Civ. 1re, 15 juill. 1975, JCP 1976, II, 18418
Note sous Civ. 1re, 27 avr. 1976, JCP 1976, II, 18477

Rondey C.

Obs. sur CJCE, 25 avr. 2002, D. 2002, p. 1670
Responsabilité du fait des produits défectueux : la France à nouveau condamnée, D. 2002, p. 1670

Rouard de Card E.

De la distinction entre la responsabilité contractuelle et la responsabilité délictuelle, La France judiciaire, 1891, 1re partie, p. 97
Encore quelques mots sur la distinction entre la responsabilité contractuelle et la responsabilité délictuelle, La France judiciaire, 1894, p. 161

Roulet V.

Troubles anormaux de voisinage. Le recours du maître de l'ouvrage contre l'entrepreneur : quels fondements, quelles conséquences ?, G. P. sept, oct. 2004, doc., 3078

Roussel F.

Note sous Civ. 2e, 9 juin 1993, JCP 1994, II, 22264

Rubio M-F.

La convention d'assistance bénévole : critique d'un contrat solidaire, RRJ 2007, n°4, p. 1728

Sainte Rose J.

Note sous Civ. 1re, 22 nov. 2005, PA 2006, n° 60, p. 4

Saint-Jours Y.

Note sous Soc., 5 juin 1975, D. 1975, p. 686

Saint-Jours Y.

Note sous Soc., 24 avr. 1969, D. 1969, p. 649

Sak H.

Plaidoyer pour la promotion de l'ensemble des principes directeurs de l'instance au rang des principes généraux du droit, PA 2000, n° 77, p. 4

Saleilles R.

Note sous Cass. civ., 16 juin 1896, D. P 1897, 1, 433

Samarane C.

De la responsabilité du fait d'autrui en droit tunisien, RTD 1956, n° 1, p. 11

Sana-Croce M.
Note sous Civ. 1re, 14 janv. 1997, D. 1997, p. 177
Sanilevici, R.
La réglementation de la responsabilité dans les pays socialistes européens, Rev. int. droit comp. 1981, p. 821
Sargos P.
Réflexions sur les accidents médicaux et la doctrine jurisprudentielle de la Cour de cassation en matière de responsabilité médicale, D. 1996, chron., p. 365
Rapport sur Civ. 1re, 28 avr. 1998, JCP, 1998, II, 10088
Rapport sur Civ. 1re, 26 mai 1999, JCP G 1999, II, 10112
Rapport sur Civ. 1re, 18 juill. 2000, JCP 2000. II, 10415
Sarraz-Bournet P.
Note sous Civ. 1re, 4 nov. 1992, JCP éd. G 1993, II, 22058
Sarrut L.
Note sous Civ., 21 nov. 1911, D. P. 1913, 1, 249
Sauzet M.
De la responsabilité des patrons vis-à-vis des ouvriers dans les accidents industriels, Rev. crit. 1883, p. 596
De la responsabilité des locataires envers le bailleur, Rev. Crit. 1885, p. 166
Savatier E.
Note sous Civ. 1re, 4 juin 1991, JCP 1991, II, 21730
Note sous Civ. 1re, 26 mai 1999, D. 1999, p. 719
Savatier J.
Note sous Soc., 29 juin 2005, Dr. soc. 2005, p. 971
Savatier R.
Le prétendu principe de l'effet relatif des contrats, RTD civ. 1934, p. 525.
Note sous Req., 9 mars 1936, D. H 1936, p. 233
Note sous Req., 8 mars 1937, D. P. 1938, 1, 76
Note sous Req., 30 nov. 1938, DP 1939, 1, 49
Note sous Com., 30 juin 1953, JCP 1953, II, 7811
Paris, 20 avr. 1953, JCP 1953, II, 7663
Note sous Civ. 2e, 17 déc. 1954, JCP 1955, II, 8499
Note sous Civ., 21 janv. 1956, D. 1957, p. 209
Note sous Paris, 23 juin 1958, JCP 1959, II, 11082
Note sous Civ. 1re, 23 janv. 1959, D. 1959, p. 101
Note sous Civ 1re, 27 mai 1959, D. 1959, p. 524
Note sous Civ. 1re, 18 oct. 1960, JCP 1 960, II, 1 1846
Civ. 1re, 25 janv. 1961, J. C. P. G 1962, II, 12429
Civ. 1re, 30 oct. 1962, JCP 1962, II, 12924
Note sous Civ. 1re, 25 janv. 1961, JCP 1962, II, 12429
Savaux E.
La fin de la responsabilité contractuelle ?, RTD civ. 1999, p. 1

Obs. sur Civ. 2e, 10 mai 2001, Defrénois 2001, art. 37423, p. 1275
Obs. sur Civ. 1re, 7 nov. 2000, Defrénois, fév. 2001 n°4, p. 268
Obs. sur Civ. 1re, 26 fév. 2002, Défrenois 2002, n° 11, p. 759
Obs. sur Com., 8 oct. 2002, Defrénois, 2002, p. 863
Brèves observations sur la responsabilité contractuelle dans l'avant-projet de réforme du droit de la responsabilité, RDC 2007, n° 1, p. 31

Schmidt-Salzer J.
Le droit allemand, *in* Les clauses limitatives ou exonératoires de responsabilité en Europe, Actes de colloque des 13 et 14 décembre 1990, LGDJ, 1990, p. 47

Secrétan R.
Le concours de la responsabilité contractuelle et de la responsabilité délictuelle en droit suisse, R.D.S. 1949, p. 186

Seraglini V.
Le transfert de la clause compromissoire dans les chaînes de contrats après l'arrêt Peavy, Cah. Arb. GP, juill. 2002, p. 87

Seube J. B.
Note sous Ass. plén., 6 oct. 2006, RDC 2007 n° 2, p. 379

Sizaire D.
Obs. sur Civ. 3e, 24 mars 1999, Constr. Urb. 1999, 187
Obs. sur Civ. 3e, 21 juill. 1999, Constr. Urb. 1999, p. 275.

Souty P.
La prescription trentenaire doit disparaître, GP 1948, I, doctr., 43

Stankovic D.
La responsabilité civile selon la nouvelle loi yougoslave sur les obligations, RIDC 1979, p. 765.

Starck B.
Note sous Civ. 1re, 31 janv. 1973, JCP 1973, II, 17450
Observations sur le régime des clauses de non-responsabilité ou limitatives de responsabilité, D. 1974, chr. p. 157

Stasiak F.
Le fondement de la réparation du dommage résultant d'une assistance bénévole au regard des tendances actuelles de la jurisprudence civile, PA 19 juill. 1996, n° 87, p. 9

Stauder B.
Le droit suisse, *in* Les clauses limitatives ou exonératoires de responsabilité en Europe, Actes de colloque des 13 et 14 décembre 1990, LGDJ, 1990, p. 128

Steinlé-Feuerbach M.-F.
Note sur Crim., 8 fév. 2005, JCP G 2005, II, 10049

Stoffel-Munck P.
Obs. Com., 6 mars 2007, JCP 2007, I, 185
Obs. sur Civ. 2e, 25 janv. 2007, JCP 2007, I. 185

Obs. sur Civ. 1re, 31 mai 2007, JCP 2007, I, 185
Obs. sur Ass. plén., 6 oct. 2006, JCP 2007, I, 115
Obs. sur Plén., 6 oct. 2006, RDC 2007 n° 2, p. 587
Obs. sur Civ. 2e, 13 juill. 2006, JCP 2007, I, 115
Obs. sur Civ. 2e, 19 oct. 2006, JCP 2007, I, 115
Obs. sur Ass. plén., 6 oct. 2006, JCP 2007, I, 115
Obs. sur Civ. 1re, 15 mai 2007, JCP G 2007, I, 125
Obs. sur Civ. 1re, 12 juill. 2007, JCP 2008, I, 125
Obs. sur Civ. 2e, 21 fév. 2008, JCP 2008, I, 186

Tallon D.

Pourquoi parler de faute contractuelle ?, *in* Droit civil, Procédure, Linguiste juridique, Écrits en hommage à Gérard Cornu, PUF, Paris, 1994, p. 429

L'inexécution du contrat : pour une autre présentation, RTD civ. 1994, p. 223

Vers un droit européen du contrat, *in* Mélanges A. Colomer, Litec 1993, p. 494

Tancelin M.

Option et cumul : une mauvaise querelle, Revue de McGill 1982 n° 4, p. 834.

Tapia M.

Décadence et fin éventuelle du principe d'identité des fautes pénale et civile, GP 8 mars 2003 n° 67, p. 2

Tardieu-Naudet D.

L'incidence sur la responsabilité du débiteur de la faute caractérisée du préposé, Rev. recherche juridique 1979-1980. p. 99

Tassel Y.

Note sous Com., 29 nov. 1994, DMF 1995, p. 218

Tassel Y.

Note sous CA Rouen, 8 oct. 2002, DMF 2003, p. 537

Tchendjou M.

La faute extracontractuelle, Gaz. Pal. 6 avril 2000, p. 3

Tercier P.

Concours d'actions et solidarité, où sommes-nous ?, *in* Quelques questions fondamentales du droit de la responsabilité civile, actualités et perspectives, Berne 2002, p. 115

De la distinction entre dommage corporel, dommage matériel et autres dommages, *in* Mélanges Assista, Genève, 1979, p. 265

Testu Y. et Moitry J. H.

La responsabilité du fait des produits défectueux, D. Affaires 1998, suppl. au n° 25

Thévenoz L.

Quelques remarques sur l'avant-projet de loi fédérale sur la révision et l'unification du droit de la responsabilité civile, R.E.A.S. 2002, 1, p. 14.

Tivaufrey-Bourdin C.
L'intervention d'office du juge, les pouvoirs d'action d'office du juge à l'épreuve des principes directeurs du procès civil, RRJ 2007, 2, p. 909
Tosi J. P.
Le manquement contractuel dérelativisé, *in* Mélanges M. Gobert, Economica 2004, p. 479
Tournafond O.
Note sous Civ. 1re, 7 janv. 1993, D. 1994, somm., p. 248
Tricot-Chamard Y.
Note sous Civ. 1re, 28 oct. 2003, JCP 2004, II, 10177
Tunc A.
Force majeure et absence de faute en matière contractuelle, RTD Civ 1945, p. 235.
La distinction des obligations de résultat et des obligations de diligence, JCP 1945, I, 449.
Garde du comportement et garde de la structure dans la responsabilité du fait des choses inanimées, JCP 1957, I, 1384
Note sous Soc., 13 déc. 1957, GP 1958, 1, 161
La détermination du gardien dans la responsabilité du fait des choses inanimées, JCP 1960, I, 1592
Obs. sur Civ. 1re, 18 oct. 1960, RTD civ. 1960, p. 120
Obs. sur Civ. 1re, fév. 1961, RTD civ. 1961, p. 481
Note sous Civ. 1re, 20 déc. 1960, JCP G 1961, II, 12031
Obs. sur Civ. 2e, 23 mai 1962, RTD civ. 1963, p. 327
Obs. sur Civ. 1re, 9 oct. 1962, RTD civ. 1963, p. 333
Obs. sur Civ. 1re, 30 oct. 1962, RTD. civ. 1963, p. 329
Remarques sur la distinction entre faute intentionnelle, faute inexcusable et faute lourde, D. 1975, chron., p. 263
Vaillier P.
Obs. sur Civ. 2e, 20 janv. 2000, Resp. civ. et assur. 2000, comm. 111
Vallastan P.
Livraison et adhésion au contrat de transport, PA 29 avril 1994, p. 11
Van Ryn J.
Le concours de responsabilités contractuelle et délictuelle, Revue critique et jurisprudence belge, 1957, p. 297
Le problème du cumul de la responsabilité contractuelle et délictuelle, RIDC 1962, p. 145
Van Ryn J. et Dieux X.
Chronique de jurisprudence, responsabilité civile (1976-1984), JT 1985, p. 457
Varet V.
Note sous Civ. 1re, 21 oct 1997, J.C.P.G. 1998, II, 10103

Vasseur M.
Note sous Civ. 3e, 18 déc. 1972, D. 1973, p. 272
Vatinet R.
En marge de l'amiante, l'obligation de sécurité du salarié, Dr. Soc. 2002, p. 533
Veaux D.
Note sous Civ. 1re, 9 fév. 1994, JCP éd. G. 1994, II, 22313
Vers un nouveau régime prétorien de la responsabilité des constructeurs pour troubles du voisinage, RD imm. 2006, p. 251
Vetu F.
L'inexécution contractuelle et faute délictuelle, RRJ 2005, n° 1, p. 107
Vidal J.
Observation sur la nature juridique de l'action civile, RSC 1963, p. 481
Villey M.
Esquisse historique sur le mot responsable, Archives de philosophie, 1977, p. 45
Villien P.
Vers une unification des régimes de responsabilité en matière de troubles de voisinage dans la construction immobilière, RDI 2000, p. 275
Viney G.
L'autonomie du droit à réparation de la victime par ricochet par rapport à celui de la victime initiale, D. 1974, p. 3
Remarques sur la distinction entre faute intentionnelle, faute inexcusable et faute lourde, D 1975, p. 263
Note sous Civ. 1re, 11 fév. 1975, JCP 1975, II, 18179
Note sous Civ. 1re, 12 nov. 1975 et Paris 7e ch. B, 5 déc. 1975, JCP 1976, II, 18479
Note sous Ass. plén., 15 nov. 1985, J.C.P. 1986, II, 20568.
L'action en responsabilité entre participants à une chaîne de contrats, *in* Mélanges D. Holleaux, 1990, p. 399
Rapport de synthèse, *in* Les clauses limitatives ou exonératoires de responsabilité en Europe, Actes de colloque des 13 et 14 décembre 1990, LGDJ, 1990, p. 330
Vers un élargissement de la catégorie des personnes dont on doit répondre : la porte entrouverte sur une nouvelle interprétation de l'article 1384, alinéa premier, D. 1991, chron. p. 157
Note sous Ass. plén., 12 juill. 1991, JCP G 1991, II, 21743
Obs. sur Civ. 2e, 26 mai 1992, JC P 1992, I, 3625
Obs. sur Civ. 2e, 5 juin 1991, JCP G. 1992, I, 3572
Obs. sur Crim., 3 mars 1993, JCP 1994, I, 3772
Sous-contrat et responsabilité civile, *in* Responsabilités et assurances, Mélanges R. O. Dalcq, Bruxelles, Larcier, 1994, p. 611

Pour une interprétation modérée et raisonnée du refus d'option entre responsabilité contractuelle et responsabilité délictuelle (article 1458, alinéa 2 du Code civil du Québec), Rev. McGill, 1995, p. 813
Obs. sur Civ. 1re, 15 janv. 1995, JCP 1995, I, 385
Obs. sur Com, 18 oct. 1994, JCP 1995, I, 3853
Obs. sur Civ. 1re, 4 janv. 1995, J. C. P. 1995, I, 3853
La responsabilité contractuelle du fait des choses : un avenir incertain, JCP 1996, I, 3944
Obs. sur Crim., 20 mars 1996, JCP 1996, I, 3985
Obs. sur Civ. 1re, 30 oct. 1995, JCP 1996, I 3944
Rapport de synthèse (l'obligation de sécurité), Gaz. Pal. 1997, doctr., p. 1212
Obs. sur Com. 22 oct. 1996, JCP1997, I, 4025
Obs. sur Civ. 1re, 16 déc. 1997, JCP G. 1998, I, 144
Note sous 19 févr. 1997, JCP 1997, II, 22848
Obs. sur Com. 17 juin 1997, JCP 1998, I, 144
L'introduction en droit français de la directive européenne du 25 juillet 1985 relative à la responsabilité du fait des produits défectueux, D. 1998, p. 292
Obs. sur Civ. 3e, 25 mars 1998, JCP G 1998, I, 144
Obs. sur Civ. 1re, 28 avril 1998, JCP 1998, I, 185
Obs. sur Civ. 1re, 26 mai 1999, JCP G 1999, I, 199
Obs. sur Civ. 1re, 6 oct. 1998, JCP 1999, I, 147
Existe-t-il une responsabilité contractuelle du fait d'autrui ?, *in* La responsabilité du fait d'autrui, Actes du colloque organisé par l'Université du Maine le 2 juin 2000, RCA hors-série, 2000, p. 31
Obs. sur Ass. plén., 25 fév. 2000, JCP 2000, 1, 241
Obs. sur Civ. 1re, 9 nov. 1999, JCP 2000, I, 243
Obs. sur Civ. 1re, 18 juill. 2000, JCP 2000, I, 133
Obs. sur Crim., 28 mars 2000, JCP 2000, I, 241.
Obs. sur Civ. 1re, 7 nov. 2000, JCP 2001, I, 340
Obs. sur Civ. 2e, 20 janv. 2000, JCP 2000, I, 241
Obs. sur Civ. 2e, 16 nov. 2000, JCP G 2001, I, 338
La responsabilité contractuelle en question, Études offertes à Jacques Ghestin, Le contrat au début du XXIe siècle, Paris, LGDJ, 2001, p. 921
Obs. sur Civ. 1re, 30 janv. 2001, JCP 2001, I, 338
Obs. sur Civ. 1re, 13 fév. 2001, JCP 2001, I, 338
Obs. sur Civ. 2e, 10 mai 2001, JCP G 2002, I, 124
L'interprétation par la CJCE de la Directive du 25 juillet 1985 sur la responsabilité du fait des produits défectueux, JCP 2002, I, 177
Obs. sur Com., 8 oct. 2002, JCP 2002, I, 152
Obs. sur Soc., 21 fév. 2002, JCP 2002, I, 186

Obs. sur L'interprétation par la CJCE de la Directive du 25 juillet 1985 sur la responsabilité du fait des produits défectueux , JCP 2002, I, 177
Obs. sur Civ. 1re, 11 juin 2002, JCP G. 2003, I, 152
Obs. sur Com., 8 oct. 2002, JCP 2003, I, 152
Obs. sur Civ. 1re, 13 nov. 2002, JCP 2003, I, 152
Obs. sur Civ 2e, 18 sept. 2003, JCP 2004, I, 101
Obs. sur Civ. 1re, 27 mai 2003, JCP 2004, I, 101
Obs. sur Civ 2e, 23 oct. 2003, JCP 2004, I, 163
Civ. 2e, 20 nov. 2003, JCP G 2004, I, 163.
Obs Civ. 1re, 9 nov. 2004, JCP 2005, I, 132
Projet de réforme du droit des obligations : les éléments clés en matière de responsabilité, RDC, déc. 2005, p. 13
Obs. sur Crim., 8 fév. 2005, JCP G 2005, I, 149
Obs. sur Civ. 1re, 2 fév. 2006, RDC 2006, p. 816
Note sous Ass. plén., 6 oct. 2006, D. 2006, p. 2825
Obs. sur Ch. mixte, 6 juill. 2007, D. 2007, p. 2642
Obs. sur Com., 4 mars 2008, RDC 2008, n° 3, p. 750

Viney G. et Jourdain P.

L'indemnisation des accidents médicaux : que peut faire la Cour de cassation ?, JCP 1997, I, 4016.

Wéber J.-F.

Conclusions sur Civ. 3e, 27 juin 2001, D. 2001, p. 2935

Weill A.

Note sous Civ. 2e, 11 juin 1953, JCP 1953, II, 7825

Weiller L.

Note sous Ass. plén., 7 juill. 2006, D. 2006, p. 2135

Werro F.

Quelques ruminations sur les relations entre la responsabilité contractuelle et la responsabilité délictuelle à partir d'un accident de ski, D. C 2001, p. 10
Quelques remarques sur l'avant-projet de loi fédérale sur la révision et l'unification du droit de la responsabilité civile, R.E.A.S. 2002, 1, p. 14 et s.

Wéry P.

Questions actuelles du droit de la responsabilité aquilienne, *in* Droit de la responsabilité, CUP 1996, p. 23
Les rapports entre responsabilité aquilienne et responsabilité contractuelle à la lumière de la jurisprudence récente, RGAR 1998, 2, p. 81

Wessner P.

Droit contractuel et droit délictuel : à la recherche de frontières naturelles en matière de responsabilité civile, Rapport de la commission d'étude pour la révision totale du droit de la responsabilité civile, Berne, 1991, p. 38
La responsabilité fondée sur la confiance au regard de la révision totale du droit de la responsabilité civile, *in* Journée de la responsabilité civile, 2000

La responsabilité fondée sur la confiance, Zurich, 2001, p. 129

Whittaker S.

La responsabilité pour fait personnel dans l'avant-projet de réforme du droit de la responsabilité : donner voix aux silences du Code civil, RDC 2007, n° 1, p. 89

Wicker G.

Obs. sur Ass. plén., 6 oct. 2006, RDC 2007 n° 2, p. 593

Wiederkher G.

Le principe du contradictoire, D. 1974, chron. p. 95

Droits de la défense et procédure civile, D. 1978, chron., p. 36

De la loi du 5 juillet et de son autonomie, D. 1986, chron., p. 255

Wigny P.

Responsabilité contractuelle et force majeure, RTD civ. 1935, p. 19 et s.

Wintgen R.

La mise en œuvre de la technique du double délai de prescription extinctive, RDC 2007, p. 907

Note sous Ass. plén., 6 oct. 2006, RDC 2007 n° 2, p 609

Witz C.

Note sous Civ. 1re, 5 janv. 1999, D. 1999, p. 383

Les nouveaux délais de prescription du droit allemand applicables aux ventes internationales de marchandises régies par la Convention de Vienne, D. 2000, chron. 2860

Zénati F.

La rénovation de l'action aquilienne, RTD civ. 1985, p. 795

Zerouki D.

Note sous Civ. 2e, 28 mars 2002, D. 2002, p. 3237

Zine M.

Quelques aspects de rapports de l'action publique et de l'action civile (Étude et réflexions à propos de la jurisprudence sur le droit d'appel de la partie civile contre les jugements d'acquittement et d'incompétence, RTD 1982, p. 15

Plaidoyer pour une indemnisation rationnelle des victimes des accidents de la circulation routière, *in* Mélanges Sassi Ben Halima, p. 865

Zine M.et Bouraoui S.

Les effets du jugement pénal par défaut sur l'action civile exercée devant le tribunal civil, RTD 1977, p. 113

2. Articles, chroniques, notes de jurisprudence en langue arabe (traduction personnelle)

Abid T.

La responsabilité médicale, RJL mars 1990, p. 105

Agina F.
Note sous CA de Tunis, arrêt n° 6646 du 15 mars 2004, RJL janv. 2006, p. 125
Commentaire des premières applications jurisprudentielles de la loi n° 86 de l'année 2005, RJL mai 2007, p. 109
Annabi A.
Explication du droit maritime tunisien, RJL mai 1982, p. 61
Aouida M. H.
La responsabilité du transporteur maritime, les nouvelles tendances de la jurisprudence, Info juridiques, oct. 2006, p. 6
Ayari M. S.
Responsabilité délictuelle et responsabilité contractuelle, RJL fév. 1961, p. 15
Y a-t-il du nouveau dans l'article 170 du Code de procédure pénale ?, RJL 1970, p. 35 et s.
Ben Abdallah N.
La loi n° 2005-86 du 15 août 2005 entre le texte et l'application, *in* Journée d'étude organisée par la faculté de droit de Sfax, 2007
Ben Mahmoud L.
Les orientations législatives dans la loi n° 2005-86 du 15 août 2005, RJL mai 2007, p. 25
Bouraoui S.
Note sous Cass. civ., arrêt n° 9846 du 4 juin 1973, RTD 1975, p. 131
Bouzguiba M.
Les sources doctrinales du Code des obligations et des contrats, CPU 2006 p. 39
Brahmi Zouaoui N.
Note sous Cass. civ. ch. réunies, n° 42349 du 16 mars 1995, RJL 1996, n° 6, p. 7
L'évolution de la responsabilité du médecin, RTD 2005, p. 5
Chebbi K.
Aperçu sur la procédure civile ancienne et contemporaine en Tunisie, Rev. du barreau n°1, juillet 1983, p. 50
Ferchichi B.
Le droit d'appel de la partie civile, *in* L'appel, Colloque organisé par la faculté de droit de Tunis, 1993, p. 243
Gazouani M.
Note sous Cass. civ. ch. réunies, arrêt n° 4210 1751 du 30 mai 2002, RTD 2004, p. 267
Hamidi M.
Du régime d'indemnisation des victimes d'accidents de la circulation prévu par la loi n° 2005-86 du 15 août 2005, RJL mai 2007, p. 9

Hamzaoui M.
La responsabilité du commettant du fait de ses préposés et spécialement en droit civil, RJL 1977, n° 4, p. 7
Jellouli A.
Note sous Cass. civ., arrêt n°5345 du 3 mars 1982, RTD 1986, p. 31
Kahloun A.
L'action en réparation, RJL mai 2002, p. 57
Khaldi B.
Note sous CA Tunis, arrêt n° 95747 du 4 juin 2003, RJL janv. 2005, p. 53
Khazami M. G.
Réflexions sur l'article 273 du C.O.C., RJL, juin 1996, p. 7 et s.
Lakdhar M.
La position de la Cour de cassation concernant l'appel de la partie civile, RJL janvier 2006, p. 75
Lakdhar T.
Une importante omission dans le Code des obligations et des contrats, Revue de jurisprudence tunisienne, 1949, p. 22
Loksaier F.
Quand renonce-t-on au principe de l'autorité de la chose jugée au pénal ?, RJL juill. 1997, p. 121
Loumi T.
L'influence du jugement d'acquittement sur l'action civile exercée devant le juge pénal, RJL avril 1984, p. 7
Mastouri A.
La responsabilité du transporteur terrestre, RJL oct. 2006, p. 229 et s.
Montassir T.
La responsabilité pénale des médecins, RJL juin 1994, p. 7
Moulehi A.
La réforme du régime de réparation des accidents de travail et des maladies professionnelles, RJL 1996, n° 3, p. 42
Mribeh H.
Le dommage de mort, RJL 1982, n° 1, p. 1
Mzid N.
La responsabilité de l'employeur à travers la loi sur les accidents de travail, Revue tunisienne du droit social, 1995, n° 7, p. 34
Rwatbi H.
Le Code des obligations et des contrats et l'islam, CPU 2006, p. 185
Seguir Khadi A.
La responsabilité civile du médecin dans le cadre de sa faute professionnelle, RJL oct. 1993, p. 127
Wislati R.
Le fondement de la réparation dans les accidents de la circulation, *in* L'étude des principes généraux de la réparation des dommages corporels à

travers la loi du 15 août 2005, Colloque organisé par l'institut supérieur de la magistrature le 17 mai 2006

Zine M.

Note sous Cass. civ. ch. réunies, n° 45822 du 16 mars 1995, RTD 1995, p. 243

INDEX ALPHABÉTIQUE

(Les chiffres renvoient aux numéros des paragraphes)

M

O

TABLE DES MATIÈRES

Questions juridiques aux éditions L'Harmattan

Dernières parutions

DROIT (LE) DE L'EXÉCUTION DES PEINES
Espoirs ou désillusions ?
Sous la direction de Fabienne Ghelfi
Les contributions proposent une analyse du droit actuel de l'exécution des peines et apportent une réflexion pertinente sur la mise en œuvre de ce droit. La promotion des aménagements de peine, comme le bracelet électronique ou la libération conditionnelle, est-elle une solution appropriée ? Est-il opportun de faire sortir les condamnés avant l'heure, sachant qu'ils ne sont pas suffisamment suivis ? Le juge d'application des peines et le ministère public sont-ils en mesure de prendre les «bonnes décisions» ?
(Coll. Droit privé et sciences criminelles, 17.50 euros, 160 p.)
ISBN : 978-2-343-03378-5, ISBN EBOOK : 978-2-336-35313-5

MÉDECINE (LA) À L'ÉPREUVE DU RISQUE PÉNAL
Sous la direction de Lina Williatte-Pellitteri
L'exercice médical offre un fort potentiel de contentieux pénal. Ce potentiel, les professionnels du droit comme les professionnels de la santé en ont conscience. Les premiers dénoncent l'absence de procédure pénale propre au monde de la santé, les seconds dénoncent une justice qu'ils ne comprennent pas. Le contexte rendant difficile une discussion efficace et constructive, ces réflexions s'efforcent de renouer le dialogue et de construire une communication intelligible pour tous.
(Coll. Droit, Société et Risque, 13.50 euros, 126 p.)
ISBN : 978-2-343-00774-8, ISBN EBOOK : 978-2-336-35266-4

PAIEMENT (LE)
Responsables scientifiques : Marc Mignot et Jérôme Lasserre Capdeville
En droit, la notion de paiement est un thème récurrent, que ce soit en droit civil, en droit des affaires, en droit bancaire ou encore en droit des procédures collectives. Comme le paiement est un acte économique avant d'être un acte juridique, plusieurs contributions sont consacrées à ce qu'un juriste peut considérer comme sa dimension matérielle. Le présent ouvrage contribue à dévoiler quelques-uns des secrets de l'acte de paiement. Il étudie les délais de paiement, les usages des instruments de paiement et les moyens de paiement.
(Coll. Droit privé et sciences criminelles, 31.00 euros, 300 p.)
ISBN : 978-2-343-03983-1, ISBN EBOOK : 978-2-336-35322-7

CONCILIATION ET MÉDIATION PRUD'HOMALES
Collectif GEMME-France
À l'initiative du Groupement européen des magistrats pour la médiation, conseillers prud'hommes, juges départiteurs, magistrats des cours d'appel et de la Cour de cassation ainsi que syndicalistes dressent ici un état des lieux et lancent des pistes de réflexion pour améliorer la qualité et l'efficacité de l'institution prud'homale. La question de la médiation prud'homale y est abordée avec les débats qu'elle suscite.
(12.00 euros, 108 p.)
ISBN : 978-2-343-00955-1, ISBN EBOOK : 978-2-296-53756-9

INTELLIGENCE (L') TERRITORIALE, UNE NÉCESSITÉ
Fath Bernard
Préface de Gérard Marcou
L'enjeu majeur pour les années à venir serait pour les collectivités territoriales de se doter des moyens propres à imaginer leur futur. Cependant l'État retire son ingénierie des territoires et s'ouvre sur les privatisations concurrentielles... Des solutions s'imposent, l'intelligence territoriale apparaît comme une hypothèse nécessaire pour impulser un futur mis en prospective. Le monde local foisonne d'initiatives propres à donner corps à l'intelligence territoriale.
(Coll. Grale, 27.00 euros, 274 p.)
ISBN : 978-2-343-00778-6, ISBN EBOOK : 978-2-296-53772-9

MARCHÉS (LES) PUBLICS À PROCÉDURE ADAPTÉE
Entre liberté et contrainte pour les collectivités territoriales
Ravignot Béatrice
Cette étude met en évidence les limites de la liberté octroyée aux pouvoirs adjudicateurs par le Code des marchés publics, dans le cadre de la conclusion de marchés à procédure adaptée. Du lancement de la procédure jusqu'au choix de l'attributaire et ses conséquences, les collectivités territoriales restent en effet soumises à des contraintes formelles ou procédurales, qui sont souvent identiques ou proches de celles existant dans le cadre des procédures formalisées.
(Coll. Master Collectivités territoriales et politiques publiques, 16.50 euros, 162 p.)
ISBN : 978-2-343-00223-1, ISBN EBOOK : 978-2-296-53768-2

FRANCE INTERCOMMUNALE (LA)
Regards sur la loi de réforme des collectivités territoriales du 16 décembre 2010
Sous la direction de Pierre-Yves Monjal et Vincent Aubelle
Les communautés de communes, d'agglomération et urbaines et autres métropoles, ne vont-elles pas porter un coup définitif à l'organisation décentralisée de la République ? La France n'est-elle pas sur le point de changer de mode de gouvernance locale en recourant à des procédés politiques et juridiques fondés sur les notions de mutualisation, de territoire pertinent, de développement, de communautarisation ?
(Coll. Grale, 39.00 euros, 406 p.)
ISBN : 978-2-336-29370-7, ISBN EBOOK : 978-2-296-53725-5

TRAITEMENT DES RESPONSABILITÉS CIVILE ET PÉNALE
Approche comparée en droit français et iranien
Nory Yoshanloey Jafar
La distinction contemporaine n'a pu empêcher le rapprochement pratique des responsabilités civile et pénale tant en droit français qu'iranien. Il apparaît qu'à la fonction réparatrice de la responsabilité civile peut s'additionner une fonction punitive qui s'incarnerait dans «la peine privée», et à la fonction répressive de la responsabilité pénale une fonction réparatrice appelée «restitution pénale». Ces deux modes de responsabilité doivent se rejoindre dans une cohérence juridique afin que la justice soit rendue avec une dimension sociale.
(Coll. Sciences criminelles, 35.00 euros, 348 p.)
ISBN : 978-2-336-29122-2, ISBN EBOOK : 978-2-296-53750-7

JACQUES VERGÈS
Un aristocrate de refus
Charvin Robert
Préface de Hervé de Charette
J. Vergès, avocat des causes difficiles, ne laisse personne indifférent. Il est l'ennemi de certains ayant fait son procès dans quelques mauvais livres mais l'ami des simples gens, l'encourageant à combattre encore et toujours les puissants. Sa vie est un roman, mais il n'est pas question de faire un roman de sa vie : il conserve son mystère comme tout homme dans sa complexité. Un avocat qui possède en lui des éléments de dignité, qui a dévoré sa vie avec sincérité.
(13.50 euros, 120 p.)
ISBN : 978-2-343-00533-1, ISBN EBOOK : 978-2-296-53645-6

SANG (LE) ET L'ENCRE
Et si Christian Ranucci était innocent ?
Le Meur Yann
Christian Ranucci, 22 ans, est guillotiné le 28 juillet 1976 à Marseille pour l'enlèvement et le meurtre d'une fillette de 8 ans. De la fin de l'instruction au pied de l'échafaud, où il demande à ses avocats de le réhabiliter, il a toujours clamé son innocence. S'appuyant sur des contre-enquêtes relatives à l'affaire, le dossier pénal et de longues investigations documentaires et de terrain, ce livre aboutit à des conclusions, toutes dans le sens de l'innocence de Ranucci.
(29.50 euros, 302 p.)
ISBN : 978-2-343-00604-8, ISBN EBOOK : 978-2-296-53558-9

IMMIGRÉ (L') ET LA GESTION DU PATRIMOINE
Loubassou Nganga Maixent
Cet ouvrage met à la disposition des personnes qui viennent d'arriver en France et qui ne connaissent pas l'environnement fiscal, juridique, bancaire et financier français, des outils indispensables pour une gestion optimale de leur patrimoine : choisir le meilleur régime matrimonial, organiser ou réorganiser de façon optimale leurs placements, trouver des produits de défiscalisation adaptés, choisir le meilleur placement immobilier.
(Coll. Pour Comprendre, 12.00 euros, 106 p.)
ISBN : 978-2-336-30090-0, ISBN EBOOK : 978-2-296-53639-5

ADMINISTRATION PÉNITENTIAIRE ET JUSTICE
Un siècle de rattachement
Sous la direction de Paul Mbanzoulou et François Dieu
Depuis le décret du 13 mars 1911, l'administration pénitentiaire est rattachée au ministère de la Justice. Au-delà de l'éclairage historique, qui occupe une place notable dans cet ouvrage, les contributions réunies ici examinent le positionnement actuel de l'administration pénitentiaire, ainsi que ses perspectives d'évolution à la lumière de quelques expériences étrangères.
(Coll. Criminologie, 26.00 euros, 256 p.)
ISBN : 978-2-343-00412-9, ISBN EBOOK : 978-2-296-53667-8

DÉMOCRATIE (LA) LOCALE À LA RECHERCHE D'UN NOUVEAU SOUFFLE
Marceau Anne – Préface de Gérard Marcou
Comment peuvent se concilier démocratie représentative et démocratie participative ? La multiplication des procédures de consultation ne nuit-elle pas à leur efficacité ? Quels seront les acteurs de la démocratie locale demain : les élus, les citoyens, les habitants, les usagers ? Les outils de démocratie locale mis en place ces dernières années constituent-ils un véritable renouveau ou apparaissent-ils comme le simple rhabillage de formules anciennes ?
(Coll. Grale, 32.00 euros, 308 p.)
ISBN : 978-2-343-00118-0, ISBN EBOOK : 978-2-296-53527-5

CONSEIL (LE) DES DROITS DE L'HOMME ET SES PRINCIPAUX MÉCANISMES
Bilan et perspectives d'actions pour le Burkina Faso à l'entame de son second mandat de membre
Merindol Ouoba Clarisse
Le Conseil des droits de l'homme a remplacé la Commission des Nations unies aux droits de l'homme. Cet ouvrage contribue à la dynamique de promotion et de protection de ces droits, notamment à travers les actions entreprises par cet important organe du système des Nations unies, dont le Burkina Faso est membre depuis 2008. L'auteur apporte un regard personnel sur les quatre années de présence de ce pays en son sein.
(14.50 euros, 142 p.) ISBN : 978-2-336-29180-2, ISBN EBOOK : 978-2-296-53513-8

NOUVEAU (LE) DROIT DU PROCÈS ADMINISTRATIF
Les évolutions choisies, les évolutions subies
Sous la direction de Jacques Fialaire et Jerry Kimboo
Plus de 10 ans après l'entrée en vigueur du Code de justice administrative, l'office du juge s'est profondément transformé. Parmi les évolutions subies par le juge administratif figure l'institution

du «rapporteur public», mettant en harmonie le contentieux administratif avec le principe d'égalité des armes entre les parties, développé dans la jurisprudence de la Cour EDH. Certaines innovations procédurales destinées à accélérer l'instruction des affaires semblent, quant à elles, davantage choisies.
(Coll. Logiques Juridiques, 22.00 euros, 224 p.)
ISBN : 978-2-343-00571-3, ISBN EBOOK : 978-2-296-53519-0

GOUVERNER, ADMINISTRER RÉVOLUTIONNAIREMENT : LE COMITÉ DE SALUT PUBLIC
(6 avril 1793 - 4 brumaire an IV)
Matta-Duvignau Raphaël - Préface de Vida Azimi
Le comité de salut public se présente comme la commission de la Convention nationale ayant pris en charge, du 6 avril 1793 au 4 brumaire an IV, la surveillance, le contrôle et la direction des fonctions gouvernementales et administratives tout en ayant exercé une dictature soutenue par la Terreur. Cette étude explique comment le Comité, initialement conçu comme simple instrument de la Convention, est devenu le principal sujet actif du Gouvernement révolutionnaire.
(Coll. Logiques Juridiques, 59.00 euros, 732 p.)
ISBN : 978-2-336-29065-2, ISBN EBOOK : 978-2-296-53498-8

CONCLUSION (LA) DES CONTRATS ÉLECTRONIQUES
Étude de droits africains et européens
Kabre Windpagnangde Dominique
Les contrats électroniques se distinguent des contrats formés entre parties présentes ou conclus par les moyens traditionnels de communication à distance. Ces caractéristiques donnent lieu à un mode technique particulier de conclusion des contrats, régi par des règles juridiques qui constituent ce qu'on appelle le «droit spécial des contrats électroniques». L'ouvrage montre que ce droit spécial engendre un processus de formation du contrat différent de celui du droit commun des contrats, tant en droit burkinabé et de la CEDEAO qu'en droit européen, belge et français.
(Coll. Etudes africaines, 52.00 euros, 584 p.)
ISBN : 978-2-336-29211-3, ISBN EBOOK : 978-2-296-53666-1

AGRICULTURE (L') ET LES EXIGENCES DU DÉVELOPPEMENT DURABLE
Agriculture and the requirements of a sustainable development
Die Landwirtschaft und die Anforderungen an deren nachhaltige Entwicklung
Sous la direction de Prof. Dr. Paul Richli
Délégué général au nom du Comité européen de Droit Rural
L'agriculture et les exigences du développement durable, l'affectation et la protection du territoire rural et enfin le développement du droit rural dans l'UE, dans les États et les régions et dans l'OMC : ces trois thèmes autour de l'agriculture et les exigences du développement durable gagnent en importance, obligeant les politiques publiques à intervenir au moyen d'une série d'instruments juridiques. (Ouvrage en trois langues).
(Coll. Droit et Espace Rural, 51.00 euros, 568 p.)
ISBN : 978-2-343-00584-3, ISBN EBOOK : 978-2-296-53656-2

SÉCURITÉ : VRAIES QUESTIONS ET FAUX DÉBATS
Sous la direction de Roger Vicot
Les questions de sécurité génèrent beaucoup de passions et commentaires. Le bon sens populaire donne libre cours à ses *a priori*, préjugés, solutions toutes prêtes, clichés et autres caricatures. L'objectif de ce livre est de dépassionner le débat et d'analyser sereinement chacune des affirmations. Chercheurs, universitaires, spécialistes, élus : une vingtaine d'entre eux ont accepté de remettre les choses en perspective mais aussi de faire émerger la réalité.
(33.00 euros, 330 p.)
ISBN : 978-2-343-00363-4, ISBN EBOOK : 978-2-296-53314-1

L'HARMATTAN ITALIA
Via Degli Artisti 15; 10124 Torino

L'HARMATTAN HONGRIE
Könyvesbolt ; Kossuth L. u. 14-16
1053 Budapest

L'HARMATTAN KINSHASA
185, avenue Nyangwe
Commune de Lingwala
Kinshasa, R.D. Congo
(00243) 998697603 ou (00243) 999229662

L'HARMATTAN CONGO
67, av. E. P. Lumumba
Bât. – Congo Pharmacie (Bib. Nat.)
BP2874 Brazzaville
harmattan.congo@yahoo.fr

L'HARMATTAN GUINÉE
Almamya Rue KA 028, en face du restaurant Le Cèdre
OKB agency BP 3470 Conakry
(00224) 60 20 85 08
harmattanguinee@yahoo.fr

L'HARMATTAN CAMEROUN
BP 11486
Face à la SNI, immeuble Don Bosco
Yaoundé
(00237) 99 76 61 66
harmattancam@yahoo.fr

L'HARMATTAN CÔTE D'IVOIRE
Résidence Karl / cité des arts
Abidjan-Cocody 03 BP 1588 Abidjan 03
(00225) 05 77 87 31
etien_nda@yahoo.fr

L'HARMATTAN MAURITANIE
Espace El Kettab du livre francophone
N° 472 avenue du Palais des Congrès
BP 316 Nouakchott
(00222) 63 25 980

L'HARMATTAN SÉNÉGAL
10 VDN en face Mermoz, après le pont de Fann
BP 45034 Dakar Fann
33 825 98 58 / 33 860 9858
senharmattan@gmail.com / senlibraire@gmail.com
www.harmattansenegal.com

L'HARMATTAN BÉNIN
ISOR-BENIN
01 BP 359 COTONOU-RP
Quartier Gbèdjromèdé,
Rue Agbélenco, Lot 1247 I
Tél : 00 229 21 32 53 79
christian_dablaka123@yahoo.fr

641838 - Février 2016
Achevé d'imprimer par

1livre.com
du rêve à la réalité !

www.ingramcontent.com/pod-product-compliance
Lightning Source LLC
LaVergne TN
LVHW011222061026
849535LV00001BA/140